房地产估价报告精选

(2012)

中国房地产估价师与房地产经纪人学会 编

中国建筑工业出版社

图书在版编目(CIP)数据

房地产估价报告精选(2012)/中国房地产估价师与房地产经纪人学会编. —北京：中国建筑工业出版社，2012.12
ISBN 978-7-112-14780-9

Ⅰ.①房… Ⅱ.①中… Ⅲ.①房地产价格-估价-研究报告-中国-2012 Ⅳ.①F299.233.5

中国版本图书馆CIP数据核字(2012)第243249号

责任编辑：向建国 李 阳
责任设计：张 虹
责任校对：肖 剑 王雪竹

房地产估价报告精选
(2012)
中国房地产估价师与房地产经纪人学会 编

*

中国建筑工业出版社出版、发行（北京西郊百万庄）
各地新华书店、建筑书店经销
北京科地亚盟排版公司制版
北京建筑工业印刷厂印刷

*

开本：880×1230毫米 1/16 印张：24¾ 字数：760千字
2013年7月第一版 2013年7月第一次印刷
定价：68.00元
ISBN 978-7-112-14780-9
(22820)

版权所有 翻印必究
如有印装质量问题，可寄本社退换
（邮政编码 100037）

前　　言

为给广大房地产估价师、房地产估价机构提供展示其优秀估价报告的平台，加强相互之间的估价实务经验交流，提高估价报告的整体水平，促进房地产估价行业持续健康发展，我会先后于2008年和2009年举办了公开征集估价报告活动。经过多轮筛选、修改及编辑，《房地产估价报告精选》一书终于和大家见面了。

在估价报告筛选过程中，力求使入选的估价报告反映不同的估价目的、不同的房地产类型和不同的估价方法。本书共收入优秀估价报告18篇，其中房地产转让估价2篇，房地产租赁价格评估2篇，房地产抵押估价4篇，房屋征收估价2篇，房地产司法鉴定评估2篇，房地产损害赔偿估价2篇，房地产税基评估1篇，房地产咨询顾问业务3篇。

入选的估价报告格式规范，内容完整，估价技术思路正确，报告文字表述简洁，并具有一定的难度、新意和较明显的特色。本书在编辑过程中，尽量保持各估价报告的原貌，但最后由于篇幅限制，不得不忍痛割爱，适当做了删节。另外，本书对每篇估价报告撰写了评析意见，供读者参考。

本书从多个角度展现出房地产估价师较高的专业水平、较强的文字能力和较丰富的估价实务经验，可供广大估价人员学习、揣摩和参考，也可作为从事相关评估行业，以及有关房地产投资、开发和经营管理，有关金融、司法等领域实际工作和教学研究人员的参考用书。

中国房地产估价师与房地产经纪人学会

2012年5月

目　　录

第一部分　房地产转让估价

报告一　上海市黄浦区××××路××××号××大楼房地产估价报告
　　　　上海信衡房地产估价有限公司 ·· 3

报告二　长沙市××商业房地产投资收购估价报告
　　　　深圳市同致诚土地房地产估价顾问有限公司 ··· 18

第二部分　房地产租赁价格评估

报告三　成都市××××写字楼房地产租赁价格评估报告
　　　　北京中企华房地产估价有限公司 ·· 59

报告四　北京市××工业房屋及分摊土地租赁价格咨询报告
　　　　北京仁达房地产评估有限公司 ··· 83

第三部分　房地产抵押估价

报告五　××市"××城"9幢1层部分商业房地产抵押价值估价报告
　　　　四川大成房地产土地评估有限公司 ·· 101

报告六　上海市浦东新区××路×××号"×××大楼"部分办公房地产抵押估价
　　　　报告
　　　　上海城市房地产估价有限公司 ··· 123

报告七　北京市××区××街××号（××酒店）房地产抵押估价报告
　　　　北京首佳房地产评估有限公司 ··· 147

报告八　杭州市萧山区某商贸广场1～5层商业房地产抵押估价报告
　　　　浙江恒基房地产土地资产评估有限公司 ·· 168

第四部分　房屋征收估价

报告九　长白山U型谷申报世界自然遗产所涉及甲公司所属宾馆物业及构筑物拆迁
　　　　估价
　　　　吉林吉港房地产咨询评估有限公司 ·· 187

报告十　河南省×市×区×路×号×信用社待平移房屋市场价值估价
　　　　河南宏基房地产评估测绘有限公司 ·· 210

第五部分　房地产司法鉴定评估

报告十一　江苏省S市JG路×号A区部分房产及其附属设施市场价值司法鉴定评估

　　　　报告

　　　　　　江苏德道天诚土地房地产评估造价咨询有限公司 …………………………………… 227

报告十二　上海市浦东新区富特东一路××号在建工程房地产评估报告

　　　　　　上海百盛房地产估价有限责任公司 …………………………………………………… 247

第六部分　房地产损害赔偿估价

报告十三　北京市×区×小区×号楼×单元×室房屋质量缺陷损失估价报告

　　　　　　北京国地房地产土地评估有限公司 …………………………………………………… 267

报告十四　广东省×市×区×道×号×轩1905房房屋质量缺陷损失估价报告

　　　　　　深圳市世联土地房地产评估有限公司 ………………………………………………… 285

第七部分　房地产税基评估

报告十五　杭州市区存量房交易计税基准价系统建设项目评估报告

　　　　　　浙江恒基房地产土地资产评估有限公司 ……………………………………………… 295

第八部分　房地产咨询顾问业务

报告十六　上海××国际水产中心项目阶段性评价及追加7000万元项目贷款评估

　　　　报告

　　　　　　上海八达国瑞房地产土地估价有限公司 ……………………………………………… 321

报告十七　××市××片区旧村改造项目可行性研究报告

　　　　　　厦门均和房地产土地评估咨询有限公司 ……………………………………………… 340

报告十八　××花园经济适用房可行性研究报告

　　　　　　武汉国佳房地资产评估有限公司 ……………………………………………………… 365

后记 ……………………………………………………………………………………………… 389

第一部分　房地产转让估价

第一部分 陸地天然ト古物

报告一

上海市黄浦区××××路××××号××大楼房地产估价报告

上海信衡房地产估价有限公司　　王　雄　杨云林

评析意见

　　估价对象为位于上海外滩万国建筑群的历史保护建筑，具有较高的历史文化价值，但如何合理地评估其市场转让价值客观上存在一定的难度。该报告将其市场价值分为单纯房地产价值和附加的历史文化价值两部分，并分别采用不同的方法进行评估。在评估单纯房地产价值时，正确选用了市场法和收益法两种方法，估价测算过程比较完整。在评估附加的历史文化价值时，通过若干近期同一区域同一类型历史保护建筑的实际成交价格，逐步剥离其重置成本，先得出各自附加的历史文化价值，然后在进行比较的基础上，创造性地提出了平均历史文化价值系数的概念，最后再利用该系数，求取估价对象附加的历史文化价值。该报告估价技术思路新颖，估价方法基本合理，为正确评估类似历史保护建筑价值进行了有益探索。该报告格式规范，内容完整，表述到位，具有一定的参考价值。但报告中关于确定某些估价参数的理由，在文字表述上略有欠缺。

致委托方函

上海××××公司：

　　受贵公司委托，我公司对位于上海市黄浦区××××路××号××大楼进行了房地产价值评估。估价对象土地为出让方式取得，土地用途为综合，土地面积2100平方米。估价对象房屋类型为办公，实际用途为商业，房屋总建筑面积为12570平方米。估价对象原名××大楼，是外滩"万国建筑博览会"老建筑之一，大楼于1916年～1918年间建成，建筑整体仿效文艺复兴建筑风格，钢混框架结构，楼高7层。1993年被上海市政府列入第二批历史保护建筑，保护类别为二类。

　　根据贵公司委托要求，本次估价设定的目的是为房地产转让提供市场价值参考，估价时点为2006年10月17日。

　　我公司根据国家有关房地产估价的规定，本着独立、客观、公正的原则，采用科学的估价方法，对估价对象进行了实地查勘、市场调查、评定估算等工作，在此基础上形成了估价报告。估价结果如下：

　　在满足全部假设和限制条件下，估价对象房地产于估价时点的市场价值总额为：人民币柒亿柒仟玖佰柒拾伍万元整（RMB77975万元），每平方米建筑面积平均单价为62033元/平方米。

上海信衡房地产估价有限公司
法定代表人：
二〇〇六年十月二十七日

估价师声明（略）
估价的假设、限制条件及有关说明

一、估价的假设前提

1. 委托方和相关当事方提供的文件、资料和数据合法、真实。

2. 估价对象相应房地产权证中记载的内容与估价时点房地产管理部门相应房地产登记册中记载的内容完全一致，且真实、准确地反映了估价对象于估价时点的权利状况。

3. 估价对象房地产权证登记土地用途为综合，房屋类型为办公楼，房屋实际用途为商业。经对估价对象周边进行调查，该估价对象作为商业用途能够体现土地的最高最佳使用原则。根据当前政府管理状况，认为估价对象作为商业经营为合法经营状况。

4. 估价对象于1993年被上海市政府列入第二批历史保护建筑，保护类别为二类。根据《上海市历史文化风貌区和优秀历史建筑保护条例》、《上海市居住物业管理条例》等相关法规，其使用性质不得擅自改变。产权人确需改变房屋使用性质的，应向市房地资源局办理审批手续。优秀历史建筑的修缮改建，应当由建筑的产权人委托具有相应资质的设计、施工单位进行设计、施工，方案应报市房地资源局审核同意。涉及建筑主体承重结构变动的，应向市城市规划管理部门申请领取建设工程规划许可证。保留建筑和优秀历史建筑的房地产权利人进行房地产买卖、交换、赠与等房地产转移行为的，转让人应当向受让人告知对保留建筑和优秀历史建筑应承担的义务和责任。

本次估价假定估价对象计划中的收购及收购完成后的整体装修、加固改造均在合法条件下进行，并以装修改造后作为商业用途为前提进行评估测算。

二、估价报告使用的限制条件

1. 估价结论仅在估价报告中载明的估价时点有效，只能用于载明的估价目的和报告使用者，对任何第三者及其他目的用途不承担责任。

2. 估价人员对估价对象的法律权属状况给予了必要的关注，但不对估价对象的法律权属作任何形式的保证，因此，本报告也不可作为任何形式的产权证明。

3. 本报告必须完整使用，对仅使用报告中的部分内容所导致的有关损失，受托估价机构不承担责任。

4. 未经估价机构书面同意，本估价报告的全部或部分内容不可在公开的文件、通告或报告中引用，也不得以任何方式公开发表。

三、有关说明

1. 本报告提供的评估价值为估价对象市场价值，即在公开市场上最可能形成的价格。所谓公开市场，是指在该市场上交易双方进行交易的目的在于最大限度地追求经济利益，并掌握必要的市场信息，有较充裕的时间进行交易，对交易对象具有必要的专业知识，交易条件公开并不具有排他性。

2. 估价对象为上海市政府公布的第二批历史保护建筑，且位于外滩，历史文化价值突出，是估价对象房地产价值的重要组成部分，本次估价包含该历史文化价值。

3. 估价对象房地产权证登记土地用途为综合，房屋类型为办公楼，房屋实际用途为商业。本次估价设定商业用途进行评估，未考虑土地用途不一致可能需要的补地价事宜。

4. 本次估价的目的为转让，但我们未考虑未来市场变化风险和短期强制处分等因素对估价结果的影响，也未考虑转让时所需中介费用和买方应承担的有关税费。

5. 本次估价我们未考虑估价对象可能的他项权利对估价结果的影响。

房地产估价结果报告

一、委托方：（略）

二、估价方：(略)

三、估价对象

1. 估价范围

本次估价对象为位于上海市××××××路×××号的房屋建筑物及土地使用权，房屋建筑物共1幢，建筑面积12570.00平方米，相应土地面积2100.00平方米。

2. 房地产权益状况

根据估价对象相应《上海市房地产权证》记载估价对象权利人为上海×××××公司，土地权属性质为国有，土地使用权来源为转让，用途为综合，使用年限为1996年11月26日～2046年11月25日，剩余使用年限40.08年。估价对象房地产权证登记房屋类型为办公楼，实际用途为商业。

根据估价对象相应《上海市房地产权证》及房地产登记中心查询，估价对象于估价时点未有抵押登记、租赁备案登记，也未有法院查封等其他权利限制。

3. 房地产实物状况

(1) 土地状况

地理位置：黄浦区××××路××号，地号为黄浦区外滩街道191街坊2丘。

四至：东临中山东一路、江边路、黄浦江，西至某公司办公楼，北邻外滩××号，南靠外滩××号、延安东路高架。

土地面积：2100.00平方米；登记用途：综合；开发程度：地块基础设施条件达七通一平。

(2) 建筑物和地上附着物状况

估价对象原名××大楼，1916年～1918年间建成，钢混框架结构，楼高7层，建筑类型为办公，建筑面积12570.00平方米。1993年被上海市政府列入第二批历史保护建筑，保护类别为二类。各层建筑面积详见表1-1。

各层建筑面积表 表1-1

部 位	建筑面积（平方米）	层高（米）
一层	1943	4.5
二层	1832	3.6
三层	1781	3.6
四层	1633	3.6
五层	1681	3.6
六层	1677	3.6
七层	2023	3.6
合计	12570	—

估价对象由公和洋行设计，裕昌泰营造厂承建，建筑整体仿效文艺复兴建筑风格，窗框多采用巴洛克艺术富有旋转变化的图案，大门有爱奥尼克立柱装饰，高大的落地窗。整幢建筑以门为中心的轴对称图形，在××路与××××路转角处，内凹带弧形状，三、五层有阳台、铁栏，顶层上有塔亭，四面有双柱，上有圆顶及刹竿，顶端为球状。

估价对象是历史上著名的七层大楼，1861年由在沪英侨发起创设，当时为英国总会所用，又叫上海总会，也称上海俱乐部。1916年在原址建新楼，成为当时重要的社交场所。新中国成立后由上海民用建筑设计院、上海地质矿产局等单位使用，近年列入外滩置换计划后基本处于空置状态。现委托方拟收购，进行整体装修及加固改造，保持原有建筑外立面风格，请国内外知名设计师对各层重新设计后，经营高档品牌专卖、餐饮、健身等高端商业。

4. 区位状况

(1) 区域概况

估价对象地处上海市中心城区、传统CBD地区黄浦区，黄浦区是位于上海市城区的几何中心部位，东临黄浦江；西至成都北路、金陵路、西藏南路、肇周路、制造局路；南沿高雄路、江边路、黄浦江；

北邻苏州河。全区面积12.85平方公里，占全市面积的0.2%，其中陆地面积11.017平方公里，水域面积1.837平方公里。

黄浦区是上海市中央商务区（CBD）的重要组成部分和中心商业区的核心区域，是上海市行政、金融、文化、商贸中心。

（2）交通条件

估价对象所在的黄浦区交通四通八达。人民广场是上海市内重要的交通枢纽，设有通往市内各主要地点的公交线路，并且也是上海目前唯一的地铁中转站，地铁一号线、二号线、八号线（2005年底完成）在此交汇，南浦大桥、延安路隧道、延安路高架、南北高架以及复兴东路、西藏南路、陆家浜路等主要道路构成了快速、便捷的立体交通网络。

估价对象地处黄浦区上海外滩内，外滩北起白渡桥，南抵延安东路。该区域交通通达度高，主要出行道路为中山东一路、西藏路、淮海路、延安路隧道，毗邻延安东路高架。公共交通亦非常便利，距地铁一号线河南中路站步行约10分钟，公交线路有55、61、123、910、65、22、37、42、隧道9线等多条线路。

（3）商业、旅游、规划

黄浦区内南京东路有"中华商业第一街"之美誉，拥有第一百货商店、华联商厦、新世界等一大批商业中心。而外滩地区沿线欧式建筑物大多已实现功能置换，用于金融、证券、贸易机构、跨国公司、综合商社等的办公用途。目前除了旅游商业，外滩已集中了中外金融机构近70多家。

按照功能定位，该区积极调整产业结构和经济布局，大力发展以金融、房地产、贸易、旅游和信息咨询服务为主的第三产业。而随着估价对象的开张营业，开辟了区域新的商业运营模式，而且也带动了外滩高档商业的发展，成为未来外滩发展的新趋势。

（4）市政设施条件

估价对象所在区域基础设施完备，公共设施齐全，区域位置极佳。周边有上海海关、南京东路步行街、来富士广场、百联世茂购物中心、和平饭店、仁济医院、人民公园、古城公园等服务设施和公益设施。

（5）周边环境

估价对象所在的上海外滩商务金融区，外滩北起白渡桥，南抵延安东路，全长1500m，被视为上海的象征。上海外滩是中国近代优秀建筑最为集中的滨江大道，也是世界上最具特色的建筑历史文化的地段之一。外滩建筑共23座，主要由英、美、德、中等国建造。当时这些建筑的建造耗费巨资，建成了一座座各具特色的豪华、细致的建筑，这些风格迥异的各国建筑协调并存，构成了外滩建筑的独特风景，外滩因而又被喻为"东方的巴黎"和"万国建筑博览会"。

四、估价目的

为房地产转让提供价值参考。

五、估价时点

2006年10月17日。

六、价值定义

估价对象房地产在全部假设和限制条件下的于估价时点的市场价值。

七、估价依据（略）

八、估价原则（略）

九、估价方法

本次评估以装修改造重新利用为前提，适宜采用假设开发法技术路线，不宜直接采用其他方法。即估价对象市场价值＝开发完成后价值－装修改造成本。

估价对象为历史文化风貌保护建筑，具有历史文化价值。为了充分反映出符合本次估价目的的市场价值，同时便于进行评估，本次估价将估价对象改造完成后的市场价值细分为单纯房地产价值和附加的历史文化价值两部分，对此分别采用适宜的方法进行评估。

对于单纯房地产价值的评估，单纯房地产价值部分反映的是同一区域同一用途房地产市场价值，市场上符合要求的交易及租赁案例较易取得，适宜选用市场比较法和收益法进行估价；对于附加的历史文化价值则通过对近期同一区域办公用途保护建筑成交价格剥离成本并比较的方法进行估价。

十、估价结果

估价对象房地产于估价时点的市场价值总额为：人民币柒亿柒仟玖佰柒拾伍万元整（RMB77975万元），每平方米建筑面积平均单价为62033元/平方米。

十一、估价人员（略）

十二、估价作业日期

2006年10月17日至2006年10月27日。

十三、估价报告应用的有效期

本估价报告应用的有效期为自报告完成之日起一年。

附件（略）
房地产估价技术报告

一、个别因素分析

本次估价对象为位于上海市××××××路×××号的房屋建筑物及土地使用权，房屋建筑物共1幢，建筑面积12570.00平方米，相应土地面积2100.00平方米。其个别因素条件分析如下：

（一）房地产权益状况

同结果报告中估价对象部分的有关内容，略。

（二）房地产土地和建筑物实物状况

同结果报告中估价对象部分的有关内容，略。

估价对象为历史保护建筑，具有历史文化价值，同时，根据现场查看，房屋功能设计、各层布局比较合理，适宜商业用途；但另一方面，随着社会的发展，科技的进步，估价对象在使用功能上不可避免地存在一些不适宜，同时由于建造年代较早，存在明显的物理损耗，因此估价对象存在一定的实体性贬值和功能性贬值。此外，根据相关政策，历史保护建筑在使用等方面受限制较多，比一般房地产应承担的义务和责任也多，对其使用价值或收益价值也有一定的负面影响。

二、区域因素分析

估价对象房地产位于黄浦区外滩核心地段。外滩地区历来为上海市银行、金融、贸易业最繁华的中心地带，又以其"万国建筑博览群"闻名于世，是上海市客流量最大的知名旅游胜地。所在地区水、电、通信、煤气、道路等基础设施齐备，附近有光明大厦、友谊大厦、建筑商务楼、外滩城、外贸大楼、上海外滩服装辅料批发中心、上海港务医院、埃力生大厦、建设银行、海通证券股份有限公司、古城公园、十六铺家具商厦、市六中学、金陵中学、黄浦区业余大学、东方饭店等，商服条件及生活设施齐全，距豫园商城约800米，近南京东路外滩，周围公交线路四通八达，距延安东路高架仅100米，交通条件较为便利。

目前外滩地区沿线欧式建筑物大多已实现功能置换，用于金融、证券、贸易机构、跨国公司、综合商社等的办公用途。而随着估价对象的开张营业，开辟了区域新的商业运营模式，而且也带动了外滩高档商业的发展，成为未来外滩发展的新趋势。

三、市场背景分析

（一）总体概况

现今上海以塑造现代城市功能为主、注重城市经济可持续发展的新一轮经济发展模式，以增加内涵、创建现代服务业的模式，在显著促进商业性房地产的需求增量的同时，可有效提升对商业性房地产需求的消费水准，需求结构将转向以现代服务业、高附加值行业为主。上海大力发展现代服务业，创造及改善基础就业，促进非基础就业的发展，将着力提高对现代商业性房产的需求，而且在宏观调控住宅价格下降，住宅投资减少时期，大量的投资资金将会由住宅流向商业房地产，可以预期，上海商业性房地产投资的市场条件及经济总量基础已经形成。

（二）商业房地产市场状况

根据统计，上海市近年销售型商业整体供求基本平衡，受中外资企业在上海加大零售商业的拓展力度，及人均消费水平提高、商业消费水平提升、导致商业用房成本增加等因素影响，售价总体趋势向上攀升，而整体租金水平则也略有上涨，幅度不大，但市中心商业物业由于市场需求旺盛，空置率持续下降，租金上涨相对较快。目前租金水平大致如表1-2所示。

商业中心租金水平表　　　　　　表1-2

各级商业中心	2005～2006年平均租金（元/平方米/天）
市级商业中心	22～32
区级商业中心	12～18
大型社区商业中心	5～12
郊区商业中心	2～6

（三）外滩商业概况

百年外滩，有着"万国建筑博览会"的美誉。外滩金融集聚带的建设，最牵动人心的是外滩地区100多幢1949年之前建成的老大楼。黄浦区在外滩金融集聚带的建设过程中，将在注重老大楼历史风貌保护的前提下，通过规划上予以"功能置换"，管理上实施"腾笼换鸟"，工程上实施"二次改造"，为金融机构和相关配套设施的入驻提供更多空间。

（四）保护建筑市场情况

目前，仍有许多老大楼保护建筑作为金融功能使用，如外滩7号、12号、15号、17号、23号、29号等，成为中国外汇交易中心暨全国银行间同业拆借中心、中国银行、浦东发展银行、泰国盘古银行等中外金融机构的选择，同时，外滩3号、6号、18号等汇聚了阿玛尼、杰尼亚、卡地亚等高端品牌，成为上海时尚地标。虽然如此，外滩仍有部分老大楼还在作为行政办公或者居住使用，既不符合老大楼初始功能，也不符合未来规划功能地位。随着外滩地区金融功能的加强及置换工作的推进，这些老大楼也将逐步推向市场。

四、最高最佳使用分析

最高最佳使用原则要求估价结果是在估价对象最高最佳利用下的价值。最高最佳使用必须同时满足以下四个条件：①法律上许可；②技术上可能；③经济上可行；④价值最大化，并且按照以上顺序进行筛选。当估价对象已经做了某种使用，则在估价时应根据最高最佳使用原则对估价前提做保持现状、装饰装修改造、改变用途、重新开发等的判断和选择。

针对本估价对象，从上述四个方面进行分析：

根据估价对象房地产权证登记土地用途为综合，房屋类型为办公楼，房屋实际用途为商业。根据当前政府管理状况，认为估价对象作为商业经营为合法经营状况。经现场查看，估价对象目前的成新及内外部装修状况均属较差，若对估价对象进行装饰装修改造，在"技术上可能"，而且"经济上可行"。同时估价对象为位于外滩商务金融区的保护建筑，拟改造为高端商业房地产，符合收益递增递减原理、均衡原理和适合原理。因此，经全面分析认为对现有房地产装饰装修改造最为有利，以装饰装修改造为前提进行估价。

五、估价方法选用

（一）估价方法使用性分析

估价对象为历史文化风貌保护建筑，具有历史文化价值。根据这一具体情况，对各种方法的适用性分析如下：

1. 市场比较法适用于同种类型的数量较多且经常发生交易的房地产的估价。估价对象为历史文化风貌保护建筑，且为商业用途，在估价时点的近期有类似保护建筑房地产交易案例，但交易案例为办公用途，故难以直接采用市场比较法进行评估。

2. 收益法适用于有经济收益或有潜在经济收益的房地产。估价对象为保护建筑，商业用途，类似区域此类房地产租赁案例极少，直接采用收益法进行评估也较为困难。

3. 新开发的房地产、可以假设重新开发建设的现有房地产、在建工程、计划开发建设的房地产都可以采用成本法估价。成本法一般不适用于评估建筑物过于老旧的房地产的价值。

4. 凡是具有开发或再开发潜力的房地产适用假设开发法估价。估价对象为历史文化风貌保护建筑，较为陈旧，适宜装修改造重新利用。本次估价以装修改造后作为商业用途为前提，符合假设开发法运用原理。

根据以上分析，结合本次评估以装修改造重新利用这一前提，本次评估宜采用假设开发法技术路线，不宜直接采用其他方法。即估价对象市场价值＝开发完成后价值－装修改造成本。

为了充分反映出符合本次估价目的的市场价值，同时便于进行评估，本次估价将估价对象改造完成后的市场价值细分为单纯房地产价值和附加的历史文化价值两部分，对此分别采用适宜的方法进行评估。

（二）估价方法

1. 单纯房地产价值的评估

对于单纯房地产价值的评估，单纯房地产价值部分反映的是同一区域同一用途房地产市场价值，市场上符合要求的交易及租赁案例较易取得，根据以上方法适用性分析，适宜选用市场比较法和收益法进行估价。

所谓收益法，即预计估价对象未来的正常净收益，选用适当的报酬率将其折现到估价时点后累加，以此估算估价对象的客观合理价格或价值的方法。采用的公式：$V=a/r\times[1-1/(1+r)^n]$。

其中：V—收益价值，n—收益期限，a—净收益，r—报酬率。

所谓市场比较法，即将估价对象与在估价时点近期有过交易的类似房地产进行比较，对这些类似房地产的已知价格作适当的修正，以此估算估价对象的客观合理价格或价值的方法。基本公式：比准价格＝案例价格×交易日期修正×交易情况修正×区域因素修正×个别因素修正。

2. 附加的历史文化价值

考虑到估价对象的历史文化价值主要体现在建筑物上，本次估价通过分析上海市外滩历史风貌保护区内已成交的办公用途保护建筑交易价格，通过对其土地和建筑物现值的剥离，得到其包含历史文化价值的建筑物价值，经过对这一价值量与其成本价格的比较，得到平均历史文化价值系数。分析确定估价对象历史文化价值系数，将估价对象建筑物成本价格乘以历史文化价值系数，得到估价对象的历史文化价值。公式：

平均历史文化价值系数＝（类似外滩二级保护建筑修正后均价－区域土地贡献价值均值－保护建筑平均更新重置现值）÷保护建筑平均更新重置现值

附加的历史文化价值＝估价对象建筑物现值×历史文化价值系数

综上所述，本次估价的技术路线和步骤如下：

首先，估价对象为待改造装修，估价时先用收益法评估假设估价时点已完成改造装修后的单纯房地产价值，同时用市场比较法验证。

第二步，附加的历史文化价值的评估测算。

第三步，通过折现修正确定改造装修所需时间对价值的影响，同时减去预计需投入的改造装修成本及利润，得出估价对象现状条件于估价时点的房地产价值。

六、估价测算过程

（一）改造装修完成的单纯房地产价值

收益法评估

1. 公式

$$V=a/r\times[1-1/(1+r)^n]$$

其中：V—收益价值，n—收益期限，a—净收益，r—报酬率。

2. 用市场比较法确定租金水平

(1) 选取比较案例

估价对象是上海最高档次商业物业的代表，引进的国内外知品顶尖品牌包括服装、餐饮、娱乐、艺术、休闲等。

上海主要黄金地段商业租金情况表　　　　　　表1-3

黄金地段租金（一层）	
地段	租金水平（美元/平方米/天）
南京东路	沿街商铺：4.00～7.50
	购物中心：4.00～5.50
南京西路	沿街商铺：3.50～6.00
	购物中心：2.00～4.50
淮海中路	沿街商铺：3.50～6.00
	购物中心：2.50～5.50
徐家汇	沿街商铺：1.50～5.00
	购物中心：2.60～4.50
四川北路	沿街商铺：1.50～3.00

选择与估价对象周边地区用途相似、档次定位相同、交易正常的市场案例作为比较案例。

类似房地产出租收入调查情况表　　　　　　表1-4

序号	项目名称	项目用途	所属区域	租金（美元/平方米/天）	备注
A	恒隆广场	商业	南京西路	3.0～4.5	实际租金，物业费另付，水电承租方自理
B	百联世茂	商业	南京东路	3.0～5.5	实际租金，物业费另付，水电承租方自理
C	中环广场	商业	淮海中路	3.0～4.0	实际租金，物业费另付，水电承租方自理

说明：估价对象作为上海高档商业的代表，有其地理优势以及经营管理的独特性，因此其比较案例的选择区域应该是整个上海的主要高档商业设施。

① 案例A：恒隆广场。地理位置：南京西路1266号。建筑面积：55000平方米。

国际顶级精品在上海的汇聚地，满足具有高层次消费意识和高标准消费能力的中外人士的个性化需求，同时提供更多对国际著名品牌提高鉴赏水平和鉴别能力的机会。由美国的国际级建筑大师KPF设计，主楼高288米，共66层，占地面积3.1万平方米。为浦西第一高楼，是俯瞰市区风光的制高点。主要经营PRADA、ESCADA、FENDI、PLAGET、BVLGARI等国际一流品牌。

与估价对象底层经营业态等条件相当的层次的租金水平：4.5美元/平方米/天。

② 案例B：百联世茂国际广场。地理位置：上海市贵州路79号。建筑面积：60000平方米。

根据南京东路规划方案，百联世茂国际广场所在的"都市时尚"主题地段，将以繁华、现代、独一无二为格调，体现购物、餐饮、娱乐和休闲的功能，打造现代购物之都。其内中设置高级酒店和现代化大型商场，世茂国际广场的定位可谓与南京东路的改造规划一脉相承。

与估价对象底层经营业态等条件相当的层次的租金水平：4.5美元/平方米/天。

③ 案例C：中环广场。地理位置：淮海中路381号。建筑面积：约11600平方米。

上海中环广场楼高38层，规模宏伟，傲视同群。广场基座为四层高级购物商场及地库停车场，上盖为市内罕有的甲级现代化商业大厦。规划极尽完善。外墙保留了原有世纪初式建筑的外观。典雅瑰丽，极具异国浪漫情调，商场内部则采用了现代化建筑及设施；中庭更设有大型玻璃天幕，气派华丽不凡。商场内名店云集，并设有多间著名中西餐厅，无论洽谈生意或休闲畅聚，皆惬意方便。主要经营品牌PANELLI皮具、仙蒂服饰、EG时装、泰来电脑、捷克水晶、真爱珠宝等，并有青木餐厅、伊藤家日本料理、金牛苑餐厅和申粤轩酒家。

与估价对象底层经营业态等条件相当的层次的租金水平：4.0 美元/平方米/天。

（2）比较修正分析

因素条件比较说明表　　　　　　　　　　　　　　　　　表 1-5

比较因素		估价对象	案例 A（恒隆广场）	案例 B（百联世茂）	案例 C（中环广场）
租金（美元/平方米/天）		待估	4.5	4.5	4.0
项目类型		商业	商业	商业	商业
估价时点		2006.10	2006.10	2006.10	2006.10
交易情况		正常交易	正常交易	正常交易	正常交易
区域因素	商业繁华度	外滩，一般	南京西路，较好	南京东路核心，好	淮海中路，较好
	交通便捷度	较好	好	好	好
	历史文化底蕴地段知名度	极好	较好	较好	较好
	规划前景	好	较好	较好	较好
个别因素	物业品质	较好	顶级	好	好
	装修、设施	豪华装修、设施齐全	豪华、设施齐全	豪华、设施齐全	豪华、设施齐全
	产品档次	世界顶级	高档	中高档	中高档
	临街状态	一面临商业交通混合街、景观好	一面临商业街、景观一般	两面临商业街、景观一般	一面临商业街、景观一般

（3）编制比较因素条件指数表

比较因素修正指数表　　　　　　　　　　　　　　　　　表 1-6

比较因素		估价对象	案例 A	案例 B	案例 C
租金（美元/月/平方米）		待估	4.5	4.5	4.0
项目类型		100	100	100	100
估价时点		100	100	100	100
交易情况		100	100	100	100
区域因素	商业繁华度	100	103	105	103
	交通便捷度	100	102	102	102
	历史文化底蕴地段知名度	100	95	95	95
	规划前景	100	98	98	98
个别因素	物业品质	100	105	102	102
	装修、设施	100	100	100	100
	产品档次	100	95	90	90
	临街状态	100	97	100	97

（4）比准价格

比准价格计算表　　　　　　　　　　　　　　　　　　　表 1-7

比较因素		案例 A	案例 B	案例 C
租金（美元/月/平方米）		4.5	4.5	4.0
项目类型		100/100	100/100	100/100
估价时点		100/100	100/100	100/100
交易情况		100/100	100/100	100/100
区域因素	商业繁华度	100/103	100/105	100/103
	交通便捷度	100/102	100/102	100/102
	历史文化底蕴地段知名度	100/95	100/95	100/95
	规划前景	100/98	100/98	100/98

续表

比较因素		案例A	案例B	案例C
个别因素	物业品质	100/105	100/102	100/102
	装修、设施	100/100	100/100	100/100
	产品档次	100/95	100/90	100/90
	临街状态	100/97	100/100	100/97
比准价格		4.75	4.92	4.59
权重		1/3	1/3	1/3
最终比准价格			4.75	

估价对象房地产一层租金=4.75美元/平方米/天=38元/平方米/天（美元兑人民币汇率=1∶8.10）。

3. 有效毛收入

经过对该地区的实地调查和对该地区同类物业的实际出租情况，分析确定估价对象如果出租，合理出租率应为95%。租金损失费、押金收入忽略不计。

有效毛收入=租金/天/平方米×全年天数×出租率=38×360×95%=12996元/平方米。

4. 运营费用

（1）保险费

① 建筑物重置价

根据上海市建筑工程造价资料和当前造价行情信息，结合建筑物的实际改造及装修情况，综合评定其重置建造价格。公式为：建筑物重置价=建安费+其他=8000+4000=12000元/平方米。

② 保险费：取建筑物重置成本的2‰，保险费=12000×2‰=24元/平方米。

（2）维修费：取建筑物重置成本的2%，维修费=12000×2%=240元/平方米。

（3）管理费：取有效毛收入的3%，管理费=12996×3%=390元/平方米。

（4）房产税：按有关规定取有效毛收入的12%，房产税=12996×12%=1560元/平方米。

（5）营业税及其他税费：按有关规定取有效毛收入的5.55%，即12996×5.55%=721元/平方米。

运营费用=保险费+维修费+管理费+房产税+营业税及其他税费
=24+240+390+1560+721=2935元/平方米。

5. 净收益

净收益=有效毛收入-运营费用=12996-2935=10061元/平方米。

6. 收益期限

估价对象建筑物为钢混结构，1916年~1918年间竣工，经现场查看，结构基本完好，维护保养状况良好。估价对象土地使用年限为1996年11月26日~2046年11月25日，剩余使用年限40.08年。本次估价按照建筑物通过维护持续使用至土地使用期限结束考虑，考虑1年装修改造期，因此收益期限取39.08年。

7. 报酬率

根据市场调查，上海商业的投资报酬率处于6%~12%。本估价对象为高档商业，风险高，综合评定取10%。

8. 收益现值

（1）1楼价格：

$V=a/r\times[1-1/(1+r)^n]=10061/10\%\times[1-1/(1+10\%)^{39.08}]=98183$元/平方米。

（2）1~7楼价格：

通常商业物业的租金、售价底层最高，随着楼层的上升，其租售价格呈逐渐下降趋势。

根据租金价格的空间分布规律，目前市场上的此类房地产租售价值差异一般为：2楼的价值是1楼的65%，3~6楼的价值是1楼的50%，7楼的价值是1楼的45%。

考虑到不同楼层租金售价差异，结合本项目具体特点：1~7楼的比率以及市场价值如表1-8所示。

各层比价关系及单价表　　表 1-8

楼层	与1层比价关系	房地产单价（元/平方米）
1	100%	98183
2	65%	63819
3～6	50%	49092
7	45%	44182

说明：因为估价对象 4～6 层在实际经营过程中楼层对其影响不大，所以价格都取 1 层的 50%，7 层虽然楼层较高，但 7 层景观佳，可欣赏到浦江两岸的美景，因此价格取 1 层的 45%。

（3）总价

总价＝98183×1943＋63819×1832＋49092×1781＋49092×1633＋49092×1681＋49092×1677
　　　＋44182×2023＝72952 万元（取整）。

平均单价＝72952÷12570＝58037 元/平方米。

市场比较法

1. 选取比较案例

估价对象房屋用途为商业。根据估价人员市场调查，选取近期市场上类似高档商业房地产成交案例，如表 1-9 所示。

类似高档商业房地产项目情况表　　表 1-9

项目名称	地址	规模（万平方米）	项目类型	单价（元/平方米）
证大大拇指广场	芳甸路199弄	11	商业广场	56000～65000
上海滩商业广场	人民路388号	0.89	商业	66000～82000
爱仕大厦（商业）	徐家汇路559号	1.3	商业	65000

（1）案例 A：证大大拇指广场

证大大拇指广场位于联洋社区的核心要地，总占地面积 5.2 万平方米，总建筑面积 11 万平方米，是附近唯一大型商业广场。该广场以块状规划，共 22 个建筑体块，设有大型超市（家乐福）、主题商场、精品购物、休闲娱乐、艺术中心、四星级酒店等多项业态设施。

（2）案例 B：上海滩商业广场

位于黄浦区豫园商圈内，豫园凭借超越 4000 万人次的年客流量，已经形成了一个炽热的商圈，聚集着上海滩最为古老繁华的商贸形态，同时也是沪上旅游、黄金和小商品批发零售等行业的龙头老大。而上海滩商业广场就是凭借其地段的优越性以及经营业态的成熟性，而在市场销售中一路走高。

（3）案例 C：爱仕大厦（商业）

爱仕大厦位于繁华稀缺地段打浦桥金融商务区内，毗邻淮海路、徐家汇 CBD，距新天地仅五分钟车程，与浓缩上海历史人文的洋房别墅区思南路隔街相望，与艺术家生态群落泰康路为邻。

2. 商业房地产影响因素说明

（1）宏观经济

宏观经济的发展情况直接影响到城市的发展速度及居民收入情况，也同时影响到了商业房地产的发展。

（2）区位条件

地产的至理名言：区位、区位、还是区位，对于商业房地产同样适用，只是在评价区位优劣时，区别于其他类型物业更注重繁华程度的影响，而且要注重分析区位与业态类型的关系，并具有区位的微小差异会导致租金巨大差异的特点。

（3）经营管理水平

经营管理水平是保障商业良好运作的关键，良好的经营管理要与商业的发展相吻合，适应经营者和消费者的需求，专业管理公司则可以保障租金的稳步提升。

（4）商品档次/装修档次

装修档次决定了商业项目的形象定位，视觉上的舒适感，内部购物环境舒适程度，起到把人流吸引来的重要作用。

（5）主力商家引入

主力商家以其良好的品牌效应，先进的经营理念、多样的经营手法、准确的顾客定位和价格定位、周到的顾客服务起到吸引人气的关键作用。

3. 价格修正

比较因素说明表　　　　　　　　　　　　　　　　　　　表1-10

		估价对象	案例A（大拇指广场1~3层）	案例B（上海滩商业广场1~3层）	案例C（爱仕大厦1~3层）
	单价（元/平方米）	待估	60500	74000	65000
	交易情况	正常	正常	正常	正常
	交易期日	2006.10	2006.10	2006.10	2006.10
区域因素	商业繁华度	位于外滩，一般	浦东联洋高档社区内，较好	豫园商圈内，较好	淮海路商圈，较好
	交通便捷度	较好	较好	较好	好
	历史文化底蕴地段知名度	好	一般	好	较好
	规划前景	好	较好	较好	较好
个别因素	规模	1.2万平方米	11万平方米	0.89万平方米	1.3万平方米
	经营业态档次	顶级	中高档	中档	中高档
	管理运营模式	佳	较好	较好	一般
	品牌效应	强	较强	较强	一般
	临街状态	较好	较好	好	好

比较因素条件指数表　　　　　　　　　　　　　　　　　表1-11

		估价对象	案例A（大拇指广场）	案例B（上海滩商业广场）	案例C（爱仕大厦）
	单价（元/平方米）	待估	60500	74000	65000
	交易情况	100	100	100	100
	交易期日	100	100	100	100
区域因素	商业繁华度	100	103	103	103
	交通便捷度	100	100	100	102
	历史文化底蕴地段知名度	100	95	100	97
	规划前景	100	97	97	97
个别因素	规模	100	107	99	100
	经营业态档次	100	98	96	98
	管理运营模式	100	98	96	97
	品牌效应	100	98	98	97
	临街状态	100	101	103	103

比较因素条件指数计算表　　　　　　　　　　　　　　　表1-12

	案例A（大拇指广场）	案例B（上海滩商业广场）	案例C（爱仕大厦）
单价（元/平方米）	60500	74000	65000
交易情况	100/100	100/100	100/100
交易期日	100/100	100/100	100/100

续表

		案例A（大拇指广场）	案例B（上海滩商业广场）	案例C（爱仕大厦）
区域因素	商业繁华度	100/103	100/103	100/103
	交通便捷度	100/100	100/100	100/102
	历史文化底蕴地段知名度	100/95	100/100	100/97
	规划前景	100/97	100/97	100/97
个别因素	规模	100/107	100/96	100/100
	经营业态档次	100/98	100/96	100/98
	管理运营模式	100/98	100/98	100/97
	品牌效应	100/98	100/98	100/97
	临街状态	100/101	100/103	100/103
修正价格		62667	80423	69235
权重		1/3	1/3	1/3
比准价格			70775	

根据商业房地产价格的空间分布规律，目前市场上的此类房地产价值差异一般为：2楼的价值是1楼的65%，3～6楼的价值是1楼的50%，7楼的价值是1楼的45%。根据以上比例1～3层均价约为底层单价的72%，则底层单价为70775÷0.72＝98299元/平方米。

考虑到不同楼层价格差异，结合本项目具体特点：1～7楼的比率以及市场价值如表1-13所示。

各层比率及单价表　　　　表1-13

楼 层	与1层比价关系	房地产单价（元/平方米）
1	100%	98299
2	65%	63894
3～6	50%	49150
7	45%	44235

估价对象一共7层，各层单价乘以面积得
总价＝98299×1943＋63894×1832＋49150×1781＋49150×1633＋49150×1681＋49150×1677
　　　＋44235×2023＝73037万元（取整）。
均价＝73037÷12570＝58104元/平方米。

考虑到与估价对象地段位置相近，具有同类结构和用途的房屋买卖交易案例很少，收集到的交易案例可比性稍差，交易案例的修正比较会存在较大的人为因素，本次运用市场比较法进行估价主要用于对收益价格的验证。以上结果与收益法计算结果相近，从而验证了收益还原法所测算出的估价对象的价格水平的基本合理性。

（二）历史文化价值的评估

1. 估价思路

考虑到估价对象的历史文化价值主要体现在建筑物上，本次估价通过分析上海市外滩历史风貌保护区内已成交的近代优秀建筑交易价格，通过对其土地和建筑物现值的剥离，得到其包含历史文化价值的建筑物价值，经过对这一价值量与其成本价格的比较，得到历史文化价值系数，将估价对象建筑物成本价格乘以历史文化价值系数，得到估价对象的历史文化价值。

历史文化价值＝建筑物现值×历史文化价值系数。

式中，历史文化价值系数＝（类似外滩二级保护建筑修正后均价－区域土地均价－保护建筑平均更新重置现值）÷保护建筑平均更新重置现值。

2. 历史文化价值系数的确定

（1）办公用途外滩二级保护建筑修正后均价

运用比较法原理，主要进行交易日期的修正，用算术平均法求取均价。

外滩二级保护建筑均价修正表　　　　　表 1-14

	实例 A	实例 B	实例 C
地址	中山东一路 3 号	广东路 17 号	中山东一路 12 号
结构	钢混	钢混	钢混
交易日期	1997 年 7 月	2003 年 11 月	2000 年 3 月
估价时点	2006 年 10 月	2006 年 10 月	2006 年 10 月
交易情况	正常	正常	正常
交易单价	3800 美元/合 30400 元/平方米	35000 元/平方米	3500 美元/合 28000 元/平方米
交易日期修正	1546/1200	1546/1146	1546/900
交易情况修正	100/100	100/100	100/100
修正单价（元/平方米）	39165	47216	48098
修正平均单价（元/平方米）		44826	

注：交易日期的修正通过中房指数进行修正。

（2）该区域土地使用权价格

根据市场调查和测算，外滩地区办公用途熟地楼面价约为 15000 元/平方米，考虑开发过程，形成房地产产品后土地贡献价值为 15000×(1+40%)=21000 元/平方米。

（3）外滩市级保护建筑平均更新重置现值

根据外滩市级保护建筑物的特点，查阅《上海市工程造价信息》等资料，不考虑特殊工艺、材料，类似建筑的建安费为 8000 元/平方米，并以此计算重置单价。

外滩二级保护建筑平均重置单价计算表　　　　　表 1-15

建筑结构：钢混	单价（元/平方米）
平均建筑安装费	8000
利息、利润等其他	4000
平均重置单价	12000

综合成新率按 55% 计，则

平均重置现值单价＝平均重置单价×综合成新率＝12000×55%＝6600 元/平方米。

（4）历史文化价值系数计算

历史文化价值系数（平均）＝（外滩市级保护建筑修正后均价－该区域土地均价－外滩二级保护建筑平均更新重置现值）÷外滩二市级保护建筑平均更新重置现值＝(44826－21000－6600)÷6600＝2.61。

影响建筑物历史文化价值的主要因素建成年代、建筑式样、施工工艺、工程技术、是否反映地域历史文化特点、建筑师名声、其他历史文化意义等。本次估价对象与上述案例类似，故不另作修正，其历史文化价值系数为 2.61。

3. 历史文化价值计算

估价对象建筑物待加固改造，其重置价值为 12000 元/平方米，根据现场查看判断其成新率为 52%，评估测算得其重置现值为 12000×52%＝6240 元/平方米，则根据公式计算得：

历史文化价值单价＝6240 元/平方米×2.61＝16286 元/平方米。

总价＝16286 元/平方米×12570 平方米＝20472 万元。

（三）改造装修因素的处理

以上为单纯房地产价值为估价对象假设加固改造装修后的价值，总计为 72952 万元。该总价为估价时点完工状态下的价值，未考虑改造装修成本、利润及时间因素。

加固改造装修施工时间按 1 年计，折现率同前按 10% 计，加固改造装修预计为 7000 元/平方米，均

匀投入，利润为15%，则估价对象现状于估价时点的总价为

72952÷(1+10%)−7000×(1+15%)×12570÷10000÷(1+10%)0.5=56672万元。

七、估价结果确定

综合单纯房地产价值和附加的历史文化价值，估价对象的总价为

56672万元+20472万元=77144万元。

每平方米建筑面积单价为77144÷12570=61372元/平方米。

报告二

长沙市××商业房地产投资收购估价报告

深圳市同致诚土地房地产估价顾问有限公司　　钟菊珍

评析意见

根据投资收购房地产类估价项目的特点，估价师首先经过与委托方沟通，确定价值定义为改造后的房地产市场价值；然后对改造后的房地产用途，又经过调查确认其合法性和经济上的可行性；最后，再经过分析确定采用市场法和收益法进行评估。该报告对估价对象现状用途、改造后转变用途的房地产市场状况进行了大量的调查和分析，并以图文并茂的形式进行了详细介绍。在估价测算过程时，确定收益法中有关参数的理由较充分，设定市场法中有关区域因素和个别因素也较全面。该报告格式规范，内容比较完整，文字表述比较清楚，对类似估价项目具有一定参考价值和借鉴意义。但是，该报告对部分参数（如可比案例价格、广告收入、装修改造成本等）取值来源未作说明，对市场价格波动状况判断和文字表述也存在某些欠缺。

目录（略）
致估价委托人函

深圳××××股份有限公司：

承蒙委托，我公司对位于湖南省长沙市芙蓉区五一东路1号新兴大酒店房地产进行估价，估价对象总建筑面积25734.74平方米，权利人为长沙饮料厂，房屋用途为商业，土地用途为商业用地，土地使用权面积4763.22平方米，土地使用权性质为划拨，但考虑到估价目的和贵司要求，本次估价设定为出让，土地使用年限40年（自2003年5月13日至2043年5月12日）。

根据《房地产估价规范》以及实地查勘时间，确定估价时点为二○○八年十月十三日，估价目的是为贵司投资收购估价对象提供价值参考依据；报告应用的有效期自完成并提交估价报告之日起原则上规定为一年（自二○○八年十月二十四日起至二○○九年十月二十三日止），若房地产市场有较大波动或超过一年或房地产状况发生变化，需重新进行评估。

估价人员本着独立、客观、公正、合法的原则，在进行实地查勘、广泛收集有关市场信息和估价对象信息的基础上，全面分析了影响估价对象公开市场价值的各项有利和不利因素，根据国家有关房地产估价的法律法规和估价目的，按照科学的估价程序，并运用适当的估价方法，对本次估价对象进行估价测算，确定估价对象于估价时点2008年10月13日的市场价值为239938400元，大写人民币贰亿叁仟玖佰玖拾叁万捌仟肆佰元整，详见《估价结果明细表》。

估价结果明细表　　　　　　　　　　　　　　表2-1

估价对象	建筑面积（平方米）	估价单价（元/平方米）	估价值（元）
湖南省长沙市芙蓉区五一东路1号新兴大酒店地下1层	3025.41	1370	4144800
湖南省长沙市芙蓉区五一东路1号新兴大酒店第1层	2873.23	27950	80306800

报告二 长沙市××商业房地产投资收购估价报告

续表

估价对象	建筑面积（平方米）	估价单价（元/平方米）	估价值（元）
湖南省长沙市芙蓉区五一东路1号新兴大酒店第2层	3058.22	18150	55506700
湖南省长沙市芙蓉区五一东路1号新兴大酒店第3层	3123.21	10960	34230400
湖南省长沙市芙蓉区五一东路1号新兴大酒店第4层	3123.21	6190	19332700
湖南省长沙市芙蓉区五一东路1号新兴大酒店第5层	1600.82	5100	8164200
湖南省长沙市芙蓉区五一东路1号新兴大酒店第6~15层	8379.94	4200	35195700
湖南省长沙市芙蓉区五一东路1号新兴大酒店设备房	550.7	0	0
广告收益价值	—	—	17645300
减：装修改造费用	—	—	14588200
合计	25734.74	—	239938400

注：(1) 深圳××××股份有限公司拟收购深圳市金泰恒业投资发展有限公司持有的长沙新兴发展有限公司46%的股权，因此就估价对象该部分权益的收购价值应为110371664元（取整至百位）。(2) 设备房等作为估价对象之商业和酒店的辅助配套建筑物，其利用价值已在商业和酒店的价值中体现，故本次估价对该部分物业不重复单独测算。

深圳市同致诚土地房地产估价顾问有限公司
法定代表人：
（注册估价师）
二〇〇八年十月二十四日

估价师声明（略）
估价的假设和限制条件

一、估价假设条件
（一）产权方面假设条件
1. 对于估价对象产权，以估价委托人提供的《房屋所有权证》、《国有土地使用权证》为依据，我们并未到有关主管部门对《房屋所有权证》、《国有土地使用权证》记载内容的真实性进行核实，由估价委托人保证其产权的真实性、合法性。
2. 对于估价对象土地面积、建筑面积等影响估价结果的数据资料，以估价委托人提供的《房屋所有权证》、《国有土地使用权证》记载为准，本次估价假设上述数据资料于估价时点合法有效。

（二）公开市场价值假设条件
1. 公开市场价值，是指估价对象在采用公开市场价值标准并假设未设立法定优先受偿权利的条件下最可能形成的客观合理价值。

所谓公开市场，是指一个竞争性的市场，在该市场上交易各方进行交易的目的在于最大限度地追求经济利益，并且他们都掌握了必要的市场信息，有比较充裕的时间进行交易，对交易对象具有必要的专业知识。此外，市场交易条件公开并不具有排他性，即所有市场主体都可以平等自由地参与交易，并同时满足以下条件：

(1) 自愿销售的卖方及自愿购买的买方；
(2) 有一段合理的洽谈交易时间，可以通盘考虑物业性质和市场情形进行议价；
(3) 在此期间物业价值将保持稳定；
(4) 该物业可以在公开市场上自由转让；
(5) 不考虑特殊买家的额外出价。

（三）其他假设条件

1. 本次估价时点设定为估价对象完成实地查勘之日二〇〇八年十月十三日。

2. 估价对象在估价时点的土地使用权性质仍为国有划拨土地使用权，委托方拟在其经国土部门审核批准变更为国有出让性质，且为完全产权房地产后，进行收购投资，故本次所评估的物业价值是在设定估价对象的土地产权已正常转为国有出让性质、估价对象为完全产权、不考虑任何债权、债务、租赁关系基础上的公开市场价值。

3. 根据委托方提供的资料，估价对象由划拨土地使用权补办出让手续可享受相关优惠政策，但补缴相应地价及税费后，其土地使用权起始时间须自 2003 年 5 月 13 日起算，出让年限为商业用途法定最高出让年限 40 年。因此，在设定估价对象的土地使用权性质为国有出让土地使用权性质的基础上，截至估价时点估价对象土地剩余可使用年限为 34.58 年。

4. 考虑估价对象进行产权变更等手续具有一定的不确定性，本次估价设定估价对象变更手续等时间为自估价时点起半年时间。

5. 本次估价报告根据最高最佳利用原则设定估价对象 1~5 层做 IT 电子卖场，6~15 层做写字楼出租经营。

6. 考虑到估价对象被收购后须进行必要的装修、改造和招商，本次估价设定装修改造期为半年，估价对象在成功招商后免租半年，估价对象在装修改造期和免租期内不产生任何收益。

7. 估价对象的土地面积、建筑面积等有关数据，均以委托方提供《国有土地使用证》、《房屋所有权证》及其相关资料等资料为依据，我们未进行实地丈量。

8. 对于估价对象的建购价款，本次估价以委托方提供的审计报告为依据。

9. 本估价报告中的估价总值为估价对象于估价时点状态、满足假设和限制条件下的公开市场价值，其中包含市场地价及预计转让时应发生的各项税费，但未考虑估价对象可能存在抵押、担保等影响其价值的因素限制，亦未考虑国家相关经济政策变化或其他不可抗力的影响。

二、估价限制条件

1. 本估价结果未考虑国家宏观经济政策发生变化，及遇到自然力及或其他不可抗力时，可能对房地产价格产生的影响。

2. 本估价结果包括相应的土地使用权价值，并包括与估价对象房地产不可分割的、满足其功能需要的水、电等相关配套设施的价值，该土地使用权或被包括的配套设施等若被与房屋分割处置时，本估价结果无效。

3. 对估价对象的建筑结构我们仅作一般性勘察，未对其进行结构测试，不能确定其结构是否存在内部安全隐患。本次估价时设定其建筑结构是安全的。

三、需要特殊说明的事项

1. 本报告中对于未来房地产市场发展趋势的分析、判断，是估价人员基于估价时点的房地产市场状况作出的，受估价人员经验能力、数据资料的限制，其结论可能与实际情况存在一定的偏差，提请报告使用人注意。

2. 随着时间推移，房地产市场状况和估价对象自身情况发生变化，估价对象的市场价值将发生相应变化。建议估价报告使用者应定期或在房地产市场价格变化较快时或房地产状况发生改变时对房地产市场价值进行再评估。

3. 本报告仅针对委托方估价目的做出估价，不对其他用途负责。

4. 本报告中，除使用政府部门、行业公布的价格资料和公开市场的价格信息外，主要依据估价委托人提供的相关材料，包括但不限于其提供的权属证件等复印件，我们未得到授权也没有法定资格核查审验估价委托人提供的资料的真伪；委托方提供的权属资料、相关图纸及数据等资料是本次估价所需的重要依据，估价人员已对其给予了必要的关注。该资料的真实性、合法性和完整性均由委托方负责，对由此而引起的后果及相关责任，我公司无法承担任何责任。

5. 本房地产估价报告经估价机构加盖公章并由注册房地产估价师签字后方可使用。本报告中的【估价技术报告】仅供估价机构存档或提交有关主管部门审查或备案所用。

6. 本报告必须完整使用方为有效，对使用本报告中的部分内容导致的可能发生的歧义或损失，本机构无法承担责任。同时未经我公司书面同意，本估价报告全部或部分内容不得公开发表，也不得向相关登记或备案部门以外的单位或个人提供。

7. 本报告未考虑估价对象可能存在的查封、抵押、担保、瑕疵等因素对其价值的影响，亦未考虑国家宏观经济政策发生重大变化以及遇有自然力和其他不可抗力对评估结论的影响。

8. 本估价报告应用的有效期自完成并提交估价报告之日起原则上规定为一年（自二〇〇八年十月二十四日起至二〇〇九年十月二十三日止），若房地产市场有较大波动或超过一年，需重新进行评估。

9. 本报告仅针对委托方估价目的做出估价，不对其他用途负责。

10. 如无特别说明，本估价报告中所使用的货币均为人民币。

11. 本次评估是基于上述假设和限制条件成立的，如以上假设和限制条件发生变化，本报告结果必须作相应调整。

12. 本报告书含若干附件，与报告书正文具同等效力，不可分割对待。

房地产估价结果报告

一、估价委托方（略）

二、估价机构（略）

三、估价对象

1. 估价对象位置

估价对象湖南省长沙市芙蓉区五一东路1号新兴大酒店位于长沙市五一东路1号，东临车站中路，与长沙火车站及长途客运站隔路相望，南临三九楚云大酒店，西临启银酒店长沙市中医医院，北临长沙市的主干大道五一大道，五一大道路面宽敞，交通顺畅，区位优势明显。

估价对象距长沙市的电子IT核心商圈约200米，长沙市电子IT商圈位于车站中路，解放东路，该商圈汇集了长沙市几乎所有的电脑城，主要有国储电脑城、QQ电脑城、赛博数码广场、华海3C广场以及合峰电脑城。

估价对象的周边配套成熟，酒店、超市、商场、银行、医院等配套设施齐全，毗连长沙火车站及长途汽车站，人流量极大，同时交通十分便利，有多路公交车到达。

2. 估价对象权利状况

（1）土地登记状况

估价对象湖南省长沙市芙蓉区五一东路1号新兴大酒店房地产坐落湖南省长沙市芙蓉区五一东路1号，宗地四至：东临车站中路，与长沙火车站及长途客运站隔路相望，南临三九楚云大酒店，西临启银酒店长沙市中医医院，北临长沙市的主干大道五一大道；根据长沙市东区国土管理局确权发证的《国有土地使用证》[东国用（94）字第0093号]确认土地使用权来源为行政划拨，土地使用者为长沙饮料厂，土地面积4763.22平方米，图号：20.40-49.00/49.25，20.20-49.00/49.25，地号：2051004，土地用途为商业用地，土地等级为一级；登记时间为一九九四年十月。

根据《长沙市人民政府国有土地供应签报审批单》（审批时间2003年5月12日）审批意见：土地使用权属单位长沙市服务公司（长沙饮料厂），土地位置位于五一东路一号，土地使用权类型为行政划拨，土地供应方式为企业改制出让，土地受让单位为长沙新兴发展有限公司，土地总面积4766.53平方米（扣除面积125.56平方米，出让面积4640.97平方米），规划用途为商业，土地等级为第一级，容积率为6.4，建筑面积29702.208平方米，出让年限40年（自2003年5月13日至2043年5月12日）。土地出让金（单价1800.96元/平方米，总地价8358224元），出让金计算式"详见长地价评（2181）号土地出让金估价报告",备注:根据长国土资政发(2002)93号文件精神,企业改制理顺职工劳动关系,土地出让金优惠50%,实收4179112元,再全额弥补企业亏损。

(2)房屋所有权登记状况

估价对象湖南省长沙市芙蓉区五一东路1号新兴大酒店房地产,于1996年12月1日竣工,总建筑层数共15层,估价对象为整栋,分为地下层、第1、2、3层、第4~5层、第6~15层、设备房;总建筑面积为25734.74平方米,均于1996年1月18日办理了《房屋所有权证》,证载所有权人均为长沙新兴发展有限公司(长沙饮料厂),所有权性质:其他产,产权来源:自建,建筑结构:钢筋混凝土结构。房屋用途:商业;其具体的产权情况《房屋产权明细表》。

房屋产权利状况明细表　　　　　　　　　　　表2-2

估价对象	宗地位置	所有权人	房地产证号	房屋用途	建筑面积（平方米）	他项权利	限制信息
新兴大酒店地下层、第1、2、3层	东区五一东路1号	长沙新兴发展有限公司（长沙饮料厂）	长房权东自字第000067号	商业	12080.07	①抵押权人全称：湖南国美电器有限公司、抵押面积：3123平方米、抵押金额：8000000元，权证号码：00048585、部位描述：三层	
新兴大酒店第4~5层			长房权东自字第00069号	住宅	4724.03	①抵押权人全称：中国工商银行长沙市全通支行、抵押面积：1556平方米、贷款金额：0，权证号码：00000778、部位描述：第12层；②抵押权人全称：长沙市商业银行华龙支行、抵押面积：1208.58平方米、贷款金额：1270000元，权证号码：00022041、部位描述：第六层；③抵押权人全称：长沙市商业银行高信支行、抵押面积：2625.75平方米、贷款金额：3170000元，权证号码：00052086、部位描述：7、8、15层	①限制类型：法院冻结；限制范围：第四层；限制时间：2008-05-15；发文单位：芙蓉区法院 ②限制类型：法院冻结；限制范围：第四层全部；限制时间：2006-05-30；发文单位：芙蓉区法院 ③限制类型：法院冻结；限制范围：第五层；限制时间：2005-10-12；发文单位：望城法院 ④限制类型：法院冻结；限制范围：续冻第五层；限制时间：2004-03-25；发文单位：望城县法院
新兴大酒店第6~15层			长房权东自字第00066号	商业	8379.94		①限制类型：法院冻结；限制范围：第十层，第十一层；限制时间：2005-10-12；发文单位：望城法院 ②限制类型：法院冻结；限制范围：续冻第十层、第十一层；限制时间：2004-03-25；发文单位：望城县法院 ③限制类型：法院冻结；限制范围：第十层，第十一层；限制时间：2002-04-05；发文单位：望城县法院 ④限制类型：法院冻结；限制范围：第9层；限制时间：2000-01-31；发文单位：芙蓉区法院
新兴大酒店设备房			长房权东自第00068号	商业	550.7	—	①限制类型：法院冻结；限制范围：全部；限制时间：2008-05-15；发文单位：芙蓉区法院 ②限制类型：法院冻结；限制范围：全部；限制时间：2006-05-30；发文单位：芙蓉区法院
合计					25734.74	—	

3. 估价对象实物状况

估价对象湖南省长沙市芙蓉区五一东路1号宗地，土地面积4763.22平方米，平面布局呈规则的四边形结构，宗地土地实际开发程度达到五通（供水、排水、通路、通电、通信）、宗地内场地建有一栋建筑物新兴大酒店，土地用途为商业用地。根据委托方提供的《新兴发展有限公司房屋建筑面积一览表》。该地块的容积率为6.4，建筑覆盖率约为64.2%，土地剩余使用年限34.58年。

估价对象湖南省长沙市芙蓉区五一东路1号新兴大酒店，建成时间为1996年12月1日，总建筑面积为25734.74平方米，根据委托方的资料，估价对象中的新兴大酒店共15层（其中地下1层、地上14层），地下1层为停车场和食堂，其中停车场有约60个车位，在五一大道北侧及车站中路南侧有车辆出入口；地上1层部分面积及第2层出租给国美电器使用，1层部分面积出租给一些小商铺在经营，主要有桂林人美食广场、新旺超市、旅行社、湘绣批发、中国移动、茶吧、网吧咖啡厅、名烟名酒店等；3层部分为国美电器的仓库，其余部分空置；4层部分空置、部分出租给新兴酒楼经营；5层部分建筑原为架空层，经加建后部分为新兴大酒店办公使用，部分出租给新兴大舞台及KTV娱乐城使用，6~15层为新兴大酒店的客房，无第13层，设备房为新兴大酒店右侧1栋3层钢混结构的附楼，比较简易，其中新兴大酒店的高压室在设备房的2层，低压室在附楼的3层。估价对象房地产为长期分散出租使用，房屋的维修保养一般。房屋具体面积及用途详见《估价对象面积及用途汇总表》。

估价对象面积及用途汇总表　　　　　　　　　　　　　　　　　表2-3

估价对象	建筑面积（平方米）	实际用途
地下层、第1、2、3层	12080.07	
其中：地下层	3025.41	停车场和食堂
第1层	2873.23	部分租给国美电器经营使用、部分租给一些小商铺
第2层	3058.22	出租给国美电器经营使用
第3层	3123.21	部分为国美电器的仓库，其余部分空置
第4~5层	4724.03	
其中：第4层	3123.21	部分空置、部分出租给新兴酒楼经营
第5层	1600.82	部分原为架空层，经加建后部分为新兴大酒店办公
第6~15层	8379.94	作为新兴大酒店的客房
设备房	550.7	高压室在设备房的2层，低压室在附楼的3层
总计	25734.74	—

4. 估价对象设备设施及装修状况

估价对象建成于1996年12月1日，为钢筋混凝土结构，建筑平面较为规整，层高较高，根据委托方提供的资料，新兴大酒店负1层层高为4.5米、第1层层高为5.1米、第2层层高为4.2米、第3层层高为4.2米、第4层层高为4.5米，新兴大酒店共有3部垂直电梯，其中2部为酒店使用，1部由商场使用，运行状况一般，此外，第1~4层有6部自动扶手电梯，目前1至2层的两部扶手电梯勉强可以运行，速度很慢，其他4部扶手电梯均不能使用。

空调系统：原配美国开利单冷空调3台，目前国美电器使用1台，另外2台闲置未使用，据物业方介绍，维修后可以正常使用，但空调管道需全部更换。该物业的冬季采暖系统为柴油锅炉水暖，由于成本太高，2007年底，酒店的客房全部重新配备了格力2匹分体柜机。除国美电器外，其他商家的空调均自行解决。消防系统：消防系统可使用，消防控制室比较简陋。由于新兴大酒店第3层、第4层已闲置太久，消防卷闸门、烟感、喷淋等消防设施的状态不明。电力系统：该物业为双回路供电，无备用柴油发电机。

新兴大酒店第6~15层客房部分装修状况一般，其中10、11层装修稍新，其他楼层较差，走廊为石膏板吊顶、墙为乳胶漆、地面为地毯、窗为铝合金、门为木门，客房内，墙为壁纸或乳胶漆、地面：地毯、卫生间为瓷片贴顶、塑料天花、地面为瓷砖，自动喷淋。

5. 估价对象经营状况

估价对象部分用于出租,部分自己经营,出租部分主要位于第 1~5 层,6~15 层为新兴发展有限公司自己经营,新兴大酒店 6~15 层每层有 17 间客房,其中 11 层全部为单人间,第 7 层全部为 3 人间,每间客房从 108~218 元/天不等,平均开房率为 75% 左右。

估价对象 1~5 层出租部分,地上 1 层部分面积及第 2 层出租给国美电器使用,1 层部分面积出租给一些小商铺在经营,主要有桂林人美食广场、新旺超市、旅行社、湘绣批发、中国移动、茶吧、网吧、咖啡厅、名烟名酒店等;3 层部分为国美电器的仓库,其余部分空置;4 层部分空置、部分出租给新兴酒楼经营;5 层部分建筑原为架空层,经加建后部分为新兴大酒店办公使用,部分出租给新兴大舞台及 KTV 娱乐城使用。

四、估价目的

为委托方收购投资估价对象提供价值参考依据。

五、估价时点

二○○八年十月十三日。

六、价值定义

本报告中的估价总值为估价对象湖南省长沙市芙蓉区五一东路 1 号新兴大酒店于估价时点状态、在公开市场价值标准及满足估价的假设和限制条件下的市场价值。

七、估价依据(略)

八、估价原则(略)

九、估价方法

常见的房地产估价方法有市场比较法、收益法、成本法、假设开发法和长期趋势法五种方法。根据估价对象的特点和估价目的、估价人员在认真分析所掌握的资料并对估价对象进行实地查勘后,根据估价对象的特点及本身的实际情况,遵照国家标准《房地产估价规范》,最终选择收益法、市场比较法、成本法作为本次估价的基本方法来求取估价对象价值。主要基于以下几个方面的考虑:

1. 估价对象中的新兴大酒店所处区域房地产租赁市场较为活跃,租金、出租率等相关资料较容易获取,估价对象是具有客观收益的物业,因此适宜采取收益法。

2. 估价对象所处区域大型商业房地产整体交易的价格可以最为直接和客观地反映估价对象市场价值,选择市场比较法也最具说服力;但考虑到由于区域内整体交易的成交案例较少,获取真实的相关信息难度大,在应用市场比较法时可在周边区域选择交易实例并根据需要结合租赁市场水平进行估价。

3. 估价对象属于建成物业,且地上建筑已办理产权登记,目前使用状况良好,从投入产出比以及建筑环保的角度,没必要进行开发或再开发,因此不适用于假设开发法。

4. 目前房地产市场价格波动较大,不适应采用长期趋势法。

5. 估价对象的法定用途和实际用途为商业,近几年,长沙市房地产市场的快速发展,房地产市场超额垄断利润的存在使得价格水平已经远远偏离了成本,采用成本法+基准地价修正系数法难以反映目前具正常的价格水平。

收益法:也称为收益资本化法、收益还原法,是根据估价对象未来收益求取估价对象价值的方法,具体是预测估价对象未来各期的正常净收益,然后选用适当的资本化率将其折算到估价时点后相加来求取估价对象价值的方法。收益法是以预期原理为理论依据,预期原理说明,决定房地产当前价值的,重要的不是过去的因素而是未来的因素,适用于有经济收益或潜在经济收益的房地产估价。

收益法的最基本的计算公式为:

$$V = \frac{A_1}{1+Y_1} + \frac{A_2}{(1+Y_1)(1+Y_2)} + \cdots + \frac{A_n}{(1+Y_1)(1+Y_2)\cdots(1+Y_n)} = \sum_{i=1}^{n} \frac{A_i}{\prod_{j=1}^{i}(1+Y_j)}$$

其中:V—收益价格,A_n—年净收益,Y_n—报酬率,n—收益年限。

运用收益法估价应按下列步骤进行:搜集有关收入和费用的资料;估算潜在毛收入;估算有效毛收

入；估算运营费用；估算净收益；选用适当的资本比率；选用适宜的计算公式求出收益价格。

市场比较法是指将估价对象与在估价时点近期交易的类似房地产进行比较，并对类似房地产的已知价格进行交易日期、交易情况、区域因素、个别因素等修正，以估算估价对象的客观合理价格或价值的方法。市场比较法的理论依据是替代原理，适用于类似房地产交易活跃的情况下，它是一种说服力较强，具有现实性，最常用的估价方法。

估价对象市场价格＝比较案例价格×交易情况修正系数×交易期日修正系数×区域因素修正系数×个别因素修正系数。

运用市场比较法估价一般应按下列步骤进行：搜集交易实例；选取可比实例；建立价格可比基础；进行交易情况修正；进行交易日期修正；进行区域因素修正；进行个别因素修正；求出比准价格。

十、估价结果

估价人员本着独立、客观、公正、合法的原则，在进行实地查勘、广泛收集有关市场信息和估价对象信息的基础上，全面分析了影响估价对象公开市场价值的各项有利和不利因素，根据国家有关房地产估价的法律法规和估价目的，按照科学的估价程序，并运用适当的估价方法，对本次估价对象进行估价测算，确定估价对象于估价时点 2008 年 10 月 13 日的市场价值为 239938400 元，大写人民币贰亿叁仟玖佰玖拾叁万捌仟肆佰元整，详见《估价结果明细表》（同致估价委托人函，略）。

注：(1) 深圳××××股份有限公司拟收购深圳市金泰恒业投资发展有限公司持有的长沙新兴发展有限公司 46％股权，因此，估价对象该部分权益的收购价值应为 110371664 元。(2) 设备房作为估价对象之商业和酒店的辅助配套建筑物，其利用价值已在商业和酒店的价值中体现，故本次估价对该部分物业不做单独测算。

十一、估价人员（略）

十二、估价作业日期（略）

十三、估价报告应用的有效期（略）

房地产估价技术报告

一、个别因素分析（略）

省略，具体详见估价结果报告。

二、区域因素分析（略）

三、市场背景分析

（一）宏观经济（略）

（二）长沙市房地产发展状况（略）

（三）长沙市专业电子市场发展状况

1. 长沙市电子市场发展（略）

2. 长沙市电子市场商圈概述

长沙 IT 核心商圈位于车站中路、解放东路，周边汇集了长沙几乎所有的电脑城。车站中路有长沙最具代表性的国储电脑城、QQ 电脑城，解放东路有华海 3C 广场，赛博数码广场以及合峰电脑城，商圈的集中度很高。长沙 IT 商圈主要卖场分布图（略）。

3. 火车站 IT 商圈主要电脑城

（1）国储电脑城。地理位置：长沙市芙蓉区车站路与解放东路交汇处。经营面积：31000 平方米。经营楼层：负 1 层～5 层。开业时间：1998 年 9 月，2008 年 9 月 6 日经过重新装修和经营业态调整后重新开业。国储电脑城 1～5 层平面图（略）。

各楼层业态分布。负 1 层：数码广场；1 层：笔记本电脑专区、品牌电脑区，包含高、中、低档各类品牌；2 层：经营耗材和外设；3 层：DIY 电脑配件；4 层：综合店面，类似于店中店，以品牌类为主,同时设立专门的维修区域、监控与安防区域、笔记本电脑、台式电脑;5层:IT产品渠道中心,用于批发、售后和办公室等。

各楼层租金分布表 表2-4

楼 层	租金(元/平方米/月,按套内面积)	入场费(万元)
-1F	—	—
1F	均价650左右,最低520,最高780	8~15
2F	均价420左右,最低280,最高580	5~10
3F	均价350左右,最低200,最高450	2~5
4F	均价220左右	无入场费
5F	均价100左右	无入场费

经营状况:国储电脑城1~5层共计约404个铺位,其中1层55个、2层114个、3层95个、4层102个、5层38个。根据估价人员现场调查,国储电脑城负1层至1层无空置铺位,2层以上至5层共计空置约40个左右,因此整体出租率约为90%。根据调查当日目测,四、五层有部分铺位在装修中,而营销中心也一直有人在洽谈中,因此预计出租率还将继续上升。负一层数码广场人气较旺(图略),五层空置及装修中铺位(图略)。

(2)华海3C广场(外立面照片,略)。该广场是由总部设在南京的"华海电脑数码通讯广场股份有限公司"投资打造的全国连锁企业,成立于2005年8月,现有经营面积约16000m²,是长沙硬件设施最完善的电脑城。地理位置:长沙市芙蓉区解放东路与朝阳路交汇处。经营面积:20000平方米。经营楼层:1~4层。开业时间:2005年8月。

各楼层业态分布:

1层:品牌形象馆(笔记本电脑、台式电脑)、数码街、INTEL体验中心、苏宁电器、德克士、浦发银行。一层平面图(略)。

2层:数码相机、摄像机、数码周边产品、苏宁电器(家用电器街)。

3层:DIY电脑乐园、电脑配件、耗材、监控产品、软件游戏以及二手维修。

4层:笔记本黄金街、便利店、悠仙美地咖啡吧、游戏区、电脑医院、华海办公区。

各楼层租金分布 表2-5

租金(元/平方米/月)	1层	2层	3层	4层	备 注
按使用面积	500	320	205	120	以上调查租金包含平均8元/平方米/月的物业管理费;使用面积率平均在60%左右
按建筑面积	300	192	123	72	

经营状况:华海3C广场处于长沙火车站IT商圈的核心位置,是现有各电脑城中硬件设施最好、各楼层经营品种定位最严格的电脑城,引领着长沙IT卖场的变革。同时,华海3C广场除经营电脑数码产品外还辅以相应的餐饮、娱乐、商务设施配套完善,增强了卖场的人性化和休闲性。目前来看,华海3C广场是商圈内出租率最高的电脑城,约在98%左右。1层品牌笔记本电脑区(图略)。2层数码产品(图略)。

(3)科佳QQ电脑城(外立面照片,略)。该电脑城是科佳和腾讯合作打造的全国首家QQ主题电脑商城,卖场总投资13000余万元,定位为年轻的、时尚的、前沿的IT卖场。2年的时间内,QQ电脑城扎根学生市场,沿着年轻、时尚、前沿、欢乐的定位线路走出了自己的特色风格。

地理位置:长沙科佳QQ电脑城位于车站东路,对面是汽车总站,斜对面是火车站,紧邻国储电脑城。经营面积:10000平方米。经营楼层:1~5层(凯旋国际的裙楼)。开业时间:2006年5月1日开业。硬件设施:配有世界一流品质的"三菱"品牌四组八台自动扶梯、两台观光电梯、一台货梯和最新型气电式冷暖中央空调,另外配备2000余平方米的大型休闲广场和近万平方米(地下两层)的停车场。

各楼层业态分布：平面图（略）。1层：品牌旗舰店（包含品牌台式电脑、笔记本电脑、数码相机）、服务中心。2层：品牌店、DV、DC、小数码产品、电玩、德克士。3层：DIY、电脑配件、外设以及耗材。4层：DIY、二手电脑、电脑维修、软件。5层：笔记本电脑投影大世界、QQ电脑城办公区。

各楼层租金分布表 表2-6

租金（元/平方米/月）	1层	2层	3层	4层	5层	备注
按使用面积	480	310	190	110	80	以上调查租金包含平均8元/平方米/月的物业管理费；使用面积率平均在60%左右
按建筑面积	288	186	114	66	48	

经营状况：QQ电脑城凭借优越的地段（紧邻火车站和国储电脑城）和准确的定位，在长沙激烈的IT卖场竞争中占得一席之地，并且成长迅速，目前在火车站IT商圈五大电脑城中的人气和经营状况仅次于国储电脑城。但受制于经营规模偏小，卖场内各经品种的布局略显凌乱。估价人员经过市场调查得知，QQ电脑城计划将一楼作为其他用途的部分改为品牌电脑卖场，同时也拟对部分商户进行调整。目前QQ电脑城的整体出租率在95%左右，其中空置铺位主要集中在四层、五层。

（4）合峰电脑城（外立面照片，略）。该电脑城是合峰（湖南）投资咨询有限公司的主要经营项目之一，是长沙最早成立的专业的IT卖场，是长沙IT卖场发展历程的见证者，在长沙IT卖场发展的初级阶段拥有较高的市场占有率。目前经营内容囊括电脑及周边产品的销售、软件开发、系统集成、网络建设、IT服务等各个方面。随着市场竞争不断加剧以及自身建筑在功能、设施上的缺乏（合峰电脑城是由办公楼改造而成），合峰电脑城逐渐退居二线。

地理位置：长沙市解放东路与朝阳街交汇西侧。经营面积：约5000平方米（卖场面积）。经营楼层：1～3层（合峰大厦共7层，建筑面积约11000平方米，4～7层为办公）。

开业时间：1996年5月。

各楼层业态分布：1层：经营品牌电脑、配件、耗材。2层：配件、耗材、软件、音像制品、合峰电脑城办公。3层：售后服务以及办公。合峰电脑城一、二层平面图（略）。合峰电脑城进驻商家目录（略）。

各楼层租金分布表 表2-7

租金（元/m²/月）	1层	2层	3层	4～7层
按套内面积	临街铺350，内铺200左右	140～160	26	30

经营状况：合峰电脑城虽然在五大电脑城的竞争中处于弱势，但是其老字号的品牌和低廉的租金仍然保障了铺面的出租率，目前1～2层在经营的商家约有75家左右，空置率不到5%，尤其是一楼铺位出租率达到100%，二楼也只有个别位置较差的门面空置外，3楼作为售后服务楼层和4～7楼办公楼层也基本无空置。一、二楼经营情况（图略）。

（5）赛博数码广场（外立面照片，略）。该数码广场为台湾富士康集团旗下全资子公司，一直以IT卖场先进的经营管理模式，科学、严谨的运作体系闻名全国。赛博数码广场目前所在的华菱瑞龙大厦1～4楼在2005年尚为颐高数码广场在场经营，但是仅仅一年的时间便退出了长沙市场。2006年赛博直接以租赁的形式从该物业两家业主"湖南瑞龙房地产有限公司"、"湖南物资储备局三三五"手上取得了十年物业的租赁权，全面接管商场1～4楼的物业使用和设备设施的管理权，赛博也以此作为据点布局长沙乃至整个湖南市场。

地理位置：长沙市解放东路与车站中路交汇处。经营面积：10152平方米。经营楼层：1～4层。开业时间：2006年10月。商家数量：186户。

各楼层业态分布：

1层：品牌电脑、品牌数码。2层：DIY旗舰店、数码产品、游戏产品。3层：DIY广场、电脑配件、耗材。4层：办公耗材、网络配件、电脑维修、赛博数码广场办公。

赛博数码广场中庭俯瞰图及 1~4 层经营状况图，均略。

各楼层租金分布表　　　　　　　　　表 2-8

租金（元/平方米/月）	1层	2层	3层	4层	备　注
按使用面积	均价 350 左右，临主出入口 450	240	145	95	以上调查租金包含平均 8 元/平方米/月的物业管理费；使用面积率平均在 60%左右
按建筑面积	210	144	87	57	

经营状况：赛博数码广场与 QQ 电脑城同在 2006 年开业，经营规模也均在 10000 平方米左右，但是两者的前进步伐却不一致，目前 QQ 电脑城已经在进步追赶国储电脑城，但是赛博数码广场的经营状况只是强于合峰电脑城，居五大 IT 卖场的第四位。从卖场装修情况及功能设施来看，赛博数码广场要逊色于其他主要竞争对手，三、四层经营的产品也显得档次略低；从空置状况来看，赛博数码广场空置率在 8%左右，尤其是其一层尚有铺位空置，这在其他卖场较为少见。

(6) 小结

通过对长沙市火车站 IT 商圈主要 IT 卖场及周边环境的调研，有以下几点结论：

① 长沙 IT 卖场的特点

从长沙市电脑城的发展历程来看，多国混战的"战国时代"已经结束，取而代之的是目前"五足鼎立"的格局。

长沙 IT 卖场已经进入品牌经营、连锁经营的时代，外来品牌早已走在前列，本地品牌中国储河西店已经在筹备中，而 QQ 电脑城常德店也正在招商之中。

长沙 IT 商圈的人气已经由解放路向车站路转移，从现有主要卖场的人流量来看，临车站路的国储电脑城、QQ 电脑城远远高于其他 IT 卖场，而临解放路的华海 3C 广场和赛博数码广场次之。

除国储电脑城外，长沙 IT 卖场的经营面积普遍不大，其中赛博数码广场和 QQ 电脑城的经营面积都在 10000 平方米左右；而经营楼层主要为一至四层、五层。

从经营业态的分布来看，1 层大多为品牌电脑和数码，DIY 主要集中在 2~3 层，4 层以上则为电脑配件、耗材以及售后服务。

从各 IT 卖场的租金分布来看，除偏高的国储和偏低的合峰外，其余三家月租金水平较为接近，其中一层均价在 400~500 元/平方米左右，二层均价在 300 元/平方米左右，三层均价在 150~250 元/平方米左右，四层均价在 100 元/平方米左右。

② 长沙 IT 卖场的未来发展趋势

长沙市 IT 卖场的竞争较为激烈，并且还将继续加剧。

长沙 IT 卖场 10 多年的发展历程中，先后有 13 家企业参与进来，但是时至今日只剩下五家，可见竞争还是非常激烈的，因此企业的品牌效应以及经营能力在 IT 卖场的发展过程中显得至关重要；目前在营的五家卖场集中在半径约 100 米左右的狭小范围内，面对面、肩并肩的竞争时刻在进行；此外，河西的国储分店、岳麓现代 IT 城以及高桥电脑大世界也正在酝酿之中，势必将对火车站商圈形成一定的影响，因此，优胜劣汰也将继续。

③ 长沙市 IT 卖场仍然具有一定的上升空间

尽管目前市场竞争激烈，但是并不能判断市场已经饱和。一方面有人拿长沙跟重庆对比，相应的市场份额理应有相近的卖场面积，而长沙 IT 卖场的经营面积要远低于重庆市；另一方面，通过市场调研发现，火车站 IT 商圈内除各大卖场外其他主要街道仍然分布着数量不少的经营 IT 业务的小商家，这些都是 IT 卖场的潜在客户，而目前五大 IT 卖场的出租率都达到 90%以上；此外，随着 IT、数码产品的不断普及，长沙作为省会城市，其 IT 核心商圈对周边地区的影响力、渗透力还将不断加强，市场空间还将上升。

④ 长沙 IT 卖场将朝着更加精细化的方向发展

目前来看，长沙 IT 卖场在经营布局、管理上大都比较混乱。虽然对卖场每层的具体经营业态及产品有所定位，但是往往从整体出租率的角度考虑，并未真正执行，造成产品分布的混乱；同时对于商家质素、产品的档次也未进行细分，而是从市场占有率的角度出发，来者不拒。在市场调研过程中，我们也发现部分卖场也察觉了经营混乱带来的弊端，正在进行着局部的调整。

（四）长沙市写字楼市场发展状况

1. 开发投资（略）。
2. 施工面积、竣工面积、新开工面积（分析及图示略）。
3. 销售面积（略）。
4. 空置面积（略）。
5. 长沙市写字楼用途物业的类型（略）。
6. 长沙写字楼的分布（分析及分布图略）。

长沙写字楼分布已经逐步形成五一广场、芙蓉路和文艺路等三大商圈。五一广场商务圈（略）。芙蓉路金融商务圈（略）。文艺路文化商务圈（略）。长沙市主要写字楼分布图（略）。

7. 长沙主要已建写字楼（项目名称、入伙时间、地理位置、项目指标略）。
8. 长沙待售及在售写字楼（项目名称、地理位置、项目指标、备注略）。
9. 长沙市写字楼租售价格（略）。2007年以前典型写字楼的均价（略）。2007～2008年典型写字楼的均价（略）。高档写字楼租金水平（略）。中档写字楼租金（略）。中低档写字楼的租金（略）。酒店式写字楼租金（略）。
10. 长沙主要写字楼相关配套分析：

电梯、停车位（典型写字楼车位数、建筑面积与停车位比值、电梯数、建筑面积与电梯数比值列表，略）。

空调（典型写字楼空调类型列表，略）。

智能化水平（典型写字楼智能化水平列表，略）。

物业管理收费水平（典型写字楼物业管理费直方图，略）。

长沙写字楼客户群分析：

一般而言，写字楼的客户群体可以分为以下四类：

1. 实力雄厚、发展历史悠久的大公司：这一类公司资金充裕，注意对其形象的维护，因而对写字楼的要求较高，高档写字楼通常是他们购买或租赁目标。

2. 发展中的中小型公司：这一类公司正处于事业发展阶段，需要档次较高的写字楼提供其发展平台。只要能够承受，形象好、品质高的写字楼仍然是他们的首选。

3. 刚刚起步的小型公司：因为公司资金的限制，加上公司形象的重要性不是特别突出，人员对空间的需求也不是很大，为求公司立足生存，所以价格实惠的中低档写字楼是这类公司的购买或租赁对象。

4. 个人工作室或部门承包人：对办公面积需求不大，工作时间自由，倾向于办公、居住一体的SOHO工作间。

目前长沙推出的写字楼项目大都是针对第一类和第四类客户群，专门针对第二类和第三类目标客户的写字楼较少，因为这两类客户定位难度较大，不易把握。

一般来说，成长型的中小型企业，对写字楼的要求有：高性价比；建筑立面强调商务气息；商务配套和服务齐备；户型可以自由变化。

而那些跨国公司或一些较大的公司最关注的首先是办公地点的地理位置和写字楼的档次，其次相当重视周边的商务配套（包括银行、餐饮、票务中心、商务中心等）是否完善。物业管理则是该类型公司关注的第三要素。

长沙写字楼市场小结：

总体市场供略大于求（略）。商住、商务公寓仍占主体地位（略）。高端写字楼缺乏，中档未来市场广阔（略）。相关配套将成为决定项目重要因素（略）。

火车站商圈写字楼市场分析：

1. 火车站商圈内办公物业分布（略）。分布图（略）

2. 火车站商圈内办公物业分类（略）

3. 火车站商圈内办公物业租金水平（略）

4. 火车站商圈内办公物业出租状况（略）

典型物业调查：

1. 凯旋国际（外立面照片略，总平面图略）

物业位置：长沙市火车站对面，车站中路旁。房屋建筑用途：高档公寓。占地面积：6748.91平方米。建筑面积：57684.11平方米。总套数：458套。总楼层：33层。土地使用年限：2004年8月30日～2044年8月30日。竣工日期：2006年9月28日。

各楼层及建筑面积分布：1～3层：其他，含地下室，9438平方米。3层～7层：商场，12000平方米。8层～33层：办公写字楼、普通住宅，18000平方米。

户型面积：主力户型面积50～80平方米、100～118平方米。使用率：80.4%。

写字楼租金：0.6～0.8元/m²/天。物业管理费：1.5元/m²/月。出租率：95%。

电梯数：三菱电梯三台部。车位数：240。

2. 千喜华城（外立面照片，略）

物业位置：长沙市远大路与车站北路交汇处。房屋建筑用途：办公写字楼。占地面积：5416.2平方米。建筑面积：14599.32平方米。总楼层：13层。总套数：214套（含经济适用房）。土地使用年限：1996年10月5日～2036年10月4日。开工日期：2003年5月1日。竣工日期：2004年1月14日。

各楼层及建筑面积分布：—1层～1层：车库，3477平方米。1层～4层：商场，5400平方米。5层～13层：写字楼，14599.32平方米。

户型面积：主力户型50～60平方米，部分107平方米、120平方米。使用率：82.25%。

写字楼租金：0.6～0.8元/m²/天。物业管理费：1.2元/m²。出租率：85%。

电梯数：3部。

3. 长沙大厦（外立面照片，略）

物业位置：长沙市五一大道与朝阳路交汇处。房屋建筑用途：酒店、写字楼。占地面积：18000平方米。总建筑面积：32222平方米。总楼层：22层。总楼高：71米。

布局：以中间圆柱形电梯井为中轴，东部阶梯建筑为银河大酒店客房，西部旗帜形建筑为商务写字楼。商务写字楼总面积达2万多平方米，写字楼分布在6～17层。

每套写字楼面积：35～580平方米。写字楼租金：1.2～1.5元/m²/天。

火车站商圈办公物业市场特点：

由于片区办公物业绝大多数并非专业写字楼，因此整体素质较差，尤其在物业管理、车位数、电梯、空调等硬软件上存在较大的缺陷。

火车站商圈办公物业以商住楼为主，主要分布在车站中路和解放东路交汇处，即长沙市IT商圈的核心位置。

由于办公物业以商住楼为主，因此户型面积普遍较小，其中50～80平方米户型占据较大的比例。

商圈内各电脑城卖场以上的物业基本上均为办公用途，而且出租率较高。

片区写字楼租金较低，主要集中在0.6～0.8元/m²/天。

（五）长沙市旅游资源及旅游业

1. 长沙市旅游资源分析（略）

2. 长沙市酒店市场分析

（1）长沙酒店市场基本情况（略）

（2）长沙市住宿业投资主体分类（略）

(3) 长沙市星级酒店消费价位（略）
(4) 长沙市星级酒店服务组成（略）
(5) 长沙星级酒店客户群（略）
(6) 长沙市酒店宾馆出租率（略）
(7) 长沙市酒店市场特点及发展趋势

① 长沙酒店市场依托区域商业氛围主要分布在芙蓉路、五一路、韶山路和解放路上。
② 长沙酒店市场消费呈现两极分化，四、五星级酒店与低档酒店并存。
③ 长沙酒店价格与其他城市相比普遍较低，具有一定的价格优势。
④ 长沙酒店业与娱乐业形成良好的互动关系，娱乐业带动了酒店业的高速发展。
⑤ 长沙四、五星级酒店的数量与同类城市相比偏多，但是设施、功能、管理水平等硬、软件条件不高，未形成较好的品牌，与国际知名及国内品牌酒店相比，差距明显。
⑥ 经济型酒店开始强势介入长沙市场，如：7天连锁、如家、华天之星、美兴、莫泰、七斗星等，其价格与长沙许多老化的星级酒店相近，中低档酒店竞争压力越来越大。
⑦ 长沙酒店的消费主要以内需为主，省内消费者多于省外消费者，本地消费者占主力。长沙本地人的消费观念和消费习惯将进一步促进酒店业的发展。
⑧ 未来几年，外来酒店经营公司的进入将带动长沙整体酒店业提质升级，长沙酒店将朝着越来越专业化、精品化的方向发展，原有中低档酒店只有走特色化和提质改造的道路才能不会被市场淘汰。

长沙市主要星级酒店一览表（略）。

3. 估价对象周边酒店市场分析

估价对象所处火车站片区，交通便利，商业繁荣，是长沙是旅游、商务人流较为集中的区域，是经营酒店的理想场所，是长沙市除五一商圈外又一酒店集中区域，目前共有约30家左右酒店、宾馆，主要分布详见下图（略）。部分酒店调查表（略）。

典型案例调查：

1. 凯旋大酒店（外立面照片，略）

地理位置：凯旋大酒店位于长沙火车站的对面，车站中路的西侧，坐落在凯旋国际B座内。级别：经济型酒店。标准单人间、双人间、三人间和商务套房图，均略。

房价表　　　　　　　　　　　　　　　　　　　　　　　　　　　　　表2-9

客房类型	标准单人间	标准双人间	标准三人间	商务套房
价格（元/间）	148	148	238	398

其他配套：配有1个商务会议室，位于酒店六楼，面积约80平方米，可接待15~50人内的各类会议；中西餐厅、咖啡厅。

2. 三九楚云大酒店（外立面照片，略）

地理位置：三九楚云大酒店位于长沙火车站的正对面，车站中路与五一大道交汇处。

酒店级别：三星级。开业时间：2000年1月。服务范围：住宿、餐饮、会议、商务、娱乐、网吧、足浴、美容美发、票务、旅游服务等。

房间数：268间。房型：普通间、标准单人间和双人间、豪华单人间和双人间。豪华单间和标准双人间图，均略。

房价表　　　　　　　　　　　　　　　　　　　　　　　　　　　　　表2-10

客房类型	普通间	标准单人间	标准双人间	豪华单人间	豪华双人间
价格（元/间）	158	178	178	198	198

其他配套：会议室、咖啡厅、中餐厅和网吧图，均略。

3. 凯瑞大酒店（外立面照片，略）

地理位置：凯瑞大酒店位于长沙市解放东路与曙光北路交汇处。酒店级别：准三星级。开业时间：2006年开业，2007年新装修。服务范围：客房，餐饮，休闲娱乐、商务旅行、休闲度假和大型会议。总楼层：9层。房间数：150间。

房型：标准单人间和双人间、豪华单人间和双人间、行政单人间和双人间、套间。标准双人间、豪华双人间、豪华单人间和行政单人间，图均略。

房价表　　　　　　　　　　　　　　　　　　表2-11

客房类型	标准单人间	豪华单人间	行政单人间	—
价格（元/间）	200	228	268	—
客房类型	标准双人间	豪华双人间	行政双人间	行政套间
价格（元/间）	200	228	268	588

其他配套：拥有不同规模的大中小会议室4间（1大，1中，2小），多功能会议室可容纳300～400人；中型会议室可容纳50～60人；小型会议室可容纳15～20人。图均略。

长沙市火车站商圈酒店市场特点：

从分布来，主要集中在八一路、五一路和车站路路四条交通主干道上。

从档次来看，以三星级、经济型连锁酒店为主，其中莫泰、如家和华天之星几大连锁品牌均在火车站附近布点。

从价位来看，除新近装修的三星级酒店标准间的房价达到200元/间外，其他均在200元/间以下，许多较低档标房房价更是在150元/间以下，该类酒店主要集中在车站路和解放路上。由于调查期间正值糖酒交易会，平时实际房价可能比调查的价格还要低。

区域内经济性酒店和低档宾馆酒店充斥，房间类型较为单一，大多只有单间、双人间，豪华单间和豪华双人间。

由于地处火车站商圈，客流量大，房价又偏低，因此出租率较高，约为80%左右。

四、最高最佳使用分析

最高最佳使用是指法律上许可、技术上可能、经济上可行，经过充分合理的论证，能够使估价对象的价值达到最大化的一种最为可能的使用。

估价人员在认真分析所掌握的资料并对估价对象进行实地勘察后，考虑到估价对象建筑规模大，法定使用用途为商业用途，区域商业氛围浓厚，因此在改造后利用方式上适宜作为大型综合商业体；由于所处区域客流量大，且消费类电子销售市场存在规模集聚现象，因此估价对象改造后1～5层适宜作为电子产品大型卖场使用；估价对象第6～15层目前作为酒店使用，但考虑到市场竞争较为激烈、经营效益相对较低等因素，而区域写字楼市场存在较大的需求空缺，经过大量的基础调研和市场研判、经济测算，最终确定中高档写字楼为估价对象第6～15层的最佳使用方式。

五、估价方法选用（同结果报告，略）

六、估价测算

（一）估价对象新兴大酒店第1～5层价值的测算

1. 采用收益法测算新兴大酒店第1～5层的价值

1）收益法公式的确定

根据估价对象新兴大酒店第1～5层的具体情况，采用有限年限前 t 年每年按一定比例递增的收益法估价计算公式进行价格测算：

收益法的计算公式为：$V=A_1/(1+r)+A_2/(1+r)2+A_3/(1+r)3+A_4/(1+r)4+A_5/(1+r)5+\cdots+A/r\times(1+r)t\times[1-1/(1+r)n-t]$

其中：V—收益价格；A—第 t 年净收益；A_1、A_2、A_3、A_4、A_5—第1～5年的年净收益；r—报酬率；n—收益年限。

2）估价对象租金水平的确定

（1）用市场比较法测算租金（以新兴大酒店一层为例测算租金）

根据估价对象的特点，估价对象新兴大酒店第1～5层经装修改造后用于做IT电子卖场出租经营，根据估价人员对估价对象周边同类物业的调查，目前估价对象所在区域一层电子卖场的租金水平为240～300元/建筑平方米/月，目前估价对象周边的国储电脑城、华海3C、赛博、QQ电脑城、合峰电脑城市场已经趋于成熟，但租金差异较大，大致在275～650元/平方米/月（套内使用面积），其中国储电脑城由于刚刚装修改造完成，且位置较好，具有品牌优势，因此租金较高，平均租金为650元/平方米/月，合峰电脑城由于年代较老，装修较差，设施设备较为陈旧，因此租金水平较低，一层的租金水平均价为275元/平方米/月，而其他三个卖场地段、经营状况较为接近，其租金大致可以代表区域IT卖场的平均水平，一层租金在400～500元/平方米/月。由于目前周边电子市场普遍采用的是套内使用面积，通过我们的调查，确定套内使用面积一般为建筑面积的60%，因此按建筑面积核算，周边电子卖场目前一层的租金水平为240～300元/建筑平方米/月，具体比较案例选择：一，华海3C广场；二，科佳QQ电脑城；三，赛博数码广场。比较案例物业状况均与前述同，略。

比较案例及影响因素说明表　　　　　　　　　　　　　　　　　表2-12

比较因素	内容	估价对象	华海3C广场一层	科佳QQ电脑城一层	赛博数码广场一层
	地理位置	五一东路	解放东路与朝阳路交汇处	车站东路	长沙市解放东路与车站中路交汇处
	用途	商业	商业	商业	商业
	交易情况	—	正常	正常	正常
	租赁价格（元/平方米/月）（建筑面积）不含物业管理费	—	292	280	202
	租赁时间	—	2008/10	2008/10	2008/10
	交易类型	待估	市场	市场	市场
区域因素	区域功能定位	商业	商业	商业	商业
	商服繁华度	繁华	繁华	繁华	繁华
	商圈等级	市级	市级	市级	市级
	交通便捷度	便捷	便捷	便捷	便捷
	公共设施完善度	完善	完善	完善	完善
	基础设施完善度	完善	完善	完善	完善
个别因素	临街状况	两面临街	两面临街	一面临街	一面临街
	外观设计	较好	较好	较好	较好
	装修情况	一般	较好	一般	一般
	宽深比	较合理	较合理	较合理	较合理
	楼层位置	一层	一层	一层	一层
	成交规模	适中	适中	适中	适中
	平面布局	合理	合理	较合理	较合理
	经营现状	一般	好	好	较好

比较因素条件指数表　　　　　　　　　　　　　　　　　　　　表2-13

比较因素	内容	估价对象	比较案例1	比较案例2	比较案例3
	交易情况	100	100	100	100
	租赁时间	100	100	100	100
区域因素	区域功能定位	100	100	100	100
	商服繁华度	100	100	100	100
	商圈等级	100	100	100	100
	交通便捷度	100	100	100	100
	公共设施完善度	100	100	100	100
	基础设施完善度	100	100	100	100
	修正系数	—	1.0000	1.0000	1.0000

续表

比较因素	估价对象内容	估价对象	比较案例1	比较案例2	比较案例3
个别因素	临街状况	100	100	99	99
	外观设计	100	100	100	100
	装修情况	100	102	100	100
	宽深比	100	100	100	100
	楼层位置	100	100	104	104
	成交规模	100	100	100	100
	平面布局	100	100	99	99
	经营现状	100	110	110	108
	修正系数	—	0.8913	0.8919	0.9084

各因素修正表　　　　　　　　　　　　　　　　　　　　　　　　　　　　表 2-14

比较物名称	租赁价格	交易时点修正	交易情况修正	区域因素修正系数	个别因素修正系数	修正租金	权重
比较案例1	292	1.0000	1.0000	1.0000	0.8913	260	0.3
比较案例2	280	1.0000	1.0000	1.0000	0.8919	250	0.3
比较案例3	202	1.0000	1.0000	1.0000	0.9084	183	0.4

3个可比案例中，可比案例3与估价对象相近度较高，故取可比案例3的比准价格权重取0.4，可比案例1和可比案例2的权重均取0.3。则估价对象租赁价格水平确定如下：

比准租赁价格＝(各可比实例修正价格×权重)之和＝226元/平方米/月

运用同样的测算方法，分别取以上3个可比案例（华海3C广场、科佳QQ电脑城、赛博数码广场）的2层租金、3层租金、4层租金、5层租金，根据"估价对象市场价格＝比较案例租赁价格×交易情况修正系数×交易期日修正系数×区域因素修正系数×个别因素修正系数"，同理求取估价对象新兴大酒店的2～5层的租金。经分析3个案例的2～5层租金与相同商场第一层租金的比例系数，以及估价对象新兴大酒店2～5层租金与相同商场第一层租金的比例系数，其系数比例属于合理范围之内。

可比案例各楼层系数表　　　　　　　　　　　　　　　　　　　　　　　　表 2-15

楼层及租金 案例名称	华海3C广场	系数(%)	科佳QQ电脑城	系数(%)	赛博数码广场	系数(%)
1层	300	100.00%	288	100.00%	210	100.00%
2层	192	64.00%	186	64.58%	144	68.57%
3层	123	41.00%	114	39.58%	87	41.43%
4层	72	24.00%	66	22.92%	57	27.14%
5层	—	—	48	16.67%	—	—

估价对象新兴大酒店各楼层租金确定表　　　　　　　　　　　　　　　　表 2-16

层　次	1层	2层	3层	4层	5层
租金(元/平方米/月)	226	147	89	51	42
系数(%)	100%	65.04%	39.38%	22.57%	18.58%

考虑到估价对象1～5层电子卖场的需要一定时间的市场培育期，在招商期间为了更大程度的占有市场，吸引更多的租户，在未来的收益期内获大更大的利润，因此我们设定在收益期的第一年租金在原比准租金的基础上下调5%，因此调整后的租金为按建筑面积计算的不包含物业管理费的物业租金水平，具体如表2-17。

调整后的物业租金水平表　　　　　　　　　　　　　　　　　　　　　　表 2-17

层　次	1层	2层	3层	4层	5层
租金(元/平方米/月)	215	140	85	48	40

(2) 估价对象空置率确定

根据调查人员对长沙市电子租赁市场的调查，目前长沙市IT电子卖场的出租率较高，华海3C的出租率非常高，几乎达到98%左右，空置率只有2%～3%，国储电脑城，由于装修后刚刚开业，但一层和负一层也都已经租满，五层还有少数空铺，整体出租率也达到了90%，相比之下，赛博电脑城一层还有少些商铺空置，空置率稍高，达到8％左右，根据我们调查，电子卖场在开业的前3～5年内，空置率通常会有一个由高到低逐渐递减、直到稳定的过程。估价人员通过调查发现，目前长沙市电子市场数量及规模相对于长沙市区人口已经非常的充足，近些年，IT电子卖场之间的竞争日渐加剧，同时由于竞争加剧及经营管理不善，存在电子卖场倒闭或退出市场的现象，例如百老汇，因此本项目的进入将会加剧长沙市电子卖场的竞争，根据长沙市电子市场的特点和对未来电子市场的预测，考虑到本项目刚刚进入市场，需要一个市场培育过程，因此确定本项目空置率水平较为合理的变动趋势见表2-18。

赛格电子市场空置率变动趋势表　　　　表2-18

项　目	第1年	第2年	第3年	第4～9年	第10年
1层	8％	8％	8％	5％	3％
2层	8％	8％	8％	5％	3％
3层	10％	10％	10％	8％	5％
4层	10％	10％	10％	8％	5％
5层	12％	12％	12％	10％	8％

即在出租的第11年起，空置率水平将达到稳定状态。

（3）估价对象租金递增比率的确定

根据市场调查数据，华海3C电子市场2005年8月开业，在2005年6月的招商期间，确定一层的平均租金为500元/平方米/月（套内使用面积）。目前，华海3C一层的平均最近为550元/平方米/月（套内使用面积）。由于其租金起点较高，因此其在培育期的三年间，租金增长率为10％。

2005年，赛博电子广场1～4层尚为颐高数码广场在场经营，一层的平均租金为约380元/平方米/月（套内使用面积），2006年，赛博电子市场接手，目前一层平均租金为400元/平方米/月。

从市场调查案例可以看出，目前长沙市电子市场基本采取的租金为高租金，稳定增长的方式，市场培育期内商业市场租金正常增长10％左右。

本项目考虑到项目初始运作，为了吸引更多的租户，市场培育采取低租金的方式。因此，在采取用市场比较法进行计算租金比准价格时，我们对估价对象的经营状况进行了比较修正，对计算出的比准租金又降低了5％后作为项目招商后的起始租金。

在考虑到赛格的经营管理能力以及品牌的影响，且估价对象租金起点较低，市场培育一旦完成，租金将会大幅增长。因此，又确定估价对象1～5层电子卖场在有收益后的第2～5年，租金每年增长10％；第5年后租金到达目前市场上同类项目的租金水平；之后每2年增长5％，至第15年后稳定不变。

（4）运营费用的确定

委估房地产出租时，主要产生的运营费用有税金及附加、维修费、管理费、保险费等，根据长沙市房地产出租的相关规定及市场的一般情况取值，具体见表2-19。

运营费用测算明细表　　　　表2-19

项　目	费率	备　注
房产税	1.2％	根据《中华人民共和国房产税暂行条例》（国发〔1986〕90号）中"第三条 房产税依照房产原值一次减除10％至30％后的余值计算缴纳。第四条 房产税的税率，依照房产余值计算缴纳的，税率为1.2％；依照房产租金收入计算缴纳的，税率为12％。"本次测算是按原建购价的70％的1.2％计算
营业税	5％	根据《长沙市地方税务局关于实施房地产税收一体化管理的通知》（长地税发〔2007〕1号），按每月有效租金的5％计取
城建维护税	7％	根据《长沙市地方税务局关于实施房地产税收一体化管理的通知》（长地税发〔2007〕1号），按营业税的7％计取
教育费附加	3％	根据《长沙市地方税务局关于实施房地产税收一体化管理的通知》（长地税发〔2007〕1号），按营业税的3％计取
印花税	0.1％	根据《长沙市地方税务局关于实施房地产税收一体化管理的通知》（长地税发〔2007〕1号），按每月有效租金的0.1％计取
土地使用税	20元/平方米/年	根据《长沙市地方税务局关于实施房地产税收一体化管理的通知》（长地税发〔2007〕1号），按土地所在级别每年每平方米进行征收
租赁管理费	5％	按每月有效租金的5％计取
维修管理费	3％	按每月有效租金的3％计取

(5) 收益年限的确定

《国有土地使用证》[东国用（94）字第0093号]记载的估价对象所占的土地使用权类型为行政划拨；根据《长沙市人民政府国有土地供应签报审批单》（审批时间2003年5月12日）审批意见：土地使用权属单位长沙市服务公司（长沙饮料厂），土地位置位于五一东路一号，土地使用权类型为行政划拨，土地供应方式为企业改制出让，土地受让单位为长沙新兴发展有限公司，土地总面积4766.53平方米（扣除面积125.56平方米、出让面积4640.97平方米），规划用途为商业，土地等级为第一级，容积率为6.4，建筑面积29702.208平方米，出让年限40年。

本次估价假定估价对象土地使用权类型已经正常转为出让，用途为商业用地，起始日期为2003年5月13日～2043年5月12日，使用年期为40年（自2003年5月13日～2043年5月12日）。

根据房地产估价规范，截止估价时点，剩余土地使用年限为34.58年，由于考虑估价对象进行产权变更等手续具有一定的不确定性，本次估价设定估价对象变更手续等时间为自估价时点起半年时间，此外估价对象预计有半年的装修期及半年的免租期，因此估价对象的真正收益期为33.08年。

(6) 报酬率的确定

采用累加法求取报酬率。报酬率＝无风险报酬率（安全利率）＋投资风险报酬率。

其中无风险报酬率采用选取同一时期银行一年期银行存款利率3.87%。

风险报酬率是指承担额外风险所要求的补偿，即超过无风险报酬率以上部分的报酬率。考虑到管理的难易程度，投资的流动性以及作为资产的安全性等因素，将风险分为低、中、高三等，经我司估价人员根据特尔菲法对各等级风险的风险报酬率取值为：

投资风险报酬率分档表　　　　　　　　　　表2-20

物业类型	低	中	高	备注
办公物业	2.5%～3.5%	3.5%～5.5%	5.5%～6.5%	—
商业物业	3%～4%	4%～6%	6%～7%	—
工业物业	2%～3%	3%～4.5%	4.5%～5.5%	一般工业物业
综合物业	采用内插法确定			

2008年，从国内环境看，中国不仅遇到了美国金融危机蔓延扩散和全球经济减速的巨大压力，同时也遇到了国内从年初的雨雪冰冻灾害及汶川地震灾害的巨大挑战，在内外不确定性不断增大的情况下，我国的经济形势较为严峻。同时，企业利润和财政收入快速增长的局面也在发生变化。上半年财政收入增长33.3%，但是到了7、8、9三个月，财政收入明显回落。一些行业企业利润也出现下降，这也反映了国际金融危机对我国实体经济的冲击正在显现。房地产市场也受到了严重的影响。

面对这种经济形势，国家也采取一系列措施，包括颁布了扩大内需，刺激经济的"国十条"，同时重新为宏观调控政策定调，由稳健的财政政策、从紧的货币政策转为积极的财政政策和适当宽松的货币政策，目的在于对下滑的经济起到遏制作用。

从经济增长率来看，我国今年前三季度的经济增长率仍保持在9.9%，略高于我国过去30年的平均增长水平，因此说中国经济的基本态势是好的。

在这次金融危机中，出口类的消费类电子产品受到了一定的影响，但是作为一个发展中国家，消费类电子产品在我国还处于发展阶段，未来仍然具有一定的空间。

长沙市作为我国中部崛起的重要城市，在2007年全国房地产市场快速膨胀的过程中，相比之下价格变动不大，处于价格"洼地"状态。

根据长沙市的经济发展现状、房地产市场发展状况及发展趋势、估价对象用途等因素，结合估价对象经营收益稳定，投资风险报酬率处于中档偏高取值4.63%，则估价对象的报酬率为：3.87%＋4.63%＝8.5%。

(7) 收益法测算

报告二 长沙市××商业房地产投资收购估价报告

长沙市芙蓉区新兴大酒店1层房地产

长沙市芙蓉区新兴大酒店第1层房地产

表2-21

估价对象名称										递增期					稳定期
项目	分类项目		平方米	实际占用土地面积	531.81										
基本情况	建筑面积	2873.23													
	登记价		元												
	空置率		8%	8%	5%	5%	5%	5%	5%	5%	5%	3%	5%	5.0%	0.0%
	年递增系数		10.0%	10.0%	10.0%	10.0%	5.0%	5.0%	5.0%	5.0%	5.0%	5.0%	5.0%	5.0%	0.0%
	收益年限	33.08													
	计算项目	计算比率	1	2	3	4	5	6	7	8	9	10	11	12	13	15~34.58
	收益年期		2	3	4	5	6	7	8	9	10	11	12	13	14	20.8
收入	租金	215.00	215.00	236.50	260.15	286.17	314.79	314.79	330.53	330.53	347.06	347.06	364.41	364.41	382.63	382.63
	有效租金		197.80	217.58	239.34	271.86	299.05	299.05	314.00	314.00	329.71	329.71	353.48	364.41	382.63	382.63
	小计		197.80	217.58	239.34	271.86	299.05	299.05	314.00	314.00	329.71	329.71	353.48	364.41	382.63	382.63
支出	房产税	购建价的70%的1.2%	2.03	2.03	2.03	2.03	2.03	2.03	2.03	2.03	2.03	2.03	2.03	2.03	2.03	2.03
	营业税	5%	9.89	10.88	11.97	13.59	14.95	14.95	15.7	15.7	16.49	16.49	17.67	18.22	19.13	19.13
	城建维护税	7%	0.69	0.76	0.84	0.95	1.05	1.05	1.1	1.1	1.15	1.15	1.24	1.28	1.34	1.34
	教育费附加	3%	0.3	0.33	0.36	0.41	0.45	0.45	0.47	0.47	0.49	0.49	0.53	0.55	0.57	0.57
	印花税	0.1%	0.2	0.22	0.24	0.27	0.3	0.3	0.31	0.31	0.33	0.33	0.35	0.36	0.38	0.38
	土地使用税	20	0.31	0.31	0.31	0.31	0.31	0.31	0.31	0.31	0.31	0.31	0.31	0.31	0.31	0.31
	维修管理费	3%	5.93	6.53	7.18	8.16	8.97	8.97	9.42	9.42	9.89	9.89	10.6	10.93	11.48	11.48
	小计		19.35	21.06	22.93	25.72	28.06	28.06	29.34	29.34	30.69	30.69	32.73	33.68	35.24	35.24
	月纯收益		178.45	196.52	216.41	246.14	270.99	270.99	284.66	284.66	299.02	299.02	320.75	330.73	347.39	347.39
	年纯收益		2141.40	2358.24	2596.92	2953.68	3251.88	3251.88	3415.92	3415.92	3588.24	3588.24	3849.00	3968.76	4168.68	39512.03
	报酬率	8.50%	8.50%	8.50%	8.50%	8.50%	8.50%	8.50%	8.50%	8.50%	8.50%	8.50%	8.50%	8.50%	8.50%	8.50%
	折现值		1746.32	1772.49	1798.97	1885.82	1913.56	1763.65	1707.48	1573.71	1523.59	1404.23	1388.28	1319.33	1277.22	6794.47
	评估单价	27870.00	元/平方米													
	收益法评估总值	80076900	元													

第一部分 房地产转让估价

表 2-22

长沙市芙蓉区新兴大酒店 2 层房地产

长沙市芙蓉区新兴大酒店第 2 层房地产

估价对象名称	分类项目			递增期								稳定期			
项目基本情况	建筑面积	3058.22	平方米												
	登记价		元												
	空置率	8%	8%	10.0%			5%	5%	5%	5%	3%				0.0%
	年递增系数	8%	10.0%	10.0%	10.0%	5.0%	5.0%	5.0%	5.0%	5.0%	5.0%	5.0%	5.0%	5.0%	
	计算年限	33.08													
	计算比率														
	收益年期	1	2	3	4	5	6	7	8	9	10	11	12	13	15～34.58
		2	3	4	5	6	7	8	9	10	11	12	13	14	
收入	租金	140.00	154.00	169.40	186.34	204.97	204.97	215.22	215.22	225.98	225.98	237.28	237.28	249.14	249.14
	有效租金	128.80	141.68	155.85	177.02	194.72	194.72	204.46	204.46	214.68	214.68	230.16	237.28	249.14	249.14
	小计	128.80	141.68	155.85	177.02	194.72	194.72	204.46	204.46	214.68	214.68	230.16	237.28	249.14	249.14
支出	房产税	购建价 70%的1.2%	2.03	2.03	2.03	2.03	2.03	2.03	2.03	2.03	2.03	2.03	2.03	2.03	2.03
	营业税	5%	6.44	7.08	7.79	8.85	9.74	9.74	10.22	10.22	10.73	10.73	11.51	11.86	12.46
	城建维护税	7%	0.45	0.5	0.55	0.62	0.68	0.68	0.72	0.72	0.75	0.75	0.81	0.83	0.87
	教育费附加	3%	0.19	0.21	0.23	0.27	0.29	0.29	0.31	0.31	0.32	0.32	0.35	0.36	0.37
	印花税	0.1%	0.13	0.14	0.16	0.18	0.19	0.19	0.2	0.2	0.21	0.21	0.23	0.24	0.25
	土地使用税	20	0.31	0.31	0.31	0.31	0.31	0.31	0.31	0.31	0.31	0.31	0.31	0.31	0.31
	维修管理费	3%	3.86	4.25	4.68	5.31	5.84	5.84	6.13	6.13	6.44	6.44	6.9	7.12	7.47
	小计		13.41	14.52	15.75	17.57	19.08	19.08	19.92	19.92	20.79	20.79	22.14	22.75	23.76
	月纯收益		115.39	127.16	140.10	159.45	175.64	175.64	184.54	184.54	193.89	193.89	208.02	214.53	225.38
	年纯收益		1384.68	1525.92	1681.20	1913.40	2107.68	2107.68	2214.48	2214.48	2326.68	2326.68	2496.24	2574.56	2704.56	25634.65
	报酬率	8.50%	8.50%	8.50%	8.50%	8.50%	8.50%	8.50%	8.50%	8.50%	8.50%	8.50%	8.50%	8.50%	8.50%	8.50%
	折现值	1129.21	1146.91	1164.62	1221.64	1240.26	1143.09	1106.93	1020.21	987.93	910.53	900.36	855.79	828.64	4408.12
	评估单价	18060.00	元/平方米												
	收益法评估总值	55231500	元												

38

报告二 长沙市××商业房地产投资收购估价报告

长沙市芙蓉区新兴大酒店 3 层房地产

表 2-23

项目	分类项目	估价对象名称	长沙市芙蓉区新兴大酒店第 3 层房地产														
								递增期									稳定期
基本情况	建筑面积	3123.21	平方米	实际占用土地面积	0	578.08	平方米										
	登记价		元	押金	8%	月											
	空置率	8%		8%	10.0%	10.0%	5%	5%	5%	5%	5.0%	5%	3%		5.0%	0.0%	
	年递增系数		10.0%	10.0%	10.0%	5.0%	5.0%	5.0%	5.0%	5.0%	5.0%	5.0%					
	收益年限	33.08															
	计价项目	计算比率	1	2	3	4	5	6	7	8	9	10	11	12	13	14	15~34.58
	收益年期		2	3	4	5	6	7	8	9	10	11	12	13	14		20.08
收入	租金	85.00	85.00	93.50	102.85	113.14	124.45	130.67	130.67	137.20	137.20	144.06	144.06	151.26	151.26	151.26
	有效租金		78.20	86.02	94.62	107.48	118.23	124.14	124.14	130.34	130.34	139.74	144.06	144.06	151.26	151.26
	小计		78.20	86.02	94.62	107.48	118.23	124.14	124.14	130.34	130.34	139.74	144.06	151.26	151.26	151.26
支出	房产税	购建价的 70%的 1.2%	2.03	2.03	2.03	2.03	2.03	2.03	2.03	2.03	2.03	2.03	2.03	2.03	2.03	2.03
	营业税	5%	3.91	4.3	4.73	5.37	5.91	6.21	6.21	6.52	6.52	6.99	7.2	7.56	7.56
	城建维护税	7%	0.27	0.3	0.33	0.38	0.41	0.43	0.43	0.46	0.46	0.49	0.5	0.53	0.53
	教育费附加	3%	0.12	0.13	0.14	0.16	0.18	0.19	0.19	0.2	0.2	0.21	0.22	0.23	0.23
	印花税	0.1%	0.08	0.09	0.09	0.11	0.12	0.12	0.12	0.13	0.13	0.14	0.14	0.15	0.15
	土地使用税	20	0.31	0.31	0.31	0.31	0.31	0.31	0.31	0.31	0.31	0.31	0.31	0.31	0.31
	维修管理费	3%	2.35	2.58	2.84	3.22	3.55	3.72	3.72	3.91	3.91	4.19	4.32	4.54	4.54
	小计		9.07	9.74	10.47	11.58	12.51	13.01	13.01	13.56	13.56	14.36	14.72	15.35	15.35
	月纯收益		69.13	76.28	84.15	95.90	105.72	111.13	111.13	116.78	116.78	125.38	129.34	135.91	135.91
	年纯收益		829.56	915.36	1009.80	1150.80	1268.64	1333.56	1333.56	1401.36	1401.36	1504.56	1552.08	1630.92	1630.92	15458.36
	报酬率	8.50%	8.50%	8.50%	8.50%	8.50%	8.50%	8.50%	8.50%	8.50%	8.50%	8.50%	8.50%	8.50%	8.50%	8.50%
	折现值		676.51	688.00	699.52	734.74	746.53	688.04	666.59	614.37	595.03	548.41	542.67	515.96	499.69	2658.21
	评估单价	10870.00	元/平方米														
	收益法评估总值	33949300	元														

第一部分 房地产转让估价

长沙市芙蓉区新兴大酒店4层房地产

表2-24

估价对象名称		长沙市芙蓉区新兴大酒店第4层房地产															
分类项目					递增期												稳定期
基本情况	建筑面积	3123.21	平方米														
	登记价		元														
	空置率	8%	8%	8%	5%	5%	5%	5%	5%	5%	5%	5%	3%				
	年递增系数		10.0%	10.0%	10.0%	10.0%	5.0%	5.0%	5.0%	5.0%	5.0%	5.0%	5.0%	5.0%	5.0%		0.0%
	收益年限	33.08															
计算项目	计算比率		押金	实际占用土地面积	月	平方米											
	收益年期		1	2	3	4	5	6	7	8	9	10	11	12	13	14	15~34.58
			2	3	4	5	6	7	8	9	10	11	12	13	14		
收入	租金	48.00	48.00	52.80	58.08	63.89	70.28	70.28	73.79	73.79	77.48	77.48	81.35	81.35	85.42	85.42	20.8
	有效租金		44.16	48.58	53.43	60.70	66.77	66.77	70.10	70.10	73.61	73.61	78.91	81.35	85.42	85.42	
	小计		44.16	48.58	53.43	60.70	66.77	66.77	70.10	70.10	73.61	73.61	78.91	81.35	85.42	85.42	
支出	房产税	购建价的70%的1.2%	2.03	2.03	2.03	2.03	2.03	2.03	2.03	2.03	2.03	2.03	2.03	2.03	2.03	2.03	2.03
	营业税	5%	2.21	2.43	2.67	3.04	3.34	3.34	3.51	3.51	3.68	3.68	3.95	4.07	4.27	4.27	
	城建维护税	7%	0.15	0.17	0.19	0.21	0.23	0.23	0.25	0.25	0.26	0.26	0.28	0.28	0.3	0.3	
	教育费附加	3%	0.07	0.07	0.08	0.09	0.1	0.1	0.11	0.11	0.11	0.11	0.12	0.12	0.13	0.13	
	印花税	0.1%	0.04	0.05	0.05	0.06	0.07	0.07	0.07	0.07	0.07	0.07	0.08	0.08	0.09	0.09	
	土地使用税	20	0.31	0.31	0.31	0.31	0.31	0.31	0.31	0.31	0.31	0.31	0.31	0.31	0.31	0.31	0.31
	维修管理费	3%	1.32	1.46	1.6	1.82	2	2	2.1	2.1	2.21	2.21	2.37	2.44	2.56	2.56	
	小计		6.13	6.52	6.93	7.56	8.08	8.08	8.38	8.38	8.67	8.67	9.14	9.33	9.69	9.69	
月纯收益			38.03	42.06	46.50	53.14	58.69	58.69	61.72	61.72	64.94	64.94	69.77	72.02	75.73	75.73	
年纯收益			456.36	504.72	558.00	637.68	704.28	704.28	740.64	740.64	779.28	779.28	837.24	864.24	908.76	8613.51	
报酬率			8.50%	8.50%	8.50%	8.50%	8.50%	8.50%	8.50%	8.50%	8.50%	8.50%	8.50%	8.50%	8.50%	8.50%	
折现值			372.16	379.36	386.55	407.14	414.43	381.96	370.22	341.21	330.89	304.97	301.98	287.30	278.43	1481.18	
评估单价		6040.00			元/平方米												
收益法评估总值		18864200			元												

报告二 长沙市××商业房地产投资收购估价报告

长沙市芙蓉区新兴大酒店5层房地产

表2-25

估价对象名称			长沙市芙蓉区新兴大酒店第5层房地产												
项目	分类项目						递增期								稳定期
基本情况	建筑面积	平方米	实际占用土地面积	押金					平方米	月					
		1600.82	0						296.30						
	登记价	元	8%	8%	5%	5%	5%	5%	5%	5%	5%	5%			
	空置率	8%	10.0%	10.0%	10.0%	10.0%	5.0%	5.0%	5.0%	5.0%	5.0%	3%		5.0%	0.0%
	年递增系数														
	收益年限	33.08													
计算项目		计算比率	1	2	3	4	5	6	7	8	9	10	11	12	13	15～34.58
收益年期			2	3	4	5	6	7	8	9	10	11	12	13	14	20.8
收入	租金	40.00	40.00	44.00	48.40	53.24	58.56	58.56	61.49	61.49	64.56	64.56	67.79	67.79	71.18	71.18
	有效租金	36.80	40.48	44.53	50.58	55.63	55.63	58.42	58.42	61.33	61.33	65.76	67.79	71.18	71.18
	小计	36.80	40.48	44.53	50.58	55.63	55.63	58.42	58.42	61.33	61.33	65.76	67.79	71.18	71.18
支出	房产税	购建价70%的1.2%	2.03	2.03	2.03	2.03	2.03	2.03	2.03	2.03	2.03	2.03	2.03	2.03	2.03	2.03
	营业税	5%	1.84	2.02	2.23	2.53	2.78	2.78	2.92	2.92	3.07	3.07	3.29	3.39	3.56	3.56
	城建维护税	7%	0.13	0.14	0.16	0.18	0.19	0.19	0.2	0.2	0.21	0.21	0.23	0.24	0.25	0.25
	教育费附加	3%	0.06	0.06	0.07	0.08	0.08	0.08	0.09	0.09	0.09	0.09	0.1	0.1	0.11	0.11
	印花税	0.1%	0.04	0.04	0.04	0.05	0.06	0.06	0.06	0.06	0.06	0.06	0.07	0.07	0.07	0.07
	土地使用税	20	0.31	0.31	0.31	0.31	0.31	0.31	0.31	0.31	0.31	0.31	0.31	0.31	0.31	0.31
	维修管理费	3%	1.1	1.21	1.34	1.52	1.67	1.67	1.75	1.75	1.84	1.84	1.97	2.03	2.14	2.14
	小计		5.51	5.81	6.81	6.7	7.12	7.12	7.36	7.36	7.61	7.61	8	8.17	8.47	8.47
月纯收益			31.29	34.67	38.35	43.88	48.51	48.51	51.06	51.06	53.72	53.72	57.76	59.62	62.71	62.71
年纯收益			375.48	416.04	460.20	526.56	582.12	582.12	612.72	612.72	644.64	644.64	693.12	715.44	752.52	7132.62
报酬率			8.50%	8.50%	8.50%	8.50%	8.50%	8.50%	8.50%	8.50%	8.50%	8.50%	8.50%	8.50%	8.50%	8.50%
折现值			306.21	312.70	318.80	336.19	342.55	315.71	306.27	282.28	273.72	252.28	250.00	237.83	230.56	1226.52
评估单价		4990.00														

元/平方米

2. 运用市场比较法测算新兴大酒店第1~5层的价值

1) 计算公式

估价对象市场价格＝比较案例价格×交易情况修正系数×交易期日修正系数×区域因素修正系数×个别因素修正系数。

2) 选择交易实例

估价对象位于长沙市繁华商业区段内，周边商业氛围浓厚、交通便利、人流量大，且估价对象1~5层是定位于电子产品销售服务的大型商业体，因此在交易实例遴选时，我们重点选择了位于长沙市芙蓉区和邻近的开福区繁华地段的若干大型商业体。

（1）万象新天

万象新天地处长沙市车站北路原五里牌干休所，新天宾馆的北侧。周边商业设施较为齐全，大型商业有阿波罗商业广场、家润多千禧店、精彩生活超市、新一佳超市；酒店：有紫东阁华天大酒店、富丽华大酒店、海程大酒店、蓉园宾馆、今朝大酒店、新天宾馆等。商业分布在1~6栋的裙楼，总建筑面积为18000平方米，一层商铺层高为6米，二层商铺层高为3.9米，主力铺位面积在50~110平方米，经营范围灵活多变，开间进深比例均在1：4以下。2008年9月该商业体报价：一层整体均价为27000元/平方米。

（2）凯通国际城

凯通国际城位于长沙市芙蓉区朝阳二村，临朝阳街。项目总用地面积约203亩，总建筑面积578306平方米，其中写字楼、住宅面积492185平方米，商业面积86121平方米。项目分二期进行，目前一期工程主要是为1~3号地块，占地面积约76.16亩，其中商业裙楼40388.93平方米。商铺面积10~100平方米不等，一层层高为5.1米，二层层高为4.9米。项目位于火车站IT商圈内，附近有华海3C、合峰、国储、QQ电脑城等IT卖场以及家润多等。按照售楼员介绍，本项目也有意引进品牌IT商家，打造较具规模的产权式IT卖场。

2008年9月以来，该商业体进行内部认购，一层整体均价为28800元/平方米。

（3）伍家岭生活广场

伍家岭生活广场位于长沙市开福区芙蓉北路二段111号，是长沙市北城首座商业步行广场，具有商业、公寓双重功能，集时尚购物、餐饮服务、休闲娱乐、居家办公于一体。项目占地面积21300.00平方米，建筑面积49216.63平方米，共有车位323个，其中，地上59个，地下264个。

伍家岭生活广场，广场布局由5栋主体建筑，4条宽10~16米、总长为400米的商业街和占地6亩的绿化休闲广场组成，定位为生活广场。项目公交交通较为便利，有109、112、159、9、149、128路等，通往全市各处。伍家岭为北城的中心枢纽地带，伍家岭生活广场将成为北城首座高档次、大规模的中央商务区。商铺一层层高6米，二层层高5.5米。2008年9月，该商业体二期一层整体均价为26000元/平方米。

房地产比较因素条件说明表 表2-26

比较因素\内容	估价对象	万象新天	凯通国际城	伍家岭生活广场
地理位置	五一东路	车站北路72号	临朝阳街	开福区芙蓉北路
用途	商业	商业	商业	商业
交易情况	—	报盘价格	报盘价格	报盘价格
交易时间	—	2008/09	2008/09	2008/09
交易价格	—	27000	28800	26000
房地产用途	商业	商住	商住	商住

续表

比较因素	内容 估价对象	估价对象	万象新天	凯通国际城	伍家岭生活广场
	法定土地使用年期	40年	70年	70年	70年
	剩余土地使用年限	34.58	58年	58年	60年
区域因素	区域功能定位	商业	商业	商业	居住
	商服繁华度	高	一般	较高	一般
	商圈等级	市级	区级	区级	区级
	交通便捷度	便捷	较便捷	便捷	一般
	公共设施完备度	完善程度高	完善程度高	完善程度高	完善程度一般
个别因素	外观设计	一般	较好	好	较好
	内部布局	较好	较好	较好	一般
	装修等级	高档装修	普通装修	普通装修	普通装修
	临街状况	两面临街	一面临街	一面临街	一面临街
	建筑面积	大	大	大	大
	设备设施完备度	完备	较完备	一般	一般
	停车便利度	较便利	便利	便利	一般
	综合成新率	一般	较新	新	新

3) 房地产价格影响因素修正系数的确定

根据估价对象与比较案例的差异，以估价对象的各因素条件为基础，指数均设定为100，确定比较案例各因素的相应指数，比较因素指数确定如下：

(1) 交易情况修正。在本次市场法测算的过程中，设定估价对象为正常市场交易案例，而其他几个比较案例均为正常市场交易，以估价对象交易情况指数设为100，其他几个比较案例的交易情况指数设为100。

(2) 交易日期修正，根据长沙市2008年商业房地产市场指标统计并结合对估价对象所在区域商业房地产市场调查，确定地上商业房地产部分交易日期修正系数，如表2-27。

交易日期修正系数表 表2-27

案例	万象新天	凯通国际城	伍家岭生活广场
日期修正系数	2008	2008	2008
	100	100	100

(3) 权益状况、区域因素及个别因素修正系数

① 权益状况：土地使用年限：指物业房地产证载土地剩余使用年限，根据分用途年期修正系数表或年期修正公式确定年期修正系数。修正公式：

$$A_y = (1-1(1+r)^m)/(1-1(1+r)^n)$$

式中：A_y—待估宗地的土地使用年期修正系数；r—土地还原率；m—待估宗地设定使用年限；n—比较案例土地使用年期。

② 区域规划发展方向：将办公、商业、居住、工业四种主要发展方向定位四个级别，以估价对象所在区域规划发展方向指数为100，各比较案例与之相比，每上升或下降一个等级，因素指数上升或下降1。

③ 商服繁华度：分为繁华、较繁华、一般、较差四个级别，以估价对象所在级别为100，各比较对象与之相比，每上升或下降一个级别，指数相应增加或减少1。

④ 商圈等级：分为市级、区级、小区级三个等级，将估价对象所在区域商圈等级指数设为100，各

比较案例与之相比，每上升或下降一个等级，因素指数上升或下降2。

⑤交通便捷度：将交通便捷程度分为非常便捷、便捷、较便捷、不便捷四个级别，各比较案例与之相比，每上升或下降一个级别，指数相应增加或减少1。

⑥公共设施完善度：分为完善程度高、完善程度较高、完善程度一般、完善程度较低四个级别，将估价对象所在区域公共配套设施完善程度指数设为100，各比较案例与之相比，每上升或下降一个等级，因素指数上升或下降1。

个别因素：

①外观设计：分为好、较好、一般、较差四个等级，将估价对象的建筑物外观的指数设为100，各比较案例与之相比，每上升或下降一个等级，因素指数上升或下降1。

②内部布局：分为好、较好、一般、较差四个等级，将估价对象的内部布局合理性的指数设为100，各比较案例与之相比，每上升或下降一个等级，因素指数上升或下降1。

③装修等级：分为高档装修、中档装修、普通装修、简单装修四个等级，将估价对象装修情况指数设为100，各比较案例与之相比，每上升或下降一个等级，因素指数上升或下降1。

④临街状况：分为不临街、一面临街、两面临街三个等级，将估价对象临街状况指数设为100，各比较案例与之相比，每上升或下降一个等级，因素指数上升或下降2。

⑤建筑面积：考虑到估价对象和比较案例的规模差异，根据估价师经验，以估价对象规模指数为100，根据可比案例的实际调查，确定比较案例建筑面积因素指数。

⑥设备设施完备度：分为完备、较完备、一般、较差四个等级，将估价对象设备设施指数设为100，各比较案例与之相比，每上升或下降一个等级，因素指数上升或下降1。

⑦停车便利度：分为非常便利、便利、一般、不便利四个等级，将估价对象停车便利度设为100，各比较案例与之相比，每上升或下降一个等级，因素指数上升或下降2。

⑧综合成新率：根据估价对象及比较案例的建成年代及维护状况确定综合成新率，将估价对象综合成新率确定为新、较新、一般、较差，将估价对象物业管理水平指数设为100，每上升或下降一个等级，因素指数上升或下降2。经比较得出该房地产比较因素条件指数如表2-28。

比较因素条件指数表 表2-28

比较因素		内容 估价对象	估价对象	万象新天	凯通国际城	伍家岭生活广场
交易情况			100	100	100	100
交易日期			100	100	100	100
房地产用途			100	95	95	95
土地使用权年期			100	100	100	100
剩余土地使用年限			100	104	104	104
区域因素	区域功能定位		100	100	100	98
	商服繁华度		100	98	99	98
	商圈等级		100	98	98	98
	交通便捷度		100	99	100	98
	公共设施完善度		100	100	100	99
	修正系数		—	1.0518	1.0307	1.0951
个别因素	外观设计		100	101	102	101
	内部布局		100	100	100	99
	装修等级		100	98	98	98
	临街状况		100	98	98	98
	建筑面积		100	100	100	100
	设备设施完备度		100	99	98	98
	停车便利度		100	102	102	98
	综合成新率		100	102	104	104
	修正系数		—	0.9624	0.9442	1.0025

4）房地产比较因素修正系数表

将估价对象的因素条件指数与比较案例因素条件指数进行比较，得到房地产比较因素修正系数见表2-29。

比较因素修正系数表　　　　　　　表2-29

比较因素	内容 估价对象	万象新天	凯通国际城	伍家岭生活广场
交易情况		100/100	100/100	100/100
交易日期		100/100	100/100	100/100
区域因素	区域功能定位	100/100	100/100	100/98
	商服繁华度	100/98	100/99	100/98
	商圈等级	100/98	100/98	100/98
	交通便捷度	100/99	100/100	100/98
	公共设施完善度	100/100	100/100	100/99
个别因素	外观设计	100/101	100/102	100/101
	内部布局	100/100	100/100	100/99
	装修等级	100/98	100/98	100/98
	临街状况	100/98	100/98	100/98
	建筑面积	100/100	100/100	100/100
	设备设施完备度	100/99	100/98	100/98
	停车便利度	100/102	100/100	100/98
	综合成新率	100/102	100/104	100/104
	法定土地使用年期	100/104	100/104	100/104
比准价格（元/平方米）		27331	28028	28554

比较修正后，得到三个比较案例的比准价格，根据三个比准案例的特点及其与估价对象的相似性，我们取其比较权重为0.3、0.3、0.4，经计算确定：

第1层房地产单价＝27331×0.3＋28028×0.3＋28554×0.4＝28030元/平方米

由于在估价对象所处区域缺乏大型商业体底层以上商业房屋整体交易的实例，故本次估价中拟通过估价对象第1～5层商业房屋的平均市场租金水平编制楼层修正系数后，依据估价对象第1层商业的比准价格确定估价对象第2～5层商业房屋的单价。即：

第n层商业房屋的市场价格＝第1层商业房屋市场单价×第n层楼层分配系数

＝第1层商业房屋市场单价×[第n层平均租金水平÷第1层商业房屋的平均市场租金（n分别为2、3、4、5）]

根据本报告中采用市场比较法确定的各楼层比准租赁价格比例关系，我们确定了不同楼层市场价格的修正系数。

不同楼层修正系数表　　　　　　　表2-30

层次	1层	2层	3层	4层	5层
租金（元/平方米/月）	226	147	89	51	42
市场价格修正系数（%）	100%	65.04%	39.38%	22.57%	18.58%

根据上述公式测算，估价对象第2～5层商业房屋的市场价格（取整至十位数）见表2-31。

估价对象第2～5层商业房屋市场价格表　　　　　　　表2-31

层次	1层	2层	3层	4层	5层
市场价格	28030	18230	11040	6330	5210

3. 估价对象新兴大酒店第1～5层房地产价值的确定：

考虑到本次估价对象处于商业繁华区域，市场较为成熟，收益法和市场比较法两种方法的测算结果相差不大，本次在估价结果确定中采用了两种方法测算结果的算术平均值作为最终的估价结果。具体结果见表2-32。

不同方法估价结果表（取整至十位数） 表2-32

层 次	市场比较法测算结果（元/平方米）	收益法测算结果（元/平方米）	确定结果（元/平方米）
第1层	28030	27870	27950
第2层	18230	18060	18145
第3层	11040	10870	10955
第4层	6330	6040	6185
第5层	5210	4990	5100

（二）估价对象新兴大酒店第6～15层价值的测算

1. 采用收益法测算新兴大酒店第6～15层的价值

1）收益法公式的确定

根据估价对象新兴大酒店第6～15层的具体情况，采用有限年限前 t 年每年按一定比例递增的收益法估价计算公式进行价格测算：

收益法的计算公式为：$V = A_1/(1+r) + A_2/(1+r)^2 + A_3/(1+r)^3 + A_4/(1+r)^4 + A_5/(1+r)^5 + \cdots + A/r \times (1+r)^t \times [1 - 1/(1+r)^{n-t}]$

其中：V—收益价格；A—第 t 年净收益；A_1、A_2、A_3、A_4、A_5—第1～5年的年净收益；r—报酬率；n—收益年限。

2）估价对象租金水平的确定

（1）用市场比较法测算6～15层平均租金

根据估价对象的特点及以及周边的物业发展经营状况，根据最高最佳利用原则估价对象新兴大酒店第6～15层装修改造成写字楼用于出租经营，根据估价人员对估价对象周边同类物业的调查，发现长沙火车站商圈以IT、数码和电子产业为主，经营企业以中小企业为主，对于写字楼场所的要求相对较低，从火车站商圈内各办公物业的租金来看，普遍要低于五一广场商务圈、芙蓉路金融商务圈和文艺路文化商务圈三大主流写字楼集中区域的租金，大致来看，可以分为三个档次：第一档是酒店办公物业，日租金基本在1元/m^2以上；第二档是商务公寓、老式办公楼，日租金在1元/平方米左右；第三档是商住楼，日租金大都集中在0.6～0.8元/平方米（不包含物业管理费）。目前估价对象所在区域写字楼租金水平在24～30元/建筑平方米/月，同时由于火车站商圈具有优越的交通条件、完善的配套和相对低廉的价格，所在商圈的办公物业保持着较高的出租率，具体比较案例如下：

① 比较案例一：凯旋国际（物业特征参数与前述同，略）。

② 比较案例二：千喜华城（总平面图、物业特征参数与前述同，一并略）。

③ 比较案例三：长沙大厦（物业特征参数与前述同，略）。

比较案例及影响因素说明表 表2-33

比较因素	内容	估价对象	凯旋国际	千喜华城	长沙大厦
	地理位置	五一东路	车站中路	远大路与车站北路	长沙大厦
	用途	商业	商业	商业	商业
	交易情况	—	正常	正常	正常
	租赁价格（元/平方米/月）（建筑使用面积）不包含物业管理费	—	26	28	32
	租赁时间	—	2008/10	2008/10	2008/10
	交易类型	待估	市场	市场	市场
区域因素	区域功能定位	商业	商业	商业	商业
	商服氛围	繁华	繁华	繁华	繁华
	道路通达度	好	好	好	好
	交通便捷度	便捷	便捷	便捷	便捷
	公共设施完善度	完善	完善	完善	完善
	基础设施完善度	完善	完善	完善	完善

报告二 长沙市××商业房地产投资收购估价报告

续表

比较因素	内容 估价对象	估价对象	凯旋国际	千喜华城	长沙大厦
个别因素	设施设备	较好	一般	一般	好
	外观设计	一般	较好	较好	较好
	平面布局	办公布局	公寓布局	办公布局	办公布局
	楼层景观	较好	一般	一般	较好
	办公配套	一般	一般	一般	较好
	物业管理	一般	一般	一般	较好
	实用率	一般	较高	一般	较高
	停车便利度	便利	非常便利	便利	便利

比较因素条件指数表　　表 2-34

比较因素	内容 估价对象	估价对象	比较案例1	比较案例2	比较案例3
	交易情况	100	100	100	100
	租赁时间	100	100	100	100
区域因素	区域功能定位	100	100	100	100
	商服氛围	100	100	100	100
	道路通达度	100	100	100	100
	交通便捷度	100	100	100	100
	公共设施完善度	100	100	100	100
	基础设施完善度	100	100	100	100
	修正系数	—	1.0000	1.0000	1.0000
个别因素	设施设备	100	99	99	101
	外观设计	100	101	101	101
	平面布局	100	98	100	100
	楼层景观	100	99	99	100
	办公配套	100	100	100	102
	物业管理	100	100	100	102
	实用率	100	101	100	101
	停车便利度	100	101	100	100
	修正系数	—	1.0105	1.0102	0.9422

各因素修正表　　表 2-35

比较物名称	租赁价格	交易时点修正	交易情况修正	区域因素修正系数	个别因素修正系数	修正租金	权重
比较案例1	26	1.0000	1.0000	1.0000	1.0105	26	0.3
比较案例2	28	1.0000	1.0000	1.0000	1.0102	28	0.4
比较案例3	32	1.0000	1.0000	1.0000	0.9422	30	0.3

估价对象租赁价格水平确定：

比准租赁价格＝（各可比实例修正价格×权重）之和＝28元/平方米/月。

通过估价人员的调查，估价对象所在的火车站区域写字楼物业每层租金的差价并不明显，可以忽略不计，因此本次比准租赁价格为估价对象新兴大酒店第6～15层的平均租金，为按建筑面积计算的不含物业管理费平均租金。

同样考虑到当前的宏观经济形势对估价对象的影响，估价对象价值的实现需要一定时间的市场培育期，因此在招商期间为了更大程度地占有市场，吸引更多的租户，在未来的收益期内获大更大的利润，因此我们设定在收益期的第一年租金在原比准租金的基础上下调10%，因此新兴大酒店6～15层写字楼物业调整后的租金为按建筑面积计算的不包含物业管理费的物业租金水平为25元/平方米/月。

(2) 估价对象空置率确定

长沙火车站商圈内办公物业虽然在功能、设备以及企业形象展示上存在一定的缺陷，但是凭借特殊的经济环境、优越的交通条件、完善的配套以及低廉的价格受到市场的欢迎，特别在目前商住楼仍然占据长沙写字楼市场主导的大环境下，当地办公物业均保持了较高的出租率，其中合峰大厦、凯旋国际、华菱瑞龙大厦的出租率更是达到90%以上。

火车站商圈主要办公物业出租率（直方图，略）。

根据估价对象周边写字楼的出租状况，可以看出长沙市写字楼的空置率在10%左右，较低的空置率在2%~5%，由于片区办公物业绝大多数并非专业写字楼，火车站商圈的办公物业主要以商住楼为主，户型面积普遍较小，整体素质较差，尤其在物业管理、车位数、电梯、空调等硬软件上存在较大的缺陷；但由于其主要分布在车站中路和解放东路交汇处，即长沙市IT电子核心商圈，各电子卖场内的客户基本租用其卖场以上的办公物业用做办公，因此出租率较高，且比较稳定，当然其出租率也受到下面电子卖场出租率的影响，目前长沙市写字楼市场处于快速发展过程中，因此确定本项目空置率水平较为合理的变动趋势见表2-36。

写字楼空置率变动趋势表　　表2-36

项　目	第1年	第2年	第3年	第4~9年	第10年
第6~15层	10%	10%	10%	8%	5%

即在出租的第11年起，空置率水平将达到稳定状态。

(3) 估价对象租金递增比率的确定

根据市场调查数据，从火车站商圈内各办公物业的租金来看，普遍要低于五一广场商务圈、芙蓉路金融商务圈和文艺路文化商务圈三大主流写字楼集中区域的租金，大致来看，可以分为三个档次：第一档是酒店办公物业，日租金基本在1元/平方米以上；第二档是商务公寓、老式办公楼，日租金在1元/平方米左右；第三档是商住楼，日租金大都集中在0.6~0.8元/平方米，以上价格均不含物业管理费，考虑到估价对象位于五一大道1号，具有独特优越的地理位置，该区域对办公物业具有一定的需求，目前该商圈专业写字楼较少，大多公司租用商住楼进行办公，形象较差，本项目定位为专业的高档写字楼，目标客户不限于在1~5层电子卖场的租赁客户，考虑到周边区域同类物业的市场租金水平及增长状况，而且因此确定改造后的新兴大酒店改造后的第5~16层写字楼租金在有收益后的第2~5年，租金每年增长5%，之后每5年增长5%，至第16年后稳定不变。

(4) 运营费用的确定

委估房地产出租时，主要产生的运营费用有税金及附加、维修费、管理费、保险费等，根据长沙市相关规定及市场一般情况取值，具体同上述《运营费用测算表》（略）。

(5) 收益年限的确定

估价对象收益期限为33.08年（具体确定过程同上述有关内容，略）。

(6) 报酬率的确定

采用累加法求取报酬率。报酬率＝无风险报酬率（安全利率）＋投资风险报酬率。

其中无风险报酬率采用选取同一时期银行一年期银行存款利率3.87%。

风险报酬率是指承担额外风险所要求的补偿，即超过无风险报酬率以上部分的报酬率。考虑到管理的难易程度，投资的流动性以及作为资产的安全性等因素，将风险分为低、中、高三等，经我司估价人员根据特尔菲法对各等级风险的风险报酬率取值为：

投资风险报酬率分档表（同上述有关表格，略）。

根据长沙市的经济发展现状、房地产市场发展状况及发展趋势、估价对象用途等因素，结合估价对象经营收益稳定，投资风险报酬率处于中档偏低取值3.63%，则估价对象的报酬率为报酬率：3.87%＋3.63%＝7.5%。

(7) 收益法测算

报告二 长沙市××商业房地产投资收购估价报告

长沙市芙蓉区新兴大酒店6~15层房地产

表2-37

估价对象名称		长沙市芙蓉区新兴大酒店第6~15层房地产																
分类项目							递增期											稳定期
项目基本情况	建筑面积	8379.94	平方米	实际占用土地面积	1551.06	平方米												
	登记价		元															
	空置率	10%	10%	10%	8%	8%	8%	8%	8%	8%	5%							
	年递增系数		5.0%	5.0%	5.0%	5.0%	5.0%	5.0%	5.0%	5.0%	5.0%						5.0%	
	收益年限	33.08																
计算年期	计算比率	1	2	3	4	5	6	7	8	9	10	11	12	13	14	15	16	17~34.58
		2	3	4	5	6	7	8	9	10	11	12	13	14	15	16		18.08
收入	租金	28.00	29.40	30.87	32.41	34.03	34.03	34.03	34.03	34.03	35.73	35.73	35.73	35.73	35.73	37.52	37.52	37.52
	有效租金	25.20	26.46	27.78	29.82	31.31	31.31	31.31	31.31	31.31	33.94	33.94	35.73	35.73	35.73	37.52	37.52	37.52
	押金利息	3.87%	0	0	0	0	0	0	0	0	0	0	0	0	0	0	0	0
	小计		25.20	26.46	27.78	29.82	31.31	31.31	31.31	31.31	31.31	33.94	35.73	35.73	35.73	35.73	37.52	37.52
支出	房产税	建购价的70%的1.2%	2.03	2.03	2.03	2.03	2.03	2.03	2.03	2.03	2.03	2.03	2.03	2.03	2.03	2.03	2.03	2.03
	营业税	5%	1.26	1.32	1.39	1.49	1.57	1.57	1.57	1.57	1.64	1.7	1.79	1.79	1.79	1.88	1.88	1.88
	城建维护税	7%	0.09	0.09	0.1	0.1	0.11	0.11	0.11	0.11	0.11	0.12	0.13	0.13	0.13	0.13	0.13	0.13
	教育费附加	3%	0.04	0.04	0.04	0.04	0.05	0.05	0.05	0.05	0.05	0.05	0.05	0.05	0.05	0.06	0.06	0.06
	印花税	0.1%	0.03	0.03	0.03	0.03	0.03	0.03	0.03	0.03	0.03	0.03	0.04	0.04	0.04	0.04	0.04	0.04
	土地使用税	20	0.31	0.31	0.31	0.31	0.31	0.31	0.31	0.31	0.31	0.31	0.31	0.31	0.31	0.31	0.31	0.31
	维修管理费	3%	0.76	0.79	0.83	0.89	0.94	0.94	0.94	0.94	0.99	1.02	1.07	1.07	1.07	1.13	1.13	1.13
	小计		4.52	4.61	4.73	4.89	5.04	5.04	5.04	5.04	5.16	5.26	5.42	5.42	5.42	5.58	5.58	5.58
	月纯收益		20.68	21.85	23.05	24.93	26.27	26.27	26.27	26.27	27.71	28.68	30.31	30.31	30.31	31.94	31.94	31.94
	年纯收益		248.16	262.20	276.60	299.16	315.24	315.24	315.24	315.24	332.52	344.16	363.72	363.72	363.72	383.28	383.28	3728.14
	报酬率		7.50%	7.50%	7.50%	7.50%	7.50%	7.50%	7.50%	7.50%	7.50%	7.50%	7.50%	7.50%	7.50%	7.50%	7.50%	7.50%
	折现值		207.11	203.56	199.76	200.98	197.01	183.26	170.48	158.58	147.52	144.75	139.37	137.01	127.45	118.56	116.22	1622.91
评估单价		4070.00	元/平方米															
收益法评估总值		34106400	元															

2. 运用市场比较法测算新兴大酒店第6～15层的价值

(1) 计算公式

估价对象第6～15层平均房地产单价＝比较案例价格×交易情况修正系数×交易期日修正系数×区域因素修正系数×个别因素修正系数。

(2) 比较案例的选取

经过估价人员对估价对象周边的办公楼进行市场调查，根据交易时间接近、用途相同、地段相似的原则，仔细筛选，确定以下三个比较交易案例：

1) 湘域中央

湘域中央位于长沙市五一路和韶山路的交汇处袁家岭，地处长沙市中心地段，交通便捷，商业繁华，文化娱乐场所集中，服务设施齐全，是一个成熟的中心区。同时，湖南省委、省政府、省军区等最高行政机构从不同方位汇集在袁家岭的周边区域。该项目占地27.73亩，总建筑面积10多万平方米，项目分两期开发，1期共1栋为商务公寓，2期共3栋，1栋33层酒店式公寓，2栋33层住宅。

商务公寓建筑面积45050平方米，于2005年8月31日封顶，2006年5月31日交付使用。1～6层为裙楼，7～30层为商务公寓。提供专业写字楼的办公配套，户型面积在40～80平方米左右，也可自由分隔组合。整栋配有高速电梯六台，大堂、电梯厅每层过道精装修，并设有独立的公共盥洗室。复合铝塑板外墙面，整栋建筑简洁、现代。每户都预留卫生间、厨房位置，设有排烟管道、通风管道。

2) 千喜华城

千喜华城位于八一路与车站北路交汇处，距离火车站不足200米，是长沙市五一广场建设开发有限公司开发的项目，是在原四层的基础上续建的项目。项目建筑面积为14200平方米，容积率5.82，办公共九层（5～13层），楼高共49.9米（包括裙楼），框剪结构，使用性质为商务公寓，于2004年1月14日竣工。101、602、139、10、26、7、9、12路公交车到达。周边配套设施完善，阿波罗商业广场、五里牌市场、三湘南湖大市场、家润多超市、招行、农行等分布于附近，目前写字楼均价约5000元/平方米。

3) 万象新天

万象新天地处长沙市车站北路原五里牌干休所，东邻三湘南湖大市场，南接新天宾馆，西邻车站北路，北靠今朝宾馆，距长沙交通主动脉火车站约200米。项目地块方正整齐。项目分两期开发，总建筑面积35万平方米，一期由4栋33层高层住宅、1栋32层商务公寓和一条商业街组成。二期由1栋高层酒店及写字楼、住宅组成。4万多平方米的地下双层车库，可容纳928个车位。周边有101、139、142、148、302、501、602、701、805、902等多路公交车通达，目前办公均价为4500元/平方米。

(3) 房地产比较因素条件说明表

比较案例及影响因素说明表　　　　　　　　　　表2-38

比较因素 \ 内容 估价对象	估价对象	湘域中央	千喜华城	万象新天
地理位置	五一东路	五一东路235号（袁家岭）	远大路与车站北路	车站北路72号
用途	办公	商务公寓	商务公寓	商务公寓
交易情况	—	正常	正常	正常
销售均价		5200	5000	4500
交易时间	—	2008/10	2008/10	2008/10
交易类型	待估	市场	市场	市场

续表

比较因素	内容\估价对象	估价对象	湘域中央	千喜华城	万象新天
区域因素	区域功能定位	商业	商业	商业	商业
	商务氛围	较繁华	一般	较繁华	一般
	交通便捷度	便捷	便捷	便捷	较便捷
	公共设施完善度	完善	完善	完善	完善
	周边环境	环境质量一般	环境质量较好	环境质量一般	环境质量较好
	外观设计	一般	好	好	一般
	设施设备	较齐全	齐全	齐全	较齐全
	装修等级	中档装修	中档装修	普通装修	普通装修
	档次景观	一般	一般	一般	一般
	办公配套	一般	较齐全	较齐全	较齐全
	物业管理水平	一般	较高	较高	一般
	实用率	一般	高	高	高
	综合成新度	一般	新	较新	较新
	停车便利度	较便利	便利	较便利	便利

(4) 房地产价格影响因素修正系数的确定

根据估价对象与比较案例的差异，以估价对象的各因素条件为基础，指数均设定为100，确定比较案例各因素的相应指数，比较因素指数确定如下：

1) 交易情况修正。

但在本次市场法测算的过程中，假设估价对象为正常市场交易案例，以估价对象交易情况指数设为100，其他几个比较案例的交易情况指数设为100。

2) 交易日期修正。

根据长沙市2008年办公物业房地产市场指标统计并结合估价人员对当地办公物业房地产市场调查，确定新兴大酒店第6~15层的房地产交易日期修正系数，如表2-39。

交易日期修正系数表　　表 2-39

案 例	湘域中央	千喜华城	万象新天
日期修正系数	2008	2008	2008
	100	100	100

3) 区域因素及个别因素修正系数

A. 区域因素

a. 区域规划发展方向：将办公、商业、居住、工业四种主要发展方向定位四个级别，以估价对象所在区域规划发展方向指数为100，各比较案例与之相比，每上升或下降一个等级，因素指数上升或下降1。

b. 商务氛围：分为繁华、较繁华、一般、较差四个级别，以估价对象所在级别为100，各比较对象与之相比，每上升或下降一个级别，指数相应增加或减少1。

c. 交通便捷程度：将交通便捷程度分为非常便捷、便捷、较便捷、不便捷四个级别，各比较案例与之相比，每上升或下降一个级别，指数相应增加或减少1。

d. 公共配套设施完善程度：分为完善程度高、完善程度较高、完善程度一般、完善程度较低四个级别，将估价对象所在区域公共配套设施完善程度指数设为100，各比较案例与之相比，每上升或下降一个等级，因素指数上升或下降1。

e. 周边环境：分为环境质量好、环境质量较好、环境质量一般、环境质量差四个级别，将估价对象所在区域环境质量状况指数设为100，各比较案例与之相比，每上升或下降一个等级，因素指数上升或下降2。

B. 个别因素

a. 建筑物外观：分为好、较好、一般、较差四个等级，将估价对象的建筑物外观的指数设为100，各比较案例与之相比，每上升或下降一个等级，因素指数上升或下降1。

b. 设备设施：分为齐全、较齐全、一般、较差四个等级，将估价对象设备设施指数设为100，各比较案例与之相比，每上升或下降一个等级，因素指数上升或下降1。

c. 装修等级：分为高档、中档、普通和简单装修四个等级，将估价对象装修情况指数设为100，各比较案例与之相比，每上升或下降一个等级，因素指数上升或下降1。

d. 档次景观：分为好、较好、一般和较差四个等级，将估价对象档次景观指数设为100，各比较案例与之相比，每上升或下降一个等级，因素指数上升或下降2。

e. 办公配套：分为齐全、较齐全、一般、较差四个等级，将估价对象设备设施指数设为100，各比较案例与之相比，每上升或下降一个等级，因素指数上升或下降1。

f. 物业管理水平：分为高、较高、一般、较差四个等级，将估价对象物业管理水平指数设为100，各比较案例与之相比，每上升或下降一个等级，因素指数上升或下降2。

g. 实用率：分为高、较高、一般、较差四个等级，将估价对象物业管理水平指数设为100，各比较案例与之相比，每上升或下降一个等级，因素指数上升或下降2。

h. 综合成新率：根据估价对象及比较案例的建成年代及维护状况确定综合成新率，将估价对象综合成新率确定为新、较新、一般、较差，将估价对象物业管理水平指数设为100，每上升或下降一个等级，因素指数上升或下降2。

i. 停车便利度：分为非常便利、便利、一般、不便利四个等级，将估价对象市场承接能力指数设为100，各比较案例与之相比，每上升或下降一个等级，因素指数上升或下降2。

经比较得出该房地产比较因素条件指数如表2-40。

比较因素条件指数表 表2-40

比较因素	内容	估价对象	比较案例1	比较案例2	比较案例3
	交易情况	100	100	100	100
	交易时间	100	100	100	100
区域因素	区域功能定位	100	100	100	100
	商务氛围	100	99	100	99
	交通便捷度	100	100	100	99
	公共设施完善度	100	100	100	100
	周边环境	100	102	100	102
	修正系数	—	0.9709	1.0000	1.0003
个别因素	外观设计	100	102	102	100
	设施设备	100	101	101	100
	装修等级	100	100	99	99
	档次景观	100	100	100	100
	办公配套	100	101	101	101
	物业管理水平	100	102	102	100
	实用率	100	104	104	104
	综合成新度	100	104	102	102
	停车便利度	100	102	100	102
	修正系数	—	0.8541	0.8972	0.9243

（5）房地产比较因素修正系数表

将估价对象的因素条件指数与比较案例因素条件指数进行比较，得到房地产比较因素修正系数如表 2-41。

比较因素修正系数表　　　　表 2-41

比较因素		估价对象内容	湘域中央	千喜华城	万象新天
交易情况			100/100	100/100	100/100
交易日期			100/100	100/100	100/100
区域因素		区域功能定位	100/100	100/100	100/100
		商务氛围	100/99	100/100	100/99
		交通便捷度	100/100	100/100	100/99
		公共设施完善度	100/100	100/100	100/100
		周边环境	100/102	100/102	100/100
个别因素		外观设计	100/101	100/101	100/101
		设施设备	100/101	100/101	100/101
		装修等级	100/100	100/99	100/99
		档次景观	100/100	100/100	100/100
		办公配套	100/101	100/101	100/101
		物业管理水平	100/102	100/102	100/102
		实用率	100/104	100/104	100/104
		综合成新度	100/104	100/102	100/102
		停车便利度	100/102	100/100	100/102
比准价格（元/平方米）			4312	4486	4161

比较修正后，得到三个比较案例的比准价格，可比案例 1（湘域中央）为专业写字楼的办公配套，功能布局与估价对象相近程度较小；可比案例 2（千喜华城）和可比案例 3（万象新天）为商务公寓及综合楼，功能布局与估价对象相近程度较高，故根据三个比准案例的特点及其与估价对象的相似性，我们取其比较权重为 0.2、0.4、0.4。

经计算确定第 6～15 层平均房地产单价：

$4312 \times 0.2 + 4486 \times 0.4 + 4161 \times 0.4 = 4320$ 元/平方米（取整至十位数）

3. 估价对象新兴大酒店第 6～15 层平均房地产单价的确定

考虑到本次估价对象处于商业繁华区域，市场较为成熟，收益法和市场比较法两种方法的测算结果相差不大，本次在估价结果确定中采用了两种方法测算结果的算术平均值作为最终的估价结果。具体结果见表 2-42。

不同方法测算结果表　　　　表 2-42

层　数	市场比较法测算结果（元/平方米）	收益法测算结果（元/平方米）	确定结果（元/平方米）
第 6～15 层	4320	4070	4200

采用收益法测算估价对象新兴大酒店地下一层价值

1）收益法公式的确定

根据委估房地产的具体情况，采用有限年限前 t 年每年按一定比例递增的收益法估价计算公式进行价格测算：

收益法的计算公式为：$V = A_1/(1+r) + A_2/(1+r)2 + A_3/(1+r)3 + A_4/(1+r)4 + A_5/(1+r)5 + \cdots + A/r \times (1+r)t \times [1 - 1/(1+r)n-t]$

其中：V—收益价格；A—第 t 年净收益；A_1、A_2、A_3、A_4、A_5—第 1～5 年的年净收益；r—报酬

率；n—收益年限。

委估房地产的收益主要是租金的收入，估价对象距长沙市的电子IT核心商圈约200米，长沙市电子IT商圈位于车站中路，解放东路，该商圈汇集了长沙市几乎所有的电脑城，有国储电脑城、QQ电脑城、赛博数码广场、华海3C广场以及合峰电脑城。估价对象周边的酒店、超市、商场、银行、医院等配套设施齐全，毗邻长沙火车站及长途汽车站，人流量极大，同时交通十分便利，有多路公交车到达。

通过调查，该地段类似地下一层停车场的租金水平为120元/个/月，临时停车一个小时起收费5元/次，过夜10元/次。估价对象地下1层3025.41平方米，装修改造后，大约有80个车位。其中，月卡出租车位占1/4，80×1/4=20（个），租金水平为120元/月；其余均为临时出租车位，80-20=60（个），车位的周转次数为4次/日，租金5元/次。

月租金=20×120+60×30×5×4=38400（元/月）。

单位租金=38400/3025.41=13（元/平方米）。

考虑到随着市场经济发展，停车位将趋于紧张。根据项目目前的收费情况，本次估价确定停车收入自有收益年限的第六年开始每隔五年增长5%，直到第16年后稳定。

2）估算运营费用

委估房地产出租时，主要产生的运营费用有税金及附加、维修费、管理费、保险费等，根据长沙市相关规定及市场的一般情况取值，具体同上述《运营费用测算表》。

3）收益年限的确定

估价对象收益期限为33.08年（具体确定过程同上述有关内容，略）。

4）选用适当的报酬率

采用累加法求取报酬率。报酬率=无风险报酬率（安全利率）+投资风险报酬率。

其中无风险报酬率采用选取同一时期银行一年期银行存款利率3.87%。

风险报酬率是指承担额外风险所要求的补偿，即超过无风险报酬率以上部分的报酬率。考虑到管理的难易程度，投资的流动性以及作为资产的安全性等因素，将风险分为低、中、高三等，经我司估价人员根据特尔菲法对各等级风险的风险报酬率取值为：

投资风险报酬率分档表（同上述有关表格，略）。

根据长沙市的经济发展现状、房地产市场发展状况及发展趋势、估价对象用途等因素，结合估价对象经营收益稳定，投资风险报酬率处于低档偏低取值3.13%，则估价对象的报酬率为报酬率：3.87%+3.13%=7%。

（三）估价对象之新兴大酒店设备房作为估价对象之商业和酒店的配套建筑物，其使用价值已在商业和酒店的价值中体现，故不必重复单独测算。

采用收益法测算估价对象广告收益部分的价值（略）。

七、风险提示

（一）产权变更等风险

目前，项目土地使用权性质仍为国有划拨土地使用权，委托方拟在其经国土部门审核批准变更为国有出让性质，且为完全产权房地产、不考虑任何债权、债务、租赁关系后，进行收购投资，然而项目自身情况较为复杂，进行产权变更等手续具有一定的不确定性，提醒报告使用者注意。

（二）投资风险

2008年，我国不仅遇到了美国金融危机蔓延扩散和全球经济减速的巨大压力，同时也遇到了国内从年初的雨雪冰冻灾害及汶川地震灾害的巨大挑战，在内外不确定性不断增大的情况下，我国的经济形势较为严峻。一些行业企业利润也出现下降，国际金融危机对我国实体经济的冲击正在显现。房地产市场也受到了严重的影响，虽然从长远角度来看，我国经济的基本态势是好的，但仍提醒报告使用注意投资风险。

报告二 长沙市××商业房地产投资收购估价报告

表2-43 长沙市芙蓉区新兴大酒店地下1层房地产

估价对象名称			长沙市芙蓉区新兴大酒店地下1层房地产															
分类项目																		
项目基本情况	建筑面积	3025.41	平方米	实际占用土地面积	0	平方米												
	登记价		元	押金		月												
	空置率																	
	年递增系数	33.08				5.0%					5.0%							
	收益年限																	
计算项目		计算比率				递增期												
收益年期		1	2	3	4	5	6	7	8	9	10	11	12	13	14	15		
收入	租金	13.00	13.00	13.00	13.00	13.00	13.65	13.65	13.65	13.65	13.65	14.33	14.33	14.33	14.33	14.33		
	有效租金	114.48	114.48	114.48	114.48	114.48	121.68	121.68	121.68	121.68	121.68	129.12	129.12	129.12	129.12	129.12		
	小计	13.00	13.00	13.00	13.00	13.00	13.65	13.65	13.65	13.65	13.65	14.33	14.33	14.33	14.33	14.33		
支出	房产税	购建价的70%的1.2%	2.03	2.03	2.03	2.03	2.03	2.03	2.03	2.03	2.03	2.03	2.03	2.03	2.03	2.03	2.03	
	营业税	5%	0.65	0.65	0.65	0.65	0.65	0.68	0.68	0.68	0.68	0.72	0.72	0.72	0.72	0.72		
	城建维护税	7%	0.05	0.05	0.05	0.05	0.05	0.05	0.05	0.05	0.05	0.05	0.05	0.05	0.05	0.05		
	教育费附加	3%	0.02	0.02	0.02	0.02	0.02	0.02	0.02	0.02	0.02	0.02	0.02	0.02	0.02	0.02		
	印花税	0.1%	0.01	0.01	0.01	0.01	0.01	0.01	0.01	0.01	0.01	0.01	0.01	0.01	0.01	0.01		
	土地使用税	20	0.31	0.31	0.31	0.31	0.31	0.31	0.31	0.31	0.31	0.31	0.31	0.31	0.31	0.31		
	维修管理费	3%	0.39	0.39	0.39	0.41	0.41	0.41	0.41	0.41	0.43	0.43	0.43	0.43	0.43			
	小计		3.46	3.46	3.46	3.51	3.51	3.51	3.51	3.51	3.57	3.57	3.57	3.57	3.57			
	月纯收益		9.54	9.54	9.54	10.14	10.14	10.14	10.14	10.14	10.76	10.76	10.76	10.76	10.76			
	年纯收益		114.48	114.48	114.48	121.68	121.68	121.68	121.68	121.68	129.12	129.12	129.12	129.12	129.12			
	报酬率		7.00%	7.00%	7.00%	7.00%	7.00%	7.00%	7.00%	7.00%	7.00%	7.00%	7.00%	7.00%	7.00%			
	折现值		96.67	90.34	84.43	78.91	73.26	68.46	63.98	59.80	59.30	55.42	51.80	48.41	45.24			
评估单价		1370.00	元/平方米															
收益法评估总值		4144800	元															

（三）经营风险

长沙市火车站 IT 电子商圈现有五家具有一定规模的电子卖场，竞争较为激烈，因此在经营过程中如何发挥自己的品牌优势及经营管理经验，显得尤为重要，因此提醒报告使用者注意。

八、估价结果

估价人员本着独立、客观、公正、合法的原则，在进行实地查勘、广泛收集有关市场信息和估价对象信息的基础上，全面分析了影响估价对象公开市场价值的各项有利和不利因素，根据国家有关房地产估价的法律法规和估价目的，按照科学的估价程序，并运用适当的估价方法，对本次估价对象进行估价测算，确定估价对象于估价时点 2008 年 10 月 13 日的市场价值为 239938400 元，大写人民币贰亿叁仟玖佰玖拾叁万捌仟肆佰元整，详见《估价结果明细表》（同致委托方函，略）。

附件（略）

第二部分　房地产租赁价格评估

报告三

成都市××××写字楼房地产租赁价格评估报告

北京中企华房地产估价有限公司　　刘洪帅

评析意见

为了满足商业银行、大公司和大企业等客户的经常性需要而进行的办公房地产租赁价格评估，已经成为一些估价机构正在逐步开拓的新兴服务领域。根据此类项目的特点，估价师重视核查估价对象产权状况和租赁合法性，了解掌握拟租赁房地产的具体用途，全面调查当地类似用途房地产的租赁市场状况，认真界定租赁价格的具体内涵，并在此基础上采用了市场法和收益法进行评估。在采用收益法倒算租赁价格时，通过市场提取法确定报酬率，有一定特色。在设定估价的假设和限制条件时，考虑比较全面、周到。该报告格式比较规范，内容基本完整，技术思路清晰，文字表述通畅。但在确定某些估价技术参数时，还应进一步增加说服力。

目录（略）
致委托方函

××××银行：

受贵行的委托，我公司根据国家有关房地产价格评估的规定，本着独立、公正、客观、合法的原则，按照科学的估价方法，对贵估价对象房地产租赁价格进行了评估，为贵行确定房地产租赁价格提供参考依据。

一、估价对象

成都××××房地产开发有限责任公司所属的位于成都市××××路四段27号的成都××××国际大厦24～26层写字楼，规划建筑面积5509.00平方米，估价对象分摊的国有土地使用权用途为商业用地，土地使用年期至2042年10月22日止。截至估价时点，估价对象房屋建筑物主体结构封顶，正在进行后续设备管道安装工程、装修工程、室外工程以及其他工程的施工工作，预计2007年12月完工。本次估价是假设估价对象于估价时点按照相关设计批准文件已经全部完工，并保证相关设施设备配备标准达到设计要求和建造标准，达到竣工验收标准和入住条件的前提下进行估价。

二、估价目的

本次估价是为委托方拟租赁估价对象提供房地产租赁价格参考依据而评估估价对象房地产租赁价格。

三、估价时点

2007年3月8日。

四、参与本报告的估价师（略）

五、价值类型及其定义

（一）价值类型

本次估价结果为房地产租赁价格，采用公开市场价值标准。

（二）价值内涵

本次评估的价格是估价对象在估价时点为 2007 年 3 月 8 日，土地取得方式为出让（出让年期为商业用地至 2042 年 10 月 22 日），房屋建筑物为全现浇框架剪力墙结构、公共区域高档精装修、办公区域毛坯，相关设施设备配备标准达到设计要求和建造标准，达到竣工验收标准和入住条件下的房地产租赁价格。

六、估价结果

估价人员根据估价目的，遵循估价原则，按照估价程序，采用科学的估价方法，在认真分析现有资料的基础上，经过周密准确的测算，并结合估价经验与对影响估价对象价格因素的分析，确定估价对象于估价时点 2007 年 3 月 8 日的租赁价格为：

房地产年租赁总价：727.85 万元。

大写金额：柒佰贰拾柒万捌仟伍佰元整。

房地产租赁单价：3.67 元/平方米/天（货币种类：人民币）。

七、估价报告使用期限

自 2007 年 3 月 16 日起至 2007 年 9 月 15 日止。

北京中企华房地产估价有限公司
法定代表人：
2007 年 3 月 16 日

估价师声明（略）
估价的假设和限制条件

一、估价假设条件

（一）产权方面假设条件

1. 根据委托方提供《国有土地使用证》（成国用 [2002] 字××××号）、《建设工程规划许可证》（武侯编成规建筑××××号）、《建设工程施工许可证》（编号××××）、《商品房预售许可证》（成房预售字第××××号），××××国际大厦由成都××××房地产开发有限责任公司进行开发并销售、出租。

2. 根据《国有土地使用证》（成国用 [2002] 字××××号）复印件，估价对象所在国际大厦项目国有土地使用权于 2006 年 3 月设定了抵押权，抵押土地使用权面积为 21087.12 平方米，抵押权价值为 7000 万元，抵押期限为 2006 年 3 月 13 日至 2011 年 3 月 30 日，抵押权人为中国银行股份有限公司成都××××支行。

3. 本次评估以成都××××房地产开发有限责任公司合法拥有估价对象房地产（房屋建筑面积 5509.00 平方米）产权，可按期取得《房屋所有权证》，并且合法出租为假设前提。

4. 截至估价时点，估价对象房屋建筑物主体结构封顶，正在进行后续设备管道安装工程、装修工程、室外工程以及其他工程的施工工作，预计 2007 年 12 月完工。本次估价是假设估价对象于估价时点按照相关设计批准文件已经全部完工，并保证相关设施设备配备标准达到设计要求和建造标准，达到竣工验收标准和入住条件的前提下进行估价。

本次评估委托方为××××银行，估价对象的产权人为成都××××房地产开发有限责任公司。××××银行成都分行拟租赁估价对象作为办公场所。

（二）估价参数假设前提

1. 估价对象所在项目的土地用途、使用年期、面积依据《国有土地使用证》（成国用 [2002] 字×××号）确定。

2. 估价对象建筑面积由委托方提供，即委托方拟租赁范围内房地产的建筑面积，委托方拟租赁大厦位置为25～26层全部及24层半层，拟租赁总建筑面积5509.00平方米。如估价对象未来竣工实测面积与规划建筑面积不一致，估价结果应作相应调整。

二、估价限制条件

（一）本评估报告中所依据的有关资料系由委托方提供，并对其真实性负责。因委托方提供的资料失真造成评估结果有误，估价方不承担责任。

（二）本估价报告应用范围为委托方确定房地产租赁价格提供参考依据，若改变估价目的及使用条件需向本评估机构咨询后作必要修正甚至重新估价。

（三）本房地产估价报告经估价机构加盖公章并由注册房地产估价师签字后方可使用。

（四）未经估价方和委托方书面同意，本报告的全部或部分及任何参考资料均不允许在任何公开发表的文件、通告或声明中引用，亦不得以其他任何方式公开发表。

（五）按有关规定本估价报告自出具日起半年内有效。超过估价报告应用有限期使用估价报告的，相关责任由使用者承担。在估价报告应用有效期内使用估价报告的，相关责任由出具估价报告的估价机构承担，但使用者不当使用的除外。

（六）估价人员对估价对象进行了实地勘察，并对实地勘察的客观性、真实性、公正性承担责任。但评估人员对估价对象的勘察，限于估价对象的外观和使用状况。除非另有协议，评估人员不承担对估价对象建筑结构质量进行调查的责任，也不承担对被遮盖、未暴露及难于接触到的部分进行检视的责任。

（七）其他需要说明的问题

1. 根据《城市房屋租赁管理办法》第十三条规定"房屋租赁实行登记备案制度，签订、变更、终止房屋租赁合同，租赁当事人应当依照本办法规定向房地产管理部门登记备案"。提请委托方关注，并及时办理房屋租赁登记备案。

2. 房地产租赁成交价格受租赁双方心理预期、拟租赁年限以及其他因素影响，另外租赁双方人员的谈判能力也会影响到租赁成交价格。本报告是根据目前同类型房地产租赁市场价格水平，评估估价对象的正常客观租赁价格，租赁成交价格有可能会高于或低于评估价格。

3. 本评估报告对估价对象建筑结构、装修标准以及配套设施设备的描述是依据《××××国际大厦房屋使用说明书》以及评估人员实地勘察。

4. 估价对象的设计承重不能满足委托方在拟租赁房屋内设置机房的要求，需要对机房内设备合理布置以及对楼板进行加固处理以满足使用要求。本次估价以估价对象正常交房标准为前提，没有考虑楼板加固以及其他内部装修需要改造等因素的影响。

5. 本次估价结果为估价对象租赁价格，不包括物业管理费以及电费、通信费（包括网费）等其他费用。

6. 根据××××银行相关资料介绍，拟租赁期限为3～5年，拟租赁大厦位置为25～26层全部及24半层，拟租建筑面积为5509.00平方米。

7. 估价对象房地产已设定抵押权，根据《城市房屋租赁管理办法》，房屋租赁须征得抵押权人同意，在此提请委托方关注。

（八）本估价报告书一式五份，委托方四份，本机构存档一份。本估价报告书复印件无效。

房地产估价结果报告

一、委托方（略）

二、估价方（略）

三、估价对象

（一）估价对象

本次评估的估价对象为成都××××房地产开发有限责任公司所属的位于成都市××××路四段

27号的成都××××国际大厦24~26层写字楼，规划建筑面积5509.00平方米，估价对象分摊的国有土地使用权用途为商业用地，土地使用年期至2042年10月22日止。截至估价时点，估价对象房屋建筑物主体结构封顶，正在进行后续设备管道安装工程、装修工程、室外工程以及其他工程的施工工作，预计2007年12月完工。本次估价是假设估价对象于估价时点按照相关设计批准文件已经全部完工，并保证相关设施设备配备标准达到设计要求和建造标准，达到竣工验收标准和入住条件的前提下进行估价。

（二）估价对象登记状况

估价对象登记状况见表3-1。

估价对象登记状况表 表3-1

权属人	\multicolumn{3}{c|}{成都××××房地产开发有限责任公司}		
产权证书编号	\multicolumn{3}{l|}{《国有土地使用证》（成国用[2002]字××××号） 《建设工程规划许可证》（武侯编成规建筑××××号） 《建设工程施工许可证》（编号××××） 《商品房预售许可证》（成房预售字第××××号）}		
房地坐落位置	\multicolumn{3}{l|}{成都市××××路四段27号（武侯区桂××××村3.4.10组）}		
国有土地使用类型	\multicolumn{3}{c|}{出让}		
土地用途	商业、住宅	房屋用途	综合写字楼
土地批准使用期限	\multicolumn{3}{c|}{至2042年10月22日}		
土地状况	宗地总面积		21087.32平方米
	建筑物分摊土地使用权面积		无
	宗地四至	东至	成都××××房地产开发有限责任公司
		西至	××××路四段
		南至	中国西南航空公司
		北至	二环路
房屋状况	\multicolumn{3}{l|}{大楼主体采用全现浇框架剪力墙结构体系。 大厦为综合写字楼，地上26层、地下2层，标准层面积约为2200平方米。预计2007年12月竣工。 本次估价对象为24~26层写字楼（房屋建筑面积5509.00平方米）}		
他项权利	\multicolumn{3}{l|}{估价对象所在项目国有土地使用权已设定抵押，国有土地使用权抵押面积为21087.12平方米，抵押权价值为7000万元，抵押期限为2006年3月13日~2011年3月30日，抵押权人为中国银行股份有限公司成都××××支行}		

（三）估价对象权益状况

1．土地使用权状况

根据委托方提供的《国有土地使用证》（成国用[2002]字××××号），估价对象所在项目的土地使用权人为成都××××房地产开发有限责任公司（即本项目开发商），土地使用权取得方式为出让，土地用途为商业用地，出让土地总面积为21087.32平方米，商业出让年期至2042年10月22日止，至估价时点，土地使用权剩余使用年限为35.65年。

2．房屋权益状况

至估价时点，立项主体成都××××房地产开发有限责任公司已经取得估价对象所在项目的《建设工程规划许可证》（武侯编成规建筑××××号）、《施工许可证》（编号××××）及《预售许可证》（成房预售字第××××号）。根据上述资料，估价对象所在项目规划总建设面积为143222平方米，其中估价对象所在的成都××××国际大厦规划建筑面积59500平方米。

3．他项权益状况

依据《国有土地使用证》（成国用[2002]字××××号），估价对象所在项目的国有土地使用权已设定抵押权，土地使用权抵押面积为21087.12平方米，抵押权价值为7000万元，抵押期限为2006年3月13日~2011年3月30日，抵押权人为中国银行股份有限公司成都××××支行。除上述抵押权外，估价对象不存在担保等他项权益。

(四)估价对象实物状况

1. 土地实物状况

估价对象所在的成都××××国际大厦项目宗地位于成都市××××路四段27号(武侯区××××村3.4.10组),宗地四至为东至成都××××房地产开发有限责任公司、西至××××路四段、南至中国西南航空公司、北至二环路。宗地登记总面积为21087.32平方米,土地登记用途为商业住宅用地,宗地上规划总建筑面积为143222平方米(其中包括估价对象所在的成都××××国际大厦规划建筑面积59500平方米),总容积率为6.84。成都××××国际大厦所分摊的土地使用权面积未分摊测绘。该宗地地势平坦,形状较规则,开发程度为"六通一平"(宗地外通路、通电、供水、排水、通气、通信,宗地内通临水、临电及场地平整)。

2. 建筑物实物状况

估价对所在的成都××××国际大厦位于成都市××××路四段27号,紧临××××路和××××路交汇的××××立交桥东南侧,规划建筑面积59500平方米,地上26层、地下2层,标准层面积约为2200平方米。该大厦为全现浇框架剪力墙结构,楼板为现浇钢筋混凝土梁板体系,工程安全等级为二级,抗震设防烈度为7度。

成都××××国际大厦交房标准:

① 外墙:该楼外观采用竖线条结构,显得简洁挺拔,Low-E中空玻璃幕墙配合具有铝板效果的金属漆,整个建筑外墙玻璃比例高达60%,商务空间内为全落地玻璃,通透,外观较好。

② 大堂:入口地面为高级石材,墙面为部分石材和涂料,轻钢龙骨石膏板吊顶,面刷乳胶漆,入口开间宽达21.6米,同时拥有挑高8.4米的独立面积近200平方米,构成总面积超过800多平方米的大堂。

③ 每层电梯厅及走廊:地面为高级地砖,电梯厅墙面为石材,走廊墙面乳胶漆,轻钢龙骨石膏板吊顶,面刷乳胶漆。

④ 室内部分:入户门,高档防盗门。窗户,断桥铝合金中空单层Low-E安全玻璃。墙面、顶棚,刮腻子。地面,水泥砂浆找平。智能安防系统,可视对讲机一部。

⑤ 电视通信及网络系统:户内设多媒体箱一个,箱内有有线电视模块,电话模块(两对电话线入户),网络模块(两条网线入户)。大楼内设无线上网系统。

⑥ 电梯:A栋共设10部全球知名品牌高速电梯,电梯速度2.5米/秒,载重1000kg/台,在保证电梯速度效率的同时,也要求电梯运行的平稳性,极大降低候梯时间,提高办公效率。

⑦ 空调:自由式中央空调,利用3.3米层高空间为每户预留分体中央空调机位(外机位隐藏在外墙内),可以自主选择安装分户或中央空调,可自由控制温度与时间,量化能源支出。

⑧ 其他设施配备

供电、配电:按照套内100W/平方米配置,5条回路,最大容量18kW。

水电计量系统:运转计量。

公共安防系统:电子巡更系统,地下车库设电视监控,大堂入口设访客可视对讲系统,电梯轿厢内设摄像监控头一个,每层两个摄像监控头。光纤入户(FTTH),5A级智能化配套,每层4个门禁系统。

消防系统:设自动消防报警系统、自动喷淋系统及消火栓系统,消防楼梯设通风系统。

⑨ 车位:估价对象车位共734个,地下两层为停车场共630个,地面规划为104个,停车场布局方正确保进出方便,独立地下停车场入口(双入口)。

⑩ 物业管理:由知名物业管理公司第一太平戴维斯管理,物业费12元/平方米/月。

3. 估价对象所在的成都××××国际大厦形象程度

截至估价时点主体结构封顶,正在进行后续设备管道安装工程、装修工程、室外工程以及其他工程的施工工作，预计 2007 年 12 月完工。

四、估价目的

本次估价是为委托方拟租赁估价对象提供房地产租赁价格参考依据而评估估价对象房地产租赁价格。

五、估价时点

2007 年 3 月 8 日。

六、价值定义

（一）价值类型

本次估价结果为房地产租赁价格，采用公开市场价值标准。

（二）价值内涵

本次评估的价格是估价对象在估价时点为 2007 年 3 月 8 日，土地取得方式为出让（出让年期为商业用地至 2042 年 10 月 22 日），房屋建筑物为全现浇框架剪力墙结构、公共区域高档精装修、办公区域毛坯，相关设施设备配备标准达到设计要求和建造标准，达到竣工验收标准和入住条件下的房地产租赁价格。

七、估价依据（略）

八、估价原则（略）

九、估价方法

（一）估价思路

根据《房地产估价规范》，房地产租赁价格评估可采用市场法、收益法和成本法。估价人员在认真分析所掌握的资料并进行了实地勘察后，根据估价对象的实际情况，首先分别采用市场法和收益法对估价对象租赁价格进行评估，然后对两种方法的评估结果进行综合分析后，最终确定估价对象的租赁价格。

（二）估价方法选择

方法的选用出于以下考虑：

1. 由于估价对象为高档办公物业，成都武侯区高档写字楼租赁交易很多，同档次办公物业租金价格公开、透明，所以适合采用市场法确定估价对象房地产租赁价格。

2. 采用收益法（即已知房地产市场价格，选用适当的资本化率，测算房地产年租金收益的方法）对估价对象租赁价格进行估价。原因为估价对象房地产的市场价格易确定，首先，在估价对象所处区域能找到类似房地产的买卖交易案例，所以选用市场法测算估价对象市场销售价格。然后利用资本化率、收益乘数将其转换为年净收益价值，考虑年总费用来求取估价对象年租金的方法。

3. 成本法评估房地产租赁价格是通过测算房地产的折旧费、维修费、管理费、利息、税金、保险费、地租、利润等，进行累加得出租金价格。由于准确、合理地确定上述各项费用比较困难，因此此种评估方法还是一种理论上的方法，缺乏实际操作性。并且，估价对象所处区域办公物业租赁价格的定价完全市场化，所以成本法评估租赁价格的方法不适用。

（三）估价方法介绍

1. 市场法是将估价对象与在估价时点近期有过交易的类似房地产进行比较，对这些类似房地产的已知价格作适当的修正，以此估算估价对象的客观合理价格或价值的方法。

2. 收益法是预测估价对象的市场价值，然后利用报酬率或资本化率、收益乘数将其转换为估价对象租金收益来求取估价对象租赁价格的方法。

十、估价结果

估价人员根据估价目的，遵循估价原则，按照估价程序，采用科学的估价方法，在认真分析现有资料的基础上，经过周密准确的测算，并结合估价经验与对影响估价对象价格因素的分析，确定估价对象于估价时点 2007 年 3 月 8 日的租赁价格为：

房地产年租赁总价：727.85 万元　大写金额：柒佰贰拾柒万捌仟伍佰元整。

房地产租赁单价：3.67 元/平方米/天（货币种类：人民币）。

十一、估价人员（略）

十二、估价作业日期

2007 年 3 月 6 日～2007 年 3 月 16 日。

十三、估价报告应用的有效期

本估价结果自估价报告提交日起半年内有效，即至 2007 年 9 月 15 日止。

房地产估价技术报告

一、个别因素分析（同估价报告有关内容，略）

二、区域因素分析

（一）成都城市区域总体概况

成都市位于四川省中部，四川盆地西部，地处东经 102°54′至 104°53′与北纬 30°05′至 31°26′之间。全市面积 12390 平方公里，东西长 192 公里，南北宽 166 公里，平原面积占 40%，丘陵面积占 27.6%，山区面积占 32.3%。东北与德阳市，东南与资阳地区毗邻，西南与雅安地区，西北与阿坝藏族羌族自治州接壤，南面与眉山地区相连。境内海拔最高 5364 米，最低 387 米，平均海拔 500 米。属亚热带湿润季风气候，热量丰富、雨量充沛、四季分明。年平均气温在 15.2～16.6℃ 左右，全年无霜期大于 300 天，年平均降水量 873～1265 毫米，年平均日照百分率一般在 23%～30% 之间，日照时数为 1017～1345 小时，年平均太阳辐射总量为 80.0～93.5 千卡/平方厘米。境内河网稠密，西南部为岷江水系，东北部为沱江水系，全市有大小河流 40 余条，水域面积 700 多平方公里。

成都市辖 9 区 4 市 6 县，除市内 5 城区内的 76 个街道办事处以外，其他的 14 个区市县现有的乡镇和街道办事处有 240 个。其中街道办事处 13 个，镇 200 个，乡 27 个。面积 12390 平方公里，总人口 1082 万，其中市区人口 464.5 万。

（二）成都市总体经济概况

2006 年全市实现地区生产总值 2750 亿元，比上年增长 13.8%，是 1994 年以来的最高增长速度。其中：第一产业实现增加值 193.4 亿元，增长 4.8%；第二产业实现增加值 1213 亿元，增长 18.6%；第三产业实现增加值 1343.6 亿元，增长 11.2%。一、二、三产业比例关系为 7.0∶44.1∶48.9，对全市经济增长的贡献率分别为 2.6%、57.2% 和 40.2%；2006 年，全市完成固定资产投资 1899.6 亿元，增长 30.9%，增速比上年回落 9.2 个百分点。从产业投资看，二产业完成投资 530.9 亿元，增长 33.9%，其中工业完成投资 521.5 亿元，增长 33.1%；三产业完成投资 1344.1 亿元，增长 29.2%；全年完成财政总收入 489.1 亿元，增长 30.0%，完成地方财政收入 278.4 亿元，增长 34.9%，其中税收收入增速为 32.2%，增速比上年提高 1.0 个百分点。财政收入占 GDP 比重为 17.8%，比上年提高 2.4 个百分点。从主体税种看，营业税、增值税、企业所得税分别完成 52.5 亿元、18.3 亿元、17.5 亿元，分别增长 38.0%、14.4%、45.8%。地方财政支出 336.8 亿元，增长 37.3%。2006 年，城市居民消费价格指数为 101.8，比上年回落 0.5 个百分点，其中食品类价格上涨 2.5%，回落 2.0 个百分点。工业品出厂价格上涨 1.2%，回落 0.7 个百分点；原材料、燃料、动力购进价格上涨 4.5%，回落 3.3 个百分点。城乡居民收入不断提高；2006 年，城市居民人均可支配收入 12789 元，增长 12.6%。城市居民恩格尔系数由上年的 35.3% 下降到 2006 年的 33.9%。

（三）武侯区概况

1. 区域概况

成都市武侯区位于蓉城锦江之南，因蜚声中外的武侯祠坐落于区内而得名，是 1990 年成都市行政区划调整时建立的新城区，被国务院定位为高科技文化区。现辖 13 个街道办事处，63 个社区居委会，

29个村民委员会，辖区面积76.56平方公里，人口52.66万。

2. 基础设施

交通：武侯区交通四通八达，西南航空港、成昆铁路、成渝高速公路紧邻其周边，城区内街道整洁宽敞，一环路、二环路、三环路、绕城高速公路、××××路、川藏公路（武侯段）、武侯大道等城市交通主干道贯穿全区，使武侯区成为成都市交通最畅通的城区。

通信：成都市武侯区是中国七大通信交换中心之一，目前已开通了同世界十余个国家和地区，全国400多个长途直拨的电话业务。

供气：成都市武侯区气化率为96.9%，日供气360万立方米。工业用气为1.01元/立方米，生活用气1.12元/立方米，商业用气1.73/立方米。

供电：成都市武侯区年可供电量为79.58亿度。根据供电的不同时期：平水期、丰水期和枯水期电价有所不同。工业用电在0.52~0.68元/度，生活用电约0.45元/度，商业用电在0.69~0.90元/度。

供水：成都市属足水区域，水质优良。年供水量为4.6亿吨。日供水量为151万吨。目前，工业用水1.9元/吨，生活用水1.5元/吨，商业用水3.1元/吨。

3. 配套服务设施

武侯区是国家定位的高科技文化区，区内坐落了四川大学、华西医科大学、西南民族大学、成都体育学院、四川音乐学院、中国科学院成都分院等几十所科研院所，全区大专文化程度的人口占总人口的26.6%；区内拥有全省、全市著名的中、小学；体育设施遍布全区，医疗卫生独具优势，综合治安治理成效显著，休闲会所、购物广场星罗棋布。

（四）估价对象区位状况分析

1. 交通便捷度

估价对象所在区位分布有××××路，××××路被称为"天府第一道"，是连接成都市中心和新城南的交通枢纽。16路、99路、61路、303路、43路、47路、78路、4路、98路、23路等15条公交线路设站，交通十分便捷。

2. 办公聚集度

估价对象所在区位聚集了包括市政府和省建设厅为代表的政府办公设施，数码广场为代表的西部科技一条街，以中国人民银行和开发建设银行成都分行为代表的金融机构，以国航世纪中心和汇日·央扩广场为代表的顶级写字楼等办公物业，办公聚集度较高。

3. 公共配套完善程度

估价对象所在区位分布有以华西医院为代表的五家医院，以锦江宾馆、索菲特为代表的六家三星级以上宾馆，以中国会所为代表的高档餐饮，以锦绣花园为代表的紫荆小区和棕树小区高档住宅区，以及以老成都民俗公园为代表的公共休闲场所，公共配套完善。

4. 人文环境状况

估价对象所在区位分布有以四川大学为代表的六所高校，人文环境良好。

综上所述，估价对象所在项目处于成都天府商务中心、办公聚集高、交通便捷、周边公共配套设施完善、人文环境良好，支撑估价对象所在区位的写字楼的销售和租金价格处于较高的水平。

三、市场背景分析

（一）成都写字楼市场状况分析

1. 2007年一季度成都写字楼市场呈现供不应求局面

2007年开始成都的写字楼市场呈现近两年难得的供不应求的局面。目前带动办公楼租赁市场的力量，主要是成都的跨国公司相继由乙级写字楼、旧甲级写字楼搬至新优质写字楼。在此基础上，今年成都写字楼的租金已出现温和增长。同时，成都成为高新技术产业集中地，企业对产业园的需求也十分旺盛。

2. 成都试验区的设立及经济前景预期向好直接刺激写字楼物业需求

成都设立"试验区"有效地刺激了写字楼需求的增加。与此同时，对经济前景的持续看好也正增强本地实力公司的信心，带来对办公楼的升级需求。

与此同时，跨国企业的需求却并不乐观，虽然有130多家500强企业进入成都，但是具体分析，其中英特尔、诺基亚、爱立信等企业要么直接建厂、要么在高新区成立研发中心，真正需要在商务区租赁写字楼的企业多为金融贸易类企业。

3. 中期内高档写字楼市场面临考验，市场也许将会出现饱和，甚至会出现供过于求的局面

目前，成都高档写字楼有时代广场、香格里拉、央扩国际广场、力宝大厦等，供应总体量约50万平方米，而空置率较低，低空置率充分说明了这个市场的健康程度。在成都经济高速发展的大背景下，预计三年后，成都高档写字楼新增加的楼盘有航空科技大厦、天府时代广场、仁恒广场、国航世纪中心、新希望大厦等在建或将建的项目，供应体量将达100万平方米左右，为现有的2倍。因此，3～5年，随着众多高档写字楼陆续投入市场后，高档写字楼供应量将骤然增大，可能超过高档物业需求的增长速度，市场也许将会出现饱和，甚至会出现供过于求的局面。

4. 成都写字楼分布情况

成都市中心和城南是成都写字楼的主要分布区域，新建、拟建高级写字楼主要分布在市中心CBD区域和人民南路天府大道沿线，呈伞形布局。

成都市中心CBD高级写字楼较集中的区域有：总府路—顺城大街—南大街—人民南路的"十"字形区域、成都最为繁华和传统的中心商业区春熙路—盐市口—天府广场一带、被冠以"金融一条街"的顺城大街—骡马市一带。

而城南的写字间则集中在武侯祠大街（高升桥）—浆洗街和人民南路一带，开行国际、力宝大厦、达义·罗浮广场、东方广场、钱江铂金城、华敏·翰尊国际、中铁名人大厦等，它们也是成都目前最具代表性的新兴写字楼。

另外，分布有丰德国际、商鼎国际、海关大厦、高新国际商务广场、川投调度中心等外观现代、智能化程度很高写字楼项目的，天府大道人民南路沿线周边区域也已成一定规模。随着市政府南迁、周边配套不断完善成熟、并依托地铁1号线，该区域将会成为新的商务区。

5. 成都写字楼租赁市场情况

根据城市规划，成都的CBD就是由新天府广场片区、骡马市片区、东大街片区以及××××路沿线所集合而成的，CBD核心区是城市的最核心，是衡量一个城市的经济风向标，这里有最昂贵的土地，最密集的人口、资金、资源、信息。纵观北京、上海等一线城市CBD发展趋势，近几年来CBD区域的写字楼物业售价及租金不断飙升。

随着成都城市向东向南发展的进一步加快，城市结构由单核心向多核心发展，特别是城市南部副中心的建设及政府南迁，沿城市主轴线××××路及其沿线的办公物业的发展可能与CBD共同成为成都市商务办公物业的主要供给区域，未来将成为城市新结构下的主要商务线。××××路中轴线上高档次社区中的商务办公趋势基本形成。特别是××××路、城南桐梓林、棕南、棕北等区域现已成为主要的商务接待活动场所。该区域写字楼品质高、规模大、市场需求旺盛、办公环境好、智能化高、而且聚集了成都市47%的写字楼项目，租金和销售价格不断升高。

成都甲级写字楼租金集中在80～150元/平方米/月，且出租情况良好，出租率均达到90%以上，在配置中发现，其吊顶净高集中在2.5～2.8米；老牌写字楼的车位集中在200～400个，总建与车位数量之比在1/200～1/500，近年来修建的甲级写字楼车位情况得到改善普遍在400个以上，商鼎国际更达到730个车位配置，其总建与车位数量之比也增加到1/80～1/200；老牌甲级写字楼电梯数量集中在6～8部，总建与电梯之比集中在1/8000～1/10000，近年新建的写字楼根据规模不同电梯数量集中在6～12部，更有力宝大厦电梯数量达到26部，总建与电梯之比增加到1/3000～1/7000。

6. 高端走向是成都写字楼未来的发展方向

随着成都城市经济的发展，作为城市"核心中的核心"，天府广场"中央商务区"，"后子门大小红土地庙"中央绿化区，再加上"顺城街商务区"以及"春熙路—盐市口"中央商业区，成都CBD的未来格局已经形成。

成都的写字楼目前的重要因素主要决定于以下几个方面：办公地点的交通顺畅、方便；商务和办公配套是否完善及方便程度；有充足的停车位；办公环境的舒适性、健康性（如就餐是否方便，通风、采光条件是否良好等）、符合公司发展及形象的要求、餐饮配套以及网络和宽带、中央空调、电梯、物管等软硬件配备。他们对产品的需求特征越来越集中在配套、管理、价位等方面。近期新开发写字楼以中高档为主，并且多集中在商业环境发达、交通便利的市中心；外形现代，体量基本在10万平方米以内；配套齐全、设施一流；户型大多可自由分割，从几十平方米到一千多平方米不等；智能化、健康、生态、人性化已成为共有的主题。时代广场、汇日·央扩国际广场等高端写字楼将成都市写字楼的软硬件环境提升到更高档次，而未来新加坡仁恒项目、新希望、香港九龙仓等项目的开建、交付使用势必会将一批旧的商务办公物业淘汰，进入新一轮品质化商务办公产品时代。

对于写字楼而言，合理的建筑结构是首要因素，因为合理的建筑结构决定了一个写字楼的通风采光等多方面的功能。其次，优美的外部环境也是一个重要因素。成都甲级写字楼特别是总部大楼在强化硬件指标的同时将更注重节能、生态及智能。以汇日·央扩国际广场和将建成的国航国际中心为例，整个项目的硬件投入完全达到了甲级或顶级写字楼标准，但为了达到更好的节能效果，比如在空调设计方面则全部采取独立控制，在降低能耗的同时也大大降低了企业的办公成本。完善的商务配套设计本身也是写字楼的卖点，商务餐厅、商务茶楼、充足停车位、网络等实用配备。写字楼将采用BA楼宇自控、FA消防自控、CA通信自控、OA办公自控、MA信息自控的国际化标准，让用户无时无刻不感受到科技人性化带来的办公享受。

（二）估价对象所在区位写字楼市场状况

1. 区位内××××路的商务地位

区域内××××路又被称为"天府第一道"，是连接市中心和新城南的交通枢纽，顺应城南商务区逐渐形成的大势，南依高新区北接CBD，加之新城南区与具备完善的市政配套与通信条件，具备现代商务活动的必备素质，当然成为各类实力型商务公司办公选址的首选之地。从以上××××路两侧物业的分布来看，这条成都市的主干道聚集了包括市政府和省建设厅为代表的政府办公区域，以数码广场为代表的西部科技一条街，以中国人民银行和开发建设银行成都分行为代表的银行机构，以国航世纪中心和汇日·央扩广场为代表的顶级写字楼，以四川大学为代表的六所高校，以华西医院为代表的五家医院，以锦江宾馆、索菲特为代表的六家三星级以上宾馆，以中国会所为代表的高档餐饮，以锦绣花园为代表的紫荆小区和棕树小区高档住宅区，以及以老成都民俗公园为代表的公共休闲场所。

2. 估价对象所在区位的租售市场情况

根据估价人员对××××大厦、丰德国际广场、曼哈顿、华尔兹广场、高新科技商务广场等写字楼用户的调查，在准备更换写字楼的客户中49%的人愿意将意向区域列在以城南为主的区域，选择在市中心以及城南副中心的比例各占24%，写字楼售价为7800元/平方米～13000元/平方米，租金水平在80元/平方米/天，入住率在70%～95%（表略）。

四、最高最佳使用分析

房地产估价以最高最佳使用为前提进行。最高最佳使用是指法律上许可、技术上可能、经济上可行、经过充分合理的论证，能使估价对象的价值达到最大的一种最可能的使用。最高最佳使用分析真正体现了估价的客观性。衡量、判断的标准如下：

（一）法律上的许可性（规划及相关政策法规许可），即不受现时使用状况的限制，而依照法律、城市规划发展的规定。

（二）技术上的可能性。即不能把技术上无法做到的使用当作最高最佳使用，要按照可达到的建筑材料、施工技术等方面的要求确定。

（三）经济上的可行性。即在各种可能的使用方式中，选择收入现值大于支出现值的方式，寻求以经济上有限的投入而能获得最大收益的使用方式。

（四）价值最大化。使估价对象价值在具有经济可行性的使用方式中，达到最大的一种。

（五）土地与建筑物的均衡性。即以房地产内部构成要素的组合是否均衡来判定。

（六）与外部环境的协调性。按照房地产与其周围环境相协调，能获得最佳外部经济效益的用途估价。

（七）可持续发展性。按照可持续发展的观点确定使用方式，即研究房地产市场的发展变动趋势、使未来利益最大化的使用方式。

估价对象土地使用权登记为商业，规划用途为综合写字楼，根据估价对象的区位状况、平面布局和建设标准判定，估价对象实现最高最佳使用的方式是作为办公用途使用。

五、估价方法选用（同估价结果报告有关内容，略）

六、估价测算过程

根据估价对象的特点和估价目的以及估价人员对估价对象周边市场状况调查，采用市场法和收益法对估价对象房地产租赁价格进行测算。

（一）采用市场法测算估价对象租赁价格

1. 比较实例选择

根据替代原则，选取三宗房地产租赁交易作为比较案例。对比较案例的区域位置、商服繁华度、交通条件、基础设施、公共配套、交通便捷度、临街道路、临街状况、外界环境、建筑物外观、建筑结构、楼宇智能设施、停车位、建筑物状况等进行调查。

案例A：××××大厦第21层，建筑面积2659平方米，租赁价格3.3元/平方米/天。

××××大厦位于××××路、××××路交叉口，计划2007年12月竣工，建筑高度96米，总建筑面积为143222平方米。大厦地上建筑物26层，地下二层为车库（地下630个，地上104个）。共有10部电梯，其中客梯兼货梯1部。大厦中央空调、给水排水、电力、消防、弱电系统等配套设施设备齐全。大厦周边交通较方便。其他情况见房地产租赁价格价格影响因素说明表。

案例B：××××大厦第12层，建筑面积2903平方米，租赁价格3.67元/平方米/天。

××××大厦位于××××路和××××路之间，计划2008年竣工，建筑高度89米，建筑总面积71785平方米。大厦地上23层，地下2层，停车位约800个。共有24部电梯，其中有6部为自动扶梯，消防兼货梯2部。大厦中央空调、给水排水、电力、消防、弱电系统等配套设施设备齐全。大厦周边交通方便。其他情况见房地产租赁价格影响因素说明表。

案例C：××××大厦第14层，建筑面积1200平方米，租赁价格4.0元/平方米/天。

××××大厦位于××××路与××××路交叉口，2004年竣工，建筑高度87米，建筑面积54191平方米。大厦地上26层，地下2层，车位550个。共有8部电梯，其中3部OTIS货梯，1部OTIS消防电梯。大厦中央空调、给水排水、电力、消防、弱电系统等配套设施设备齐全。大厦周边交通方便。其他情况见房地产租赁价格影响因素说明表。

2. 房地产租赁价格影响因素说明（表3-2）

房地产租赁价格影响因素说明表　　　表3-2

评估对象与案例比较因素	评估对象 成都××××国际大厦	实例A ××××大厦	实例B ××××大厦	实例C ××××大厦
单位租金（元/平方米/天）	待估	3.30	3.67	4.00
租金内涵	建筑面积租金	建筑面积租金	建筑面积租金	建筑面积租金
用途	综合写字楼	综合写字楼	综合写字楼	综合写字楼

续表

评估对象与案例比较因素		评估对象 成都××××国际大厦	实例A ××××大厦	实例B ××××大厦	实例C ××××大厦
交易日期		2007年3月	2007年3月	2007年3月	2007年3月
交易方式		正常成交	正常成交	正常成交	正常成交
租赁时间		3～5年	3～5年	3～5年	3～5年
区域因素	位置及区域办公聚集水平	离市级商业中心距离较远，办公聚集水平一般	离市级商业中心距离较远，办公聚集水平一般	离市级商业中心距离较远，办公聚集水平较高	离市级商业中心距离较远，办公聚集水平一般
	交通条件	区域交通主干道为××××路、××××路，交通方便	区域交通主干道为××××路、××××路，交通方便	区域道路为××××大厦路和××××路，为交通主干道，交通方便	区域交通主干道为××××路与××××路交汇处，为交通主干道，交通方便
	区域内公交线路	区域公交线路有303、99、57、109、307路等	区域公交线路有303、99、57、109、307路等	区域公交线路有112、79、307、55、333、72、77路等	区域公交线路有77、99、16、303、304路等
	繁华程度	紧邻凯宾斯基酒店，周边有部分商业、餐饮聚集度高，繁华度一般	紧邻凯宾斯基酒店，周边有部分商业、餐饮聚集度高，繁华度一般	与领事馆区、金融区较近，写字楼分布较密，区域内繁华度较高	位于美领馆、办公中心、商贸中心之间，靠近各大电脑城和城南高科技园区，集餐饮娱乐于一体，繁华度高
	基础设施完善度	六通（通上水、通下水、通电、通路、通信、通气）完善	六通（通上水、通下水、通电、通路、通信、通气）完善	六通（通上水、通下水、通电、通路、通信、通气）完善	六通（通上水、通下水、通电、通信、通气）完善
	公共设施完备度	周边有玉林小学和镜官新城小学、有华西医大附属第三医院、无邮电局、有娱乐设施、购物广场、银行等公共配套设施；完善度较高	周边有玉林小学和镜官新城小学、有华西医大附属第三医院、无邮电局、有娱乐设施、购物广场、银行等公共配套设施；完善度较高	周边有航空职业学校、有邮电局、有娱乐设施、有中行、上海浦东发展、工商等银行等公共配套设施；完善度较高	周边有成都航校紧临四川大学、有医院、有邮电局、有娱乐设施、有银行等公共配套设施；完善度较高
	环境质量优劣度	区域内自然环境较好，环境质量优	区域内自然环境较好，环境质量优	区域内自然环境较好，环境质量优	区域内自然环境较好，环境质量优
	人文景观和自然风景	人文景观有现代建筑、距老成都民俗公园约10米，自然景观较优	人文景观有现代建筑、距老成都民俗公园约10米，自然景观较优	人文景观有现代建筑等，自然景观为东湖公园，景观较优	人文景观有现代建筑，自然景观优
个别因素	交通便捷度	位于××××路、××××路交叉口，属市级二级公路；沥青路面，双向2车道，距机场路（航空大道）较近，交通较方便	位于××××路、××××路交叉口，属市级二级公路；沥青路面，双向2车道，距机场路（航空大道）较近，交通较方便	位于××××路和××××路之间，属市级二级公路；沥青路面，双向2车道，交通较方便	××××路与××××路，市级二级公路；沥青路面，双向2车道，交通较方便
	临街道路	无单行线、禁行交通管制	无单行线、禁行交通管制	无单行线、禁行交通管制	无单行线、禁行交通管制
	临街状况	两面临街	两面临街	两面临街	两面临街
	四邻环境	临近物业类型主要为商业住宅，少量商务办公楼	临近物业类型主要为商业住宅，少量商务办公楼	临近物业类型主要为居民住宅、金融办公	临近物业类型主要为商业办公
	建筑结构	全现浇框架剪力墙结构	全现浇框架剪力墙结构	全现浇框架剪力墙筒体结构	全现浇框架剪力墙结构
	标准层层高	3.3	3.3	3.4	3.4
	交易面积	5509	2659	2903	1200
	平面布置	采用板式非旋转型布局，短直通道，通风采光性极佳，地址指向性强，平面布置较优	采用板式非旋转型布局，短直通道，通风采光性极佳，地址指向性强，平面布置较优	中间核心筒，四周布置办公室，平面布置较优	中间核心筒，四周布置办公室，平面布置较优
	使用率	使用率约77%	使用率约77%	使用率约75%	使用率约72%

报告三 成都市××××写字楼房地产租赁价格评估报告

续表

评估对象与案例比较因素		评估对象 成都××××国际大厦	实例A ××××大厦	实例B ××××大厦	实例C ××××大厦
个别因素	建筑物外观	外观采用竖线条结构，显得简洁挺拔，气势恢弘形成张力，Low-E中空玻璃幕墙配合具有铝板效果的金属漆，具有极强的时尚感、现代感，外观较好	外观采用竖线条结构，显得简洁挺拔，气势恢弘形成张力，Low-E中空玻璃幕墙配合具有铝板效果的金属漆，具有极强的时尚感、现代感，外观较好	主题采用低辐射Low-E中空玻璃幕墙，群楼主要采用无孔驳接系统玻璃幕墙，具有较高的观赏性和通透性，外观较好	高层建筑，局部石材贴面，全玻璃外罩的蓝色穹顶营造出时尚共享商务空间，外观一般
	装修状况	公共区域高档装修，办公区域为毛坯房	公共区域高档装修，办公区域为毛坯房	公共区域高档装修，办公区域毛坯	公共区域高档装修，办公区域毛坯
	中央空调	采用时限性管理，预留分体中央空调机位（外机位隐藏在外墙内），可以自主选择安装分户或中央空调，较好	采用时限性管理，预留分体中央空调机位（外机位隐藏在外墙内），可以自主选择安装分户或中央空调，较好	主机为国际品牌"特灵"，独立分户计量，自主调节，独立新风系统，特设变温除湿洁净装置系统，好	空调主机采用国内品牌冷水机组3台，保证大厦办公室在季节交替期仍能保持适宜的室内温度，一般
	电梯	共10部全球知名品牌的高速电梯，速度2.5米/秒；1部消防兼货梯	共10部全球知名品牌的高速电梯，速度2.5米/秒；1部消防兼货梯	共有24部进口迅达电梯，速度2.5米/秒，厢体内净高3米，内设CATV电视系统，其中有6部为自动扶梯，消防兼货梯2部	共8部其中4部原装进口OTIS高速电梯，3部OTIS货梯，1部OTIS消防电梯
	绿化率	30%	30%	20%	25%
	大堂	大堂入口开间宽达21.6米，挑高8.4米的独立空间共800多平米的超大大堂	大堂入口开间宽达21.6米，挑高8.4米的独立空间共800多平方米的超大大堂	设计为双大堂形式，首层大堂局部挑高19.2米，商务大堂挑高9.6米	大堂入口开间宽敞，挑高8米，首层大堂面积3000平方米
	其他设施设备配备标准及使用状况	综合布线系统、监控、消防系统、电力供电系统、给水排水系统、弱电系统等，按照顶级办公楼配置，国内首个光纤（FTTH）入户	综合布线系统、监控、消防系统、电力供电系统、给水排水系统、弱电系统等，按照顶级办公楼配置，国内首个光纤（FTTH）入户	综合布线系统、办公自动化系统、门禁系统、电力供电系统、给水排水系统、弱电系统等，按照顶级办公楼配置	电力供电系统、给水排水系统、弱电系统等，按照顶级办公楼配置，设备很新，使用状况良好
	物业管理	知名物业管理公司第一太平戴维斯，物业费12元/平方米/月，管理水平较高	知名物业管理公司第一太平戴维斯，物业费12元/平方米/月，管理水平较高	知名物业管理公司世邦魏理仕，物业费16元/平方米/月，管理水平高	知名物业管理公司威斯顿物业（香港）公司，物业费17元/平方米/月，管理水平高
	企业形象	利于企业树立良好的形象	利于企业树立良好的形象	利于企业树立良好的形象	利于企业树立良好的形象
	办公楼视野及周围景观	办公区视野开阔	办公区视野开阔	办公区视野开阔	办公区视野开阔
	新旧程度	在建，计划2007年12月入住	在建，计划2007年12月入住	在建，计划2008年1月入住	较新，2004年入住
	所在楼层	共26层第24~26层	共26层第21层	共23层第12层	共26层第14层
	车位配备	配备车位总数约734个，车位充足	配备车位总数约734个，车位充足	配备车位总数约800个，车位充足	配备车位总数约550个，车位充足
	规模	地上26层，总建筑面积59500平方米	地上26层，总建筑面积59500平方米	地上23层，总建筑面积71785平方米	地上28层，总建筑面积54191平方米
	配套服务设施	以国际化商务规范为标准，配套国际会议中心，远程视频会议室、具备多功能会议厅，有商务中心及商务茶坊、餐厅、音乐厅等配套设施	以国际化商务规范为标准，配套国际会议中心，远程视频会议室、具备多功能会议厅，有商务中心及商务茶坊、餐厅、音乐厅等配套设施	底层为商业配套商场，办公区域有大型多功能会议室和小中型会议室及餐厅等配套设施，非常齐全	底层群楼为商业配套商场，办公区域有国际会议中心，商务中心、休闲广场及餐厅等配套设施，非常齐全
	公共休闲区服务设施	每层设立两个独立花园会客厅，每个会客厅达80平方米	每层设立两个独立花园会客厅，每个会客厅达80平方米	未设置休闲区域	未设置休闲区域
	物业知名度	知名	知名	知名	知名

3. 房地产租赁价格影响因素修正系数的确定

设定估价对象的各项影响因素比较系数为100，以估价对象的各项影响因素与评估实例的进行比较，得出房地产租赁价格影响因素修正系数比较表见表3-3。

房地产租赁价格影响因素修正系数比较表　　　　　　　表3-3

评估对象与案例比较因素		评估对象 成都××××国际大厦	实例A ××××大厦	实例B ××××大厦	实例C ××××大厦	因素比较修正取值说明
单位租金（元/平方米/天）		待估	3.30	3.67	4.00	—
租金内涵		100	100	100	100	以估价对象为100，三个比较实例与估价对象一致，因此修正系数均为100
用途		100	100	100	100	以估价对象为100，三个比较实例与估价对象一致，因此修正系数均为100
交易日期		100	100	100	100	以比较实例成交日期价格为基准，三个比较实例与估价对象交易时间接近，因此修正系数均为100
交易方式		100	100	100	100	以估价对象为100，三个比较实例与估价对象一致，因此修正系数均为100
租赁时间		100	100	100	100	以估价对象为100，三个比较实例与估价对象一致，因此修正系数均为100
区域因素	位置及区域办公聚集水平	100	100	102	100	以估价对象为100，比较实例B办公聚集水平较高，修正系数为102，比较实例A和C与估价对象一致修正系数为100
	交通条件	100	100	100	100	以估价对象为100，三个比较实例与估价对象一致，因此修正系数均为100
	区域内公交线路	100	100	100	100	以估价对象为100，三个比较实例与估价对象一致，因此修正系数均为100
	繁华程度	100	100	101	102	以估价对象为100，比较实例A与估价对象一致修正系数为100，比较实例B繁华程度较高，修正系数为101，比较实例C繁华程度高，修正系数为102
	基础设施完善度	100	100	100	100	以估价对象为100，三个比较实例与估价对象一致，因此修正系数均为100
	公共设施完备度	100	100	100	100	以估价对象为100，三个比较实例与估价对象一致，因此修正系数均为100
	环境质量优劣度	100	100	100	100	以估价对象为100，三个比较实例与估价对象一致，因此修正系数均为100
	人文景观和自然风景	100	100	100	102	以估价对象为100，比较实例C人文景观和自然风景优，修正系数为102，比较实例A和B与估价对象一致修正系数为100
个别因素	交通便捷度	100	100	100	100	以估价对象为100，三个比较实例与估价对象一致，因此修正系数均为100
	临街道路	100	100	100	100	以估价对象为100，三个比较实例与估价对象一致，因此修正系数均为100
	临街状况	100	100	100	100	以估价对象为100，三个比较实例与估价对象一致，因此修正系数均为100
	四邻环境	100	100	101	102	以估价对象为100，比较实例A与估价对象一致修正系数为100，比较实例B周围办公物业较多，修正系数为101，比较实例C周围办公物业多，修正系数为102
	建筑结构	100	100	100	100	以估价对象为100，三个比较实例与估价对象一致，因此修正系数均为100
	标准层层高	100	100	100	100	以估价对象为100，三个比较实例与估价对象一致，因此修正系数均为100

报告三 成都市××××写字楼房地产租赁价格评估报告

续表

评估对象与案例比较因素		评估对象 成都×××× 国际大厦	实例A ××××大厦	实例B ××××大厦	实例C ××××大厦	因素比较修正取值说明
个别因素	交易面积	100	101	101	102	以估价对象为100，比较实例A和B比估价对象面积小，修正系数为101，比较实例C比估价对象面积小得较多，修正系数为102
	平面布置	100	100	100	100	以估价对象为100，三个比较实例与估价对象一致，因此修正系数均为100
	使用率	100	100	99	98	以估价对象为100，比较实例A与估价对象一致修正系数为100，比较实例B使用率略低，修正系数为99，比较实例C使用率比估价对象低5％，修正系数为98
	建筑物外观	100	100	100	99	以估价对象为100，比较实例A和B与估价对象基本一致，修正系数为100，比较实例C建筑物外观一般，修正系数为99
	装修状况	100	100	100	100	以估价对象为100，三个比较实例与估价对象一致，因此修正系数均为100
	中央空调	100	100	101	98	以估价对象为100，比较实例A与估价对象基本一致，修正系数为100，比较实例B空调系统好，修正系数为101，比较实例C空调系统一般，修正系数为98
	电梯	100	100	101	99	以估价对象为100，比较实例A与估价对象基本一致，修正系数为100，比较实例B电梯数量和品牌好，修正系数为101，比较实例C电梯数量和品牌一般，修正系数为99
	绿化率	100	100	98	99	以估价对象为100，比较实例A与估价对象基本一致，修正系数为100，比较实例B绿化率低，修正系数为98，比较实例C绿化率较低，修正系数为99
	大堂	100	100	102	100	以估价对象为100，比较实例B大堂形式和高度好，修正系数为102，比较实例A和C与估价对象一致修正系数为100
	其他设施设备配备标准及使用状况	100	100	100	100	以估价对象为100，三个比较实例与估价对象一致，因此修正系数均为100
	物业管理	100	100	101	101	以估价对象为100，比较实例A与估价对象条件一致，修正系数为100，比较实例B和C物业管理水平高，修正系数为100
	企业形象	100	100	100	100	以估价对象为100，三个比较实例与估价对象一致，因此修正系数均为100
	办公楼视野及周围景观	100	100	100	100	以估价对象为100，三个比较实例与估价对象一致，因此修正系数均为100
	新旧程度	100	100	100	99	以估价对象为100，比较实例A和B与估价对象条件一致，修正系数为100，比较实例C比较旧，修正系数为100
	所在楼层	100	100	99	99	以估价对象为100，比较实例A与估价对象条件一致，修正系数为100，比较实例B和C楼层比较低，修正系数为100
	车位配备	100	100	100	100	以估价对象为100，三个比较实例与估价对象一致，因此修正系数均为100
	规模	100	100	102	100	以估价对象为100，比较实例B规模比较大，修正系数为102，比较实例A和C与估价对象一致修正系数为100
	配套服务设施	100	100	102	102	以估价对象为100，比较实例A与估价对象条件一致，修正系数为100，比较实例B和C配套设施非常齐全，修正系数为102

第二部分 房地产租赁价格评估

续表

评估对象与案例比较因素		评估对象 成都××××国际大厦	实例A ××××大厦	实例B ××××大厦	实例C ××××大厦	因素比较修正取值说明
个别因素	公共休闲区服务设施	100	100	99	99	以估价对象为100，比较实例A与估价对象条件一致，修正系数为100，比较实例B和C未设独立花园，修正系数为99
	物业知名度	100	100	100	100	以估价对象为100，三个比较实例与估价对象一致，因此修正系数均为100

4. 房地产租赁价格影响因素修正指数见表3-4。

房地产租赁价格影响因素修正指数表　　　　表3-4

评估对象与案例比较因素		实例A ××××大厦	实例B ××××大厦	实例C ××××大厦
	单位租金（元/平方米/天）	3.30	3.67	4.00
	租金内涵	100/100	100/100	100/100
	用途	100/100	100/100	100/100
	交易日期	100/100	100/100	100/100
	交易方式	100/100	100/100	100/100
	租赁时间	100/100	100/100	100/100
区域因素	位置及区域办公聚水平	100/100	100/102	100/100
	交通条件	100/100	100/100	100/100
	区域内公交线路	100/100	100/100	100/100
	繁华程度	100/100	100/101	100/102
	基础设施完善度	100/100	100/100	100/100
	公共设施完备度	100/100	100/100	100/100
	环境质量优劣度	100/100	100/100	100/100
	人文景观和自然风景	100/100	100/100	100/102
个别因素	交通便捷度	100/100	100/100	100/100
	临街道路	100/100	100/100	100/100
	临街状况	100/100	100/100	100/100
	四邻环境	100/100	100/101	100/102
	建筑结构	100/100	100/100	100/100
	标准层层高	100/100	100/100	100/100
	交易面积	100/101	100/101	100/102
	平面布置	100/100	100/100	100/100
	使用率	100/100	100/99	100/98
	建筑物外观	100/100	100/100	100/99
	装修状况	100/100	100/100	100/100
	中央空调	100/100	100/101	100/98
	电梯	100/100	100/101	100/99
	绿化率	100/100	100/98	100/99
	大堂	100/100	100/102	100/100
	其他设施设备配备标准及使用状况	100/100	100/100	100/100
	物业管理	100/100	100/101	100/101
	企业形象	100/100	100/100	100/100
	办公楼视野及周围景观	100/100	100/100	100/100
	新旧程度	100/100	100/100	100/99
	所在楼层	100/100	100/99	100/99
	车位配备	100/100	100/100	100/100
	规模	100/100	100/102	100/100
	配套服务设施	100/100	100/102	100/102
	公共休闲区服务设施	100/100	100/99	100/99
	物业知名度	100/100	100/100	100/100
	比准系数	0.9901	0.9153	0.9918
	评估比准单价（元/平方米/天）	3.27	3.36	3.97

报告三 成都市××××写字楼房地产租赁价格评估报告

5. 计算结果

比较修正后，以三个比准价格的算术平均值作为市场法的平均价结果，即 3.53 元/平方米。

（二）收益法

1. 用市场比较的方法测算销售价格

（1）比较实例选择

根据替代原则，选取三宗房地产销售交易作为比较案例。对比较案例的区域位置、商服繁华度、交通条件、基础设施、公共配套、交通便捷度、临街道路、临街状况、外界环境、建筑物外观、建筑结构、楼宇智能设施、停车位、建筑物状况等进行调查。

案例 A：××××大厦第 20 层，建筑面积 2600 平方米，销售价格 10000 元/平方米。

××××大厦位于××××路、××××路交叉口，计划 2007 年 12 月竣工，建筑高度 96 米，总建筑面积为 143222 平方米。大厦地上建筑物 26 层，地下二层为车库（地下 630 个，地上 104 个）。共有 10 部电梯，其中客梯兼货梯 1 部。大厦中央空调、给水排水、电力、消防、弱电系统等配套设施设备齐全。大厦周边交通较方便。其他情况见房地产交易价格影响因素说明表。

案例 B：××××大厦第 14 层，建筑面积 2169 平方米，销售价格 12000 元/平方米。

××××大厦位于××××路和×××路之间，计划 2008 年竣工，建筑高度 89 米，建筑总面积 71785 平方米。大厦地上 23 层，地下 2 层，停车位约 800 个。共有 24 部电梯，其中有 6 部为自动扶梯，消防兼货梯 2 部。大厦中央空调、给水排水、电力、消防、弱电系统等配套设施设备齐全。大厦周边交通方便。其他情况见房地产交易价格影响因素说明表。

案例 C：××××中心第 15 层，建筑面积 1700 平方米，销售价格 11800 元/平方米。

××××中心位于××××路、××××路交叉口，计划 2007 年竣工，建筑高度 90 米，建筑面积 107000 平方米。大厦地上 24 层，地下 2 层，车位 950 个。共有 7 部瑞士迅达电梯，其中客梯 6 部，货梯 1 部。大厦中央空调、给水排水、电力、消防、弱电系统等配套设施设备齐全。大厦周边交通方便。其他情况见房地产交易价格影响因素说明表。

（2）房地产交易价格价格影响因素说明见表 3-5。

房地产交易价格影响因素说明表　　　　表 3-5

评估对象比较因素		评估对象成都××××国际大厦	实例 A××××大厦	实例 B××××大厦	实例 C××××中心
单位售价（元/平方米）		待估	10000	12000	11800
用途		综合写字楼	综合写字楼	综合写字楼	纯写字楼
交易方式		正常成交	正常成交	正常成交	正常成交
交易日期		2007 年 3 月	2007 年 2 月	2007 年 2 月	2007 年 2 月
区域因素	位置及区域办公聚集水平	离市级商业中心距离较远，办公聚集水平一般	离市级商业中心距离较远，办公聚集水平一般	离市级商业中心距离较远，办公聚集水平较高	离市级商业中心距离较远，办公聚集水平一般
	交通条件	区域交通主干道为××××路、二环路，交通方便	区域交通主干道为××××路、二环路，交通方便	区域道路为科华北路和二环路，为交通主干道，交通方便	区域交通主干道为××××路、二环路，交通方便
	区域内公交线路	区域公交线路有 303、99、57、109、307 路等	区域公交线路有 303、99、57、109、307 路等	区域公交线路有 112、79、307、55、333、72、77 路等	区域公交线路有 115 区间（原 93 路）、6、333 路等
	繁华程度	紧邻凯宾斯基酒店，周边有部分商业、餐饮聚集度高，繁华度一般	紧邻凯宾斯基酒店，周边有部分商业、餐饮聚集度高，繁华度一般	与领事馆区、金融区较近，写字楼分布较密，区域内繁华度较高	紧邻凯宾斯基酒店，周边有部分商业、餐饮聚集度高，繁华度一般
	基础设施完善度	六通（通上水、通下水、通电、通路、通信、通气）完善	六通（通上水、通下水、通电、通路、通信、通气）完善	六通（通上水、通下水、通电、通路、通信、通气）完善	六通（通上水、通下水、通电、通路、通信、通气）较完善

第二部分 房地产租赁价格评估

续表

评估对象比较因素		评估对象成都××××国际大厦	实例A ××××大厦	实例B ××××大厦	实例C ××××中心
区域因素	公共设施完备度	周边有玉林小学和锦官新城小学、有华西医大附属第三医院、无邮电局、有娱乐设施、购物广场、银行等公共配套设施；完善度较高	周边有玉林小学和锦官新城小学、有华西医大附属第三医院、无邮电局、有娱乐设施、购物广场、银行等公共配套设施；完善度较高	周边有航空职业学校、有邮电局、有娱乐设施、有中行、上海浦东发展、工商等银行等公共配套设施；完善度较高	周边有玉林小学和锦官新城小学、有华西医大附属第三医院、无邮电局、有娱乐设施、购物广场、银行等公共配套设施；完善度较高
	环境质量优劣度	区域内自然环境较好、环境质量优	区域内自然环境较好、环境质量优	区域内自然环境较好、环境质量优	区域内自然环境一般、环境质量一般
	人文景观和自然风景	人文景观有现代建筑、距老成都民俗公园约10米，自然景观较优	人文景观有现代建筑、距老成都民俗公园约10米，自然景观较优	人文景观有现代建筑等、自然景观为东湖公园，景观较优	人文景观有现代建筑、自然景观一般、距老成都民俗公园较近
个别因素	交通便捷度	位于××××路、二环路交叉口，属市级二级公路；沥青路面，双向2车道，距机场路（航空大道）较近，交通较方便	位于××××路、二环路交叉口，属市级二级公路；沥青路面，双向2车道，距机场路（航空大道）较近，交通较方便	位于科华北路和二环路之间，属市级二级公路；沥青路面，双向2车道，交通较方便	位于××××路、航空路交叉口，属市级二级公路；沥青路面，双向2车道，距机场路（航空大道）较近，交通较方便
	临街道路	无单行线、禁行交通管制	无单行线、禁行交通管制	无单行线、禁行交通管制	无单行线、禁行交通管制
	临街状况	两面临街	两面临街	两面临街	两面临街
	四邻环境	临近物业类型主要为商业住宅，少量商务办公楼	临近物业类型主要为商业住宅，少量商务办公楼	临近物业类型主要为居民住宅、金融办公	临近物业类型主要为商业住宅，少量商务办公楼
	建筑结构	全现浇框架剪力墙结构	全现浇框架剪力墙结构	全现浇框架剪力墙筒体结构	全现浇框架剪力墙筒体结构
	标准层层高	3.3	3.3	3.4	3.6
	交易面积	5509	2600	2903	1700
	平面布置	采用板式非旋转型布局，短直通道，通风采光性极佳，地址指向性强，平面布置较优	采用板式非旋转型布局，短直通道，通风采光性极佳，地址指向性强，平面布置较优	中间核心筒，四周布置办公室，平面布置较优	采用个性化的折尺型纯板式平面布局，仅16米的进深最大限度保证通风采光效果，平面布置优
	使用率	使用率约77%	使用率约77%	使用率约75%	使用率约78%
	建筑物外观	外观采用竖线条结构，显得简洁挺拔，气势恢弘形成张力，Low-E中空玻璃幕墙配合具有铝板效果的金属漆，具有极强的时尚感、现代感，外观较好	外观采用竖线条结构，显得简洁挺拔，气势恢弘形成张力，Low-E中空玻璃幕墙配合具有铝板效果的金属漆，具有极强的时尚感、现代感，外观较好	主题采用低辐射Low-E中空玻璃幕墙，群楼主要采用无孔驳接系统玻璃幕墙，具有较高的观赏性和通透性，外观较好	高层建筑，两层幕墙设计，在外层采用隐形支柱\柔索式\开缝点驳接玻璃幕墙，内层框架式幕墙，外观好
	装修状况	公共区域高档装修，办公区域为毛坯房	公共区域高档装修，办公区域为毛坯房	公共区域高档装修，办公区域毛坯	公共区域高档装修，办公区域毛坯
	中央空调	采用时限性管理，预留分体中央空调机位（外机位隐藏在外墙内），可以自主选择安装分户或中央空调	采用时限性管理，预留分体中央空调机位（外机位隐藏在外墙内），可以自主选择安装分户或中央空调	主机为国际品牌"特灵"，独立分户计量，自主调节，独立新风系统，特设变温除湿洁净装置系统，较好	名牌主机开利溴化锂吸收式冷温水机组，正常天花送风，一般
	电梯	共10部全球知名品牌的高速电梯，速度2.5米/秒；1部消防兼货梯	共10部全球知名品牌的高速电梯，速度2.5米/秒；1部消防兼货梯	共有24部进口迅达电梯，速度2.5米/秒，厢体内净高3米，内设CATV电视系统，其中有6部为自动扶梯，消防兼货梯2部	共有7部瑞士迅达电梯，其中客梯6部，货梯1部

报告三 成都市××××写字楼房地产租赁价格评估报告

续表

	评估对象比较因素	评估对象成都××××国际大厦	实例A ××××大厦	实例B ××××大厦	实例C ××××中心
个别因素	绿化率	30%	30%	2%	30%
	大堂	大堂入口开间宽达21.6米,挑高8.4米的独立空间共800多平方米的超大大堂	大堂入口开间宽达21.6米,挑高8.4米的独立空间共800多平方米的超大大堂	设计为双大堂形式,首层大堂局部挑高19.2米,商务大堂挑高9.6米	A座有三个豪华大堂其中一个19.2米,两个高8.1米,法国设计,为成都大堂之最
	其他设施设备配备标准及使用状况	综合布线系统、监控消防系统、电力供电系统、给水排水系统、弱电系统等,按照顶级办公楼配置,国内首个光纤(FTTH)入户	综合布线系统、监控消防系统、电力供电系统、给水排水系统、弱电系统等,按照顶级办公楼配置,国内首个光纤(FTTH)入户	综合布线系统、办公自动化系统、门禁系统、电力供电系统、给水排水系统、弱电系统等,按照顶级办公楼配置	通信及电力供电系统、给水排水系统、弱电系统等,5A智能配置
	物业管理	知名物业管理公司第一太平戴维斯,物业费12元/平方米/月,管理水平高	知名物业管理公司第一太平戴维斯,物业费12元/平方米/月,管理水平高	知名物业管理公司世邦魏理仕,物业费16元/平方米/月,管理水平高	知名物业管理公司,物业费18元/平方米/月,管理水平高
	企业形象	利于企业树立良好的形象	利于企业树立良好的形象	利于企业树立良好的形象	有利于企业树立良好的形象
	办公楼视野及周围景观	办公区视野开阔	办公区视野开阔	办公区视野开阔	办公区视野开阔
	新旧程度	在建,计划2007年12月入住	在建,计划2007年12月入住	在建,计划2008年1月入住	在建,计划2008年2月入住
	所在楼层	共26层第22~24层	共26层第20层	共23层第14层	共24层第15层
	土地剩余年限	35.65年	35.65年	39年	37年
	车位配备	配备车位总数734个,车位充足	配备车位总数734个,车位充足	配备车位总数约800个,车位充足	配备车位总数约950个,车位充足
	规模	地上26层,总建筑面积59500平方米	地上26层,总建筑面积59500平方米	地上23层,总建筑面积71785平方米	地上24层,总建筑面积107000平方米
	配套服务设施	以国际化商务规范为标准,配套国际会议中心,远程视频会议室、具备多功能会议厅,有商务中心及商务茶坊、餐厅、音乐厅等配套设施	以国际化商务规范为标准,配套国际会议中心,远程视频会议室、具备多功能会议厅,有商务中心及商务茶坊、餐厅、音乐厅等配套设施	底层为商业配套商场,办公区域有大型多功能会议室和小中型会议室及餐厅等配套设施,齐全	写字楼配套的餐厅、银行、国际会议室,商务中心及商务茶坊、音乐厅等配套设施等配套设施
	公共休闲区服务设施	每层设立两个独立花园会客厅,每个会客厅达80平方米	每层设立两个独立花园会客厅,每个会客厅达80平方米	未设置休闲区域	在AB两座中分别从六层和五层设计一个360平方米的空中花园,休闲设施较优
	物业知名度	知名	知名	知名	知名

(3) 房地产交易价格影响因素修正系数的确定

设定估价对象的各项影响因素比较系数为100,以估价对象的各项影响因素与评估实例的进行比较,得出房地产交易价格影响因素修正系数比较见表3-6。

房地产交易价格影响因素修正系数表　　　　　　　　　　　表3-6

评估对象与案例比较因素	评估对象成都××××国际大厦	实例A ××××大厦	实例B ××××大厦	实例C ××××中心	因素比较修正取值说明
单位售价(元/平方米)	待估	10000	12000	11800	—
用途	100	100	100	102	以估价对象为100,比较实例用途为纯写字楼,修正系数为102,比较实例A和B与估价对象一致修正系数为100
交易方式	100	100	100	100	以估价对象为100,三个比较实例与估价对象一致,因此修正系数均为100

第二部分 房地产租赁价格评估

续表

评估对象与案例比较因素		评估对象成都××××国际大厦	实例A××××大厦	实例B××××大厦	实例C××××中心	因素比较修正取值说明
	交易日期	100	100	100	100	以比较实例成交日期价格为基准，三个比较实例与估价对象交易时间接近，因此修正系数均为100
区域因素	位置及区域办公聚集水平	100	100	102	100	以估价对象为100，比较实例B办公聚集水平较高，修正系数为102，比较实例A和C与估价对象一致修正系数为100
	交通条件	100	100	100	100	以估价对象为100，三个比较实例与估价对象一致，因此修正系数均为100
	区域内公交线路	100	100	100	98	以估价对象为100，比较实例C公交线路较少，修正系数为98，比较实例A和B与估价对象一致修正系数为100
	繁华程度	100	100	101	100	以估价对象为100，比较实例B繁华程度较高，修正系数为101，比较实例A和C与估价对象一致修正系数为100
	基础设施完善度	100	100	100	100	以估价对象为100，三个比较实例与估价对象一致，因此修正系数均为100
	公共设施完备度	100	100	100	100	以估价对象为100，三个比较实例与估价对象一致，因此修正系数均为100
	环境质量优劣度	100	100	100	98	以估价对象为100，比较实例C环境质量一般，修正系数为98，比较实例A和B与估价对象一致修正系数为100
	人文景观和自然风景	100	100	100	99	以估价对象为100，比较实例C自然景观一般，修正系数为99，比较实例A和B与估价对象一致修正系数为100
个别因素	交通便捷度	100	100	100	100	以估价对象为100，三个比较实例与估价对象一致，因此修正系数均为100
	临街道路	100	100	100	100	以估价对象为100，三个比较实例与估价对象一致，因此修正系数均为100
	临街状况	100	100	100	100	以估价对象为100，三个比较实例与估价对象一致，因此修正系数均为100
	四邻环境	100	100	101	100	以估价对象为100，比较实例B周边金融办公环境好，修正系数为101，比较实例A和C与估价对象一致修正系数为100
	建筑结构	100	100	100	100	以估价对象为100，三个比较实例与估价对象一致，因此修正系数均为100
	标准层层高	100	100	100	101	以估价对象为100，比较实例C层高比较高，修正系数为101，比较实例A和C与估价对象一致修正系数为100
	面积	100	101	101	102	以估价对象为100，比较实例A和B比估价对象面积小，修正系数为101，比较实例C比估价对象面积小得较多，修正系数为102
	平面布置	100	100	100	101	以估价对象为100，比较实例C平面布置优，修正系数为101，比较实例A和C与估价对象一致修正系数为100
	使用率	100	100	99	100	以估价对象为100，比较实例B使用率比较低，修正系数为99，比较实例A和C与估价对象一致修正系数为100
	建筑物外观	100	100	100	102	以估价对象为100，比较实例C外观好，修正系数为102，比较实例A和B与估价对象一致修正系数为100
	装修状况	100	100	100	100	以估价对象为100，三个比较实例与估价对象一致，因此修正系数均为100

报告三　成都市××××写字楼房地产租赁价格评估报告

续表

评估对象与案例比较因素		评估对象成都××××国际大厦	实例A××××大厦	实例B××××大厦	实例C××××中心	因素比较修正取值说明
个别因素	中央空调	100	100	101	99	以估价对象为100，比较实例A和估价对象一致，修正系数为100，比较实例B比估价对象空调性能好，修正系数为101，比较实例C比估价对象空调性能差，修正系数为99
	电梯	100	100	102	99	以估价对象为100，比较实例A和估价对象一致，修正系数为100，比较实例B比估价对象电梯配置好，修正系数为102，比较实例C比估价对象电梯配置差，修正系数为99
	绿化率	100	100	98	100	以估价对象为100，比较实例A和C与估价对象一致，修正系数为100，比较实例B比估价对象绿化率低，修正系数为98
	大堂	100	100	102	102	以估价对象为100，比较实例A与估价对象一致，修正系数为100，比较实例B和C比估价对象大堂形式好，修正系数为102
	其他设施设备配备标准及使用状况	100	100	100	100	以估价对象为100，三个比较实例与估价对象一致，因此修正系数均为100
	物业管理	100	100	101	102	以估价对象为100，比较实例A与估价对象一致，修正系数为100，比较实例B和C比估价对象物业管理条件好，修正系数分别为101和102
	企业形象	100	100	100	100	以估价对象为100，三个比较实例与估价对象一致，因此修正系数均为100
	办公楼视野及周围景观	100	100	100	100	以估价对象为100，三个比较实例与估价对象一致，因此修正系数均为100
	新旧程度	100	100	100	100	以估价对象为100，三个比较实例与估价对象一致，因此修正系数均为100
	所在楼层	100	100	99	99	以估价对象为100，比较实例A与估价对象一致，修正系数为100，比较实例B和C位于中间层以下，修正系数为99
	土地剩余年限	100	100	102	101	以估价对象为100，比较实例A与估价对象一致，修正系数为100，比较实例B和C剩余年限长于估价对象剩余年限，修正系数分别为102和101
	车位配备	100	100	100	100	以估价对象为100，三个比较实例与估价对象一致，因此修正系数均为100
	规模	100	100	100	101	以估价对象为100，比较实例A和B与估价对象相似，修正系数为100，比较实例C具有规模优势，修正系数为101
	配套服务设施	100	100	102	100	以估价对象为100，比较实例A和C与估价对象相似，修正系数为100，比较实例B配套设施非常齐全，修正系数为102
	公共休闲区服务设施	100	100	99	101	以估价对象为100，比较实例A与估价对象相似，修正系数为100，比较实例B无休闲区域，修正系数为99，比较实例C休闲区域较优，修正系数为101
	物业知名度	100	100	99	101	以估价对象为100，三个比较实例与估价对象一致，因此修正系数均为100

(4) 房地产交易价格影响因素修正指数见表3-7。

房地产交易价格影响因素修正指数表 表3-7

评估对象与案例比较因素		实例A 成都××××国际大厦	实例B ××××大厦	实例C ××××中心
单位售价（元/平方米）		10000	12000	11800
用途		100/100	100/100	100/102
交易方式		100/100	100/100	100/100
区域因素	位置及区域办公聚集水平	100/100	100/102	100/100
	交通条件	100/100	100/100	100/100
	区域内公交线路	100/100	100/100	100/98
	繁华程度	100/100	100/101	100/100
	基础设施完善度	100/100	100/100	100/100
	公共设施完备度	100/100	100/100	100/100
	环境质量优劣度	100/100	100/100	100/98
	人文景观和自然风景	100/100	100/100	100/99
个别因素	交通便捷度	100/100	100/100	100/100
	临街道路	100/100	100/100	100/100
	临街状况	100/100	100/100	100/100
	四邻环境	100/100	100/101	100/100
	建筑结构	100/100	100/100	100/100
	层高（装修后净高）	100/100	100/100	100/101
	面积	100/101	100/101	100/102
	平面布置	100/100	100/100	100/101
	使用率	100/100	100/99	100/100
	建筑物外观	100/100	100/100	100/102
	装修状况	100/100	100/100	100/100
	中央空调	100/100	100/101	100/99
	电梯	100/100	100/102	100/99
	绿化率	100/100	100/98	100/100
	大堂	100/100	100/102	100/102
	其他设施设备配备标准及使用状况	100/100	100/100	100/100
	物业管理	100/100	100/101	100/102
	企业形象	100/100	100/100	100/100
	办公楼视野及周围景观	100/100	100/100	100/100
	新旧程度	100/100	100/100	100/100
	所在楼层	100/100	100/99	100/99
	土地剩余年限	100/100	100/102	100/101
	车位配备	100/100	100/100	100/100
	规模	100/100	100/100	100/101
	配套服务设施	100/100	100/102	100/100
	公共休闲区服务设施	100/100	100/99	100/101
	物业知名度	100/100	100/100	100/100
比准系数		0.9901	0.9063	0.9341
评估比准单价（元/平方米）		9901.00	10875.60	11022.38

(5) 计算结果。

比较修正后，以三个比准价格的算术平均值作为市场法的评估市场平均价结果即10599.66元/平方米，取整10600.00元/平方米。

2. 用收益法测算租金价格

(1) 确定房地产资本化率

本次评估资本化利率的确定采用市场提取法确定：根据估价人员市场调研，对估价对象周边写字楼租金和售价的关系测算资本化率，剔除非正常数值后采用算术平均法确定房地产资本化率为7.75%。具体测算结果见表3-8。

房地产资本化率测算表　　　　　　　　　　　　　　　　　　　　　　　　表3-8

项　目		实例A	实例B	实例C	实例D
说明		××××大厦第6层建筑面积2200平方米，地址××××大街××号，2004年2月竣工，甲级写字楼	××××大厦第15层建筑面积1800平方米，地址××××路××号，2006年12月竣工，甲级写字楼	××××大厦第25层建筑面积2500平方米，地址××××大街××号，2004年8月竣工，甲级写字楼	××××大厦第12层建筑面积2300平方米，地址××××路××号，2005年10月竣工，甲级写字楼
市场交易价格（元/平方米）		9750	11170	11980	10460
市场租金（元/天/平方米）		3.4	3.9	3.8	3.6
房屋重置成本（元/平方米）		3200	3500	3300	3500
有效年租金收入		1117	1281	1248	1183
年租金毛收入		1241	1423.5	1387	1314
空置和租金损失率		10%	10%	10%	10%
年总费用	营业税费（＝收益×5.5%）	61.4	70.5	68.6	65.1
	房产税（＝收益×12%）	134.04	153.72	149.76	141.96
	管理费（＝收益×3%）	33.51	38.43	37.44	35.49
	房屋维修费及保险费（＝重置成本×3%）	96	105	99	105
	小计	325	367.6	354.8	347.5
年净收益（＝收益－费用）		792	913.4	893.2	835.5
收益年期		40	45	42	42
资本化率		7.70%	7.91%	7.78%	7.62%

采用算术平均的方法确定资本化率结果如下：

$$资产化率＝(7.7\%＋7.91＋7.78＋7.62)/4＝7.75\%$$

(2) 选用有限年期的收益法公式计算单位面积年纯收益：

计算公式：$a＝V×r/[1－1/(1+r)N]$

式中：a—年金（年净收益）；N—年金收益期数（本次按土地证剩余年限35.65年确定）；$1/r×[1－1/(1+r)N]$—年金现值系数。

计算过程见表3-9。

单位面积年纯收益计算表　　　　　　　　　　　　　　　　　　　　　　　　表3-9

单位售价（元）	收益期数（年）	年金现值系数	单位售价年纯收益（元）
10600	35.65	12.0016	883

(3) 房地单位售价费用测算

① 经营管理费用

经营管理费用通常按年租金总收入3%确定。

② 税费

出租方须承担房产税、营业税及附加。

房产税，按年租金的12%计算。

营业税及附加，营业税按年租金的5%计算，城建税按营业税的7%，教育费附加为营业税的3%；

合计为5.5%。

经测算经营管理费用和税费总计为 20.5%·X 元（X为年总收益）。

③ 维修费及保险费

维修费及保险费通常占按重置成本的3%；根据《成都市建设工程预算定额》及市场调查，并结合成都市统计局的建安工程统计资料和委托方提供的建筑工程造价预算，确定该项目平均建安工程造价（含内外装修）为3200元/平方米，故该项费用为：

$$3200 \times 3\% = 96 \text{元}$$

④ 房地单位售价年费用＝20.5%X＋96元

(4) 房地单位售价年总收益测算

$$X = \text{单位售价净收益} + \text{单位售价费用} = 883 + 20.5\% \cdot X + 96$$

经计算：X＝1231元/平方米

(5) 房地单位售价年租金总收入的确定

根据估价人员的市场调查，估价对象所处区域甲级写字楼平均空置率在90%左右，估价对象为新建房地产，配置标准比较高；区位条件比较好，并且已经进行了前期的客户积累，综合考虑估价对象的实际情况，分析新写字楼入市的适当培育期和可能发生的租金损失，本次估价空置和租金损失率按照10%计算。

$$\text{单位售价年租金总收} = 1231 \div (1 - 10\%) = 1368 \text{元}$$

$$\text{租金单价}(\text{元}/\text{平方米}/\text{天}) = 1368 \div 30 \div 12 = 3.80 \text{元}/\text{平方米}/\text{天}$$

3. 估价结果

根据目前成都市房地产发展状况及估价人员所掌握的资料来分析，以上两种方法各有其自身的特点，它们分别从不同的角度说明了估价对象租金水平的高低，两种方法估算结果差异不大。因此，本报告最终结果取上述两种方法的算术平均值作为最终结果，具体计算如表3-10。

估价结果确定表　　　　　　　　　　　　　　　　　　表3-10

市场法	50%	3.53
收益法	50%	3.80
评估租金（元/平方米/天）	—	3.67

根据租赁意向，成都××××国际大厦24～26层写字楼租赁面积为5509平方米则房地产年租赁总价＝3.67×360×5509＝7278491元（即727.85万元）。

七、估价结果确定

估价人员根据估价目的，遵循估价原则，按照估价程序，采用科学的估价方法，在认真分析现有资料的基础上，经过周密准确的测算，并结合估价经验与对影响估价对象价格因素的分析，确定估价对象于估价时点2007年3月8日的租赁价格为：

房地产年租赁总价：727.85万元　大写金额：柒佰贰拾柒万捌仟伍佰元整

房地产租赁单价：3.67元/平方米/天（货币种类：人民币元）

附件（略）

报告四

北京市××工业房屋及分摊土地租赁价格咨询报告

北京仁达房地产评估有限公司　　于京博　薛晓黎

评析意见

　　估价对象为地处北京朝阳区的工业房地产,基于历史原因造成估价对象的房产与土地产权分离,需对房产、土地使用权的租赁价格分开确定。该报告在缺乏市场可比租金案例的情况下,采用了收益法倒算的方法,对其房屋租金和土地租金分别进行了评估。即以重置成本法确定房屋建筑物价值,以基准地价修正法和成本逼近法综合确定土地使用权价值,然后采用收益法倒算的方法,将房屋、土地价值分别转换为估价时点的租赁价格。估价技术思路正确,推导、测算过程也较详尽,如在确定房屋成新率时,详细说明了现场判定成新率与理论成新率测算的过程。该报告为类似估价项目提供了很有参考价值的示范文本,值得学习和借鉴。对于采用收益法倒算租金的方法,其中报酬率取值是否客观合理至关重要。该报告在确定报酬率时,选择了目前估价人员普遍应用的累加法,但是,其中有些参数的取值偏于主观。当然,如何更客观合理地确定报酬率,这还是一个有待业内专家今后共同研究探讨的课题。

目录（略）

致委托方函

甲公司：

　　承蒙委托,我公司对位于朝阳区××地区甲公司所有的4栋房屋建筑物及乙公司所有的分摊土地使用权（工业用途）的租赁价格进行了评估,为了解房产及土地使用权租金水平提供参考依据。

　　我们实施了评估所必须的各项程序,按照国家关于房地产评估的有关规定,评估得到估价对象于估价时点2007年11月23日,在价值定义和估价假设限制条件下的估价结果如下：

　　房产总建筑面积：7759.8平方米,年租金总额：96.43万元,大写：玖拾陆万肆仟叁佰元。

　　分摊土地面积：22638.87平方米,年租金总额：150.96万元,大写：壹佰伍拾万玖仟陆佰元。（货币种类：人民币）

北京仁达房地产评估有限公司

法定代表人（签章）：

二〇〇八年一月九日

估价师声明（略）

估价的假设和限制条件

一、估价假设条件

（一）本次估价基于以下概念

　　所称估价,是指专业估价人员,根据估价目的,遵循估价原则,运用估价方法,并在综合分析价格影响因素的基础上,对估价对象的客观合理价格进行估算的活动。

所称客观合理价格,是指对应于某种估价目的特定条件下形成或成立的正常价格,它能够为当事人或社会一般人信服和接受,通常客观合理价格是指在公开市场上形成或成立的价格。

公开市场,是指一个竞争性的市场,在该市场上交易各方进行交易的唯一目的在于最大限度地追求经济利益,并掌握必要的市场信息,有较为充裕的时间,对交易对象具有必要的专业知识,交易条件公开且不具有排他性。

同一估价对象,估价目的不同,估价依据及采用的价值标准会有所不同,估价结果的客观合理价格也会有所不同。

（二）任何有关估价对象的运作方式、程序符合国家、地方的有关法律、法规。

（三）估价对象土地使用权和房屋所有权为合法取得。

（四）建筑物符合规划设计条件,能够按现状用途持续使用为前提。

（五）由于受到现场勘察条件所限,估价人员未能进入实验室、生产大楼中的部分房间,未拍摄这部分房间的内部照片,内部状况设定与实验室、生产大楼其他房间一致,并以此为估价前提。

二、估价限制条件

（一）本报告评估的价值为估价对象在现状利用条件下、估价时点为 2007 年 11 月 23 日的租赁价格。未考虑未来房地产市场变化对房地产租金水平的影响。

（二）本次估价所依据的有关房屋权属、土地使用权权属、估价对象范围等资料由委托方提供,委托方对其所提供资料的真实性、合法性、完整性和有效性负责。由于委托方提供资料不实造成的影响,估价方不承担责任。

（三）估价人员于 2007 年 11 月 23 日对估价对象进行了现场勘察,现场勘察日与估价时点相同,估价人员对现场勘察的客观性、真实性、公正性承担责任。但估价人员对估价对象的勘察限于估价对象的外观和使用状况,估价人员不承担对估价对象建筑结构质量进行调查的责任,也不承担对其他被遮盖、未暴露及难于接触到的部分进行勘察的责任。建筑物及相关设备的质量情况最终应以有相关资质机构的鉴定结果为准。

（四）本房地产租赁价格咨询报告经估价机构加盖公章并由估价师签字后方可使用。

（五）按有关规定本报告估价结果自报告出具之日起一年内有效（2008 年 1 月 9 日～2009 年 1 月 8 日）。

（六）本估价报告应用于为委托方拟了解 4 栋房屋建筑物及分摊出让土地使用权租金水平,提供市场租赁价格参考依据。若改变估价目的及使用条件需向本评估机构咨询后作必要修正甚至重新估价。

（七）未经估价方和委托方书面同意,本报告的全部或部分及任何参考资料均不允许在任何公开发表的文件、通告或声明中引用,亦不得以其他任何方式公开发表。

三、风险提示

估价对象存在租赁价格未来下跌的风险,提请委托方和报告使用者注意：

（一）估价对象状况和房地产市场状况因时间变化对房产和土地使用权租赁价格可能产生影响,委托方和报告使用者须密切注意估价对象自身状况变化情况和所在房地产市场变化情况。

（二）所评估的价值是估价对象在估价时点的租赁价格,是为确定房产和土地使用权租赁价格而提供的参考依据。委托方和报告使用者对于估价结果的使用应合理。

（三）建议委托方和报告使用者定期或者在房地产市场价格变化较快时对房产及土地使用权租赁价格进行再评估。

四、其他需要说明的问题

（一）本次评估估价对象所涉及的土地使用者、坐落、图号、用途、使用权类型、使用权终止日期等情况均以《国有土地使用证》【京朝国用（2002 出）字第××××号】为依据。

（二）本次评估涉及的估价对象的房屋所有权人、房屋坐落、建成年代等情况以《房屋所有权证》【朝其字第××××号】、【朝其字第××××号】为依据；估价对象范围、各栋房产建筑面积、所在宗地土地使用权面积及地上总建筑面积均以委托方出具的《委托评估函》为依据。如上述情况发生变化，估价结果需做相应调整。

（三）估价对象证载土地用途为工业，证载房屋用途为教卫，实际用途为工业，本次评估以工业用途为准。

（四）估价对象存在土地使用者与房屋所有权人不一致的情况。根据委托方要求，本次评估分别考虑房产、土地使用权租赁价格：房产租赁价格不包含其分摊的土地使用权租赁价格，出让土地使用权租赁价格不包含其地上房产的租赁价格。在此提请报告使用者注意。

（五）本报告由北京仁达房地产评估有限公司负责解释。

（六）本估价报告书一式四份，委托方三份，本机构存档一份。

房地产租赁价格咨询报告

一、委托方（略）

二、估价方（略）

三、估价对象

（一）估价对象实物状况描述

1. 土地实物状况描述

（1）位置状况

估价对象土地坐落于北京市朝阳区××地区，其宗地四至为：东至××路，南至××××路，西至乙公司用地，北至乙公司用地。依据《北京市基准地价》（二○○二年），该区域属北京市工业用途五级用地。

（2）交通状况

估价对象所在的朝阳区××地区××院北临××路，南临××路，××路从中贯穿。附近有多个公交车站及城铁××线××站，交通出行比较方便。

（3）环境及集聚状况

估价对象所在区域属于典型的城乡结合部，××河流经该地区；随着区内各主干路及城铁××线的修建、扩建，沿××路、××路及××河两侧陆续建设了多个住宅社区，其居住环境正逐步完善。沿路沿河也尚有一些平房区，建造年代比较久远，根据《朝阳区的城市职能与功能布局规划》，"区内的平房区，已列入计划或正在实施的要继续建设，未列入计划的也应分期改造，改善居住条件，完善配套设施。"预计未来平房区的居住环境将得到改善。另有多所大中专院校和科研院所均位于该区域内，区域的自然环境和人文环境较好。

该地区内原建有一些工业企业，目前大多数工业企业已逐步迁出，根据估价人员现场勘察，估价对象周边有××公司、××公司、××厂、××厂、××公司等企业，除此之外，该地区目前以住宅建筑物为主，包括住宅小区和一些待改造平房，故该区域的产业集聚度较差。根据朝阳区的《城市土地使用调整规划》，"搬迁一些不宜在中心地区发展的工厂，重点调整××路两侧的工厂，腾出的用地建设商务中心区。"估价对象周边预计未来工业产业集聚度还将逐步降低。

（4）基础设施配套状况

宗地基础设施状况为红线外"五通"（通路、通电、通信、通水、通燃气），红线内场地平整，本次评估设定宗地基础设施发开程度与实际状况相同。

2. 建筑物实物状况描述

根据委托方提供的资料及估价人员现场勘察，估价对象房屋所有权人为甲公司，房产坐落于朝阳区××地区××院内，总建筑面积共7759.8平方米，混合、砖木结构，目前作为实验、办公用房等使用。详见表4-1。

第二部分 房地产租赁价格评估

实物状况表 表4-1

序 号	用 途	建筑面积（平方米）	结构	建成年代	层数（层）	层高（米）
1	办公楼14	863.1	砖木	1950	3	3
2	P3实验室5	2523.5	混合	1980	3	3.3
3	编辑部5	107.2	混合	1980	1	3
4	生产大楼1（局部）	4266	混合	1950	5	3
合计		7759.8	—	—	—	—

估价对象装修状况、设施设备状况及维护状况如下：

办公楼：建成于1950年，清水外墙，木楼门，铸铁窗。楼内地面铺水磨石，墙面刷白色涂料，顶棚刷白色涂料局部做吊顶。室内安装有水卫、电照管线可正常使用，内部有步梯，房屋成新度为五成，因建成年代较早，外观较旧，但结构未有明显损坏，维修维护较好，目前仍在使用，注意日常维护可延长其使用年限。

P3实验室：建成于1980年，外墙刷涂料，铝合金门窗。室内局部铺地砖，墙面刷白色涂料，顶棚刷白色涂料。（由于受到现场勘察条件所限，部分房间未能进入内部勘察。）室内安装有水卫、电照管线可正常使用，内部有步梯，房屋成新度为六成，外观尚可，维修维护好，注意日常维护可延长其使用年限。

编辑部：建成于1980年，清水外墙，铸铁门窗。室内地面铺水磨石，墙面及顶棚刷油漆。室内安装有水卫、电照管线可正常使用，房屋成新度为六成，外观较旧，注意日常维护可延长其使用年限。

生产大楼：建成于1950年，清水外墙，铝合金门窗或铸铁门窗。楼内地面铺地砖，局部为水泥地面，墙面刷白色涂料，顶棚刷白色涂料，局部做吊顶（由于受到现场勘察条件所限，部分房间未能进入内部勘察）。室内安装有水卫、电照管线可正常使用，内部有步梯，房屋成新度为五成，因建成年代较早，外观较旧，但结构未有明显损坏，维修维护较好，目前仍在使用，注意日常维护可延长其使用年限。

（二）估价对象权益状况描述

1. 土地权属状况

估价对象所在宗地已取得了《国有土地使用证》【京朝国用（2002出）字第××××号】，土地使用者为乙公司。土地坐落为朝阳区××地区。土地用途为工业，使用权类型为出让，使用权终止日期为2048年11月17日。根据委托方提供的《委托评估函》，本次评估涉及的宗地土地使用权总面积为122545.96平方米，地上房屋总建筑面积42004.4平方米。

2. 建筑物权属状况

估价对象中所有房产均已取得《房屋所有权证》，房屋所有权人为甲公司，房产坐落均为朝阳区××地区××院。建成于1950年、1980年，总建筑面积7759.8平方米，证载用途为工交和教卫。根据《委托评估函》估价对象中所有房产具体情况详见表4-2。

估价对象房产具体情况 表4-2

序 号	所在地块	房屋名称	房产证号	建筑面积（平方米）	结构类型	建成年代
1	16-16	办公楼14	朝其字第×××××号	863.1	砖木	1950
2	16-16	P3试验室5	朝其字第×××××号	2523.5	混合	1980
3	16-15	编辑部5	朝其字第×××××号	107.2	混合	1980
4	16-16	生产大楼1（局部）	朝其字第×××××号	4266	混合	1950
合计	—	—	—	7759.8	—	—

根据总建筑面积分摊总土地使用权面积原则，估价对象分摊出让土地使用权面积为22638.87平方米（7759.8÷42004.4×122545.96）。

四、估价目的

为委托方拟了解4栋房屋建筑物及分摊出让土地使用权租金水平，提供市场租赁价格参考依据。

五、估价时点

根据估价委托人要求，确定估价时点为 2007 年 11 月 23 日（即估价人员现场勘察日）。

六、价值定义

（一）价值内涵：本次评估的是估价对象在估价时点的市场租赁价格，包括房产租金和土地使用权租金。

（二）估价对象土地使用权登记用途、实际用途均为工业；土地开发程度为宗地外通路、通电、通信、通水、通燃气、宗地红线内场地平整，即"五通一平"。

（三）本次估价目的是为委托方拟了解 4 栋房屋建筑物及分摊出让土地使用权租金水平，提供市场租赁价格参考依据，采用公开市场价格标准。但报告使用者需考虑将来市场变化等因素的影响。

七、估价依据（略）

八、估价原则（略）

九、估价方法

（一）估价技术思路和估价方法

根据《房地产估价规范》（以下简称《规范》），评估方法有市场法、成本法、收益法、假设开发法、基准地价修正法等。估价方法的选择应按照《规范》的要求，根据当地房地产市场情况并结合估价对象的具体特点及估价目的等，选择适当的评估方法。本次评估以保持现状使用为前提，估价人员采取收益法倒算的方式分别求得房产、土地使用权的租赁价格。先分别求取土地使用权价值和建筑物价值，继而将价值分别转换为其估价时点的租金水平：

1. 运用基准地价修正法求取估价对象分摊的出让土地使用权价格；
2. 运用成本法求取估价对象分摊的出让土地使用权价格；
3. 将上述两种方法求得的土地使用权价值加权平均，综合求取估价对象分摊的出让土地使用权价格；
4. 运用成本法求取估价对象 4 栋房屋建筑物重新购建价格；
5. 运用收益法的逆运算分别倒算求取估价对象 4 栋房产及分摊出让土地使用权的租赁价格。

采用基准地价修正法、成本法和收益法求取房屋建筑物及土地使用权价值，主要出于以下考虑：

一是由于估价对象位于北京市基准地价覆盖范围内，所以适合采用基准地价修正法评估土地价格。

二是由于估价对象为已开发土地，各项土地成本可以较准确地计算，因此可以采用成本法求取土地使用权价格。

三是由于估价对象是已建成的房地产，建筑物重新购建价格可以获取，所以适合采用成本法求取建筑物重置价格。

四是由于估价对象是有收益的房地产，且估价目的是求取租赁价格，所以适合采用收益法。

由于估价对象中的房屋所有权人和土地使用者不同，根据委托方要求本次评估需将房产和土地使用权租金价格分别计算；且估价对象中生产实验用房专业针对性过强，通用性及市场可比性差，故不适合市场法。

（二）估价方法的定义

1. 基准地价修正法

基准地价修正法是在政府确定公布了基准地价的地区，由估价对象所处地段的基准地价调整得出估价对象宗地价格的方法。

2. 成本法

求取估价对象在估价时点的重新购建价格和折旧，然后将重新购建价格减去折旧来求取估价对象价值的方法。

重置价格也称为重置成本、重置价值，是指采用估价时点的建筑材料、建筑构配件、建筑设备和建筑技术及工艺，在估价时点的国家财税制度和市场价格体系下，重新建造与估价对象具有同等功能效用的全新建筑物的必要支出及应得利润。

3. 收益法

本次评估根据收益法的计算公式，将已求取的房产价格和土地使用权价格，选用适当的报酬率，转换为估价对象的租赁价格。

十、估价结果

我们实施了评估所必须的各项程序，按照国家关于房地产评估的有关规定，评估得到估价对象于估价时点2007年11月23日，在价值定义和估价假设限制条件下的估价结果如下：

房产总建筑面积：7759.8平方米，年租金总额：96.43万元，大写：玖拾陆万肆仟叁佰元。

分摊土地面积：22638.87平方米，年租金总额：150.96万元，大写：壹佰伍拾万玖仟陆佰元。（货币种类：人民币）

十一、估价师签字（略）

十二、估价作业日期（略）

十三、估价报告应用的有效期（略）

房地产租赁价格咨询技术报告

一、估价对象实物状况分析（与估价结果报告有关内容同，略）

二、区位状况描述与分析

（一）位置状况

估价对象位于北京市朝阳区××地区。朝阳区位于北京市主城区的东部和东北部，介于北纬39°48′～40°09′、东经116°21′～116°42′之间。东与通州区接壤，西与海淀、西城、东城、崇文等区毗邻，南连丰台、大兴两区，北接顺义、昌平两区。朝阳区是北京市面积最大的近郊区，南北长28公里，东西宽17公里，土地总面积470.8平方公里，其中建成区面积177.2平方公里。估价对象位于朝阳区××，城乡结合地带，位置一般。

（二）交通状况

该区域临近东五环路，区域内有××××路、××路、××路等主干路，有多条公交线路及城铁××线经过该区域，公共交通便捷。

（三）环境状况

估价对象所在区域属于典型的城乡结合部，××河流经该地区；随着区内各主干路及城铁××线的修建、扩建，沿××路、××路及××河两侧陆续建设了多个住宅社区，其居住环境正逐步完善。沿路沿河也尚有一些平房区，建造年代比较久远，根据《朝阳区的城市职能与功能布局规划》，"区内的平房区，已列入计划或正在实施的要继续建设，未列入计划的也应分期改造，改善居住条件，完善配套设施。"预计未来平房区的居住环境将得到改善。另有多所大中专院校和科研院所均位于该区域内，区域的自然环境和人文环境较好。

（四）外部配套设施状况

该区域基础设施条件已经达到五通（通路、通电、通信、通水、通燃气）。区域内各种公共配套设施较完善，有工商银行、农业银行等金融机构；有××医院、××医院、××医院等医疗机构；有×××小学、××小学、××××小学、××小学、×××附中、×××中学分校、×××中、××科技大学分部、××××学校、××××大学、××××××大学等教育机构；有京客隆、天客隆、易初莲花、华堂、富华堂、百利汇建材等商业设施；还分布有邮局和电话局的营业网点等。

三、市场背景分析

（一）北京市经济状况分析（略）

（二）北京市工业房地产市场、政策及其影响

由于工业用地市场存在着低成本过度扩张及地区之间竞相压价搞恶性竞争的问题，国土资源部在

2006年12月23日下发《全国工业用地出让最低价标准》，并要求在2007年1月开始实施，这一政策的实施将对全国的工业用地市场起到积极的作用，但在地价方面对北京的影响不是很大。

随着社会主义市场经济的不断发展和北京市城市规划的调整，北京市城区四环路内将不再新批工业用地，同时北京市将逐步实施以解决工业企业污染扰民问题为目的的企业搬迁，并致力于发展郊区县的工业科技园区。因此，城区内的工业用地逐渐减少，北京市通过污染扰民企业搬迁过程中的旧厂址房地产转让、企业破产清算中的房地产拍卖等方式将原工业用地转为其他用途土地进行集约化的再利用。在这种背景下，工业土地主要交易方式有土地拍卖、企业改制中土地作价入股、企业破产清算中房地产拍卖、污染扰民企业搬迁、旧厂址房地产转让、企业提供土地进行合作建房、工业用地和标准厂房的租售等。

（三）估价对象所在区域变动趋势情况

朝阳区××地区紧临东五环路，××××路、××路、×××路等主要干路贯穿该区域，又有京秦铁路、京承铁路及城铁××线经过，交通很便捷。××××大学、×××××××大学、××××××学校、××大学分部等大中专院校及×××研究所等科研院所提升该地区的人文环境。××河沿岸形成良好的自然环境。随着××河的改造、××××路的扩建及城铁××线的建成，该地区形成便捷的交通，带动了区域内住宅建设的迅速发展。区内各工业企业逐渐迁出，危旧平房逐步改造，重新形成了多个住宅社区。随着北京市商品房价格的不断上涨及商品住宅项目建设的不断向外扩张，该地区商品住宅价格涨幅较大。而根据朝阳区的规划，该地区仍将向着住宅建设的方向发展，该区域楼盘的未来价格走势将呈现强劲的上涨趋势。

（四）估价对象的租赁价格未来下跌风险分析

建议委托方或者相关权利人密切关注估价对象租赁价格在未来年内的下跌风险，目前预期可能导致房地产租赁价格下跌的因素主要有以下几方面：

房地产的使用和维护情况。房地产寿命长久，随时间推移，建筑物自然老化、使用磨损等物质损耗以及人们消费观念的改变、建筑技术的进步、建筑设计的缺陷等功能损耗，将导致建筑物租赁价格的下跌，若维护欠缺，房地产租赁价格下跌将更为显著。

区位因素的改变。因房地产的位置固定性，其所处区位状况的变化将直接影响其租赁价格。如房地产所处的自然环境或者人文环境恶化、区域交通拥堵或者城市规划改变为不利房地产的利用，将导致房地产租赁价格下跌。

房地产市场供求变化情况。房地产租赁价格水平及其变动，是由房地产的供给和需求共同作用的结果，总体而言，房地产的租赁价格与其需要正相关，与其供给负相关：供给一定，需求增加，则价格上升，需求减少，则价格下降；需求一定，供给增加，则价格下降，供给减少，则价格上升。未来年限内，若房地产市场供给过量或者需求不足，则估价对象的租赁价格存在下跌风险。

房地产政策影响。房地产的自身特性（如不可移动、价值量大等），使其容易受到未来制度、政策变化的影响。委托方和相关权利人需关注房地产政策、税收政策等对于估价对象租赁价格的影响。

基于以上存在的估价对象租赁价格未来下跌风险，提请委托方和报告使用者注意：

（1）估价对象状况和房地产市场状况因时间变化对房产和土地使用权租赁价格可能产生影响，委托方和报告使用者须密切注意估价对象自身状况变化情况和所在房地产市场变化情况；

（2）所评估的价值是估价对象在估价时点的租赁价格，是为确定房产和土地使用权租赁价格而提供的参考依据。委托方和报告使用者对于估价结果的使用应合理；

（3）建议委托方和报告使用者定期或者在房地产市场价格变化较快时对房产及土地使用权租赁价格进行再评估。

四、最高最佳利用分析

（一）法律上允许。最高最佳使用原则受到合法原则的约束，在运用最高最佳使用原则估价时，首先要求估价对象的最高最佳用途是法律上允许的。本估价对象土地证载用途为工业，房屋证载用途为工交和教卫,最高最佳用途应为工业,估价对象证载用途符合最高最佳使用原则。

(二)技术上可行。房地产的最高最佳使用还必须得到技术上的支持,不能把技术上无法做到的使用当做最高最佳。这里的技术主要指房屋建筑工程方面的技术。由于估价对象建筑物为砖木与混合结构,目前施工的技术手段完全能满足建筑要求。

(三)经济上可行。确定房地产最高最佳使用时,还应注意经济上可行,不能通过不经济的方式来实现房地产的最高最佳使用,即在各种可能的使用方式中,选择收入现值大于支出现值的方式,寻求以经济上有限的投入而能获得最大收益的使用方式。从估价对象所处区域与权属方来看,工业用途在经济上是可行的。

(四)最高最佳利用方式。在所有满足法律上允许,技术上可能,经济上可行的使用方式中,能使估价对象的价值达到最大化的使用方式,才是最高最佳使用方式,即估价价格应是各种实现方式中,以经济上有限投入而能获得的最大收益的使用方式的估价结果。从估价对象权属方角度而言,需考虑企业整体收益与经营方向,从估价对象现状来看,建筑物建成年代较早,不适合转换用途,因此估价对象应以现状用途使用最为有利。

五、估价方法选用(同估价结果报告有关内容,略)

六、估价测算过程

(一)基准地价修正法求取估价对象土地使用权价格

1. 北京市基准地价成果及内涵介绍

根据《北京市人民政府关于调整本市出让国有土地使用权基准地价的通知》(京政发[2002]32号)的规定,北京市新基准地价于2002年12月10日开始施行。新基准地价根据不同用途土地的特点及相应地价水平,将四类用地的基准地价由高至低、由城区至远郊区分别划分为若干个级别。其中,商业、综合和居住用地的基准地价分为十个级别,工业用地的基准地价分为九个级别。基准地价是各土地级别内,土地开发程度为宗地外通路、通电、通信、通上水、通下水、通燃气、通热力及宗地内平整(以下简称"七通一平"),或宗地外通路、通电、通信、通上水、通下水及宗地内平整(以下简称"五通一平"),在平均容积率条件下,同一用途的完整土地使用权的平均价格。

北京市基准地价五级工业用地的基准地价见表4-3。

北京市基准地价五级工业用地的基准地价(元/建筑平方米)　　表4-3

土地用途	土地级别	基准地价(楼面熟地价)	基准地价(楼面毛地价)
工业用地	五级	420~680	195~300

其基准地价内涵为:

①基准日:2002年1月1日。②土地使用年限:工业用地50年。③土地开发程度:"七通一平"。④土地权利状况:有偿使用条件下有限年期的土地使用权。

2. 地价计算公式的确定

当宗地容积率<1时:宗地面熟地价=适用基准地价(楼面熟地价)×期日修正系数×年期修正系数×因素修正系数±开发程度修正。

3. 基准地价确定

估价对象所在的××地区××院南侧紧临城铁××线,根据《北京基准地价》(2002年)的规定:"河道、水系两侧及轻轨周边地区的地价参照基准地价的高限选取",故估价对象土地使用权楼面熟地价基准地价取该地价区级别的高限,即680元/平方米。

4. 期日修正系数的确定

基准地价的基准日为2002年1月1日,与本次评估时点2007年11月23日相距时间较长,北京2002年工业用途的地价指数为102,2006年工业用途的地价指数为120,结合近期工业用地地价变化趋势以及估价对象所在区域工业用地市场变化,综合考虑,确定期日修正系数为1.15。

5. 年期修正系数的确定

估价对象土地用途为工业，法定最高出让年限 50 年，至估价时点，剩余土地使用年限 41 年，年期修正系数计算公式为：

$$K = \frac{1-1/(1+r)^n}{1-1/(1+r)^m}$$

式中：K—年期修正系数；r—土地报酬率；n—土地剩余使用年限；m—土地最高出让年限。

土地报酬率采用累加法确定，累加法＝无风险报酬率＋风险报酬率。

投资风险补偿伴随无风险报酬率的选取变化，选取一年期存款利率为无风险报酬率，则投资风险补偿为拟投资房地产相对于投资同一时期国债的风险补偿。风险报酬率需综合考虑投资风险补偿、管理负担补偿、缺乏流动性补偿和投资带来的优惠。其中，前三项越大，报酬率越大，投资带来的优惠越大，报酬率越小。

投资风险补偿：拟投资房地产相对于无风险投资的风险补偿，是投资者对所承担的额外风险的补偿。

管理风险补偿：指投资者管理拟投资房地产的风险补偿，操劳越多，吸引力越小，额外补偿要求越多。

缺乏流动性补偿：要求考虑拟投资房地产的变现能力，需综合考虑房地产的通用性、独立使用性、变现时间长短等因素。流动性越差，风险补偿越高。

投资带来的优惠率：投资可能带来的好处，例如，投资房地产容易获得抵押贷款融资等。

"根据调查结果，通常采用的无风险报酬为一年期定期存款利率 3.87%，风险调整值通过专家法确定。"

工业土地报酬率表　　表 4-4

项　目	数　值	
	散租	整租
无风险报酬率	3.87%	3.87%
投资风险补偿率	2.40%	2.40%
管理负担补偿率	0.80%	0.60%
缺乏流动性补偿率	1.00%	1.00%
易于获得融资的优惠率	−0.50%	−0.50%
所得税抵扣的优惠率	−0.50%	−0.50%
报酬率	7.07%	6.87%

根据估价对象地块的具体情况对上述数值修正，确定土地报酬率取 7%（本报告中涉及的土地报酬率均一致）。因此确定年期修正系数分别为 0.9705。

6. 确定各影响因素的修正系数

北京市五级工业用地基准地价修正系数（单位：%）　　表 4-5

影响因素	因素条件说明	基准地价修正系数	优劣程度	修正系数
产业集聚程度	周边以居住小区居多，产业集聚度较差	−4.8～4.8	较差	−2.40
交通便捷度	紧临××路，多条公交经过。交通便捷度较优	−7.68～7.68	较优	3.84
区域土地利用方向	该区域逐渐开发以住宅小区居多，区域土地利用方向有一定影响	−2.4～2.4	较差	−1.20
临路状况	北临××路为交通型主干道	−1.92～1.92	好	1.92
宗地形状及可利用程度	宗地形状较不规则，可利用程度较差	−2.88～2.88	较差	−1.44
基础设施状况	宗地红线外基础设施达到五通	−2.4～2.4	较好	1.20
环境状况	周边××河流经，附近有两所高校，地内绿化率较高，环境条件较优	−1.92～1.92	较优	0.96
合计	—	—	—	2.88

7. 开发程度修正

基准地价设定的级别土地开发程度为"七通一平"（红线外通路、通电、通信、通上水、通下水、通燃气、通热力及宗地内平整），估价对象设定开发程度为"五通一平"（红线外通路、通电、通信、通水、通燃气及宗地内平整），根据对该区域市政设施费用的调查，通上水、通热力费用均约为30元/平方米，故开发程度修正为地面价格－60元/平方米。

8. 评估地价确定

土地使用权地面熟地价＝适用基准地价×期日修正系数×年期修正系数×因素修正系数±开发程度修正

$$= 680 \times 1.15 \times 0.9705 \times (1 + 2.88\%) - 60 = 721(元/平方米)$$

（二）成本法求取估价对象土地使用权价格

基本原理：成本法是以土地取得成本加一定的开发利润、投资利息、应缴纳的税费和土地增值来确定土地使用权价格的方法。公式如下：

土地价格＝土地取得成本＋相关税费＋开发成本＋投资利息＋开发利润＋土地增值收益

测算过程：

1. 土地取得成本

土地取得成本是指取得房地产开发用地的必要支出，一般包括房屋拆迁补偿安置费、相关费用以及地上物拆除、渣土清运和场地平整费等。拆迁安置费主要包括拆除房屋及构筑物的补偿费及拆迁安置补助费。根据《北京市非住宅房屋拆迁估价技术标准》及《北京市房屋重置成新价评估技术标准》的相关规定，及对待估宗地周边地区的土地利用情况、拆迁安置补助实际水平及相关税费的调查，综合考虑，本次评估土地取得成本取570元/平方米。

2. 相关税费

与土地开发相关的税费已包含在土地取得费中，此处不再单独计取。

3. 土地开发成本

根据估价人员对估价对象土地使用权的土地开发程度和该区域基础设施配套情况的调查以及对平均开发成本的测算，估价对象基础设施程度在达到"五通一平"（即通路、通电、通信、通水、通燃气及宗地内平整）的情况下，其开发成本平均为150元/平方米。

4. 投资利息

根据估价对象的建设规模及项目特点，调查确定该项目土地开发周期为1年，投资利率按估价时点一年期贷款利率7.29%计算，按单利计算，假设土地取得成本一次性投入，土地开发费在开发期内均匀投入，则：

投资利息＝（土地取得成本×土地开发周期＋开发成本×土地开发周期÷2）×投资利率

$$= (570 \times 1 + 150 \times 1 \div 2) \times 7.29\% = 47.02(元/平方米)。$$

5. 开发利润

开发利润是把土地作为一种生产要素，以固定资产方式投入并发挥作用，因此开发利润应与同行业的投资回报相一致，工业用途用地的土地开发投资应获得相应的投资回报，并考虑社会平均利润率，经过调查朝阳区工业项目土地开发的正常投资利润率为8%～15%，结合委托方投资收益实际情况，估价对象作养殖实验用，实际收益情况一般，确定本次土地评估的投资利润率为8%。则：

开发利润＝（土地取得成本＋开发成本）×利润率＝（570＋150）×8%＝57.6(元/平方米)。

6. 土地成本费用

取上述五项费用之和，则：土地成本＝土地取得成本＋土地开发成本＋投资利息＋开发利润＝570＋150＋47.02＋57.6＝824.62（元/平方米）。

7. 土地增值收益

政府出让土地除收回成本价格外，同时要使国家土地所有权在经济上得到实现，即获取一定的增值收益。一般来说土地用途转换后，其土地收益会提高，其次对土地开发的外部投资作用也会使土地收益提高，因此在用成本法计算地价时，应考虑土地增值收益。一般土地增值收益按成本价格（土地取得费及相关税费、土地开发费、投资利息、投资利润四项之和）的一定比例。目前估价对象所在区域工业用地的土地增值收益率为土地成本（土地取得费及有关税费＋土地开发费＋投资利息＋投资利润）的10%～30%。北京市工业用地尤其是工业开发区用地，出让土地需综合考虑企业运营情况，估价对象现作为养殖实验使用，可增值收益不高，结合朝阳区土地市场行情，此次评估确定取土地增值收益率为土地成本价格的10%。则：

土地增值收益＝824.62×10%＝82.46（元/平方米）。

8. 年期修正系数

年期修正系数＝$1-1/(1+r)^n$＝0.9376。

式中：r—根据前面基准地价修正法中土地报酬率确定方法，确定此处土地报酬率为7%；在估价对象土地设定年限内，假定土地报酬率保持不变；n—估价对象土地剩余使用年限为41年。

9. 熟地价

估价对象41年期土地使用权价格（地面熟地价）＝（土地成本费用＋土地增值收益）×年期修正系数＝（824.62＋82.46）×0.9376＝850（元/平方米）。

（三）综合求取估价对象土地使用权价格

对基准地价修正法与成本逼近法求取的土地使用权价值进行加权平均，由于两种方法求取的结果差距不大，可信度均较高，故取两者简单算术平均值作为最终地价结果，则：

估价对象土地使用权单位地面熟地价＝721×0.5＋850×0.5＝786（元/平方米）。

估价对象土地使用权熟地总价＝786×22638.87÷10000＝1779.41（万元）。

（四）重置成本法求取估价对象房产价值

1. 建筑物开发成本

1）建安造价

根据委托方提供的资料并经估价人员现场勘察，估价对象房产的建筑物为混合、砖木及其他结构。参考《常用房屋建筑工程技术经济指标》，并结合估价对象结构类型、设备及装修水平等实际情况，确定估价对象各房产的建安造价。

2）红线内基础设施配套建设费

指建筑物2米以外和项目用地规划红线以内的各种管线和道路等工程的费用，主要包括供水、供电、供气、排污、绿化、道路、路灯、环卫设施的建设费用以及各项设施与市政设施干线、干管、干道的接口费用。一般按实际工程量估算。本次评估按建安造价的12%计。

红线内基础设施配套建设费＝建安造价×取费标准。

3）前期及专业费用

包括报建手续费、咨询、可行性研究、勘察设计费、工程监理费等费用。本次评估按建安造价及红线内配套设施建设费之和的6%计取，则：

前期及专业费用＝（建安造价＋红线内配套设施建设费）×取费标准。

4）建筑物开发成本＝1）＋2）＋3）。

2. 管理费用

主要指开办费和开发过程中管理人员工资等，根据市场调查并结合估价对象实际情况确定。本次评估取建筑物开发成本的5%。

管理费＝建筑物开发成本×取费标准。

3. 投资利息

以建安工程成本及管理费之和为基数，按估价时点中国人民银行一年期贷款利率7.29%计算，开发项目建设周期为1年，假设建造成本费用均匀投入，计息期为开发期的一半，按单利计息。投资利息＝（①＋②）×7.29%×开发周期÷2。

4. 开发利润

指在正常条件下开发商所能获得的平均利润。参考北京市近年房地产开发实际情况，经过调查朝阳区工业项目开发的正常投资利润率为10%～15%，结合委托方投资收益实际情况，估价对象作养殖实验用，获取收益能力较弱，确定估价对象房产的利润率均为10%。计算基数为建安工程成本、管理费之和。

投资利润＝(①＋②)×取费标准。

5. 销售税费

包括营业税、城市建设维护税、教育附加费、代理及广告宣传费。计算基数为建筑物重置价格。两税一费费率北京城八区按5.5%，远郊区按5.4%，代理及广告宣传费等销售费用费率取1%～3%。本次评估合计取8%。

销售税费⑤＝(①＋②＋③＋④)÷(1－费率)×费率。

6. 计算建筑物重置价格

建筑物的重置价格⑥＝①＋②＋③＋④＋⑤。

7. 估价对象房屋单价的确定

估价对象房屋单价＝建筑物重置价格×综合成新率。

其中，综合成新率的确定采用现场观察法成新率和理论成新率组成，其计算公式如下：

综合成新率＝现场观察法成新率×70%＋理论成新率×30%。

1) 现场观察法

估价人员在了解房屋资料的基础上，依据建筑物现场观察评分标准，对建筑物的结构、装饰、设备三部分进行打分，确定估价对象成新率。

现场观察法成新率确定表 表4-6

项目	权重	内容	标准分	办公楼14评定分	P3实验室5评定分	编辑部5评定分	生产大楼1评定分
结构	55%	基础	25	22	23	22	22
		承重结构	25	22	23	22	22
		非承重结构	15	13	13	13	13
		屋面	20	15	15	15	15
		地面	15	10	10	10	10
		小计	55	45.1	46.2	45.1	45.1
		小计：A (1+2+3+4+5)＝X $X\times 55\%＝Y$					
装饰	15%	门窗	30	18	25	18	18
		外装修	40	20	25	20	20
		其他	30	15	15	15	15
		小计	15	7.95	9.75	7.95	7.95
		小计：B (1+2+3)＝X $X\times 15\%＝Y$					
设备	30%	水卫	40	25	25	25	25
		照明	30	20	20	20	20
		其他	30	15	15	15	15
		小计	30	18	18	18	18
		小计：C (1+2+3)＝X $X\times 30\%＝Y$					
合计			100	71.05	73.95	71.05	71.05
估价对象建筑物部分实际成新率：$A+B+C＝$ %							

2) 理论成新率

$$理论成新率＝(经济耐用年限－已使用年限)/经济耐用年限\times 100\%$$

办公楼14为砖木结构，1950年建成，已使用57年，砖木结构房屋经济耐用年限为40年，已超过理论耐用年限17年，目前主体结构尚可，柱、梁无明显弯曲裂纹，内外装修老旧，有明显破损痕迹，设备运行基本正常，有老化痕迹。

P3 试验室 5 为砖混结构，1980 年建成，已使用 27 年，砖混结构房屋经济耐用年限为 50 年，剩余经济耐用年限为 23 年，目前结构基本完好，基础稳定，柱、梁无弯曲裂纹，内外装修基本完好，局部有破损，设备运行基本正常，局部有老化痕迹。

编辑部 5 为砖混结构，1980 年建成，已使用 27 年，砖混结构房屋经济耐用年限为 50 年，剩余经济耐用年限为 23 年，目前主体结构尚可，柱、梁无明显弯曲裂纹，内外装修老旧，有明显破损痕迹，设备运行基本正常，有老化痕迹。

生产大楼 1 为砖混结构，1950 年建成，已使用 57 年，砖混结构房屋经济耐用年限为 50 年，已超过理论耐用年限 7 年，目前主体结构尚可，柱、梁无明显弯曲裂纹，内外装修老旧，有明显破损痕迹，设备运行基本正常，有老化痕迹。

理论成新表 表 4-7

序 号	1	2	3	4
房屋用途	办公楼 14	P3 试验室 5	编辑部 5	生产大楼 1（局部）
建筑结构	砖木	混合	混合	混合
建成年代（年）	1950	1980	1980	1950
经济耐用年限（年）	40	50	50	50
剩余年限（年）	0	23	23	0
理论成新率	0.00%	46.00%	46.00%	0.00%

3）综合成新率＝现场观察法成新率×70％＋理论成新率×30％。

估价对象楼面单价＝建筑物重置价格×综合成新率。

估价对象成新率 表 4-8

名 称	权 重	办公楼 14	P3 试验室 5	编辑部 5	生产大楼 1（局部）
理论成新率	30%	0.00%	46.00%	46.00%	0.00%
实际成新率	70%	71.05%	73.95%	71.05%	71.05%
综合成新率	100%	50%	66%	64%	50%

8. 估价对象房屋总价的确定

估价对象房屋总价＝估价对象房屋单价×建筑面积。估价对象各房屋的评估价值详见表 4-9。

估价对象房屋价值评估明细表（元/平方米） 表 4-9

房号	建筑面积（平方米）	名称	建筑结构	建成年代	建安造价	红线内基础设施配套建设费	前期及专业费用	建筑物开发成本	管理费用	投资利息	开发利润	销售税费	建筑物重置单价	成新率	估价对象房屋单价	房产价值总额（万元）
1	863.1	办公楼 14	砖木	1950	700	84	47.04	831.04	41.55	31.81	87.26	86.23	1077.89	50%	538.95	93.03
2	2523.5	P3 试验室 5	混合	1980	800	96	53.76	949.76	47.49	36.35	99.73	98.55	1231.88	66%	813.04	310.86
3	107.2	编辑部 5	混合	1980	700	84	47.04	831.04	41.55	31.81	87.26	86.23	1077.89	64%	689.85	11.55
4	4266	生产大楼 1（局部）	混合	1950	1300	156	87.36	1543.36	77.17	59.07	162.05	160.14	2001.79	50%	1000.90	853.96
合计	7759.8	—											—		—	1269.40

（五）收益法求取估价对象房产及土地使用权的租金价格

1. 有效毛收益的测算

根据收益法公式的逆运算，选用适当的报酬率，将上述求取的房屋价值及土地使用权价值倒推出估价对象未来的正常净收益。

报酬资本化法公式：

$$V = \frac{A}{Y}\left(1 - \frac{1}{(1+Y)^t}\right)$$

式中：V—估价对象价值；A—年净收益；Y—报酬率；t—估价对象于估价时点剩余使用年限。

故本次评估中年净收益的计算公式为：

$$A = V \times Y \div \left(1 - \frac{1}{(1+Y)^t}\right)$$

年有效毛收益＝年租金净收益＋年总费用。

上述年有效毛收益中未考虑空置与其他收入，因为估价对象及所在整个项目的土地使用权人与房屋所有权人并非同一法人，却为关联方，双方共同使用估价对象，估价对象的有效利用方式需双方租赁对方土地或房产。关联方的利益相同，共同使用没有空置与其他收入。

2. 相关费用的测算

估价人员结合估价对象的实际运营状况，通过分析估价对象所在城市及区域的同类房地产费用支出状况，确定估价对象于估价时点剩余使用年限每年的运营费用。各年的费用支出已经考虑未来一段时间内为估价对象提供必要的维修及保证其正常运转的相关费用。

管理费用：指对出租房屋进行的必要管理所需的费用，一般按年房产有效毛收益的1%～3%确定，考虑估价对象实际情况确定为有效毛收益的2%。

维修费：按建筑物重置成本的1.5%计取。保险费：按建筑物重置成本的1‰计取。

房产税：按房产有效毛收益的12%征收。营业税及附加：营业税为年房地产有效毛收益的5%；城市维护建设税、教育费附加按营业税的10%计，总计年有效毛收益的5.5%。城镇土地使用税：依据《北京市城镇土地纳税等级分级范围》，按实际占用的土地面积为计税依据，估价对象所在等级为五级地，依照规定税额3元/平方米计算征收。

3. 求取估价对象土地使用权的租赁价格

本次评估，估价对象于估价时点土地使用权剩余使用年限为41年，土地报酬率按本报告前述基准地价法中求取方式得知为7%。则：估价对象土地使用权的年净收益＝土地使用权价格×土地报酬率÷[1－1÷(1＋土地报酬率)^{41}]＝1779.41×7%÷[1－1÷(1＋7%)^{41}]＝132.85（万元/年）。

由于估价对象仅为土地使用权租赁价值，故其相关费用仅包含维持土地正常使用的必要费用：管理费用、营业税及附加、城镇土地使用税，则：

土地年有效毛收益＝年租金净收益＋管理费用＋营业税及附加＋城镇土地使用税。

设估价对象年租金有效毛收益为X，则管理费用为2%X，营业税及附加为5.5%X，城镇土地使用税为3×分摊土地使用权面积，则：

$A = X - 2\%X - 5.5\%X - 3 \times 22638.87$。因此：$X = (A + 3 \times 22638.87) \div (1 - 2\% - 5.5\%)$
$= (132.85 + 6.79) \div (1 - 2\% - 5.5\%) = 150.96$（万元）

4. 求取估价对象房产的租金价格

本次评估，估价对象于估价时点土地使用权剩余使用年限为41年，房产加强维修维护可延长使用年限，故房产剩余使用年限取土地剩余使用年限41年。

估价对象房产的年净收益＝房产价格×房产报酬率÷[1－1÷(1＋房产报酬率)^{41}]
＝686.07×8%÷[1－1÷(1＋8%)^{41}]＝57.33（万元/年）。

上式中房产报酬率与土地报酬率同样采用（无风险报酬率＋风险报酬率）累加法确定。

报告四 北京市××工业房屋及分摊土地租赁价格咨询报告

工业房产报酬率   表 4-10

项目	数值	
	散租	整租
无风险报酬率	3.87%	3.87%
投资风险补偿率	2.40%	2.40%
管理负担补偿率	1.80%	1.60%
缺乏流动性补偿率	1.00%	1.00%
易于获得融资的优惠率	−0.50%	−0.50%
所得税抵扣的优惠率	−0.50%	−0.50%
报酬率	8.07%	7.87%

上表中数值与土地报酬率所取数值基本一致，由于房产成新率较低，相对于土地管理负担补偿更多，故对管理负担补偿率数值进行修正，增加1%补偿率，确定房产报酬率为8%。

由于估价对象为房产租赁价值，故其相关费用仅包含维持房产正常使用的必要费用：管理费用、营业税及附加、保险费、维修费，则：

年房产有效毛收益＝年租金净收益＋管理费用＋营业税及附加＋房产税＋保险费＋维修费。

设估价对象年租金有效毛收益为 X，则管理费用为 $2\%X$，营业税及附加为 $5.5\%X$，房产税为 $12\%X$，保险费按房屋重置价的 1.5% 计，维修费按房屋重置价的 2% 计，则：

$A=X-2\%X-5.5\%X-12\%X-$ 保险费 − 维修费

$X=(A+$ 保险费 + 维修费 $)/(1-2\%-5.5\%-12\%)$

$=(57.33+1269.40\times1.5\%+1269.40\times2\%)/(1-2\%-5.5\%-12\%)=96.43$（万元）

估价对象房产年租金有效毛收益详见表 4-11。

估价对象房产年租金有效毛收益（平方米、万元）   表 4-11

房号	建筑面积	用途	房屋重置总价	房屋总价	净现金流	维修费	管理费用	营业税及附加	房产税	保险费	租金毛收益
1	863.1	办公楼14	93.03	46.52	3.89	1.40	0.13	0.37	0.80	0.09	6.68
2	2523.5	P3试验室5	310.86	205.17	17.14	4.66	0.55	1.51	3.30	0.31	27.47
3	107.2	编辑部5	11.55	7.4	0.62	0.17	0.02	0.05	0.12	0.01	0.99
4	4266	生产大楼1（局部）	853.96	426.98	35.68	12.81	1.23	3.37	7.35	0.85	61.29
合计	7759.8	—	1269.40	686.07	57.33	19.04	1.93	5.30	11.57	1.26	96.43

七、估价结果确定

我们实施了评估所必须的各项程序，按照国家关于房地产评估的有关规定，评估得到估价对象于估价时点 2007 年 11 月 23 日，在价值定义和估价假设限制条件下的估价结果如下：

房产总建筑面积：7759.8 平方米，年租金总额：96.43 万元，大写：玖拾陆万肆仟叁佰元。

分摊土地面积：22638.87 平方米，年租金总额：150.96 万元，大写：壹佰伍拾万玖仟陆佰元（货币种类：人民币）。

附件（略）

第三部分 房地产抵押估价

第三部分　岩地デ地神地方

报告五

××市"××城"9幢1层部分商业房地产抵押价值估价报告

四川大成房地产土地评估有限公司　　　石胜国　刘洪纲　杨金燕

评析意见

该报告为一份房地产抵押估价报告,其格式、内容和有关文字表述,基本符合规范和8号文件的要求。在结果报告中,简要披露了估价测算过程,有利于委托人理解估价结果的合理性。在技术报告中,简要分析了估价对象实物、权益和区位状况对其价值的影响,有利于增加估价报告的说服力。估价师在进行具体估价测算时,如市场法中确定比较因素,收益法中处理租约限制以及有针对性地确定部分估价参数,都比较认真、到位。但该报告估价方法部分关于不选取成本法的理由,表述不够充分;关于收益法中所表述的一些估价参数名称,未统一采用房地产估价行业规范的专业术语。

目录（略）
致委托方函

××实业有限公司：

受贵公司委托,我公司对贵公司位于××市一环路东段168号"××城"9幢1层共计485.73平方米（分摊土地共计440.44平方米）商业用途房地产抵押价值进行了评估,为贵公司在向金融机构申请贷款过程中确定房地产抵押贷款额度提供参考。

我公司派估价人员到房地产所在地进行了现场查勘和市场调查,在结合有关资料的基础上,根据估价目的,遵循估价原则,按照评估程序,运用科学的评估方法,详细分析了影响房地产价格的各项因素。经过测算,并结合估价人员经验,确定估价对象在二〇〇八年四月十一日满足本报告"估价的假设和限制条件"及"价值定义"条件下的抵押价格见表5-1、表5-2。

估价对象估价结果明细表（币种：人民币）　　　　表5-1

估价对象	幢号	房产证号	楼层	房号	评估建筑面积（平方米）	评估单价（元/平方米）	评估总价（万元）
1	9	××权证市房监字第×××号	1	13	0	6211	96.39
2		××权证市房监字第×××号	1	16	0	6211	96.39
3		××权证市房监字第×××号	1	19		6089	106.77
合计		小写			0	—	299.55
		大写（评估总价）	贰佰玖拾玖万伍仟伍佰元整			

估价对象抵押价值一览表（币种：人民币）　　　　　表5-2

价值项目		总建筑面积（平方米）	评估总额（万元）
假定无法定优先受偿权的市场价值		0	299.55
合计		0	299.55
估价师知悉的法定优先受偿价值		—	1.36
合计		—	1.36
抵押价值	小写	0	298.19
	大写（总额）	贰佰玖拾捌万壹仟玖佰元整	

注：1 估价对象抵押价值＝假定无法定优先受偿权的市场价值-估价师知悉的法定优先受偿款；
　　2 估价对象所涉及土地使用权以出让方式取得，估价结果含土地出让金；
　　3 评估结果单价取整至元位，总价取整至百元位，币种为人民币。

估价的具体情况及相关专业意见，请见附后的估价报告，并请特别关注其中"估价假设和限制条件"的有关内容。

此致

四川大成房地产土地评估有限公司

法人代表：徐涛

二〇〇八年四月十四日

估价师声明（略）

估价的假设和限制条件及使用报告说明

一、估价的假设与前提条件

1. 委托方提供的估价对象有关资料，包括其《房屋所有权证》、《国有土地使用证》复印件等均真实、合法、有效，估价对象作为商业房地产能够持续有效使用，且未改变房内部结构、配套设施及装修等。

2. 本次估价以我公司估价人员进行现场查勘的 2008 年 4 月 11 日为估价时点，在该时点估价对象的房屋所有权及土地使用权不存在抵押、典权等他项权利，但其中部分房地产（估价对象1和估价对象2）设置有租赁权。除委托人外，估价对象无其他共有权人，无权属纠纷，无法律、法规规定禁止按本次评估目的使用的其他情形。

3. 委托方带领估价人员现场查看的房屋与估价对象《房屋所有权证》登记房屋为同一房屋，具有唯一性。

4. 估价对象的建筑、未暴露及难以接触的部位（含装修）、水、电、空调、消防或者其他设施设备等无结构性损害等质量缺陷，水、电、空调、消防或者其他设施设备及房屋装修等符合国家有关技术、质量验收标准，可以安全使用。

5. 估价对象于估价时点在假定未设立法定优先受偿权利下的市场价值的假设前提为：

（1）房地产交易符合国家相关法律、法规规定，能够自由在市场上交易；

（2）交易双方是自愿进行交易，交易目的是追求自身利益的最大化；

（3）交易双方具有必要的房地产专业知识，并了解估价对象；

（4）交易双方掌握必要的市场信息；

（5）交易双方有较充裕的时间进行交易；

（6）不存在特殊买者的附加出价；

（7）交易双方负担各应负担的税费。

6. 据委托方提供的《国有土地使用证》，估价对象占用土地均为出让商服用地，终止日期为 2044 年 2 月 19 日，至估价时点，估价对象土地使用权剩余使用年限为 35.87 年。据委托方陈述，估价对象所在建筑物为 2004 年竣工的钢混结构建筑物，设计使用寿命为 50 年，从估价时点起，房屋预计经济耐用年期为56年。由于委托方未能提供且估价人员也未能查实土地使用权到期后地面房屋如何处置的具体政策及有关合同约定，本次评估仍根据《城镇国有土地使用权出让和转让暂行条例》及《房地产估价规范》有关规定，对房屋经济耐用年期长于土地使用年期的房地产，按估价时点土地剩余使用年期作为房地产剩余收益年限，即估价对象估价时点估价对象收益年期设定为35.87年。

二、估价报告使用限制条件

1. 本报告估价结论仅作为委托方抵押贷款确定贷款额度时参考，不能用作其他经济活动，若用于其他用途本报告估价结论无效。

2. 本报告估价结果包括房屋及其占用范围内应分摊的土地使用权价值。该土地使用权若与房屋分割处置，本报告结果无效。

3. 本报告估价结果仅作为在本次估价目的下的参考依据之一，不得作为房地产确权的依据，且对估价目的的实现不具有强制力。

4. 本报告应在确定的有效期（自本报告出具日起一年）内使用，超过估价报告应用有效期使用估价报告，相关责任由使用者承担。

5. 本估价报告必须完整使用方为有效，对仅使用本估价报告中的部分内容，所导致可能发生的损失，本估价机构不承担责任。

6. 本估价报告加盖本机构鲜章和在本机构注册的房地产估价师鲜章及签字等方为有效，复印件以及缺乏鲜章、签字件无效。若使用缺乏本机构鲜章、签字件的估价报告，自负所产生的一切法律后果，本估价机构及估价人员不负任何责任。

7. 本报告正文与附件仅供委托方本次评估目的使用，除按规定送给政府管理部门作审查之用外，本报告的全部或部分内容未经我们书面同意，不得载于任何文件、公告及声明，也不得在任何公开媒体上发表或引用其全部、部分内容。

三、需要特别说明事项

1. 估价对象作为商业用房，在其各自产权单元内通用性、独立使用性强，分割转让性受到限制（不可分割转让）。

2. 委托方未提供的《房屋所有权证》和《国有土地使用证》原件，但提供了《房屋所有权证》和《国有土地使用证》复印件及其他本次估价的相关资料，鉴于估价人员的能力和权限，我们无法鉴别其《房屋所有权证》和《国有土地使用证》及其他本次估价的相关资料的真实性、合法性。委托方提供的上述资料是此次估价的重要依据，委托方应对其提供资料的真实性、完整性、合法性负责。在此亦提请报告使用者对估价对象的产权及权益（含他项权利等）状况再次予以核实。

3. 本次估价范围以委托方提供的《房屋所有权证》载明的面积为准，基于估价人员专业能力限制，我们未对估价对象的建筑面积和土地使用面积进行测绘，如面积发生变化，评估值应作相应调整。

4. 根据委托方提供的估价对象《国有土地使用证》，土地使用权人×××为本次估价对象房屋所有权人，土地使用权取得方式为出让，本报告估价结果含土地出让金。

5. 本估价报告是在估价时点和本次估价目的下，设定估价对象在保持持续经营以及未改变房屋装修和结构、使用用途、未转变产权所有人等情况下的估价结论。如估价对象的面积、用途、装修、使用年限、土地使用权取得方式、使用状态、权益状况以及估价目的、估价时点、房地产政策重大调整、市场供需状况等影响房地产价格的因素发生变化，本估价报告的估价结果应作相应调整。

6. 我公司估价人员已对估价对象进行了现场查看，并对估价对象现场查看的客观性、真实性、公正性承担责任，但估价人员对估价对象的查看，仅限于估价对象的外观和使用状况。由于我公司是房地产估价机构而非房屋质量安全鉴定机构，无相关鉴定仪器，也未接受鉴定委托，故对房屋质量无鉴定义务。若估价对象存在上述需进行专业检测的内部缺陷，在委托方提供相关资料验证后，本次报告评估值应作相应的调整。

7. 估价对象登记地址为位于××市一环路东段168号"××城"9幢1层13号、16号、19号，与委托方带领估价人员查看的房产实际坐落地址一致。

8. 根据《物权法》、《城市房地产抵押管理办法》的有关规定，估价对象应在其所在地政府房地产管理部门进行抵押登记后，方可对抗第三人。在估价对象抵押期内，贷款方应关注房地产信贷可能产生的以下风险：

（1）本次评估是以估价时点估价对象的实体、权益状况及房地产市场状况等（委托提供的相关资料和估价人员现场查看核实）为依据，估价时点后抵押期间估价对象的实体、权益状况及房地产市场状况等是否发生变化，贷款方应密切加以监控，若抵押期间估价对象的实体、权益状况、房地产市场状况等发生重大变化，可能造成估价对象市场价值下降，形成预期风险，委托方应委托重新评估，或采取其他补救措施。

（2）抵押期间可能出现一些诸如"国家宏观经济政策重大变化"、"地震、火灾等不可抗力因素发生"等不可控因素，本估价报告无法估计预测，亦未在估价结果中予以考虑。如抵押期间上述不可控因素发生并造成估价对象抵押价值明显变化，建议委托重新评估抵押价值。

（3）房地产抵押期间，抵押房地产仍由抵押人占有、使用，使用过程中不可避免会造成损耗，特别是房地产过度使用、使用价值贬损（功能性折旧）、装修及设备设施折旧等因素，有可能降低抵押物的价值，提请抵押权人予以关注。

（4）估价对象在估价时点设置有租赁权，本报告考虑已设租赁权对估价对象抵押价值的影响。若委托方在新设估价对象抵押权前，未将租赁情况告知抵押权人，或将抵押情况告知承租人，抵押权一旦实现而该租赁权尚未到期，将会对估价对象的处分和价值体现有负面影响。

9. 本报告的估价结论仅供抵押双方参考，抵押贷款最终数额由抵押双方根据市场风险、变现难易程度、相关税费及其他变现费用等情况综合确定。在运用本估价报告时，应符合"估价的假设和限制条件"所载明内容的要求，仅限于在报告应用有效期内、符合价值定义及报告明示的估价目的，逾期使用、不符"估价的假设和限制条件"或用于非估价目的，我公司和估价人员均不承担任何责任。

10. 报告使用者使用报告过程中如发现本报告内的文字、数字因校印或其他原因出现误差时，请通知本估价机构进行更正。

11. 本估价项目的估价技术报告部分，仅为估价机构存档和有关部门查阅备案之用。

12. 本估价报告由四川大成房地产土地评估有限公司负责解释。

房地产估价结果报告

一、委托方（略）

二、估价方（略）

三、估价对象

（一）估价对象（房屋及分摊的土地）基本状况

1. 估价对象范围及产权概况

本报告估价对象为××实业有限公司拥有的位于××市一环路东段××号"××城"9幢1层13、16、19号的房地产（分别界定为估价对象1、估价对象2、估价对象3），包括法定产权内的房屋和土地（其中房屋面积485.73平方米，土地面积440.44平方米）。其权属、用途、规模等基本情况详见表5-3。

估价对象房屋所有权产权登记状况　　　　　　　表5-3

估价对象	幢号	房产证号	房屋坐落	房号	房屋总层数	所在层数	结构	建筑面积（平方米）
1	9	××权证市房监字第××号	××区一环路东段××号	1层13	6	1	钢混	155.19
2		××权证市房监字第××号		1层16				155.19
3		××权证市房监字第××号		1层19				175.35
合计								485.73

估价对象涉及土地的《国有土地使用证》土地使用者均为××实业有限公司，用途均为商业用地，使用权类型均为出让，其他登记状况详见表5-4。

估价对象土地使用权登记状况一览表   表5-4

估价对象	幢号	涉及土地使用权证号	坐落	房号	地号	图号	终止日期	使用权面积（平方米）
1	9	××国用（2007）第××号	××区一环路东段××号	1层13	51070100100151 76001	—	2044年2月19日	140.72
2		××国用（2007）第××号		1层16				140.72
3		××国用（2007）第××号		1层19				159.00
合计								440.44

2. 估价对象权益状况

估价对象房屋所有权人为××实业有限公司，无抵押（担保）、典权、查封等情况。其中，估价对象1、2已设置租赁权，租约期限从2005年5月31日至2010年7月31日止（具体见委托方提供的房地产租赁合同），估价对象3处于空置状态。估价对象所分摊的土地属国家所有，××实业有限公司通过出让方式取得土地使用权，土地用途为商业，土地使用权终止日期为2044年2月19日，估价时点土地使用权剩余年期为35.87年，土地未单独设置抵押（担保）、典权、租赁等情况，亦无权属争议或司法查封等情况。总体来看，估价对象房屋所有权与土地使用权均为××实业有限公司，权利主体一致，权属无争议。

3. 法定优先受偿权利状况

委托方提供资料表明，估价对象房屋及土地均无抵押担保债权、工程款拖欠等优先受偿权情况，但拖欠有物业管理费用，根据建设部、中国人民银行、中国银行业监督管理委员会《关于规范与银行信贷业务相关的房地产抵押估价管理有关问题的通知》及《房地产抵押估价指导办法》的有关规定，该费用属其他法定优先受偿款。

（二）估价对象实物状况

1. 土地状况描述

据委托方提供的《国有土地使用证》及估价人员现场调查，土地实物状况见表5-5。

土地实物状况一览表   表5-5

估价对象	估价对象1	估价对象2	估价对象3
国土证号	××国用第××号	××国用第××号	××国用第××号
土地坐落	××区一环路东段××号	××区一环路东段××号	××区一环路东段××号
土地使用权人	××实业有限公司	××实业有限公司	××实业有限公司
用途	商业	商业	商业
面积	140.72平方米	140.72平方米	159.00平方米
四至	属分摊用地，《国有土地使用证》未见四至		
形状	属分摊用地，无法判断宗地形状		
地形条件	地形平坦		
土壤地基	地质条件良好		
基础设施条件	通供水、通排水、通电、通信、通路及场地平整		
土地利用状况	作为估价对象房屋占地使用		

2. 建筑物状况描述

估价对象位于××市东部，地处××市一环路东段××号"××城"项目区内，北临仙人路，南临一环路东段，东临芙蓉溪，西临一环路东段。"××城"为××实业有限公司投资建设的商品房开发项目，总建筑面积约26万平方米，其中住宅约21万平方米，商业及其他约5万平方米。项目分三批次规划建设，其中"一期"项目于2004年竣工，"二期"项目于2005年竣工，"三期"项目于2006年竣工。"×

×城"建筑屋顶斜坡琉璃瓦铺设,外立面以川西民居风格为特色,建筑特点鲜明,为××市高档时尚居住小区。据估价人员现场查勘及委托方陈述,本次评估的第9幢为"××城"一期,具体状况见表5-6。

估价对象建筑物状况一览表 表5-6

估价对象	幢号	房号	建筑物状况
1	9	13	建筑物外墙刷涂料,钢混结构,东西朝向,总共6层。第13号商业用房位于该楼底层,现出租作为餐饮用房使用。具体装修状况为:入户安装彩铝玻璃门,室内地面铺地砖,墙面刷涂料,顶棚石膏造型吊顶,开间约6.4米,进深8.5米,层高4.8米。已通水(供水、排水)、通电、通信、通路。估价对象所在建筑物地基无不均匀下降,第13号商业用房墙面无裂缝现象,能正常使用
2	9	16	建筑物外墙刷涂料,钢混结构,东西朝向,总共6层。第16号商业用房位于该楼底层,现出租作为餐饮用房使用。具体装修状况为:入户安装彩铝玻璃门,室内地面铺地砖,墙面贴瓷砖,顶棚铝扣板吊顶,开间6.4米,进深8.5米,层高4.8米。已通水(供水、排水)、通电、通信、通路。估价对象所在建筑物地基无不均匀下降,第16号商业用房墙面无裂缝现象,能正常使用
3	9	19	建筑物外墙刷涂料,钢混结构,东西朝向,总共6层。第19号商业用房位于该楼底层,为清水房,尚未进行初装,目前闲置。已通水(供水、排水)、通电、通信、通路。估价对象所在建筑物地基无不均匀下降,第19号商业用房墙面无裂缝现象,能正常使用

3. 估价对象其他个别条件

据估价人员现场调查,估价对象属独立商铺,××市一环路东段××号"××城"9幢1层13、16、19号,估价对象主要个别条件见表5-7。

估价对象个别条件一览表 表5-7

个别条件	描述内容		
	估价对象1	估价对象2	估价对象3
临街道路类型	居住区级干道	居住区级干道	居住区级干道
临街位置	临街	临街	临街(拐)
距区域商业中心距离	400米	420米	450米
距公交站距离	约200米	约220米	约240米
层高	4.8米	4.8米	4.8米
面积	独立商铺,面积偏大	独立商铺,面积偏大	独立商铺,面积偏大
形状	形状规则	形状规则	形状规则
宽度与进深比	1:3	1:3	1:3

(三)区域状况

估价对象位于××市一环路东段,所在区域为××市城东,××区辖区,距××市中心商业区约2公里。该区域地处涪江东侧,有风景秀丽的富乐山景区,区内植被完好,满目苍翠,是一个天然的氧吧。近年来,××市着力打造富乐山高档居住区,将该区域规划建设成"居住、餐饮、娱乐、休闲"为一体的××市东部新城,现已建成××城、××山庄、××金城等居住楼盘,同时还开发了××餐饮一条街、××商厦等商服设施。××餐饮一条街、××商厦及主干道一环路东段临街商铺组成的商业服务业网点使得该区域商业服务功能正逐步完善。区域内主要由一环路东段、治平路、仙人路、五里堆路等道路组成交通网络,道路等级及通达度总体一般。沿一环路东段通行3、20、21、24、29、50、58路等多路公交车,并设置了公交站点,公交便捷度高。近年来,该区域布局了富乐汽车站、嘉兴市场、良居酒店、第三人民医院、剑南路小学、农贸市场等公共配套设施,基础设施条件也在配套完善。在未来五年内,××市拟将东部新城建成居住人口达10余万人现代化的新型城市区,区域规划以居住为主,并在其中规划建设××市东部区域商服中心。

四、估价目的

为确定房地产抵押贷款额度提供参考依据而评估房地产抵押价值。

报告五 ××市"××城"9幢1层部分商业房地产抵押价值估价报告

五、估价时点

二〇〇八年四月十一日。

六、价格定义

1. 本报告估价结果是反映估价对象在本次估价目的下，根据客观、独立、公开、合法、谨慎原则对估价对象以商业用途使用确定的，在二〇〇八年四月十一日的抵押价值，该价格内涵还包括：

（1）房地产收益年期根据《房地产估价规范》相关规定，结合建筑物和土地使用年期来综合确定，本次评估设定估价对象收益年期均为 35.87 年；

（2）房地产基础设施条件达到"五通"（通上水、通下水、通电、通信、通路）；

（3）土地使用权性质：为出让取得，估价结果包含土地出让金；

（4）他项权利状况：设定估价对象除部分有租约限制外，无他项权利限制。

2. 本报告抵押价值为假定未设立法定优先受偿权利下的市场价值，减去我们知悉的和根据委托方提供的资料确定的法定优先受偿款后的价值。

3. 本报告确定的价格为交易双方按相关法规的规定负担各自应负担税费下的价格。

4. 本报告估价结果未考虑未来市场变化、短期强制处分等因素对其价格的影响，不包含估价对象于估价时点的装饰装修价值，考虑了租约对价格的影响。

七、估价依据（略）

八、估价原则（略）

九、估价方法

（一）估价技术路线

本次评估抵押价值为假定无法定优先受偿权利下的市场价值，减去我们知悉的和根据委托方提供的资料确定的法定优先受偿款后的价值，因此技术路线为选取适当方法先求估价对象在假定无法定优先受偿权利下的市场价值，再逐项扣除我们知悉的优先受偿权金额，得出估价对象抵押价值。

（二）估价方法的介绍

房地产估价的常用方法有市场比较法、成本法、收益法、假设开发法等。

市场比较法是将估价对象与在估价时点近期有过交易的类似房地产进行比较，对这些类似房地产的已知价格作适当的修正，以此估算估价对象的客观合理价格或价值的方法。市场比较法适用于区域同类房地产交易较活跃、交易资料易于收集的项目估价。

成本法是求取估价对象在估价时点的重置价格或重建价格，然后扣除折旧，以此估算估价对象的客观合理价格或价值的方法。成本法适用于市场不成熟地区房地产的估价。

收益法是预计估价对象未来的正常净收益，选用适当的资本化率将其折算到估价时点后累加，以此估算估价对象的客观合理价格或价值的方法。收益法适用于有收益或有潜在收益的房地产估价。

假设开发法是预计估价对象开发完成后的价值，扣除预计的正常开发成本、税费和利润等，以此估算估价对象的客观合理价格或价值的方法。假设开发法适用于具有投资开发或再开发潜力的房地产估价。

（三）估价方法的选择依据

估价对象为已建成正常使用的房屋，且目前为最佳使用状态，不宜采用假设开发法；估价对象属于收益性物业，其价值高低取决于市场供求关系及未来预期收益，而非成本累加，成本累加并不能真实反映出客观市场价值，故不宜采用成本法；目前××市房地产市场较为活跃，交易和出租案例较多，市场比较法和收益法所需的各项资料较易收集，因此我们可采用市场比较法和收益法进行测算。

（四）估价方法的技术思路

1. 市场比较法

市场比较法即将估价对象与近期内发生交易类似实例加以对照比较，对已发生交易的类似估价对象的已知价格加以修正，得出估价对象最可能实现的合理价格。其计算公式：

估价对象房地产的比准价格＝比较实例房地产的价格×交易情况修正系数×交易日期修正系数×区域因素修正系数×个别因素修正系数

具体操作步骤：调查整理与估价对象类型相近似的交易实例，选取其中三个以上与估价对象最为类似、可比的实例；建立价格可比基础；进行交易情况、交易日期、区域因素、个别因素等项修正；求出估价对象的比准价格；根据比准价格求取估价对象的价格。

2. 收益法

收益法是基于预期原理，运用适当的资本化率将预期的估价对象房地产未来各年的正常收益折算到估价时点的现值，求其之和得出估价对象房地产价格的一种估价方法。其通用计算公式如下：

$$P = \sum_{i=1}^{n} \frac{A_i}{(1+r)^i}$$

式中：P——净收益现值（元）；n——收益年期（年）；A_i——未来第i年净收益（元）；r——资本化率（%）。

具体操作步骤：收集有关收入和费用的资料，估算有关收入（潜在毛收入、估算有效毛收入），估算运营费用，估算净收益；选用适当的资本化率；根据估价对象情况选择恰当的公式，测算出估价对象的收益价格。

十、测算参数及测算过程

（一）无法定优先受偿权条件下估价对象的市场价值

1. 市场比较法

选取3个比较实例，各比较案例成交价格分别为5630元/平方米、6160元/平方米、7050元/平方米，通过各比较案例修正后采取算数平均值得出估价对象1、2的试算结果为6112.82元/平方米、估价对象3的试算结果为6201.51元/平方米。

2. 收益法

收益年期为35.87年，资本化率取6.14%，得出估价对象1、2的试算结果为6308.55元/平方米、估价对象3的试算结果为5976.48元/平方米。

上述两种方法对具有收益性的房地产估价均具有较好的适宜性。从试算结果来看，两种方法测算结果差异不大，并在一定程度上客观体现估价对象市场价值。因此在确定估价对象无法定优先受偿权条件下的最终价格时，取上述两种方法试算结果的算术平均值（见表5-8）。

估价对象无法定优先受偿权条件下估价结果一览表 表5-8

估价对象	幢号	楼层	房号	市场比较法试算结果（元/平方米）	收益法试算结果（元/平方米）	评估单价（元/平方米）
1		1	13	6112.82	6308.55	6211
2	9	1	16	6112.82	6308.55	6211
3		1	19	6201.51	5976.48	6089

注：评估单价取整至个位数。

评估总价为（取整至百元位）：

估价对象1：6211×155.19÷10000＝96.39（万元）

估价对象2：6211×155.19÷10000＝96.39（万元）

估价对象3：6089×175.35÷10000＝106.77（万元）

合计：96.39＋96.39＋106.77＝299.95（万元）

（二）法定优先受偿款

房地产涉及的优先受偿款包括发包人拖欠承包人建筑工程款、已抵押担保债权等。根据委托方提供的资料和估价师调查，估价对象作为既有商业用房不存在抵押担保债权、发包人拖欠承包人建筑工程款等法定优先受偿权，但存在拖欠物管费情况。据估价人员现场调查，并向委托方和××物业管理有限公司查证，委托方尚拖欠××物业管理有限公司2007年1月至2008年4月的物管费用共计

1.36万元。

（三）抵押价值

抵押价值等于假定无法定优先受偿权利下市场价值扣除法定优先受偿权价款。即：299.95－1.36＝298.19（万元）。

十一、估价结果

经过计算及综合分析，确定在位于××市一环路东段××号"××城"的第9幢13、16、19号商业用房，在二〇〇八年四月十一日满足本报告"估价的假设和限制条件"及"价值定义"条件下的抵押价格如下表（同致委托方函表1-1和表1-2，略）。

十二、估价对象变现能力分析

变现能力是指假定在估价时点估价对象实现抵押权时，将抵押房地产转换成现金的可能性。

（一）变现价格可能性分析

估价对象位于××市一环路东段，地处×××市中心城区东面，区域内城市发展以居住物业为主，配套布局有购物、餐饮、休闲、娱乐等商业设施。该区域作为×××市东部新城规划核心区，已建和在建的商业用房较多，供应量偏大，但区域入住人口较少，商业氛围尚未完全形成，商业用房目前有一定空置，市场需求不旺。加之估价对象总面积偏大，总价值较高，对购买人群有一定的要求。

估价对象现作为商业用途正常经营，不能用于餐饮、洗车（禁油烟）等用途，除此以外，无其他特殊限制使用，通用性较强。

估价对象位于"××城"9栋1楼，属临街商铺，有独立的出口通道，除水、电等需与该建筑共享外，其使用情况不受相邻物业的影响，具有较强的独立使用性。

估价对象由3个独立产权单元构成，可按产权单元独立使用和处分。但在每一产权单元内，不具备分割使用或处分的可能性。

综上所述，估价对象所在区域商业用房的供给量较大，估价对象作为商业用房，通用性及独立使用性较强，在各产权单元内不可分割使用，加之面积偏大，总价在当地偏高，当地购买人群的支付能力有限。估价人员预计估价对象在估价时点拍卖或变卖最可能实现的价格在正常情况下为本次抵押价值的80%～100%。其与本次评估抵押价值的差异在于本次评估的抵押价值未考虑估价对象强制变现过程中的价值减损。

（二）变现时间可能性分析

根据估价人员了解估价对象所在区域的房地产市场交易行情，结合估价对象的区位、面积、使用限制条件等实际情况以及区域同类房地产的市场供需情况，我们预测估价对象在估价时点拍卖或变卖实现变现最可能的时间约为180天。

（三）变现费用分析

估价对象抵押权实现时，一般通过法院拍卖变现。通过法院拍卖方式变现资产可能涉及的费用有：评估费、案件诉讼及执行费用、拍卖佣金、律师费、营业税及过户手续费等，其费用比例约为估价对象拍卖价值的10%～15%。

处分抵押房地产的清偿顺序如下：支付处分抵押房地产的费用（包括案件诉讼及执行费用、拍卖佣金、律师费、评估费等专业费）；扣除抵押房地产应缴纳的税费；法定优先受偿款（如建筑承包人有行使权的拖欠工程款、抵押权人债权及其他需优先受偿的款项等）；赔偿由债务人违反合同而对抵押权人造成的损失；剩余金额交还抵押人。

十三、估价作业日期

二〇〇八年四月十一日至二〇〇八年四月十四日。

十四、估价报告应用有效期

自本估价报告完成之日起一年内有效，即从二〇〇八年四月十四日至二〇〇九年四月十三日有效。

十五、估价人员（略）

房地产估价技术报告

一、个别因素分析

(一) 估价对象 (房屋及分摊的土地) 基本状况

1. 估价对象范围及产权概况 (同结果报告中估价对象部分的有关内容, 略)。
2. 估价对象权益状况 (同结果报告中估价对象部分的有关内容, 略)。
3. 法定优先受偿权利状况 (同结果报告中估价对象部分的有关内容, 略)。
4. 估价对象权益状况对其价值的影响。

估价对象无抵押、租赁、查封等情况, 对估价对象价值无影响。但估价时点土地剩余使用年期未达到法定最高出让年限, 依据土地剩余使用年期确定的房地产收益年期 (35.87年) 较短, 且存在拖欠物管费用情况, 因此拖欠物管费及土地使用年期缩短对本次估价结果有一定负面影响。

(二) 估价对象实物状况

1. 土地状况描述 (同结果报告中估价对象部分的有关内容, 略)。
2. 建筑物状况描述 (同结果报告中估价对象部分的有关内容, 略)。
3. 估价对象其他个别条件 (同结果报告中估价对象部分的有关内容, 略)。
4. 估价对象实物状况对其价值的影响。

综合分析估价对象的实物条件, 其土地条件较好, 建筑物总体状况一般, 房地产个别条件较差, 不利于估价对象价值的显化。

二、区域因素分析 (其中描述同结果报告中估价对象部分的有关内容, 略)

总体而言, 估价对象所在区域特定的区位条件和未来的城市规划定位, 有利于该区内商业房地产价值的体现。

三、市场背景分析

(一) 近年我国宏观经济政策及运行状况

2007年我国宏观经济继续保持了快速增长态势, 全年国内生产总值249530亿元。宏观经济由"高增长低通胀", 向"高增长高通胀"转变。金融政策由"双稳健"转向"一稳一紧", 即采取稳健的财政政策和紧缩的货币政策, 防止投资反弹和资产价格过快上涨。房地产方面, 房地产业呈快速发展, 房地产投资、商品房销售均呈大幅增长, 房价快速上涨, 土地购置面积增加, 商品房空置率下降。国税总局针对房地产开发领域调整"一费二税", 中国人民银行、银监会下发通知要求加强商业房地产信贷管理, 并继续提高存款准备金率和银行存贷款利率, 国土资源部发布《招标拍卖挂牌出让国有建设用地使用权规定》要求取得建设用需全部缴纳地价款方可取得《国有土地使用证》, 与此同时, 建设部联合相关部委对房地产市场进行专项整治, 强化房地产市场监管, 依法打击房地产建设、交易、中介等环节的违法、违规行为。总体来看, 2007年房地产市场呈现持续快速发展, 部分地区呈现泡沫化趋势。

2008年初以来, 受美国次贷危机的影响, 我国经济增长开始出现放缓的势头, 1季度较2007年同期回落1.8%, 同比增幅10.6%, 但国民经济总体运行态势良好。在房地产方面, 承接2007年宏观调整政策, 继续加强房地产调控。中国人民银行先后两次提高存贷准备金率, 建设部对商品住宅新建项目户型面积提出具体要求, 但受投资及刚性需求影响, 房地产市场特别住宅房地产市场仍较活跃, 价格仍在高位运行, 而商业房地产则趋势相对平稳。

(二) 四川省及××市近年经济运行状况

2007年四川省经济呈现向好更快发展, 具体表现为增速加快、重点突出、支撑稳固、后劲增强等显著特点和良好态势。全省实现地区生产总值10505亿元, 地区生产总值增长14.2%。××市实现地区生产总值突破674亿元, 地区生产总值增长14.3%, 人均可支配收入达10473元。全市共完成全社会固定资产投资总额235亿元, 其中房地产投资达47亿元, 占固定资产投资额的20%, 增长22.9%。省、市经济环境的良好条件，促进了××市房地产市场的恢复和发展。

2008年1季度，全省经济运行开局良好，国民经济呈现加快发展势头。全省实现生产总值（GDP）2555.5亿元，比去年同期增长14.5%，比去年同期加快1个百分点。××市经济发展速度加快，1季度全市实现地区生产总值175亿元，同比增长14.8%。在房地产方面，四川省政府及××市重点贯彻落实国务院及相关部委房地产调整政策，同时××市根据四川省委省政府指示，积极进行××市科技城规划建设，将使××市城市建设迎来较好机遇。

（三）近年××市房地产市场分析

2007年以来，××市房地产业呈快速发展态势，全年完成房地产投资47亿元，比上年增长22.9%，主城区商品房均价2751元/平方米。2008年初以来，国家对房地产调控仍未松动。但受投资及刚性需求的影响，房价仍表现为快速上涨的势头，至3月底，××市主城区商品房均价3173元/平方米。随着住宅市场的快速上涨，商业房地产开始活跃，但与住宅市场相比，其交易数量、频度及上涨幅度等均不如住宅房地产。

（四）估价对象区域周边市场分析

估价对象所在区域位于××市以东2公里外，为××市着力规划打造的东部新城。该区域有××餐饮一条街、××商厦等商服设施聚集，一环路两侧有临街商铺分布。目前区域内仅有××城、××山庄、××金城等相对较好的居住楼盘，居住人口约3万人，消费需求一般，区域各类公共设施不够完善，道路等基础设施一般，市场对商业物业的需求不旺，区域商业房地产价格总体水平较低。

（五）预期市场变动趋势

根据××市城市规划，估价对象所在区域仍以居住物业为主，配套部分商业、办公物业，商业房地产供大于求，随着新城建设加快，公共设施与基础设施逐步完善，区域内居住人口将会快速增长，从而增加区域商业物业的需求，由此预计未来一段时期内，区域内商业房地产总体水平会逐步走高。

四、最高最佳使用分析（略）

五、技术路线

同结果报告中估价方法部分的有关内容（略）。

六、估价方法的选用

同结果报告中估价方法部分的有关内容（略）。

七、估价测算过程

（一）测算技术途径

项目周边与估价对象类似的商业用房交易实例较多，且估价对象属收益型商业房地产，因此本次评估时分别采用市场比较法和收益法两种评估方法进行估价。

1. 市场比较法测算估价对象1、2、3价格

市场比较法即将估价对象与近期内发生交易类似实例加以对照比较，对已发生交易的类似估价对象的已知价格加以修正，得出估价对象最可能实现的合理价格。其计算公式：

估价对象房地产的比准价格＝比较实例房地产的价格×交易情况修正系数×交易日期修正系数×区域因素修正系数×个别因素修正系数。

（1）比较实例的选取

我们就估价对象所在区域及周边区域类似商业用房的交易情况进行了充分的市场调查，从中选取了三个与估价对象类似的商业房地产的交易案例，见表5-9。

估价对象与可比实例基本信息一览表　　　　表5-9

项　目	估价对象1	估价对象2	估价对象3	比较案例1	比较案例2	比较案例3
所在项目	××城一期	××城一期	××城一期	××城一期	××城三期	××山庄
所在位置	9幢13号	9幢16号	9幢19号	一环路东段	一环路东段	一环路东段

续表

项 目	估价对象1	估价对象2	估价对象3	比较案例1	比较案例2	比较案例3
建成年代（年）	2004	2004	2004	2004	2006	2008
土地权利状况	出让	出让	出让	出让	出让	出让
土地剩余使用年	35.87年	35.87年	35.87年	35.87年	37年	38年
建筑结构	钢混	钢混	钢混	钢混	钢混	钢混
建筑总层数	6	6	6	6	2	6
所在层数	1	1	1	1	1	1
建筑面积（m²）	7	7	7	128	94.21	85.05
装修时间（年）	2004	—	—	—	—	—
装修情况	简单装修	简单装修	清水	清水	清水	清水
产权性质	股份产	股份产	股份产	私产	私产	私产
交易情况	—	—	—	正常交易	正常交易	正常交易
交易日期	—	—	—	2008年1月	2008年1月	2008年4月
成交单价（元/m²）				5630	6160	7050

估价人员在详细调查估价对象与比较实例的基础上，建立起估价对象与比较实例基本情况表（表5-10）。

估价对象与可比实例基本情况表 表5-10

	项 目	估价对象1	估价对象2	估价对象3	比较实例1	比较实例2	比较实例3
	交易价格（元/平方米）	待求	待求	待求	5630	6160	7050
	交易日期	2008年4月11日	2008年4月11日	2008年4月11日	2008年1月10日	2008年1月20日	2008年4月8日
	交易情况	市场价值	市场价值	市场价值	正常交易	正常交易	正常交易
	权益状况	出让土地，剩余使用年期35.87年，有租约限制	出让土地，剩余使用年期35.87年，有租约限制	出让土地，剩余使用年期35.87年，无他项权限制	出让土地，剩余使用年期35.87年，无他项权限制	出让土地，剩余使用年期37年，无他项权限制	出让土地，剩余使用年期38年，无他项权限制
区域因素	商业区级别	区级商服区	区级商服区	区级商服区	区级商服区	区级商服区	区级商服区
	商服设施聚集状况	小级商业街、百货、餐饮行业聚集	小级商业街、百货、餐饮行业聚集	小级商业街、百货、餐饮行业聚集	小级商业街、百货、餐饮行业聚集	小级商业街、百货、餐饮行业聚集	区级百货、餐饮行业聚集
	公交便捷程度	7路公交线	7路公交线	7路公交线	7路公交线	7路公交线	7路公交线
	交通通达程度	双向二车道	双向二车道	双向二车道	双向二车道	双向二车道	双向四车道
	功能分区	商业、住宅	商业、住宅	商业、住宅	商业、住宅	商业、住宅	商业、住宅
	区域景观	周边建筑式样新颖、成新率90%以上	周边建筑式样新颖、成新率90%以上	周边建筑式样新颖、成新率90%以上	周边建筑式样新颖、成新率90%以上	周边建筑式样新颖、成新率90%以上	周边建筑式样一般、成新率70%～80%
	区域环境	无污染、经营环境良好	无污染、经营环境良好	无污染、经营环境良好	无污染、经营环境良好	无污染、经营环境良好	经营环境一般

报告五 ××市"××城"9幢1层部分商业房地产抵押价值估价报告

续表

项目		估价对象1	估价对象2	估价对象3	比较实例1	比较实例2	比较实例3
个别因素	临街道路类型	居住区级干道	居住区级干道	居住区级干道	居住区级干道	居住区级干道	城市主干道
	临街位置	临街	临街	临街（拐）	临街	临街（拐）	临街
	距区域商业中心距离	400米	420米	450米	500米	300米	80米
	距公交站距离	约200米	约220米	约240米	约180米	约160米	约50米
	层高	4.8米	4.8米	4.8米	4.8米	4.8米	4.8米
	面积	独立商铺，面积偏大	独立商铺，面积偏大	独立商铺，面积偏大	独立商铺，面积偏大	独立商铺，面积适中	独立商铺，面积适中
	形状	形状规则对利用无影响	形状规则对利用无影响	形状规则对利用无影响	形状规则对利用无影响	形状规则对利用无影响	形状规则对利用无影响
	宽度与进深比	1∶3	1∶3	1∶3	1∶3	1∶2.8	1∶2.6

（2）建立可比价格基础

① 统一价格可比基础

A. 统一付款方式、币种、货币单位及统一面积单位、内涵

经调查，以上三个比较案例均为一次性付款方式成交，币种均为人民币。上述比较案例均为每单位平方米价格，与估价对象的价格内涵一致。

B. 统一权益条件

a. 房地产剩余收益年期差异调整

估价对象及比较实例分摊的土地使用权均为出让商业用地，不需进行土地权利状况修正。但估价对象与比较实例的土地剩余使用年期存在一定差异，土地剩余使用年期差异导致房地产剩余收益年期亦存在差异，对此应进行相应修正，根据《房地产估价规范》，年期修正公式如下：

$$K = 1 - 1/(1 - r)^n$$

式中：K——年期修正系数；r——房地产资本化率（以估价时点中国人民银行一年期存款利率4.14%作为安全利率，加2%风险调整值，确定××市商业用房年资本化率为6.14%，具体方法见其后收益法中相关内容）。

根据上述公式，结合估价对象土地使用权剩余使用年限，分别计算出估价对象的剩余收益年期调整系数为0.8820，比较实例1、2、3的权益调整系数分别为0.8820、0.8897、0.8961。

b. 他项权利差异调整

估价对象1、2设置有租赁权，估价人员调查获知其租金水平与市场租金无明显差异，除此以外估价对象与比较实例均无其他他项权利限制，因此本次评估时估价对象与比较实例他项权利差异调整系数均取1.0000。综上所述，估价对象房地产权益调整见表5-11。

房地产剩余收益年期差异修正系数表 表5-11

项 目	估价对象1	估价对象2	估价对象3	比较实例1	比较实例2	比较实例3
剩余收益年期差异调整系数	0.8820	0.8820	0.8820	0.8820	0.8897	0.8961
他项权利差异调整系数	1.0000	1.0000	1.0000	1.0000	1.0000	1.0000
综合调整系数	—	—	—	1.0000	0.9913	0.9843

C. 统一结构标准

以估价对象的结构为标准，将各比较实例的结构修正到估价对象的结构状况。估价对象与比较实例均为钢混结构，不存在结构价差。

D. 关于装修程度的修正：

由于本次估价结果不包含室内自行装修价值，本次评估应先扣除可比实例成交价格中包含的装修价值，统一换算成清水房价值。估价对象评估价值不考虑装修价值，而比较实例均为清水房。因此估价对象与比较实例装修值均为0。

E. 统一楼层标准

估价对象楼层为标准层，将各比较实例因楼层差异统一调整到估价对象楼层价格。估价对象与比较实例均位于1楼，因此楼层修正系取1.0000。

经统一价格可比基础后，估价对象与比较案例价格情况见表5-12。

估价对象与可比实例统一价格基础修正表 表5-12

项 目	估价对象1	估价对象2	估价对象3	比较案例1	比较案例2	比较案例3
交易价格（元/平方米）	待求	待求	待求	5630	6160	7050
权益状况修正值（元/平方米）				1.0000	0.9913	0.9843
结构差异修正值（元/平方米）				1.0000	1.0000	1.0000
比较案例装修现值（元/平方米）				0	0	0
楼层修正系数				0	0	0
统一可比基础后价格（元/平方米）				5630	6107	6939

② 交易情况修正

经调查，以上三个比较案例均为正常交易价，因此本次评估不进行交易情况修正。

③ 交易日期修正

经估价人员对估价对象所在××市"××城"项目区域商业房地产交易价格调查分析，统计出该区域商业用房2008年4月交易价格较2008年1月平均上涨5%。取2008年1月日期修正指数为100，则估价对象的日期修正指数为105，比较实例1、2、3的交易日期修正指数分别为100、100、105。

④ 区域因素与个别因素修正

据我公司市场调查统计分析，影响××市商业房地产价格的主要区域因素与个别因素及各因素对房价的影响力度具体见表5-13、表5-14。

商业类用房修正因素说明表 表5-13

	等级 影响因素	优	较 优	一 般	较 劣	劣
区域因素	商业区级别	市级商服区	区级商服区	小区级	街区级	无商服中心
	商服设施聚集状况	市级商服设施聚集区	区级商服设施聚集区	小区级商服设施聚集区	街区级商服设施分布	小型商服设施零星分布
	公交便捷程度	>3路公交线	3路公交线	2路公交线	1路公交线	无
	交通通达程度	双向六车道	双向四车道	双向二车道	单行道	立交桥
	功能分区	商业	商业、办公	商业、住宅	住宅	工业、仓储
	区域景观	周边建筑式样新颖、成新率90%以上	周边建筑式样较新颖、成新率80%~90%	周边建筑式样一般、成新度70%~80%	周边建筑式样一般、成新度60%~70%	待改造的低洼棚户区，成新率<60%
	区域环境	无污染、经营氛围浓烈	环境欠整洁、但经营氛围良好	经营环境一般	环境杂乱、经营环境不佳	环境污染明显

报告五　××市"××城"9幢1层部分商业房地产抵押价值估价报告

续表

影响因素	等级	优	较优	一般	较劣	劣
个别因素	临街道路类型	商业步行街	城市主、次干道	居住区级干道	小区内部一般街道	过境路、有隔离栏道路
	临街位置	拐角	临街（拐）	临街	局部临街	背街
	距区域商业中心距离	商服中心区域	50～100米	100～500米	500～1000米	＞1000米
	距公交站距离	＜50米	50～150米	150～250米	250～500米	＞500米
	层高	＞4.5米		4.5～3米		＜3米
	面积			面积适中	偏大或偏小	过大或过小
	形状			形状规则	较不规则	极不规则
	宽度与进深比	2∶1～1.5∶1		1.5∶1～1∶1		1∶1以下
	成新率	钢混结构每年修正1.7%				

商业类用房区域因素和个别因素修正系数表（%）　　　表5-14

影响因素	等级	优	较优	一般	较劣	劣
区域因素	商业区级别	3	1.5	0	−1.5	−3
	商服设施聚集状况	2	1	0	−1	−2
	公交便捷程度	2	1	0	−1	−2
	交通通达程度	2	1	0	−1	−2
	功能分区	2	1	0	−1	−2
	区域景观	1	0.5	0	−0.5	−1
	区域环境	2	1	0	−1	−2
个别因素	临街道路类型	2	1	0	−1	−2
	临街位置	3	1.5	0	−1.5	−3
	距区域商业中心距离	3	1.5	0	−1.5	−3
	距公交站距离	1	0.5	0	−0.5	−1
	层高	2	—	0	—	−2
	面积			0	−1.5	−3
	形状			0	−1.5	−3
	宽度与进深比	3	—	0	—	−3
	成新率	钢混结构每年修正1.7%				

根据表5-10中估价对象与比较实例的区域因素与个别因素的具体内容，对照表5-13标准，确定出估价对象与比较实例的区域因素与个别因素优劣情况（见表5-15）。

估价对象与比较案例区域因素和个别因素优劣等级表　　　表5-15

项 目		估价对象1	估价对象2	估价对象3	比较实例1	比较实例2	比较实例3
区域因素	商业区级别	较优	较优	较优	较优	较优	较优
	商服设施聚集度	一般	一般	一般	一般	一般	较优
	公交便捷程度	优	优	优	优	优	优
	交通通达程度	一般	一般	一般	一般	一般	较优
	功能分区	一般	一般	一般	一般	一般	一般
	区域景观	优	优	优	优	优	一般
	区域环境	较优	较优	较优	较优	较优	一般

第三部分 房地产抵押估价

续表

项目		估价对象1	估价对象2	估价对象3	比较实例1	比较实例2	比较实例3
个别因素	临街道路类型	一般	一般	一般	一般	一般	较优
	临街位置	一般	一般	较优	一般	较优	一般
	距区域商业中心距离	一般	一般	一般	一般	一般	较优
	距公交站距离	一般	一般	一般	一般	一般	优
	层高	优	优	优	优	优	优
	面积	较劣	较劣	较劣	较劣	一般	一般
	形状	一般	一般	一般	一般	一般	一般
	宽度与进深比	劣	劣	劣	劣	劣	劣

根据量化值标准，对区域因素和个别因素因子的等级进行量化，量化结果见表5-16。

估价对象与比较案例因素修正幅度表（%） 表5-16

影响因素	等级	估价对象1	估价对象2	估价对象3	比较实例1	比较实例2	比较实例3
区域因素	商业区级别	1.5	1.5	1.5	1.5	1.5	1.5
	商服设施聚集状况	0	0	0	0	0	1
	公交便捷程度	2	2	2	2	2	2
	交通通达程度	0	0	0	0	0	1
	功能分区	0	0	0	0	0	0
	区域景观	1	1	1	1	1	0
	区域环境	1	1	1	1	1	0
	合计	5.5	5.5	5.5	5.5	5.5	5.5
差额法确定修正指数	以估价对象1为100	100	—	—	100	100	100
	以估价对象2为100	—	100	—	100	100	100
	以估价对象3为100	—	—	100	100	100	100
个别因素	临街道路类型	0	0	0	0	0	1
	临街位置	0	0	1.5	0	1.5	0
	距区域商业中心距离	0	0	0	0	0	1.5
	距公交站距离	0	0	0	0	0	1
	层高	2	2	2	2	2	2
	面积	−1.5	−1.5	−1.5	−1.5	0	0
	形状	0	0	0	0	0	0
	宽度与进深比	−3	−3	−3	−3	−3	−3
	成新率	−5.1	−5.1	−5.1	−5.1	−3.4	0
	合计	−7.6	−7.6	−6.1	−7.6	−2.9	2.5
差额法确定修正指数	以估价对象1为100	100	—	—	100	104.7	110.1
	以估价对象2为100	—	100	—	100	104.7	110.1
	以估价对象3为100	—	—	100	98.5	103.2	108.6

⑤ 建立可比修正体系

据表5-16，分别以估价对象1、2、3的区域因素和个别因素修正指数为100，采取差额法运算，计算出比较实例1、2、3区域因素和个别因素修正指数，并列表计算估价对象比准价格，如表5-17和表5-18所示。

报告五 ××市"××城"9幢1层部分商业房地产抵押价值估价报告

估价对象 1、2 比较因素修正表　　　　　　　　　　　　　表 5-17

项　目	比较案例 1	比较案例 2	比较案例 3
交易价格（元/平方米）	5630	6160	7050
统一可比基础后比较案例现值（元/平方米）	5630	6107	6939
交易情况修正	100/100	100/100	100/100
交易日期修正	105/100	105/100	105/105
区域因素修正	100/100	100/100	100/100
个别因素修正	100/100	100/104.7	100/110.1
比准价格（元/平方米）	5911.50	6124.50	6302.45

估价对象 3 比较因素修正表　　　　　　　　　　　　　表 5-18

项　目	比较案例 1	比较案例 2	比较案例 3
交易价格（元/平方米）	5630	6160	7050
权益状况修正值（元/平方米）	0	－53	－111
比较案例装修现值（元/平方米）	0	0	0
统一可比基础后比较案例现值（元/平方米）	5630	6107	6939
交易情况修正	100/100	100/100	100/100
交易日期修正	105/100	105/100	105/105
区域因素修正	100/100	100/100	100/100
个别因素修正	100/98.5	100/103.2	100/108.6
比准价格（元/平方米）	6001.52	6213.52	6389.50

（3）确定估价对象比准价格

估价对象与比较实例 1、2、3 均属××市东部新城，位置相近，属同一供需圈，通过市场比较法试算的结果较为接近，因此我们将表 5-17、表 5-18（略）中三个试算值进行算术平均后作为估价对象的评估结果，计算过程如下：

估价对象 1、2　(5911.50＋6124.49＋6302.45)÷3＝6112.82(元/平方米)

估价对象 3　(6001.52＋6213.52＋6389.50)÷3＝6201.51(元/平方米)

2．采用收益法测算估价对象 1、2、3 价格

（1）估价对象 1、2、3 房屋使用状况

估价对象 1、2 号已全部出租，用于经营日用百货，租期为 5 年（自 2005 年 8 月 1 日起至 2010 年 7 月 31 日），租金收取时间自 2005 年 8 月 1 日起至 2010 年 7 月 31 日止，租赁期内租金为：自 2005 年 8 月 1 日起至 2006 年 7 月 31 日止租金为 25 元/平方米/月；自 2006 年 8 月 1 日起至 2007 年 7 月 31 日止租金为 28 元/平方米/月；自 2007 年 8 月 1 日起至 2008 年 7 月 31 日止租金为 32 元/平方米/月；自 2008 年 8 月 1 日起至 2009 年 7 月 31 日止租金为 37 元/平方米/月；自 2009 年 8 月 1 日起至 2010 年 7 月 31 日止租金为 42 元/平方米/月。租金支付方式按季结算。租约期内房屋维修、保险、管理、税金等出租人费用，除房屋装修、物管、水电等经营性费用由承租人承担外，房屋维修、保险、税金等费用由出租人支出。

估价对象 3 在本报告估价时点时处空置状态。

（2）选用合理的收益法公式

收益法是将评估房地产在未来每年预期的纯收益，以一定的还原利率统一还原为评估时点总收益的一种方法。

根据估价对象特点及使用状况，应选用以下计算公式：

$$P=\sum_{i=1}^{n}\frac{A_i}{(1+r)^i}+a/r\cdot[1-1/(1+r)^{n-i}](1+r)^{-i}$$

式中：A_i—第 i 年的纯收益；a—第 $n-i$ 年后每年的纯收益；r—资本化率；n—收益年期。

该公式限制条件：在第 i 年之前（含第 i 年），房地产纯收益是变动的。在第 i 年后，房地产纯收益 a 每年不变；r 每年不变且大于零的；土地使用年为 n 年。

(3) 估价对象 1、2 收益价格测算

① 年（季）有效毛收入的求取

根据《房地产估价规范》，有租约限制的房地产，租约期内房地产收益按租赁合同确定的租金为依据，租约期外房地产收益以市场租金为依据。因此估价对象 1、2 的年有效毛收入分别按租约期内（2008 年 4 月 11 日至 2010 年 7 月 31 日）和租约期外（2010 年 8 月 1 日至 2044 年 2 月 19 日）两个时段分别求取。

A. 租约期内有效毛收入

据委托方提供的租赁合同，2008 年 2 月 1 日至 2008 年 7 月 31 日租金为 32 元/平方米/月，自 2008 年 8 月 1 日起至 2009 年 7 月 31 日止租金为 37 元/平方米/月，自 2009 年 8 月 1 日起至 2010 年 7 月 31 日止租金为 42 元/平方米/月。租金按季结算，计算公式为：

租约期内季有效毛收入＝月租金×3。

B. 租约期外有效毛收入

估价对象所在区域属新近规划的城市开发区，估价对象所在项目为新近开发的楼盘，目前区域商业氛围尚待提高。根据××市城市化进程，预计 2010 年 7 月 31 日以后该区域将发展成为××市较为成熟的宜居区域，目前××市邻近估价对象区域成熟居住社区的正常租金为 45~50 元/平方米/月（如××商住楼临街底铺租金为 45 元/平方米/月，××城临街底铺租金为 46 元/平方米/月，××综合楼一层商业用房租金为 50 元/平方米/月），随着项目所在区域城市化建设，商业氛围会得到显著提升。结合近年××市房地产市场状况及租金变化状况，预计 2010 年 8 月 1 日~2015 年 7 月 31 日月租金达到 48 元/平方米，2015 年 7 月 31 日以后月租金上涨到 50 元/平方米，并在本项目剩余的收益年期内保持不变。

据现场查勘，估价对象为独立商铺。通过对××市房地产市场供求状况分析，结合估价对象房地产实际使用状况，预测 2010 年 7 月 31 日至 2015 年 8 月 1 日期间所在项目的空置率为 10%，2015 年 8 月 1 日后空置率为 5%。计算公式为：

租约期外年有效毛收入＝月租金×12×(1－空置率)。

② 经营费用

估价对象所在建筑为钢混结构建筑物，总共 6 层。经调查及测算分析，估价对象建筑物的重置价在 2010 年 7 月为 800 元/平方米（见表 5-19）。因物价变动因素影响，预计 2010 年 7 月到 2015 年 7 月期间，该类建筑物的重置价将达到 850 元/平方米，2015 年 7 月以后到本项目收益年限止，该类建筑物的重置价将达到 900 元/平方米。

2010 年 7 月估价对象建筑物重置价测算表（元/平方米） 表 5-19

序 号	项目名称	平方米造价	备 注
(1)	建安造价	520	参照区域同类项目
(2)	报建费	50	依据当地标准
(3)	专业费 (2.5%)	14.60	[(1)+(2)]×2.5%
(4)	室外附属工程费 (3%)	15.64	[(1)+(2)+(3)]×3%
(5)	管理费 (3%)	18.01	[(1)+(2)+(3)+(4)]×3%
(6)	利息 (6.56%)	25.73	[(2)+(3)]×[(1+7.65%)1-1]+[(1)+(4)+(5)]×[(1+7.65%)1/2-1]
(7)	利润 (6%)	92.74	[(1)+(2)+(3)+(4)+(5)]×15%
(8)	销售税费 (6.95%)	63.63	5.6%营业税及附加、0.35%交易手续费、2%销售费用，(9)×7.95%
(9)	重置价格	800.35	[(1)+(2)+(3)+(4)+(5)+(6)+(7)]÷(1-7.95%)

A. 折旧费：估价对象建筑物经济耐用年限长于土地剩余使用年限，且估价对象无中央空调等短寿

命设施且未装修,故本项目不考虑折旧费。

B. 管理费:按照××市房地产市场惯例,一般为年租金的1%～5%,本次评估根据估价对象实际情况,管理费用取1%,则:季管理费=租约期内月租金×3×管理费用率。

年管理费=租约期外月租金×12×管理费用率(测算结果见表5-20,略)。

C. 维修费:一般为房屋重置价的1.0‰～2‰,维修费用取重置价的1‰,则:年维修费=重置价×维修费用率;季维修费=重置价×维修费用率/4(测算结果见表5-20,略)。

D. 保险费:一般为房屋重置价的1.0‰～2‰,本项目取1‰,即:年保险费=重置价×保险费率;季保险费=重置价×保险费率/4(测算结果见表5-20,略)。

E. 税金:包括房产税、营业税、城建税及教育附加等。根据国家的有关规定,房产税为租金收入的12%,营业税及附加为租金收入的5.5%,总税负为17.5%,则税金为:税金=有效毛收入×(房产税率+营业税及附加比率)=有效毛收入×17.5%(测算结果见表5-20,略)。

F. 经营费用汇总:总经营费用=①+②+③+④+⑤(测算结果见表5-20)。

③ 估价对象净收益

净收益=有效毛收入-经营费用。

估价对象1、2有效毛收入、经营费用、净收益一览表表　　　　　　　　　　表5-20

项　目	租约期内(元/平方米/季)			租约期外(元/平方米/年)	
时间	2008.5.1～2008.7.31	2008.8.1～2009.7.31	2009.8.1～2010.7.31	2010.8.1～2015.7.31	2015.8.1～2044.2.19
有效毛收入(1)	96	111	126	518.40	570.00
折旧费①	0	0	0	0	0
管理费②	0.96	1.11	1.26	5.76	6.00
维修费③	2	2	2	8.5	9
保险费④	0.2	0.2	0.2	0.85	0.9
税金⑤	16.80	19.43	22.05	90.72	99.75
总经营费用(2)=①+②+③+④+⑤	19.96	22.74	25.51	105.83	115.65
净收益(3)=(1)-(2)	76.04	88.26	100.49	412.57	454.35

④ 估价对象资本化率

根据《房地产估价规范》,求取资本化率可采用市场提取法、安全利率加风险调整值法、复合投资收益率法、投资收益率排序插入法等。本报告以安全利率加风险调整值法来确定估价对象资本化率。

A. 安全利率的确定:本报告以近期一年存款利率4.14%作为安全利率。

B. 风险报酬率的确定:风险报酬率等于投资风险、管理负担、缺乏流动性等三项补偿之和,并扣除投资带来的优惠率。

a. 投资风险补偿,是指当投资者投资于收益不确定、具有风险性的房地产时,要求对所承担的额外风险进行补偿,否则将不会投资。估价对象所在区域商业房地产的租售价格比率在1:200～1:400之间,风险补偿率要求较高,可达2%～3%,本报告取值2%。

b. 管理负担补偿,是指若一项投资因所要求的管理活动越多,其吸引力就会越小,因此投资者必然会要求对所承担的额外管理进行补偿。估价对象为单一商铺,一旦对外出租,管理负担较小,其管理负担补偿率一般在0.5%左右,本报告取其管理负担补偿率为0.5%。

c. 缺乏流动性补偿,是指投资者在投入资金后,对因此损失的资金流动性所要求的补偿。房地产与存款、债券、黄金相比,买卖要困难,缺乏流动性补偿率较高,可达1%～2%。本报告取中值1%。

d. 投资带来的优惠,是指由于投资房地产可能会使投资人获得某些额外的好处(如易于获得融资等),从而投资者会降低所要求的报酬率。通常情况下商业房地产投资带来的优惠率在1%～2%,本报告取中值1.5%。

C. 估价对象资本化率的确定:资本化率=无风险报酬率+投资风险补偿率+管理负担补偿率+缺

乏流动性补偿率－投资带来的优惠率＝4.14％＋2％＋0.5％＋1％－1.5％＝6.14％。

由上，取××市商业用房年资本化率为6.14％，季资本化率为6.14％/4＝1.535％。

⑤ 估价对象收益年期

估价对象的土地剩余使用年期设定为35.87年，建筑物尚可使用年期为56年。根据《房地产估价规范》及《城镇国有土地使用权出让和转让暂行条例》相关规定，我们确定估价对象尚可收益年期为35.87年。我们将收益年限分为以下收益期段，其中：2008年4月11日（估价时点）～2008年5月1日的收益年期为0.06年，2008年5月1日～2008年7月31日的收益年期为0.25年，2008年8月1日～2009年7月31日的收益年期为1年，2009年8月1日～2010年7月31日的收益年期为1年，2010年8月1日～2015年7月31日的收益年期为5年，2015年8月1日～2044年2月19日的收益年期为28.56年。

⑥ 估价对象1、2的收益价格

由前述公式进行计算，具体如下：$76.04 \div 1.535\% \times [1-1/(1+1.535\%)^{0.25 \times 4}]/(1+6.14\%)^{0.06}$
$+88.26 \div 1.535\% \times [1-1/(1+1.535\%)^{1 \times 4}]/(1+6.14\%)^{0.31}$
$+100.49 \div 1.535\% \times [1-1/(1+1.535\%)^{1 \times 4}]/(1+6.14\%)^{1.31}$
$+412.57 \div 6.14\% \times [1-1/(1+6.14\%)^{5}]/(1+6.14\%)^{2.31}$
$+454.35 \div 6.14\% \times [1-1/(1+6.14\%)^{28.56}]/(1+6.14\%)^{7.31} = 6308.55$（元/平方米）

（4）估价对象3收益价格测算

A. 年有效毛收入的求取

估价对象3与估价对象1、2相邻，属同一幢建筑的同一楼层，目前空置。根据区域市场状况，结合估价对象1、2租赁合同，确定估价对象3的客观租金如下：2008年4月11日～2009年4月10日期间月租金为32元/平方米，2009年4月11日～2010年4月10日期间月租金为37元/平方米，2010年4月11日～2011年4月10日期间月租金为42元/平方米，2011年4月11日～2016年4月10日期间月租金达到48元/平方米，2016年4月10日后月租金上涨至50元/平方米（该租金水平在此后估价对象的收益年期内保持不变）。2010年4月10日前的租金支付方式为每季度末支付，2010年4月10日后的租金支付方式为每年末支付。租金内涵与估价对象1、2相同。

据估价人员现场查勘，结合估价对象房地产实际使用状况，确定估价对象在2011年4月10日前这一时段内的空置率为15％，2011年4月11日～2016年4月10日后期间空置率为10％，2016年4月10日后空置率为5％。则估价对象3有效毛收入为：

季有效毛收入＝月租金×3。

年有效毛收入＝月租金×12。

B. 经营费用

房屋重置价与前述估价对象1、2相同。

a. 折旧费

估价对象建筑物经济耐用年限长于土地剩余使用年限，且估价对象无中央空调等短寿命设施且未装修，故本项目不考虑折旧费。

b. 管理费：与前述估价对象1、2费率（1％）相同，季管理费＝月租金×3×管理费用率；年管理费＝月租金×12×管理费用率（测算结果见表5-21，略）。

c. 维修费：与前述估价对象1、2费率（1％）相同，年维修费＝重置价×维修费用率；季维修费＝重置价×维修费用率/4（测算结果见表5-21，略）。

d. 保险费：与前述估价对象1、2费率（1‰）相同，年保险费＝重置价×保险费率；季保险费＝重置价×保险费率/4（测算结果见表5-21，略）。

e. 税金：包括房产税、营业税、城建税及教育附加等。根据国家的有关规定，房产税为租金收入的12％，营业税及附加为租金收入的5.5％，总税负为17.5％，则，税金＝有效毛收入×（房产税率＋营业税及附加比率）＝有效毛收入×17.5％（测算结果见表5-21，略）。

f. 经营费用汇总：总经营费用＝①＋②＋③＋④＋⑤（测算结果见表5-21）。

C. 估价对象净收益

估价对象净收益＝有效毛收入－经营费用。

估价对象3有效毛收入、经营费用、净收益一览表 表5-21

项 目	租约期内（元/平方米/季度）			租约期外（元/平方米/年）	
时间	2008.4.11～2009.4.10	2009.4.11～2010.4.10	2010.4.11～2011.4.10	2011.4.11～2016.4.10	2016.4.11～2044.2.19
有效毛收入（1）	81.60	94.35	107.10	518.40	570.00
折旧费①	0	0	0	0	0
管理费②	0.96	1.11	1.26	5.76	6.00
维修费③	2	2	2	8.5	9
保险费④	0.2	0.2	0.2	0.85	0.9
税金⑤	14.28	16.51	18.74	90.72	99.75
总经营费用(2)＝①＋②＋③＋④＋⑤	17.44	19.81	22.29	105.83	115.65
净收益(3)＝(1)－(2)	64.16	74.54	84.81	412.57	454.35

D. 估价对象资本化率

见前述内容，年资本化率取6.14％，季资本化率取1.535％。

E. 估价对象收益年期

估价对象的土地剩余使用年期设定为35.87年，建筑物尚可使用年期为56年。根据《房地产估价规范》及《城镇国有土地使用权出让和转让暂行条例》相关规定，我们确定估价对象尚可收益年期为35.87年。我们将收益年限分为五个收益期段，其中：2008年4月11日～2009年4月10日的收益年期为1年，2009年4月11日～2010年4月10日的收益年期为1年，2010年4月11日～2011年4月10日的收益年期为1年，2011年4月11日～2016年4月10日的收益年期为5年，2016年4月11日～2044年2月19日的收益年期为27.87年。

F. 估价对象3的收益价格

$64.16 \div 1.535\% \times [1-1/(1+1.535\%)^{1\times 4}] + 74.54 \div 1.535\% \times [1-1/(1+1.535\%)^{1\times 4}]/(1+6.14\%)^1 + 84.81 \div 1.535\% \times [1-1/(1+1.535\%)^{1\times 4}]/(1+6.14\%)^2 + 412.57 \div 6.14\% \times [1-1/(1+6.14\%)^5]/(1+6.14\%)^3 + 454.35 \div 6.14\% \times [1-1/(1+6.14\%)^{27.87}]/(1+6.14\%)^8 = 5976.48$（元/平方米）

（二）确定假定估价对象无法定优先受偿权条件下市场价值

在本报告中，我们通过市场比较法和收益法两种方法对估价对象的价格进行了测算。市场比较法系通过选取区域内近期成交实例，按照替代原理，通过区位条件、交易日期、交易类型等修正后，测算出估价对象的价格。因此本报告中市场比较法测算的估价结果能够较好地反映估价对象的市场价格水平，具有较高的可信度。收益法是根据估价对象的实际出租情况和预期租赁收益，通过求取未来每年预期的纯收益，以一定的资本化率将其资本化为估价对象在估价时点的价格。作为收益性房地产，收益法测算的结果在一定程度上反映了估价对象的预期收益价格。加之两种方法测算结果差异不大。因此在确定估价对象最终价格时，取上述两种方法测算结果的算术平均值。

估价结果一览表 表5-22

幢 号	楼 层	房 号	市场比较法测算结果（元/平方米）	收益法测算结果（元/平方米）	最终估价结果（元/平方米）
9	1	13	6112.82	6308.55	6211
	1	16	6112.82	6308.55	6211
	1	19	6201.51	5976.48	6089

注：最终估价结果（单价）取整至个位数。

评估总价为（取整至百元位）：

估价对象1：6211×155.19÷10000＝96.39（万元）

估价对象2：6211×155.19÷10000＝96.39（万元）

估价对象3：6089×175.35÷10000＝106.77（万元）

合计：96.39＋96.39＋106.77＝299.95（万元）

（三）确定法定优先受偿款

房地产涉及的优先受偿款包括发包人拖欠承包人建筑工程款、已抵押担保债权等。根据委托方提供的资料和估价师调查，估价对象作为既有商业用房不存在抵押担保债权、发包人拖欠承包人建筑工程款等法定优先受偿权，但存在拖欠物管费情况，具体情况如下：

1. 发包人拖欠承包人建筑工程款：0万元；

2. 已抵押担保债权：0万元；

3. 其他：据估价人员现场调查，并向委托方和××物业管理有限公司查证，委托方尚拖欠××物业管理有限公司2007年1月至2008年4月的物管费用共计1.36万元。

估价对象涉及的法定优先受偿款合计为1.36万元。

（四）确定估价对象抵押价值

抵押价值等于假定无法定优先受偿权利下市场价值扣除法定定优先受偿权价款。即：299.95－1.36＝298.59（万元）。

八、估价结果

经过计算及综合分析，确定在位于××市一环路东段168号"××城"的第9幢13、16、19号商业用房，在二〇〇八年四月十一日满足本报告本报告"估价的假设和限制条件"及"价值定义"条件下的抵押价格见下表（同致委托方函表5-1和表5-2，略）。

附件（略）
估价师体会

本项目涉及的估价面积不大，构成简单，但存在租赁情况，且属特定目的。操作此类项目，我们有以下体会：

1. 房地产估价报告格式，应结合特定目的确定。本项目属抵押目的，估价报告格式按照现行《房地产估价规范》、《关于规范与银行信贷业务相关的房地产抵押估价管理有关问题的通知》及《房地产抵押估价指导办法》有关规定撰写，估价报告明确了无法定优先受偿权条件下的市场价值、估价师知悉的法定优先受偿权价值、抵押价值等项内容，并对估价对象变现能力、抵押风险等进行分析说明。

2. 对有租约限制的房地产，估价测算需考虑租约影响。具体到收益法测算时，分别按租约期内和租约期外计算净收益。同样，在市场比较法测算时也应考虑租约影响。

3. 在估价过程中如何建立影响因素的客观量化标准和合理确定重要参数，是关系到估价结果准确性的关键。在市场比较法测算时，我们按现行《房地产估价规范》要求，对相关修正项做到不缺漏，同时细化估价对象与交易实例的可比价格基础，建立区位条件客观评价表和量化体系，从而解决了市场比较法中因素难以量化难题。在收益法测算时，我们对租金等重要参数，通过市场调查分析后采取分段取值，突破以往将上述参数设定为固定不变值的传统做法，以动态和发展观来模拟估价对象预期收益，将不同时段的房地产资金净收益资本化至估价时点，测算出估价对象预期收益价格。

报告六

上海市浦东新区××路×××号"×××大楼"部分办公房地产抵押估价报告

上海城市房地产估价有限公司　　袁东华　任婷珍　裘　炯　陈裕兵

评析意见

该报告的内容构成和文字表述，均严格按照规范和8号文件要求撰写，内容完整，表述到位。估价师考虑到估价对象体量较大，又均位于同一幢办公楼，先选择其中一层为基准房屋，运用两种估价方法求得其价格，然后再采用基准价格修正法求取其他各层价格，技术思路正确，测算过程简洁。在确定基准房屋客观租金水平时，运用了市场法，比较因素选择全面，测算过程完整。房地产市场分析针对性强，引用资料比较充分。该报告对如何撰写抵押估价报告，以及对如何处理某些估价实务技术问题，均有一定参考价值。但报告中某些估价参数的确定未做详细说明。

致委托方函

甲公司：

接受贵公司的委托，我公司对上海市浦东新区××路××号"×××大楼"部分办公用房进行了房地产抵押价值评估。

根据所提供的《上海市房地产权证》[证号：沪房地浦字（2005）第033056号]及《房屋土地权属调查报告书》[成果号：200400030576]所载相关数据、信息，估价对象土地使用权来源国有（转让），用途商业贸易、金融办公大厦，地号浦东新区梅园街道×街坊×丘，使用期限1994年3月5日～2044年3月4日；所在建筑物为"×××大楼"主楼，总层数37层，钢混结构，2004年竣工；具体部位为第4～32层（双），共15层，合计建筑面积为35198.07平方米，房屋用途办公。目前大部分已出租，正常使用，物业维护保养情况较好。

根据为确定房地产抵押贷款额度提供参考依据而评估房地产抵押价值的估价目的，我公司依据《房地产估价规范》和《房地产抵押估价指导意见》，遵守各项估价原则，综合运用市场比较法、收益法和房屋基准价格修正法，以进行现场查看的2006年12月7日为估价时点，求得估价对象在满足本次估价的全部假设和限制条件下的估价结果为：

1. 估价对象在假定未设立法定优先受偿权利下的市场价值为评估总价（V_1）：人民币 壹拾壹亿肆仟陆佰柒拾壹万元整（RMB 1146710000.00），平均评估单价：每平方米建筑面积人民币 叁万贰仟伍佰柒拾玖元整（RMB 32579.00）。

2. 估价人员经了解知悉，估价对象在估价时点无法定优先受偿款（详见委托方承诺书），即法定优先受偿款（V_2）为零。

3. 估价对象抵押价值（V）＝（V_1）－（V_2）＝人民币 壹拾壹亿肆仟陆佰柒拾壹万元整（RMB 1146710000.00）。

注：1. 估价结果明细情况详见表6-1；

2. 估价对象具体情况及有关估价分析和专业意见，详见估价报告；
3. 本估价报告应用的有效期至 2008 年 2 月 12 日止。

上海城市房地产估价有限公司（章）
法定代表人：
二〇〇七年二月十三日

附表：　　　　　　　　　　　　估价结果明细表　　　　　　　　　　　　表 6-1

幢号-门牌号	层次（实际）	室　号	建筑面积（平方米）	评估单价（元/平方米）	评估总价（万元）
1 幢 99 号	4 层	主楼	1699.86	30214	5136
1 幢 99 号	6 层	主楼	1921.36	30541	5868
1 幢 99 号	8 层	主楼	2394.39	30864	7390
1 幢 99 号	10 层	主楼	2394.39	31190	7468
1 幢 99 号	12 层	主楼	2394.39	31515	7546
1 幢 99 号	14 层	主楼	2394.39	31841	7624
1 幢 99 号	16 层	主楼	2394.39	32167	7702
1 幢 99 号	18 层	主楼	2353.96	32490	7648
1 幢 99 号	20 层	主楼	2464.42	32815	8087
1 幢 99 号	22 层	主楼	2464.42	33140	8167
1 幢 99 号	24 层	主楼	2464.42	33464	8247
1 幢 99 号	26 层	主楼	2464.42	33789	8327
1 幢 99 号	28 层	主楼	2464.42	34114	8407
1 幢 99 号	30 层	主楼	2464.42	34438	8487
1 幢 99 号	32 层	主楼	2464.42	34763	8567
合计			35198.07		114671

估价师声明（略）

估价假设和限制条件

1. 本报告提供的在假定未设立法定优先受偿权利下的市场价值，是估价对象于估价时点的公开市场价格。所谓公开市场价格是指估价对象于估价时点在市场上公开出售并按以下条件可取得的合理价格：

(1) 买卖双方不因任何特殊利益抬高或降低房地产真实价格；
(2) 有一段合理交易时间；
(3) 在此期间房地产市场保持稳定；
(4) 房地产买卖程序符合国家法律规定。

2. 房地产抵押价值为抵押房地产在估价时点的市场价值，等于假定未设立法定优先受偿权利下的市场价值减去房地产估价师知悉的法定优先受偿款。

3. 本报告以现场查看之日为估价时点，即 2006 年 12 月 7 日。

4. 根据估价人员现场查看，估价对象大部分已出租，租约期限较短，但委托方未提供有关租赁合同。因此，估价人员未考虑其租约租金、租赁期限等对估价结果的影响。

5. 本次估价以委托方提供的《上海市房地产权证》[证号：沪房地浦字（2005）第 033056 号] 及《房屋土地权属调查报告书》[成果号：200400030576] 所载相关数据、信息为依据。

6. 根据委托方提供的有关承诺书，估价对象于估价时点未设立法定优先受偿权利，即法定优先受偿款总额为零。

7. 本报告提供的估价结果是估价对象于估价时点的市场价格，提请抵押权人注意估价时点之后未来市场的不确定性所带来的风险，如估价对象一旦进入清偿处分程序后所产生的市场风险，包括市场波动风险、预期风险、快速变现折扣、短期强制处分的不确定性及变现费用、处置手续费用以及物业转让时应缴纳的各项税费。抵押权人还应关注资产占有方的金融信用等因素。

8. 本报告提供的估价结果是以委托方提供的资料和评估人员实地勘察为依据，委托方已对提供资料的真实性做出承诺，故因资料的真实性问题引起的估价对象的价格失真，本公司不承担相应责任。但我们对估价对象的现场勘察仅限于其外观和使用状况，对被遮盖、未暴露及难以接触到的部分，依据现有资料进行评估。

9. 本估价报告按估价目的提供委托方使用，若改变估价目的而使用本估价报告，需向本估价公司咨询后作必要修正，甚至于重新估价。

房地产估价结果报告

一、委托方（略）

二、估价方（略）

三、估价对象

1. 估价对象界定

本报告的估价对象为浦东新区×××路××号"×××大楼"部分办公楼房地产。

根据委托方提供的《上海市房地产权证》[证号：沪房地浦字（2005）第033056号]及《房屋土地权属调查报告书》[成果号：200400030576]，估价对象的土地使用权来源国有（转让），土地用途商业贸易、金融办公大厦，土地地号浦东新区梅园街道×街坊×丘，土地使用期限1994年3月5日～2044年3月4日。

估价对象所在建筑物"×××大楼"地下3层，地上由主楼和副楼两部分组成，主楼总高37层，总高度180米，副楼总高6层，钢混结构，占地面积为9720.00平方米，总建筑面积为102517.68平方米。地下3层为地下车库，部分为其他特殊用房；副楼第1～4层为办公楼层，第5～6层为高级西餐厅及酒吧；主楼的1～2层为大堂和展示厅，第2～4层为银行，第5层为多功能会议厅，第6～37层为标准办公楼层。

本次估价对象为主楼的第4～32层（双）办公用房，共15层，合计建筑面积为35198.07平方米，房屋状况明细详见表6-2。

房屋状况明细表 表6-2

幢号-门牌号	层次（实际）	室号	房屋类型	结构	层数	房屋用途	建筑面积（平方米）
1幢99号	4层	主楼	办公楼	钢混	37	办公	1699.86
1幢99号	6层	主楼	办公楼	钢混	37	办公	1921.36
1幢99号	8层	主楼	办公楼	钢混	37	办公	2394.39
1幢99号	10层	主楼	办公楼	钢混	37	办公	2394.39
1幢99号	12层	主楼	办公楼	钢混	37	办公	2394.39
1幢99号	14层	主楼	办公楼	钢混	37	办公	2394.39
1幢99号	16层	主楼	办公楼	钢混	37	办公	2394.39
1幢99号	18层	主楼	办公楼	钢混	37	办公	2353.96
1幢99号	20层	主楼	办公楼	钢混	37	办公	2464.42
1幢99号	22层	主楼	办公楼	钢混	37	办公	2464.42
1幢99号	24层	主楼	办公楼	钢混	37	办公	2464.42
1幢99号	26层	主楼	办公楼	钢混	37	办公	2464.42
1幢99号	28层	主楼	办公楼	钢混	37	办公	2464.42

续表

幢号-门牌号	层次（实际）	室号	房屋类型	结构	层数	房屋用途	建筑面积（平方米）
1幢99号	30层	主楼	办公楼	钢混	37	办公	2464.42
1幢99号	32层	主楼	办公楼	钢混	37	办公	2464.42
合计							35198.07

估价对象大部分办公用房已出租，物业维护保养情况较好。

估价对象四至为：东侧为银城西路，南靠花园石桥路，西侧为富城路，北侧为陆家嘴西路，详见附件地理位置示意图（略）。所在区域土地基准地价（2003年更新成果、征求意见稿）等级为1级。

2. 估价对象区位状况

（1）坐落位置

估价对象坐落于浦东新区××路××号"×××大楼"，西临黄浦江，东北侧为陆家嘴绿地，处于小陆家嘴金融贸易区内，毗邻东方明珠广播电视塔、金茂大厦、上海国际会议中心，距市中心人民广场约2.5公里、上海火车站约5.5公里、浦东国际机场约39公里，地理位置好。

（2）交通条件

估价对象所处地区道路网密度、等级道路等级较高，所在地块周边道路为世纪大道、浦东大道、浦东南路等，交通通达度好。估价对象距地铁二号线陆家嘴路站约500米，周边主要有795路、85路、607路、792路、82路等二十多条公交线路，交通便捷。

（3）市政基础设施

估价对象所属地块市政基础设施比较完善，供电、供水、排水、通信等市政设施能满足使用要求。

（4）区域环境

① 唯一以"金融贸易"命名的国家级开发区

陆家嘴金融贸易区是目前我国唯一以"金融贸易"命名的国家级开发区，经过15年的开发与建设，已初具规模。其占地28平方公里，区域内共建有8层以上高楼674幢，其中455幢已建成，竣工面积为981万平方米。

陆家嘴金融中心区内共规划有甲级写字楼42幢，建筑面积300多万平方米，在已竣工的28幢甲级写字楼中，代表楼盘有金茂大厦、震旦国际大楼、中银大厦、汇丰大厦、中国保险大厦、招商局大厦、花旗集团大厦、浦发大厦、上海信息大厦等。

这些甲级写字楼的客户主要以中外金融机构为主，目前已经有四十多家跨国公司，一百多家金融机构和上千家的贸易、投资和服务型企业选择了在这里办公。随着花旗银行、渣打银行、汇丰银行等世界著名银行将中国区总部陆续迁入陆家嘴，这里正逐步成为金融机构的关键枢纽。

② 规划优势

据《陆家嘴金融贸易区发展报告》披露，一项整体规划将在陆家嘴金融贸易区实施，该规划以小陆家嘴中心区为核心，并以世纪大道及两侧区域为规划重心，进行中央商务区（CBD）整体规划。该报告建议，将陆家嘴CBD作为我国金融市场逐步开放的主要试点地，给予"先试先行"政策，吸引国际货币基金组织、世界银行、国际结算银行等在此设立办事机构，并以此为切入点，推动更多外资企业、金融机构和国际资本的汇聚。同时，陆家嘴还将加快跨国公司总部或功能总部的集聚，以"跨国公司总部联谊会"等形式搭建服务平台。

③ 特有的区域配套

陆家嘴中心绿地是陆家嘴金融贸易区特有的配套，在上海的CBD办公区域中是独一无二的。陆家嘴中心绿地面积有10万平方米，位于延安东路隧道浦东出口处。陆家嘴绿地的草皮面积65000平方米，四季常绿。绿地中的道路，呈上海市花白玉兰的图案。中间是8600平方米的中心湖，设计成浦东地图板块的形状。湖中央装有在双层环形副喷泉簇拥下的主喷泉，水柱喷高达80米。湖畔的白色观景篷，形如海螺，又像船帆，给人以无限遐想。中心绿地给周边写字楼带来了美丽的景观、良好的户外休闲的

3. 估价对象实物状况

(1) 土地实物状况

估价对象坐落于浦东新区××路××号"×××大楼",东侧为银城西路,南靠花园石桥路,西侧为富城路,北侧为陆家嘴西路。估价对象所属地块呈规则形状,利用程度较高,所在区域土地基准地价(2003年更新成果、征求意见稿)等级为1级,绿化程度好。

(2) 建筑物状况

"×××大楼"地下3层,地上建筑物由主楼和副楼两部分组成,主楼总高37层,总高度180米,副楼总高6层,钢混结构,占地面积为9720.00平方米,总建筑面积为102517.68平方米,2004年竣工。地下3层为地下车库,部分为其他特殊用房;副楼第1～4层为办公楼层,第5～6层为高级西餐厅及酒吧;主楼的1～2层为大堂和展示厅,第2～4层为银行,第5层为多功能会议厅,第6～37层为标准办公楼层。

本次估价对象为第4～32层(双)办公用房,共15层,合计建筑面积为35198.07平方米,房屋明细详见估价对象界定。

"×××大楼"由国际著名的日本日建设计株式会社作方案设计,外部采用金银色相间的玻璃幕墙和厚重朴实的花岗岩石材幕墙,内部采用古典高雅的欧洲宫廷式设计,由高级大理石精心铺砌而成,并配置奥地利水晶灯饰吊顶,大堂调高12米。大厦主楼金银色玻璃幕墙部分,采用单元式体系,安装了特殊光源LED。

该大楼的标准楼层的交付标准为水泥地面抹平,涂料粉刷墙面,矿棉板吊顶。

大楼主要设备情况如下:

电力供应:双回路供电系统、配备两台发电机、办公区每平方米供电高达60VA以上。

通信系统:两路电缆及光纤接入,装置的通信系统有DDN、ISDL、ADSL等。

照明系统:室内照明度为750lx以上。

空调系统:新风供应为30立方米/人/小时。

安保设施:保安系统实施24小时监控,每户设有电子门锁和门禁管理卡。

电梯:17台日本三菱电梯,速度,低区:3.5米/秒,高区:6米/秒。

(3) 建筑物使用状况

根据估价人员现场查看,估价对象使用情况正常,大部分已出租,租约期限较短。但委托方未提供估价对象已出租房屋的租赁合同,因此,估价人员未考虑其实际租金水平、租赁期限对估价结果的影响。

4. 房地产权益状况

(1) 房地产登记状况

根据委托方提供的《上海市房地产权证》[证号:沪房地浦字(2005)第×××号]所核载的资料,估价对象登记情况记载如下:

证号:沪房地浦字(2005)第×××号;权利人:甲公司;房地坐落:××路××号。

土地状况:

土地使用权来源:国有(转让);土地用途:商业贸易、金融办公大厦。

土地地号:浦东新区梅园街道×街坊×丘;宗地(丘)面积:9720.00平方米。

土地使用期限:1994年3月5日～2044年3月4日;土地总面积:9720.00平方米。

房屋状况:总层数37层;合计建筑面积:102517.66平方米。

但本次估价对象仅为主楼的第4～32层(双)办公用房,共15层,合计建筑面积为35198.07平方米。根据委托方提供的《房屋土地权属调查报告书》[成果号:200400030576]所核载的信息、数据,估价对象房屋具体状况表(同估价对象界定中的房屋状况明细表,略)。

（2）房地产权利状况

根据委托方提供的资料，估价对象已领取了《上海市房地产权证》[证号：沪房地浦字（2005）第××××号]，估价对象的权利人为甲有限公司，其所属土地的权属性质为国有（转让）土地使用权，商业贸易、金融办公大厦用途。

（3）法定优先受偿权利状况

根据委托方提供的有关承诺书，估价对象于估价时点未设立法定优先受偿权利，即法定优先受偿款总额为零。

四、估价目的

为确定房地产抵押贷款额度提供参考依据而评估房地产抵押价值。

五、估价时点

2006年12月7日。

六、价值定义

本报告所提供的房地产抵押价值为抵押房地产在估价时点的市场价值，其数额等于假定估价对象未设立法定优先受偿权利下的市场价值减去房地产估价师知悉的法定优先受偿款。

假定估价对象未设立法定优先受偿权利下的市场价值为估价对象在满足全部限制条件下于估价时点的公开市场价格。

本报告的估价时点为完成估价对象查勘之日，即2006年12月7日。

七、估价依据（略）

八、估价原则

本报告遵循"独立、客观、公正"的估价基本原则，以及合法原则、最高最佳使用原则、替代原则、估价时点原则和谨慎原则等估价技术性原则。

有关合法原则、最高最佳使用原则、替代原则和估价时点原则等内容略。

遵循谨慎原则，是要求在存在不确定因素的情况下，应充分估计抵押房地产一旦进行处置时可能受到的限制，未来可能发生的风险和损失，不高估抵押房地产假定未设立法定优先受偿权利下的市场价值，不低估知悉的法定优先受偿款，并在估价报告中作出必要的风险提示。

九、估价方法

1. 估价思路

求取估价对象在假定未设立法定优先受偿权利下的市场价值时，估价人员系依据《房地产估价规范》和《房地产抵押估价指导意见》，结合估价对象的具体情况及其类似房地产的市场状况，经综合分析，确定估价技术思路和适宜的估价方法。

估价对象为"×××大楼"主楼中的15层办公用房，委托方要求我公司分层评估这15层办公用房的市场价格。对于房屋建筑类型相同、功能完整性相同或相似的同一幢楼内的办公用房，可采用基准价格修正法。即先选择确定典型房屋，然后在评估典型房屋市场价格的过程中，对理论上适合采用的几种估价方法进行比较分析，决定选用市场比较法和收益法进行测算，并在综合两种方法测算结果的基础上，确定该估价对象同类房屋的基准价格。最后以基准价格为基础，根据不同办公房屋的楼层因素，对该基准价格进行适当的调整、修正，确定全部估价对象的评估价格。

2. 方法选用

根据《房地产估价规范》，房地产估价通常采用的估价方法主要有市场比较法、收益性、成本法、假设开发法等。有条件选用市场比较法进行估价的，应以市场比较法为主要的估价方法。收益性房地产的估价，应选用收益法作为其中的一种估价方法。具有投资开发或再开发潜力的房地产估价，应选用假设开发法作为其中的一种估价方法。在无市场依据或市场依据不充分且不宜采用市场比较法、收益性、假设开发法进行估价的情况下，可采用成本法作为主要估价方法。

根据本次估价目的和委托方提供的资料、估价人员对估价对象进行了实地查看、并对所在区域类似房地产市场进行了调查和分析。考虑到当地类似房地产市场比较发育，租售案例较易找到，有关数据也能比较客观地反映其客观市场价值，决定选用市场比较法和收益法两种方法进行评估。同时，也考虑到当地类似房地产情况，如采用成本法进行评估，土地成本和开发商利润等项较难预测，测算结果较难反映其客观市场价值；如采用假设开发法进行评估，由于估价对象为近年建成竣工、投入正常使用的房地产，也不适合采用这一估价方法；因此，决定不选用成本法和假设开发法两种方法。

在具体进行各种估价方法测算时，估价人员遵守谨慎原则，注意从市场调查资料中选择客观、合理的有关原始数据，并注意正确和有依据地确定有关估价参数。

市场比较法是指在同一供求范围内，选择估价时点近期的若干类似房地产交易案例，对其实际交易价格从实际交易情况、交易日期、区域因素、个别因素等各方面与估价对象具体条件比较进行修正，从而确定估价对象价格的评估方法。

市场比较法的基本步骤为：搜集交易案例→选取可比案例→建立价格可比基础→交易情况修正→交易日期修正→房地产状况修正（区域因素、个别因素）→求取比准价格。

其基本计算公式如下：

估价对象比准价格＝交易实例价格×交易情况修正系数×交易日期修正系数×区域因素修正系数×个别因素修正系数。

收益法是求取估价对象未来的正常净收益选用适当的报酬率将其折现到估价时点后累加，以此估算估价对象的客观合理价格或价值的方法。

收益法的操作步骤为：收集有关房地产收入和费用的资料→估算潜在毛收入→估算有效毛收入→估算运营费用→估算净收益→选用适当的报酬率或折现率→选用适宜的计算公式求出收益价格。

本次估价考虑到估价对象的净收益在未来收益期限内，会有相对稳定比率的逐年增长，因此，选择了下列净收益按一定比率递增的收益法计算公式：

$$V = \frac{a}{(r-g)} \times \left[1 - \frac{(1+g)^n}{(1+r)^n}\right]$$

式中：V—为房地产价格；a—为房地产未来第一年净收益；r—为报酬率；n—为房地产收益期限；g—为净收益逐年递增的比率。

3. 基准价格修正法的运作程序

（1）按照房屋的建筑类型、用途、建造年代、建筑结构、设备、房型以及功能的完整性等因素划分房屋类别；

（2）在同一房屋类别内确定典型房屋；

（3）运用适合的估价方法（如市场比较法和收益法）对典型房屋进行评估，以经综合测算结果后确定的典型房屋价格作为基准价格；

（4）确定层次等其他因素修正系数；

（5）运用规范的计算公式确定估价对象全部房屋的市场价格。

十、估价结果

根据本公司估价人员的估算，估价对象在满足本次估价的全部假设和限制条件下的估价结果为：

1. 估价对象在假定未设立法定优先受偿权利下的市场价值为评估总价（V_1）：人民币 壹拾壹亿肆仟陆佰柒拾壹万元整（RMB 1146710000.00），平均评估单价：每平方米建筑面积人民币 叁万贰仟伍佰柒拾玖元整（RMB 32579.00）。估价对象各部分房地产价格明细表（同致委托方函中附表，略）。

2. 估价人员经了解知悉，估价对象在估价时点无法定优先受偿款（详见委托方承诺书），即法定优先受偿款（V_2）为零。

3. 估价对象抵押价值（V）＝（V_1）－（V_2）＝人民币 壹拾壹亿肆仟陆佰柒拾壹万元整（RMB 1146710000.00）。

十一、估价人员（略）

十二、估价作业日期

2006年12月7日～2007年2月13日。

十三、估价报告应用的有效期

本估价报告自报告完成之日起有效，本报告应用有效期为壹年。

十四、特别说明

1. 房地产市场分析

（1）上海办公房地产市场分析

① 上海办公楼区域

上海写字楼市场按地理位置以及功能区域划分的不同，可以分为浦东和浦西两大写字楼板块。高档（甲级）写字楼主要聚集在小陆家嘴、外滩、人民广场、南京西路、虹桥、徐家汇、淮海中路7大CBD区域。

② 上海写字楼市场走势

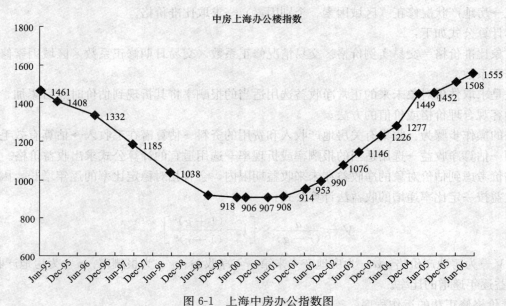

图6-1 上海中房办公指数图
数据来源：上海城市房地产估价有限公司市场部整理。

上海中房办公楼指数基本可以反映上海经营性办公楼市场从很大程度的供不应求到很大程度的供过于求，再到稳定上升的过程。

从图6-2也可以看出，上海写字楼市场在经历了1998年的谷底之后，经过近三年时间的底部徘徊，

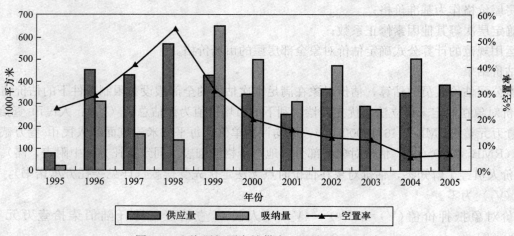

图6-2 上海甲级写字楼供应、吸纳量、空置率
数据来源：上海城市房地产估价有限公司市场部整理。

终于在21世纪之初,在内需和外需双重影响和刺激下,市场各项指标得到全面修复。2004年的甲级写字楼年需求量超过了年供应量,2005年也已基本达到平衡水平,空置率继续保持在6%~7%的低位,近年来租金水平持续上涨。

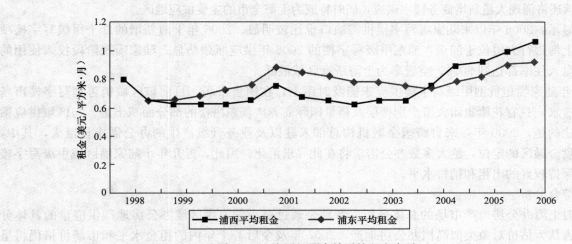

图6-3 上海甲级写字楼平均租金水平
数据来源:上海城市房地产估价有限公司市场部整理。

③ 未来上海办公楼市场的预测

与世界发达城市比较,上海写字楼市场未来发展空间巨大,见表6-3。

发达城市写字楼发展情况对比表　　　表6-3

	香 港	新加坡	纽 约	东 京	上 海	上海2010年(预测)
2005年GDP总量(亿美元)	1726	1106	26000	11000	1144	1500
甲级写字楼面积(万平方米)	552	758	2630	2930	385	517.5

从上表可以看出,在各大经济发达城市中,城市GDP总额与城市中甲级写字楼的体量存在一定的正相关关系。其中,纽约作为全球总部经济的典范,更是云集了大量跨国公司总部、金融机构、国际机构如联合国以及相关服务行业,甲级写字楼需求量巨大。上海2005年GDP产值为1144亿美元,拥有甲级写字楼385万平方米,且甲级写字楼空置率低至6.7%。估计到2010年,上海的GDP产值将达到1500亿美元,按各大城市平均甲级写字楼需求量估计,上海的甲级写字楼需求量可以达到517.5万平方米,距离目前供应量存在132.5万平方米的空间。

近几年来,上海写字楼租售市场不断升温,甲级写字楼租金每年正以20%的速度增长,空置率几年来一直保持在6%以下。良好的发展前景吸引了众多机构和个人投资者,专家指出,未来几年上海甲级写字楼将供不应求。

2007年上海新增甲级写字楼预计将新增加50万平方米,2008年将新增加60万平方米,2009年将新增加120万平方米。尽管建造量逐年递增。但据预测,到2008年底,上海甲级写字楼供不应求的态势将比较明显。随着上海金融市场的进一步开放,更多国外公司的进驻,新增的甲级写字楼将无法满足所有需求。

据此,上海全市甲级办公楼租金在今后的一年时间内将有10%左右的涨幅,空置率随着新楼的推出会有阶段性起伏,但全年总体平均仍可保持在10%以下。

(2) 估价对象所在的小陆家嘴地区办公房地产市场分析

根据政府有关建设规划,小陆家嘴地区中长期将要新建的楼宇还有150万平方米以上,其中,比金茂大厦还要高出一头的环球金融中心已投入兴建,另外还包括有新鸿基、未来资产大厦、伊藤忠项目、发展大厦等优质物业在内的近90万平方米新增供应量,预计在2008~2009年内投放市场。

而从总体发展来看,未来五年,租户对小陆家嘴区域的写字楼需求也将保持强劲,预计平均每年的吸纳量将达27.7万平方米,租户需求将上涨68%,资本值将增加1800美元/平方米。与此同时,2008~2009年,陆家嘴还将涌现大量新增商务楼宇供应,届时将成为上海全市的主要供应地区。

资料显示,2006年以来陆家嘴写字楼供需缺口也比较明显。2006年上海新增的5个甲级写字楼项目中,仅上海银行大厦位于浦东,浦东甲级写字楼的2006年供应瓶颈凸显。陆家嘴现阶段投入使用的大部分楼盘入住率都达到90%,空置率为上海所有区域最低。

2006年陆家嘴租赁型甲级写字楼供应未能及时跟上,在销售市场,目前该区域销售型写字楼市场严重供不应求,只有花旗集团大厦个别楼层及裕景国际商务广场东塔楼的部分面积出售。与区域供应稀缺形成对比的是,2006年,来自跨国金融机构总部入驻以及业务升级产生的办公需求量巨大,其中,鉴于陆家嘴金融区的定位,绝大多数办公需求将在此寻求消化。因此,近几年小陆家嘴区域甲级写字楼依然可以保持较好的出租和销售水平。

(3) 综合分析

通过对上海办公房地产市场的总体分析,特别是通过对小陆家嘴区域办公房地产供应量的具体分析,本报告认为估价对象类似高档办公房地产,2007年及今后若干年内的租金水平和市场价格仍将呈上升态势,估计在年5%~10%之间;空置率则随着新楼的推出会有阶段性起伏,但总体平均仍将保持在10%以内。

因此,估价对象在同类办公房地产市场上,其成交价格或租金水平预计在今后较长时期内都会有一定的持续上升空间;而且,如作为抵押物,其变现能力较强,可能出现的抵押风险也较小。

2. 估价报告应用提示

(1) 因时间变化可能会对房地产抵押价值产生影响

估价对象状况因时间变化对房地产抵押价值可能产生的影响,从物质折旧和功能折旧的角度考虑,其影响一般都是负面的,房地产抵押价值呈一定程度的逐年下降趋势,下降的幅度则视房地产类型的不同而不同,办公用房下降的幅度一般。但另外从估价对象外部状况的角度考虑,因时间变化对房地产抵押价值产生的影响,既可能是负面的,也可能是正面的,影响的程度则应具体情况具体分析。估价对象地处上海市一级商业圈——陆家嘴金融贸易区中心,区内交通便捷,写字楼聚集程度很高,毗邻黄浦江及陆家嘴绿地,景观环境好,地理位置优越,同时,预计未来一段时间内上海甲级办公楼市场需求保持旺盛,租金增长潜力大,出租率高,因时间变化对估价对象房地产抵押价值产生的影响将是正面的。估价对象房地产具有一定保值增值性。

(2) 抵押期间房地产信贷风险关注点

抵押期间,抵押权人应重点关注抵押人的经营风险(经营不善可能会导致还贷能力下降),附近地区出现新的具有替代作用的类似房地产的可能性(市场风险,一旦出现,可能会导致抵押房地产价值的下跌),整个房地产市场周期性发展的影响(市场风险,特别要注意处于房地产泡沫阶段进行抵押的房地产价值的下跌),国家出台有关经济政策和房地产政策对房地产市场的影响(政策风险)。

(3) 合理使用评估价值的意见

本报告经评估求得,估价对象在假定未设立法定优先受偿权利下的市场价值为评估总价(V_1):人民币 壹拾壹亿肆仟陆佰柒拾壹万元整(RMB 1146710000.00);委托方承诺估价对象于估价时点未设立法定优先受偿权利,法定优先受偿款(V_2)为零;因此,抵押权人应在核实委托方承诺内容真实的情况下,以估价对象于估价时点的抵押价值$(V)=(V_1)-(V_2)=$人民币壹拾壹亿肆仟陆佰柒拾壹万元整(RMB 1146710000.00)为参考依据,结合考虑其他影响因素,合理设立抵押。

(4) 定期或者适时对房地产抵押价值进行再评估

抵押期间,抵押权人应每年进行房地产抵押价值进行再评估;如遇当地房地产市场状况发生急剧变化时或估价对象实体状况发生意外变化时,则应及时进行房地产抵押价值再评估。建议有关方面加强房地产抵押价值的动态跟踪，以及部分特定抵押房地产的风险分析和处置成本估算（含土地增值税等项处置费用估算），我公司将积极配合，提供相应的延伸服务。

3. 估价对象变现能力分析

房地产的变现能力是指假定在估价时点实现抵押权时，在没有过多损失的条件下，将抵押房地产转换为现金的可能性。

抵押房地产的变现能力主要取决于下列两个方面，一是抵押房地产的实物形态及其体现的市场流动性（包括通用性、独立使用性或可分割转让性、体量、地段和开发程度等）；二是类似房地产的市场状况（包括市场发育程度和市场景气程度等）。

估价对象地处上海市一级商业圈——陆家嘴金融贸易区中心，区内交通便捷，写字楼聚集程度很高，毗邻黄浦江及陆家嘴绿地，景观环境好，地理位置优越，同时，预计未来一段时间内上海甲级办公楼市场需求保持旺盛，租金增长潜力大，出租率高，但考虑到估价对象体量较大，价值量也较大，在一定程度上会对交易产生影响。

估价对象为甲级办公楼，可分割出租，其通用性及独立使用性好，除第4、6层的建筑面积小于2000平方米，其他楼层的建筑面积2300～2500平方米之间，可分割转让性较好。

经估价人员综合分析和判断，假定在估价时点实现抵押权时，估价对象的变现能力较好。

抵押房地产如在估价时点进行拍卖或者变卖，其合理的变现时间一般为3～5个月。变现时间的长短直接与变现能力的大小正相关。

抵押房地产如在估价时点进行拍卖，其变现过程中发生的费用和税金，一般包括拍卖公告费、拍卖佣金、诉讼律师费、营业税及附加、土地增值税、所得税、契税和交易手续费等。具体数额需视估价对象具体情况，主要由拍卖公司、律师事务所、税务部门和房地产管理部门等确定。

抵押房地产如在估价时点进行拍卖时，变现后所得价款除了法律规定优先于本次抵押贷款受偿的款额外，一般应按下列顺序进行清偿：(1) 支付拍卖公告费和拍卖佣金；(2) 缴纳营业税及附加、土地增值税、所得税、契税和交易手续费；(3) 偿还抵押债权本息及违约金；(4) 赔偿由债务人违反合同而对抵押权人（如银行）造成的伤害（工时费、诉讼费等）；(5) 剩余金额最后留给抵押人（如企业）。

附件（略）
房地产估价技术报告

一、个别因素分析

（一）土地实物状况（同结果报告有关内容，略）。

（二）建筑物实物状况（同结果报告有关内容，略）。

（三）建筑物使用状况（同结果报告有关内容，略）。

（四）权益状况

根据委托方提供的《上海市房地产权证》[证号：沪房地浦字（2005）第×××号] 记载，估价对象土地使用权来源为国有（转让），土地用途商业贸易、金融办公大厦，房屋类型办公楼，房屋用途办公，权利人××××有限公司对估价对象拥有完全产权。

因此，按办公用途对估价对象房地产价值进行评估，完全符合合法原则；如进行抵押，估价对象权益状况也完全符合房地产抵押有关政策法规的要求，可进行抵押登记；而且，估价对象在抵押后，一旦需要处置、变现，从权益角度分析，依据有关政策法规也不存在法律上的障碍。

（五）综合分析

估价对象所在建筑物为地处陆家嘴金融贸易区中心的甲级办公楼，土地等级为1级，建筑物为由国际著名建筑师设计的高档写字楼。估价对象为主楼第4～32层中的双数层办公用房，共15层，合计建筑面积为35198.07平方米，除第4、6层的建筑面积小于2000平方米，其他楼层的建筑面积在2300～

2500平方米之间。

经上述分析可知，按办公用途对估价对象房地产价值进行评估，完全符合合法原则；估价对象在同类办公房地产市场上，可以预期有较高的成交价格或较高的租金水平；而且，权利人××××有限公司对估价对象拥有完全产权，估价对象权益状况也完全符合房地产抵押有关政策法规的要求，可进行抵押登记；而且，估价对象在抵押后，一旦需要处置、变现，从权益角度分析，依据有关政策法规也不存在法律上的障碍；另外，估价对象还可分割出租、转让，通用性及独立使用性好，如作为抵押物，其变现能力也较强。

二、区域因素分析

（一）坐落位置

估价对象坐落于浦东新区××路××号"×××大楼"，西临黄浦江，东北侧为陆家嘴绿地，处于小陆家嘴金融贸易区内，毗邻东方明珠广播电视塔、金茂大厦、上海国际会议中心，距市中心人民广场约2.5公里、上海火车站约5.5公里、浦东国际机场约39公里，地理位置好。

（二）交通条件

估价对象所处地区道路网密度、等级道路等级较高，所在地块周边道路为世纪大道、浦东大道、浦东南路等，交通通达度好。估价对象距地铁二号线陆家嘴路站约500米，周边主要有795路、85路、607路、792路、82路等二十多条公交线路，交通便捷。

（三）市政基础设施

估价对象所属地块市政基础设施比较完善，供电、供水、排水、通信等市政设施能满足使用要求。

（四）区域环境

1. 唯一以"金融贸易"命名的国家级开发区

陆家嘴金融贸易区是目前中国唯一以"金融贸易"命名的国家级开发区，经过15年的开发与建设，已初具规模。其占地28平方公里，区域内共建有8层以上高楼674幢，其中455幢已建成，竣工面积为981万平方米。

陆家嘴金融中心区内共规划有甲级写字楼42幢，建筑面积300多万平方米，在已竣工的28幢甲级写字楼中，代表楼盘有金茂大厦、震旦国际大楼、中银大厦、汇丰大厦、中国保险大厦、招商局大厦、花旗集团大厦、浦发大厦、上海信息大厦等。

这些甲级写字楼的客户主要以中外金融机构为主，目前已经有四十多家跨国公司，一百多家金融机构和上千家的贸易、投资和服务型企业选择了在这里办公。随着花旗银行、渣打银行、汇丰银行等世界著名银行将中国区总部陆续迁入陆家嘴，这里正逐步成为国内外金融机构的总部集中地。

2. 规划优势

据《陆家嘴金融贸易区发展报告》披露，一项整体规划将在陆家嘴金融贸易区实施，该规划以小陆家嘴中心区为核心，并以世纪大道及两侧区域为规划重心，进行中央商务区（CBD）整体规划。报告建议，将陆家嘴CBD作为我国金融市场逐步开放的主要试点地，给予"先试先行"政策，吸引国际货币基金组织、世界银行、国际结算银行等在此设立办事机构，并以此为切入点，推动更多外资企业、金融机构和国际资本的汇聚。同时，陆家嘴还将加快跨国公司总部或功能总部的集聚，以"跨国公司总部联谊会"等形式搭建服务平台。

3. 特有的区域配套

陆家嘴中心绿地是陆家嘴金融贸易区特有的配套，在上海的CBD办公区域中是独一无二的。陆家嘴中心绿地面积有10万平方米，位于延安东路隧道浦东出口处。陆家嘴绿地的草皮面积65000平方米，四季常绿。绿地中的道路，呈上海市花白玉兰的图案。中间是8600平方米的中心湖，设计成浦东地图板块的形状。湖中央装有在双层环形副喷泉簇拥下的主喷泉，水柱喷高达80米。湖畔的白色观景蓬，形如海螺，又像船帆，给人以无限遐想。中心绿地给周边写字楼带来了美丽的景观、良好的户外休闲的场地，是弥足珍贵的高档写字楼群配套设施。

(五) 综合分析

估价对象地处目前我国唯一以"金融贸易"命名的国家级开发区——陆家嘴金融贸易区,区位条件优越,各项配套齐全,标准超前。随着时间的推移,该区域将集聚越来越多的国内外著名金融机构总部和大型跨国公司总部。显然,该区域对高档写字楼的需求将持续高涨。

经上述分析可知,估价对象区位条件优越,在同类办公房地产市场上,其成交价格或租金水平预计在今后长时期内都会有一定的持续上升空间;而且,如作为抵押物,其变现能力较强,可能出现的抵押风险也较小。

三、房地产市场背景分析(同结果报告中房地产市场分析,略)

四、最高最佳使用分析

估价对象最高最佳使用分析的内容主要包括:(1)四项前提条件分析(需同时满足);(2)五种估价对象利用状况分析(应选择其中之一或某种组合为估价前提);(3)三个经济学原理分析(有助于正确把握最高最佳使用原则)。

最高最佳使用原则要求估价结果是在估价对象最高最佳使用下的价值。而估价对象的最高最佳使用分析,必须同时满足以下四项前提条件:(1)法律上允许;(2)技术上可能;(3)经济上可行;(4)价值最大化。其中,合法性分析是最重要的和第一程序的分析内容。

估价对象如为已投入使用的房地产,在估价时应根据最高最佳使用原则和下列五种估价对象利用状况,分析、判断和选择作为本次估价前提的一种估价对象房地产利用状况。五种估价对象房地产利用状况是:(1)保持现状前提;(2)装饰装修改造前提;(3)改变用途前提;(4)重新开发前提;(5)上述情况的某种组合前提(如第三种和第二种的组合前提)。

有助于把握最高最佳使用原则的三个经济学原理是:(1)收益递增递减原理;(2)均衡原理;(3)适合原理。其中,收益递增递减原理有助于分析、确定估价对象的最佳集约度和最佳规模;均衡原理有助于分析、确定估价对象内部各构成要素的组合是否均衡;适合原理有助于分析、确定估价对象与外部环境是否协调。

本次估价的估价对象已于2004年竣工投入使用,房地产权证记载的土地用途为商业贸易、金融办公大厦,房屋类型办公楼,房屋用途办公。根据我国国情,估价对象的最高最佳使用,在一般情况下只能是其房地产权证记载的法定用途。估价对象目前的实际用途为办公,与其房地产权证记载的法定用途一致,符合合法原则。

根据估价人员现场查看,估价对象为高档商务办公楼,所在的陆家嘴国际金融贸易区集中了众多甲级写字楼。估价对象目前用于办公,如以保持现状前提继续用于办公,与其实物状况和外部环境均相协调,并能实现价值最大化。

因此,经上述分析认为,办公用途就是估价对象房地产的最高最佳使用,并以保持现状前提为依据进行评估。

五、估价方法

1. 估价思路

求取估价对象在假定未设立法定优先受偿权利下的市场价值时,估价人员系依据《房地产估价规范》和《房地产抵押估价指导意见》,结合估价对象的具体情况及其类似房地产的市场状况,经综合分析,确定估价技术思路和适宜的估价方法。

估价对象为"×××大楼"主楼中的15层办公用房,委托方要求我公司分层评估这15层办公用房的市场价格。对于房屋建筑类型相同、功能完整性相同或相似的同一幢楼内的办公用房,可采用基准价格修正法。即先选择确定典型房屋,然后在评估典型房屋市场价格的过程中,对理论上适合采用的几种估价方法进行比较分析,决定选用市场比较法和收益法进行测算,并在综合两种方法测算结果的基础上,确定该估价对象同类房屋的基准价格。最后以基准价格为基础,根据不同办公房屋的楼层因素,对该基准价格进行适当的调整、修正,确定全部估价对象的评估价格。

2. 方法选用

根据《房地产估价规范》，房地产估价通常采用的估价方法主要有市场比较法、收益性、成本法、假设开发法等。有条件选用市场比较法进行估价的，应以市场比较法为主要的估价方法。收益性房地产的估价，应选用收益法作为其中的一种估价方法。具有投资开发或再开发潜力的房地产估价，应选用假设开发法作为其中的一种估价方法。在无市场依据或市场依据不充分且不宜采用市场比较法、收益性、假设开发法进行估价的情况下，可采用成本法作为主要估价方法。

根据本次估价目的和委托方提供的资料、估价人员对估价对象进行了实地查看并对所在区域类似房地产市场进行了调查和分析。考虑到当地类似房地产市场比较发育，租售案例较易找到，有关数据也能比较客观地反映其客观市场价值，决定选用市场比较法和收益法两种方法进行评估。同时，也考虑到当地类似房地产情况，如采用成本法进行评估，土地成本和开发商利润等项较难预测，测算结果较难反映其客观市场价值；如采用假设开发法进行评估，由于估价对象为近年建成竣工、投入正常使用的房地产，也不适合采用这一估价方法；因此，决定不选用成本法和假设开发法两种方法。

在具体进行各种估价方法测算时，估价人员遵守谨慎原则，注意从市场调查资料中选择客观、合理的有关原始数据，并注意正确和有依据地确定有关估价参数。

市场比较法是指在同一供求范围内，选择估价时点近期的若干类似房地产交易案例，对其实际交易价格从实际交易情况、交易日期、区域因素、个别因素等各方面与估价对象具体条件比较进行修正，从而确定估价对象价格的评估方法。

市场比较法的基本步骤为：搜集交易案例→选取可比案例→建立价格可比基础→交易情况修正→交易日期修正→房地产状况修正（区域因素、个别因素）→求取比准价格。

其计算公式如下：

估价对象比准价格＝交易实例价格×交易情况修正系数×交易日期修正系数×区域因素修正系数×个别因素修正系数。

收益法是求取估价对象未来的正常净收益选用适当的报酬率将其折现到估价时点后累加，以此估算估价对象的客观合理价格或价值的方法。

收益法的操作步骤为：收集有关房地产收入和费用的资料→估算潜在毛收入→估算有效毛收入→估算运营费用→估算净收益→选用适当的报酬率或折现率→选用适宜的计算公式求出收益价格。

本次估价考虑到估价对象的净收益在未来收益期限内，会有相对稳定比率的逐年增长，因此，选择了下列净收益按一定比率递增的收益法计算公式：

$$V = \frac{a}{r-g} \times \left[1 - \frac{(1+g)^n}{(1+r)^n}\right]$$

式中：V—为房地产价格；a—为房地产未来第一年净收益；r—为报酬率；n—为房地产收益期限；g—为净收益逐年递增的比率。

3. 基准价格修正法的运作程序：

① 按照办公房屋的建筑类型、建造年代、建筑结构、设备、房型以及功能的完整性等因素划分房屋类别；

② 在同一房屋类别内确定典型房屋；

③ 运用市场比较法、收益法对典型房屋进行评估，经核验后确定典型房屋的价格作为基准价格；

④ 确定层次等其他因素修正系数；

⑤ 运用规范的计算公式确定房屋的市场价格。

六、评估过程

由于本次评估的办公楼楼层较多（共15个楼层），经估价人员综合考虑后选取中间楼层即第18层作为典型房屋，在评估过程中，采用市场比较法、收益法确定典型房屋的市场价格，作为该估价对象范围同类房屋的基准价格。然后以基准价格为基础，根据不同办公房屋的楼层因素，对该基准价格进行适当的调整、修正，确定估价对象的评估价格。

报告六　上海市浦东新区××路×××号"×××大楼"部分办公房地产抵押估价报告

（一）市场比较法测算估价对象第18层办公楼的市场价格

1. 选择比较交易实例（表6-4）

可比案例状况　　　　　　　　　　　　　　　　　　　　　　　　　　　表6-4

可比实例状况	实例A	实例B	实例C
名称	上海招商局大厦2505室	新黄浦金融大厦1206～1207室	天安中心大厦1908～09室
坐落	陆家嘴东路161号	南京东路61号	南京西路338号
用途	办公	办公	办公
成交价格（元/平方米）	30207	27852	32921
价格类型	成交价格	成交价格	成交价格
建筑面积（平方米）	141.02	277.55	204.9
交易日期	2006.11.09	2006.08.10	2006.04.07
土地状况	出让	出让	出让
数据来源	EDS系统	CRIC系统	EDS系统

上述比较实例所在区域土地基准地价（2003年更新成果、征求意见稿）等级均为1级，与估价对象位于同一土地等级，同为办公楼聚集度高的类似区域。

2. 比较可比实例各房地产价格影响因素条件

所选3个可比实例的各种房地产价格影响因素条件见表6-5。

因素条件说明表　　　　　　　　　　　　　　　　　　　　　　　　　　表6-5

比较因素		估价对象	实例A	实例B	实例C
项目名称		×××大楼第18层	上海招商局大厦2505室	新黄浦金融大厦1206～1207室	天安中心大厦1908～09室
成交价格（元/平方米）			30207	27852	32921
项目用途		办公	办公	办公	办公
交易日期		2006.12.07	2006.11.09	2006.08.10	2006.04.07
交易情况			成交价格	成交价格	成交价格
区域因素	区域繁华程度	好，位于陆家嘴金融贸易区	好，位于陆家嘴金融贸易区	更好，毗邻南京路步行街	更好，毗邻南京路步行街
	交通通达度	好	好	好	好
	交通便捷程度	好、毗邻地铁2号线	好、毗邻地铁2号线	好、毗邻地铁2号线	好、毗邻地铁1、2号线
	距火车站距离（公里）	约5.5	约5.5	约4	约3
	距浦东国际机场距离（公里）	约38	约38	约38	约38
	区域环境	好	好	好	好
	周边土地利用类型	办公、商业	办公、商业	办公、商业	办公、商业
个别因素	景观	东侧见黄浦江、东北侧见陆家嘴绿地	正对陆家嘴绿地	南京东路、临外滩	正对人民公园
	大厦商业服务设施	一般	一般	一般	一般
	距轨道交通距离	2号线陆家嘴站约500米	2号线陆家嘴站约400米	2号线南京东路站约400米	1、2号线人民广场站约200米
	净高（米）	2.7	2.5	2.6	2.7
	车位（个/200平方米）	0.71	0.88	0.45	0.56
	物业总量及客梯电梯数量	筑面积为102517.68平方米、17部三菱客梯	总建筑面积为74642平方米、11部日本三菱客梯	总建筑面积为35000平方米、4部客梯	总建筑面积为60000平方米、8部客梯

比较因素		估价对象	实例A	实例B	实例C
个别因素	外立装修情况	外部采用金银色相间的玻璃幕墙和厚重朴实的花岗岩石材幕墙，	玻璃幕墙	花岗岩大理石	玻璃幕墙
	物业管理	仲量联行	招商局物业管理公司	一般	港力物业管理有限公司
	后备电源	配备2台发电机	2组后备发电机组	2组后备发电机组	2组后备发电机组
	出入口位置	两面临路	两面临路	一面临路	两面临路
	层次/总层数	18/37	25/39	12/13	19/30
	建筑面积（平方米）	2353.96	141.02	277.55	204.9
	大堂	内部采用古典高雅的欧洲宫廷式设计，由高级大理石精心铺砌而成，并配置奥地利水晶灯饰吊顶，大堂挑高12米	挑高约8米、大堂设计稍差	挑高约8米、大堂设计一般	挑高约8米、大堂设计一般

3. 实例房地产价格影响因素条件与被估价对象各对应条件的比较

以估价对象的各因素条件为基础，相应指数为100，将比较相应因素条件与估价对象相比较，确定出相应的指数，然后得到修正系数，并将各比较实例价格修正为符合估价对象条件的比准价格（表6-6）。

比较实例状况修正表　　　　　表6-6

比较因素	估价对象	实例A	实例B	实例C
名称	×××大楼第18层	上海招商局大厦2505室	新黄浦金融大厦1206~1207室	天安中心大厦1908~1909室
成交价格（元/平方米）		30207	27852	32921
交易日期修正	100	100 / 100	102 / 100	104 / 100
交易情况	100	100 / 100	100 / 100	100 / 100
区域因素修正	100	100 / 100	100 / 101	100 / 103
区域繁华程度		0	0.5	0.5
交通通达度		0	0	0
交通便捷程度		0	0	2
距火车站距离（公里）		0	0.5	0.5
距机场距离（公里）		0	0	0
区域环境				
周边土地利用类型		0	0	0
个别因素修正	100	100 / 99.9	100 / 90.2	100 / 97.75
景观		-1.5	-2.5	-1.5
大厦商业服务设施		0	0	0
距轨道交通距离		0	0	1
净高（米）		-2	-1	0
车位（个/200平方米）		0.85	-1.3	-0.75

报告六 上海市浦东新区××路×××号"×××大楼"部分办公房地产抵押估价报告

续表

比较因素	估价对象	实例A	实例B	实例C
物业总量及客梯电梯数量		0	−0.5	−0.5
外立装修情况		0	0	0
物业管理		−0.5	−0.5	−0.5
后备电源		0	0	0
出入口位置		0	−0.5	0
层次/总层数		3.5	−3	0.5
建筑面积修正		1.5	1	1
大堂		−1.5	−1	−1

修正说明：

（1）交易日期修正

近几年上海的办公楼价格增长较快，2006年办公楼价格指数增长6.7%（2006年中房上海办公楼价格指数详见表6-7）。结合估价对象的实际情况，比较实例A不作修正，比较实例B、C的交易日期修正系数分别为+2%、+4%。

2006年中房上海办公楼价格指数 表6-7

时间（月份）	1	2	3	4	5	6	7	8	9	10	11	12	每年涨幅
2006年中房上海办公楼价格指数	1463	1475	1482	1492	1498	1508	1512	1520	1537	1546	1555	1561	6.7%

（2）交易情况修正

比较实例A、B、C均为正常成交价格，故交易情况不作修正。

（3）区域因素修正

① 区域繁华度修正：估价对象与比较实例A位于陆家嘴金融贸易区，区域繁华度好，比较实例B、C毗邻南京路步行街，区域繁华度更好，经估价人员综合分析后，比较实例A的此因素不作修正，比较实例B、C此因素的修正系数均为+0.5%。

② 交通便捷度修正：估价对象与比较实例A、B、C的交通便捷度都好，但总的来看，比较实例C由于位于人民广场区域，其交通便捷度较估价对象、比较实例A、B更加优越，因此，经估价人员综合分析后，比较实例A、B此因素不作修正，比较实例C此因素的修正系数为+2%。

③ 距上海火车站距离修正：估价对象与比较实例A距上海火车站距离较比较实例B、C远，并且比较实例B、C位于浦西，到上海火车站更方便，经估价人员综合分析后，比较实例A此因素不作修正，比较实例B、C的此因素修正系数均为+0.5%。

（4）个别因素修正

① 景观因素修正：估价对象临黄浦江，东北正对陆家嘴绿地，景观好，比较实例A、C临绿地，景观较好，比较实例B距黄浦江还有一段距离，视角较小，景观一般，故经估价人员综合分析考虑，比较实例A、B、C的景观因素修正系数分别为−1.5%、−2.5%、−1.5%。

② 距轨道交通距离修正：比较实例C距轨道交通的距离较估价对象与比较实例A、B近，并且比较实例C所处位置的轨道交通线（1号线、2号线）换乘站，交通更加便捷，估价对象与比较实例A、B距轨道交通的距离相仿（400~500米），经估价人员综合分析后，比较实例A、B此因素不作修正，比较实例C此因素的修正系数均为+1%。

③ 净高修正：估价对象与比较实例C的净高为2.7米，比较实例A的净高为2.5米、比较实例B的净高为2.6米，经估价人员综合分析后，比较实例C此因素不作修正，比较实例A、B此因素的修正系数分别为−2%，−1%。

④ 车位修正：估价对象的车位数与办公楼面积的配比相仿，均为0.71，车位配比较为充裕，比较

实例 A 的配比为 0.88，车位配比充裕，比较实例 B、C 的车位数与办公楼面积的配比分别为 0.45、0.56，经估价人员综合分析后，比较实例 A、B、C 此因素的修正系数分别为＋0.85％、－1.3％、－0.75％。

⑤ 物业总量及客梯电梯数量修正：估价对象与比较实例 A 此因素的配比较比较实例 B、C 好，因此，经估价人员综合分析后，比较实例 A 此因素不作修正，比较实例 B、C 此因素的修正系数均为－0.5％。

⑥ 物业管理修正：估价对象物业管理公司较好，管理水平较高，比较实例 A、B、C 的管理水平一般，经估价人员综合分析后，比较实例 A 此因素不作修正，比较实例 A、B、C 此因素的修正系数均为－0.5％。

⑦ 出入口位置修正：估价对象与比较实例 A、C 两面临街，比较实例 B 一面临街，经估价人员综合分析后，比较实例 A、C 此因素不作修正，比较实例 B 此因素的修正系数为－0.5％。

⑧ 层数/总层数修正：估价对象处于第 18 层，比较实例 A、B、C 所处的楼层分别为 25、12、22，经估价人员综合分析后，每隔一个楼层的修正幅度为±0.5％，则比较实例的楼层修正系数分别为＋3.5％、－3％、＋0.5％。

⑨ 建筑面积修正：估价对象中第 18 层的建筑面积较大，比较实例 A 的建筑面积小，比较实例 B、C 的建筑面积一般，经估价人员综合分析后，比较实例 A、B、C 此因素的修正系数分别为＋1％、＋0.5％、＋0.5％。

⑩ 大堂修正：估价对象的大堂设计好，比较实例 A 的大堂设计稍差，比较实例 B、C 的大堂设计一般，经估价人员综合分析后，比较实例 A、B、C 此因素的修正系数分别为－1.5％、－1％、－1％。

4. 比较因素条件修正系数汇总表（表 6-8）

比较因素条件修正系数汇总表　　　　　　表 6-8

	实例 A	实例 B	实例 C
成交价格（元/平方米）	30207	27852	32921
交易日期修正	100	102	104
	100	100	100
交易情况修正	100	100	100
	100	100	100
区域因素修正	100	100	100
	100	100	105
个别因素修正	100	100	100
	99.85	90.2	97.75
综合修正比率	0.00	0.13	0.03
比准价格（元/平方米）	30252	31496	34006
权重	1/3	1/3	1/3
最终比准价格（元/平方米）		31918	

注：三个比较实例均为正常正交价格，且可比性均较高，故取比准价格的平均值作为比较法的评估结果。

（二）收益法测算估价对象中第 18 层办公楼的市场价格

1. 市场比较法测算客观租金水平

（1）选择比较交易实例（表 6-9）

比较交易实例　　　　　　表 6-9

可比实例状况	实例 A	实例 B	实例 C
名称	中银大厦 41 层	汇亚大厦第 31 层	花旗集团大厦第 17 层
坐落	银城中路 200 号	银城北路 133 号	花园石桥路 33 号
用途	办公	办公	办公

报告六 上海市浦东新区××路×××号"×××大楼"部分办公房地产抵押估价报告

续表

可比实例状况	实例 A	实例 B	实例 C
租金价格（美元/天/平方米）	1.1	1.2	1.1
价格类型	出租租金	出租租金	出租租金
交易日期	2006.12	2006.12	2006.12
土地状况	出让	出让	出让

（2）比较可比实例各房地产价格影响因素条件

所选3个可比实例的各种房地产价格影响因素条件见表6-10。

因素条件说明表　　表 6-10

		估价对象	实例 A	实例 B	实例 C
	项目名称	×××大楼第18层	中银大厦41室	汇亚大厦第31层	花旗集团大厦第17层
	租金价格（美元/天/平方米）		1.10	1.20	1.10
	项目用途		办公	办公	办公
	交易期日	2006.12	2006.12	2006.12	2006.12
	交易情况		出租租金	出租租金	出租租金
区域因素	区域繁华程度	好	好	好	好
	交通通达度	好	好	好	好
	交通便捷程度	好	好	好	好
	距火车站距离（公里）	约5.5	约5.5	约5.5	约5.5
	距浦东国际机场距离（公里）	约38	约38	约38	约38
	区域环境	好	好	好	好
	周边土地利用类型	办公、商业	办公、商业	办公、商业	办公、商业
个别因素	景观	东侧见黄浦江、东北侧见陆家嘴绿地	正对陆家嘴绿地、西侧可见黄浦江	东北侧可见黄浦江景	东侧见黄浦江、东北侧见陆家嘴绿地
	大厦商业服务设施	一般	一般	一般	较好
	距轨道交通2号线陆家嘴站距离	约500米	中银大厦底层有入口处	约350米	约500米
	净高（米）	2.7	2.6	2.8	2.7
	车位（个/200平方米）	0.71	0.71	0.98	0.82
	物业总量及客梯电梯数量	总建筑面积为102517.68平方米、17部三菱客梯	总建筑面积为120000平方米、18部日本三菱客梯	总建筑面积为70000平方米、14部客梯	总建筑面积120000平方米、16部客梯
	外立装修情况	外部采用金银色相间的玻璃幕墙和厚重朴实的花岗岩石材幕墙	玻璃幕墙	玻璃幕墙	玻璃幕墙
	物业管理	仲量联行	新中南方物业管理（上海）有限公司	世邦魏里仕物业管理有限公司	仲量联行
	后备电源	配备两台发电机	2组后备发电机组	2组后备发电机组	2组后备发电机组
	出入口位置	两面临路	两面临路	两面临路	三面临路
	层次/总层数	18/37	41/53	31/32	17/40
	大堂	内部采用古典高雅的欧洲宫廷式设计，由高级大理石精心铺砌而成，并配置奥地利水晶灯饰吊顶，大堂挑高12米	挑高26米	挑高8米	挑高16米

（3）实例房地产价格影响因素条件与被估价对象各对应条件的比较

以估价对象的各因素条件为基础，相应指数为100，将比较相应因素条件与估价对象相比较，确定出相应的指数，然后得到修正系数，并将各比较实例价格修正为符合估价对象条件的比准价格（表6-11）。

比较实例修正表　　　　　　　　　　　　　　　　表6-11

比较因素	估价对象	实例A	实例B	实例C
名称	×××大楼第18层	中银大厦41室	汇亚大厦第31层	花旗集团大厦第17层
租金价格（美元/天/平方米）		1.10	1.20	1.10
交易日期修正	100	100/100	100/100	100/100
交易情况	100	100/100	100/100	100/100
区域因素修正	100	100/100	100/100	100/100
区域繁华程度		0	0	0
交通通达度		0	0	0
交通便捷程度		0	0	0
距火车站距离（公里）				
距机场距离（公里）		0	0	0
区域环境		0	0	0
周边土地利用类型		0	0	0
个别因素修正	100	100/111	100/107.3	100/100.55
景观		0	−1	0
大厦商业服务设施		0	0	0.5
距轨道交通2号线陆家嘴站距离		1	0	0
净高（米）		−1	1	0
车位（个/200平方米）		0	1.3	0.55
物业总量及客梯电梯数量		0	0.5	0
外立装修情况		0	0	0
物业管理		0	0	0
后备电源		0	0	0
出入口位置		0	0	0.5
层次/总层数		11.5	6.5	−0.5
大堂		−0.5	−1	−0.5

① 交易日期修正：比较实例A、B、C均为2006年12月份的租金水平，时间与估价时点相近，故此因素不作修正。

② 交易情况修正：比较实例A、B、C均为正常的出租租金，故交易情况不作修正。

③ 区域因素修正：估价对象与比较实例A、B、C的区域因素相仿，故区域因素不作修正。

④ 个别因素修正：

景观因素修正：估价对象与比较实例A、C景观相仿，比比较实例B的景观要好，故经估价人员综合分析考虑，比较实例A、B的景观因素不作修正，比较实例B的景观因素修正系数为−1%。

大厦商业服务设施修正：估价对象与比较实例A、B的大厦商业服务设施一般，比较实例C的商业服务设施较好，经估价人员综合分析后，比较实例A、B此因素不作修正，比较实例C此因素的修正系数为+0.5%。

距轨道交通距离修正：估价对象与比较实例B、C距轨道交通的距离相仿（350～500米），比较实例A距轨道交通的距离较估价对象近，经估价人员综合分析后，比较实例B、C此因素不作修正，比较实例A此因素的修正系数分别为+1%。

净高修正：估价对象与比较实例C的净高为2.7米，比较实例A、B的净高分别为2.6米、2.8米，经估价人员综合分析后，比较实例C此因素不作修正，比较实例A、B此因素的修正系数分别为－1％、＋1％。

车位修正：估价对象与比较实例A的车位数与办公楼面积的配比相仿，均为为0.71，车位配比较为充裕，比较实例B、C的车位数与办公楼面积的配比分别为0.98、0.82，经估价人员综合分析后，比较实例A此因素不作修正，比较实例B、C此因素的修正系数分别为＋1.3％、＋0.55％。

物业总量及客梯电梯数量修正：估价对象与比较实例A、C此因素的配比相仿，较比较实例B差一些，因此，经估价人员综合分析后，比较实例A、C此因素不作修正，比较实例B此因素的修正系数为＋0.5％。

出入口位置修正：估价对象与比较实例A、B两面临街，比较实例C三面临街，经估价人员综合分析后，比较实例A、B此因素不作修正，比较实例C此因素的修正系数为＋0.5％。

层数/总层数修正：估价对象处于第18层，比较实例A、B、C所处的楼层分别为41、31、17，经估价人员综合分析后，每隔一个楼层的修正幅度为±0.5％，则比较实例的楼层修正系数分别为＋11.5％、＋6.5％、－0.5％。

大堂修正：估价对象的大堂设计好，比较实例A、C的大堂设计较好，比较实例B的大堂设计一般，经估价人员综合分析后，比较实例A、B、C此因素的修正系数分别为－0.5％、－1％、－0.5％。

（4）比较因素条件修正系数汇总表

比较因素条件修正系数汇总表 表6-12

	实例A	实例B	实例C
租金价格（美元/天/平方米）	1.10	1.20	1.10
交易日期修正	100/100	100/100	100/100
交易情况修正	100/100	100/100	100/100
区域因素修正	100/100	100/100	100/100
个别因素修正	100/111.00	100/107.30	100/100.55
综合修正比率	－0.10	－0.07	－0.005
比准价格（美元/天/平方米）	0.99	1.12	1.09
权重	1/3	1/3	1/3
最终比准价格（美元/天/平方米）		1.068	

2. 收益法

（1）未来第1年客观租金水平确定

根据上述测算，估价对象第18层办公楼的客观租金水平为1.068美元/天/平方米。

（2）未来第1年有效毛收入测算

根据估价人员现场查看，估价对象大部分已出租，租赁期限较短，但委托方未提供估价对象已出租房屋的租赁合同，因此，估价人员采用了客观租金水平，而未考虑其租约租金、租赁期限对估价结果的影响。

根据上述测算的客观租金水平，求取估价对象的有效毛收入。一年按365天计，估价对象位于陆家嘴金融贸易区，区域环境好，出租率高，故出租率取90％（详见市场分析部分），估价对象的有效出租面积为100％。

未来第1年有效毛收入＝1.068美元/天/平方米×365天×90％×100％＝350.77美元/平方米。

（3）未来第1年运营费用确定

根据目前房地产租赁市场的成本因素进行分析，运营费用主要包括运营成本、税金。运营成本包括管理费用、维修费用、保险费用、其他支出，税金包括营业税及附加、房产税等，经营费用明细详见表 6-13。

经营费用明细表 表 6-13

序号	名称	系数	运营费用（美元/平方米/年）	备注
1	管理费用	3%	10.52	据市场调查，根据市场惯例按租金3%估算
2	维修费用	1%	3.51	据市场调查，根据市场惯例按租金1%估算
3	保险费		1.44	根据2006年上海建设工程造价估算指标，甲级办公楼的房屋重置价约为7500元/平方米。目前我国的房地产保险费率在0.1%～0.2%之间，本次评估取0.15%。保险费=7500×0.15%÷7.8=1.44美元/年/平方米
4	房产税	12%	42.09	《上海市房产税实施细则》（1986年12月23日上海市人民政府发布，1991年2月2日上海市人民政府第43号令修改后重新发布）第五条，房产出租的，以房产租金收入为房产税的计税依据；第六条，依照房产租金收入计征的，税率为20%
5	营业税及附加	5.55%	19.47	①《中华人民共和国营业税暂行条例》"营业税税目税率表，税目：服务业——租赁；税率：5%"，基数为房产租金收入；②《上海市城市维护建设税实施细则》第四条"城市维护建设税税率分别规定如下：（一）纳税人所在地在市区或金山卫石化地区的，税率为7%"，基数为营业税；③《国务院关于修改〈征收教育费附加的暂行规定〉的决定》中"将第三条修改为：'教育费附加，以各单位和个人实际缴纳的营业税的税额为计征依据，教育费附加率为3%，与营业税同时缴纳';"④《上海市人民政府办公厅关于本市河道工程修建维护管理费征收事项的通知》（沪府办发〔2006〕9号）第二条"自2006年1月1日起，河道工程修建维护管理费继续按当年实缴营业税税额的1%征收。"
6	其他支出	1%	3.51	据市场调查，根据市场惯例按租金1%估算
合计			80.54	

注：取美元：人民币汇率为1:7.8。

（4）未来第1年净收益确定

$$未来第1年净收益 = 有效毛收入 - 运营费用$$
$$= 350.77 - 80.54$$
$$= 270.23 美元/平方米$$

（5）报酬率确定

确定报酬率主要有累加法、市场提取法和投资报酬率排序插入法等三种方法。经分析和考虑估价对象的具体情况和目前业内估价实务的通常习惯，本次估价采用累加法确定报酬率。

采用累加法确定报酬率的公式为：报酬率＝无风险报酬率＋投资风险补偿率＋管理负担补偿率＋缺乏流动性补偿率－易于获得融资的优惠率－所得税抵扣的优惠率。

本次评估确定报酬率取6%。具体取值理由和测算结果详见表6-14。

累加法确定报酬率表 表 6-14

项目	数值	取值理由
无风险报酬率	2.52%	通常选取同一时期相对无风险的报酬率，本次估价取银行一年期定期存款年利率
投资风险补偿率	2.00%	当地投资类似办公房地产的风险不大，投资者要求的风险补偿率一般为2.00%
管理负担补偿率	0.18%	投资类似办公房地产通常用于出租，管理负担不大，投资者要求的管理负担补偿率取0.18%
缺乏流动性补偿率	2.00%	投资类似办公房地产与投资股票、债券和黄金相比，流动性明显要差，投资者要求的缺乏流动性补偿率取2.00%

报告六　上海市浦东新区××路×××号"×××大楼"部分办公房地产抵押估价报告

续表

项　目	数　值	取值理由
易于获得融资的优惠率	−0.4%	投资类似办公房地产有利于获得融资（如取得银行抵押贷款），可适当降低投资者对报酬率的要求。本次估价取−0.4%
所得税抵扣的优惠率	−0.30%	投资类似办公房地产可获得投资者所得税抵扣方面的优惠，可适当降低投资者对报酬率的要求。本次估价取−0.3%
报酬率	6.00%	—

（6）净收益逐年递增的比率确定

近几年上海的办公楼价格增长较快，办公楼价格指数从2003年～2005年连续三年涨幅均高于10%（中房上海办公楼价格指数详见表6-15）。由于2005年下半年开始，国家对房地产市场进行了新一轮的宏观调控，2006年办公楼价格增速有所下降，全年涨幅为6.7%，而2006年的通货膨胀率为1.5%。近年来，我国整个经济环境过快增长，国家将会采用货币紧缩政策，保证我国的国民经济平稳发展。估价对象位于陆家嘴金融贸易区，周边区域环境好，景观好，具有一定的发展潜力。综合上述因素，结合本次评估目的，采用谨慎原则，取年租金上涨率为0.5%。

中房上海办公楼价格指数　　　　表6-15

时间（月份）	1	2	3	4	5	6	7	8	9	10	11	12	每年涨幅
2001年中房上海办公楼价格指数	907	908	908	908	908	908	908	911	911	911	914	919	1.32%
2002年中房上海办公楼价格指数	922	922	925	933	943	953	960	971	977	984	990	1000	8.46%
2003年中房上海办公楼价格指数	1009	1016	1049	1058	1069	1076	1092	1105	1113	1130	1146	1158	14.77%
2004年中房上海办公楼价格指数	1169	1183	1196	1211	1220	1226	1230	1237	1245	1257	1277	1289	10.27%
2005年中房上海办公楼价格指数	1316	1342	1376	1400	1424	1449	1466	1478	1478	1461	1452	1458	10.79%
2006年中房上海办公楼价格指数	1463	1475	1482	1492	1498	1508	1512	1520	1537	1546	1555	1561	6.7%

（7）收益期限确定

估价对象的土地使用权来源为国有转让，估价对象的土地用途为商业贸易、金融办公，土地使用年限：1994年03月05日～2044年03月04日，于估价时点剩余土地使用年限约为37.27年。估价对象为地下3层、地上37层钢混结构建筑物，一般情况下，非生产用房钢混结构建筑物的耐用年限为60年，而估价对象于2004年竣工，该建筑物的剩余经济寿命于估价时点约为58年。该建筑物的剩余经济寿命58年大于土地剩余使用年限37.27年。

根据房地产估价规范的有关规定和"房跟地走"的估价惯例，对于土地与建筑物合一的估价对象，当建筑物剩余经济寿命大于或等于剩余土地使用权年限时，为了适当简化测算过程，可将剩余土地使用权年限确定为收益期限。因此，收益期限取37.27年。

（8）收益价格：

$$收益单价 = 270.23 \div (6\% - 0.5\%) \times \{1 - [(1+0.5\%) \div (1+6\%)]^{37.27}\}$$
$$= 4239 \text{ 美元}/\text{平方米}$$
$$= 4239 \times 7.8 = 33062 \text{ 元}/\text{平方米}$$

注：取美元：人民币汇率为1：7.8。

（三）估价对象中第18层办公用房的市场价格

根据上述测算，市场比较法与收益法测算的价格虽然有一定的差异，但差异不大，经估价人员综合分析后，取两者的简单算术平均数作为估价对象第18层办公楼的估价结果，则为：

市场单价＝31918×0.5＋33062×0.5＝32490元/平方米

（四）估价对象结果确定

本次估价以典型房屋第18层的基准价格（32490元/平方米）为基础，根据不同办公房屋的楼层因素，对该基准价格进行适当的调整、修正，确定估价对象的评估价格，楼层修正明细详见表6-16。

楼层修正明细表　　　　　　表6-16

幢号-门牌号	层次（实际）	室号	建筑面积（平方米）	基准价格（元/平方米）	楼层修正系数	评估单价（元/平方米）	评估总价（元）	评估单价（元/平方米）	评估总价（万元）
1幢99号	4层	主楼	1699.86	32490	－7％	30216	51362569	30214	5136
1幢99号	6层	主楼	1921.36	32490	－6％	30541	58679612	30541	5868
1幢99号	8层	主楼	2394.39	32490	－5％	30866	73904202	30864	7390
1幢99号	10层	主楼	2394.39	32490	－4％	31190	74682141	31190	7468
1幢99号	12层	主楼	2394.39	32490	－3％	31515	75460080	31515	7546
1幢99号	14层	主楼	2394.39	32490	－2％	31840	76238019	31841	7624
1幢99号	16层	主楼	2394.39	32490	－1％	32165	77015958	32167	7702
1幢99号	18层	主楼	2353.96	32490	0％	32490	76480323	32490	7648
1幢99号	20层	主楼	2464.42	32490	1％	32815	80869868	32815	8087
1幢99号	22层	主楼	2464.42	32490	2％	33140	81670560	33140	8167
1幢99号	24层	主楼	2464.42	32490	3％	33465	82471252	33464	8247
1幢99号	26层	主楼	2464.42	32490	4％	33790	83271944	33789	8327
1幢99号	28层	主楼	2464.42	32490	5％	34115	84072635	34114	8407
1幢99号	30层	主楼	2464.42	32490	6％	34439	84873327	34438	8487
1幢99号	32层	主楼	2464.42	32490	7％	34764	85674019	34763	8567
合计			35198.07						114671

备注：根据估价人员对不同层次类似办公用房的售价和租金水平，进行调查和综合分析，确定类似办公用房每隔一个楼层的价格修正幅度为：±0.5％。

估价对象评估均价＝1146710000÷31598.07＝32579元/平方米。

七、估价结果

根据上述本公司估价人员的估算，估价对象在满足本次估价的全部假设和限制条件下的估价结果为：

1. 估价对象在假定未设立法定优先受偿权利下的市场价值为评估总价（V_1）：人民币 壹拾壹亿肆仟陆佰柒拾壹万元整（RMB 1146710000.00），平均评估单价：每平方米建筑面积人民币 叁万贰仟伍佰柒拾玖元整（RMB 32579.00）。估价对象各部分房地产价格明细表（同致委托方函中附表，略）。

2. 估价人员经了解知悉，估价对象在估价时点无法定优先受偿款（详见委托方承诺书），即法定优先受偿款（V_2）为零。

3. 估价对象抵押价值（V）＝（V_1）－（V_2）＝人民币壹拾壹亿肆仟陆佰柒拾壹万元整（RMB 1146710000.00）。

报告七

北京市××区××街××号（××酒店）房地产抵押估价报告

北京首佳房地产评估有限公司　　杨　丹　龚智诚　彭　萍

评析意见：

　　为了评估位于北京王府井某五星级酒店的抵押价值，估价师对当地四星级以上高档酒店的房地产市场状况以及对估价对象的界定、法定优先受偿权利状况、实际经营状况和变现能力等，进行了比较充分的调查和分析。合理选用收益法和成本法进行评估，考虑因素比较全面，测算过程比较完整。运用收益法时，既充分考虑了当地同档次星级酒店的客观收益水平，又同时考虑了银行对贷款项目实际还贷能力进行分析的要求。该报告内容完整，表述到位，对类似星级酒店抵押价值评估具有一定的示范和参考价值。但对选用或不选用估价方法的理由以及确定某些估价参数的理由，在文字表述上略有欠缺。

目录（略）
致估价委托人函

北京××有限公司：

　　承蒙委托，我公司对贵公司拥有的位于北京市××区××街××号（××酒店）房地产（建筑面积88292.17平方米，国有出让土地使用权面积10518.88平方米）在现状条件下的抵押价值进行了评估，为确定房地产抵押贷款额度提供参考依据。

　　估价人员根据估价目的，遵循估价原则，按照评估工作程序，运用科学的评估方法，在认真分析现有资料的基础上，经过周密准确的测算，并详细考虑了影响房地产价值的各项因素，确定估价对象在估价时点二〇〇八年一月十五日的假定未设立法定优先受偿款权利下的市场价值为（币种：人民币）：

　　评估总价：227670万元，大写：贰拾贰亿柒仟陆佰柒拾万圆整。

　　评估单价：每平方米建筑面积平均25786元/平方米。

　　其中：土地评估总价：129011万元，建筑物评估总价：98659万元。

房地产抵押估价结果汇总表　　　　表7-1

（币种：人民币；单位：总价 万元，单价 元/平方米）

项目及单位	数额及说明	数额	说　明
1 假定未设立法定优先受偿权利下的价值（V_1）	总价	227670	—
	每平方米建筑面积单价	25786	—
	其中：土地评估总价	129011	—
	建筑物评估总价	98659	—
2 法定优先受偿款（V_2）	总额	74652	
2.1 拖欠建设工程价款	总额	24652	根据委托方提供的《××街×号地项目未付款情况说明》，××酒店项目尚欠付室外工程款、建安工程款、装修工程款、材料及设备款共计24652万元

第三部分 房地产抵押估价

续表

项目及单位	数额及说明	数 额	说 明
2.2 已抵押担保债权数额	总额	50000	根据委托方提供的资料，估价对象存在两笔抵押他项权利尚未注销，抵押人均为中国××银行北京市××支行，贷款金额共计50000元人民币
2.3 其他法定优先受偿款	总额	—	—
3 抵押价值（V_1-V_2）	总价	153018	委托方拟以同一估价对象向同一银行申请抵押贷款，此次抵押价值由抵押权人酌定
	每平方米建筑面积单价	17331	

北京首佳房地产评估有限公司
法定代表人：
二〇〇八年一月十五日

注册房地产估价师声明（略）
估价的假设和限制条件

1. 估价对象的国有出让土地使用权及房屋所有权均为合法取得，估价对象能够正常上市交易。
2. 在估价时点当时的房地产市场为公开、平等、自愿的交易市场。
3. 任何有关估价对象的运作方式、程序均符合国家、地方的有关法律、法规。
4. 本次估价结果未考虑国家宏观经济政策发生重大变化以及遇有自然力和其他不可抗力对估价结论的影响。
5. 委托方提供的资料属实，并且提供了与本次评估有关的所有资料，没有保留、隐瞒。
6. 本次评估估价对象的土地权属情况以《国有土地使用证》【京市东港澳台国用（2007出）第××号】为依据。如上述情况发生变化，估价结果需做相应调整。
7. 本次评估估价对象的房屋权属情况以《房屋所有权证》【×京房权证市港澳台字第××号】为依据。如上述情况发生变化，估价结果需做相应调整。
8. 估价对象证载房屋用途为酒店、车位，证载土地用途为综合、地下综合、地下车库，经估价人员实地勘察，估价对象实际用途与房屋用途一致，本次评估估价对象房地产用途以证载房屋用途为准，在此提醒报告使用者注意。
9. 本次评估估价对象地下车位个数以《房屋所有权证》【×京房权证市港澳台字第××号】中房号清单为依据，地下共计354个车位。如上述情况发生变化，估价结果需做相应调整。
10. 根据委托方提供的资料，至估价基准日，估价对象存在以下两笔抵押他项权利尚未注销（表7-2）：

未注销的抵押他项权利 表7-2

序 号	抵押范围	抵押权人	权利价值	抵押期限
1	××街××号（地下室）及××号土地及在建工程	中国××银行北京市××支行	3亿元	2005年9月1日～2010年8月31日
2	××街××号（地下室）及××号土地及在建工程	中国××银行北京市××支行	2亿元	2000年11月15日～2009年5月31日

除此之外，估价对象地下一层及地上一层、五层局部对外出租，本次评估已考虑上述租赁他项权利对估价结果的影响，在此提请报告使用者注意。除此之外，估价对象不存在估价师知悉的担保等其他他

项权利。

11. 根据委托方提供的《××街×号地×项目未付款情况说明》，××酒店项目尚欠付室外工程款、建安工程款、装修工程款、材料及设备款共计24652万元，在此提醒报告使用者注意。

12. 房地产价值的体现是土地和房产共同产生收益的结果，本报告对估价结果中的土地使用权价值和房产价值进行了剥离，主要是为满足委托方办理抵押登记手续的要求，单独使用估价对象的土地使用权价值和房产价值无实际意义，在此提醒报告使用者注意。

13. 本报告估价结果是指在目前房地产市场状况下、估价对象在现状条件下假定未设立法定优先受偿权利下的房地产公开市场价值，包括国有出让土地使用权价值和与房屋有关的结构、安装、装修工程价值，不包括可移动的家具、电器等物品价值。

14. 本估价报告书仅为委托方向银行办理抵押贷款确定贷款额度提供参考依据，不作其他评估目的之用。如果评估条件或目的发生变化，估价报告需做相应调整。

15. 房地产交易需要买卖双方了解足够的市场信息，拥有足够的谈判时间，经过谨慎的考虑和对房地产市场进行合理预期，并具体考虑买卖双方的偏好等条件下方能实现。房地产市场的波动及快速变现等特殊交易因素可能导致房地产价值有较大幅度的变化，本报告未考虑这种变化对估价对象价值产生的影响，在此提醒报告使用者注意。

房地产估价结果报告

一、委托方（略）

二、估价方（略）

三、估价对象

（一）估价对象概况

估价对象是位于北京市××区××街××号（××酒店）房地产，建筑面积88292.17平方米，国有出让土地使用权面积10518.88平方米，房地产用途为酒店及地下车库。参照《北京市基准地价（二〇〇二年）》可知，估价对象位于北京市综合用途一级地价区内。估价对象用地四至为：东至××大厦，南至××街，西至××大街，北至××胡同。

（二）房地产权利状况

根据《国有土地使用证》【京市东港澳台国用（2007出）第××号】，北京××有限公司以出让方式取得了估价对象的国有土地使用权，土地坐落为北京市××区××街××号（××酒店），土地使用权面积为10518.88平方米，用途为综合、地下综合、地下车库，土地使用权终止日期均为2050年11月2日，至估价时点，剩余使用年限为42.8年。

根据《房屋所有权证》【×京房权证市港澳台字第××号】，北京××有限公司为估价对象的房屋所有权人，房屋坐落在北京市××区××街××号，建筑面积为88292.17平方米，地上17层，地下3层，用途为酒店及地下车库，产别为港澳台投资房产。

根据委托方提供的资料，至估价时点，估价对象存在两笔抵押他项权利尚未注销（略，具体见表7-2）。

根据委托方提供的《××酒店商业面积》和租赁合同及估价人员现场勘查，估价对象地下一层及地上一层、五层局部已作为商业用房对外出租，出租面积为地上1层1035.74平方米、地上5层955.17平方米，地下1层商业用房总建筑面积2299.08平方米，目前尚未全部出租。（应委托方要求并结合租赁合同保密条款，估价对象已出租部位的承租方及租赁期限本估价报告未予披露。）

除上述抵押、租赁他项权利外，估价对象不存在估价师知悉的担保等其他他项权利。

（三）建筑物情况

估价对象宗地形状较规则，地势平坦，地上建筑物作为××品牌五星级酒店使用，于2007年建成并投入使用，地上共计17层，地下3层。建筑物基本情况详见表（7-3）。

建筑物情况一览表 表7-3

销售楼层	自然楼层	功能	建筑面积（平方米）	备注
1层	1层	大堂、大堂廊、名品店	4609.52	名品店进驻的品牌有劳斯莱斯；林博基尼、艾伦斯特（钻石）、芝柏（表）、雅典（表）、爱康娜（雪茄）
2层	2层	大宴会厅、意大利餐厅、自助餐厅、扒房、大堂吧	4508.94	自助餐厅提供24小时内各时段餐点
3层	3层	中餐厅套房（丽晶轩）、会议室—多功能厅、商务中心	4069.27	会议室—多功能厅共有8间
5层	4层	SPA水疗中心美容套房、健身房套房、游泳池	3875.97	—
6～16层	5～14层	豪华间、贵宾间、行政间、行政套房、大套房、王府套房	29230.76	—
17层	15层	行政酒廊、客房、会议室（2个）	1937.43	—
18～19层	16～17层	客房、总统套房	4484.77	—
地下1～3层	地下1～3层	酒店用房、商铺	19976.66	—
地下1～3层	地下1～3层	车库及人防	15598.85	其中地下1层局部为商业用房
合计	—	—	88292.17	

整个酒店包括豪华间146套，贵宾间243套，行政间54套，行政套房52套，大套房2套，王府套房1套，总统套房2套，总计500套。另有配套的游泳馆、健身中心、咖啡厅、中餐厅、西餐厅、会议室等，建筑物装修和设备情况如下：

外装修：外墙贴石材，局部玻璃幕墙。

内装修情况见表7-4。

室内装修情况一览表 表7-4

销售楼层	自然楼层	用途	装修状况
1层	1层	大堂	大理石地面，墙面贴石材，中空设计，中部为土耳其彩色水晶大吊灯艺术造型吊顶
1层	1层	名品店	根据租户自行要求设计
2层	2层	公共部位	地面铺地砖，木墙局部贴墙砖，石膏板造型顶
2层	2层	意大利餐厅、自助餐厅、扒房、大堂吧	地面铺地砖局部铺地毯，墙面贴进口石材，木制或进口皮革、艺术玻璃饰面，轻钢龙骨石膏板吊顶
2层	2层	大宴会厅	地面铺地毯，实木墙，石膏板造型吊顶
3层	3层	公共部位	地面铺地砖，木墙局部贴墙砖，石膏板造型吊顶
3层	3层	中餐厅套房（丽晶轩）	地面地毯，墙面墙砖局部是手工雕刻木墙，石膏板造型吊顶
3层	3层	会议室—多功能厅、商务中心	地面铺地砖局部铺地毯，墙面贴墙砖，木艺造型顶
5层	4层	公共部位	地面铺地砖，墙面贴壁纸，石膏板吊顶
5层	4层	SPA水疗中心美容套房	地面铺地砖，墙面贴墙砖，石膏板造型吊顶
5层	4层	健身房套房	实木地板，墙面贴墙砖，石膏板造型吊顶
5层	4层	游泳池	水泥地面，墙面贴墙砖，石膏板吊顶
6～16层	5～14层	豪华间、贵宾间、行政间、行政套房、大套房、王府套房	地面铺地砖局部铺实木地板，墙面贴墙砖或壁纸，局部为木制或进口皮革、艺术玻璃饰面，轻钢龙骨石膏板吊顶
17层	15层	行政酒廊	地面铺地砖局部铺地毯，木墙，石膏板造型吊顶局部玻璃顶
18～19层	16～17层	公共部位	地面铺地毯，墙面贴壁纸，石膏板吊顶

销售楼层	自然楼层	用　途	装修状况
		客房、总统套房	地面铺地砖局部铺实木地板，墙面贴墙或壁纸，局部为木制或进口皮革、艺术玻璃饰面，轻钢龙骨石膏板吊顶
地下1~3层	地下1~3层	酒店用房、商铺	公共部位地面铺地砖，墙面贴墙砖，石膏板吊顶，其余按租户要求自行装修
地下1~3层	地下1~3层	地下车库	水泥地面，墙面及顶棚刷涂料

设备：大厦内部采用中央空调统一制冷，安装烟感、喷淋等自动消防系统，中央空调和新风系统，智能化室内温度、灯光、宽带上网控制系统。配有6部日立客梯，6部滚梯，1部观光电梯。

至估价时点，估价对象已投入使用一年，建筑物结构、装修及设备设施维护状况良好，成新度较高。

（四）基础设施状况

估价对象宗地红线外基础设施状况达到"七通"（即通路、供电、供水、排水、通信、供气及供暖）。

宗地红线内基础设施达到"七通"，具体情况如下：① 通路：南临金宝街，西临东四南大街；② 供电：市政供电；③ 供水：市政供水；④ 排水：市政管线排水；⑤ 通信：接入市政通信管网；⑥ 供气：市政供应天然气；⑦ 供暖：室内热风经中央空调输送。

四、估价目的

为确定房地产抵押贷款额度提供参考依据而评估房地产抵押价值。

五、估价时点

二〇〇八年一月十五日（现场勘察之日）。

六、价值定义

根据房地产评估的技术规程和项目的具体要求，本次评估采用的是公开市场价值标准，本次估价结果中的房地产市场价值是指估价对象于估价时点二〇〇八年一月十五日的国有出让土地使用权及房屋所有权在现状条件下假定未设立法定优先受偿权利下的公开市场价值。其中国有出让土地使用权价值是指估价对象设定土地用途为酒店及地下车库，设定土地剩余使用年限为42.8年，实际开发程度为宗地红线外"七通"（即通路、供电、供水、排水、通信、供气及供暖）及红线内场地平整条件下的土地使用权价值，房产价值是指估价对象建筑物在现状条件下的重置成新价值。

抵押价值为估价对象在估价时点的市场价值，等于假定未设立法定优先受偿权利下的市场价值减去估价师知悉的法定优先受偿款。

法定优先受偿款是指假定在估价时点实现抵押权时，法律规定优先于本次抵押贷款受偿的款额，包括拖欠建筑工程价款，已抵押担保的债权数额及其他。

七、估价依据（略）

八、估价原则

我们在本次估价时遵循了以下原则：

1. 独立、客观、公正原则（略）
2. 合法原则（略）
3. 最高最佳使用原则（略）
4. 替代原则（略）
5. 估价时点原则（略）
6. 谨慎原则

谨慎原则是评估房地产抵押价值时应当遵守的原则，它要求当存在不确定性因素的情况下作出估价相关判断时，应当保持必要的谨慎，充分估计抵押房地产在抵押权实现时可能受到的限制、未来可能发生的风险及损失，不高估假定未设立法定优先受偿权利下的市场价值，不低估房地产估价师知悉的法定优先受偿款。

九、估价方法

估价人员在认真分析所掌握的资料并进行了实地勘察之后，根据估价对象的特点和实际状况，采用收益法及成本法作为本次评估的基本方法。理由如下：

1. 估价对象为可取得收益的房地产项目，其收益情况具有可预测性和持续性，符合收益法的应用条件及适用范围。

2. 估价对象已建成并投入使用，各项费用可作较为精确的测算，符合成本法的应用条件及适用范围。

不选用方法理由：

1. 由于估价对象为可正常使用的现房，不适宜采用假设开发法进行测算，故本次评估未使用假设开发法。

2. 估价对象宗地虽然位于北京市基准地价覆盖区域内，但现行基准地价是2002年颁布的，近年来北京市房地产市场变化较大，基准地价中的地价水平与现时市场价值水平有一定差距，运用基准地价系数修正法难以准确计算出估价对象的真实价值水平，因此不宜选用。

3. 由于估价对象实际作为酒店对外经营，因此不适宜选用市场比较法评估整体酒店的市场价值。

（一）估价方法介绍

1. 收益法

该方法是依据委托方提供的相关资料，结合估价对象在不同时期的收益水平，确定估价对象的年总收益，再扣除年经营费用计算出年纯收益，然后运用适当的报酬率，将估价对象未来各期的正常纯收益折算到估价时点上的现值，进而求取估价对象房地产价值。

2. 成本法

成本法是求取估价对象在估价时点的重置价格或重建价格，是全新状态下的价格扣除折旧，以此估算估价对象的客观合理价格或价值的方法。

（二）估价步骤

1. 运用收益法求取估价对象酒店及商业用房的房地产价值

预计估价对象未来的正常纯收益，选用适当的资本化率将其折现到估价时点后累加，以此估算估价对象酒店及商业用房的房地产价值。

2. 运用成本法求取估价对象房地产价值

（1）运用成本法（土地）求取估价对象土地使用权价值。以土地开发所耗费的各项费用之和为主要依据，再加上一定的利润、利息和税费来确定土地使用权价值。

（2）运用成本法（建筑物）求取估价对象房产价值。以建造估价对象建筑物或类似建筑物所需的各项必须费用之和为基础，再加上正常的利息、利润和应纳税金，得出估价对象的重置价值并考虑成新，最后得出估价对象房产价值。

（3）将上述两种方法求取的土地使用权价值和房产价值相加，分别求得估价对象酒店、商业用房和地下车库的房地产价值。

3. 求取估价对象房地产总价值

（1）将收益法和成本法求取的酒店和商业用房的价值结果进行加权平均，综合确定估价对象酒店和商业用房的房地产总价。

（2）地下车库房地产价值以成本法计算结果为准，将酒店和商业用房的房地产价值与地下车库房地产价值相加，最终确定估价对象房地产总价值。

4. 估价对象土地使用权价值的确定

根据估价对象房地产总价值减去重置成本法求得的建筑物价值，最终确定估价对象的土地使用权价值。

5. 确定估价对象的法定优先受偿款

6. 求取估价对象抵押价值

十、估价结果

估价人员根据估价目的，遵循估价原则，按照评估工作程序，运用科学的评估方法，在认真分析现有资料的基础上，经过周密准确的测算，并详细考虑了影响房地产价值的各项因素，确定估价对象在估价时点二〇〇八年一月十五日的假定未设立法定优先受偿权利下的市场价值为（币种：人民币）：

评估总价：227670万元，大写：贰拾贰亿柒仟陆佰柒拾万圆整

评估单价：每平方米建筑面积平均25786元/平方米

其中：土地评估总价：129011万元，建筑物评估总价：98659万元

（房地产抵押估价结果汇总表同致估价委托人函，略）

十一、估价人员（同注册估价师声明，略）

十二、估价作业日期

二〇〇八年一月十五日至二〇〇八年一月二十一日。

十三、估价报告应用的有效期

本报告估价结果自报告完成之日起一年内有效（自二〇〇八年一月二十一日至二〇〇九年一月二十日止）。

北京首佳房地产评估有限公司
法定代表人：
二〇〇八年一月二十一日

房地产估价技术报告

一、实物状况描述与分析

估价对象位于北京市××区××街××号，现名××酒店，建筑面积88292.17平方米，国有出让土地使用权面积10518.88平方米，房地产用途为酒店及地下车库，北京××有限公司拥有估价对象的国有出让土地使用权和房屋所有权。

（一）土地实物状况

估价对象用地四至为：东至××大厦，南至××街，西至××大街，北至××胡同，位于北京市综合用途一级地价区内。

根据委托方介绍及估价人员的现场勘察，该宗地形状较规则，地势较平坦，土地承载能力较好。

估价对象宗地红线内外基础设施均达到"七通"（即通路、供电、供水、排水、通信、供气及供暖），市政基础设施完备。红线内基础设施具体情况如下：①通路：南临金宝街，西临东四南大街；②供电：市政供电；③供水：市政供水；④排水：市政管线排水；⑤通信：接入市政通信管网；⑥供气：市政供应天然气；⑦供暖：室内热风经中央空调输送。

（二）建筑物实物状况

××酒店是由美国××酒店集团管理的涉外五星级酒店，位于著名的北京王府井商业购物中心，毗邻王府井大街和故宫、天安门广场，交通十分便利。酒店现代而经典的豪华客房及套房均配备了时尚的设施，提供免费高速宽带上网接入，大屏幕等离子液晶电视以及DVD播放机等。部分客房可观赏王府井、紫禁城的壮观景致。四个不同风格的餐厅提供世界各地精品美食。酒店还提供包括拥有10间按摩理疗房的水疗中心，设备齐全的健身中心和室内游泳池以及多间豪华时尚商店等辅助设施。管理该酒店的美国××酒店集团成立已60年，是世界10大酒店管理公司之一，业务遍及世界140多个国家和地区，业绩卓著。

以下建筑物实物状况同结果报告中建筑物情况部分的内容，略。

（三）对价格影响的分析

估价对象宗地宗地面积适中，形状规则，地势较平坦，土地承载力较好，与周边土地利用方向较一致，较适用于酒店类项目。其建筑物外观设计、空间布局、内外装修、设备设施及维护情况均能较好地满足其现状用途需求，实物上不存在影响价格的瑕疵。

二、权益状况描述与分析

1. 房地产权属及登记状况（同结果报告中有关内容，略）

2. 法定优先受偿款情况（同结果报告有关内容，略）

3. 就权益的瑕疵对价格的影响进行分析

估价对象已取得土地及房屋权属文件，权属清晰无瑕疵，但存在欠付工程款及抵押权情况，本次估价已考虑上述因素对抵押价值的影响。处置变现时，上述情况会对其变现能力产生一定影响。

三、区位状况描述与分析

估价对象位于××街与××街交叉口，地处银街，属王府井商圈，附近有44、106、112、116、807、812路等多条公交线路和地铁5号线经过，交通十分便捷。

该区域具有成熟、完善的市政配套设施，是北京市著名的商业繁华地区，周边集中了大量的金融、商贸、文化场所以及商务办公、酒店、公寓等设施。区域内聚集有华侨大厦、国旅大厦、凯恒中心、金域中心、新保利大厦等商业、办公大厦；有北京饭店、东方君悦酒店、王府饭店、台湾饭店、国际饭店等星级酒店；有北京协和医科大学、二十五中、一六六中学、景山学校、史家小学等教育机构；有东方新天地、北京百货大楼、新东安市场等商业服务设施；有中国××银行、中国银行、建设银行、民生银行、深圳发展银行等多家金融机构网点；有北京协和医院、建国门医院、佳美口腔总院等医疗机构，公共配套设施完备。

估价对象宗地红线外基础设施状况达到"七通"（即通路、供电、供水、排水、通信、供气及供暖）。区位状况对估价对象价值的影响详见下面（四）有关内容。

四、市场背景描述与分析

1. 北京星级酒店发展状况

北京星级酒店市场经历了三个发展阶段：快速发展阶段、缓慢发展阶段和平稳发展阶段。具体情况如下：

快速发展阶段（1978～1995年）：自1978年改革开放以来，北京酒店市场经历了一段十分强劲的发展阶段。1978～1995年，北京酒店数量由11家增加到250家，客房数量由0.39万间增加到5.9万间，接待海外游客数量从19万人次上升到207万人次。

缓慢发展阶段（1996～1999年）：受亚洲金融危机、全球经济衰退，以及国内政治经济改革和机构调整效果尚未显现等多方面的综合影响，北京酒店入住率和房价双双下滑。高星级酒店入住率从72%（1995年）连续下滑，下降了8.2个百分点，同时平均房价也由1995年的118美元下降到不足100美元；1996～1998年接待海外游客数量基本不变，每年约为220万人次。从1999年开始，酒店市场受周边邻国经济复苏和中国良好经济环境影响，酒店供应增加，整体市场需求明显增加，房价开始缓慢上升。

平稳发展阶段（2000～2008年）：进入21世纪后，北京酒店市场呈现平稳发展态势。2001年北京申奥成功给京城酒店业带来了巨大的发展契机，据测算，仅奥运会期间，国外旅游者就有可能达到60万，国内旅游者有望达到110万，加上正常来京从事商务和公事活动的海外和京外人士，来京游客数量将十分庞大。到2007年，北京星级酒店总数已达到804家、客房12.5万间。

2. 空间分布分析

（1）从区域分布来看，近2/3的星级酒店分布在城八区

2007年，北京共有804家星级酒店，其中城区192家，约占星级酒店总数量的24%；近郊区320家，约占40%；远郊区292家，约占36%（详见表7-5）。从中可以看出，近2/3的星级酒店分布在城

八区。城八区是北京经济商圈、交通枢纽及政府机关的集中区,酒店市场需求量巨大,使得众多星级酒店云集于此。其中,朝阳和海淀是星级酒店供应量最大的两个区域,星级酒店数量都超过100家,分别为148家和118家,所占比重约为18%和15%。这主要是受区域内众多独特资源及庞大的客流量所影响。海淀区紧邻全国最大的火车站(北京西客站),拥有闻名全国的"中国硅谷(中关村)"及清华、北大等众多知名学府,区内还有五A级景点颐和园;而朝阳区不仅区域广阔,经济还十分活跃,拥有CBD、亚奥及燕莎等众多著名商圈,区内还有国展、农展馆及国贸中心等众多展览馆及全国最大机场首都机场。这些独特资源吸引了众多游客及商务人士,带来了极为庞大的客流量,促进了区域酒店市场的发展和繁荣。

2007年北京星级酒店区域分布情况表 表7-5

区	域	五星级		四星级		三星级		二星级		一星级		合	计
城八区	东城区	12	29%	13	11%	14	5%	20	6%	2	4%	61	8%
	西城区	2	5%	10	9%	15	6%	27	8%	4	7%	58	7%
	崇文区			2	2%	12	5%	14	4%			28	3%
	宣武区			6	5%	17	7%	22	7%			45	6%
	朝阳区	14	34%	27	24%	54	21%	40	12%	13	24%	148	18%
	海淀区	9	22%	21	18%	40	16%	43	13%	5	9%	118	15%
	丰台区			3	3%	17	7%	23	7%	1	2%	44	5%
	石景山区					4	2%	5	1%	1	2%	10	1%
	小计	37	90%	82	72%	173	68%	194	58%	26	47%	512	64%
远郊区	昌平区	1	2%	12	11%	16	6%	29	9%	6	11%	64	8%
	大兴区	1	2%	3	3%	4	2%	7	2%			15	2%
	通州区			4	4%	6	2%	4	1%			14	2%
	顺义区			4	4%	11	4%	5	1%			20	2%
	房山区			2	2%	11	4%	17	5%	4	7%	34	4%
	门头沟区			1	1%	3	1%	14	4%	1	2%	19	2%
	怀柔区			3	3%	13	5%	30	9%	6	11%	52	6%
	平谷区			2	2%	5	2%	14	4%	3	5%	24	3%
	密云县	2	5%			9	4%	10	3%	7	13%	28	3%
	延庆县			1		6	2%	13	4%	2	4%	22	3%
	小计	4	10%	32	27%	84	33%	143	42%	29	53%	292	36%
合计		41	100%	114	100%	257	100%	337	100%	55	100%	804	100%

(2)星级酒店分布与市中心距离呈负相关,星级越高越向城八区集中

据统计,约90%的五星级酒店及近3/4的四星级酒店集中在城八区,大约53%的一星级酒店则分布在远郊区(详见图7-1)。高星级酒店价格及客户需求层次均较高,客户群体主要为国外游客及参加

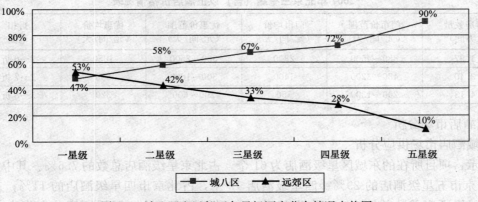

图7-1 城八区和远郊区各星级酒店分布情况走势图

会议、展览等商务人士，他们因为商务需要及考虑到旅行的便捷度，一般选择城八区的酒店，从而导致了高星级酒店向城八区集中；而远郊区的酒店主要是为休闲度假及小型会议服务，不可能支付过高的房价，使得远郊区的酒店供应向低星级发展。从中可以看出，星级酒店分布与市中心距离呈现负相关。

高星级酒店集中化程度高，近2/3的供应量集中在四环以内地区。

2007年，北京三星级（含）以上酒店有9.5万间客房，提供床位数16.06万张。其中，二环内地区约有1.91万间客房供应，占三星级（含）以上客房总数的20%；二、三环之间约有2.75万间客房供应，所占比重为29%，是高星级酒店供应量最大的环线区域，三、四环之间约有1.41万间客房供应，所占比重为15%（详见图7-2）。从中可以看出，近2/3的高星级酒店集中在四环以内地区，北京高星级酒店的供应呈现高度集中化。这主要是受交通条件、地理位置、自然环境、周边人文传统、客户类型等资源分布的影响，因为酒店本身不

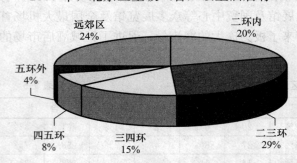

图7-2　2007年北京三星级（含）以上酒店环线分布图

是目的地，而是酒店周边的商圈、商业或者是旅游区，以目的地作为一个基础酒店，才可能有好的经济效益。北京最重要的商圈、商业街、火车站、会展中心等重要资源基本上都位于四环内，从而导致高星级酒店在四环内地区高度集中。另外，远郊区的高星级酒店供应量也较大，约有2.32万间客房，所占比重为24%。主要是因为远郊区有重要的旅游资源，如延庆的八达岭长城、昌平的十三陵及怀柔的雁栖湖等。

3. 北京星级酒店市场价格分析

2007年，北京五星级酒店价格最高，门市均价约为2800元/间/天，优惠价约为1050元/间/天；四星级酒店价格次之，门市均价约为1400元/间/天，优惠价约为550元/间/天；三星级酒店门市均价约为550元/间/天，优惠价约为320元/间/天（详见表7-6）。从市场行情来看，五星级酒店优惠价比四星级高出约500元，而四星级的优惠价比三星级高出200多元，二星级比一星级仅高出几十元，随着酒店星级的提高，客房价格差距在逐渐拉大；另外，同一星级的不同位置的酒店价格差距也较大，如位于市中心（天安门）附近的五星级酒店门市价基本上都超过3000元/间/天；而位于远郊区的门市价则较低，如密云县的两家五星级酒店，其门市价均低于1000元/间/天。

在非节假日时间段，北京高星级酒店的门市价有较大折扣，约为2~6折。其中，五星级酒店平均折扣约为4折，四星级约为4折，三星级约为6折（详见表7-6）。高星级酒店折扣较大的原因主要在于以下两方面：一是高星级酒店的门市价较高，折扣空间大；二是高星级酒店供应大，市场竞争激烈。目前北京三星级（含）以上酒店共有客房9.5万间，在非节假日时间段，需求客户相对有限，为了吸引客户只能采用低价策略。

2007年北京三星级（含）以上酒店价格情况表　　表7-6

星级	客房数量（万间）	门市价范围（元/间/天）	门市均价（元/间/天）	优惠价范围（元/间/天）	优惠均价（元/间/天）	折扣范围	平均折扣
五星	1.97	880~4500	2800	500~2500	1050	2~6折	4折
四星	3.40	480~3200	1400	300~1000	550	2~7折	4折
三星	4.13	260~1300	550	200~600	320	3~8折	6折

4. 区域酒店市场分析

（1）区域酒店市场供应分析

调查显示，项目所在的东城区星级酒店为61个，占北京星级酒店总数的7.6%。其中，五星级酒店12个，占北京市五星级酒店的29%；四星级酒店13个，占北京市四星级酒店的11%；三星级14个，占北京市三星级酒店总数的5%；二星级20个；一星级酒店2个。区域酒店分布集中，且以三星级

（含）以上等中高档酒店为主，该区域三星级及以上的酒店共39个，约占东城区酒店总数的2/3（详见表7-7）。

2007年东城区星级酒店供应结构情况一览表 表7-7

星级	五星级		四星级		三星级		二星级		一星级		合计	
	数量	所占比重	数量	所占比重	数量	所占比重	数量	所占比重	数量	所占比重	数量	所占比重
酒店数（个）	12	20%	13	21%	14	23%	20	33%	2	3%	61	100%
客房数（间）	6455	47%	3462	25%	2176	16%	1624	12%	180	1%	13897	102%
床位数（张）	9575	43%	5504	25%	3775	17%	3237	15%	364	2%	22455	102%

东城区提供客房套数约为13897间，约占北京市客房总量的和11.1%。该区域酒店开业时间集中在20世纪90年代，规模以客房供应400间以下的中小型酒店为主，由于开业时间较早，形成了较好的行业氛围，为项目未来发展提供了良好的投资环境。由于项目所在区域酒店的规模以中小型为主，且新项目较少，因此，项目的市场前景较好。

（2）区域酒店市场需求分析

项目所在的东城区，是首都北京的老城区之一，历来是商贾云集的富庶之地，作为商业中心地区已有上百年历史。王府井、北京站、隆福寺等传统商业街在国内外享有很高知名度。其中，王府井大街是北京市著名的"金街"。此外，该区还是北京市文物古迹最为密集的区域。该区共有三级文物保护单位122项，其中国家级文物保护单位19项，占北京市的32%；市级保护单位55项，占北京市的24%；区级文物保护单位48项。正因为如此，该区每年都接纳大量的国内外游客、访客，人数每年都有一定程度的增长。

据东城区统计局监测数据统计，2007年上半年东城区星级饭店接待的86.5万人次住宿者中，国内住宿者与入境住宿者分别为45.7万人次和40.8万人次，各占52.8%和47.2%。其中，入境住宿者人数同比增长11.9%，拉动星级饭店接待总人数上升5.3个百分点。2007年上半年星级饭店累计实现营业额19.7亿元，同比增长12.2%。其中，客房收入10.5亿元，同比增长13.4%，占营业额的53.3%；实现社会消费品零售额7.4亿元，同比增长12.7%。

（3）区域星级酒店价格分析

东城区四、五星级酒店的基本情况如表7-8所示。

东城区四、五星级酒店基本情况统计表（单位：元/天/间） 表7-8

序号	宾馆名称	星级	地址	客房数（间）	床位数（张）	标间报价	优惠价	开业年份	重装修年份
1	国际饭店	五星	东城建内大街9号	1008	1435	3000	699	1987	2002
2	北京饭店	五星	东城长安街33号	895	1477	3320	688	1953	2000
3	东方君悦大酒店	五星	东长安街道东方广场	825	1238	4370	2013	2001	—
4	王府饭店/王府半岛酒店	五星	东城金鱼胡同8号	525	684	3488	1251	1989	2003
5	华侨大厦	五星	王府井大街2号	400	544	2400	698	1992	2003
6	天伦王朝饭店	五星	王府井大街50号	395	575	2410	999	1990	2007
7	国际艺苑皇冠假日饭店	五星	王府井大街48号	360	540	3500	1093	1991	2003
8	贵宾楼饭店	五星	东长安街35号	227	348	3450	888	1990	1999
9	首都大酒店	五星	前门东大街3号	596	963	4287	799	1989	2002
10	港澳中心瑞士酒店	五星	朝阳门北大街2号	430	616	4024	1015	1991	2002
11	亚洲大酒店	五星	工体北路新中西街8号	294	539	2880	888	1994	2001
12	新侨饭店	四星	东城区东交民巷2号	700	1239	1750	568	1954	1998
13	好苑建国商务酒店	四星	建国门内大街19号	398	616	1821	648	1996	2003
14	和平宾馆	四星	王府井金鱼胡同3号	344	550	1618	899	1952	2003

续表

序号	宾馆名称	星级	地址	客房数（间）	床位数（张）	标间报价	优惠价	开业年份	重装修年份
15	宝辰饭店	四星	东城建内大街甲18号	300	450	888	468	1997	2001
16	鑫海锦江大酒店	四星	××街61号	231	325	1909	768	2005	—
17	丽亭酒店	四星	东城区××街97号	216	289	1784	621	2005	—
18	北方佳苑饭店	四星	王府井大街218-1号	202	316	2400	638	2002	—
19	翠明庄宾馆	四星	南河沿大街1号	122	172	1200	688	1998	—
20	保利大厦	四星	东直门南大街14	292	478	2268	668	1992	2003
21	北京凤展大酒店	四星	东城安外大街57号	196	350	647	380	2000	2006
22	东方花园饭店	四星	东城东直门南大街	173	240	1430	698	1997	2004
23	北京东方创业文化交流中心	四星	东城交道口101号	160	243	2622	488	2000	—
24	宁夏大厦	四星	安内大街分司厅胡同13号	128	236	960	478	2004	—

注：以上为2007年5月至估价时点的数据统计。

根据以上数据分析，五星级酒店标准间市场报价水平在2400～4400元/天/间，但优惠价格约在700～2000元/天/间；四星级酒店标准间市场报价水平在650～2600元/天/间，优惠价格约在380～900元/天/间。

估价对象所处区域同档次酒店较多，且大多数同档次酒店成立时间较长，具有一定的知名度，客源相对稳定，估价对象作为一家新的市场参与者在竞争中面临较大的压力。从另一个角度而言，虽然该区域酒店较多，但由于区域内客流量较大，酒店需求量尤其是高档次酒店的需求量旺盛，产业聚集度高，且估价对象刚刚建成并投入使用，在功能设置、设备设施、装修风格等方面均比同档次酒店略胜一筹，同时酒店还引入国际知名的美国××酒店集团进行管理，综合而言该酒店市场前景相对看好。

五、最高最佳使用分析

最高最佳使用原则要求房地产估价结果是在估价对象最高最佳使用下的价值。最高最佳使用是指法律上许可、技术上可行、经济上可行、经过充分合理的论证，能够使估价对象的价值达到最大化的一种可能的使用。

房地产估价之所以要遵守最高最佳使用原则，是因为在现实房地产经济活动中，每个房地产拥有者都试图充分发挥其房地产的潜力，采用最高最佳使用方式，以取得最大经济利益。这一估价原则也是房地产利用竞争与优选的结果。因此房地产估价不仅要遵守合法原则，也要遵守最高最佳使用原则。

估价对象位于东城区王府井商圈，地理位置优越，商业繁华，人流量大，交通便捷，周边公共配套设施完备，并且拥有合法的酒店和地下车库用途，根据该地区整体规划的要求和估价对象所处区域的土地利用现状，估价对象为钢混结构的多层建筑，从建筑结构来看，建筑施工技术能满足估价对象的房屋设计及结构要求，且不存在过度投入，资源浪费的情况，在技术上、经济上均具有较高的可行性，经过充分合理的论证，在合法前提下，估价人员认为估价对象按照现状用途继续使用为最有效利用方式，符合最高最佳使用原则。

六、估价方法适用性分析（同结果报告有关内容，略）

七、估价测算过程（收益法和成本法）

（一）运用收益法求估价对象酒店及商业用房房地产价值

收益法计算的基本公式为：

$$房地产评估价格 = A \div Y \times [1 - 1 \div (1+Y)^N]$$

式中：A—房地产年纯收益；Y—房地产报酬率；N—剩余收益年限。

1. 年经营总收益

估价对象酒店及商业用房经营总收益主要包括四部分：一是客房收益，二是餐饮收益，三是商业用房出租收益，四是其他收益。通过调查同档次同类物业各服务项目的收费水平及实际收益，估价对象作为××品牌五星级酒店，其客房及其他服务收费标准在该区域具有一定代表性，同时结合委托方的贷款目的和银行的特殊要求，本次评估参考委托方提供的《××酒店经营种类及收入情况说明》并综合考虑节假日及季节等因素对收益的影响，计算酒店及商业用房年收益如下：

（1）客房收益，根据委托方提供的资料，每年的经营时间按365天计算，根据委托方提供的《××酒店经营种类及收入情况说明》，结合对估价对象周边相同档次酒店客房入住率等情况的调查，客房各阶段收益情况见表7-9、表7-10、表7-11。

旺季收益（4～7月及9～11月） 表7-9

客房类型	单位租金（元/天）	数量（间或套）	旺季折扣	旺季入住率	入住天数	旺季收益（万元）
豪华间	2000	146	100%	75%	213	4664.70
贵宾间	2150	243	100%	70%	213	7789.73
行政间	2550	54	100%	65%	213	1906.46
行政套房	2950	52	100%	60%	213	1960.45
大套房	8000	2	100%	10%	213	34.08
王府套房	16000	1	100%	5%	213	17.04
总统套房	40000	2	100%	5%	213	85.20
客房年总收益	—	—	—	—	—	16457.66

平季收益（2、3、8月） 表7-10

客房类型	单位租金（元/天）	数量（间或套）	平季折扣	平季入住率	入住天数	平季收益（万元）
豪华间	2000	146	80%	60%	90	1261.44
贵宾间	2150	243	80%	60%	90	2256.98
行政间	2550	54	70%	50%	90	433.76
行政套房	2950	52	65%	50%	90	448.70
大套房	8000	2	60%	10%	90	8.64
王府套房	16000	1	45%	5%	90	3.24
总统套房	40000	2	40%	5%	90	14.40
客房年总收益	—	—	—	—	—	4427.16

淡季收益（1、12月） 表7-11

客房类型	单位租金（元/天）	数量（间或套）	淡季折扣	淡季入住率	入住天数	淡季收益（万元）
豪华间	2000	146	50%	50%	62	452.60
贵宾间	2150	243	50%	50%	62	809.80
行政间	2550	54	50%	45%	62	192.09
行政套房	2950	52	50%	40%	62	190.22
大套房	8000	2	50%	10%	62	4.96
王府套房	16000	1	45%	5%	62	2.23
总统套房	40000	2	30%	5%	62	7.44
客房年总收益	—	—	—	—	—	1659.34

根据酒店业目前市场的价格管理体制，结合估价对象实际经营状况，上述客房服务需加收15%的服务费，则：

客房年总收益 = (16457.66 + 4427.16 + 1659.34) × (1 + 15%) = 25925.78(万元)

（2）餐饮收益，根据委托方提供的《××酒店经营种类及收入情况说明》，××酒店内有多种餐厅，每年的经营时间按365天计算，餐厅的人均消费水平（元/位/天）、最大客位、翻牌次数、上座率等情况见表7-12。

第三部分 房地产抵押估价

餐饮收益情况 表 7-12

经营项目	人均消费水平（元/位/天）	最大客位（人）	翻牌次数	上座率	年总收益（万元）
大宴会厅	632.5	500	2	40%	9234.50
意大利餐厅	575	46	2	30%	579.26
自助餐厅	402.5	160	2	40%	1880.48
扒房	747.5	50	1	30%	409.26
大堂吧	115	135	2	45%	510.00
丽晶轩餐厅	517.5	200	3	65%	7366.61
合计	—	1091	—	—	19980.11

注：上述人均消费水平已包含了 15%的服务费。

（3）商业用房出租收益，估价对象部分商业用房已对外出租，出租收益情况如下：

根据委托方提供的《××酒店商业面积》和租赁合同，××酒店地上1层、5层商业用房建筑面积为2680.58平方米，××酒店地下1层商业建筑面积为2299.08平方米。实际出租面积为地上1层1035.74平方米、地上5层955.17平方米，地下1层商业用房尚未全部出租。经现场勘察，××酒店地上商业用房已全部使用，故本次评估地上商业用房的租赁面积以实际出租面积为准。根据估价人员的市场调查及委托方提供的租赁合同，估价对象地上1层商业租赁合同的实际租金水平在22.3～30.8元/天/平方米之间，地上1层商业年收入总计约997万元，考虑商铺合理空置率并结合商业用房市场租金状况，综合确定估价对象地上1层商业租金为30元/天/平方米；估价对象地上5层商业租赁合同的实际租金为4.6元/天/平方米，考虑到合同中约定租金每年递增5%，并结合其合理空置率，综合确定地上5层商业租金为5元/天/平方米；估价对象地下1层商业租赁合同实际租金水平一般在5.6～14.8元/天/平方米之间，结合其合理空置率，综合确定地下1层商业租金为7元/天/平方米，估价对象空置率均取10%，按照每年365天计算，商业用房年总收益为：

商业用房年总收益＝(1035.74×30＋955.17×5＋2299.08×7)×(1－10%)×365÷10000
　　　　　　　　＝1706.28(万元)

（4）其他收益，××酒店其他收益还包括会议室、健身房、游泳馆等产生的收益。依据委托方提供的《××酒店经营种类及收入情况说明》，每年的经营时间按365天计算，则其他收益见表7-13。

酒店其他收益 表 7-13

经营项目	人均消费水平（元/天）	接待能力（人）	上座率	年收益（万元）
会议室-多功能厅	300	350	20%	766.50
健身房	150	250	5%	68.44
游泳馆	150	50	5%	13.69
行政酒廊	250	100	5%	45.63
会议室	100	30	50%	54.75
收益合计	—	—	—	949.01

估价对象酒店及商业用房年总收益为：

年经营收益＝客房收益＋餐饮收益＋商业收益＋其他收益
　　　　　＝25925.78＋19980.11＋1706.28＋949.01
　　　　　＝48561.18（万元）

2. 年经营总费用

（1）房产税，指房产所有人按有关规定向税务机关缴纳房产税费，依据《中华人民共和国房产税暂行条例》、《北京市施行〈中华人民共和国房产税暂行条例〉的细则》，自用的房地产房产税以房产原值一次减除10%～30%后的余值为计税依据，税率按1.2%缴纳，考虑估价对象的实际情况，综合确定按房屋重置成本总价90882万元（计算过程详见重置成本法）作为计税基数，结合重置成本法的计算结果，则房产税为：

$$房产税 = 90882 \times (1 - 30\%) \times 1.2\% = 763.41（万元）$$

(2) 物料消耗，指在经营过程中所消耗物品价格的货币支出，根据估价人员市场调查并结合估价经验，客房部分取经营收益的15%，餐饮部分取餐饮收益的30%，其他部分取经营收益的20%。

(3) 管理费，指管理人员的工资、福利费等相关的费用，根据委托方提供的相关资料，委托方应向××集团支付管理费，包括基本管理费、使用有关商标特许费、预订费、奖励费等，考虑委托方投入的其他管理费，本次评估管理费取年总收益水平的10%。

(4) 两税一费，因委托方为中外合资企业，享受税收优惠政策，不需缴纳城市维护建设税和教育费附加，此项指营业税，根据《中华人民共和国营业税暂行条例》、《中华人民共和国营业税暂行条例实施细则》，按年总收益水平的5%计取。

(5) 广告费，指广告宣传、公关等费用，取年总收益水平的1.5%。

(6) 维修保养费，指为保障房屋正常使用每年需支付的修缮费。参考房屋正常维护费用及房产的实际维修保养状况，按建筑物重置价的1.5%计算。根据重置成本法的计算结果，酒店及商业用房房屋重置成本总价为90882万元，则：

$$维修保养费 = 90882 \times 1.5\% = 1363.23（万元）$$

(7) 保险费，指房产所有人为使自己的房产避免意外损失而向保险公司支付的费用。按建筑物重置价乘以保险费率1‰计算，根据重置成本法的计算结果，重置成本总价为90882万元，则：

$$保险费 = 90882 \times 1‰ = 90.88（万元）$$

以上各项费用详见表7-14。

经营费用（单位：万元） 表7-14

类别	年总收益	物料消耗	管理费用	营业税	广告费	费率小计	费用小计	房产税	维修保养费	保险费	费用总计
客房类	25925.78	15%	10%	5.0%	1.5%	31.5%	8166.62	1.2%	1.5%	1‰	20302.82
餐厅类	19980.11	30%	10%	5.0%	1.5%	46.5%	9290.75				
其他类	949.01	20%	10%	5.0%	1.5%	36.5%	346.39				
商业类	1706.28	—	10%	5.0%	1.5%	16.5%	281.54				
总计	48561.18	—					18085.30	763.41	1363.23	90.88	

(8) 年经营总费用如下：

$$\begin{aligned}年经营总费用 &= 费用小计 + 房产税 + 维修保养费 + 保险费 \\ &= 18085.30 + 763.41 + 1363.23 + 90.88 \\ &= 20302.82（万元）\end{aligned}$$

3. 年经营纯收益

$$\begin{aligned}年经营纯收益 &= 年经营总收益 - 年经营总费用 \\ &= 48561.18 - 20302.82 \\ &= 28258.36（万元）\end{aligned}$$

4. 商业利润，由于酒店物业的经营收益是通过房地产、酒店设施、经营者管理水平、人员服务和酒店商誉等无形资产共同产生，评估过程中需要剥离出除房地产本身产生的经营收益和利润，通过估价人员对北京市酒店行业的经营利润情况进行调查，本次评估取年经营纯收益的20%作为需扣除的商业利润，则：

$$商业利润 = 28258.36 \times 20\% = 5651.67（万元）$$

5. 房地产年纯收益

$$\begin{aligned}房地产年纯收益 &= 年经营纯收益 - 商业利润 \\ &= 28258.36 - 5651.67 \\ &= 22606.69（万元）\end{aligned}$$

6. 变化趋势分析

估价对象建成于2008年，经过市场预热期后现已进入平稳经营状态，年收益在未来相当长的时间内会相对稳定，估价对象未来的运营费用大部分与其经营所产生的收入呈正比关系。故本次评估设定估价对象在收益期限各年的净收益稳定无变化。

7. 报酬率的确定

报酬率是通过折现的方式将房地产的预期收益转换为价值的比率，为投资回报与所投入资本的比率。根据目前所掌握的数据，本次评估报酬率采用安全利率加风险调整值法确定，即：报酬率＝安全利率＋风险调整值。安全利率按正常投资回报率按目前中国人民银行2007年12月21的一年定期存款利率4.14%确定。风险调整值可以视为投资风险补偿率、管理负担补偿率、缺乏流动性补偿率三者之和再减去投资带来的优惠率。考虑北京市目前房地产业的平均收益状况、估价对象的地理位置、估价对象的用途等因素，结合我们对估价对象所在区域房地产市场的调查了解，由于当前房地产政策变动较快，房地产投资存在一定的风险，并且考虑目前的通货膨胀和一定的风险利率，综合分析商业用途房地产风险调整值在3.5%～8.5%，本次评估风险调整值取其平均值6%，因此，报酬率约为10.14%(4.14%＋6%)。

8. 收益期限的确定

按照估价对象土地使用权剩余使用年限和建筑物尚可使用年限综合确定估价对象的剩余收益年限，设定估价对象用途为综合，设定土地剩余使用年限为42.8年；估价对象建筑物建成于2007年，主要为框架结构和混合结构非生产性建筑，已投入使用1年，估计尚可使用年限约为59年；委托方未提供估价对象国有土地出让合同，我们无法得知估价对象土地出让期限届满时对收回建筑物是否予以补偿，由于本次估价是为确定房地产抵押贷款额度提供参考依据而评估房地产抵押价值，根据谨慎性原则，我们未考虑对回收建筑物予以补偿的情况对估价结果的影响，则：本次评估确定估价对象房地产尚可取得收益年限为42.8年。

9. 估价对象酒店及商业用房房地产总价

本次评估报酬率取10%，土地使用权剩余年限为42.8年，则：

估价对象酒店及商业用房房地产总价＝22606.69÷10.14%×[1－1÷(1＋10.14%)42.8]＝222242(万元)

(二) 运用成本法求取估价对象房地产价值

1. 运用成本法求取估价对象土地使用权价值

估价对象土地使用权价值　　　　　　　　　　　　　　　　　　　　表7-15

用途	地上酒店、商业	地下酒店、商业	地下车库	单位	备注
面积	52716.66	19976.66	15598.85	平方米	—
一、土地取得成本	10614	3538	3538	元/平方米	地上经营性用房酒店商业为：(土地取得费＋土地取得税费＋土地开发成本)×年期修正系数；根据《北京市基准地价(二〇〇二年)》相关说明：对经营性用途的地下建筑物，其地价可参照地上相应用途地价水平的1/3确定。故本次估价对象地下酒店、商业及地下车库用房地价取地上酒店、商业用途的1/3
1. 拆迁补偿安置费及相关费用	8000	—	—	元/平方米	估价对象位于东城区××街，土地取得费主要是指征地补偿费用及拆迁补偿费、拆迁涉及的相关税费及土地开发中所涉及的利息等，即取得估价对象所在区域同类土地所支付的平均费用及税费。根据北京市《住宅房屋拆迁基准地价、基准房价和土地级别范围》和《北京市城近郊区非住宅区类划分说明》，估价对象位于北京市住宅房屋拆迁一级地价区和非住宅拆迁二类地区，结合对估价对象周边地区土地利用情况和市场资料的调查以及估价对象的实际情况，土地取得费取楼面单价8000元/平方米

报告七　北京市××区××街××号（××酒店）房地产抵押估价报告

续表

用　途	地上酒店、商业	地下酒店、商业	地下车库	单位	备注
2. 毛地价	2800	—	—		根据现行的毛地价水平综合确定
3. 土地取得税费	85	—	—	元/平方米	主要包括契税、印花税、交易手续费等，但由于交易手续费所占比例较小，在此只考虑契税及印花税，根据《北京市契税管理规定》及印花税相关规定，契税税率为3%，印花税税率为0.05%，取毛地价的3.05%（契税3%，印花税0.05%）
4. 土地开发成本	350	—	—	元/平方米	根据对估价对象的开发程度和该区域基础设施配套情况的调查以及平均开发成本的测算，该地区基础设施配套程度在达到宗地红线外"七通"（即通路、供电、供水、排水、通信、供暖、供气）及宗地红线内"场地平整"的情况下，其费用平均楼面单价为350元/平方米。因此确定该宗地开发费用楼面单价为350元/平方米
5. 年期修正系数	0.9447	—	—	—	年期修正系数$=1-1/(1+r)^n$（r为土地还原利率，取7%；n为土地剩余使用年期，估价对象出让土地，土地剩余使用年限为42.8年）
二、管理费用	318	106	106	元/平方米	指房地产开发商为组织和管理房地产开发经营活动的必要开支，包括房地产开发商的人员工资及福利费、办公费、差旅费等。本次评估综合考虑估价对象所在区域的经济发展状况、行业发展水平、社会平均工资水平等影响因素，以土地取得成本的3%计算
三、销售费用	328	109	109	元/平方米	企业在销售产品或者提供劳务等过程中发生的各项费用，以及专设销售机构的各项费用，按土地取得成本和管理费用之和的3%计算
四、投资利息	1393	465	465	元/平方米	为开发经营者为筹措资金而发生的各项费用，包括企业经营期间发生的利息净支出、汇兑净损益、调剂外汇手续费、金融机构手续费，以及企业筹资发生的其他财务费用。设定项目在土地开发完成后即开始建设，建设周期为2年，设定土地取得成本在项目开始建设时一次性投入、管理费用、销售费用在建设周期内均匀投入，按复利计算，土地取得成本$\times[(1+$贷款利率$)^{建设周期}-1]+$（管理费用$+$销售费用）$\times[(1+$贷款利率$)^{建设周期/2}-1]$，投资利息率按2007年12月21日调整利率后中国人民银行公布的1～3年贷款利息率7.56%计算
五、投资利润	4504	1314	188	元/平方米	根据北京市同类房地产市场开发情况，结合本项目所处位置、项目定位、工程进度取值、规模、用途、类似房地产竞争状况等影响因素取值，投资利润率取土地取得成本、管理费用、销售费用之和的百分比，结合估价对象的实际情况，地上酒店、商业用房的投资利润率取40%，地下酒店、商业用房的投资利润率取35%。地下车库投资利润率取5%
六、销售税费	999	322	256	元/平方米	包括营业税、城市维护建设税及教育附加，估价对象位于东城区，根据北京市相关规定，按评估值的5.5%测算（营业税为房地产价值的5%，城市维护建设税为营业税的7%，教育费附加为营业税的3%）。根据公式推导，销售税费$=[$土地取得成本$+$管理费用$+$销售费用$+$投资利息$+$投资利润$]\times$税率$/(1-$税率$)$
七、土地单价	18156	5854	4662	元/平方米	土地取得成本$+$管理费用$+$销售费用$+$投资利息$+$投资利润$+$销售税费
八、土地总价	95712	11694	7272	万元	土地单价乘以建筑面积/10000
九、土地总价合计		114678		万元	各用途总价相加

2. 运用成本法求取估价对象房屋建筑物价值

房屋建筑物价值＝(开发成本＋管理费用＋销售费用＋投资利息＋投资利润＋销售税费)×房屋成新率，详细计算过程见表7-16。

估价对象房屋建筑物价值 表 7-16

用途	地上酒店、商业	地下酒店、商业	地下车库	单位	备注
面积	52716.66	19976.66	15598.85	平方米	—
一、开发成本	8960	5760	4224	元/平方米	勘察设计和前期工程费＋建筑安装工程费＋室外工程费＋开发期间税费
1. 勘察设计和前期工程费	700	450	330	元/平方米	含可行性研究费，施工现场三通一平费，规划设计费，工程设计费、环境设计费、地质勘探费、环境影响评价费及综合管网设计费等，以建筑安装工程费为基数，一般按5%～10%的比例确定，本次评估根据估价对象项目规模、建筑结构等因素本次评估取10%
2. 建筑安装工程费	7000	4500	3300	元/平方米	基础工程费用＋结构工程费用＋设备安装和装饰工程费用
① 基础工程费用	500	500	500	元/平方米	根据估价对象所在区域地质状况及估价对象结构、建造标准、装修标准、安装工程内容等因素，根据现行《北京市建设工程预算定额（2001年）》，建筑市场价格水平等因素综合考虑估价对象建筑安装工程费。××酒店为五星级酒店，室内装修豪华，用料高档，造价较高；地下酒店、商业用房已做精装修，各出租房间根据租户要求自行装修；地下车库为水泥地面，墙面及顶棚刷涂料
② 结构工程费用	2000	2000	2000	元/平方米	
③ 设备安装和装饰工程费用	4500	2000	800	元/平方米	
3. 室外工程费	1050	675	495	元/平方米	基础设施建设费＋公共配套设施建设费
① 基础设施建设费	1050	675	495	元/平方米	以建筑安装工程费为基数，一般按5%～15%的比例综合确定。根据估价人员现场勘察，估价对象所在项目内道路、供水、供电、供气、通信、照明、园林、绿化、环卫、排污、排洪等基础设施较齐全，故取值为15%
② 公共配套设施建设费	0	0	0	元/平方米	以建筑安装工程费为基数，一般按5%～10%的比例综合确定。根据估价人员现场勘察，估价对象所在项目为商业房地产，并未建设相关公共配套设施，故取值为0
4. 开发期间税费	210	135	99	元/平方米	包括：土地使用税、临时用地费、市政文管线分摊费、供电贴费、用电权费、电话初装费、分散建设市政公用设施建设费、建筑垃圾处置费等其他费用（土地成本中已包含土地使用税，故在此不单独计算），以上各项费用以建安费用为基数，一般按2%～4%的比例确定，根据委托方提供的资料及委托方的介绍，本次评估取3%
二、管理费用	269	173	127	元/平方米	指房地产开发商为组织和管理房地产开发经营活动的必要开支，包括房地产开发商的人员工资及福利费、办公费、差旅费等，可根据开发成本的一定比例计算，通常为2%～5%。本次评估综合考虑估价对象所在区域的经济发展状况、行业发展水平、社会平均工资水平等影响因素，以开发成本的3%计算
三、销售费用	277	178	131	元/平方米	企业在销售产品或者提供劳务等过程中发生的各项费用，以及专设销售机构的各项费用，按开发成本和管理费用之和的一定比例计算，通常为2%～5%。本次考虑估价对象项目的规模、所在区域的经济水平等影响因素，按开发成本和管理费用之和的3%计算

报告七　北京市××区××街××号(××酒店)房地产抵押估价报告

续表

用　途	地上酒店、商业	地下酒店、商业	地下车库	单　位	备　注
四、投资利息	27	17	13	元/平方米	投资利息是指开发经营者为筹措资金而发生的各项费用，包括企业经营期间发生的利息净支出、汇兑净损益、调剂外汇手续费、金融机构手续费，以及企业筹资发生的其他财务费用。根据估价对象的建设规模及项目特点，建设周期为2年，设定开发成本、管理费用、销售费用在建设周期内均匀投入，按复利计算，(开发成本+管理费用+销售费用)×[(1+贷款利率)^(建设周期÷2)-1]，投资利息率按2007年12月21日调整利率后中国人民银行公布的1~3年贷款利率7.56%计算
五、投资利润	3802	2139	224	元/平方米	根据北京市同类房地产市场开发情况，结合本项目所处位置、项目定位、规模、用途、类似房地产竞争状况等影响因素取值，投资利润率取开发成本、管理费用、销售费用之和的百分比，结合估价对象的实际情况，地上酒店、商业用房的投资利润率取40%，地下酒店、商业用房的投资利润率取35%。地下车库投资利润率取5%
六、销售税费	776	481	275	元/平方米	包括营业税、城市维护建设税及教育费附加，估价对象位于东城区，根据北京市相关规定，按评估值的5.5%测算(营业税为房地产价值的5%，城市维护建设税为营业税的7%，教育费附加为营业税的3%)。根据公式推导，销售税费=[开发成本+管理费用+销售费用+投资利息+投资利润]×税率/(1-税率)
七、房屋成新率	98.5%	98.5%	98.5%	—	通过理论成新率和实际观察确定成新率综合判定取平均值，理论成新率=(1-已使用年限/耐用年限)×100%=[1-1/(1+42.8)]×100%=98%；实际观察成新率根据现场勘察，估价对象建成于2007年，该建筑物结构构件完好，装修和设备完好、齐全，管道畅通，现状较好，使用正常判断成新率为99%；综合判断该建筑物成新率为(理论成新率+实际观察成新率)/2=(98%+99%)/2=98.5%
八、重置单价	14111	8748	4994	元/平方米	开发成本+管理费用+销售费用+投资利息+投资利润+销售税费
九、重置成新单价	13970	8661	4944	元/平方米	(开发成本+管理费用+销售费用+投资利息+投资利润+销售税费)×房屋成新率
十、重置总价	74388	17476	7790	万元	房屋重置单价乘以建筑面积
十一、房屋各部分总价	73645	17302	7712	万元	房屋重置成新单价乘以建筑面积
十二、房屋建筑物总价		98659		万元	各部分总价相加

3. 运用成本法计算得出

估价对象商业、酒店房地产总价=95712+11694+73645+17302=198353(万元)。

估价对象地下车库房地产总价=7272+7712=14984(万元)。

(三)确定估价对象房地产总价

收益法能够从房地产长期经营收益的角度较好地反映估价对象中酒店及商业用房的市场价值，更加符合酒店类商业物业的价值特点，故取权重0.6；成本法主要从客观成本构成的角度反映其房地产价值，故取权重0.4。

估价对象中地下车库为酒店的配套设施，主要为酒店客户使用不单独产生经营收益，故本次评估仅采用成本法确定其价值。

估价对象房地产总价见表7-17。

第三部分 房地产抵押估价

估价对象房地产总价　　表 7-17

部 位	方法	房地产总价（万元）	权 重	加权后总价（万元）
酒店及商业	收益法	222242	0.6	212686
	成本法	198353	0.4	
地下车库	成本法	14984	1	14984
合计	—	—	—	227670

$$每平方米建筑面积平均单价 = 房地产总价 \div 建筑面积 \times 10000$$
$$= 227670 \div 88292.17 \times 10000$$
$$= 25786（元/平方米）$$

（四）求取估价对象土地总价

$$估价对象土地使用权总价 = 估价对象房地产总价 - 估价对象建筑物总价$$
$$= 227670 - 98659$$
$$= 129011（万元）$$

（五）确定估价对象的法定优先受偿款

1. 根据委托方提供的资料，至估价时点，估价对象存在两笔抵押他项权利尚未注销，权利价值共计 50000 万元。

2. 根据委托方提供的《××街×号地×项目未付款情况说明》，××酒店项目尚欠付室外工程款、建安工程款、装修工程款、材料及设备款共计 24652 万元。

3. 估价对象法定优先受偿款共计 74652（50000＋24652）万元，除此之外，估价对象不存在估价师知悉的其他法定优先受偿款。

（六）求取估价对象抵押价值

估价对象抵押价值等于估价对象在估价时点的市场价值，等于假定未设立法定优先受偿权利下的市场价值减去估价师知悉的法定优先受偿款，则估价对象抵押价值为：

评估总价＝227670－74652＝153018（万元）。

每平方米建筑面积平均单价＝153018÷88292.17×10000＝17331（元/平方米）。

八、估价结果确定

估价人员根据估价目的，遵循估价原则，按照评估工作程序，运用科学的评估方法，在认真分析现有资料的基础上，经过周密准确的测算，并详细考虑了影响房地产价值的各项因素，确定估价对象在估价时点二〇〇八年一月十五日的假定未设立法定优先受偿款权利下的市场价值为（币种：人民币）：

评估总价：227670 万元，大写：贰拾贰亿柒仟陆佰柒拾万圆整。

评估单价：每平方米建筑面积平均 25786 元/平方米。

其中：土地评估总价：129011 万元，建筑物评估总价：98659 万元。

（房地产抵押估价结果汇总表同致估价委托人函，略）

变现能力分析及风险提示

一、变现能力分析

（一）估价对象房地产的通用性、独立使用性及可分割转让性

估价对象位于北京市××区××街××号，地理位置优越，现作为五星级酒店使用，属高档物业，不能随意改变使用功能，房地产通用性一般；地下车库作为配套设施主要供业主及访客使用，通用性一般；估价对象宗地完整，用地范围内建筑物作为一个整体共同使用，整个项目的独立使用性较好，估价对象为整栋酒店，作为一个整体可独立产生经济效益，分割转让性较差。

(二) 变卖时最可能实现的价格与估价的市场价值的差异程度

1. 酒店用途房地产市场较住宅用途房地产市场吸纳能力较弱，购买群体有限，且估价对象为高档经营性物业，体量较大，整体价值较高，若整体处置，其变现价格通常与市场价格存在较大差异。

2. 当买卖双方没有足够的谈判时间，且没有按产权人的意愿进行交易而快速强制变现处置时，估价对象的变现价格会大幅度地减损。

(三) 变现的时间长短以及费用、税金的种类、数额和清偿顺序

1. 估价对象权属清晰，但通用性一般，总体规模较大，价值量较高，购买群体有限，当抵押权实现时，会受到上述限制条件的影响，变现时间会较长。

2. 变现过程中涉及的税费主要包括：营业税及附加、诉讼费、执行费用、评估费、拍卖佣金、土地增值税等。

3. 变现过程中的清偿顺序：诉讼费、评估费、拍卖佣金、营业税及附加、印花税、抵押债权、土地增值税。

二、风险提示

1. 估价对象所在项目是以酒店管理方式对外经营，酒店管理公司的经营方式和管理水平直接影响物业的收益，当企业经营状况受政策或其他非房地产市场因素的外力情况影响时，可能会发生急速下滑的情况，从而影响其房地产价格。

2. 估价对象状况和房地产市场状况因时间变化对房地产抵押价值可能产生影响，委托方和报告使用者须密切关注估价对象自身状况变化情况和所在房地产市场变化情况：

①相关当事人的生产经营活动中，因正常或非正常使用、维护不善及不能获得赔偿的意外事故等使抵押房地产的价值发生一般损耗或严重减损；

②因社会环境、经济环境、法律环境变化导致房地产市场的供求关系发生结构性或根本性变化进而使抵押房地产的价值发生减损；

③因相关法律法规变化而使抵押房地产的部分或全部不合适设定抵押，出现已抵押房地产的市场价格没有大的变化而其抵押价值却发生较大减损的情形。

3. 有关部门制定的各项房地产调控政策、房地产开发企业及关联企业的财务风险、法律风险等，均可能导致房地产信贷风险，委托方和报告使用者须关注估抵押期间可能产生的房地产信贷风险点。

4. 本报告估价结果是估价对象在估价时点满足本次评估全部估价的假设和限制条件下的市场价值，委托方和报告使用者对于估价结果的使用应合理。

5. 建议委托方和报告使用者定期或者在房地产市场价格变化较快时对房地产抵押价值进行再评估。

6. 报告使用者应关注政府有关部门及相关机构对房地产经济环境、房地产市场发育状况、城市规划等方面的信息，实时掌握与抵押物同类的房地产市场状况，建立市场风险预警预报机制，建立针对市场风险程度和风险类型的监测方案，并积极采取措施化解因此产生的风险，避免由于房地产市场价值波动或其他情况而导致的贷款风险。

附件（略）

报告八

杭州市萧山区某商贸广场1~5层商业房地产抵押估价报告

浙江恒基房地产土地资产评估有限公司　　韩宣伟　梅森荣

评析意见

估价对象为五层商场，体量大，租户多，但该报告在估价技术思路和测算过程方面均有明显特色。如运用收益法时，在调查大量租约合同的基础上，先求取各层平均租金水平及其楼层租金比例系数，并据此求取整幢商场的综合平均租金水平，然后再考虑租约期内和租约期外，分别代入相应收益法公式进行计算；运用市场法时，先测算底层价格，然后依据大量类似商业房地产市场调查数据确定的楼层价格衰减系数，并结合该商场楼层租金比例系数，分别计算各层价格。该报告的格式、内容构成和有关文字表述，基本符合8号文件要求，对于撰写商业房地产抵押估价报告有一定参考价值。但该报告有关估价对象实物、权益和区位等状况对其房地产价值影响的分析，以及确定某些估价参数的理由，在文字表述上略有欠缺。

目录（略）
致委托方函

浙江某房地产开发有限公司：

受贵方委托，我公司对杭州市萧山区某广场第2幢、3幢、4幢、5幢建筑物1~5层商业用房的公开市场价值进行了评估。估价目的为确定房地产抵押贷款额度提供参考依据而评估房地产抵押价值，估价时点为2007年3月1日。

该广场是一个集商业、餐饮、游乐、休闲、居住、办公及酒店为一体的新建大型综合性房地产。其1~5层商业部分定于2007年5月份开业。整个建筑群包括A、B、C、D四个分区，共5幢建筑物。楼群总建筑面积130933.97平方米，土地使用权总面积为30933平方米，商贸综合用途，土地使用权类型为出让，终止日期至2051年6月19日。

本次评估范围为该广场的部分房地产，即第2幢、3幢、4幢、5幢建筑物1~5层的商业房地产，包括：

（1）杭房权证萧字第00016×××号项下的建筑面积为49868.97平方米的建筑物及其合理分摊的土地使用权；

（2）维持估价对象现状正常使用的公共配套设施、设备等。

我公司根据中华人民共和国《房地产估价规范》及相关规定，遵循合法、科学、客观、公正的原则，经过周密、细致的测算，选用科学合理的估价方法，并结合估价经验，在综合分析影响房地产价格因素的基础上，得出如下评估结论：

估价对象按预期正常开业并持续经营使用、在假定未设立法定优先受偿权利的前提下，于估价时点的公开市场价值为RMB46019万元，大写：人民币肆亿陆仟零壹拾玖万元整，单价为9228元/平方米建筑面积。

经调查，估价对象不存在法定优先受偿款，则估价对象的抵押价值为RMB46019万元，大写：人民币肆亿陆仟零壹拾玖万元整。

形成本报告结论的相关数据来源与确定、参数的选取与运用和计算过程，详见技术报告。

（特别说明：本报告各部分为一有机整体，估价结果受估价的假设和限制条件制约。请报告使用人谨慎阅读，参考使用。）

此致！

浙江恒基房地产土地资产评估有限公司

法定代表人（签字）：

2007年3月5日

估价师声明（略）

估价的假设和限制条件

一、估价的假设条件

1. 估价对象某广场作为整体运营的大型综合性房地产，功能分区明确，目前，由同一产权人浙江某房地产开发有限公司对外出租或自营。本报告以估价对象保持现有出租或自营模式为假设前提。

2. 估价对象为新建商业物业，定于2007年5月1日开业，其市场价值与所在区域位置、繁华程度、商业策划等因素相关。因此，正常运营后，商业氛围能否形成至关重要。本报告假定估价对象在合法前提下，按设计的商业用途使用能够产生最高最佳效益，并在未来得以持续。未考虑将来的经营模式、经营规模改变可能产生的价值变化。

3. 委托估价方所提供的申报资料及相关资料、各种数据真实可靠，由此产生的估价结果失真，估价机构不承担责任。

4. 经核查房产证、土地证原件，其中未登记抵押、担保等他项权利，因此，本报告以估价对象在估价时点不存在法定优先受偿款项为假设前提。

5. 国有土地使用证记载，该证的年检有效期至2005年6月19日，但不影响估价对象的相关权利价值。

6. 该广场项目土地用途为商贸综合用地，证载土地使用权终止日期为2051年6月19日，剩余使用年限44年。

遵循合法原则和谨慎原则，本报告估价对象商业房地产（未单独办理土地证），设定其土地使用权年限自估价时点算起为40年。

7. 估价对象与其他生产要素相结合，能满足其剩余使用年期内的正常使用要求，并得到有效使用。

8. 委托方拥有估价对象完全权益，包括房屋所有权和国有土地使用权。

9. 任何有关估价对象的运作方式、程序应符合国家、地方的有关法律、法规、文件、政策等，特别是符合建设、规划、房地产主管部门所颁布的法律、法规、文件、政策等。

10. 估价对象于估价时点在假定未设立法定优先受偿权利下的市场价值的假设前提为：

（1）为公开市场价值，买卖双方不应有任何特殊利益抬高或降低房地产真实价值。

（2）具有合理交易时间。

（3）在此期间房地产市场基本保持稳定。

（4）房地产买卖符合国家法律规定。

二、估价的限制条件

1. 本次估价目的仅为确定房地产抵押贷款额度提供参考依据而评估房地产抵押价值，超出此范围无效，本评估机构不负法律责任。

2. 本报告所采用的土地面积和建筑面积，均为《国有土地使用权证》、《房屋所有权证》的证载面积，其真实性、准确性由委托方负责。

3. 本报告估价结果未考虑将来可能发生的资产处置、产权转移等费用对其抵押价值的影响。

三、其他特殊事项说明

1. 根据委托方提供的权证资料，经评估人员调查，估价对象房地产未设定抵押、担保等他项权利，但各层已分割对外出租。

2. 本房地产估价结果报告及其相关的房地产估价技术报告中的内容及估价价值等事宜，由浙江恒基房地产土地资产评估有限公司负责解释。未经本公司同意，不得向委托方和按规定报送的有关部门外的单位和个人提供，亦不得将全部或部分内容见诸于任何公开媒体。

3. 我们仅对估价对象房地产作一般性的查看，并未对其结构、设备及装修等内在质量进行测试，故不能确定其有无内部缺陷，本报告假设其建筑质量足以维持正常的使用寿命为前提。

4. 根据杭州市当前房地产市场的特征，本房地产估价报告有效期为半年，即本报告提交日起半年内有效。在报告有效期内，如果房地产的作价标准发生重大变化，并对房地产价值产生明显影响时，应重新进行估价。

房地产估价结果报告

一、委托估价方：（略）

二、受托估价方：（略）

三、估价对象描述

估价对象某广场坐落于杭州市萧山区××街道，地处萧山新区CBD核心位置，本次估价对象为该广场的商业部分房地产。

1. 地理位置及经济发展概况

（1）区域位置概况

杭州市是我国著名的历史文化名城，七大古都之一，是全国经济发达的城市之一，是著名的风景旅游城市。地处长江三角洲南翼，杭州湾西端，钱塘江下游，京杭大运河南端，是长江三角洲重要中心城市和中国东南部交通枢纽。

全市共分为上城、下城、拱墅、江干、西湖、滨江、萧山、余杭八个区，土地总面积为3068平方公里，常住人口约375万人。下辖临安、富阳、淳安、建德、桐庐五个县级市。

萧山区地处钱塘江南岸，为杭州南大门，东接历史文化名城绍兴。全区总面积1420.22平方公里，2006年末总户籍人口118.53万，其中非农业人口355997人。辖有22个建制镇，4个街道。

（2）萧山区经济发展概况

2006年，萧山实现GDP699.81亿元，按现价计算，比上年增长18.7%。三次产业增加值占生产总值比重依次为5%、65%和30%。人均生产总值达到59257元，增长17.8%，按当年汇率折算，达到7400美元。完成财政总收入83.87亿元，其中地方财政收入39.93亿元，分别增长30.5%和29.0%（原口径）。国内生产总值、财政收入、工业总产值等主要经济指标实绩均保持全省县（市、区）级首位。

据2006年度抽样调查：城镇居民人均可支配收入21238元，增长12.5%，超年度计划3.5个百分点；人均生活消费性支出17131元，增长22.2%；恩格尔系数为0.275。农民人均纯收入10588元，增长11.5%，超年度计划2.5个百分点；人均生活消费性支出8383元，增长9.2%；恩格尔系数为0.349。年末全区城乡居民储蓄存款余额（含外币）388.66亿元，比年初增加72.56亿元，增长23.0%；城乡居民人均储蓄余额达到32791元，比年初增长24.3%。

（3）萧山区商业发展现状

2006年，萧山区以超市为主要形式的商业业态结构继续巩固，连锁经营有了新的拓展，购物环境进一步得到改善。全区已有包括天润发超市、乐购公司、世纪联华、五星电器、国美电器等知名商家的连锁商场超市54家，连锁分店45家，加盟店99家。全年实现社会消费品零售额145.33亿元，增长18.1%，超年度计划3.1个百分点。其中批零贸易业132.71亿元，增长17.1%；餐饮业12.17亿元，增长24.7%。总额中非国有经济140.27亿元，增长24.0%；非国有经济比重达到96.5%，提高4.6个百分点。

商业城、新世纪市场园区、中国纺织采购博览城、钢材物流中心等四大百亿市场运展顺利。年末有各类专业市场139个，其中消费品市场109个；生产资料市场29个。新增星级市场6个，累计达38个，其中四星级4个、三星级5个、二星级23个。全年市场成交额401.45亿元，增长33.4%，其中十亿元以上市场4个。

2. 估价对象概况

估价对象位于萧山区××街道，地处萧山新区CBD核心位置，规划中的商业步行街北端。东邻中心广场，西至××路，南至××路，北邻××广场，周边有区政府、人民广场、中心广场、广发银行、电信大楼、五星级酒店、时代超市、肯德基、新华书店等，配套设施完善，设有K16、K22等多路公交站点，交通便利。

估价对象某广场为一建筑群，由国际品牌商务酒店、生态型纯商务写字楼、精装修小户型公寓、国际休闲购物广场组成，共五幢建筑物，是一个集商业、餐饮、游乐、休闲、居住、办公及酒店为一体的大型综合项目，楼群总建筑面积130933.97平方米，土地使用权总面积为30933平方米。

至估价时点，该广场的酒店、公寓和写字楼已正常投入使用，商业部分正在进行室内二次装修，并定于2007年5月份开业。

3. 本次评估范围界定

本次评估范围为该广场的部分房地产，即第2幢、3幢、4幢、5幢建筑物的1~5层商业部分。具体为：

（1）杭房权证萧字第00016×××号项下的建筑面积为49868.97平方米的建筑物及其合理分摊的土地使用权，其中土地使用权年限自估价时点算起按商业用途法定最高年限40年计。

（2）维持估价对象现状正常使用的公共配套设施、设备等。

（3）不包含权证中未载明的地下车库及其他未确权的建筑部分。

4. 估价对象勘查现状

（1）建筑物描述

估价对象第2幢、3幢、4幢均为十六层钢混建筑物，第5幢为五层钢混建筑。五层以上分别为酒店式公寓和写字楼，不纳入本次评估范围。

本次估价对象2幢、3幢、4幢、5幢建筑物的1~5层，总建筑面积为49868.97平方米，2006年底竣工。设计用途为商业用房，各层均为大开间，由经营户根据经营要求分割，各幢单体建筑之间，每层均由天桥相连，形成该广场的商业功能区。

建筑层高：1层层高5.4米，2~5层层高5.0米，其中5层影剧院部分层高为8.0米。

外墙装修：棕红色花岗岩、面砖外墙面，局部玻璃幕墙，无框玻璃门，铝合金窗。

内墙装修：公共空间为抛光砖地面、乳胶漆墙面，石膏板吊顶。各分割后的营业空间，由承租商户根据经营商品或服务的特点自行二次装修。

设备状况：中央空调系统、自动喷淋消防系统。2~5幢商业用房，共计自动扶梯4部，垂直电梯13部。

（2）各层功能分区及建筑面积

估价对象共计5层，按设计使用功能分别描述如下：

第1层：建筑面积为8612.61平方米，主要经营麦当劳、肯德基、两岸咖啡、黄金珠宝钟表、男装及品牌专卖等。

第2层：建筑面积为 8612.61 平方米，主要经营茶餐厅、休闲运动馆、文体用品、少女馆、淑女馆等。

第3层：建筑面积为 8612.61 平方米，主要经营西餐、日本料理、形象设计中心、电子游戏城、爱儿玛儿童世界、丽人世界等。

第4层：建筑面积为 12015.57 平方米，主要经营大型餐饮、特色小吃、卡拉OK、休闲娱乐等。

第5层：建筑面积为 12015.57 平方米，主要经营该时代电影大世界、大型健身中心、康乐中心等。

5. 估价对象权益状况

(1) 建筑物权利状况

本次评估对象共1本《房屋所有权证》，证号为杭房权证萧字第00016×××号，建筑物权利状况登记如下：

房屋所有权人：浙江某房地产开发有限公司，无共有人。

房屋坐落：萧山区××街道某广场2、3、4、5幢。

建筑面积：49868.97平方米。

幢号：2、3、4、5幢；总层数：16层；所在层：1～5层。

(2) 土地权利状况

该广场共1本土地证（本次评估对象未单独发放土地证），土地使用证号为杭萧国用（2001）字第0100××号。土地权利状况登记如下：

土地使用者：浙江某房地产开发有限公司。

坐落：××街道××村。

地号：G-01-003××；用途：商贸综合；使用权类型：出让。

使用权面积：30933.00平方米（指该广场项目土地总面积）。

终止日期：2051年6月19日。

记事栏内容：该土地证有效期延长至2005年6月19日，建设项目竣工后，应经地籍测量、复核验收，申请换发新的土地使用证。

(3) 他项权利等优先受偿款

① 根据房产证、土地使用证记载并经调查，估价对象未设定抵押、担保等他项权利。

② 工程已经竣工验收并办理了房产证，无优先受偿工程款。

③ 估价对象定于2007年5月1日开业，各楼层已分割出租给经营商户，租赁期限自5月1日算起，均为5年。

四、估价目的

为确定房地产抵押贷款额度提供参考依据而评估房地产抵押价值。

五、估价时点

二〇〇七年三月一日（估价师现场勘察之日）。根据《房地产抵押估价指导意见》规定，房地产抵押估价时点原则上为完成估价对象实地查勘之日。

六、价值定义

本次估价采用公开市场价值标准。

房地产抵押价值为抵押房地产在估价时点的市场价值，等于假定未设立法定优先受偿权利下的市场价值减去房地产估价师知悉的法定优先受偿款。

法定优先受偿款是指假定在估价时点实现抵押权时，法律规定优先于本次抵押贷款受偿的款项，包括发包人拖欠承包人的建筑工程款项、已抵押担保的债权数额，以及其他法定优先受偿款。

七、估价依据（略）

八、估价原则（略）

九、估价技术思路与方法

估价对象为出租方式经营的商业房地产，标的额及规模较大，作为一个整体，其与独立商铺相比，在房地产市场上的流通性较低，此特殊性决定了该物业的整体交易的案例难以搜集，且类似物业整体出租的现象较少，但同类物业分割出租或交易的现象较为普遍。因此，以整体交易案例为基础的市场比较法难以采用，但可选用类似物业分割交易案例运用市场法测算；以整体出租为基础的收益法也难以采用，但可选用本物业分割出租的相关信息进行收益法测算。

同时，考虑估价对象的用途及自身位置的特殊性，加之近几年该区域商业用地出让案例难以搜集，如以土地征用思路（成本逼近法）计算地价再加上专业费用、建筑物成本及相关税费、利润等传统成本法估价，其评估价值将会与公开市场价值间产生较大偏离，故不宜采用成本法。

另外，由于估价对象为新建房地产，其合法用途和规划技术指标等于估价时点也不具有变更的现实性预期，故不具备采用假设开发法的估价条件。

通过上述分析，本报告采用市场比较法和收益法，并运用大型多层商场的楼层价格归纳系数进行估价。

1. 收益法

是预测估价对象的未来收益，然后将其转换为价值来求取估价对象价值的方法。净收益按一定比率递增且收益年限为有限年时，计算公式：

$$收益价格(V) = a/(r-s)[1-(1+s)^n/(1+r)^n]$$

式中：a—未来第一年净收益；r—报酬率；s—净收益逐年递增比率；n—收益期限。

本报告根据出租经营房地产所产生的客观收益，结合同区域类似物业分割出租的租金收益案例，确定估价对象的净收益和运营费用，分别按租赁期内、外进行测算。

2. 市场比较法

将估价对象与估价时点近期有过交易的类似房地产进行比较，对这些类似房地产的已知价格作适当的修正，以此估算估价对象的客观合理价格或价值的方法。

计算公式：比准价格＝可比实例成交价格×交易情况修正系数×交易日期调整系数×房地产状况调整系数。

由于整体交易案例无法搜集，本报告选取同类商业物业分割交易的三个案例进行评估，并将求取的三个比准价格算术平均，作为市场比较法评估结果。

3. 采用楼层价格衰减系数

本估价对象为多层大型商场，测算时采用了楼层价格归纳系数，并结合估价对象的楼层收益（租金）比例，最终确定本次估价的楼层价格衰减系数。

本报告采用的楼层价格衰减系数，是本公司针对省内杭州、萧山、金华等城市的大型商场（多层、带自动扶梯），测算的不同楼层价格系数。

房地产抵押价值，应先求取假定未设立法定优先受偿权利下的公开市场价值，然后再减去房地产估价师知悉的法定优先受偿款。

十、估价结果

根据估价目的，遵循估价原则，采用收益法和市场比较法，通过认真地对影响房地产价值因素的分析，经过测算并结合估价经验，估价对象按预期正常开业并持续经营使用、在假定未设立法定优先受偿权利的前提下，于估价时点的公开市场价值为 RMB46019 万元，大写：人民币肆亿陆仟零壹拾玖万元整，单价为 9228 元/平方米建筑面积。

经调查，估价对象不存在法定优先受偿款，则估价对象的抵押价值为 RMB46019 万元，大写：人民币肆亿陆仟零壹拾玖万元整。

十一、变现能力分析和风险提示

1. 变现能力分析

变现能力是指假定在估价时点实现抵押权时，在没有过多损失的条件下，将抵押房地产转换为现金的可能性。

(1) 通用性及分割使用分析

通用性：估价对象为大型多层商场，设多部自动扶梯，各层功能分区明确，其使用功能转换的可能性较小，即该物业转换为其他用途使用的通用性较低。

分割使用性：估价对象单层最小建筑面积为 8600 余平方米，分别出租给近百家商户，由商户根据合同约定采用轻质隔墙进行空间分割。因此，该物业的分割使用性较强。

(2) 假定在估价时点拍卖或者变卖估价对象时，因存在短期内强制处分、潜在购买群体受到限制及心理排斥因素影响，最可能实现的价格一般比公开市场价格要低。

(3) 处置房地产时，其变现的时间长短以及费用、税金的种类、数额和清偿顺序与处置方式、营销策略等因素有关。一般说来，以拍卖方式处置房地产时，变现时间较短，但变现价格一般较低，变现成本较高，须支付拍卖佣金、营业税及部分手续费。

(4) 变现风险。估价对象房地产为商业性房地产，相对于普通房地产其规模较大，若在估价时点拍卖或变卖，在正常情况下，其最可能实现的价格与评估价格可能会产生一定偏差，且短期内不易于变现。

根据当地商业房地产状况，以分割处置方式易于变现。

(5) 变现价值估算：根据估价经验，结合商业房地产市场状况，类似物业快速变现价值约为公开市场价值的 85% 左右。特提醒金融机构适度把握贷款比例。

2. 风险提示

(1) 抵押期间价值的损耗。房地产抵押期间，抵押房地产仍由抵押方占有、使用。在抵押期较长或抵押物耐用经济年限较短时会造成抵押物的耗损，特别是设备、装修价值损耗，从而引起价值的变化。

(2) 其他风险。估价对象为新建商业房地产，于估价时点正在进行二次装修，尚未具备开业条件。因此，其开业后一定年期内，所形成的商业氛围是否繁华、人气是否旺盛，对变现价值影响很大。

(3) 在报告有效期内，如果房地产的作价标准发生重大变化，并对房地产价值产生明显影响时，应重新进行估价。

十二、估价人员（略）

十三、估价作业日期

2007 年 3 月 1 日起至 2007 年 3 月 5 日止。

十四、估价报告应用的有效期

结合杭州市房地产现状，本评估报告有效期为出具评估报告之日起半年，即 2007 年 3 月 5 日至 2007 年 9 月 4 日内有效。

十五、附件（略）

房地产估价技术报告

一、个别因素分析

描述同结果报告估价对象部分，略。

二、区域因素分析

1. 区域概况

杭州市是我国著名的历史文化名城，七大古都之一，是全国经济发达的城市之一，是著名的风景旅游城市。地处长江三角洲南翼，杭州湾西端，钱塘江下游，京杭大运河南端，是长江三角洲重要中心城市和中国东南部交通枢纽。

全市共分为上城、下城、拱墅、江干、西湖、滨江、萧山、余杭八个区，土地总面积为 3068 平方公里，常住人口约 375 万人。下辖临安、富阳、淳安、建德、桐庐五个县级市。

萧山区地处钱塘江南岸，为杭州南大门，东接历史文化名城绍兴。全区总面积 1420.22 平方公里，

2006年末总户籍人口118.53万，其中非农业人口355997人。辖有22个建制镇，4个街道。

2. 位置坐落及公共设施配套

估价对象位于萧山区××街道，地处萧山新区CBD核心位置，规划中的商业步行街北端。东邻中心广场，西至××路，南至××路，北邻××广场，周边有区政府、人民广场、中心广场、广发银行、电信大楼、五星级酒店、时代超市、肯德基、新华书店等，配套设施完善，临K16、K22等多路公交站点，距萧山国际机场约20分钟车程，距杭州火车南站约3公里，交通便利。正在兴建的地铁一号线站点距估价对象约800米，对本物业及周边房地产价值提升势必产生较大影响。

3. 区域环境

估价对象地处萧山新区，规划起点高、路网规整、建筑风格多样，加之江南水系发达、河流交错的地理优势，给本区域环境质量和感官视觉增添了色彩。

4. 萧山区经济发展概况

2006年，萧山实现国内生产总值699.81亿元，按现价计算，比上年增长18.7%。三次产业增加值占生产总值比重依次为5%、65%和30%。人均生产总值达到59257元，增长17.8%，按当年汇率折算，达到7400美元。完成财政总收入83.87亿元，其中地方财政收入39.93亿元，分别增长30.5%和29.0%（原口径）。国内生产总值、财政收入、工业总产值等主要经济指标实绩均保持全省县（市、区）级首位。

据2006年度抽样调查：城镇居民人均可支配收入21238元，增长12.5%，超年度计划3.5个百分点；人均生活消费性支出17131元，增长22.2%；恩格尔系数为0.275。农民人均纯收入10588元，增长11.5%，超年度计划2.5个百分点；人均生活消费性支出8383元，增长9.2%；恩格尔系数为0.349。年末全区城乡居民储蓄存款余额（含外币）388.66亿元，比年初增加72.56亿元，增长23.0%；城乡居民人均储蓄余额达到32791元，比年初增长24.3%。

三、市场背景分析

1. 杭州市萧山区商业发展现状

2006年，萧山区以超市为主要形式的商业业态结构继续巩固，连锁经营有了新的拓展，购物环境进一步得到改善。全区已有包括天润发超市、乐购公司、世纪联华、五星电器、国美电器等知名商家的连锁商场超市54家，连锁分店45家，加盟店99家。全年实现社会消费品零售额145.33亿元，增长18.1%，超年度计划3.1个百分点。其中批零贸易业132.71亿元，增长17.1%；餐饮业12.17亿元，增长24.7%。总额中非国有经济140.27亿元，增长24.0%；非国有经济比重达到96.5%，提高4.6个百分点。

2. 房地产市场背景

2006年，杭州房地产业投资增幅进一步减缓；房屋价格上涨过快的局面得到了有效遏制；百姓购房目的发生了明显改变，投资者迅速隐退，市场以"自住型"理性购房为主；整体价格表现平稳，区域性价格分化明显；目前宏观调控措施仍然在实施，政策效应还未完全释放和显现，后期走势需要看政策、市场等多方博弈的结果。

（1）房屋市场价格环比走势基本平稳

① 新建商品房价格

2006年商品房销售价格涨幅明显趋缓，基本呈逐月回落的态势，环比走势基本平稳。据杭州市房管局数据，1~11月商品住宅预售平均价格6961元/平方米，由此可以说明抑制房价过快上涨的宏观调控取得了较好的效果。

② 二手房市场价格

根据杭州市经济信息中心监测的八家中介公司数据显示，2006年杭城二手房综合成交均价走势平稳，略有波动。2006年11月综合成交均价为9138元/平方米，价格指数为390.01点，目前二手房成交均价与上年同期相比已经相差无几，2006年10月仅同比增长了1.35%。市场整体仍然处于谨慎调整状态，自住需求是二手房价的坚实支撑，购房者中，以首次置业和结婚购房者为主。

(2) 房地产开发投资逐月持续下滑

2006年，在国家新一轮宏观调控政策影响下，我市房地产开发投资出现"双下滑"，房地产开发投资逐月持续下滑，房地产开发投资占固定资产投资的比重持续下滑。2006年前三季度，我市完成房地产投资265.04亿元，增长13.5%，1~3季度，投资增幅分别比2005年同期回落了15.8个百分点。其中，住宅投资下降的幅度最大。尽管房地产投资仍然是拉动限额以上固定资产投资增幅的重要组成部分，前三季度房地产投资占限额以上固定资产投资的32.77%；房地产开发投资也处在一个相对稳定、理性的增长区间，但增幅逐月下降，也应引起高度重视，2006年1~3季度，全市累计完成住宅投资208.09亿元，同比增长13.1%，增幅比2005年同期下降20.3个百分点，一直处于主导地位的住宅投资增速大幅下滑，首次低于全市房地产投资平均增速。

(3) 房地产市场逐渐成熟

① 土地市场

从2006年土地公开出让的情况来看，截至12月14日，杭州市共公开出让土地36宗，总出让面积2008亩，总成交价格13.04亿元，平均地价650万元/亩。根据规划，杭州2006年6月~2007年12月住宅建设目标是总出让商品住宅用地约400万~500万平方米（约6000~7500亩）。

② 房屋开发建设情况

宏观调控实施以来，杭州市房地产建设规模增速明显放缓，新开工面积下降。2006年1~3季度，房地产新开工面积592.19万平方米，下降13.1%；同比明显下降，回落19.5个百分点；房地产施工面积3959.67万平方米，增长13.9%，同比回落11.3个百分点；房地产竣工面积313.13平方米，增长4.6%，同比回落33.6个百分点。从上述情况看，杭州市房地产投资增幅在短期内可能有小幅波动，但后期有继续下滑的趋势。

③ 房屋销售情况

据杭州市房管局数据，1~11月杭州全市批准预售商品房（含经济适用房）面积784.42万平方米，其中批准预售商品住宅面积689.24万平方米；商品房预售面积589.1万平方米，其中商品住宅预售面积491.8万平方米。1~11月，全市二手住房成交192.89万平方米，占房地产交易总量的25%，比重明显偏低。

从各类商品房销售情况看，2006年全市商品房中办公楼、商业用房销售保持较高增幅。杭州市统计局数据显示，2006年1~3季度商品房累计销售面积为432.55万平方米，同比增长6.2%；其中，商品住宅销售面积380.85万平方米，同比增长3.8%；办公楼和商业用房销售保持较高增长幅度，增幅分别为24.4%和35.5%，两项合计销售面积45.40万平方米，占各类商品房销售总量的10.5%，比重比2005年同期提高2.0个百分点，市场份额有所提高。

④ 新房存量

截至2006年11月13日，杭州市透明售房网上可售套数合计2.76万套，共392万平方米；已售套数6.2万套，合计767万平方米。从目前的市场消化速度来看，按照2006年1~11月的月均销售套数2131套来计算，则此部分存量房还需要两年半的时间才能消化完。加上近两年推出的土地将形成的房屋供应量，则中期杭州房地产市场还是存在一定的销售压力。

3. 萧山区商业房地产市场情况

总体来讲，2006年萧山区商业房地产仍以与居住物业配套的社区型商铺供应为主，综合性商业物业较少。如香江名品服饰广场、心意广场、恒隆广场等已经开盘或招租，由沿街商铺、灵性SOHO公寓、VIP私家商务会所组成富地·商瑞大厦吸引了众多消费者的关注。尽管住宅市场交易低迷对商业房地产投资产生了一定影响，但商业地产的租赁市场趋于稳定，租金水平也未出现大的变动。

已经运营的综合性商业物业如商业城、新世纪市场园区、中国纺织采购博览城、钢材物流中心等四大百亿市场运展顺利。全区年末有各类专业市场139个，其中消费品市场109个；生产资料市场29个。

新增星级市场6个，累计达38个，其中四星级4个、三星级5个、二星级23个。全年市场成交额401.45亿元，增长33.4%，其中十亿元以上市场4个。

四、最高最佳使用分析（略）

五、估价方法选用（同结果报告中估价方法部分的内容，略）

六、估价思路及测算过程

1. 收益法

(1) 收益法测算思路

采用收益法计算房地产在估价时点的收益价格时，应按照租赁期内和租赁期外分段计算。

经调查，估价对象已签订租赁合同，租期均为5年。故测算时按5年租期计算租赁期内的收益价格。

① 租赁期内，收益价格（$V_内$）计算公式：

$$V_内 = V_i = V_1 + V_2 + V_3 + V_4 + V_5$$

式中：V_i—各年净收益现值，$i=1, 2, 3, 4, 5$。

即：将各年净收益现值累加，求取租期内收益价格$V_内$。

② 租赁期外，收益价格（$V_外$）计算公式：$V_外 = [a/(r-s)] \times [1-(1+s)^n/(1+r)^n]/(1+r)^5$

式中：a—租赁期满后第一年净收益；r—报酬率；s—净收益逐年递增比率；n—租赁期满后的收益期限。

③ 收益价格 $V = V_内 + V_外$

(2) 收益期限确定

估价对象为新建建筑物，钢混结构正常使用年限为60年，证载土地使用权剩余年限为44年，本报告估价对象为商业房地产（未单独办理土地证），现设定其土地使用权年限自估价时点算起为40年。取三者的最小值作为估价对象的收益期限。

因此，估价对象收益期限为40年，其中租赁期限5年，租赁期满后收益期限35年。

(3) 有效毛收入计算

根据估价规范要求，估价对象的收益应以客观收益计算。评估人员通过市场调查了解，结合出租方签订的租赁合同，遵循谨慎原则，收益情况按以下方法确定：

由于各商户租赁合同所约定的承租面积是按建筑面积计算的，故收益法测算时各楼层的租赁面积与建筑面积相同。

① 各层平均租金标准及比值计算

通过对估价对象520个商户（约30%建筑面积尚未出租）租赁合同进行调查了解，并对已签订租赁协议的部分面积、租金标准进行加权平均后，得出第一年各层的平均租金标准为：

第一层：建筑面积8612.61平方米，合同租金标准范围5~7元/天/平方米，平均6元/天/平方米；

第二层：建筑面积8612.61平方米，合同租金标准范围3~4元/天/平方米，平均3.5元/天/平方米；

第三层：建筑面积8612.61平方米，合同租金标准范围1.5~2元/天/平方米，平均1.5元/天/平方米；

第四层：建筑面积12015.57平方米，合同租金标准范围1~1.5元/天/平方米，平均1.2元/天/平方米；

第五层：建筑面积12015.57平方米，合同租金标准范围1元/天/平方米，平均1元/天/平方米；

各层租金比值：

以第1层为基数，各层租金比值为：（1层租金标准：2层租金标准：3层租金标准：4层租金标准：5层租金标准）=（6：3.5：1.5：1.2：1）=（1：0.58：0.25：0.20：0.17）。

② 估价对象第一年租金标准计算

各楼层按面积加权平均，计算估价对象综合日租金标准：（6×8612.61+3.5×8612.61+1.5×

8612.61＋1.2×12015.57＋1×12015.57）÷49868.97＝2.43 元/天/平方米。

③ 根据租赁协议，第二年租金标准不变，则综合日租金标准仍为 2.43 元/天/平方米。

④ 根据租赁协议约定，自第 3 年起至第 5 年租赁期满，每年租金在上年基础上递增 4%，则：第 3 年租金标准为 2.43×1.04＝2.53 元/天/平方米，第 4 年租金标准为 2.53×1.04＝2.63 元/天/平方米，第 5 年租金标准为 2.63×1.04＝2.74 元/天/平方米。

⑤ 第六年的租金标准计算（即租赁期满后第一年）

遵照谨慎原则，考虑可能出现的市场不利变化，租赁期满后，第 6～40 年租金标准，在第 5 年租金标准基础上，每年递增按 2%；则第 6 年租金标准为：2.74×1.02＝2.79 元/天/平方米。

⑥ 出租率：根据对附近同类规模商业物业的市场调查，遵照谨慎原则，出租率按 90% 取定。

⑦ 租赁保证金利息收入

根据调查，参照租赁合同约定，租赁保证金为第一年租金总额的 16.4%，第一年总租金收入为 39808155 元（计算见第 8 步），至租赁期满返还，返还时不计利息。

因此，净收益应考虑保证金的存款利息净收益。计算如下（按一年期定期存款计算，扣除利息税，5 年后不再计算保证金利息收入）：

（39808155 元×16.4%）×2.52%×（1－20%）＝131615 元。

⑧ 第 1～5 年有效租金收益

第 1 年：2.43×49868.97×365×90%＝39808155 元；

第 2 年：同第 1 年；

第 3 年：2.53×49868.97×365×90%＝41446350 元；

第 4 年：2.63×49868.97×365×90%＝43084546 元；

第 5 年：2.74×49868.97×365×90%＝44886561 元。

⑨ 第 6 年（租赁期满后第一年，下同）有效租金收益

2.79×49868.97×365×90%＝45705659 元。

（4）运营费用计算

根据市场调查，结合工程决算资料分析，估价对象建筑物重置单价取 1200 元/平方米。

① 维修费：一般占房屋重置价格的 1.5%～2%，取 1.5%。即

1200×49868.97×1.5%＝897641 元。

② 管理费：一般占毛租金收入的 2%～3%，取 2%。则各年管理费为：

第 1 年：39808155 元×2%＝796163 元；

第 2 年：同第 1 年；

第 3 年：41446350 元×2%＝828927 元；

第 4 年：43084546 元×2%＝861691 元；

第 5 年：44886561 元×2%＝897731 元；

第 6 年：45705659 元×2%＝914113 元。

③ 保险费：一般占建筑物重置成本的 0.15%～0.2%，取 0.15%，则各年保险费均为：

1200×49868.97×0.15%＝89764 元。

④ 房产税、营业税：根据杭州市相关规定，房产税、营业税为毛租金收入的 17.6%，则：

第 1 年：39808155 元×17.6%＝7006235 元；

第 2 年：同第 1 年；

第 3 年：41446350 元×17.6%＝7294558 元；

第 4 年：43084546 元×17.6%＝7582880 元；

第 5 年：44886561 元×17.6%＝7900035 元；

第 6 年：45705659 元×17.6%＝8044196 元。

⑤ 运营费用合计

第 1 年：897641＋796163＋89764＋7006235＝8789803 元；

第 2 年：同第 1 年；

第 3 年：897641＋828927＋89764＋7294558＝9110890 元；

第 4 年：897641＋861691＋89764＋7582880＝9431976 元；

第 5 年：897641＋897731＋89764＋7900035＝9785171 元；

第 6 年：897641＋914113＋89764＋8044196＝9945714 元。

(5) 净收益计算

纯收益 ＝ 潜在毛租金收入－空置和收租损失 ＋ 其他收入－运营费用＝ 有效毛收入－运营费用。

则，各年净收益为：

① 租赁期内

第 1 年：39808155 元＋131615 元－8789803 元＝31149967 元；

第 2 年：同第 1 年；

第 3 年：41446350 元＋131615 元－9110890 元＝32467075 元；

第 4 年：43084546 元＋131615 元－9431976 元＝33784185 元；

第 5 年：44886561 元＋131615 元－9785171 元＝35233005 元。

② 租赁期满后

第 6 年：a＝45705659 元－9945714 元＝35759945 元。

(6) 净收益逐年递增比率确定

根据谨慎性原则，结合目前杭州市商业物业租赁市场状况，自第 6 年起，净收益按逐年递增 s＝2% 考虑。

(7) 报酬率求取

采用安全利率加风险调整值的方法确定。

① 安全利率：指无风险的资本投资收益率，按照 2006 年 8 月 19 日中国人民银行公布的人民币一年期定期存款基准利率为 2.52%。

② 风险调整值：风险分低、中、高、投机四个档次，相应的调整值分别为 0～2%、2%～5%、5%～8%、8%以上。估价对象为大型商场，且尚未开业运营，未来商业氛围繁华程度尚难以准确预期，根据其地理位置及自身特点，本次估价的风险调整值（租赁期内）确定为高风险偏低档次，取 5.5%。

则（租赁期内）报酬率 r＝安全利率＋风险调整值 ＝2.52%＋5.5%＝8.02%。

根据估价对象所处区域位置及周边商业发展态势，5 年后（租赁期满后），估价对象应属成熟商业物业，其经营风险相对降低。遵循谨慎原则，租赁期外报酬率仍按 8.02%计算。

(8) 收益价格计算

① 租期内收益价格

遵循谨慎性原则，各年租金收入按年末缴纳计算，将上述租赁期内各年纯收益折现累加，则为租期内收益价格：$V_{内}＝V_1＋V_2＋V_3＋V_4＋V_5＝31149967÷(1＋8.02\%)＋31149967÷(1＋8.02\%)^2＋32467075÷(1＋8.02\%)^3＋33784185÷(1＋8.02\%)^4＋35233005÷(1＋8.02\%)^5＝28837222＋26696188＋25759098＋24813999＋23956801＝130063308$ 元

② 租赁期满后，第 6～40 年的收益价格为：

$$V_{外}＝a/(r-s)[1-(1+s)^n/(1+r)^n]$$
$$＝35759945÷(8.02\%－2\%)×[1－(1＋2\%)^{35}÷(1＋8.02\%)^{35}]＝514190090 \text{ 元}$$

此价格为第 6 年初（即第 5 年末）的价格，需将其折现到估价时点：

$$514190090÷(1＋8.02\%)^5＝349625288 \text{ 元}$$

（9）收益法计算的评估价值为

$$V = V_内 + V_外 = 130063308 \text{元} + 349625288 \text{元} = 479688596 \text{元}$$

2. 市场比较法

计算公式：比准价格＝可比实例成交价格×交易情况修正系数×交易日期调整系数×房地产状况调整系数。

通过调查分析，我们选择了近期发生交易的与估价对象条件类似的3个比较实例，具体选择原则和实例条件描述如下：

选择实例原则：与估价对象属同一供需圈；与估价对象用途相同；与估价对象的交易类型相同；成交日期与估价时点接近。交易实例必须为正常交易，或修正为正常交易。

由于估价对象为五层商业用房，每层符合要求的交易案例难以搜集。

因此，分别选取萧山新区三个同类物业第一层的交易案例，采用同类物业楼层价格系数，对估价对象各层价格进行测算。

（1）交易案例选取

案例一：萧山××广场，位于市心中路与金城路交叉口，开元名都大酒店南侧。由杭州××房地产开发有限责任公司开发建造，2002年建成营业，建筑面积10000余平方米，钢混结构，商场总层数三层，是一家定位中高档，经营时尚精品、名品，集娱乐、休闲、购物于一体的商业性房地产。2006年12月，底层成交单价15463元/平方米，分割出售建筑面积100平方米，无装修。与估价对象在位置、经营方式、价格等方面均具有可比性。

案例二：××广场，位于金城路与工人路交叉口，人民广场对面，与估价对象该广场相邻。拥有54000平方米的超大商业面积，钢混结构，商业层数四层，新建工程。可分割为几十到100平方米的小型商户，经营类型多样。2005年8月，分割建筑面积为85平方米的底层商铺，成交价格17500元/平方米，无装修。与估价对象在位置、经营方式、价格等方面均具有可比性。

案例三：××家居生活广场，位于金城路与市心中路交叉口，××大酒店东侧。商场规模约2万平方米。钢混结构，三层，约建成于2002年。2006年11月，分割建筑面积56.5平方米的底层商铺，成交单价17361元/平方米，无装修。与估价对象在位置、经营方式、价格等方面均具有可比性。

（2）比较因素选择

根据待估宗地的用途及所处区域的价格影响因素，影响估价对象价格的主要因素有：

① 交易时间：确定房地产指数；

② 交易情况：是否为正常、公开、公平、自愿的交易；

③ 房地产状况调整系数：包括区位因素、权益状况和实物状况等项修正。

区位因素修正：主要指配套设施、繁华程度、离市中心距离、交通便捷度、环境质量、区域规划等。

权益状况修正：主要指土地使用权年限、城市规划限制条件、租约限制等。

实物状况修正：主要指平面布局、成新度、距街角距离、临街宽深比、装修状况等。

（3）将可比案例各种价格影响因素与估价对象比较，编制因素条件说明表见表8-1。

比较因素条件说明表　　　　表8-1

比较因素	估价对象	案例一	案例二	案例三
案例名称	某广场	萧山××广场	××广场	××家居广场
坐落	山阴路/工人路	金城路/市心路	金城路/工人路	金城路/市心路
交易价格（元/平方米）	待估	15463	17500	17361
交易情况	正常	正常	正常	正常
交易时点	2007.3	2006.12	2005.8	2006.11

续表

	比较因素	估价对象	案例一	案例二	案例三
区域因素	配套设施	地处萧山新区核心位置设施完善	地处萧山新区核心位置设施完善	地处萧山新区核心位置设施完善	地处萧山新区核心位置设施完善
	繁华程度	地段繁华，但尚未开业，人气未形成	地段繁华，已营业多年，商业氛围浓	地段繁华，但尚未开业，人气未形成	地段繁华，但尚未开业，人气未形成
	离市中心距离	位于新区中心	位于新区中心	位于新区中心	位于新区中心
	交通便捷度	距K16、K22公交站点约90米	距K16、K22公交站点约120米	距K16、K22公交站点约100米	距K16、K22公交站点约200米
	环境质量	与案例为同一环境区域，环境较好	与估价对象为同一区域，环境较好	与估价对象为同一区域，环境较好	与估价对象为同一区域，环境较好
	区域规划	萧山新区，与案例为同一规划功能区域	萧山新区，与估价对象为同一规划功能区域	萧山新区，与估价对象为同一规划功能区域	萧山新区，与估价对象为同一规划功能区域
个别因素	平面布局及质量	商业平面布局规则，功能分区合理	商业平面布局较规则，功能分区较合理	商业平面布局较规则，功能分区较合理	商业平面布局较凌乱，有效利用率低，功能分区尚可
	剩余土地使用年限	40年	36年	40年	36年
	成新度	2006年底建成	2002年底建成	2006年初建成	2002年底建成
	距街角距离（米）	处于十字街角	处于十字街角	处于十字街角	距离十字街角约80米
	临街宽深比	较差	较好	较好	较差
	装修情况	无装修	无装修	无装修	无装修
	租约限制	租期5年	租期1年	租期1年	租期1年

（4）交易各项因素修正

将交易案例与估价对象相比较，估价对象设定因素分值为100，则比较情况如下：

① 交易情况修正：案例一、案例二、案例三均为正常交易，故交易情况均不作修正；则三个交易案例分值为100。

② 交易日期修正：根据对萧山城区商业房地产近几年价格涨幅分析，自2005年8月至估价时点，类似商业房地产价格涨幅约为6%，故案例二修正系数取106；案例一、案例三分别成交于2006年底，至估价时点，房价变动幅度持平，故交易日期不作修正，取100。

③ 房地产状况修正：

A. 区域因素修正

估价对象与三个交易案例均处于萧山新区的同一商业圈内，位置相近，除繁华程度、交通便捷度需修正外，其余各项估价对象与三个交易案例相近，不作修正。

繁华程度修正，案例一已开业多年，其周边商业氛围相对较浓，则因素分值取102。估价对象及案例二均未开业，尚未形成人气；案例三于2007年初试营业，则确定案例二、案例三繁华程度因素分值均为100。

交通便捷度修正，案例三距公交站点略远、交通便捷度修正系数取98外，其余区域因素一致，故不作修正，案例一、案例二因素分值均取100。

B. 权益状况修正

土地使用权年限修正。估价对象、案例二的剩余土地使用年限为商业用地40年；案例一、案例三的土地使用权剩余年限为商业36年，则土地使用年限修正系数计算如下（结合杭州市土地市场的相关情况，商业用地土地还原率取6%）：

$$K=[1-1/(1+6\%)^{36}]/[1-1/(1+6\%)^{40}]=0.9720$$

因此，与估价对象相比较，案例一、案例二、案例三的土地使用年限修正系数分别为97.2、100、97.2。

租约限制修正。案例一、二、三租赁合同一般每年续签一次，估价对象一次签订五年租赁合同。合同期长则对纯收益会产生不利影响，结合萧山区实际商业物业租赁实际情况，案例一、二、三的租约限制因素分值均取101。

C. 实物状况

平面布局及质量修正。经现场勘察，案例一、案例二建筑平面布局及功能分区与估价对象相比，合理性略差，其因素分值均取98；案例三有效利用率较低，因素分值取95。

成新率修正。估价对象、案例二均为2006年内建成，案例二因素分值为100；案例一、案例三建成于2002年，结合对其建筑物保养状况的观察，其因素分值均取98。

装修因素修正。估价对象及案例均无装修，由承租人进行二次装修。故案例一、二、三的因素分值均取100。

距街角距离修正。除案例三距街角距离较远外，案例一、二距街角距离与估价对象相当。故案例一、二因素分值取100，案例三取98。

(5) 编制比较因素条件指数表（表8-2）

比较因素条件指数表　　　　　　　　　　　　　　　　　　表8-2

比较因素		估价对象	案例一	案例二	案例三
交易价格（元/平方米）		待估	15463	17500	17361
交易情况		100	100	100	100
交易时点		100	100	106	100
区域因素	配套设施	100	100	100	100
	繁华程度	100	102	100	100
	离市中心距离	100	100	100	100
	交通便捷度	100	100	100	98
	环境质量	100	100	100	100
	区域规划	100	100	100	100
个别因素	平面布局及质量	100	98	98	95
	土地使用年限（年）	100	97.2	100	97.2
	成新度	100	98	100	98
	距街角距离（米）	100	100	100	98
	临街宽深比	100	102	102	100
	装修情况	100	100	100	100
	租约限制	100	101	101	101

(6) 编制比较因素修正系数表（表8-3）

比较因素修正系数表　　　　　　　　　　　　　　　　　　表8-3

比较因素		案例一	案例二	案例三
交易价格（元/平方米）		15463	17500	17361
交易情况		100/100	100/100	100/100
交易时点		100/100	106/100	100/100
区域因素	配套设施	100/100	100/100	100/100
	繁华程度	100/102	100/100	100/100
	离市中心距离	100/100	100/100	100/100
	交通便捷度	100/100	100/100	100/98
	环境质量	100/100	100/100	100/100
	区域规划	100/100	100/100	100/100

报告八　杭州市萧山区某商贸广场1～5层商业房地产抵押估价报告

续表

比较因素		案例一	案例二	案例三
个别因素	平面布局及质量	100/98	100/98	100/95
	土地使用年限（年）	100/97.2	100/100	100/97.2
	成新度	100/98	100/100	100/98
	距街角距离（米）	100/100	100/100	100/98
	临街宽深比	100/102	100/102	100/100
	装修情况	100/100	100/100	100/100
	租约限制	100/101	100/101	100/101
比准价格		15763	18374	19778
算术平均值单价＝(15763＋18374＋19778)÷3＝17972元/平方米				

则采用市场比较法测算的底层商铺价格为17972元/平方米。

(7) 第1～5层价格系数测算

由于估价对象为1～5层，局限于当前房地产市场交易信息的透明度，无法搜集到1～5层每层的交易案例，故根据同类大型商业物业的楼层价格系数，结合各层租金分配系数，来确定估价对象的楼层价格衰减系数。

① 根据本公司估价人员对浙江省内包括杭州市、金华市、萧山区等10余家类似大型商业物业的长期调查统计和分析，以招租、续租的租金水平或新建商场分割销售开盘价、二手房交易价格为基础，对同一商场不同楼层的租金标准或交易价格按建筑面积进行加权平均后，再取各商场楼层价格衰减系数的算术平均数，经综合分析测算得出了杭州及周边地区类似大型商场（多层、带自动扶梯）的楼层价格衰减系数一般为（计算过程复杂、篇幅大，此处略）：

1层∶2层∶3层∶4层∶5层＝1∶0.69∶0.44∶0.40∶0.35。

② 结合估价对象租赁合同，以第1层为基数，各层租金比值为：

1层∶2层∶3层∶4层∶5层＝1∶0.58∶0.25∶0.20∶0.17。

③ 采用加权平均计算估价对象楼层价格系数，其中市场法价格系数权重取0.6，租金比值权重取0.4，则：

1层∶2层∶3层∶4层∶5层＝(1×0.6＋1×0.4)∶(0.69×0.6＋0.58×0.4)∶(0.44×0.6＋0.25×0.4)
∶(0.4×0.6＋0.20×0.4)∶(0.35×0.6＋0.17×0.4)
＝1∶0.65∶0.36∶0.32∶0.28。

(8) 各层价格计算

第1层：1×8612.61×17972＝154785827元；

第2层：0.65×8612.61×17972＝100610787元；

第3层：0.36×8612.61×17972＝55722898元；

第4层：0.32×12015.57×17972＝69102024元；

第5层：0.28×12015.57×17972＝60464271元。

市场比较法测算的价值合计：

154785827＋100610787＋55722898＋69102024＋60464271＝440685807元。

七、房地产估价结果确定

根据收益法和市场比较法测算的结果比较接近，采用算术平均值确定最终估价结果。

评估价值＝(440685807＋479688596)/2＝460187202元，取整为46019万元。

评估单价＝46019万元÷49868.97平方米＝9228元/平方米。

经调查，估价对象不存在法定优先受偿款，则估价对象的抵押价值为RMB46019万元，大写：人民币肆亿陆仟零壹拾玖万元整。

第四部分　房屋征收估价

第四部分 氢冶金和收益分析

报告九

长白山 U 型谷申报世界自然遗产所涉及甲公司所属宾馆物业及构筑物拆迁估价

吉林吉港房地产咨询评估有限公司　　王胜斌

评析意见

　　该报告是估价师依据吉林省申报世界自然遗产有关政策，针对估价对象位于国家级自然保护区长白山的核心景区——U 型谷内的特点，进行的房屋拆迁补偿估价。估价报告内容完整、规范，技术思路合理，测算过程详实。在测算副楼价值时，通过分析、判断，按宾馆客房用途进行评估，体现了有关政策和最高最佳使用的估价原则。在确定报酬率时，采用了市场提取法；在确定建筑物成新率时，考虑了结合重新购建成本的比例进行测算，具有一定的说服力。但该报告部分测算数据的取值依据较单薄，部分调查案例的可比性有所欠缺。另外，有关估价对象权属的估价的假设和限制条件，在其依据和文字表述方面不够充分。

目录（略）
致拆迁当事人函

×××办公室、甲公司：

　　我公司受×××办公室委托，以为×××办公室与甲公司协商确定货币补偿金而评估被拆迁房屋市场价格之目的。选派王胜斌等估价人员，根据国家有关法律、法规和政策，遵照国家标准《房地产估价规范》GB/T 50291-1999 和建设部《城市城市房屋拆迁估价指导意见》，本着客观、独立、公正、科学的原则，经过实地查看和市场调查，按照公认的估价方法收益法和成本法，对位于长白山风景区 U 型谷瀑布北侧甲公司所属宾馆物业（房屋产权人甲公司，建筑结构混合，使用性质营业，建筑面积 4335.08 平方米；土地使用权人甲公司，用地性质商服，土地使用权类型国有租赁，土地登记占地面积 4339.40 平方米）及两处构筑物于估价时点 2007 年 1 月 5 日的拆迁补偿的市场价格进行评估。经分析测算，估价对象的市场价格为：

宾馆物业：2741.56 万元（单价：6324 元/平方米）；

宾馆至河堤构筑物：207.72 万元；

小停车场至长廊构筑物：111.32 万元；

合计：3060.6 万元。

甲公司拟拆迁房地产总货币补偿金为人民币大写叁仟零陆拾万陆仟元整。

　　欲了解本评估项目全面情况，应认真阅读房地产估价报告书全文，特别是要仔细阅读估价的假设和限制条件、重要说明及特别提示及评估结果的价值内涵。

　　本评估报告由评估机构发送给委托估价方×××办公室两份，由×××办公室转送给甲公司一份。拆迁当事人应自本报告发送之日起到拆迁许可证载明的拆迁延长期限内使用，过期则自行作废。拆迁当事人如对评估结果有异议，可自收到本估价报告之日起 5 日内，以书面形式向我公司提出复核要求，也可以另行委托评估机构评估。拆迁当事人如对我公司的复核结果仍有异议，或者其他评估机构的评估结果超过本报告的评估结果±3％，且协商达不成一致意见的，自收到我公司复核结果或者另行委托估价机构出具的估价报告之日起5日内，可以向被拆迁房屋所在地的房地产价格评估专家委员会申请技术鉴定。

吉林省××房地产咨询评估有限公司
法定代表人：×××
二〇〇七年二月十五日

估价师声明（略）
估价的假设和限制条件

一、估价假设条件

我们根据委托方提供的资料，按以下的假设条件进行评估：

（一）估价对象规划、设计和建设已得到有关部门的批准，应缴纳的城市基础设施配套费、土地费用、工程款等已全部结清。

（二）被拆迁人拥有估价对象（包括附属物、构筑物）合法产权，且估价对象无论以整体还是分割产权方式转让，均无法律障碍。

（三）估价对象权利状态完整，不考虑其权益缺损或受到限制对其市场价格的影响。

（四）房地产权利人合法取得房屋所有权证和国有土地使用证，拆迁当事人提供的权属证书和其他有关资料复印件记载的内容与原件一致。

（五）估价以房地产权属证书记载的结构、性质、用途和正常的设计、施工、使用及其实物、权益、区位现状为前提。

（六）本次估价以目前及未来的社会政治经济环境和房地产市场正常稳定为前提，估价所涉及的各种参数均是根据当前市场状况确定的，没有考虑未来的变动。

二、估价报告使用限制

（一）本报告的估价结果是在本次估价目的下，为贵办和甲公司服务的，不要挪作他用或提供给其他人使用。

（二）上述假设条件和下述重要说明及特别提示是估价结果成立和有效的前提，它们对估价结果的形成有直接影响，如果上述条件发生变化，估价结果应做相应调整。

（三）本次估价结果是以拆迁许可证延期之日为估价时点的时点价格，不能作为其他时点的价格而被使用。

（四）本报告的使用必须在本报告确定的应用有效期内，且必须基于房地产市场正常稳定之前提。超过报告有效期或国家、本地区的政治、经济、社会状况发生较大变化，则本报告失效。

（五）本报告所载内容的文字或数字如存在表述不清或出现校对、打印错误，请报告使用人及时通知我公司予以澄清或更正，在此之前，请勿使用。

（六）未经我公司书面同意，本报告不得向其他拆迁当事人和估价报告审查部门之外的单位和个人提供，报告的全部和部分内容不得发表在任何公开媒体上。

（七）本报告经专职房地产估价师签字盖章后生效。

（八）本报告由吉林省××房地产咨询评估有限公司负责解释。

三、重要说明及特别提示

（一）估价对象宾馆物业的装饰装修、附属设施、设备、房屋内家具、低值易耗品，可移动办公、厨房设施设备（不包括陈列物品如壁画、瓷器等），是宾馆房地产不可分割的组成部分，估价结果包含它们的价值。

估价对象宾馆物业的估价结果已扣除了被拆迁人续期使用土地应补缴的土地使用权出让金。

估价结果不包含拆迁过程中发生的停产、停业损失补偿费、搬迁补助费等费用。

（二）估价对象土地使用权是以租赁方式取得的，租赁期限到2025年，租金一年一缴。2007年未缴租金。在测算租赁土地使用权价值时，先设定在估价时点，原土地租赁关系解除，被拆迁人在房屋尚可使用年限内，取得出让土地使用权，然后，扣除应补缴的补缴土地使用权出让金。我们评估的被拆迁人应补缴的土地使用权出让金没有经土地部门核定，如果当事人对此有异议，可以向土地部门申请核定。

另外，由于企业在与土地管理部门签订土地使用权租赁合同时，并没有约定到期后是否续期，再者拆迁行为是被拆迁人所被动接受的行为，对被拆迁人土地使用权续期的权利应予尊重。本次评估根据《中华人民共和国城市房地产管理法》第21条之规定，设定土地使用权在原批准的期限内可继续租赁使用，土地使用权到期时，经批准并补缴土地使用权出让金（或租金）后，可以续期，续期期限为房屋经济耐用年限终了。

（三）本次评估的估价对象包括宾馆物业和宾馆至河堤间构筑物、小停车场至长廊间构筑物三部分。其中，宾馆至河堤间构筑物、小停车场至长廊间构筑物独立于宾馆之外，为被拆迁人甲公司自行建造、单独使用，与宾馆物业没有附属关系，对宾馆物业的经营和使用没有直接影响，因此，其补偿价值单独计算、单独补偿。

需要说明的是，宾馆物业至河堤间构筑物占地没有见到土地使用证；小停车场到长廊口之间的构筑物占地未见土地使用权登记手续，但这部分构筑物的修建履行了批准手续。因此，本次评估假定了宾馆物业至河堤间构筑物占地及小停车场到长廊口之间的构筑物占地合法。但评估价值时不评估这部分占地的土地使用权价值。

（四）估价对象宾馆部分有835平方米没有颁发房屋所有权证书，但原长白山国家级自然保护区管理局、吉林省林业厅已给予房屋竣工验收。估价委托方在拆迁补偿标的核查时，委托房地产测绘机构对宾馆物业建筑面积进行了测绘，将该835平方米房屋列入了测绘范围并作为委托估价面积证据提供给评估机构。因此，本次评估以该部分建筑面积房屋建造合法为条件进行估价，并将此设定条件及对估价结果的影响在初步评估结果公示送达时告知了拆迁当事人，在初步评估结果征求意见会上又做了说明，拆迁当事人表示已知情，没有提出异议。尽管如此，仍有必要提醒拆迁当事人注意，这是本次估价重要的假设条件，如果此条件不能成立或有变化，估价结果可能需要做较大幅度修改。

（五）本次估价以拆迁当事人双方提供的全部资料具备真实性、合法性，且估价对象具有完整的产权为前提。仅在此前提下，本报告的估价结果才能有效地体现估价对象在估价时点的市场价值。

本次估价已将拆迁当事人提供的评估依据资料（附后，规范性文件除外）在初步评估结果征求意见会上转达拆迁当事人相对方阅审核查、辨析论证。其中，房屋所有权证、土地使用权证在评估机构的提示下，已由委托方向权属登记机构调档核实。在本估价报告出具前，没有人对对方提供的相关资料提出异议，评估机构已勤勉尽责。如今后出现资料不真实、合法，由相关当事人承担相应责任，评估机构对提供的相关资料失实造成的估价结果错误及所引起的一切后果不承担责任。

（六）宾馆物业副楼有10个房间（面积相同）没有用于宾馆经营，而是用于甲公司经营长廊项目的员工的宿舍。而甲公司经营的长廊项目并不在拆迁范围之内。因此，宾馆物业副楼10个房间应回归贡献于宾馆经营。本次评估假定了这部分房间经装修后用于宾馆经营。

（七）在正式出具本报告前，我们已于2007年2月8日将初步评估结果向拆迁当事人进行了公示，并主持召开了两次初步评估结果征求意见会，对估价原则、估价程序等做了解释说明，现场回答了拆迁当事人的疑问，听取了拆迁当事人的意见。在调查核实拆迁当事人为证明其主张提供的依据资料后，已就其主张的合理部分，对初步评估结果做了适当调整。

（八）我们只对拆迁当事人在本报告应用有效期限内、在本次估价目的限定的用途下、且将本报告作为一个有机整体完整使用情况下承担责任；对拆迁当事人以外的第三人使用、或将本报告用于估价目的以外的其他用途、或仅使用其中部分内容、或超期使用本报告而可能造成的损失不承担责任。

估价结果报告

一、委托单位（略）

二、估价方（略）

三、估价对象

估价对象包括宾馆物业、宾馆至河堤间构筑物、小停车场至长廊间构筑物三部分。

（一）区位状况

估价对象位于U型谷长白山天池北路××××，南邻长白山瀑布，两侧为地势陡峭、磅礴壮观的断岩峭壁，左边峭壁下是浪花飞溅、清澈如镜的二道白河。该区域空气清新、环境优美、景色宜人。

（二）权益状况

宾馆物业于1998年10月20日取得《国有土地使用证》，登记占地面积为4339.40平方米，宾馆至河堤部分构筑物占地没有见到土地使用权登记手续；小停车场到长廊口之间的构筑物占地也没有见到土地使用权登记手续，但这部分构筑物的修建履行了批准手续。

宾馆物业于2004年确权登记，证载建筑面积3500平方米。而原长白山国家级自然保护区管理局和吉林省林业厅认定总建筑面积4302.91平方米。其中，主楼3549.46平方米；副楼753.45平方米。2006年4月，××××委托××房产所测绘甲公司宾馆实际建筑面积为4335.08平方米（含配电室）。本次评估按建设面积4335.08平方米进行估价。宾馆物业登记确权情况表9-1。

宾馆物业登记确权情况表（土地、房屋） 表9-1

土地使用者	坐落	法定用途	等级	使用权类型	使用权面积（平方米）	登记状态	实际用途	权益状态	备注
甲公司	长白山自然保护区	商服	比照池北区商业一级	租赁	4339.40	全部登记	商服	权属证书上无他项权利内容	土地使用权证未年检，土地使用权终止日期为2025年10月20日

房屋所权人	坐落	设计用途	结构	所在层数	建筑面积（平方米）	登记状态	实际用途	权益状态	备注
甲公司	长白山瀑布北路	营业	混合	1～4层	4335.08	登记3500平方米	营业	权属证书上无他项权利内容	副楼835平方米面积部分未确权，假设建造合法

（三）实体状况

1. 土地

估价对象占用的土地红线外基础配套达到通电、通路、通信。宾馆物业占地4339.40平方米，土地形状规则，地势平坦。

2. 宾馆物业

宾馆物业在1994年进行设计及基础施工，2000年底交付使用。主体建筑为韩国仿古风格，主、副楼呈L形排列。主、副楼为琉璃瓦大屋顶，分层四周均设外挑走廊，大理石栏杆、琉璃瓦挑檐。护坡采用大理石和蘑菇石贴面，外墙用涂料粉饰，大门为钛金平开门。室外地面为天然石材。建筑物外观设计

报告九 长白山U型谷申报世界自然遗产所涉及甲公司所属宾馆物业及构筑物拆迁估价

精巧，异国情调浓厚。宾馆室内建筑格局均按宾馆物业设计，大堂、餐厅、客房、浴池等功能分区明确，布局合理。室内装修采用大理石、墙面砖、壁纸、地毯等对建筑物的大部分房间进行了装修，特别是桑拿浴室用料考究，舒适豪华。宾馆物业功能分区及装修、设施情况见表9-2。

宾馆物业功能分区及装修、设施情况表　　　　表9-2

序号	功能区	楼层	数量或面积	装饰说明	备注
1	大堂	1		门窗：塑钢窗，入口钛合金双扇玻璃门； 地面：大理石地面； 顶棚：吊顶； 内墙面：花纹大理石； 其他：2个公共卫生间、韩式炉具装饰	内有总服务台，咖啡厅，冷饮厅，小型纪念品商店
2	餐厅	1		门窗：塑钢窗，双开玻璃门，双开木门； 地面：地砖； 顶棚：吊顶； 内墙面：壁纸	厨房墙面为瓷砖贴面，扣棚，瓷砖地面，3个包房，厨房设备完备且均为不锈钢制作，较高档
3	客房	2、3	50个房间	主楼及部分副楼： 门窗：外层为铝合金窗，内为夹玻璃木窗，实木门； 地面：地热上铺地板革、毛毯； 顶棚：大白； 内墙面：大白； 楼梯、走廊地面为大理石地面。 部分副楼： 门窗：外层为铝合金窗，内为夹玻璃木窗，实木门； 地面：水泥地面； 顶棚：大白； 内墙面：大白； 楼梯、走廊部分地面为大理石地面	豪华套房3个，内配有高档床、大衣柜、写字桌、平板电视机、橱柜、保险箱、人造理石梳妆台、豪华淋浴间、料理台柜、冰箱、皮具沙发、橡木茶几、精制瓷器和名人字画。普通套房3个，42个标准房间（主楼26个，副楼18个，不包括10个未装修经营间），2个地炕房间。内配有木床、大衣柜、写字桌、电视机、橱柜、梳妆台、电热水器浴房、木制椅、茶几。主楼内有烟感报警系统，自动喷淋系统
4	温泉洗浴	-1		门窗：塑钢窗，白钢门； 地面：大理石，水泥抹面铺地板胶； 顶棚：塑料口板、大理石、墙面砖； 内墙面：大理石、墙面砖	两个室外温泉池
5	阁楼	4	10个房间	门窗：木门、塑钢窗； 地面：水泥抹面上铺地板革； 顶棚：塑料扣板； 内墙面：大白	现用途为仓库，不对外营业。旅游旺季供服务员居住。无供热
6	设备间	-1	4个房间	门窗：木门、塑钢窗； 地面：水泥抹面； 顶棚：塑料扣板； 内墙面：大白	包括水泵房、高低压配电室、总机交换台、洗衣房
7	外饰	1~4	4个立面	琉璃瓦屋顶，分层琉璃瓦挑檐，走廊护栏为大理石，一层外墙由大理石和蘑菇石贴面，二层以上涂料粉刷，外门为钛金平开门	楼外地面为天然石板材铺面

宾馆物业配套设施较齐全，生活用水采用深井采地下水，经过滤处理后使用；营业用水分为温泉引水和二道白河引水两部分；采暖为温泉水循环方式；污水采用地埋式污水处理装置处理后，排入二道白河；供电由国电和自供电两部分组成，配有发电机组，供电能力基本保证；总通信能力100门固话，交换机采用XB-3型号，直拨机20门，分机80门，卫星系统2台；供气为自建供气系统，供应液化石油气。附属设施、设备主要有：污水处理室、深井、过滤井、温泉引水管线。附属设备主要包括：高压线、变压器、发电机组1组、温泉水循环泵2台、烟感报警系统、自动喷淋系统、过滤交换器、过滤膨胀器、排水消毒器、电话交换机等。

经现场查看，房屋及其设备均处于正常使用状态，维护、使用状况较好。地基基础无不均匀沉降，梁、板、墙平直牢固，屋面防水层、隔热层、保温层完好；上下水管道畅通，各种卫生器具完好，电气设备、线路完好牢固，绝缘良好，暖气设备、管道畅通、完好，无堵、冒、漏；房屋装修由于在2005年9月重新装修，完整无损。

3. 宾馆物业至河堤间构筑物

宾馆物业至河堤间构筑物在1994年施工，2000年底交付使用，维护、使用状况较好。具体情况见表9-3。

宾馆至河堤间构筑物表　　表9-3

序号	项目	单位	数量	备注
1	挡土墙	立方米	109.5	河边、石料，宽2米，高3.8米，厚0.6米
2	挡土墙	立方米	25.872	河边、混凝土，基础深1.5米，宽0.98米，高0.48米
3	挡土墙	立方米	67.53	水箱边、石料，宽0.8米，高3.7米
4	挡土墙	立方米	17.36	浴池边、石料，宽0.8米，高2.17米
5	挡土墙	立方米	108	道上、混凝土，宽0.8米，高3米
6	挡土墙	立方米	94.38	道下、石料，宽0.5米，高3.9米，包括铁艺栏杆
7	游泳池	立方米	824.25	混凝土，深1.8米

4. 小停车场至长廊间构筑物

宾馆物业小停车场至长廊间构筑物于2003年建造，维护、使用状况较好。具体情况见表9-4。

小停车场至长廊间构筑物表　　表9-4

序号	项目	单位	数量	备注
1	售票亭	个	1	铝合金结构，外包原木，43.45平方米
2	公厕	个	1	钢混结构，外包原木，内精装修，设施高档、77平方米
3	大理石护栏	米	135	大理石，宽2.23米
4	钢木栈桥	座	1	钢、木制，长55.7米，宽1.95，基础深1.8米
5	水泥台阶和白钢扶手	米	22	台阶水泥制、扶手白钢制，长22米，高1米
6	栈道	米	45.5	钢制，长45.5米，宽2.56米，栏杆高0.9米
7	平台、小石路、水泥道路	平方米	887	石材和水泥铺面，火山石垫层0.3米

四、估价目的

为确定被拆迁房屋货币补偿金额而评估其房地产市场价格。

五、估价时点

房屋拆迁估价的时点一般为房屋拆迁许可证颁发之日，本拆迁项目是2006年9月21日颁发的拆迁许可证，但一直没有具体实施拆迁。2007年1月5日，由长白山管委会规划建设局批准拆迁许可证延期，根据委托方意见，本项目估价时点确定为2007年1月5日。

六、价值类型及内涵

估价对象房地产价值类型为房地产完全产权在估价时点的市场价值。本次评估的市场价值定义如下：

（一）估价对象自由在公开市场上转让；
（二）在估价时点按目前的用途和使用方式、规模、环境等继续使用并能给产权人带来收益；
（三）交易条件公开且以现金方式，没有排他性；
（四）买卖双方具有进入市场的自由，且有合理的洽谈交易时间；
（五）不考虑特殊买家的价格。

本次评估的估价对象的价值内涵如下：

（一）为估价的目拆迁补偿服务，估价时点定为房屋拆迁许可证延期之日，在对估价对象进行充分的考察了解和最高最佳使用分析的基础上，将估价对象价值构成划分宾馆物业价值、宾馆至河堤间构筑物价格、小停车场至长廊间构筑物价值三部分。

（二）宾馆物业价格为房地合一的市场价值，但扣除了土地使用权续期被拆迁人应补缴的土地使用权出让金。

宾馆物业的装饰装修、附属设施、设备以及家具、厨房设备等是房地产不可分割组成部分，估价结果包含它们的价值。

宾馆建筑物中有835平方米未登记确权，本次评估按建造合法，并入宾馆物业整体进行估价。

宾馆物业的价值为自估价时点起至房屋尚可使用年限结束之日止的价值。

（三）非属宾馆物业的构筑物，只评估建筑成本结合成新的价值，不包括土地价值。

（四）估价结果不包含拆迁中发生的停产、停业损失补偿费、搬迁补助费等费用。没有考虑租赁、查封、抵押等因素对房地产价值的影响。

七、估价依据（略）

八、估价原则（略）

九、评估方法

房地产估价的基本方法有市场比较法、收益法和成本法。市场比较法是将估价对象与在估价时点近期交易的类似房地产进行比较，对这些类似房地产的成交价格做适当修正和调整，以此求取估价对象的客观合理价格或价值的方法。市场法的适用条件是在同一供求范围内有较多的类似房地产交易案例；由于本次估价的估价对象房地产位于长白山旅游风景区U型谷内，距长白山管委会池北区二道镇约50公里，估价对象宾馆物业如采用市场法评估存在二方面的问题：一是交易极少，没有可比实例；二是景区资源特色差异大，建设用地稀缺，土地利用垄断性强，作为保护用地，其利用受到严格限制。故估价对象房地产与长白山管委会池北区二道镇等周边建成区的商业房地产不属于同一供求圈，不具有可比性，无法选取类似房地产的实际成交价格作为评估可比案例，不能采用市场比较法评估。

收益法又称收益资本化法或收益还原法，是预测估价对象的未来收益，然后将其转化为价值，以此求取估价对象客观合理价格或价值的方法。其适用对象是具有收益或潜在收益能力的房地产。适用条件是房地产的收益和风险都能较准确量化；本次评估的估价对象中的宾馆物业属经营服务性物业，可以给产权人带来持续稳定的收益，并且其收益和风险可以相对准确地量化，因而可以采用收益法评估。

成本法是求取估价对象在估价时点的重新购建价格，然后扣除折旧，以此求取估价对象客观合理价格或价值的方法。只要是新近开发或可以假设重新开发建设或计划开发建设的房地产都可以采用成本法评估。成本法也适用于估价市场不完善或在狭小市场上无法采用市场比较法估价的房地产。本次评估的估价对象分别于2000年和2003年建成，与新近开发的类似房地产的建筑成本具有可替代性，因此可以采用成本法进行评估。

十、估价结果

估价人员根据国家有关法律、法规和政策，本着客观、独立、公正、科学的原则，按照公认的估价方法，对位于长白山风景区U型谷瀑布北侧甲公司所属的4335.08平方米宾馆物业及两处构筑物于估价时点2007年1月5日的拆迁补偿价格进行评估。经分析测算，估价对象依照本次评估确定的价值类型和价值内涵限定下的市场价格为：

宾馆物业：人民币2741.56万元（单价：6324元/平方米）；

宾馆至河堤构筑物：人民币207.72万元；

小停车场至长廊构筑物：人民币111.32万元；

合计：人民币3060.6万元。

甲公司总货币补偿金为人民币大写叁仟零陆拾万陆仟元整。

十一、估价人员（略）

十二、估价作业日期

本项目估价作业自二〇〇七年一月十日始至二〇〇七年二月十五日止。

十三、估价报告有效期

本估价报告自提交之日起至拆迁许可证载明的拆迁延长期限内有效。

估价技术报告

一、市场背景分析

长白山位于吉林省的东南部，地理坐标东经 127°4′55″～128°16′48″，北纬 41°41′49″～42°25′18″，总面积 1964 平方公里，核心区面积 1498 平方公里，是欧亚大陆东端最高的山系，平均海拔高度 2000 米以上。长白山是中国的典型火山地貌区域，山体形成历史悠久，生态系统保存完整，自然环境复杂多样，生物种类繁多，自然景观丰富多样。

长白山是中国十大名山之一，为国家 AAAA 级旅游区，素有"千年积雪万年松，直上人间第一峰"之美誉。长白山自然风光和名胜资源。以长白山垂直景观带、长白山天池、高山大花园、长白山大峡谷、长白山瀑布为代表，包括：温泉群、天女浴躬池、黑风口、乘槎河、美人松、长白山谷底林海、长白山冷泉、小天池、长白山火山群峰等。这些天然胜景令人心驰神往。每到夏季，大批中外游客纷至沓来，络绎不绝，现仅旺季三个月游客接待量就达 60 余万。

长白山管委会于 2006 年升格为地区级建制后，依托这些自然天成的景区、丰富的景点资源，以不破坏自然资源为前提，本着人与自然和谐共处的原则，加大了生态旅游基础设施的投入。一是开发 3 处旅游服务基地、重新规划 49 处景点；二是加强了长白山高速公路、旅游机场和环区旅游道路的建设。经过开发建设，必将创建中国乃至国际旅游的知名地位，打造世界品牌。而上述自然与人文景观的开发，也将增强长白山对中外游客的吸引力（据统计，2006 年长白山游客接待量为 70 万人，预计到 2011 年将达到 150 万人）、拉动地方经济的发展，从而拉动房地产需求。从长白山管委会所在地池北区商业房地产市场状况来看，5 月份，市场成交均价为 78000 元/平方米，环比上升 8.6%，同比上升 33.6%。价格涨幅超过省会城市长春市，市场需求非常旺盛。可以预见，长白山区域内无论是房地产整体市场，还是商业房地产市场，前景都很看好。

但也应当看到，长白山地区房地产市场存在市场过热现象，2006 年当年开盘的楼盘有 12 个，总建筑面积达 70 万平方米。同比增长 52%。许多投资者对市场前景有过多的期待，投资速度过快，风险相应加大；房地产市场交易价格虽一路上扬，但房地产的租赁价格相对较低，投资收益率并不高，存在泡沫嫌疑。对这些价格背离价值的迹象，应给予应有的关注。

长白山国家级自然保护区以保护典型的火山地貌景观和完整的森林生态系统为主要对象。以保护、拯救和扩繁珍稀濒危生物物种，保护野生动植物优良遗传基因，保持生态系统的自然演替过程，保障长白山至三江中下游广大地区的生态安全，保护全人类珍贵的自然遗产为根本目的。是集资源保护、科研教学、绿色教育和生态旅游四大功能于一体的综合性自然保护区。为了加强对保护区的管理，原吉林省政府人民委员会于 1960 年发布了《关于建立长白山自然保护区的决定》；1980 年，联合国正式批准长白山自然保护区加入国际生物圈保护网，列为世界自然保留地，加以特殊保护；1986 年，国务院批准长白山自然保护区列为国家级森林和野生动物类型自然保护区。

申报世界自然遗产是保证长白山在世界范围内得到积极保护，充分体现其科学价值的有效途径。为此，吉林省政府于 2004 年 3 月在省建设厅成立了长白山申报世界遗产办公室，具体负责对提名地的申报、规划、综合整治和管理。2005 年 7 月初成立的长白山保护开发管理委员会，把长白山申遗工作作为重点工作内容列入议事日程。2006 年吉林省政府工作报告把申遗工作正式列入吉林省重点工作，省政府先后三次召开会议研究申遗工作。2006年9月15日，申遗办根据省政府2006年第三次常务会议要求，提出了《关于对长白山世界自然遗产申报地实施综合整治的意见》，决定对长白山世界自然遗产申报地长白山天池北部地区进行综合整治，充分体现了吉林省政府对长白山保护工作的决心和力度。

对长白山的保护工作和申报世界自然遗产行为会给本地区的房地产市场带来一定的影响。保护工作和申遗行为虽然会使得本地区的房地产市场总体上规范、有序，但对破坏了资源与环境，影响美学价值的现有房地产也会采取限制使用、规范使用、加大使用成本、甚至拆除等整治措施。从而使得那些过度开发形成的房地产的价值受到负面影响。

长白山位于吉林省东南边疆地区，位置偏远，目前交通还不发达。铁路、公路、机场等交通基础设施还不完善；商业、餐饮、旅游中介业欠发达，数量不足，档次较低，对游客的吸纳力不足。这将限制本地区宾馆服务业房地产的收益水平的提高，进而影响到对这类房地产的需求。

长白山属于寒温带湿润气候区，冬季寒冷漫长、夏季短暂温凉，年平均气温－0.3℃，最高气温30.2℃，最低气温－43℃，年无霜期约100天（山顶约60天），年降雪达140天，降水量700～800mm，6～9月降水量占全年降水量的60%～70%。在这样的气象条件下来长白山的游客主要集中在夏季三个月，旅游旺季时间短、淡季时间长，使得本地区收益性房地产年使用分配不均，利用效率较低。收益季节性太强，收益能力不能充分发挥，会对收益性房地产价值产生不利影响。

二、区域因素分析

长白山U型谷位于长白山天池北侧，起始点从天池瀑布到长白山高原冰雪训练基地，长度约4.0公里，宽度300－500米。U型谷东西两侧山峰高程1875～2338米，山势陡峭挺拔，谷底由天池瀑布和小天池形成的松花江源头——二道白河水流湍急、浪花堆雪、河岸陡峭。谷区内景点密布，主要有长白山松花江源头、乘槎河瀑布景观、黑风口温泉景观、银环湖、岳桦林带景观等。U型谷是长白山北坡山门至天池的联系纽带，也是重要的核心景观带，是游客的必经之地。而游客的大量流入，也将会给区域内的经营性房地产带来良好的收益，从而增加房地产价值。

U型谷现状道路沿二道白河东侧从冰雪训练基地到小停车场，全长3.3公里，宽6米。路面结构为水泥混凝土路面，维护良好，路两侧设有防护栏，行车安全。但是景区内交通受到管制，游客不能自驾车进入景区，需在山门换乘公共客车。如想在U型谷宾馆入住，必须人车分离，相当不便。交通管制减少U型谷内宾馆对游客的吸纳量，弱化了物业收益能力。

U型谷内的房地产对温泉水资源的使用基本上是无偿的。这不仅使房地产产权人从温泉洗浴中带来超额利润，同时，由于供热系统是温泉水供热，在运营房地产时，大大减少了采暖成本，其经营利润相对增加，温泉水资源给房地产产权人带来了丰厚的回报。

U型谷地貌为典型的熔岩峡谷地貌，地形不规则，场地不平整，地表为腐质土，当作为建设用地时，土方工程量大，地表需做硬化处理；另外，本区域抗震设防裂度为6度，设计基本地震加速度为0.05g，但由于处于火山活动区，在抗震设防上应考虑予以加强，这将增大房地产开发建设成本。

U型谷冬季寒冷漫长，夏季短暂温凉、多雨，年无霜期约100天，年积雪日达250天、年降水量约800mm，且集中在施工期，因此谷内房地产开发建设可施工期短、连续作业性差、人工费用大，工期也长；U型谷附近没有建筑材料厂和建材市场，且谷内均为保护地，房地产开发建设不能就地取材，建筑材料需要长距离运输，运输费用大。

U型谷内已实现国电供电，但供电保证度不够，各宾馆物业必须自备发电机；U型谷生活用水打深井采地下水，营业性用水则来源于温泉和二道白河；按规定宾馆物业的污水不能直接排放，而应设污水处理设备，经处理达到排放标准后方可排放。房屋附属设施、设备的增加，将导致建设成本加大，运营费用增加。

U型谷早有开发，谷内共有宾馆、饭店以及驻区单位15家。U型谷内海拔1700～2000米处主要分布以岳桦林、云冷杉林为主的针阔叶混交林，这15家宾馆、饭店以及驻区单位的建设，占用了林地和林下植被，造成地面的裸露，导致土壤侵蚀并发生水土流失现象，岳桦林和林下植被遭到了较大的破坏。

由于二道白河是谷内唯一的地表水体，这15家单位产生的污水均排往二道白河，产生污水量7440立方米/年，主要集中在7～9月的短短3个月内，日排污量约为74立方米/天，全部进入二道白河。区内有8家单位的生活污水经地埋式污水处理装置处理后排放，但由于所用的温泉水温度较高，生化过程所需的菌种被杀死，多数污水处理装置起不到处理污水的作用。其余7家单位没有采取任何处理措施，生活污水直接排入二道白河；U型谷内15家宾馆饭店及驻区单位以及游客产生的生活垃圾近700立方米/年，均采用集中收集后定期运往二道白河镇池北垃圾处理场填埋处理。但因运送不及时导致生活垃圾冲入二道白河的现象时有发生，使二道白河水质受到了污染。

U型谷是长白山主要的世界自然遗产申报地，从现状上看，长白山申报地开发行为缺乏全面科学的规划和统一的管理、缺乏可持续发展和永续利用的理念，尤其是U型谷内的大量建筑物破坏了环境和资源，影响了长白山自然美学价值，阻碍了长白山申报世界自然遗产的工作进程，使长白山脆弱的生态环境系统受到威胁。长白山申遗办为恢复长白山U型谷生态环境、景观的自然原始状态，体现世界自然遗产申报地的真实性和完整性，借鉴"景区内旅游，景区外服务"的世界自然遗产地的通行做法，决定对U型谷内的建（构）筑物依法实施拆迁。拆迁行为将会使申报地房地产市场消失。即使不拆迁，其发展状态也可能会是保护区主管部门采取限制、规范使用温泉水资源、加大污水排放治理、加快游客流动、限制谷区游客数量等措施，加大对U型谷保护力度，使得谷区内收益性房地产运营成本增加，客源减少，收益相应受到影响。

应当看到，U型谷区内宾馆物业收益能力的增加，主要不是靠其自身努力，而是身依赖于国家及广大投资人对长白山整体的开发而增加游客流量。而长白山开发不仅是修建机场、道路，还会陆续开发服务基地和多处景观，这种开发行为对U型谷宾馆物业是一把双刃剑，一方面从整体上看会增加客流量；另一方面也将会使U型谷的游客和住宿人员分流。如果现有房地产不拆迁，其收益的增长幅度也会相应受到游客分流的影响，进而影响房地产升值潜力。

三、个别因素分析

本次评估的估价对象包括宾馆物业、宾馆至河堤间构筑物、小停车场至长廊间构筑物三部分。同属甲公司经营的长廊项目，并不在拆迁范围之内，不属于估价对象。

估价对象位于长白山天池北路××××。在宾馆处，南可遥望玉珠飞溅，落水轰鸣的长白山瀑布，两侧为地势陡峭、磅礴壮观的断岩峭壁，西侧峭壁下是浪花飞溅、清澈如镜的二道白河，东南侧为温泉。估价对象所在区位可谓空气清新、环境优美、景色宜人，是游客必经之地。

估价对象占用的土地红线外基础配套达到通电、通路、通信。宾馆物业占地4339.40平方米红线内由甲公司自行平整，自行修建配套供热、供水管线、排污设施。现状是，土地形状规则，地势平坦。土地平整地基承载力能满足地上物建设需要，用地条件符合规划要求。

估价对象中的宾馆物业主体建筑为韩国仿古风格，主、副楼呈L形排列。主、副楼为琉璃瓦大屋顶，分层四周均设外挑走廊，大理石栏杆、琉璃瓦挑檐。护坡采用大理石和蘑菇石贴面，外墙用涂料粉饰，大门为钛金平开门。室外地面为天然石材。建筑物外观设计精巧，异国情调浓厚。宾馆室内建筑格局均按宾馆物业设计，大堂、餐厅、客房、浴池等功能分区明确，布局合理。室内装修采用大理石、墙面砖、壁纸、地毯等对建筑物的大部分房间进行了装修，特别是桑拿浴室用料考究，舒适豪华。

宾馆物业邻长白山瀑布北路×××，公共旅游客车可直达，但游客不能自驾车直达。宾馆物业配套设施较齐全，生活用水采用深井采地下水，经过滤处理后使用，营业用水分为温泉引水和二道白河引水两部分；采暖为温泉水循环方式；污水采用地埋式污水处理装置处理后，排入二道白河；供电由国电和自供电两部分组成，配有发电机组，供电能力基本保证；总通信能力100门固话，交换机采用XB-3型号，直拨机20门，分机80门，卫星系统2台；供气为自建供气系统，供应液化石油气。

宾馆物业的房屋及其设备均处于正常使用状态，维护、使用状况较好。地基基础无不均匀沉降，梁、板、墙平直牢固，屋面防水层、隔热层、保温层完好；上下水管道畅通，各种卫生器具完好，电气设备、线路完好牢固，绝缘良好，暖气设备、管道畅通、完好，无堵、冒、漏；房屋装修由于在2005年9月重新装修，完整无损。

宾馆物业区位优越，建造美观，使用功能较齐全，基础设施较完备，对游客的吸引力较强（自驾车游客除外），这有利于提高宾馆入住率，增强物业收益能力，增加房地产价值。但其建筑格局、装修档次及设施设备完备程度较谷内同档次宾馆物业稍差，整体收益处于平均水平。

宾馆物业及宾馆至河堤间构筑物在1994年进行设计及基础施工，2000年底交付使用。小停车场至长廊间构筑物于2003年建造完成。估价对象依山坡、水边而建，建筑施工一方面要铲土平坡，另一方面还要设坝挡水，土方和基础工程量很大，抗震设防要求也较高。宾馆物业不仅造型复杂，用材考究，设施配套，而且由韩国设计，部分施工工程由韩国施工，许多建筑材料、设备由韩国进口。一些地材建筑材料为满足工程要求没有就地取材，而是远距离运输到施工现场，因此投资额相对较大，单位建设成本较高，个别性较强。

宾馆物业于1998年10月20日取得《国有土地使用证》（见附件三）。证载土地使用者为甲公司，用途为商业服务业，土地使用权类型为租赁，使用权终止日期为2025年10月20日，占地面积为4339.40平方米；宾馆物业至河堤间构筑物占地没有见到土地使用证；小停车场到长廊口之间的构筑物占地未见土地使用权登记手续，但这部分构筑物的修建履行了批准手续，批件有《吉林省林业厅关于修建××××××的批复》（吉林护字［1995］第××号）、《关于长白山自然保护区管理局合资开发×××可行性研究报告的批复》（吉计字［1992］第×××号）。

宾馆物业于2004年办理房屋确权登记（见附件四），证载房屋所有权人为甲公司，结构混合，用途营业，建筑层数4层，建筑面积3500平方米。而长白山国家级自然保护区管理局《长白山保护局关于××××××工程竣工进行综合验收的请示》（长保局发［1999］××号）和《吉林省林业厅关于××××工程竣工验收会议纪要的通知》（吉林计字［1999］第×××号）（见附件五），认定总建筑面积4302.91平方米其中，主楼3549.46平方米，副楼753.45平方米。2006年4月，××××委托××房产所测绘甲公司宾馆实际建筑面积为4335.08平方米（含配电室）（见附件六），与房屋所有权证载面积相差835平方米。至本次估价作业结束之日，拆迁当事人双方未就应补偿建筑面积问题协商一致。

宾馆物业土地使用权证和房屋所有权证均未见他项权利记载，土地使用证未年检。

宾馆物业现为产权人自用，产权较清晰，对物业的使用、处分基本无法律障碍。其权利瑕疵是835平方米建筑物建造合法性未明确，进而对物业整体价值的确定产生影响。宾馆物业权利对其价值影响的另一个重要因素是土地使用权期限问题。按《国有土地使用证》记载，土地使用权终止日期为2025年，土地尚可使用19年。经向长白山管委会国土资源局查档，甲公司与土地管理部门签订的《国有土地使用权租赁合同》中，没有约定合同到期后是否续期。按照我国有关法律规定，如果被拆迁人的土地使用权在期间届满后没有续期，其土地使用权连同地上物将被国家无偿取得。如照此估价，则会使房地产的评估价值低很多。

四、最高最佳使用分析

估价对象中的宾馆物业建筑物与占地比例相当，没有过度利用或低效利用问题，建筑物档次较高，质量较好，内部布局合理，设施设备齐全且使用保证度高，装修档次适中，各构成要素均衡。该物业属休闲度假型房地产，其独特的建筑风格具有较高的易见性。由于地处风景区核心景区内，景区公交直达宾馆，游客易接近性相当强，且建筑物的功能完全是按宾馆要求设计的，服务设施较完善，旅途劳顿的游人不仅可在此尽快地得以放松休息，而且还能继续就近欣赏风景，获得超值享受。因此，作为宾馆用途，估价对象与其外部环境最为协调，最能使该房地产价值达到最大化。

宾馆物业副楼有10个房间（面积相同）没有用于宾馆经营，而是用于甲公司经营长廊项目的员工的宿舍。而甲公司经营的长廊项目并不在拆迁范围之内。因此，宾馆物业副楼10个房间按现在用途使用，对宾馆物业的价值没有贡献。仅从宾馆物业作为一个整体资产的角度考察其价值，10个房间应回归于宾馆经营，使估价对象的内部各构成要素的组合均衡，宾馆使用规模达到最佳。但是，这10个房间在估价时点没有装修，不具备客房条件，需要进行装修后才能投入使用。上述调整没有法律障碍，没有技术难题。显而易见，相对于装修后的产出而言，装修的投入较小，因而在经济上也是完全可行的。

经以上分析，本次对宾馆物业的评估以整体保持使用现状，局部房间装修恢复宾馆功能为前提进行估价。

五、估价方法选用分析

房地产估价的基本方法有市场比较法、收益法和成本法。市场比较法是将估价对象与在估价时点近期交易的类似房地产进行比较，对这些类似房地产的成交价格做适当修正和调整，以此求取估价对象的客观合理价格或价值的方法。市场法的适用条件是在同一供求范围内有较多的类似房地产交易案例；收益法又称收益资本化法或收益还原法，是预测估价对象的未来收益，然后将其转化为价值，以此求取估价对象客观合理价格或价值的方法。其适用对象是具有收益或潜在收益能力的房地产。适用条件是房地产的收益和风险都能较准确量化；成本法是求取估价对象在估价时点的重新购建价格，然后扣除折旧，以此求取估价对象客观合理价格或价值的方法。只要是新近开发或可以假设重新开发建设或计划开发建设的房地产都可以采用成本法评估。成本法也适用于估价市场不完善或在狭小市场上无法采用市场比较法估价的房地产。

本次估价的估价对象房地产位于长白山旅游风景区U型谷内，距长白山管委会池北区二道镇约50公里，估价对象宾馆物业如采用市场法评估存在两方面的问题：一是交易极少，没有可比实例；二是景区资源特色差异大，建设用地稀缺，土地利用垄断性强，作为保护用地，其利用受到严格限制。故估价对象房地产与长白山管委会池北区二道镇等周边建成区的商业房地产不属于同一供求圈，不具有可比性，无法选取类似房地产的实际成交价格作为评估可比案例，不能采用市场比较法评估。

本次评估的估价对象中的宾馆物业属经营服务性物业，可以给产权人带来持续稳定的收益，并且其收益和风险可以相对准确地量化，因而可以采用收益法评估。

本次评估的估价对象分别于2000年和2003年建成，与新近开发的类似房地产的建筑成本具有可替代性，因此可以采用成本法进行评估。

本次评估的技术路线如下：

第一，采用收益法评估宾馆物业的拆迁补偿价格。

宾馆物业的年净收益包括两部分。一是根据宾馆实际投入运营的部分测算年净收益；二是通过最高最佳使用分析，设定将宾馆副楼的部分房间投入运营，参照宾馆出租房间的一般收入和费用支出水平，测算年净收益。将两部分年净收益进行相加，得出整个宾馆的基准年净收益。

报酬率以市场提取法和累加法确定。

宾馆物业的净收益流模式是：收益期限为估价时点起至房屋尚可使用年限结束止，净收益增长期为5年，在5年间按一定比率等比增长，5年后，则持续、平稳发展。在此净收益流模式下，设计收益法评估测算公式，将相关参数代入公式求出估价对象的收益价格单价。

收益价格单价乘以房屋建筑面积，再加上实际运营房屋的室内装修费用，扣除应补缴的土地使用权出让金及设定副楼投入运营必要的装修及设施配备支出，即为宾馆物业的拆迁补偿价格。

第二，采用成本法评估宾馆物业的拆迁补偿价格。

评估方法是分别求取宾馆物业的土地使用权价格和建筑物价格后，再累加求得宾馆物业拆迁补偿价格。

在求取宾馆物业土地使用权价格时，先以基准地价系数修正法和剩余法及间接比较法求得划拨土地使用权价格（该幅土地的市场价格与现行应缴土地使用权出让金的差），然后加计土地购置费用和其在房地产开发过程中的增值额,得出被拆迁人应得的土地补偿金单价。补偿金单价再乘以土地面积得出土地补偿总价格。

宾馆物业建筑物的价格求取方式是先以指数调整法求取建筑物的建安工程费,进而计算重置完全价值,然后,测算建筑物的综合成新率,两者相乘的结果即为建筑物的现价。

第三,对以成本法求取的宾馆物业的拆迁补偿价格和以收益法求取的宾馆物业的拆迁补偿价格进行对比分析,加权平均确定宾馆物业拆迁补偿价格。

第四,采用成本法求取估价对象构筑物的拆迁补偿价格。求取方式是先以指数调整法求取构筑物的建安工程费,然后,测算构筑物的成新率,两者相乘的结果即为构筑物的补偿现价。

第五,将宾馆物业拆迁补偿价格和构筑物的拆迁补偿价格相加,得出拆迁甲公司房地产的全部货币补偿金。

六、估价测算过程

(一)采用收益法测算宾馆物业拆迁补偿价格

1. 宾馆物业年净收益的确定

宾馆年净收益包括现实际用于经营的净收益和依最高最佳使用分析确定的宾馆副楼设定用于经营的净收益两部分。

(1)宾馆物业实际用于经营部分年净收益的确定

甲公司的经营项目包括宾馆、游泳池和长廊三部分,本次评估的估价对象仅为宾馆和游泳池两部分,不包括长廊。其中,游泳池建成至今没有投入使用,没有产生收益,计算收益价格时不予考虑。宾馆物业的年收益主要来源于客房经营、餐饮、温泉洗浴。根据甲公司提供的2003~2006年会计报表(见附件七),剔除长廊收益,排除实际收益中的特殊、偶然因素影响后,再与U型谷区内其他四家有代表性的宾馆物业的收益进行分析比对,认为2006年的宾馆物业收益相对符合U型谷内同档次的宾馆收益的一般水平,属客观收益,因此以2006年会计报表体现的年收益为宾馆物业基准年收益。

宾馆物业基准年收益由客房收益、温泉收益、餐厅收益、咖啡厅收益、租金、其他收益组成;从甲公司提供的会计报表可知,公司在费用支出上没有区分长廊支出和宾馆支出,需要从公司整体支出中剥离出宾馆物业支出。基准年收益扣除年支出,再将折旧费(不含室内装修,已按年分摊到管理费用中)、营业外支出、所得税支出按收益口径予以加回,再扣减商业利润,得出净收益。测算过程见表9-5和表9-6。

甲企业利润计算表 表9-5

2006年度									
	长廊	温泉	客房	餐厅	咖啡	租金	其他	支出	合计
一、营业收入	900.03	176.83	154.71	36.62	1.91	3.00	0.39		1,273.49
减、主营成本				17.67	0.92				18.59
税金	45.00	8.84	7.74	1.83	0.10	0.15	0.02		63.68
二、主营利润	855.03	167.99	146.97	17.12	0.89	2.85	0.37	0.00	1,191.22
减、营业费用	257.41	50.57	44.25	10.47	0.55				363.25
管理费用	94.10	53.70	46.88	11.13	0.57				206.38
财务费用	-1.33	-0.26	-0.22	-0.06					-1.87
三、营业利润	504.85	63.98	56.06	-4.42	-0.23	2.85	0.37		623.46
加、营业外收入									
减、营业外支出								5.06	5.06
四、利润总额	504.85	63.98	56.06	-4.42	-0.23	2.85	0.37	-5.06	618.40
减、所得税									
五、净利润	504.85	63.98	56.06	-4.42	-0.23	2.85	0.37	-5.06	618.40

注:1. 各项基础数据摘自甲公司会计报表。
2. 按当地政策,房产税实行零税率。

第四部分 房屋征收估价

宾馆物业净收益测算表 表9-6

计算	长廊	温泉	客房	餐厅	咖啡	租金	其他	支出	合计
一、公司净利润	504.85	63.98	56.06	-4.42	-0.23	2.85	0.37	-5.06	618.40
二、加：所得税									
营业外支出								5.06	5.06
折旧		66.50							66.50
其他									
合计	0.00	66.50	0.00	0.00	0.00	0.00	0.00	5.06	71.56
三、减：营业外收入									
商业利润		17.6	15.47	3.66	0.19				36.92
其他									
合计	0.00	17.60	15.47	3.66	0.19	0.00	0.00	0.00	36.92
四、公司净收益	504.85	112.88	40.59	-8.08	-0.42	2.85	0.37	0.00	653.04
五、宾馆物业净收益	653.04-504.85								148.19

注：1. 折旧费由企业提供的固定资产明细表中的对应项目累加得出。其中，设施设备折旧费为账面折旧额除以更新周期数。66.5万元为宾馆建筑物总折旧值，计算表中没有按项目分列，只体现在温泉一栏中。
2. 商业利润根据当地宾馆物业平均经营利润水平，按营业收入的10%计算得出。

(2) 宾馆物业副楼设定用于经营房间净收益的确定

根据最高最佳使用分析，宾馆副楼有10个房间（面积均为26平方米）没有用于宾馆经营，而是用于经营长廊的员工的宿舍，本次评估假定这部分房间经装修后用于宾馆经营，使宾馆使用功能最大化。

宾馆副楼10个房间，按照宾馆类房地产的2006年一般费用水平和平均收益水平，测算年净收益。测算过程如下：

① 年经营总收益：

据统计，估价对象宾馆物业和U型谷同档次宾馆物业的标准间租金一般为350~500元/间/天，旺季3个月入住率一般为80%，淡季9个月入住率一般为25%，全年平均入住率为40%左右。本次评估确定估价对象标准间租金为400元/间/天；全年出租天数为365天；全年平均入住率为40%。则年经营总收益为：10间×400元/间/天×40%×365天=58.4万元。

② 年经营总费用：

a. 营业成本：指经营过程中所消耗的物品价值的货币支出，取年总收益的15%：58.4×15%=8.76万元。

b. 营业费用：指工作人员工资、福利、财务费用等所需费用，取年总收益的10%：58.4×10%=5.84万元。

c. 房产税：指房产所有人按规定向税务机关缴纳的房产税，按当地政策实行零税率。

d. 两税一费：包括营业税、城市建设维护税、教育费附加。根据相关税法规定，取总收益的5.5%：58.4×5.5%=3.21万元。

e. 广告费：包括广告宣传、公关费用，取总收益的0.5%：58.4×0.5%=0.29万元。

f. 维修保养费：指为保障房屋正常使用每年需要支出的费用。按原值的2%计取：

房屋原值为重建房屋总建筑成本（为后面成本法估价中关于建安工程费计算结果）除以房屋总建筑面积再乘以设定经营房间建筑面积：

2090.69/4335×10×26（平方米）=125.39万元。

维修保养费为：125.39×2%=2.51万元。

g. 保险费：指房产所有人为使自己的房产避免意外损失而向保险公司支付的费用。按原值的1.5‰：125.39×1.5‰=0.19万元。

h. 不可预见费用：是指经营过程中因有许多不可预知因素所导致的支出，取总收益的2%：58.4×2%=1.17万元。

i. 年总费用：

为 a+b+c+d+e+f+g+h：8.76+5.84+0+3.21+0.29+2.51+0.19+1.17＝21.97 万元。

③ 年经营纯收益：

年经营纯收益＝年经营总收益－年经营总费用＝58.4－21.97＝36.43 万元。

④ 商业利润：按市场的一般水平和其他宾馆的实际情况，取年经营总收益的 10%：

36.43×10%＝3.64 万元。

⑤ 宾馆物业房地产年净收益：

房地产年净收益＝年经营纯收益－年商业利润＝36.43－3.64＝32.79 万元。

（3）确定宾馆全部年净收益：

以上（1）和（2）两部分年净收益之和即为宾馆全部年净收益：

148.19＋32.79＝180.98 万元。

2. 报酬率的确定

采用市场提取法和累加法分别测算，取其平均值。

（1）市场提取法

由于与估价对象同为宾馆用途，规模相当的房地产没有出售的案例，本次评估选池北区规模较小的商业房地产租售案例 5 个（其中年租金为出租人的纯收益，房屋修缮、水、电等费用均由承租人交纳），用以提取报酬率。在以后的分析中会发现，估价对象的收益流模式较复杂。为简化计算，提取报酬率采用有限年期内收益每年不变的计算公式，通过计算机 EXCEL 来完成。首先，设立赋值项（a：纯收益；r：试算报酬率；n：收益年期；V：市场价格），然后，在 EXCEL 表内编辑"$a/r(1-1/(1+r)^n)-V$"公式，输入租售案例 a、n、V 对应值，再通过多次输入 r 进行试算，直到"$a/r(1-1/(1+r)^n)-V$"接近于零时，相应输入的 r 值，即为该租售案例的报酬率。具体列表计算见表 9-7。

市场提取报酬率计算表　　　表 9-7

序号	位　置	建筑面积（平方米）	购买单价（万元）	总价万元	年纯租金（万元）	交易日期	报酬率	收益年限
1	池北区医院北一商业项目南数第三户、现已出租、大明眼镜	83.00	0.80	66.40	4.5	2006，10	6.05%	38
2	池北区医院北一商业项目南数第一户、现已出租、装修中	106.00	0.80	84.80	5.5	2006，10	5.632%	37
3	临白山大街永旭宾馆项目北数第二户	73.98	0.58	42.91	2.5	2006，10	4.998%	40
4	场区邮局对过现用于安达超市	13.00	0.74	9.60	0.60	2005，11	5.4%	38
5	临白山大街永旭宾馆项目北数第三户	73.98	0.60	44.39	2.5	2005，12	4.69%	39

考虑交易时间因素，权重前三项各按 25%，后两项各按 12.5%，报酬率为：

6.05%×25%＋5.632%×25%＋4.998%×25%＋5.4%×12.5%＋4.69%×12.5%＝5.43%。

上述市场法提取的报酬率，反映的是现在而非未来的房地产收益风险的指示。由于目前长白山池北区房地产市场存在过热现象，租金水平跟不上房价的上涨幅度，租价比低于正常房地产市场状态下的合理数值，但在未来收益期内，房地产市场不可能总是如此，随着市场趋于平稳，租价比也将会回落到正常水平，未来房地产收益的风险也将会较现在的指示有所提高。另外，用于提取报酬率的各租售案例的使用性质均为商铺，规模也较估价对象小，因而，其市场交易的买卖力道会更强，未来收益的财务损失风险较估价对象要低。综合考虑这两个因素，将报酬率相应提高1%。则调整后的报酬率为：

5.43%＋1%＝6.43%。

（2）累加法

无风险报酬率取人民银行2006年8月19日公布调整的金融机构人民币一年期定期存款利率2.52%。

风险调整值计算：对投资风险的补偿3%，对管理负担的补偿1.0%，对缺乏流动性的补偿1.05%，投资便利得到的好处－0.5%，所得税抵扣得到的好处－0.5%，合计4.05%。

累加报酬率＝无风险报酬率＋风险调整值＝2.52%＋4.05%＝6.57%。

（3）对以上（1）和（2）两种方法测算结果予以平均，求得房地产综合报酬率：(6.43%＋6.57%)/2＝6.5%。

3. 收益年限的确定

甲公司提供的《中华人民共和国外商投资企业批准书》（商外资吉府字〔1993〕××××号）记载，甲公司的经营年限为45年，从1993年10月开始；甲公司《企业法人营业执照（副本）》（企合总副字第×××××号）登记的经营期限自2003年12月24日至2038年10月5日，企业尚可经营年限为32年；估价对象宾馆物业建筑物为混合结构，经济耐用年限为50年，有效经过使用年限6年，尚可使用年限44年；该公司提供的《国有土地使用证》记载，估价对象以租赁方式取得土地使用权，土地证标注土地使用权终止日期为2025年，土地尚可使用19年。经向工商管理部门咨询，企业经营年限终了，在正常情况下，根据《中华人民共和国中外合资经营企业法》的有关规定，只要合营各方同意延长合营期限的，一般应当批准。由于拆迁行为，使企业的经营期限提前终止，续期经营更无从谈起，而这些并不是被拆迁人的过错造成的，从维护被拆迁人利益的角度，可以假定企业在房屋耐用年限内可持续经营，即假定企业不仅在原批准的期限内可经营，且已获批准，续期经营延长到房屋耐用年限终了。至于企业的土地使用权期限问题，可以设定土地使用权在原批准的期限内可继续使用，且土地使用权到期后，经批准可以续期，续期期限为房屋耐用年限终了（理由已在本报告个别因素分析中做了简述）。据此，本次评估设定在房屋尚可使用年限内，企业经批准可以继续经营，土地在补缴土地使用权出让金后，可以补办续期出让手续。故确定该公司宾馆物业的有效收益年限为房屋尚可使用年限，即44年。

4. 收益增长期及收益增长率的确定

长白山U型谷内的宾馆建筑一般为2000年以前建筑，在正常条件下，其收益已达正常水平，各年收益扣除通胀和产业政策调整抵消因素外，持续平稳地发展。但是，2006年长白山管委会升格后，加大了对长白山的保护与开发的力度，制定了发展规划，加大了基础设施投入，加大了招商引资的力度。预计机场、高速公路将在2008年实现通航、通车；2008年申报世界自然遗产也将成功；新开发的服务基地和旅游景点也将在近二、三年内投入使用。可以预见，近5年是长白山的主要开发年。经过5年的开发建设，长白山的各项事业将会走上一个新的平台，此后，保持持续、平稳、健康的发展。而U型谷内的宾馆服务业房地产如果不拆迁，其收益也将会伴随着长白山整体开发吸引的客流量的增加而增加。这种预期收益的增加，在评估估价对象宾馆物业价值时，应予以考虑。因此，本次评估设定U型谷各宾馆的收益增加期为5年。为简化描述，设定5年内收益等比增长。

收益增长率的测算考虑到测算参数取得的可能性和计算的简化，本次评估只测算U型谷宾馆的平均收益增长率，并以此收益增长率代替个别宾馆的收益增长率。收益增长率的测算方法是：首先，根据长白山管委会预测的2011年游客增长量，测算U型谷2011年旺、淡季的接待能力。然后，根据预测的2011年旺、淡季来U型谷的游客量，测算谷内宾馆2011年的最佳可能接待量，以2011年的最佳可能接待量与现在实际接待量环比指数的几何平均数减1，作为入住U型谷年游客最佳增长率。第三，设定收入增长率与游客增长率相同,计算 2011 年估价对象的最佳年净收益。最后,以 2011 年净收益与 2006 年净收益的环比指数的几何平均数减 1 为基数,再进行通货膨胀影响因素、交通管制影响因素、运营成本增加影响因素修正(理由见市场背景、区域因素、个别因素分析),测算得出年净收益增长率,结果为 5.17%(测算过程见附件八)。

5. 收益价格的测算

根据上述设定条件,收益价格的测算公式为:

$$P = A/(Y-G) \times [1-(1+G)^N/(1+Y)^N] + A \times (1+G)^{N-1}/Y \times [1-1/(1+Y)^{M-N}]/(1+Y)^N$$

式中:P—收益价格;A—年基准净收益;Y—资本化率;G—年收益增长率;N—净收益增长年数;M—收益年限。

经过以上计算、分析,取值如下:

$A=180.98$;$Y=6.5\%$;$G=5.17\%$;$N=5$;$M=44$ 则:

$P=180.98/(6.5\%-5.17\%) \times [1-(1+5.17\%)^5/(1+6.5\%)^5]+180.98 \times (1+5.17\%)^4/6.5\% \times [1-1/(1+6.5\%)^{(44-5)}]/(1+6.5\%)^5$

$=180.98 \times 17.14$

$=3101.62$ 万元

6. 应缴土地使用权出让金

应缴土地使用权出让金的相关测算说明将在本报告成本法估价中关于采用基准地价系数修正法评估土地价格时予以详细阐述,现只列出测算过程。经查,二道镇一级商业用地出让金标准为 441 元,估价对象土地面积为 4339.4 平方米。则出让金按下式计算:

土地使用权出让金单价=平均土地使用权出让金×(1±区位调整系数±产业政策调整系数)×年期修正×容积率修正。

将相关参数代入公式:

$441 \times (1+2\%+10\%) \times [1-1/(1+6\%)^{44}]/[1-1/(1+6\%)^{40}] \times 1=505$ 元/平方米。

应缴土地使用权出让金总额为土地使用权出让金单价与宾馆物业土地使用权面积之积:

$505 \times 4339.4 = 219.14$ 万元。

7. 宾馆实际运营房屋的室内装修费用

因在净收益计算中,室内装修费用作为管理费用扣除,收益价格中不包括室内装修费用,计算拆迁补偿价值时应予加回。经查阅甲公司财务账,宾馆物业实际运营房屋于 2005 年 9 月重新装修后的账面价值为 53 万元。审计时,并未发现非正常性支出,且到估价时点,本地的装修材料和人工的市场价格并无较大变化,因而,本次评估以重新装修后的账面价值作为装修重置完全价值。商业物业的室内装修的经济寿命一般为 5 年,残值率为 0。按照年限法计算,室内装修价值为:

装修重置完全价值×[1-(1-残值率)×已使用年限/经济寿命]

$=53 \times [1-(1-0) \times 1/5]$

$=42.4$ 万元

8. 副楼 10 个房间的房屋装修、设施费用

副楼 10 个房间按主楼标准间标准测算装修、设施配备费用。由于实际运营房屋重新装修后的重置完全价值为 53 万元,按施工项目分类,其中,大堂与餐厅装修费用约 14 万元,温泉浴室装修费用 3 万元,豪华套房装修费用约 5 万元。则 42 个标准间每间应分摊的装修费用(含公共走廊)为 $(53-14-3-5)/42=0.5$ 万元。

标准间内配备设施设备包括木床、大衣柜、写字桌、电视机、橱柜、梳妆台、电热水器浴房、木制椅、茶几。根据甲公司账面价值,结合现实市场行情,确定每间约为 1 万元。

预计副楼每间房屋的装修及设备配备费用为 $0.5+1.0=1.5$ 万元。

则副楼 10 个房间装修、设施费用为 $10 \times 1.5=15$ 万元。

9. 收益法评估宾馆物业拆迁补偿价格

宾馆物业拆迁补偿价格为宾馆物业收益价格加上室内装修费用，扣除应补缴土地使用权出让金和副楼装修、设施配备费用：

3101.62＋42.4－219.14－15＝2909.88 万元。

（二）采用成本法求取宾馆物业拆迁补偿价格

1. 宾馆物业土地价格的测算

U 型谷房地产市场与长白山管委会池北区房地产市场性质不同，其商业价值不是靠商业繁华度，而是依赖于与旅游资源的接近性，旅游资源的可用性（如温泉）及旅游资源的开发程度等，特别是作为国家保护用地，其利用受到政策影响很大。在评估地价时，应分析 U 型谷地价内涵，地价形成机制，对土地价格予以科学评估。

首先需要明确两个定义，一是被拆迁人应得土地补偿金的定义：由于设定拆迁时原土地租赁关系解除，被拆迁人在房屋尚可使用年限内，在补缴土地使用权出让金后重新取得出让土地使用权，被拆迁人应得土地补偿金则为重新取得出让土地使用权的市场价值扣除房屋尚可使用年限的应补缴的土地使用权出让金，再加上土地购置费用以及土地在房地产开发过程中增加的价值。根据《城镇土地估价规程》9.2"划拨土地使用权价格与土地使用权出让金之和为出让土地使用权价格"的规定，该幅土地的市场价格与现行应缴土地使用权出让金的差额实质上就是划拨土地使用权价格；二是划拨土地使用权价格定义：为避免重复计算资产价格，也为统一 U 型谷宾馆物业土地价格计算口径，本次评估确定划拨土地使用权价格为土地红线外通电、通路、通信及达到红线内一般意义上的场地平整状态下的价格。被拆迁人自行平整场地的特殊花费及自行修建的红线外配套供热、供水管线、排污设施和其他构筑物或已体现在房屋价值中或单独计算补偿价值，不含在土地价格内。

风景名胜区的建设用地非常稀缺，且被严格管制，交易极少，不能采用市场法估价。成本逼近法因土地取得成本、土地增值收益率确定困难，也难以显化其价值。故本次估价采用以下两种方法测算：一是基准地价系数修正法。U 型谷不是长白山管委会池北区的基准地价覆盖区，但根据吉国土资发〔2006〕14 号文件可知，U 型谷在地价政策上参照长白山管委会池北区商业一级用地基准地价，这就为本次以基准地价系数修正法估价提供了依据，在评估时，以池北区商业一级用地基准地价为可供修正的基准价格；由于两区域市场性质差异大、距离相差约 50 公里，故不采用其地价修正体系，而是根据 U 型谷的土地实际情况，特别是土地使用权出让金确定的特殊情况，征求多方面意见，单独制定修正参数，修正得出划拨土地使用权价格；二是鉴于 U 型谷内已有多家宾馆在经营，可以以收益法求取典型宾馆的收益价格，然后，采用剩余法，倒推出土地价格。但如果仅以估价对象的收益价格倒推地价，再以此地价加上房屋价格，得出估价对象房地产价格，则有价格循环证明的悖论之嫌。为此，本次估价做如下处理：首先，以前面确定的收益流模式及计算公式，采用收益法分别求取景区内同档次宾馆的房地产收益价格，并调整为新建房屋耐用年限的收益价格；然后，扣除房屋的重建费用和开发利润，得出各宾馆的楼面地价，再以其容积率调整得出各宾馆的土地价格；第三，将各宾馆的土地价格进行平均容积率水平的修正，再调整为最高出让年限的地价；第四，采用简单算术平均法，得出 U 型谷景区内的平均地价；最后，针对估价对象，以平均地价为基准，采用间接比较法再进行区位、容积率、年期等修正，扣除出让金，得出划拨土地使用权价格；以上两种方法求出的地价进行加权平均，得出估价对象的划拨地价。

（1）采用基准地价修正法测算划拨土地使用权取得单价

经咨询长白山管委会土地局，U 型谷的地价政策与池北区一级商业用地相同。根据吉国土资发〔2006〕14 号文件可知，长白山管委会池北区商业一级用地基准地价 882 元/平方米（价格定义为：以 2006 年 5 月 15 日为基准日，商业用途，红线外七通一平，出让年限 40 年，平均容积率为 1，不含配套建设费），平均出让金 441 元/平方米。由于 U 型谷在远离池北区 50 公里的独立景区内，因此池北区的基准地价修正系数体系不适用于 U 型谷，本次评估主要是结合实际情况，与管委会规划建设局、土地管理局方面的专家咨询、依估价师经验做出判断。

报告九 长白山U型谷申报世界自然遗产所涉及甲公司所属宾馆物业及构筑物拆迁估价

修正因素、修正幅度及其说明表 表9-8

序号	修正因素	修正幅度	修正说明	备注
1	区位	2%	高于U型谷平均水平	以基准地价为基数
2	产业政策调整	10%	风景旅游区土地资源稀缺、生态环保要求强	以平均出让金为基数
3	土地开发受益程度	10%	通电、通路、通信	以基准地价为基数；土地开发成本高
4	容积率	1	建筑面积与土地面积基本相等	平均容积率为1
5	年期	$[1-1/(1+6\%)^{44}]/[1-1/(1+6\%)^{40}]$	房屋尚可使用44年，最高出让年限40年	土地还原利率为省统一规定

土地价格单价=[基准地价×(1±区位修正系数)－土地开发程度修正值－平均土地使用权出让金×(1±区位调整系数±产业政策调整系数)]×年期修正×容积率修正

=[882×(1+2%)－882×10%－441×(1+2%+10%)]×$[1-1/(1+6\%)^{44}]/[1-1/(1+6\%)^{40}]$×1=325元/平方米

(2) 采用剩余法和间接比较法测算划拨土地使用权取得单价

① 采用剩余法评估U型谷商业用地在估价时点，现状开发程度，出让年限40年，平均容积率为1的出让土地使用权平均价格，测算过程见表9-9。

剩余法测算平均价格表 表9-9

序号	建设项目	××宾馆	××饭店	××国际酒店	××运动员村宾馆	备注
1	剩余年期收益价格	6476	7120	6802	5334	通过收益法计算
2	50年期收益价格	7310	8055	7782	6012	以$[1-1/(1+6\%)50]/[1-1/(1+6\%)收益年限]$将现有收益年限价值修正到最高经济耐用年限50年价值
3	重新开发支出和利润	6482	6887	6746	5315	根据物业实际情况测算
4	楼面地价	828	1168	1036	697	2~3
5	土地单价	827	771	872	696	以宗地容积率修正
6	标准容积率地价	782	803	890	696	以容积率1为标准，采用内插法计算容积率修正系数
7	出让年期修正后地价	746	767	850	664	以$[1-1/(1+6\%)40]/[1-1/(1+6\%)50]$修正到最高出让年限40年
8	平均地价	757				简单算术平均

② 采用间接比较法求取估价对象划拨土地使用权价格：

各项调整因素的调整幅度及调整理由已在采用基准地价修正法测算划拨土地使用权取得单价时做了说明，这里不再重复。但因平均地价为现状开发程度地价，为避免重复计算，对平均地价不做土地开发程度修正：

土地价格单价=[平均地价×(1±区位修正系数)－平均土地使用权出让金×(1±区位调整系数±产业政策调整系数)]×年期修正×容积率修正。

上述公式代入相关参数值，为：

[757×(1+2%)－441×(1+2%+10%)]×[1－1/(1+6%)^{44}]/[1－1/(1+6%)^{40}]×1＝284 元/平方米。

（3）划拨土地使用权价格的确定

相对于参照长白山管委会池北区一级商业基准地价，采用基准地价系数修正法的测算结果而言，采用剩余法和间接比较法的测算结果更能较好地反映 U 型谷景区的真实地价水平，因此，赋予采用基准地价系数修正法测算结果的权重为 0.4；赋予采用剩余法测算结果的权重为 0.6，则加权平均划拨土地使用权价格为：325×0.4＋284×0.6＝300 元/平方米。

（4）土地在购置、房地产开发过程中形成的价值

包括购地费用以及开发中的管理费、利息、利润、税金等，取费标准与房产开发取费标准相同。则：

A. 土地管理费：取划拨土地使用权价格的 3%，300×3%＝9 元。

B. 购地费用：取划拨土地使用权价格的 2%，300×2%＝6 元。

C. 土地投资利息：按建设期两年，划拨地价与 A、B 两项土地投资在第一年初一次性支付计，[(1+6.12%)^2－1]×(300+9+6)＝39.74 元。

D. 土地投资利润：取划拨地价与 A、B 之和的 15%，(300+9+6)×15%＝47.25 元。

E. 土地销售税费：为（划拨地价＋A＋B＋C＋D)/(1－5.5%)×5.5%
＝(300+9+6+39.74+47.25)/(1－5.5%)×5.5%＝23.40 元

F. 土地在购置、房地产开发过程中形成的价值：

为 A＋B＋C＋D＋E＝9＋6＋39.74＋47.25＋23.40＝125 元。

（5）土地补偿单价

为划拨土地使用权价格与土地在购买、房地产开发过程中形成的价值之和：300＋125＝425 元/平方米。

（6）土地补偿总价

以土地补偿单价再乘以土地面积 4339.4 平方米即为被拆迁人应得补偿金：425×4339.4＝184.42 万元。

2. 宾馆物业房产价格的测算

房屋价格＝[前期费用＋建筑工程费（含室外工程费）＋管理费＋利息＋利润]×成新率。

（1）前期及建筑安装工程费用（含室外工程费）

宾馆物业按照通常做法评估建安工程费存在如下问题：一是宾馆物业设计图纸为韩国文字，由于拆迁时限要求，不能翻译后再套定额，按概（预）算定额测算；二是宾馆物业由韩国人设计、部分工程由韩国人施工，部分材料由韩国进口，其设计费、施工费、材料费费用标准都很高，如果按中国的相关标准计算，不被被拆迁人认可；三是估价对象依山傍水而建，建设前地形复杂，地势不平，高差很大，土方工程、基础工程量较大且难以再重新核实确认；四是估价对象海拔 2000 米，距最近城镇池北区二道镇约 50 公里，建筑材料运输困难，许多建筑材料需长距离运输到施工现场，运费较大；施工人员在山上吃、住都不方便，人工费也较高。估算时上述两项费用，标准难以把握。面对这些问题，建安工程费套定额计算和采用类似工程类比较法计算都欠妥。由于该公司近几年都进行了财务审计，其财务账较完整、规范，固定资产明细账基本反映了估价对象建设的全部内容，对其进一步的分类归并，再比对工程施工决算书、建筑材料、设备购置原始发票，可以满足估价要求。因此，本次评估对企业固定资产明细表中直接涉及估价对象的内容进行归类合并，对按施工人列账的项目进行拆分再按分部分项工程进行合并加总，得出估价对象 2000 年的前期和建安工程费用。然后，采用指数调整法，按 2000 年～2006 年底的建安工程定基指数进行调整，得出估价时点的建安工程费。

甲公司宾馆建筑物账面价值整理见表 9-10。

宾馆建筑物帐面价值表　　　表9-10

项　目	主要内容	金额（万元）
前期费用	勘察、设计	47
主体结构建筑工程和室内外装饰工程	宾馆、宿舍、变电室、大理石、蘑菇石、装饰（室内外以金属、木材、塑钢、壁纸、石膏、石灰、化纤、地毯等装饰）、卫生器具、桑拿浴室	1365.7
室外配套工程	污水处理室、深井、温泉引水管线、过滤井、室外大理石地面	54.16
供热及给水、排水、通风	水、电、暖管线、气泵、过滤器、膨胀器、排水、消毒及其他、消防带、消防保险器、通风管道、室内配管、水暖终端设备	249.91
强电工程	发电机、变压器、高压电线、灯具、开关	113.5
弱电工程	电话交换机、有线电视器材	19.9
合计		1850.17

依据2000年～2006年《吉林省典型房屋工程造价指标》，考虑物价上涨等因素，测算人工费、材料费、机械使用费、设备工具购置费、预备费2000年至估价时点定基指数及各项费用比重，综合确定建安工程造价2000年至估价时点定基指数为13%（测算过程见附件九），故前期及建安工程费（含室外配套）为：1850.17×（1＋13%）＝2090.69万元。

（2）管理费：以（1）项为基数，取3%：2090.69×3%＝62.72万元

（3）利息：按建设期2年内均匀投资，利率按人民银行2006年8月19日公布调整的人民币一年期贷款利率6.12%，以（1）、（2）项之和为基数：2153.41×6.12%＝131.79万元。

（4）利润：采用投资利润率，以（1）、（2）项之和为基数，取15%，2153.41×15%＝323.01万元。

（5）销售税费：主要为"两税一费"，以（1）（4）项之和为基数，乘以费率5.5%再除以（1－5.5%），2608.21×5.5%/（1－5.5%）＝151.80万元。

（6）建筑物重置完全价值：为（1）～（5）项之和，即2090.69＋62.72＋131.79＋323.01＋151.80＝2760.01万元。

（7）房屋成新率：采用年限法和实际观察法加权平均计算。

A. 按结构、装修、设备以年限法求得综合成新率。按照房屋建安成本的比重结合对价值贡献分配权重，确定宾馆物业结构、室内装修、设施设备的价值权重分别为76%、3%、21%；残值率分别为2%、0、6%；经济寿命分别为50年、5年、20年。

则宾馆物业按经济寿命50年计算的成新率计算公式如下：

K＝{1－[结构价值权重/结构经济寿命×（1－结构残值率）＋室内装修价值权重/装修经济寿命×（1－装修残值率）＋设备价值权重/设备经济寿命×（1－设备残值率）]×有效经过年数}×100%。将有关参数代入公式得：

{1－[76%/50×（1－2%）＋3%/5×（1－0）＋21%/20×（1－6%）]×6}×100%＝82%。

B. 观察法求取成新率：根据原城乡建设环境保护部发布的《房屋完损等级评定标准》，将估价对象分成结构、装修、设备三个组成部分，比照规定的分值进行打分并加权计算分值，然后，按得分划分房屋完损等级，再以对应的等级判定房屋新旧程度并转化成百分比。经过估价人员现场实际观察分析房屋结构装修设备情况，综合确定为：84%（测算过程见附件十）。

C. 确定房屋的综合成新率：

年限法和实际观察法的计算结果各取权重0.5，则（82%＋84%）/2＝83%

（8）建筑物现值：2760.01×83%＝2290.81万元

（9）家具、厨房和洗衣房设备、低值易耗品价值：

家具（包括床、桌、椅、电视等）、厨房和洗衣房设备、低值易耗品（包括餐具、茶具、客房备品、办公设备及物品、工艺饰品；不包括豪华房间内的挂画、大厅的瓷器等高档装饰品），总计财面原值为123万元，重新购置并计算折旧，总计为98万元。（设备物品明细及价格计算见附件十）。

3. 成本法评估宾馆物业拆迁补偿价格

宾馆物业拆迁补偿价格为建筑物现值与土地补偿总价以及家具、厨房洗衣房设备、低值易耗品价值的总和：184.42+2290.81+98＝2573.23 万元。

（三）采用成本法测算构筑物拆迁补偿金

构筑物包括宾馆至河堤间构筑物和小停车场至长廊间构筑物两部分。这两部分构筑物独立于宾馆之外，为被拆迁人甲公司自行建造、单独使用，与宾馆物业没有附属关系，对宾馆物业的经营和使用没有直接影响，因此，其补偿价值需单独计算、单独补偿。由于这些构筑物的账面原值清楚，其货币补偿金按指数调整法评估，计算公式如下：

$$P = \sum C \times (1+调整系数) \times L$$

式中：P—现值；C—帐面原值；L—成新率。

1. 宾馆至河堤间构筑物价格

宾馆至河堤构筑物补偿项目和账面原值列表见表9-11。

宾馆至河堤构筑物补偿项目及账面原值表　　表9-11

序号	项目	账面金额（万元）
1	游泳池及护坡	158.03
2	挡土墙	58.23
合计		216.26

定基造价指数为13%（确定理由同建安造价）；成新率采用实际观察法确定为85%，则其价值为：216.26×(1+13%)×85%＝207.72 万元。

2. 小停车场至长廊间构筑物价格

小停车场至长廊间构筑物补偿项目和账面原值列表见表9-12。

小停车场至长廊构筑物补偿项目和账面原值表　　表9-12

序号	项目	账面金额（万元）
1	售票亭	10.00
2	公厕	25.00
3	大理石护栏	8.00
4	钢木栈桥	24.00
5	水泥台阶和白钢扶手	0.60
6	钢栈道	31.00
7	平台、小石路、水泥道路等构筑物	17.00
合计		115.60

以上构筑物为2003年建造，造价指数按建安造价定基指数确定为7%（测算方法同建安造价），成新率以实际观察法确定为90%，则其价格为：115.6×(1+7%)×90%＝111.32 万元。

七、估价结果的确定

（一）宾馆物业房地产拆迁补偿价值的确定

考虑本次估价的估价对象采用收益法和成本法均较适宜，两种方法采用的依据资料均较充分、可靠、相关性强。因此，确定收益价格取权重0.5；积算价格取权重0.5。则宾馆物业的房地产价值为：
2909.88×0.5+2573.23×0.5＝2741.56 万元。

（二）甲公司应得补偿总金额的确定

甲公司应得补偿总金额为宾馆物业的房地产价值和宾馆外构筑物补偿金之和：
2741.56+207.72+111.32＝3060.6 万元，大写叁仟零陆拾万陆仟元整。

报告九　长白山U型谷申报世界自然遗产所涉及甲公司所属宾馆物业及构筑物拆迁估价

其中：
宾馆物业：2741.56万元（单价：6324元/平方米）；
宾馆至河堤构筑物：207.72万元；
小停车场至长廊构筑物：111.32万元。

附件（略）

报告十

河南省×市×区×路×号×信用社待平移房屋市场价值估价

河南宏基房地产评估测绘有限公司　　丁金礼　张　涛　谢宗磊

评析意见

该报告中的估价对象为一幢待平移并转向90°的五层商办综合楼，估价师从交易双方不同的角度出发，分别评估了买入方可承受的最高价和卖出方可得到的最低价，为委托人确定房屋平移前市场价值提供参考。经过最高最佳使用等项分析，估价师采用了假设开发法进行评估，其中在求取移楼完成后房屋价值时选用了成本法进行评估，在确定移楼成本时参考了有关双方签订的移楼工程合同中的工程报价单，估价技术思路基本正确，估价方法选择比较合理。估价师还在征求有关政府主管部门意见的基础上，依据房屋征收政策，较好地解决和确定了平移房屋产权交易过户所发生的各项费用。由于估价对象和估价目的的特殊性，该报告在估价技术上具有一定的独创性，可供类似项目评估进行参考。但估价测算中确定某些数据和参数的理由，表述不够充分。

目录（略）
致委托方函

河南省××建设工程指挥部：

受贵指挥部委托，我公司对河南省××市××区××路148号××信用社第1幢建筑面积为3792.00平方米的被拆迁房屋，在平移后继续使用前提下的房屋价值进行了评估。

一、估价对象

估价对象为××信用社经营、办公综合楼，幢号为第1幢，东、南均邻本信用社院落，西接××路，北至公厕。房屋占地形状规则，呈长方形，南北长，东西窄，宗地外基础设施较完善，地质条件较好。该楼房建成于1988年，混合结构，部分钢混结构，共五层，建筑面积3792.00平方米。房屋外墙面粉淡黄色外墙涂料，铝合金窗，室内仿瓷涂料粉白。一层平面布置为银行营业大厅及通间、过道，二至五层平面布置为办公室，每层均有男、女卫生间，水电及卫生设施齐全。室外公共配套设施较完备。

二、估价目的

为确定被拆迁房屋平移前市场价值额度而评估其待平移房屋价值。

三、估价时点

2008年12月23日。

四、估价结果

估价人员根据估价目的，遵循估价原则，采用科学的估价方法，在认真分析所掌握资料与影响估价对象价值诸因素的基础上，采用假设开发法进行估价，最后确定估价对象在估价时点、满足全部假设与限制条件，在平移后继续使用、转让税费均由买方承担前提下的房屋价值为人民币470456元，大写人民币肆拾柒万零肆佰伍拾陆元整，合建筑面积单价124.06元/平方米。

五、特别提示

如果房屋原地拆除，拆迁企业需向管理机构或部门缴纳一定比例的费用（相当于残值），估价对象为多层钢混（部分混合）结构房屋，实际缴费比例约为 8 元/平方米，因此委托人最多能得到 30336 元残存价值。如果房屋平移后继续使用，拟平移房屋人××医院可以承受的最高价为 470456 元。确定被拆迁房屋平移前市场价值额度时，建议双方在不低于残存价值 30336 元、不高于拟平移房屋人可以承受的最高价 470456 元的范围内，考虑拟平移房屋人的实际需求，以接近最高价为宜，具体款额由双方协商。

河南宏基房地产评估测绘有限公司
法定代表人：
二○○八年十二月二十五日

估价师声明（略）
估价的假设和限制条件

一、估价报告结论成立的假设前提

1. 估价对象能合法使用、合法处分。
2. 房屋平移方案经政府规划部门批准，且房屋平移后不受损害，能安全、正常使用。
3. 估价对象在估价时点的房地产市场为公开、平等、自愿的交易市场，即能满足以下条件：
① 交易双方自愿地进行交易；
② 交易双方处于利己动机进行交易；
③ 交易双方精明、谨慎行事，并了解交易对象、知晓市场行情；
④ 交易双方有较充裕的时间进行交易；
⑤ 不存在买者因特殊兴趣而给予附加出价。
房地产市场价格是在剔除各种偶然和不正常因素、买卖双方各自缴纳应付税费情况下的市场平均价格。
4. 估价时假定估价对象概无附带可能影响其价格的负担、限制等。
5. 本次评估不考虑特殊事件及改造、损害的影响。

二、估价报告使用的限制条件

1. 估价结论为满足全部假设前提条件下的价值。
2. 估价报告仅适用于本次特定假设前提条件下的房屋价值核算，不得用于其他用途，同时未考虑未来市场变化和短期强制处分等因素的影响。
3. 本估价报告的有效期限为半年。如超过有效期，或估价时点之后、有效期之内估价对象或国家经济形势、城市规划、房地产税费政策等发生变化，对估价结果产生明显影响时，委托方应及时聘请房地产评估机构对估价结果作相应调整或重新估价。
4. 如经有关部门认定或当事人提出异议，致使估价范围、估价数据等估价基础条件或假设前提条件发生变化，对估价结果产生明显影响时，委托方应及时聘请房地产评估机构对估价结果作相应调整或重新估价。
5. 本估价报告分为"估价结果报告"和"估价技术报告"两部分。"估价结果报告"提供给委托方，"估价技术报告"仅供估价鉴定机构鉴定时使用。
6. 未经本评估机构书面同意，本估价报告的全部或部分及任何参考资料均不允许在任何公开发表的文件、通告或声明中引用，也不得以其他方式公开发表。

三、需要说明的其他事项

1. 现实房地产交易中，一般难以达到理想的公开市场条件，致使实际交易价格往往与估价结果不够一致。

2. 本报告涉及估价对象的权属证明、法律文件及其他资料均由委托方提供，我们并未得到授权也没有专业上的能力进行考证，其真实性与可靠性由委托方负责。

3. 本估价机构对估价结果有解释权。

4. 因资料失实造成评估结果有误差的，估价机构和估价人员不承担相应的责任。

5. 本估价报告所涉及的估价对象范围由委托方提供的产权资料及委托要求限定，所确定的房屋价值仅供委托方在确定被拆迁房屋平移前市场购买价值额度时参考。

6. 本估价机构及指派估价人员在估价作业过程中采取了保密措施，并除委托人外，对估价结论一概不予透露。

房地产估价结果报告

一、委托方（略）

二、估价方（略）

三、估价对象

1. 估价对象区位状况

估价对象位于河南省××市××区××路与××路交叉口东北角。××路为市区南北交通主干道，南起滨河路，北至312国道，自南向北依次与中州东路、校场路、新华东路、医圣祠街、建设东路、光武中路、天山路、张衡路、高新路相交，全长4.9公里。该路原为老城区东边的古老街道之一，清光绪时南段称奎楼街，北段为杜父街（后讹称豆腐街）。解放初期，南、中段合称奎楼街，并北延一段。1966年南段更称援越路、中段更名工农路。1978年三段合并命名为向东路。后因汉代名医张仲景墓在该路中段东侧，1981年7月经市人民政府决定更名为××路。

××路自南向北依次分布有解放广场、群英游园、南阳卷烟厂、邮政市场、汽车东站、证券市场、宛运公司、神龙塑料集团及红旗印刷厂等。估价对象附近有宛运文体馆（原宛运礼堂）、魏公桥兴隆市场、银行、菜市场、防爆医院、市第二人民医院及市第十八、十六、三中学、十八中附小等学校。1路、18路、19路、20路公交车及进出汽车东站的长途客车在此经过，交通十分便利，基础设施完善，向南直行可到国家城市湿地公园——南阳白河湿地公园。但是，由于××路几经改造延伸，道路年久失修，损坏严重，已与周边新建环境不相协调。

2. 估价对象实物状况

估价对象为××信用社经营、办公综合楼，幢号为第1幢，东、南均邻本信用社院落，西接××路，北至公厕。房屋占地形状规则，呈长方形，南北长，东西窄，宗地外基础设施较完善，地质条件较好。该楼房建成于1988年，混合结构，部分钢混结构，共五层，总高度约19.4米，一层层高约4.2米，二～五层层高约3.8米，建筑面积3792.00平方米。房屋外墙面粉淡黄色外墙涂料，铝合金窗，室内仿瓷涂料粉白。一层平面布置为银行营业大厅及通间、过道，主要用于商业及银行经营，临街安卷闸门，营业厅铺抛光地板砖，内墙面贴瓷砖，吊顶已拆除，封闭柜台，一个玻璃橱窗；西外墙面贴瓷砖，挑檐下地面铺地板砖部分铺花岗岩板。二～五层平面布置为办公室，用于办公，木门部分防盗门，地板砖地坪。每层均有男、女卫生间，水电及卫生设施齐全。室外公共配套设施完备。

房屋在使用过程中进行了内外部粉刷，更换了门窗，并对一层大厅进行了装饰装修，维护保养状况良好，外观成新较好。

3. 估价对象权益状况

根据委托方提供的资料，估价对象的房屋所有权人为××信用社，《房屋所有权证》编号为宛市房字第 11457 号。估价对象拆迁之前由××信用社使用，土地使用权为国有划拨用地，无使用管制和他项权利设立。经协商获得拆迁货币补偿款后，建筑物占用的土地使用权已被国家征收，河南省××建设工程指挥部拥有对房屋的处置权。

四、估价目的

为确定被拆迁房屋平移前市场价值额度而评估其待平移房屋价值。

五、估价时点

根据河南省××建设工程指挥部工作部署，估价报告提交后即开始实施房屋平移工程，经协商，以实地查勘完成之日二〇〇八年十二月二十三日为估价时点，故确定估价时点为二〇〇八年十二月二十三日。

六、价值定义

转让税费均由买方承担前提下待平移房屋市场购买价值，不含土地使用权价值。

七、估价依据（略）

八、估价原则

本次估价遵循独立、客观、公正的工作原则及合法原则、最高最佳使用原则、替代原则、估价时点原则等技术性原则（略）。

九、估价方法

根据估价目的及估价对象的状况，应分别采取不同的估价方法，估价方法通常有市场法、成本法、收益法、假设开发法等四种。本次评估房屋平移前的购买价值，由于房屋平移前所占用的土地使用权已被国家征收，平移后占用土地为移楼方原有土地使用范围，同时，因房地产市场上同类交易实例缺乏，也无类似房屋的收益资料且房屋不能在原地继续使用，无法用市场法、收益法和成本法估价，但估价对象拟平移后继续使用，具有开发价值，需要完成必要的后续建设工程，宜采用假设开发法进行评估。在求取移楼完成后房屋价值时，因不含土地使用权因素，无法准确采用市场法或收益法，考虑该区域类似房屋的开发成本、利息、利润资料较多且真实可靠，宜采用成本法评估移楼完成后的房屋价值。

假设开发法定义：求取估价对象未来开发完成后的价值，减去未来的正常开发成本、税费和利润等，以此估算估价对象的客观合理价格或价值的方法。

成本法定义：是在估价时点以开发或建造估价对象所需要的各项成本费用之和为基础，再加上正常利润和税金，得出估价对象的重置价格，然后再扣除折旧，以此估算估价对象的客观合理价格或价值的方法。

十、估价结果

估价人员根据估价目的，遵循估价原则，采用科学的估价方法，在认真分析所掌握资料与影响估价对象价值诸因素的基础上，采用假设开发法进行估价，最后确定估价对象在估价时点、满足全部假设与限制条件，在平移后继续使用、转让税费均由买方承担前提下的房屋价值为人民币 470456 元，大写人民币肆拾柒万零肆佰伍拾陆元整，合建筑面积单价 124.06 元/平方米。

如果房屋原地拆除，委托人河南省××建设工程指挥部最多能得到 30336 元残存价值，如果房屋平移后继续使用，拟平移房屋人××医院可以承受的最高价为 470456 元。确定被拆迁房屋平移前市场价值额度时，建议双方在不低于残存价值 30336 元、不高于拟平移房屋人可以承受的最高价 470456 元的范围内，考虑拟平移房屋人的实际需求，以接近最高价为宜，具体款额由双方协商。

十一、估价人员

（同注册估价师声明，略）

十二、估价作业日期

2008 年 12 月 23 日至 2008 年 12 月 25 日。

十三、估价报告应用的有效期

本估价报告应用有效期为半年，自报告出具日算起。

房地产估价技术报告

一、个别因素分析

1. 个别因素状况

（同结果报告有关内容，略）

2. 个别因素分析

估价对象房屋平面布局合理，耐用性好，设施档次中等，办公功能完善；装修简洁美观，环保实用，维护、使用状况良好。估价对象建筑面积适中，能充分利用，层高正常，不存在功能折旧。房屋质量好，使用过程中进行了装修改造，内外墙面重新粉刷，门窗做过更换，设施齐全，外观新颖，适合商业、办公综合用途。但已使用20年，有一定物质折旧。

二、区域因素分析

1. 城市资源状况

南阳市位于河南省西南部，与湖北省、陕西省接壤，是三省交界经济协作区的地理中心，同时也是三省边缘区域综合实力最强、发展潜力最大的次级规模非省会城市。平面地理坐标介于东经110°58′～113°49′，北纬32°17′～33°48′。南阳市是经国务院1994年7月批准设立的地级市，为河南省面积最大、人口最多的市，总面积2.66万平方公里，总人口1091.31万。南阳市古称宛，因地处伏牛山以南、汉水之北而得名，是国务院首批命名的历史文化名城，具有厚重的城市文化底蕴和历史积淀，是中原文明的发祥地之一；战国时期，南阳已是闻名全国的冶铁中心；西汉时，南阳"商遍天下，富冠海内"，为全国的六大都会之一；东汉时期为光武帝刘秀的发迹之地，故有"南都"、"帝乡"之称。南阳历史上曾孕育出"科圣"张衡、"医圣"张仲景、"商圣"范蠡及"智圣"诸葛亮，更滋养了哲学家冯友兰、军事家彭雪枫、文学家姚雪垠、科技发明家王永民、作家二月河等当代名人。中国·南阳伏牛山世界地质公园将托起南阳大资源的世界品牌。南阳是中原乃至全国人文景观与自然景观结合较好的城市之一。

南阳地处承东启西、连南贯北的优越地理位置。焦枝铁路纵贯南北，宁西铁路横穿南阳7个县市区；国道312线、207线、209线和省道豫01线、豫02线分别从全市穿过；许平南、南襄、信南、宛坪及洛南高速南召至南阳段等高速公路相继建成通车，南阳高速公路通车里程已突破553公里。这些现代化的高速通道在南阳交会，形成我国中部地区重要的"米"字形交通枢纽，年货运通过能力达10亿吨，物集天下，流通全球，成为人流、物流、信息流的重要集散地。4D级南阳机场，为河南三大民用飞机场之一，可供各类大型客机全天候起降，目前已开通北京、上海、广州、深圳、桂林、郑州等多条航线，特别是南阳——郑州航线延伸方案实施后，南阳机场的航班密度加大，旅客乘南阳起飞航班经停郑州可中转达全国50多个大中城市。呼和浩特至北海、西安至合肥，两条国家级光缆通信干线交会于南阳，形成便捷的信息高速公路网。2008年末，固定电话用户136.42万户，移动电话用户251.66万户，电话普及率为33.5部/百人。

南阳市市区辖卧龙、宛城两区，并设立了南阳高新技术产业开发区及南阳生态工业园区，现有人口80万，建成区面积90平方公里。城市建设日新月异，供水、供电、道路建设及园林绿化等城市基础设施建设发展迅猛。位于白河南阳市区段的白河湿地公园现为国家城市湿地公园，是利用城市自然河道经过对驳岸和水底处理而建成的一处风景名胜区和水上乐园，面积24.5平方公里，其中水域面积1.6万亩，上下延伸长达15.6公里，整个湿地公园内堤、林、路、岛、桥、水、绿相互协调，相映成趣，两岸绿树成荫，河水碧波荡漾，形成北方内陆城市少有的水域、绿城景观，在南阳市区内形成了具有乡野情趣的自然生态环境，成为南阳市一道靓丽的风景线。2008年南阳市中心城区绿化覆盖率为31.79%，人均公共绿地面积为11.75平方米。南阳市先后被评为"全国造林绿化十佳城市"、"全国城市环境综合整治优秀城市"、"中国优秀旅游城市"和"国家园林城市"。

2. 位置及交通状况

（同结果报告有关内容，略）

3. 周围环境状况

（同结果报告有关内容，略）

4. 外部配套设施状况

估价对象外部配套服务设施较完善，基础设施达到"五通"，即通上水、通下水、通路、通电、通信。

5. 区位未来变化趋势分析

从南阳市的城市发展及远景规划上看，南阳市区将向东、北延伸。此处属于新老城区的衔接地带，同时××路正在拓宽改造，南侧建设东路也已列入改造计划，该区域将成为南阳市区新的繁华之地。

6. 办公区概况分析

原房屋无独立院落，临街状况较好。待移院内空旷无障碍物，有利于房屋平移。移楼后不仅不影响医院环境，同时能改善医院整体外观形象。

7. 区位状况优劣分析

估价对象相临××路、建设路处于拓宽改造阶段，区位状况一般。在道路改造后，此处交通便利，基础设施及公共设施将进一步完善，区位状况优越。

三、市场背景分析

1. 国家宏观经济形势及房地产相关政策

（1）国家经济形势

2008年以来，受世界金融危机影响，中国经济出现了增速放缓的迹象，加上严重的地震等自然灾害，第三季度影响逐渐扩大，社会购买力减弱，少部分企业减产、停产，经济面临严峻、复杂的形势。为全力保持经济平稳较快发展，国家制定了扩大国内需求尤其是消费需求、引导资本市场和房地产市场健康发展、稳定对经济发展的预期等宏观经济政策，对保持经济平稳较快发展、稳定房地产市场，起到了积极作用并收到了良好的效果。

（2）房地产相关政策与房地产形势

2008年全国房地产总体形势是市场下行趋势加快，市场信心明显不足，其主要原因有四点：一是部分城市2007年房价阶段性非正常上涨后的理性回落；二是被媒体渲染后对其他城市带来的传导效应；三是有关专家、学者、业界名人对市场出现"拐点"以及房价将大跌的判断和宣传致使市场观望心态加重，持币待购现象普遍；四是年初以来较为紧缩的货币政策。房地产市场态势具体表现在以下四个方面：

① 房地产开发投资增幅回落较大。2008年1~10月，全国房地产开发投资完成2.39万亿元，同比增长24.6%，增幅比上年回落8.9个百分点；比城镇固定资产投资增幅低2.6个百分点。

② 商品住房成交量大幅减少。住房和城乡建设部监测的40个重点城市，新建商品住房成交面积1.4亿平方米，同比下降36.3%，成交量同比下降的城市达36个。二手住房成交面积同比下降48.5%。

③ 市场可售新建商品住房面积继续增加。到10月末，全国40个重点城市新建商品住房累计可售面积已达2.1亿平方米、196万套，大约相当于1年的销售量。

④ 销售价格普遍下降。新建商品住房和二手住房价格同比涨幅已连续10个月出现回落；10月份同比分别回落8.8个和7.9个百分点。

2. 南阳市房地产市场总体状况

（1）南阳市基本概况

① 总人口及城镇人口情况

根据南阳市总人口及城镇人口情况变化图，可以看出南阳市人口数量呈逐年上升趋势，从2000年末到2008年末，南阳市总人口增长4.0%，城镇人口增长80.61%，城镇人口增长速度远大于总人口增长速度。人口数量与房地产价格呈正相关关系。人口增加促进房地产需求的增加，使房地产价格呈现上升态势。特别是城镇人口增加、城镇化率提高有力地推动了全市经济社会的全面发展，促进城镇住房人均使用面积、城市人均拥有道路面积等城镇发展指标的提升，造成房地产需求增加，从而带动房地产价格上涨。

② 家庭总户数及家庭规模

根据南阳市家庭总户数及家庭规模情况变化图，可以看出南阳市家庭总户数呈逐年上升趋势，从2000年末到2008年末，南阳市家庭总户数增长22.34%，家庭人口规模呈逐年缩小趋势，家庭规模缩小13.10%。一个家庭就是一个居住单位，当家庭规模发生变化时，就会影响到居住单位数的变化，进而影响房地产需求的变动，最终影响房地产价格的变动。随着南阳市家庭总户数的增加及家庭规模的缩小，使房地产刚性需求增加，从而带动房地产价格上涨。

③ 南阳市经济发展水平

从南阳市历年主要经济指标变化图（图10-1、图10-2）可以看出，国民生产总值、全社会固定资产投资、社会消费品零售额一直保持着持续快速发展的态势，表明南阳市经济增长已经进入了快速稳定增长的阶段，对房地产的需求有所增长，引起房地产价格上涨。城镇居民人均可支配收入、人均消费性支出逐年增加，进一步刺激房地产有效需求，成为房地产价格上涨的支撑因素之一。

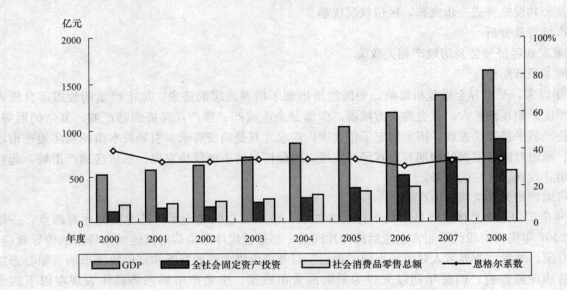

图10-1 南阳市历年主要经济指标①

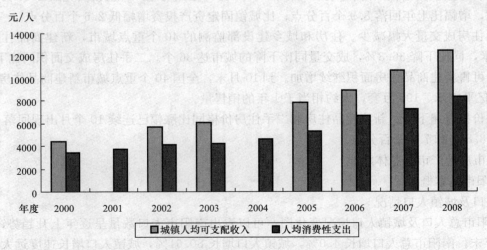

图10-2 南阳市历年主要经济指标②

(2) 南阳市房地产市场总体状况

① 房地产投资持续增加，销售形势已显迟缓

根据政府公布数据：2007年南阳市房地产开发投资32.36亿元，比上年增长44.1%，商品房施工面积506.73万平方米，增长37.6%，商品房竣工面积135.74万平方米，增长33.7%，商品房销售面积215.17万平方米，增长81.6%，商品房销售额33.28亿元，增长68.6%。根据估价人员调查分析，自2007年12月底起，购房自用者观望心态加重，投资者谨慎，销售开始迟缓。

② 调控政策初见成效，空置房屋略有增加

随着南阳市城中村改造大规模展开，房地产开发总量增幅已大于有效需求增幅，加之国家房地产调控政策的逐项落实，其累积效应也开始显现，房屋空置略有增加，2007年统计商品房空置面积7.58万平方米，增长7.3%，偏远区域商业、办公用房空置略有增加。

③ 南阳城区迅速扩张，辐射能力明显增强

随着南阳市城市框架的拉大，南水北调工程的相继开工，宁西铁路客货运的开通，高速公路网基本形成，南阳市地处中部交通枢纽的地理优势日益显现，逐渐成为东引西进的桥头堡。南阳城区迅速扩张，多条高速公路及环城高速公路相继通车，依托高速公路和一级公路网，基本形成南阳中心城市30分钟内达到相邻县市、60分钟内覆盖市域内全部县市的交通网，对周边县市的辐射带动作用明显增强，商业、办公用房潜在需求较为强劲。

3. 南阳市商业、办公综合用房市场回顾及价格走势分析

(1) 南阳市商业、办公综合用房市场回顾

2007年12月底以前，南阳市市区房地产市场价格一直呈上升趋势，新建商业、办公用房交易活跃，供求两旺，价格稳中有升，开发量也逐渐加大。2008年以来，连续几年房地产调控政策的累积效应开始出现，同时伴随着世界金融危机的影响，南阳市市区房地产市场总体也呈下行趋势，市场信心明显不足，销售开始迟缓，促销手段频出，但优惠幅度不大，市场价格基本平稳，尤其是商业、办公用房，因需求同步增长，供求基本平衡，租售价格略有下降，据有关资料分析测算，2008年底市场价格同比下降约5%左右，市场空置率略有增加，但中心城区繁华地带仍保持稳定。经过一年的市场波动、调节，至2008年底，新建房屋供应量明显减少，房地产市场趋于稳定。

(2) 南阳市商业、办公综合楼房市场价格走势分析

近年来，南阳市房地产市场价格一直呈上升趋势，住宅、商业用房、办公用房价格均保持上扬态势，市场需求较为强劲。根据《南阳市统计年鉴》资料，从2000年至今南阳市住宅房屋价格每年递增10.63%，商业、办公用房价格也有不同程度的上涨。预计未来一个时期，在国家经济形势、房地产政策、房地产税收政策不发生重大变化的前提下，南阳市房地产市场价格仍会保持稳中略升态势。

(3) 估价对象市场分析

估价对象位于南阳市市区东北部繁华地带，位置优越，交通便利，基础设施较完善，区域因素较好。按照南阳市中心城区总体规划布局，城市主要向东、向南发展，适当向西、向北延伸，估价对象处于中心繁华地带与东部快速发展地带的过渡区域，市场发展前景十分看好。尤其是估价对象周边××路正在拓宽改造，建设路已列入改建计划，此处将成为南阳市中心交通便利、环境优美、基础设施和公共实施完善、商业活跃的区域之一，商业、办公综合楼需求相对较大，而供应量因建设用地有限未来几年内相对短缺，预测该区域商业、办公类房地产市场价格会稳中有升。但对于旧有商业、办公房屋，因物质折旧、功能折旧影响较大，市场价格会趋于平稳。

由于估价对象特殊性极强，为已获补偿的待拆迁房屋，除近邻移楼需要外，不会有其他购买者。同时如果移楼费用太大，相邻方会放弃移楼计划，估价对象只能原地被拆除，仅余残值。因此，估价对象的市场成交价格将有较强的不确定性，主要取决于近邻××医院的意向及移楼成本的高低。

四、最高最佳使用分析

在合法使用前提下，房地产只有在最高最佳使用状态下才能发挥最大效用。最高最佳使用应是法律

上允许、技术上可能、经济上可行，价值最大化，经过充分合理的论证，能使估价对象产生最高价值的使用方式。

1. 合法性分析

估价对象的合法用途及实际用途均为商办综合，拥有合法的房地产权利证书，能够合法使用、合法处分，但因房屋占压城市新规划道路红线，已被列入拆迁范围并经协商已获得拆迁补偿金额，待拆迁房屋的处置权归河南省××建设工程指挥部，房屋所占用的土地使用权已被国家征收。经估价对象东邻××医院与河南省××建设工程指挥部及政府有关部门协商，将估价对象东移后继续使用符合规划要求，可合法移楼。平移后占用土地为合法取得，并具备房屋登记基本单元的几个要素。

2. 技术可能性分析

房屋平移技术已经成熟，且估价对象大部分为钢混结构，整体性较好。移楼施工方现场勘察后已与××医院达成协议，拟将房屋往东平移至指定位置并转向90°，由东西朝向变成南北朝向。因此，移楼有技术上的保障。

3. 经济可行性分析

随着移楼技术的提高，房屋平移成本在逐步降低。估价对象东邻××医院经营形势良好，规模急需扩大，需要办公和住院用房，院内已预留有建设空地，如果新建综合办公楼，将花费大量的资金，需要较长的运作时间。估价对象的结构、布局符合医院使用要求，将其平移至本院内使用，可以节约成本、缩短工期。房屋平移后继续使用为最经济的利用方式。

4. 最高最佳使用前提分析

最高最佳使用前提一般有以下五种情形：

（1）保持现状前提：当保持现状继续使用最为有利时，应以保持现状继续使用为估价前提。

（2）转换用途前提：当转换用途再予以使用最为有利时，应以转换用途再予以使用为估价前提。

（3）装修改造前提：当装修改造但不转换用途再予以使用最为有利时，应以装修改造但不转换用途再予以使用为估价前提。

（4）重新利用前提：当拆除现有建筑物再予以使用最为有利时，应以拆除现有建筑物再予以使用为估价前提。

（5）上述情形的某种组合

估价对象为已获得拆迁货币补偿的待拆除房屋，目前只有两种处置方案：一是原地拆除，仅存残值；二是平移后继续使用，发挥其应有的使用功能，但需近邻业主有移楼意向。估价对象东邻××医院经调研，拟将其东移继续使用。因此，估价对象平移后继续使用最为有利，本次评估以平移后继续使用为估价前提，即易地使用前提。

五、估价方法适用性分析（同结果报告有关内容，略）

估价技术路线：因估价对象房屋占压道路拓宽改造红线，河南省××建设工程指挥部已对估价对象进行了拆迁货币补偿，建筑物占用土地使用权已被国家征收，河南省××建设工程指挥部拥有房屋的处置权。目前只有两种处置方案：一是原地拆除，仅存残值；二是平移后继续使用，发挥其应有的使用功能，但需近邻业主有移楼意向。由于估价对象东邻××医院经营形势良好，规模急需扩大，需要办公和住院用房，院内已预留有建设空地，如果新建综合办公楼，将花费大量的资金，需要较长的时间运作。而估价对象相距约20米，结构为钢混及混合相结合，质量较好，外观整洁，平面布局符合医院经营、办公要求。将其往东平移继续使用是最经济且最省时的举措。估价对象东邻××医院有移楼意向，使估价对象平移成为可能。采用假设开发法进行评估时，先计算出移楼完成后的房屋价值，再扣除移楼成本及由此带来的相关税费，便可得到在平移后继续使用前提下的房屋购买价值。

六、估价测算过程

第一种处置方案（原地拆除）残值估算：

根据国家有关房屋拆迁管理的法律、法规及河南省、南阳市有关规定，具有房屋拆迁资质的拆迁企业可以实施拆除业务，具体负责房屋拆除、建筑垃圾清运、场地平整工作，可获得拆除材料的所有权。同时一般情况下，拆迁企业需向管理机构或部门缴纳一定比例的费用（相当于残值），但对结构复杂、拆除难度大、机械费用高的拆除项目，管理机构或部门需根据具体情况进行补贴。估价对象为多层钢混（部分混合）结构房屋，根据实际缴费比例约为8元/平方米（实际操作标准，无文件规定），估价对象建筑面积3792.00平方米，故：

原地拆除残值＝3792.00×8元/平方米＝30336.00元。

即：如果按照第一种处置方案，房屋原地拆除，委托人河南省××建设工程指挥部最多能得到30336元残存价值。

第二种处置方案（平移后继续使用）待平移房屋价值评估：

根据假设开发法的基本原理及计算公式，计算待平移房屋价值的公式为：

待平移房屋价值＝平移完成后的房屋价值－移楼成本－管理费用－投资利息－代缴卖方应支付的营业税及附加－购买洽谈费用－投资利润－投资者购买待平移房屋应负担的税费。

1. 最高最佳开发方案

估价对象为已获得拆迁货币补偿的待拆除房屋，目前只有两种处置方案：一是原地拆除，仅存残值；二是平移后继续使用，发挥其应有的使用功能。由于估价对象东邻××医院急需办公和住院用房，院内已预留有建设空地。如果将估价对象往东平移继续使用是最经济且最省时的举措。因此，估价对象最高最佳开发方案为平移后继续使用。

2. 平移完成后的房屋价值

（1）估价时点房屋价值测算

运用成本法测算估价对象房屋在估价时点的价值，其计算公式为：

房屋价值＝房屋重新购建价格－建筑物折旧额。

评估计算过程如下：

1) 开发成本

① 勘察设计和前期工程费

勘察设计和前期工程费包括可行性研究、工程勘察、环境影响评价、规划及建筑设计、建设工程招投标、施工的通水、通电、通路、场地平整及临时用房等开发项目前期工作所必要的费用等。根据南阳市建筑工程勘察设计和前期工程费各项取费标准及平均水平，正常情况下勘察设计和前期工程费为24～30元/平方米，结合估价对象的具体情况，此项费用取平均偏下水平数值26元/平方米，即：勘察设计和前期工程费＝26元/平方米。

② 建筑安装工程费

包括建造房屋及附属工程所发生的土建工程费用、安装工程费用、装饰装修工程费用等。根据河南省建筑工程标准定额站发布《河南省建设工程工程量清单综合单价（2008）》的有关规定，计算工程数量，套取定额单价，可调材料依据南阳市定额站同期发布的工程造价信息发布价予以调整后进行取费，从而获得单方造价。经测算，在估价时点南阳市同类房屋的建筑安装工程费用一般为650～710元/平方米（含建筑商应缴税额），结合估价对象的建筑标准、规模，同类房屋建筑安装工程费用取平均水平数值，即：建筑安装工程费用＝680元/平方米。

③ 基础设施建设费

包括城市规划要求配套的道路、给水排水、电力、燃气、热力、电信等设施的建设费用。根据南阳市城市基础设施建设费各项取费标准及平均水平，正常情况下基础设施建设费为40～45元/平方米，结合估价对象的具体情况，此项费用取平均偏下水平数值42元/平方米，即：基础设施建设费＝42元/平方米。

④ 公共配套设施建设费

包括城市规划要求配套的教育、医疗卫生、文化体育、社区服务、市政公用等非营业性设施的建设费用。根据南阳市公共配套设施建设费各项取费标准及平均水平，正常情况下公共配套设施建设费为28~32元/平方米，结合估价对象的具体情况，此项费用取平均水平数值，即：公共配套设施建设费=30元/平方米。

⑤ 开发过程税费及其他工程费

包括有关税收和地方政府或其有关部门收取的费用，如绿化建设费、人防工程费、竣工验收费等。根据南阳市房屋开发过程税费及其他工程费各项取费标准及平均水平，正常情况下开发过程税费（不含建筑商应缴税额）及其他工程费为25~30元/平方米，结合估价对象的具体情况，此项费用取平均偏上水平数值28元/平方米，即：开发过程税费及其他工程费=28元/平方米。

⑥ 开发成本小计

开发成本单价=（26+680+42+30+28）=806元/平方米；

开发成本=806×3792=3056352.00（元）。

2）管理费用

管理费用是指为组织和管理房地产开发经营活动所必需的费用，包括人员工资及福利费、办公费、差旅费等。根据南阳市房地产市场调查，类似房屋开发建造的管理费用约占开发成本的3%，则：管理费用=3056352.00×3%=91690.56（元）。

3）销售费用

销售费用是指预（销）售房地产所必要的费用。根据南阳市同类房屋的推广销售情况及估价对象的实际，销售费用主要为广告宣传费及销售人员费用，按售价计算，费用率一般为1%，则销售费用为：销售费用=房屋重新购建价格×1%（元）。

4）投资利息

投资利息是指在房地产开发完成或实现销售之前发生的所有必要费用应计算的利息。根据工期定额及南阳市建筑工期一般情况，确定估价对象建筑工期为8个月，估价时点一年期贷款基准利率为5.31%，融资费用约为0.8%，即一年期贷款利率取6.11%。假定开发成本及管理费用、销售费用资金均匀投入，计息期为工期的一半（计息期不超过一年按单利计息），则：投资利息=（3056352.00+91690.56+房屋重新购建价格×1%）×6.11%×8/12×1/2

=（3148042.56+房屋重新购建价格×1%）×0.0203667（元）

=64115.24+房屋重新购建价格×0.000203667（元）。

5）开发利润

开发利润是指房地产开发者应得的利润。根据南阳市类似房屋开发的平均利润资料调查分析，其开发周期为一年时的成本利润率一般为35%~40%，结合估价对象的个别因素和区域因素综合分析，确定其年成本利润率取平均值37.5%，估价对象的开发周期为8个月，其成本利润率为37.5%×8÷12=25%。

开发利润=[3056352.00+91690.56+房屋重新购建价格×1%+64115.24+房屋重新购建价格×0.000203667]×25%=803039.45+房屋重新购建价格×0.0025509（元）。

6）销售税费

销售税费是指预（销）售房地产应由卖方缴纳的税费，主要包括营业税、城市维护建设税、教育费附加。根据有关规定，结合南阳市及估价对象的实际，营业税及其附加按售价计算，税率5.5%，则销售税费为：销售税费=房屋重新购建价格×5.5%（元）。

7）房屋重新购建价格

房屋重新购建价格为上述（1~6）项之和，即：

房屋重新购建价格=3056352.00+91690.56+房屋重新购建价格×1%+64115.24+房屋重新购建价格×0.000203667+803039.45+房屋重新购建价格×0.0025509+房屋重新购建价格×5.5%=4015197.3+房屋重新购建价格×0.0677545（元）。

经计算，房屋重新购建价格＝4307017.1元。

8) 建筑物折旧额

① 确定建筑物成新率

估价对象建筑物建于1988年，混合结构为主，至估价时点已使用20年，根据《房地产估价规范》，混合结构房屋最高经济耐用年限参考值为50年，残值率为2%。

若采用直线折旧法计算建筑物折旧率，公式为：建筑物折旧率＝(1－残值率)×已使用年限/经济耐用年限＝(1－2%)×20/50＝39.2%。

成新率＝1－折旧率＝1－39.2%＝60.8%。

根据估价人员现场查勘，建筑物内外墙重新粉刷，门窗已更换，建筑物的维护、保养、使用情况及地基的稳定性较好，无不均匀沉降，实际新旧程度比自然新旧程度高，实际成新率比直线折旧法计算成新率估计高一成，即实际成新率＝60.8%×1.1＝66.88%，取66%。

② 计算建筑物折旧额

采用成新法计算建筑物折旧额。折旧额＝建筑物的重新购建价格×(1－成新率)
＝4307017.1×(1－66%)＝1464385.8（元）。

9) 确定估价时点的房屋价值

房屋价值＝房屋重新购建价格－折旧额＝4307017.1－1464385.8＝2842631.3（元）。

(2) 价值趋势预测及平移完成后房屋价值确定

本次移楼工期为2个月，即移楼完成日距估价时点仅2个月，其间金融市场和房地产市场预计相对平稳，建筑物成新也没有大的变化，平移完成后房屋价值与估价时点房屋价值基本一致，故取估价时点房屋价值为平移完成后房屋价值。

平移完成后房屋价值＝2842631.3元。

3. 移楼成本

移楼成本包括人工费、材料费、机械费、设计费、平移费、管理费、税金、利润及给水排水、供电配套连接费等。因移楼工程数量少，特殊性极强，其成本与移动距离、转移角度、拟移地址地质状况、城市基础设施管线分布等因素有关，不易收集分析得到社会平均移楼成本，一般可参考移楼双方签订的移楼工程合同中的工程报价单。根据委托方提供的移楼工程合同及报价单，估价对象房屋需往东平移至指定位置并转向90°，由东西朝向变成南北朝向，工期2个月，移楼费用为218万元人民币，详见平移工程报价单（表10-1）。

平移工程报价单　　　　　表10-1

序 号	费用项目名称	金额（万元）	备 注
1	人工费	30	—
2	材料费	135	—
3	机械费	5	—
4	设计费	8	—
5	平移费	10	—
6	管理费	10	—
7	税金	15	—
8	利润	5	—
9	1～7项合计	218	—

故：移楼成本＝2180000元。

4. 管理费用

管理费用是指为组织和管理房屋平移活动所必要的费用。根据南阳市城区房地产市场调查，类似房地产开发建造的管理费用约占开发成本的3%。由于移楼工程工期较短，需协调的事项和所需的管理人员较少，其管理费用约为正常开发管理费用的1/3，即管理费用约占移楼成本的1%，则：管理费用＝2180000×1%＝21800（元）。

5. 投资利息

投资利息是指在房屋平移活动结束之前发生的所有必要费用应计算的利息。根据移楼工程合同中规定的工期，并经估价人员了解调查其他地市类似规模的移楼工期，确定估价对象移楼工期为2个月。估价时点一年期贷款基准利率为5.31%，融资费用约为0.8%，一年期贷款利率取6.11%，假定移楼成本及管理费用资金均匀投入，计息期为移楼工期的一半（计息期不超过一年按单利计息），则：

投资利息＝(待平移房屋价值＋投资者购买待平移房屋应负担的税费)×6.11%×2/12＋(2180000＋21800)×6.11%×2/12×1/2

＝(待平移房屋价值＋投资者购买待平移房屋应负担的税费)×0.0101833＋11210.83（元）。

6. 代缴卖方应支付的营业税及附加

估价对象为已获补偿的被拆迁房屋，原产权人不再负担今后可能出现的过户费用，移楼方在办理房屋手续时，需要代为缴纳卖方应支付的营业税及城市维护建设税、教育费附加。根据有关规定，结合南阳市及估价对象的实际，营业税及其附加按售价计算，税率5.5%，则：代缴卖方应支付的营业税及附加＝待平移房屋价值×5.5%（元）。

7. 购买洽谈费用

购买洽谈费用是指移楼方在购买待平移房屋过程中与供楼方洽谈所必要的费用。由于房屋平移具有较强的特殊性，需要特定的环境及受让方（移楼方）。一般情况下，当拟平移房屋为待拆迁对象时，受让方处于主动地位，一旦有移楼意向，供楼方会积极响应。根据估价对象周边状况，不可能有第二家受让方，无需支付购买洽谈费用。本次估价不考虑购买洽谈费用，即购买洽谈费用为"0"。

8. 投资利润

投资利润是指投资房屋平移应得的利润。考虑移楼工期短和非盈利性，移楼的投资利润应取移楼方正常经营的利润率，即投资移楼方假如把同样的资金投入医疗卫生事业用于病人住院的收益率。根据对南阳市类似规模医院经营情况的调查，在需要扩大医疗规模的前提下，其年直接成本利润率大约在15%～25%。本次移楼工期为2个月，其直接成本利润率为2.5%～4.17%，考虑移楼后还需对房间整理、消毒等因素，直接成本利润率应取中等偏上水平，故确定其直接成本利润率为4%，则：

投资利润＝(待平移房屋价值＋投资者购买待平移房屋应负担的税费＋移楼成本)×4%

＝(待平移房屋价值＋投资者购买待平移房屋应负担的税费＋2180000)×4%（元）。

9. 投资者购买待平移房屋应负担的税费

根据南阳市房地产市场资料，购买非住宅房屋买方应负担4%的契税、0.25%的交易手续费、0.3%的副食调节基金，共计4.55%，故确定投资者购买待平移房屋应负担的税费为（卖方为河南省××建设工程指挥部，移楼办理房屋产权手续时应付的另一半0.25%交易手续费可经政府批准免除）：

投资者购买待平移房屋应负担的税费＝待平移房屋价值×4.55%。

10. 代入公式求取待平移房屋价值

待平移房屋价值＝平移完成后的房屋价值－移楼成本－管理费用－投资利息－代缴卖方应支付的营业税及附加－购买洽谈费用－投资利润－投资者购买待平移房屋应负担的税费。

待平移房屋价值＝2842631.3－2180000－21800－(待平移房屋价值＋投资者购买待平移房屋应负担的税费)×0.0101833－11210.83－待平移房屋价值×5.5%－0－(待平移房屋价值＋投资者购买待平移房屋应负担的税费＋2180000)×4%－待平移房屋价值×4.55%。

经计算，待平移房屋价值＝470456（元）。

经评估测算及综合分析，确定估价对象在估价时点、平移后继续使用且转让税费均由买方承担前提下的房屋价值为人民币470456元，大写人民币肆拾柒万零肆佰伍拾陆元整，合建筑面积单价124.06元/平方米。

即：按照第二种处置方案，房屋平移后继续使用，拟平移房屋人××医院可以承受的最高价为470456元。

七、估价结果确定

估价人员根据估价目的，遵循估价原则，采用科学的估价方法，在认真分析所掌握资料与影响估价对象价值诸因素的基础上，采用假设开发法进行估价，最后确定估价对象在估价时点、满足全部假设与限制条件，在平移后继续使用、转让税费均由买方承担前提下的房屋价值为人民币470456元，大写人民币肆拾柒万零肆佰伍拾陆元整，合建筑面积单价124.06元/平方米。

如果房屋原地拆除，委托人河南省××建设工程指挥部最多能得到30336元残存价值，如果房屋平移后继续使用，拟平移房屋人××医院可以承受的最高价为470456元。确定被拆迁房屋平移前市场价值额度时，建议双方在不低于残存价值30336元、不高于拟平移房屋人可以承受的最高价470456元的范围内，考虑拟平移房屋人的实际需求，以接近最高价为宜，具体款额由双方协商。

附件（略）

第五部分 房地产司法鉴定评估

第五部分 家畜气管插管法测定

报告十一

江苏省S市JG路×号A区部分房产及其附属设施市场价值司法鉴定评估报告

江苏德道天诚土地房地产评估造价咨询有限公司　　相　飞　胡　澄　李传勇　姜爱平

评析意见

　　该报告估价目的是为司法裁决（拍卖）提供价值鉴定意见。估价师针对司法鉴证类估价项目的特点，严格遵守规范的操作程序，先后三次查看现场，并与当地政府相关部门和有关利益方取得联系，在经历了复杂、繁琐的查证后，终于获取了有关估价对象的权属、规划、造价审计等项资料，并对查证过程进行详细笔录，从而保证了估价依据的合法性和可追溯性。该报告格式规范，内容完整，对估价对象状况描述清楚，估价技术思路正确，测算过程详实。在成本法测算中，建安造价和成新率的确定过程较详细，较有说服力；在运用建筑物剩余技术测算中，通过从整体房地产收益中扣除土地收益得到归属于建筑物的净收益，再求取估价对象的建筑物价值，为类似情况下评估建筑物价值提供了较实用的一条技术思路。但该报告在区域因素分析和房地产市场背景分析等部分，内容过于简单，且针对性有所欠缺。

目录（略）
致委托方函

江苏省××人民法院：

　　受贵院委托，我公司组织注册房地产估价师，对房屋所有权登记在甲证券有限责任公司名下的，位于江苏省S市JG路500号A区一层、二层商业性办公用途房产及其附属设施进行了估价，估价时点为2007年5月25日。估价对象房屋总建筑面积为6500平方米，估价对象不含房屋占用的土地使用权。在估价时点，估价对象中有5200平方米由××银行S市支行承租使用，其余1300平方米空置。本次估价目的是为贵院执行涉及估价对象的司法裁决提供价值鉴定意见而评估房地产市场价值。

　　我公司依据贵院提供的作为估价基础的相关资料，根据国家标准《房地产估价规范》GB/T 50291-1999及国家相关法律、法规和政策规定，本着独立、客观、公正的行为原则和合法原则、估价时点原则、替代原则、最高最佳利用等技术原则，按照公认的房地产估价方法进行了估价。估价人员遵循估价程序，在经过现场查看、实物拍照、收集资料、市场调查与询证后，采用成本法和建筑物剩余技术并结合估价经验，最终确定在满足本估价报告中"估价的假设和限制条件"的前提下，估价对象于估价时点的市场价值评估结果如下：

　　评估总值：人民币3226.00万元；大写：叁仟贰佰贰拾陆万元整。

　　评估单价：人民币4964元/平方米；大写：每平方米肆仟玖佰陆拾肆元整。

估价结果说明表　　　　　　　　　　　　　　　表 11-1

序号	估价对象	面积	估价结果	备注
1	房产及其附属设施	建筑面积 6500 平方米	3226.00 万元	本报告书的最终有效结论
2	房地产（含土地）	建筑面积 6500 平方米 土地面积 1811 平方米	4701.00 万元	仅供贵院了解，不具有使用效力，详见报告正文有关说明

以上内容摘自苏天诚房估字（2007）第××××号房地产估价报告。欲了解本估价项目的全面情况，请认真阅读附后的报告书全文。

特此函告！

江苏德道天诚土地房地产评估造价咨询有限公司

法定代表人：×××

二〇〇七年六月二十日

估价师声明（略）
估价的假设和限制条件

一、估价报告做了以下假设条件

（一）根据委托估价目的，本报告估价结果是估价对象在 2007 年 5 月 25 日的市场价值。所谓市场价值是指估价对象的交易双方在必要的假设前提下于估价时点最可能达成的公平交易的估计金额。这些必要的假设前提主要有：

1. 具有一个公开的、比较活跃和发达的房地产市场。

2. 估价对象权属是完整、合法的，能够自由地在市场上交易，没有司法机关、行政机关禁止其交易的情形，出售时不附带任何他项权、租赁权、优先购买权、售后回租以及其他类似的可能影响其正常交易价格的权利约束和特殊条款。

3. 估价对象由自愿的卖方和自愿的买方在双方均知情、审慎及非强迫的情况下进行交易，交易双方无任何利害关系，任何交易行为都是理性的，交易目的是使各自利益最大化。

4. 为达成合理成交价并使交易完成，需要有一个较充裕的推销和谈判周期，在这个周期内，市场状况、物理状态都是相对不变的。

5. 没有出现任何方式的使估价对象强迫出售的情况。

（二）在估价时点估价对象的房屋所有权是合法有效的，故设定其权利人在履行合法手续后可取得房屋占用的土地使用权。

（三）估价对象是一宗整体房地产中的局部，故本估价是以估价对象在其经济耐用年限内能够合法享用、分摊整体房地产的各项公共权益及各项配套设施为假设条件之一。

（四）估价对象所在土地登记用途为其他商服用地，估价对象设计与现状用途属商业性办公，根据《全国土地分类》（国土资发〔2001〕255 号），前者的用途范围涵盖了后者，即估价对象房屋设计与现状用途符合土地登记用途，因此设定现状用途是估价对象的最高最佳用途。

（五）本次估价是在假定估价对象按其建设年代适用的国家规范设计、施工，其工程质量达到合格的前提下进行的，否则估价对象价值将有所减损。估价师对估价对象的现场查看仅限于其外观和使用现状，对其内部是否存在质量缺陷或建筑材料是否具有潜在危险性不负调查、检测和鉴定责任，如果需要的话，希望估价报告的使用者聘请这方面的专家。

（六）用建筑物剩余技术测算时进行了以下设定和特殊处理：

1. 估价对象在收益年期内各年净收益保持不变。

2. 设估价对象当前年收益为客观年收益。

3. JG路500号土地使用权的用途为"其他商服用地",S市无此用途基准地价,因其他商服用地从属商服用地,故采用基准地价系数修正法估价时取S市"商服用地"基准地价。

4. 在用建筑物剩余技术估价的过程中,按照估价对象所在的整宗房地产的容积率(总建筑面积/总土地面积),对估价对象应分摊的楼面地价及其土地净收益进行了测算。

(七) 本报告估价时点为2007年5月25日,估价人员现场查看日期分别为2007年5月15日、5月17日、5月23日,假设在此期间内,估价对象的使用和物理状态保持不变。

二、估价报告做了以下限制条件

(一) 本报告中,估价对象建筑物价值是单独估价的,而不是对整体房地产总估价值进行分配后的结果。估价报告仅适用于本次特定条件下的估价用途,否则是无效的。

(二) 报告中所做的预测、估价等都是在当前市场条件,预期的短期供给和需求以及经济持续稳定的基础上做出的。所以,这些预测会受到未来条件变化的影响。

(三) 本次估价结果是为委托方执行涉及估价对象的司法裁决而提供的价值鉴定意见,估价结果的价格定义是估价对象在估价时点的市场价值。该结果未考虑对估价对象进行强制处分和短期变现等特殊因素对估价结果的影响。

(四) 根据估价目的,本次估价没有考虑估价对象尚未注销的抵押权和实际存在的租赁权以及被查封的情况对市场价值的影响;估价结果中未扣除估价对象已抵押担保的债权数额1500万元(该抵押权为法定优先受偿权,当处置估价对象时,该抵押权人有优先受偿权)。

(五) 估价对象在估价时点的实际使用人是××银行S市支行,该行在入驻后对承租房屋及相关设备进行了局部改造和装修,但由于该房屋所有权人甲公司和使用人××银行S市支行均未能提供相互认可的后续装修及有关配套设备出资权的书面材料,所以本报告是按照估价对象在估价时点的现状进行估价的。

(六) 委托方提供的和当地相关行政主管部门出具的关于估价对象的权属资料,在估价时被认为是真实可靠的。报告中据此对估价对象权属状况进行了披露,并依此作出了相关的估价假设条件,报告本身并不作为有关各方对其权属确认的依据。

(七) 本次估价的结果是估价对象在估价时点下的价值,不能将该估价结果作为估价对象在其他时点下的价值;同时本估价报告的应用必须在本报告所确定的应用有效期内。

(八) 本报告需在完整情况下使用方有效,以任何方式对报告进行拆分使用都是无效的。

(九) 本估价报告正本一式四份,无副本,正本交委托方三份,本公司存档一份。

(十) 本次估价值计价单位为:元(人民币)。

房地产估价结果报告

一、委托方(略)

委托缘由:江苏省××人民法院因受理江苏某酒店有限公司诉甲证券有限责任公司(以下简称甲公司)委托理财合同纠纷一案,为执行有关司法裁决(拍卖),需要对被执行人甲公司名下的坐落于江苏省S市JG路500号A区一层、二层商业性办公用途房产及其附属设施进行估价。根据有关司法鉴定工作的规定,江苏省××××人民法院特委托江苏德道天诚土地房地产评估造价咨询有限公司进行该项估价工作。

二、估价方(略)

三、估价对象范围的确定

根据江苏省××人民法院司法鉴定委托书[(2007)苏法鉴委字第×××号]的指定,估价对象范围为"江苏省S市JG路500号A区一层、二层房产及其附属设施"。即仅对JG路500号的A区一层、二层建筑物进行估价，不含所占用的土地使用权，其建筑面积为6500平方米。

在房地产估价中，建筑物通常是指人工建筑而成，由建筑材料（含装饰装修）、建筑构配件和建筑设备（如给水排水、卫生、燃气、照明、空调、电梯、通信、防灾等设备）等组成的整体物。本次估价所称建筑物包含了委托评估的"房产"、"及其附属设施"。

四、估价对象背景资料

（一）估价对象所处的S市HT广场

估价对象所在的S市JG路500号现全称为——SSHT广场（立项名称为S市商品交易市场，建成后曾用名××会展中心），是1998年经S市人民政府批准，由乙投资有限公司（以下简称乙公司）投资建设的高标准综合性建筑群。建筑群由A区圆形交易中心、B区酒店及高级商住楼、C1区办公写字楼、C2区文化娱乐餐饮中心四大功能区组成，设计总建筑面积11.38万平方米。建筑形体分为主体三层局部四层的倒圆台形裙楼（A区）、主体九层的板楼（B区）、主体四十九层的方塔形主楼（C1区、C2区）。2000年该建筑群落成后便以其宏大的规模、独特的造型、完善和现代化的功能，成为S市的标志性建筑之一。

（二）估价对象房屋所有权人甲公司

甲公司是2000年10月由乙公司与其他五家公司共同投资设立。乙公司投入甲公司的股本包括现金和实物两部分，现金为5000万元，实物为HT广场A区一层、二层6500平方米的房产及其附属配套设施，该实物出资经审计后折合人民币2600万元，其中2400万元作为投入的股本，200万元作为甲公司对乙公司的负债。乙公司投入的股本占甲公司股本总额的51%。

（三）估价对象现使用人××银行S市支行

××银行S市支行在2005年3月20日与乙公司的下属物业管理公司签订了房屋租赁合同，租赁对象为JG路500号A区一层、二层部分房屋，租赁面积为5200平方米，租赁期限自2005年5月1日至2015年4月30日。但根据委托方所提供的有关资料显示，估价对象已于2004年9月20日被江苏省××人民法院查封，至本次估价时点该房产仍在被查封期间。

五、估价对象概况

（一）地理位置

估价对象坐落于S市JG路500号，东为××路，南至××路，西至××路，北至××花园住宅区，该处行政区划属S市JC区CX街道所辖。

（二）区位与环境

S市位于长江三角洲中部，江苏省东南部，东临上海，南接浙江，西抱太湖，北依长江。S市市区中心地理坐标为北纬$31°19'$，东经$120°37'$。全市面积8488平方公里，其中市区面积1650平方公里。全市人口600万人，其中市区220万人。下辖5市7区。

S市地处沪宁杭经济圈内，东临我国最大的经济、金融中心和亚太地区重要的经济中心——上海。沪宁铁路和沪宁高速公路横贯东西，苏嘉杭高速公路贯穿南北，境内河港密布，公路四通八达。横卧北侧的长江是通往外地的重要水运干道。位于长江下游的太仓港、常熟港、张家港港区为国家一级口岸。其地理位置相当优越。

S市是我国重要的历史文化名城和风景旅游城市，已有2500余年的历史，基本上保持着古代"水陆并行、河街相邻"的双棋盘格局的古城风貌，人文景观丰富，文化底蕴深厚。S市同时又是长江三角洲重要的经济中心之一。实行改革开放以后，S市以经济建设为中心，实施"科教兴市、外向带动、可持续发展"三大战略，不断加快基本现代化建设步伐。目前，S市已形成以制造业、电子信息、机电一体化、精细化工、旅游业等新兴产业为主导的经济格局。

JC区位于S市古城区西北部。东起外护城河东岸和十字洋河东岸，与PJ区相邻；西至枫桥西运河界，与S市高新技术开发区隔河相望；南以小日晖桥河、三香路、桐泾河东岸和里双河南岸与CL区为界；北至三角嘴河水面中央，与XC区接壤。全区面积35.7平方公里，地势低平，平原占总面积80%，水面占20%。境内河流纵横，京杭运河贯通南北。JC区环境优雅，旅游资源丰富，辖区内有虎丘山、留园等名胜和寒山寺、西园寺等著名寺院。其中虎丘山堪称S市名胜之最；虎丘云岩寺塔、寒山寺为国家级文物保护单位；留园已列入世界文化遗产名录。

（三）区域内公共服务、基础设施概况

估价对象所在的JC区CX街道成立于1983年，位于古城区的西部，与S市高新技术开发区隔河相望，面积4.4平方公里，人口7.96万，居民24101户，辖13个社区居民委员会，2个行政村。区域内有国家机关市委市政府、检察院、法院；有电信公司、建设银行、华夏银行、S市大学附二医院、革命博物馆、电大、移动通信、家乐福、三星电子、迅达电梯等20多家大型企事业单位；有胥城大厦、雅都大酒店、国贸中心等现代化大型商服企业；有体育中心、寒山寺、枫桥景区、运河公园等休闲娱乐场所；是一个交通便利、风景优美、服务设施完善，集旅游、商贸、健身、居住为一体的政治文化中心。

JG路是S市的东西轴心干道，JG路500号四周所临的道路有××路、××路、××路、××路等数条城市干道，已形成纵横交错的交通网络体系，沿线有9路、35路、60路、68路等公交线路，区域内道路通达度和交通便捷度高。该区域内无铁路穿行，也无铁路站点，JG路500号距S市火车站和S市汽车北站约3公里，距S市火车货运站约6.5公里。

区域内的供水由S市自来水公司市政供水管网直接供给，主要道路两侧主要供水管径600mm，供水保证率可达100%；排水为雨污分流方式，排入市政污水管网，主要道路两侧雨水管管径450mm，污水管管径600mm；供电由城西变电所提供，骨干输电线路10kV，供电保证率可达100%；JG西路500号所在区域属S市电信局市话服务范围，采用数字程控交换，装机容量大，通信终端多，电讯状况优。

（四）估价对象权益状况

根据S市房产管理局档案馆出具的估价对象《房屋所有权证存根》标注：JG西路500号A区一层、二层房屋所有权人是甲公司；证书号码为：S房权证市区字第3×××××××号；丘（地）号为：3×××-×号；产别为股份制企业产；A区一层建筑面积为3500平方米，二层3000平方米，设计用途均为非居住，建筑结构为钢混；土地使用情况摘要栏标注，该宗土地使用年限自1998年4月21日～2048年4月20日；设定他项权利摘要栏标注，A区一、二层部分（4000平方米）于2002年12月18日设定了抵押权，权利人为中国××银行S市营业部，权利价值为1500万元，约定日期自2002年12月18日～2004年5月18日，他项权注销日期栏未见标注内容。

从委托方提供的资料和估价人员现场查看、调查的情况得知，甲公司在估价时点没有办理估价对象所应分摊土地的《国有土地使用证》，JG路500号整幅土地的《国有土地使用证》还是由HT广场的建设方，同时也是甲公司的控股方——乙公司所持有。根据S市国土资源局档案馆提供的资料，乙公司所持《国有土地使用证》证书编号为：S国用（2000）字第××××××号，地号为×××-×××-×××，用途为其他商服用地，使用权类型为出让，终止日期为2048年4月20日（截至本次估价时点，剩余使用期限约为40.9年），使用权面积为27000m²。

2004年9月20日，江苏省××人民法院向S市房产管理局送达了协助执行查封甲公司所有的坐落于S市JG路500号HT广场1幢（A区）一层、二层房产的协助执行通知书（详见附件）。查封的房产证号为：苏S房权证市区字第2×××××××号，丘地号为2×××-×，面积4000平方米。经估价人员和委托方本次有关办案人员查阅房产档案资料证实，上述所查封的房产即为本次的估价对象（面积6500平方米），江苏省××××人民法院的协助执行通知书所载房产面积、证号与现档案记录不一致的原因是原登记面积有误，S市房产管理局现已更正并换发了房屋所有权证。本次评估以估价人员掌握的现有档案资料为准。本次估价时估价对象仍在被查封期间。

在估价时点，估价对象使用人为××银行S市支行，根据该行提供的租赁合同和装修决算文件，该行在2005年3月20日与乙公司的下属物业管理公司签订了房屋租赁合同，租赁对象即为本次估价对象中的5200平方米（一层3500平方米，二层1700平方米），之后对室内局部进行了改造和装修。租赁合同约定的主要事项：租赁用途为营业场所、办公；租赁期限自2005年5月1日～2015年4月30日，共

10年；前五年年租金450万元，后五年年租金500万元，按年付租，房产税由出租方承担；承租方退租时将原属出租方的设施、设备清点交还，承租方装设的固定部分，不可破坏或拆除；出租方负责房屋及设施发生的自然损坏维修。

根据在S市规划局查询到的HT广场《建设工程规划许可证》（苏规98民字×××号、苏规2000民字第×××号）及报建资料，HT广场A区原设计用途为交易中心（商品期货），总建筑面积18000平方米。其整体建筑造型呈倒圆台形，桩基础，钢筋混凝土结构，地下一层，地上主体三层，局部四层。A区原设计的各层功能分别为：

地下室：大型停车场（HT广场共用）、设备间；设计面积6900平方米；

一层：入口门厅、清算、交割、银行营业厅、代保管部；设计面积3500平方米；

二层：小交易厅、培训中心、更衣室、休息厅；设计面积3000平方米；

三层：大交易厅、休息厅；设计面积3900平方米；

四层：参观廊；设计面积700平方米。

根据上述资料，确定估价对象：房屋所有权清晰合法，未办理土地分割登记，有未注销的抵押权，被人民法院查封，附有租赁权；土地登记用途为其他商服用地，房屋登记用途为非居住，房屋设计用途为交易中心，房屋实际用途为银行营业场所、办公。关于土地和房屋用途，《全国土地分类》（国土资发[2001]255号）中规定其他商服用地是商服用地分类之一，其他商服用地包括写字楼用地、商业性办公楼用地等，据此，本次估价对象房屋用途按其用地类别应归属商业性办公楼。

（五）估价对象实体概况

估价对象所在的A区于2000年建成，××银行S市支行于2005年租赁了估价对象中的5200平方米（一层3500平方米，二层1700平方米），之后对承租房屋的室内局部进行了改造和装修，现用作该行的营业和办公场所。估价对象二层现有1300平方米空置，A区三层、四层空置。本次估价时的现场查看情况如下：

A区一层、二层外墙为磨光花岗岩（干挂）和无框玻璃幕墙，三层及以上外墙为斜向铝板、隐框玻璃幕墙。一层门廊为花岗岩地面，磨光花岗岩包柱，铝合金板吊平顶。内部按照××银行的现状用途分为四个功能区：营业大厅、营业部柜台、营业部办公室、国际业务部办公室和部分设备用房。大厅磨光花岗岩拼花地面，墙面底部为银色铝板，上部为磨光花岗岩（干挂），轻钢龙骨石膏板造型吊顶，无框玻璃自动门；大厅中后部是通往二层的爬梯和自动扶梯。营业部柜台墙面细木装修；办公室和走廊装修为花岗岩、地砖地面，乳胶漆墙面，部分双层中空玻璃隔墙（内嵌百叶窗），轻钢龙骨石膏板吊平顶，夹板门；楼梯磨光花岗岩地面，不锈钢扶手。其中门廊、门厅层高9米，其余部分层高5米。

二层内部装修为磨光花岗岩、抛光地板砖或地毯地面，部分双层中空玻璃隔墙（内嵌百叶窗），乳胶漆墙面，局部铝板墙面、木质护墙板，轻钢龙骨石膏板吊平顶或立体顶，夹板门，铝合金外窗，层高4.8米。××银行S市支行租赁部分现作为接待室、行办公室、会议室等用途。

设备设施：一、二层安装有Schindler迅达自动扶梯两台，以及中央空调系统，自动消防报警系统，安全监控系统，防盗系统等。

经现场查看，估价对象的结构、装修、水电、设施设备各部分未见明显质量缺陷，均可正常使用，建筑物维修养护较优，整体成新度较高。估价对象所在宗地形状为较为规则的矩形，地场地平整，地势较高，该宗地两侧临街，南侧主临街面（JG路）宽度约135米，西侧临街面约178米。估价对象位于该宗地的西南侧。

六、估价目的

为委托方执行涉及估价对象的司法裁决提供价值鉴定意见而评估房地产市场价值。

七、估价时点

根据委托方的指定，本次估价时点为2007年5月25日。

八、价值定义

（一）本次所评估的市场价值是指估价对象在2007年5月25日，在本次估价的假设前提等特定条件下形成的客观合理价格，也即公开市场价值。

（二）本次估价采用的是公开市场价值标准。采用该标准时，要求评估的客观合理价格或价值应是公开市场价值。

（三）本次所评估的市场价值包含了估价对象建筑面积范围内的房产、装修以及电梯、空调、水电等附属设施的价值，不含房产所占用的土地使用权价值。

九、估价依据（略）

十、估价原则（略）

十一、估价方法

本公司估价人员根据本次估价特定的估价对象和估价目的，在综合分析所掌握的资料并对估价对象及临近类似房地产进行实地查看、调查后，按照评估程序，认真分析了影响估价对象价值的相关因素。遵照国家和地方有关法律、法规、房地产估价规范，并结合估价人员的经验，经过反复研究，考虑到估价对象整体规模较大，且有特定的设计用途，在S市房地产交易市场上，该类物业在转让、拍卖等方面市场交易资料匮乏，因此无法采用市场比较法。因估价对象是已建成且可有效利用的房地产，故也不宜采用假设开发法。而近年来S市房产管理部门定期公开发布各类房屋的重置价，类似建筑物的开发成本有较多和较系统的资料可供查询；同时，估价对象目前正由××银行S市支行承租，具有收益性；故本项目最终确定采用成本法和建筑物剩余技术来估价。各方法的理论依据和技术路线如下：

（一）成本法

成本法的理论依据是生产费用价值论，即商品的价格是依据其生产所必要的费用而决定的。本次估价中的成本法是以建设估价对象建筑物或类似建筑物所需要的各项必需费用之和为基础，再加上正常的利润和应纳税金，最后扣除建筑物的损耗或贬值，来得出估价对象价值的一种估价方法。

（二）建筑物剩余技术

建筑物剩余技术是收益法中剩余技术的一种，其理论依据源自收益法，为经济学中的预期收益原理。所谓剩余技术，是当已知整体房地产的净收益、其中某一组成部分的价值和各组成部分的资本化率或报酬率时，从整体房地产净收益中扣除归属于已知构成部分的净收益，求出归属于另外组成部分的净收益，再将它除以相应的资本化率或选用相应的报酬率予以资本化，得出房地产中未知组成部分的价值的方法。

建筑物剩余技术的技术路线是先采用收益法以外的方法，求出建筑物所占用土地的价值，再利用收益法求得归属于土地的净收益，然后从土地与地上建筑物共同产生的净收益中扣除归属于土地的净收益，得到归属于建筑物的净收益，再除以建筑物的资本化率或选用建筑物报酬率折现，从而求得建筑物价值的一种方法。

（三）评估结果

对上述成本法和建筑物剩余技术的测算结果进行综合分析的基础上，采用平均或加权的方式得到估价对象的最终评估结果。

十二、估价结果

本公司估价师根据估价目的，遵循估价原则，按照估价程序，采用科学的估价方法，在认真分析现有资料的基础上，经过周密、细致的测算，并结合估价经验，最终确定在满足本估价报告中"估价的假设和限制条件"的前提下，估价对象于估价时点的市场价值评估结果如下：

评估总值：人民币3226.00万元；大写：叁仟贰佰贰拾陆万元整。

评估单价：人民币4964元/平方米；大写：每平方米肆仟玖佰陆拾肆元整。

（房地产估价结果说明表同致委托方函，略）

十三、特殊说明事项

（一）估价结果是估价人员模拟市场形成价格的机制和过程，将估价对象客观存在的价格或价值揭示、显现出来。估价结果不应当被认为是估价机构和估价人员对估价对象可实现价格的保证。

（二）本估价报告是根据委托方提供的有关资料、估价人员实地查看、调查以及在当地政府相关部门获取的资料基础上得出的。如果有关调查证明这些资料是不准确的，那么需要对估价报告进行必要的调整。

（三）本次的估价对象房屋所有权和其占用范围内的土地使用权目前分属两个权利主体，根据《中华人民共和国房地产管理法》第三十一条："房地产转让、抵押时，房屋的所有权和该房屋占用范围内的土地使用权同时转让、抵押"，以及《城市房屋权属登记管理办法》第六条："房屋权属登记应当遵循房屋的所有权和该房屋占用范围内的土地使用权权利主体一致的原则"等规定，估价对象的房产或土地权属应按照合法的方式变更或转让，直至权利主体一致。当变更或转让的行为发生时，如涉及土地交易需另行评估地价。

（四）本报告所给出的估价对象房地权属合一的价值，属于分析性意见，不是确定性结论，不具有使用效力，仅供委托方在司法执行过程中对估价对象整体价值有所了解。在该价值的分析和估算过程中，土地面积是从合理分摊地价成本的角度按照建筑面积平均分摊方式确定的，仅供参考。估价对象实际应分摊土地面积的计算方法和确认权在 S 市国土资源局。

（五）由于此次估价对象涉及司法裁决的执行，一旦执行时可能发生强制处分、快速变现以及由此带来的购买者预期降价心理等因素，均会对估价对象市场价值的实现产生不利影响，本报告结果未考虑上述因素。但与本次估价有关的各方在处置该房地产时需全面考虑，以决定拍卖底价或快速变现价格。

十四、估价人员（略）

十五、估价作业日期

自 2007 年 5 月 10 日起至 2007 年 6 月 20 日止。

十六、估价报告应用的有效期

本报告自 2007 年 6 月 20 日起应用的有效期为半年。

房地产估价技术报告

一、影响估价对象价格的因素分析

（一）权益因素分析

根据委托方本次司法鉴定委托书和其向 S 市房产管理局送达的（2004）苏民初字第××号协助执行通知书以及其他案件卷宗材料，确认估价对象是被法院查封并即将处置的房产，截至本次估价时点，估价对象仍在被查封期间。根据委托方提供的估价对象涉案背景的相关卷宗，明确了 HT 广场的建设方乙公司是估价对象产权人甲公司的控股方，本次估价对象即是其投入甲公司的实物股本。

在 S 市房产管理局档案馆，估价人员查阅估价对象存档资料，并复印了《房屋所有权证存根》。根据存根记载情况，确认甲公司拥有估价对象的房屋所有权，确认估价对象建筑面积为 6500 平方米，同时，估价对象有未注销的抵押权，权利价值为 1500 万元。房产存档资料中未见土地使用权登记资料，仅存根中仅记载了土地使用年限起止日期为 1998 年 4 月 21 日～2048 年 4 月 20 日。

估价人员在档案馆，查阅并复印了估价对象所在的 JG 路 500 号宗地全部归档材料。该存档资料中显示，乙公司拥有该宗土地全部的使用权，使用权面积为 27000 平方米，使用权类型为出让，用途为其他商服用地，使用权终止日期为 2048 年 4 月 20 日。存档资料中未见国土管理部门或甲、乙公司对估价对象应分摊土地面积进行分割或申请分割的任何记录。由此确认，甲公司在估价时点没有办理估价对象所应分摊土地的《国有土地使用证》。本次估价过程中有关土地用途、使用年限、总面积等基础数据以上述所查到的资料为依据进行估价。

在S市规划局，估价人员查阅并复印了JG路500号HT广场较完整的报建和规划审批资料，取得了规划建筑面积和规划许可的有关文件等资料。其中：

报建资料显示：HT广场总建筑面积为113800平方米，其中：A区（交易中心，倒圆台形裙楼）地下室建筑面积6900平方米，地上一层面积3500平方米，地上二层3000平方米，地上三层3900平方米，地上四层700平方米，合计18000平方米；B区（酒店及高级商住楼，板楼）地下室建筑面积5000平方米，地上建筑面积60000平方米，合计65000平方米；C区（办公楼及文化娱乐餐饮中心，塔楼）地下室建筑面积5800平方米，地上建筑面积25000平方米，合计30800平方米。

经规划部局审批的资料显示：HT广场通过规划许可的总建筑面积为113600平方米，整体于2000年竣工；一期工程（地下室，交易中心和板楼地上部分工程）规划许可的建筑面积为45600平方米（含地下室16670平方米）；二期工程（塔楼，交易中心和板楼地上部分工程）规划许可的建筑面积68000平方米。经计算，HT广场地上总建筑面积为96930平方米，根据该面积测算HT广场平均建筑容积率为3.59。

根据××银行S市支行提供的租赁合同和装修决算文件，该行在2005年3月20日与乙公司的下属物业管理公司签订了房屋租赁合同，租赁对象即为本次估价对象中的5200平方米（一层3500平方米，二层1700平方米），之后对室内局部进行了改造和装修。但估价对象已于2004年9月20日被人民法院查封，本次估价时仍在查封期间，且租赁合同并不是与房屋产权人所签订，该租赁合同的合法性、有效性尚待有权部门进行确认。鉴于此，本次估价不考虑该租赁权产生的权利限制对市场价值的影响。

本次估价是为法院执行司法裁决（拍卖）而评估估价对象市场价值，因此估价时不考虑估价对象已设定的抵押权和被查封的情况。

（二）实体因素分析

本次估价对象为一组建筑群中的一部分，该建筑群由四大功能区组成，功能包含了会展中心、酒店及高级商住楼、办公写字楼、文化娱乐餐饮中心。估价对象所处位置原设计功能为清算、交割、银行营业厅和小交易厅、培训中心等，××银行S市支行入驻后对承租部分进行了局部功能和装修的改造，估价对象现状主要是该行的营业和办公场所。从使用现状看，估价对象可独立使用，也具有一定的通用性，目前处于适当的使用状态，其整体建筑设计和建筑标准较高，水、电、讯、通风、空调、电梯、消防等各项设施设备齐全且能够正常运行。从现场查看的实体情况来看，未见估价对象有渗漏、墙地面空鼓脱落、墙体裂缝、门窗破损、水电管道线路锈蚀等明显质量缺陷，维修养护状况优，装修档次高，外观成色新。估价对象所在宗地形状为较为规则的矩形，地场地平整，地势较高，该宗地两侧临街，南侧主临街面（JG路）宽度约135米，西侧临街面约178米。估价对象位于该宗地的西南侧。

（三）区域因素分析

土地等级： 估价对象所在宗地土地级别属主城区四级地。

基础设施完备程度： 估价对象所在区域基本设施完善，供水、排水、供电、通信、对外交通等设施完善，地质条件较优。

交通状况： 估价对象南临主干道JG路，该路是S市东西走向的轴心干道，西距西环高架约700米，附近有9路、35路、60路、68路等公交线路的站点，道路通达度和公交便捷度优。

繁华程度： 随着S市区的发展扩大，估价对象所在区域已逐渐成为一个集商服、住宅为一体的区域，目前该区域拥有S市区级商服中心——SX路商服中心。该商服中心内有晋城大厦、雅都大酒店、国贸中心等现代化大型商服企业，另有华联超市、建设银行、华夏银行、保险公司等也在该商服中心内设立，商服配套设施齐全。区域内有多个成规模住宅小区集聚，公共服务机构和设施较为齐全。特别是近年来S市委市政府的迁入，市政基础设施的进一步完善，该区域已形成具有现代化气息的新兴商服中心。

二、市场背景分析

S市在全国属于经济较为发达、居民收入水平较高的城市。近年来，S市宏观经济持续高速健康发展。2006年全市实现生产总值3450亿元，按可比价格计算，比上年增长17.6%。人均生产总值（按户籍人口计算）由上年的47693元增加到57992元，按现行汇率折算超过7000美元。第一产业完成增加值77亿元，下降0.5%；第二产业仍是推动该市经济快速增长的主要力量，完成增加值2268亿元，增长20.4%；第三产业完成增加值1105亿元，增长14.5%。三次产业的比重分别为2.2%、65.7%和32.1%。

随着S市政府近几年对基础设施投资大幅度增加，供水、排水、供电、供气、通信等条件的改善，道路改造步伐加快，以及受城市化进程加快、外来投资增加、外来人口增多、房屋拆迁等因素的影响，形成了对房地产的旺盛需求。但由于土地的稀缺性，供给弹性小，房地产市场的供需矛盾比较突出。2002年以来，S市房地产市场持续走热，尤其是开始实行土地招拍挂制度后，建设用地的取得费用上涨幅度较大，各类房价攀升明显。从S市统计局公示的资料表明，2006年该市房地产开发仍继续保持快速增长，但开发结构不断优化，市场供求矛盾得到缓解，价格走势趋稳。2006年全市房地产开发投资334.32亿元，比上年增长87.9%，商品房施工面积3843.9万平方米，增长44.4%，竣工面积1129.1万平方米，增长50.6%。全市商品房销售额226.46亿元，增长43.1%，其中住宅销售额198.17亿元，增长43%；商品房销售面积707.13万平方米，增长15%，其中住宅销售面积633.79万平方米，增长19.5%。房屋二级市场置换交易活跃，市区旧住宅成交过户面积达271.7万平方米。全市拍卖、招标和挂牌交易经营性用地373宗（工业项目用地除外），共计1561万平方米。

在固定资产投资方面，该市积极贯彻国家宏观调控政策，投资项目清理工作取得成效，投资结构得以优化，部分行业投资过热状况得到控制，固定资产投资呈高开低走、稳定增长的发展态势。资料显示在2006年，全社会固定资产投资1554.80亿元，比上年增长10.3%，其中，私营个体经济投资增长较快，完成投资449.95亿元，比上年增长29.9%；三资企业投资446.40亿元，增长4.0%；国有经济投资326.24亿元，比上年下降6.8%。产业结构中，第三产业完成投资679.46亿元，增长20.9%；第二产业完成投资872.30亿元，增长3.4%，其中工业投资869.32亿元，增长3.4%。全市123个重点建设项目共完成固定资产投资529.5亿元，完成年度计划的107.6%。全年施工房屋面积8314.1万平方米，比上年增长30.2%，竣工房屋面积3512.2万平方米，增长22.4%，房屋竣工率为42.2%，新增固定资产1235.4亿元，固定资产交付使用率为79.4%。

从S市宏观经济指标来看，该市经济持续健康发展，第三产业市场繁荣，对商服类房地产的有效需求也将不断增加。从S市房地产总体市场来看，近年来该市房地产市场供需两旺，房价不断攀升。从区位来看，估价对象临近市政府和区级商服中心，商服繁华程度较高，有较大的区位优势。从物业类型来看，估价对象及所在建筑群属于大型综合性商业建筑，其中估价对象主要功能定位是大型商品期货交易所、证券交易所、银行营业部等，建筑功能定位明确，便于这些行业经营使用，但同时也使有效需求范围缩小。综合来看，在正常的社会经济发展前提下，估价对象应有较乐观的市场前景。但也由于其体量较大、经营业态范围较小，使其在整体出租或出售时会受到较大负面影响。

三、最高最佳利用分析

所谓最高最佳利用，是指法律上允许，技术上可能，财务上可行，经过充分合法的论证，能够给估价对象带来最高价值的使用方式。其中首要是法律上允许，包括用途的允许、处分方式的允许等。本次估价对象所在宗地的法定登记用途为其他商服用地，实际用途是商业性办公，用途合法。本次估价是为法院执行涉及估价对象的司法裁决提供价值鉴定意见，法院即将对估价对象进行的处分也是在符合相关法律规定的前提下进行，处分合法。在此基础上，何种利用方式能够给估价对象带来最高价值是最高最佳利用分析的进一步要求。经现场查看并结合估价对象登记用途、设计用途以及本次估价目的，估价人员认为估价对象目前从建筑形态、建筑功能、空间格局、实际用途、装饰装修等方面均处于适当状态，而更新改造、改变用途、重新开发在技术和财务上的可行性都有所欠缺。因此，确定以估价对象维持现状、继续利用对其价值最为有利为前提进行估价。

四、估价方法选用（同估价结果报告有关内容，略）

五、估价测算过程

（一）估价对象JG路500号A区一层、二层房产及其附属设施价值测算

1. 成本法

成本法是以开发或建设估价对象建筑物或类似建筑物所需要的各项必须费用之和为基础，再加上正常的利润和应纳税金，最后扣除建筑物的损耗或贬值，来得出估价对象价值的一种估价方法。计算公式为：

房屋现值＝（开发成本＋管理费用及销售费用＋投资利息＋投资利润＋销售税金）×成新率。

（1）开发成本

① 前期费用及专业费

该两项费用包括可研费、工程勘测费、建筑设计费、三通一平费、招投标费、质监费、综合服务费等，根据估价对象的结构等级和建设规模，前期费用及专业费合计取110（元/平方米）。

前期费用及专业费一览表　　　　　　　　　　　　　　　　　　　　表11-2

项　目	费　用
项目建议书、可研、环评报告的编制与评估	25元/平方米
工程勘测、建筑设计	30元/平方米
三通一平及临时设施	10元/平方米
招投标代理、质监、监理、建设工程交易综合服务	45元/平方米
合计	110元/平方米

② 房屋建筑安装工程费用

根据《关于印发〈S市房屋重置价格评估办法（2006年修订）〉的通知》（S市房产管理局［S房（2006）××号］、S市物价局［S价房地字（2006）××号］）之附件一（表11-3），估价对象建筑物结构等级属钢混结构一等，房屋类型为大型营业楼（公共建筑）。

S市房屋重置价格房屋结构等级评定标准（摘录）　　　　　　　　表11-3

结构等级	房屋类型	主体结构	楼地面	屋面顶棚	内外墙面	门　窗	设施设备
钢混结构一等	大型营业楼（公共建筑）	框架（层高4.2~4.8米），地下室	地面砖，门厅前花岗岩或大理石地面	保温材料屋顶，平顶粉刷	外墙部分玻璃幕墙或部分挂贴（粘贴）大理石（花岗岩），内墙面混合砂浆涂料，卫生间贴面	玻璃橱窗，塑钢或铝合金门窗，木门	卫生设施、中央空调、消防系统电梯，泵站

注：1. 房屋基本重置价为土建、水电的建筑安装费用，在设施设备项中所列的中央空调、消防系统、电梯、泵站等不包括在房屋基本重置价内。

2. 评估对象确定结构等级后，凡超过或低于结构等级中的主体结构、楼地面、屋面顶棚、内外墙面、门窗及设施设备的可在±20％以内调整基本重置价。

根据《关于确定2006年度S市房屋基本重置价格的通知》（S市房产管理局［S房（2006）××号］、S市物价局［S价房地字（2006）××号］），钢混结构一等基本重置价为1560元/平方米。本次估价对象部分层高为5米，局部达9米，超过标准层高4.8米，根据《S市房屋重置价格评估办法（2006年修订）》，对估价对象进行层高调整后平均每平方米增加94元/平方米。即：建筑安装工程费＝1560＋94＝1654（元/平方米）。

③ 装修工程费

估价人员对承租方提供的装修工程决算资料进行了必要的审核和分析（剔除了银行特殊安装的防盗系统、监控系统费用），在此基础上，根据实地查看情况，参考《江苏省建筑与装饰工程计价表》和《江苏工程建设材料价格信息》中的"S市工程建设材料建设预算价格"，确定装修工程费为1300元/平方米（表11-4）。

装修工程费一览表　　　　　　　　　　　　　　　　　　　　表 11-4

项 目	费 用
地面（磨光花岗岩、镜面地砖）	810 元/平方米
顶棚（轻钢龙骨石膏板造型、乳胶漆）	160 元/平方米
墙面（干挂磨光花岗岩、细木板、铝板、乳胶漆）	300 元/平方米
其他（门、隔断、零星装饰等）	30 元/平方米
合计	1300 元/平方米

④ 市政公用基础设施配套费、附属公共配套和基础设施费、主要设备费等

市政公用基础设施配套费指在取得建设工程规划许可证前需向政府缴纳的为城市道路、桥梁等城市市政公用基础设施配套建设而筹集的地方财政性资金。S 市按苏政发〔2002〕105 号文有关规定，现行收费标准为 105 元/平方米。

附属公共配套和基础设施费是指列入建筑安装施工图预算项目，与主体房屋相配套的非营业性的公共配套设施费，以及开发项目内直接为房屋配套建设的道路、供水、供电、排污、排洪、消防、照明、绿化、环卫等公共基础设施费用。本次估价所称主要设备费是指估价对象内部的电梯和中央空调。根据在 S 市规划局查询的该项目报建资料（建筑设计总说明、各分区建筑面积、主要经济技术指标）以及委托方提供的《HT 广场已完工程资产评估报告书》（×资评报字 2000 第××号），结合当前市场价格，经分析测算，以上费用合计取 1115 元/平方米（表 10-5）。

市政公用基础设施配套费、附属公共配套和基础设施费、主要设备费一览表　　　　表 11-5

项 目	费 用
市政公用基础设施配套费	105 元/平方米
供电工程	30 元/平方米
供水工程	15 元/平方米
排水、排污工程	15 元/平方米
消防工程	10 元/平方米
道路工程	30 元/平方米
路灯工程	5 元/平方米
绿化、景观工程	150 元/平方米
环卫工程	5 元/平方米
通信工程（有线电视、程控电话、宽带网络）	10 元/平方米
非营业性公共配套（职工餐厅、地下车库等）	320 元/平方米
中央空调系统	200 元/平方米
电梯	220 元/平方米
合计	1115 元/平方米

⑤ 其他费用

根据 S 市现行建设项目收费标准，其他费用包括了白蚁防治费、人防建设经费、散装水泥专项基金、新型墙体基金、规划技术服务费、施工图及抗震设计审查费等，合计 71.05 元/平方米（表 11-6）。

其他费用一览表　　　　　　　　　　　　　　　　　　　　表 11-6

项 目	依 据	费用标准
白蚁防治费	价费字〔1992〕179 号，苏价工〔1996〕422 号、苏财综〔1996〕156 号，财预〔2002〕584 号，苏财预〔2002〕95 号	2.3 元/平方米
新型墙体材料专项基金	苏财综〔2003〕153 号	8 元/平方米
散装水泥专项基金	苏财综字〔1999〕69 号	2 元/平方米
人防建设经费	中发〔2001〕9 号，苏政办发〔2001〕140 号，苏防办字〔2002〕52 号、苏财综〔2002〕107 号，苏价服〔2002〕294 号，财预〔2002〕584 号，苏财预〔2002〕95 号，〔2003〕国人防办字第 18 号	56 元/平方米
规划技术服务费	苏价服〔2003〕42 号	1 元/平方米
施工图及抗震设计审查费	苏价服〔2005〕146 号	1.75 元/平方米
合计		71.05 元/平方米

⑥ 开发成本总计

即以上五项费用之和：110＋1654＋1300＋1115＋71.05＝4250.05（元/m²）。

（2）管理费用及销售费用

指开发经营单位为组织开发经营活动所必须发生的费用，根据《S市商品房价格管理实施细则》（S府［2005］××号）第十二条相关规定，考虑估价对象的建设规模，管理费参照一级开发企业取费，为55元/平方米，销售费用按30元/平方米计取。即：

管理及销售费用＝55＋30＝85（元/平方米）。

（3）投资利息

根据《S市商品房价格管理实施细则》（S府［2005］××号），利息计算基数取开发成本的30%。计息期以主体工程建设工期为主，并适当考虑前期准备时间和配套设施建设期以及因天气等自然因素所致的工期顺延。估价对象所在的A区设计总面积为18000平方米，地下室面积6900平方米，地上面积11100平方米。按照《全国统一建筑安装工程工期定额》（建标［2000］38号），与估价对象规模和结构类似的综合楼建筑工程地下部分施工日期为250天，地上部分施工日期为385天，合计635天，综合考虑其他因素后，建设期设定为两年。利率按现行1～3年期贷款利率6.75%计取。

投资利息＝开发成本×30%×利率×时间＝4250.05×30%×6.75%×2＝172.13（元/平方米）。

（4）投资利润

投资利润是指商品房开发经营单位按规定计提的利润，按《S市商品房价格管理实施细则》（S府［2005］××号）中的规定，取开发成本和管理费用的一定比率。近年来S市商业和综合类物业的投资利润率一般在20%左右。即：（4250.05＋55）×20%＝861.01（元/平方米）。

（5）销售税金

根据《S市商品房价格管理实施细则》（S府［2005］××号），销售税金计算公式为：

税金＝［开发成本＋管理费用及销售费用＋投资利息＋投资利润］÷（1－税率）×税率。

根据《中华人民共和国营业税暂行条例》，销售不动产的营业税税率为5%。《城市维护建设税暂行条例》规定，城市维护建设税与营业税同时缴纳，计税依据为营业税税额，纳税人所在市区的，税率为7%。根据《国务院关于修改〈征收教育费附加的暂行规定〉的决定》，教育费附加计算依据为营业税税额，附加率为3%。根据《江苏省政府关于调整教育费附加等政府性基金征收办法的通知》（苏政发［2003］66号），对缴纳营业税的单位和个人，按其实际缴纳营业税额的1%征收地方教育附加。上述税费合计为：5.55%。则：

销售税金＝（4250.05＋85＋172.13＋861.01）/（1－5.55%）×5.55%＝315.44（元/平方米）。

（6）房屋全新重置价

根据上述已确定的参数，积算估价对象的各项成本构成费用，得到在全新状态下的房屋重置价：

单价＝（4250.05＋85＋172.13＋861.01＋315.44）＝5683.63（元/平方米）。

总价＝5683.63×6500＝3694.36（万元）。

（7）确定成新率

采用使用年限法和完损等级评分法，经加权平均计算出成新率。

$$成新率 = X_1 \times Y_1 + X_2 \times Y_2$$

式中：X_1——使用年限法计算得出的成新率数值；

X_2——完损等级评分法得出的成新率数值；

Y_1、Y_2——权数。

① 使用年限法（X_1）

成新率＝预计尚可使用年限/（实际已使用年限＋预计尚可用年限）×100%。

尚可使用年限参照《房地产估价规范》（第63页）各种房屋的经济耐用年限参考值结合实际情况确定，详见表11-7。

房屋经济耐用年限参考值表　　　表 11-7

结构类型	非生产用房	生产用房	受腐蚀生产用房
钢筋混凝土结构	60	50	35

② 完损等级评分法（X_2）

完损等级的测定，首先将影响房屋成新状况的主要因素分为结构、装修、设备三项，其中：结构部分分基础、承重构件、非承重墙、屋面、楼地面五类；装修部分分门窗、内粉刷、外粉刷、顶棚、细木装修五类；设备部分分电照、水卫、暖气、特种设备四类。通过建筑物造价中上述14类各占比重，确定不同结构形式房屋各因素的标准分值，再由现场查看实际情况，确定各类评估完好分值。根据此分值确定完损等级。具体公式：

成新率＝结构部分得分×G＋装修部分得分×S＋设备部分得分×B

式中：G—结构分修正系数；S—装修评分修正系数；B—设备分修正系数。

建筑物成新率评分标准参考原城乡建设环境保护部于1984年11月8日颁发的《房屋完损等级评定标准（试行）》。根据上述标准，按房屋的结构、装修、设备等组成部分的完好程度，划分为5个等级。详见表11-8。

评定部位内容、完损等级和成新率　　　表 11-8

部位内容			完损等级	成新率（%）
结构	装修	设备		
地基基础	门窗	水卫	完好房	80～100
承重构件	外抹灰	电照	基本完好房	60～79
非承重构件	内抹灰	暖气	一般损坏房	40～59
屋面	顶棚	特种设备	严重损坏房	40以下
楼地面	细木装修		危险房	残值

房屋成新率评分权重系数表　　　表 11-9

层　数	钢筋混凝土结构		
	结构部分（G）	装修部分（S）	设备部分（B）
一至二层	0.6	0.3	0.1
说明	根据对开发成本4250.05元/平方米的组成分析，装修造价约占总成本的30%，设备部分约占总成本的10%，剩余60%的开发成本是房屋主体建安费用、房屋分摊的公共和基础配套费以及各项专业费和规费。在建筑物长期折旧过程中，装修和设备折旧速度较快，而房屋主体及其基础配套设施在正常情况下是在建筑物整个寿命周期内逐渐折旧，各项专业费和规费一般也是在建筑物耐用年限内逐年摊销，另一方面，在剩余60%开发成本中，房屋主体建安费用占比约65%，占主导地位。因此，将剩余60%开发成本合并考虑成新，主要评分点取建筑物结构部分			

③ 成新率计算过程

a. 使用年限法

该建筑物于2000年建成投入使用，为钢混结构非生产用房，按通常标准其经济耐用年限为60年，至估价时点，实际已使用约7.5年，剩余经济耐用年限52.5年。而本次估价对象土地剩余使用年限为40.9年，建筑物的剩余经济耐用年限长于土地使用权年限，故计算折旧时按土地使用权年限计算。$X_1＝40.9/(7.5＋40.9)×100\%＝84.5\%$。

b. 完损等级打分法

经评估人员现场打分，结构部分得分为95分，装修部分得分为86分，设备部分得分为93分。详见表11-10。

报告十一　江苏省S市JG路×号A区部分房产及其附属设施市场价值司法鉴定评估报告

现场测定成新率作业表　　　　　　　　　　　　　　　表11-10

项	目	标准分	评估打分	备 注
结构部分G	地基基础	25	25	有足够承载能力，无不均匀下沉
	承重构件	25	25	完好牢固、无变形、无裂缝
	非承重墙	15	15	基本平直完好、无倾斜、无弓凸
	屋面	20	18	不渗漏，防水层、隔热层、保温层较完好
	楼地面	15	12	整体层面完好平整、块料面层完整牢固
	小计	100	95	
装修部分S	门窗	25	22	基本完好无损，开关灵活
	外装饰	20	17	基本完整、粘贴牢固，无空鼓、裂缝
	内粉饰	20	17	基本完整、无破损
	顶棚	20	18	完整、无破损、无变形
	细木装饰	15	12	完整牢固、油漆基本完好
	小计	100	86	
设备部分G	水卫	40	38	上、下管道通畅、各种卫生器具完好，零件齐全
	电照	40	38	电气设备、线线各种照明装置完整牢固，绝缘良好
	特种设备	20	18	现状良好，使用正常
	小计	100	93	

根据"房屋成新率评分权重系数表"，则该房屋的成新率：

$X_2 = (0.6 \times 95 + 0.3 \times 86 + 0.1 \times 93)/100 \times 100\% = 92.1\%$。

c. 成新率的确定

上述两种方法的测算结果分别84.5%和92.1%。其中完损等级评分法是估价人员深入现场，细致查看后得出的结果，比较真实地反映了估价对象目前的维修养护状态，故成新率的确定应以实际查看的结果为主。但其中的打分取值主要是依据估价人员经验得出，为减少估价人员这种主观因素可能带来的误差，决定对两种方法测算的结果分别赋予0.4和0.6的权重。即$Y_1 = 0.4$，$Y_2 = 0.6$。

成新率 = $X_1 \times Y_1 + X_2 \times Y_2$ = 84.5% × 0.4 + 92.1% × 0.6 = 89.06%。

（8）房屋现值

房屋现值 = 房屋全新重置价 × 成新率

单价 = 5683.63 × 89.06% = 5061.84（元/平方米）

总价 = 5061.84 × 6500 = 3290.20（万元）

2. 建筑物剩余技术

建筑物剩余技术的技术路线是先采用收益法以外的方法，求出建筑物所占用土地的价值，再利用收益法求得归属于土地的净收益，然后从土地与地上建筑物共同产生的净收益中扣除归属于土地的净收益，得到归属于建筑物的净收益，再除以建筑物的资本化利率或选用建筑物报酬率折现，从而求得建筑物价值的一种方法。

（1）建筑物所占土地的价值（选用基准地价系数修正法）

① 宗地位置、用途

待估地块位于JG路500号，土地级别属主城区四级地，登记用途为其他商服用地，实际用途为其他商服用地。

② 基准地价的确定及内涵

S市国土资源局于2004年完成了S市城市土地价格调查工作，其主要成果有S市城市土地价格调查有关成果资料和相关土地定级估价图件。该项成果已经江苏省国土资源厅验收认定并经S市人民政府公布。根据S市城市土地价格调查有关成果资料，S市主城区无其他商服用地基准地价，根据《全国土地分类》，其他商服用地从属商服用地，故采用基准地价系数修正法估价时该地块的基准地价直接取商服用地基准地价。根据S市城市土地价格调查有关成果资料，S市主城区商服用地四级地基准地价为5000元/平方米。

S市主城区四级地商服用地基准地价是指在基准日2004年1月1日，宗地红线外通路、通电、供水、排水、通信、通气"六通"和宗地红线内土地平整的开发条件下，容积率为1.8，使用年期为40年的土地平均价格。本次评估的待估地块地价是指在2007年5月25日，宗地红线外达到通路、通电、供水、排水、通信"五通"和宗地红线内土地平整的开发条件下，平均容积率3.59，使用年期为40.9年，用途为商服用地的宗地地价。两者在基准日、开发水平、容积率、使用年期以及土地综合因素方面存在差异，需进行相关修正。

③ 开发水平修正

由于基准地价与待估宗地在土地开发水平上存在"通气"差异，需进行修正。根据S市城市土地价格调查有关成果资料，主城区商服用地四级地"通气"费用为30元/平方米。

则经开发水平修正的地价＝5000－30＝4970（元/平方米）

④ 估价期日修正系数

S市近年来房地产市场较活跃，估价对象所在区域商服用地地价有较大涨幅。本次评估中地价指数根据江苏省国土资源厅公布的《江苏省城镇地价动态监测报告》地价指数以及估价师实地调查、比较，对估价对象所在区域商服用地近几年来的地价变动趋势以及对若干宗地地价的比较平衡后，确定期日修正系数为1.3。

则经期日修正后的地价为：4970×1.3＝6461（元/平方米）

⑤ 使用年期修正

上述评估的地价为40年使用权下地价，待估地块使用年期为40.9年，需进行年期修正。

a. 土地资本化率确定

土地资本化率实质上是土地投资成本的收益率。我们采用投资复合收益法、安全利息率加风险调整值两种方法综合确定。

根据目前房地产市场情况，购买土地使用权，银行通常提供50%～70%的抵押贷款，贷款年利息率为6.75%，土地投资商自有资金的收益率一般要求8%～10%，根据投资复合收益法测算土地资本化率为7%～8.29%。

取中国人民银行2007年5月19日公布的一年期整存整取利息率3.06%为安全利率。确定风险调整值时考虑到行业风险报酬率、经营风险报酬率、财务风险报酬率和其他风险报酬率等，综合分低、中、高、投机四个档次，相应的调整值分别为0～2%，2%～5%，5%～8%，8%以上。根据本次估价对象用途以及所在区域未来商业环境分析，风险调整值在中档2%～5%。即土地资本化率为5.06%～8.06%。

综合考虑上述两种方法测算的土地资本化率，最终评估确定土地资本化率为7%。

b. 年期修正系数

年期修正系数＝[1－1/(1＋土地资本化率)^{使用年限}]/[1－1/(1＋土地资本化率)^{基准地价使用年限}]
＝[1－1/(1＋7%)$^{40.9}$]/[1－1/(1＋7%)^{40}]＝1.0042。

c. 年期修正后的地价＝年期修正前的地价×年期修正系数
＝6461×1.0042＝6488.14（元/平方米）。

⑥ 容积率修正系数

根据S市城市土地价格调查有关成果，S市主城区四级地商服用地容积率修正系数见表11-11。

主城区商服用地四级地容积率修正系数表　　　　表11-11

容积率	<0.8～1.2	1.3	1.4～1.5	1.6	1.7	1.8	1.9	2.0	2.1	2.2	2.3	2.4	2.5～2.7	>2.8
修正系数	—	0.841	—	0.865	0.934	1.00	1.014	1.028	1.042	1.048	1.056	1.075	—	1.11

待估地块平均容积率为3.59，依据上表确定待估宗地容积率修正系数为：1.11。

则经容积率修正后的地价＝6488.14×1.11＝7201.84（元/平方米）。

⑦ 综合因素修正

对照待估地块所在的S市市区商服用地四级地地价综合修正系数表和商服用地四级地地价综合修正系数说明表，根据待估地块实际情况，确定待估地块地价综合修正系数评估结果见表11-12。

待估地块地价综合修正系数评估结果表　　　　表 11-12

因素			因素条件	评价等级	修正系数
区域因素		区域在城市中的位置	位于S市主城区	较优	+0.0084
	社会因素	常住人口状况	0.8万人/平方公里	较优	+0.0025
		流动人口状况	一般	一般	+0.0000
		社会人文环境	居民受教育程度一般，收入一般	一般	+0.0000
	交通条件	街道状况	街道宽度较大，路面质量较好	较优	+0.0032
		道路状况　道路类型	交通型为主	劣	−0.0069
		道路状况　道路等级	主干道为主	优	+0.0049
		交通便捷程度	公交线路在4条以上	优	+0.0092
	基础设施状况	供水状况	保证率达99%以上	优	+0.0043
		供电状况	保证率达99%以上	优	+0.0048
		排水状况	排水设施完善，排水通畅	优	+0.0025
		通信状况	区域装机容量大，通信状况好	优	+0.0033
		通气状况	—	—	—
	公用服务设施状况		公用设施类型较齐全，数量较多	较优	+0.0077
	商业繁华程度	商业类型	中小型零售商业或中型服务业为主；主要经营饮食、家电、酒店、娱乐等	较优	+0.0051
		商务设施集聚程度	较高	较优	+0.0079
		经营类别	齐全	优	+0.0089
		客流数量与质量	客流量一般，以中等收入者为主	一般	+0.0000
	行政因素	区域经济政策	基本无影响	一般	+0.0000
		城市规划限制	未来土地利用以商业、办公用地为主	优	+0.0077
		交通管制	无交通管制	优	+0.0074
	环境因素	区域景观	商业建筑式样较新颖美观，成新度较高，装修较好，亮化程度较高	较优	+0.0024
		环境质量状况	轻度污染	一般	+0.0000
		危险设施状况	基本无影响	较优	+0.0026
		其他区域因素状况	无影响	一般	+0.0000
个别因素	宗地地形状况		地面较平坦	较优	+0.0023
	宗地地基状况		地基较好，承载力较大，一般商业建筑建设时需作较简单的基础处理	较优	+0.0022
	宗地日照、通风、干湿状况		朝向南，采光好；通风、干湿状况好	优	+0.0039
	宗地形状		近似矩形	较优	+0.0035
	宗地面积		面积较适中，对土地利用较有利	较优	+0.0031
	宗地利用状况		宗地内外"五通一平"	较优	+0.0035
	宗地基础设施状况		供水、供电保证率达99%以上，排水通畅	优	+0.0067
	宗地邻接道路等级与通达性		临交通型主干道干将西路	一般	+0.0000
	临街状况	临街宽度	135米	优	+0.0094
		临街深度	178米	劣	−0.0066
	距商服中心距离		位于四级商服中心边缘	较优	+0.0077
	接近交通设施程度	距火车站距离	3公里	一般	+0.0000
		距汽车站距离	3公里	一般	+0.0000
		距公交站点距离	200米	较优	+0.0024
		距码头距离	距离码头一般	一般	+0.0000
		距高速公路出入口距离	4公里	较优	+0.0014
	相邻土地利用状况		商住	较优	+0.0031
	规划限制		规划用途商业，规划对土地利用强度有一定限制	一般	+0.0000
	地上建筑物状况		建筑物成新度较高	较优	+0.0033
	其他个别因素状况		无影响	一般	+0.0000
合计					+0.1318

则经综合因素修正后待估地块地面单价：

地面单价=7201.84×(1+综合修正系数)=7201.84×(1+0.1318)=8151.04（元/平方米）。

⑧ 确定待估地块楼面地价

楼面地价=8151.04÷3.59=2270.48（元/平方米）。

(2) 土地楼面年净收益

土地楼面年净收益=楼面地价×土地还原利率÷$[1-1/(1+土地还原利率)^{40.9}]$

=2270.48×7%÷$[1-1/(1+7\%)^{40.9}]$=169.59（元/平方米/年）。

(3) 房地产年净收益

① 估算年潜在毛收入

估价对象所属建筑物属于S市的标志性建筑物之一，其建筑体量庞大，功能完善，内外部设计具有很强的独特性，在S市市区范围内基本没有与其同类型同规模的房地产。一方面由于同类物业稀缺，缺少租售案例；另一方面，一些大型证券市场、银行营业部虽然承租或购买了类似的物业，但在公开渠道难以获取其客观租金水平或真实买卖价格。在现实中，这些独特物业如果发生租售交易，在一段时期内将成为这类物业的价格标杆，一定程度上也真实反映了这类物业在某一阶段的价格水平。基于以上考虑，结合本次估价对象已由××银行S市支行承租的事实，在对××银行S市支行提供的租赁合同和租金支付凭证综合分析的基础上，确定估价对象年潜在毛收入采用其实际成交的租赁价格。

根据××银行S市支行提供的房屋租赁合同和租金支付凭证，租金为450万/年，租赁建筑面积为5200平方米。由此，估价对象单位建筑面积的：

年潜在毛收入=450万元/5200m^2=865.38（元/平方米/年）。

② 估算年有效毛收入

年有效毛收入=年潜在毛收入×(1-空置率)。

空置率水平按参考该区域商业、办公及综合用房租赁市场的一般供需状况，并考虑当地良好的经济发展趋势、估价对象区位优势以及估价对象自身有效需求面较小等各项优劣因素后，年平均空置率取5%。则：年有效毛收入=865.38×(1-5%)=822.12（元/平方米/年）

③ 估算年运营费用

一般而言，出租型房地产的运营费用包括管理费、维修费、保险费、房产税、营业税等，根据估价人员掌握的有关资料，各项费用计算见表11-13。

年运营费用一览表　　　　　　　　　　　　　　　　表11-13

费用名称	计算基数	费率	费用（元/平方米/年）	说明
管理费	年潜在毛收入 865.38元/平方米/年	3%	865.38×3% 25.96	该管理费包含保险费等相关费用，按年固定支出费用考虑
维修费	房屋全新重置价 5683.63元/平方米	0.5%	5683.63×0.5% 28.42	
应纳税金	年有效毛收入 822.12元/平方米/年	17.55%	822.12×17.55% 144.28	房产税为租金的12%，营业税及附加为租金的5.55%，合计17.55%
合计			198.66	

④ 估算房地产建筑面积年净收益

=年有效毛收入-年运营费用=822.12-198.66=623.46（元/平方米/年）。

(4) 确定归属于建筑物的净收益

单位面积建筑物年净收益=房地产建筑面积年净收益-土地楼面年净收益

=623.46-169.59=453.87（元/平方米/年）。

(5) 确定建筑物资本化率

建筑物资本化率实质上是建筑物投资成本的收益率。本次建筑物资本化率的确定采用安全利率加风险调整值法。取中国人民银行 2007 年 5 月 19 日公布的一年期整存整取利息率 3.06% 为安全利率。确定风险调整值时考虑到行业风险报酬率、经营风险报酬率、财务风险报酬率和其他风险报酬率等，综合分低、中、高、投机四个档次，相应的调整值分别为 0~2%，2%~5%，5%~8%，8% 以上。相对于投资购买土地使用权来说，单纯建筑物投资风险较高，风险调整值在 5%~8%，综合对比之前确定的土地资本化率 7%，确定此处风险调整值取 6%，则建筑物资本化率为 9.06%。

(6) 确定建筑物可收益年期

按照"S 市房屋重置价格房屋结构等级评定标准"，估价对象结构等级为钢筋混凝土一等，根据房地产估价规范，钢筋混凝土结构非生产用房的耐用年限为 60 年，估价对象于 2000 年建成，至估价时点剩余耐用年限约为 52.5 年。估价对象所处宗地的使用权终止日期为 2048 年 4 月 20 日，至估价时点剩余使用年限约为 40.9 年。

遵循房地产估价规范的有关规定，当建筑物耐用年限长于土地使用年限时，应根据土地使用年限确定未来可获收益的年限，所以对本估价对象而言，其可收益年期即为 40.9 年。

(7) 计算建筑物收益价值

选取有限年期的收益法公式，将上述各项参数代入公式，如下：

$$V = \frac{a}{r} \times \left[1 - \frac{1}{(1+r)^n}\right]$$

式中：V—建筑物收益价值；a—建筑物年净收益；r—建筑物资本化率；n—可收益年期。

得：$V = 453.87/9.06\% [1 - 1/(1+9.06\%)^{40.9}] \times 6500 = 4865.30 \times 6500 = 3162.44$（万元）。

3. 确定估价结果

上述成本法和建筑物剩余技术评估中所采用的关键参数为 S 市公布的房屋重置基本价和基准地价。成本法中的价格构成因素及其测算过程均遵循 S 市商品房价格管理办法中的有关规定，因此评估过程较客观地反映了估价对象的价值形成过程。另一方面，在用建筑物剩余技术的测算过程中，租金水平取自其实际的成交价格，其余参数均以现行通用的方法确定，测算结果是从实际收益的角度反映了估价对象的收益价值，故该结果也具有一定的现实性。两种方法的估算结果也较为接近。因此，估价人员结合估价经验决定对两种估算结果采取算术平均方式，确定最终评估价值：

评估总价值 = (3290.20 + 3162.44) ÷ 2 = 3226.00（取整至万元）。

评估单价 = (3290.20 + 3162.44) ÷ 2 ÷ 6500 = 4964.00（元/平方米）。

(二) 估价对象房产及其应分摊土地使用权的价值估算

1. 估算说明

考虑到估价对象在被执行的过程中可能发生的权属变更情况，以及《中华人民共和国房地产管理法》、《城市房地产转让管理规定》等有关法律和行政法规中对房地产转让的规定，委托方为了对甲公司在拥有房屋所有权和土地使用权下的整体房地产价值有所了解，所以向本估价机构提出了咨询需求，该咨询结果不作为确定性结论。

2. 估算过程

本估算采用收益法、成本法。

(1) 收益法

① 房地产年净收益的确定

房地产年净收益 = 623.46（元/平方米/年）（详见技术报告之"五—(一)—2—(3)—④"）。

② 综合资本化率的确定

在以上运用成本法和建筑物剩余技术的测算过程中，先后确定了土地楼面地价及土地资本化率、建筑物单位面积现值及建筑物资本化率。这些已知条件，能够满足运用投资组合技术（土地与建筑物组合）求取综合资本化率的要求。投资组合技术的公式如下：

$$R_0 = (V_L \times R_L + V_B \times R_B)/(V_L + V_B)$$

式中：R_0—综合资本化率；V_L—土地价值（本估算中指土地楼面地价）；R_L—土地资本化率；V_B—建筑

物价值（本估算中指房屋单位面积现值）；R_B—建筑物资本化率。

将前述已知的各项参数代入公式，得：

$R_0 = (2270.48 \times 7\% + 5061.84 \times 9.06\%)/(2270.48 + 5061.84) = 8.42\%$。

③ 房地产可收益年期的确定

房地产的可收益年限通常取决于土地的剩余使用年期，如前所述，从估价时点起估价对象所应分摊土地的剩余使用年期约为40.9年。

④ 房地产收益价值

选用有限年期的收益法公式，该公式的假设前提是净收益 a 每年不变、资本化率 r 不等于零、收益年期 n 为有限年。公式如下：

$$v = \frac{a}{r} \times \left[1 - \frac{1}{(1+r)^n}\right]$$

即：房地产收益价值 $= 623.46/8.42\%[1 - 1/(1+8.42\%)^{40.9}] = 7133.17$（元/平方米）。

（2）成本法

根据前述测算已得出楼面地价为2270.48元/平方米，建筑物评估单价为5061.84元/平方米，两者之和即为整体房地产单位建筑面积价格，即：单价 $= 2270.48 + 5061.84 = 7332.32$（元/平方米）。

3. 确定估算结果

取上述两种方法的算术平均值为本次的评估单价。

则：估价对象整体房地产价值 $= [(7133.17 + 7332.32)/2] \times 6500$

$= 7232.75 \times 6500 = 4701.00$（取整至万元），大写：人民币肆仟柒佰零壹万元整。

六、估价结果

本公司估价师根据估价目的，遵循估价原则，按照估价程序，采用科学的估价方法，在认真分析现有资料的基础上，经过周密、细致的测算，并结合估价经验，最终确定在满足本估价报告中"估价的假设和限制条件"的前提下，估价对象房产及其附属设施于估价时点的市场价值评估结果如下：

评估总值：人民币3226.00万元；大写：叁仟贰佰贰拾陆万元整。

评估单价：人民币4964元/平方米；大写：每平方米肆仟玖佰陆拾肆元整。

（估价结果说明表中同致委托方函，略）

附件（略）

报告十二

上海市浦东新区富特东一路××号在建工程房地产评估报告

上海百盛房地产估价有限责任公司　　丁光华　钱　敏　唐永峰　闵　燕

评析意见

该报告为受法院委托评估在建工程的房地产价值。考虑到在建工程价值评估的复杂性，估价师重视现场查勘和估价对象界定，有关描述比较清楚，并在估价的假设和限制条件中做了有针对性的说明。选择的估价方法，虽然是评估在建工程价值常用的成本法和假设开发法，但该报告有自己特点。如结合估价对象具体情况，建筑物折旧除了考虑经济使用寿命因素外，还考虑了功能折旧；认真分析确定各项成本费用发生的时间段，注意避免重复计算或漏算。该报告格式规范，内容完整，测算过程清晰。但有关土地增值收益率的确定，其理由表述不够充分。在运用直接资本化法确定开发完成后的工业房地产价值时，未充分考虑这一方法的局限性，并对其依据进行更充分的说明。

目录（略）
致委托方函

上海市××××××法院：

根据上海市高级人民法院委托司法鉴定函［沪高法（×××）委房评第××××号］的委托，本公司对上海市浦东新区富特东一路××号在建工程房地产（以下简称"估价对象"）按照国家建设部、国家质量技术监督局于1999年2月发布的《房地产估价规范》的要求进行了评估。估价对象土地面积为4998平方米，土地用途为工业、仓储，土地使用权来源为转让，土地使用期限为1993年10月1日至2043年9月30日止，规划总建筑面积为14993平方米（其中地上14572平方米，地下421平方米），已建建筑面积为7902.74平方米，其中地上7481.74平方米，地下421平方米。评估中设定的估价目的为：房地产市场价值评估，为房地产拍卖提供参考；估价时点为2007年12月26日。

在实地查看、市场调查以及综合分析测算等工作的基础上形成估价报告，在满足全部假设和限制条件的前提下估价对象于估价时点的估价结果为：

房地产市场价值：人民币26450000元（大写：贰仟陆佰肆拾伍万元整）。

每平方米建筑面积单价：3535元/平方米（折合已建成的地上建筑面积）。

上海百盛房地产估价有限责任公司
法定代表人：
2008年1月18日

估价的假设和限制条件

一、估价的假设条件

1. 本次估价采用市场价值标准。所谓市场价值指房地产在满足下列条件下进行交易最可能的价格：

(1) 交易双方是自愿进行交易的。
(2) 交易双方是出于利己动机进行交易的。
(3) 交易双方是精明的、谨慎行事的，并且了解交易对象、知晓市场行情。
(4) 交易双方有较充裕的时间进行交易。
(5) 不存在买者因特殊兴趣而给予附加出价。

2. 根据《上海市房地产登记册》及《上海市房地产权证》[编号：沪房地浦字（2004）第 060153 号]的记载，估价对象土地用途为工业、仓储，使用期限自 1993 年 10 月 1 日至 2043 年 9 月 30 日止，至估价时点土地剩余使用年限为 35.76 年。本次估价假定估价对象的土地利用规划保持不变，能够按照房地产权证上载明的土地用途和使用期限继续开发利用。

3. 本次估价对象为已停建的在建工程，该建设项目于 1995 年取得建设工程规划许可证，规划设计 2 幢建筑，分别为 6 层仓储楼和 6 层办公楼。施工后因资金短缺于 1997 年 10 月停建。估价人员实地查看，仓储楼实际仅建成 2 层，已完成土建安装工程并通过环境、消防验收及工程质量验收且投入使用；办公楼已建至 6 层结构封顶，但安装及饰面工程尚未进行。

由于估价对象始建于十多年前，当事人无法提供原始工程图纸，估价人员参考类似房地产的建设标准，结合现场查看及当事人陈述情况确定估价对象建设标准。

4. 本报告估价结果以估价对象在建工程已建部分建筑质量完好，并满足续建要求为前提。假定估价对象能够按照《建设工程施工许可证》[沪保建（95）016 号]的建设规模与相关涉及要求继续施工直至建成，且工程质量保持良好，配套设施等质量也符合国家与上海市的有关要求、标准。

本次估价假定仓储楼能够继续施工直至建成 6 层仓储楼，原已完成的基础部分符合 6 层仓储楼的需要进行施工，且续建部分的安装及装饰标准同已建部分。

本次估价假定办公楼按照该区域内多层普通办公楼进行安装及饰面工程，即外墙涂料，国产电梯，办公区域地坪铺设地砖、矿棉板吊顶、无框玻璃门；公共区域铺设花岗岩地坪、内墙涂料。

5. 本次估价结果中包含现状已实施的围墙、场地、绿化等厂区内配套设施建设费，但不包括假定估价时点以后工程进度变化所发生的该类费用。

6. 根据《上海市房地产登记册》登记信息，估价对象设有他项权利，他项权利人为中国工商银行上海市外高桥保税区支行，债权数额为 2500000 元，根据委托方要求，本报告估价结果未考虑因抵押、债务或其他权利限制对估价对象价值的影响。

7. 估价人员现场查看时，仓储楼已出租使用，由于当事人拒绝提供相关的租赁协议，经征询委托方意见，本次估价不考虑该出租情况对估价对象房地产价值的影响，在此提请报告使用方注意。

8. 本报告中土地面积摘自上海市浦东新区房地产交易中心调查所得的《上海市房地产登记册》及委托方提供的《上海市房地产权证》[沪房地浦字（2004）第 060153 号]（复印件）；规划设计建筑面积来自《建设工程规划许可证》[沪保建（95）016 号]（复印件）；仓储楼现状建筑面积来自《上海市外高桥保税区房屋出租许可证明》[（沪保）房租证 197 号]（复印件）；根据上海华豪工贸发展有限公司提供的《情况说明》结合估价人员实地查看，办公楼建筑面积以建设工程规划许可证记载为准。

9. 估价人员以上海市浦东新区房地产交易中心调查所得的《上海市房地产登记册》及当事人提供的有关资料（详见附件）为依据，本报告以估价所需资料的真实性、准确性与合法性为前提，若资料失实或有隐匿造成评估结果的偏差，本公司不承担任何责任。

10. 估价对象的占有、使用、处分等经济活动应依照国家和上海市的有关政策法规合法进行，并应向有关政府部门缴纳相关税费等。

11. 假定在估价时点附近的一段时间内，估价对象所处同一供求圈内的房地产市场行情不会发生突发变化，是相对平稳的。

二、报告使用的限制条件

1. 本估价报告是受上海市××××法院的委托，评估估价对象的房地产市场价值，为房地产拍卖提供参考，不适用于其他目的和用途，同时对任何第三人不承担法律责任。

2. 本估价报告应用的有效期自报告出具之日起计，一年内有效。但随着房地产市场情况的变化、国家相关政策的调整以及估价对象自身情况的变化，估价结果可能需作相应调整或重新评估。

3. 本估价报告由上海市××××××法院使用，上海百盛房地产估价有限责任公司对本报告估价结果有解释权。

4. 未经本公司书面同意，本报告的全部或任一部分均不得用于公开的文件、通告或报告中，也不得以任何形式公开发表。

房地产估价结果报告

一、委托方（略）

二、估价方（略）

三、估价对象

1. 估价对象界定

估价对象为上海市浦东新区富特东一路××号在建工程房地产，包括在建工程及相应的国有出让工业土地使用权，土地面积为4998平方米，房屋情况见表12-1。

房屋情况表 表12-1

	建筑物名称	规划条件及建筑面积	现状条件及已建建筑面积
房屋1	办公楼	总高6层，地上3613平方米，地下421平方米	建至结构封顶，地上3613平方米，地下421平方米
房屋2	仓储楼	总高6层，10959平方米	建至2层，3868.74平方米
合计		14993平方米，其中地上14572平方米，地下421平方米	7902.74平方米，其中地上7481.74平方米，地下421平方米

2. 房地产坐落

估价对象位于上海市浦东新区外高桥保税区内，东临富特东一路，南至××大楼，西临空地，北近富特东一路××号。根据上海市基准地价表（基准日2003年6月30日），估价对象位于上海市基准地价七级地区域。

3. 项目背景

根据当事人提供的《情况说明》、《上海市房地产权证》和《建设工程规划许可证》（详见附记），上海××××有限公司于1993年以转让方式购入外高桥保税区D11-003（外高桥保税区××街坊××丘）地块，土地面积为4998平方米，使用期限为1993年10月1日～2043年9月30日，共50年。

该建设项目于1995年取得建设工程规划许可证［沪保建（95）016号］，规划总建筑面积为14993平方米，包括2幢建筑，其中一幢为6层框架结构仓储楼建筑面积为10959平方米；另一幢为6层框架结构办公楼地上建筑面积为3613平方米，地下室为421平方米。开始施工后因资金短缺，于1997年10月停建。仓储楼建至2层；办公楼已建至6层结构封顶，但安装及饰面工程尚未进行。项目停建后权利人为利用仓储楼，申请将其暂按2层实施，于是完成已建2层的土建、安装和装饰工程，现已通过环境、消防验收及工程质量验收并达到仓储使用功能。

由于权利人上海××××有限公司以估价对象向××××银行上海市外高桥保税区支行获得的抵押贷款未偿还，××××银行上海市外高桥保税区支行向法院申请对估价对象进行处置，现上海市×××人民法院委托我公司对估价对象进行评估。

4. 房地产权利状况

（1）土地状况信息

根据估价人员到上海市浦东新区房地产交易中心调查所得的《上海市房地产登记册》及当事人提供的《上海市房地产权证》记载（详见附件），具体情况如下：

房地坐落：外高桥保税区富特东一路××号。权利人：上海××××有限公司。使用权来源：转让。批准用途：工业、仓储。地号：浦东新区外高桥保税区××街坊××丘。宗地（丘）面积：4998平方米。使用期限：1993年10月1日～2043年9月30日止。

(2) 房屋状况信息

根据当事人提供的《建设工程规划许可证》（详见附件），具体情况如下：规划总建筑面积为14993平方米，其中办公楼地上3613平方米，地下室421平方米，仓储楼10959平方米。

至估价时点，办公楼已建至结构封顶，但安装及饰面工程尚未进行，仓储楼现建至2层，建筑面积为3868.74平方米，已申请暂按2层实施，并通过环境、消防验收及工程质量验收并达到仓储使用功能，现出租作为仓库使用，但相关当事人未提供相关的租赁协议。

(3) 房屋建设工程抵押状况

根据《上海市房地产登记册》记载（详见附件），具体情况如下：他项权利人：××××银行上海市外高桥保税区支行。登记证明号：浦××××××。债权数额：2500000元。设定日期：2005-11-25。结束日期：2006-11-24。注：至估价时点，该他项权利尚未注销。

(4) 房地产权利限制状况信息

估价对象被上海市××××人民法院权利限制，详细权利限制状况信息见附件，在此提请报告使用方注意。

(5) 其他权利信息

至估价时点，估价人员未发现估价对象有其他权利信息登记。估价人员现场查看时，仓储楼已出租作为仓库使用，但相关当事人未提供相关的租赁协议，在此提请报告使用方注意。

5. 房地产实物状况

(1) 土地实物状况

估价对象所处宗地为外高桥保税区D11-003（外高桥保税区××街坊××丘）地块，该地块位于上海市浦东新区外高桥保税区富特东一路××号，四至如下：东临富特东一路，南至××大楼，西临空地，北近富特东一路××号，估价对象土地形状为规则长方形，沿街（富特东一路）宽约50米，深度约100米。估价对象土地面积4998平方米，土地用途为工业、仓储用地。

估价人员现场查看，估价对象地势平坦，地基承载力较好。规划建设一幢总高6层的仓储楼和一幢配套办公楼，规划建筑容积率（地上）为2.92，宗地内外开发程度已达"七通一平"。

(2) 建筑物实物状况

估价对象包括两幢建筑物，情况见表12-2。

建筑物基本情况 表12-2

项 目	房屋1	房屋2
建筑物名称	仓储楼	办公楼
位置	地块西侧	地块东侧
规模	10959平方米	地上3613平方米，地下421平方米
房龄	始建于1995年，1997年停建，尚未完工	始建于1995年，1997年停建，尚未完工
层数	设计6层，已建成2层	设计6层，已结构封顶
建筑结构	框架	框架
设备设施	设计两部货梯，现安装有1部国产货梯，承载量为2000kg	设计有两部电梯，现场查看时尚未安装
装饰装修	外墙刷涂料，铝合金窗，卷帘门，平屋顶铺小板隔热	外墙刷涂料，铝合金外窗，门和内窗未安装，平屋顶
层高	第1层高5米，第2层高4米	第1层高4.6米，第2～6层高3.5米
保养情况	一般	一般
使用情况	现出租作为物流仓库使用	未完工，尚未投入使用
需说明情况	当事人申请将仓储楼暂按2层实施，已通过环境、消防验收及工程质量验收	

注：规划设计建筑面积来自《建设工程规划许可证》[沪保建（95）016号]；仓储楼现状建筑面积根据《上海市外高桥保税区房屋出租许可证明》为3868.74平方米；办公楼建筑面积根据当事人提供的《情况说明》、《建设工程规划许可证》和估价人员实地查看情况。

6. 区域环境

估价对象所处的浦东新区外高桥保税区濒临长江入海口，地处黄金水道和黄金岸线的交汇点，紧靠外高桥港区。外高桥保税区依托浦东开发开放的优势，坚持对外开放的宗旨，多年来经济快速发展，形成了以国际贸易、现代物流、先进制造业等三大功能为主的口岸产业。截至2006年12月底，保税区累计批准来自87个国家和地区的9550个项目，其中，世界500强企业中有104家入驻保税区。累计吸引投资总额130.5亿美元，合同外资58.3亿美元，实际利用外资38.6亿美元。2006年外高桥保税区继续保持快速增长态势，1~12月份共实现经济增加值666亿元，同比增长16.8%，占浦东新区的28.6%，占全国保税区的47.7%；完成销售收入4780.43亿元，同比增长17.4%，占全国保税区的55.5%；完成各类税收358.71亿元，同比增长9.8%，其中税务部门税收145.78亿元，同比增长22.7%，占浦东新区的27.8%。外高桥保税区现已成为沿海地区发展速度最快，投资环境最好，开放程度最高的地区之一。

7. 交通条件

估价对象西面的杨高路和东面的环东一大道是浦东新区的主要交通干道，并有936路、971路、泰高线等多条公交线路及新开通的轨道交通6号线外高桥保税区站，对内交通便捷度较好。此外，由于临近外高桥港区和外环越江隧道，水陆交通便利。

8. 产业集聚情况

外高桥保税区主要发展国际贸易、现代物流、先进制造业三大功能，保税区内有上海外红国际物流有限公司、美国APL、英迈、荷兰TNT、日本近铁、通运和德国飞鸽等世界知名物流企业在内的1000多家物流仓储企业，英特尔、IBM、惠普、飞利浦、安靠等微电子企业及德尔福、伊顿、通用等汽车零部件加工制造、研发企业，产业集聚度高。

9. 市政基础设施与公共配套设施

外高桥保税区经过十几年的发展，区域内基础设施和公建配套设施日益完善，开发程度达"七通一平"（通上水、通污水、通雨水、通信、通电、通路、通气及场地平整），能满足区内贸易、仓储物流及工业生产的需要。

四、估价目的

在建工程房地产市场价值评估，为房地产拍卖提供参考。

五、估价时点

2007年12月26日。

六、价值定义

本报告提供的评估结果是指估价对象在建工程房地产在满足全部假设和限制条件下于估价时点的房地产市场价值，包括国有出让工业用地剩余使用年期为35.76年的土地使用权市场价值和在建工程的市场价值。

七、估价依据（略）

八、估价原则（略）

九、估价方法

1. 估价方法的选择

合理公正的估价必须遵循一定的估价程序和适当的估价原则，科学地使用估价方法。估价对象为在建工程房地产，市场上无相似房地产交易的案例，因此无法采用市场法进行评估。由于尚未建成，现阶段获得的收益未能体现最高最佳使用原则，因此无法采用收益法评估。考虑估价对象各组成部分的价值是可估算的，可采用成本法进行评估。由于规划明确，建成后房地产的价值可以确定，续建建设成本也可根据工程造价信息求取，可采用假设开发法进行评估。因此本报告分别采用成本法及假设开发法进行评估，然后综合考虑两种方法的计算结果求取估价对象房地产市场价值。

2. 估价技术思路

（1）成本法是求取估价对象在估价时点的重置价格或重建价格，扣除折旧，以此估算估价对象的客观合理价格或价值的方法。

由于估价对象为已停建的在建工程，始建于1995年，停建时期距今较长，并且在停建期间已有部分房屋作为仓储用途投入使用，因此采用成本法中旧有房地产的基本公式计算其房地产市场价值。基本公式为：房地价格＝土地重新购建价格＋建筑物重新购建价格－建筑物折旧。

首先，根据该区域征收农村集体土地的平均土地取得成本，采用成本法求取土地重新购建价格，然后采用分部分项法求取建筑物重新构建价格，最终扣除建筑物折旧并确定估价对象房地产市场价值。

（2）假设开发法是预计估价对象开发完成后的价值，扣除预计的正常开发成本、税费和利润等，以此估算估价对象的客观合理价格或价值的方法。

基本公式为：在建工程价值＝续建完成后的房地产价值－续建成本－管理费用－销售费用－投资利息－销售税费－续建投资利润－取得在建工程的税费。

首先，采用市场法和收益法计算开发完成后的房地产价值，然后扣除续建所需的成本和相关费用，得出估价对象在建工程房地产价值。

（3）最后，综合考虑两种方法的计算结果，并取权重求得估价对象房地产市场价值。

十、估价结果

估价人员遵守独立、客观、公正、合法的原则，遵循估价规范和估价程序，运用科学的估价方法，求得估价对象在满足本报告的假设限制条件下于估价时点的估价结果如下：

评估总价：人民币26450000元（大写：贰仟陆佰肆拾伍万元整）。

评估单价：3535元/平方米（折合已建成的地上建筑面积）。

十一、估价人员（略）

十二、估价作业日期　2007年12月24日～2008年1月18日。

十三、估价报告应用的有效期　本估价报告应用的有效期自报告出具之日起计，一年内有效。

房地产估价技术报告

一、个别因素分析

（一）实物因素

1. 土地实物因素分析

① 面积：土地面积为4998平方米，面积适中，有利于中小型工业、仓储房地产的开发。

② 形状：土地形状为规则的长方形，进出方便，有利于工业仓储开发利用。

③ 地势：地势平坦，有利于房地产的开发建设。

④ 地基状况：地基承载力较好，土壤状况良好，对房地产开发无不利影响。

⑤ 土地开发程度：估价人员实地查看时，估价对象土地开发程度已达宗地红线内外"七通一平"，有利于工业房地产的开发。

2. 建筑物实物因素分析

① 建筑规模：估价对象规划总建筑面积为14993平方米，其中地上14572平方米，地下421平方米，对于独立使用的工业仓储房地产来说规模较适中，但与可分割为较小面积出租、出售的单套工业房地产相比，建筑面积偏大。

② 建筑结构：估价对象建筑物为框架结构，是工业房地产的常见建筑结构，对工业房地产价值无不利影响。

③ 设施、设备：仓储楼原始设计两部货梯，现安装有1部承载量为2000kg的国产货梯，办公楼设计有两部电梯，至实地查看之日，电梯尚未安装，电梯是该类工业房地产的必需设备，估价对象的原始设计能否满足现代工业仓储的需要还需再作考量，可能存在功能性不足的问题。

④ 楼层：估价对象地上建筑物规划均为总高6层，经估价人员市场调查，考虑货物进出的方便性

和及时性，仓储类房地产2层及以上的租金和售价要低于底层，该因素对仓储楼市场价值略有不利，对办公楼而言，总高6层对其房地产价值无较大影响。

⑤ 层高：估价对象中的仓储楼1层层高5米，2层层高4米，3~6层设计高度为3.75米，办公楼1层层高4.6米，2~6层层高3.5米，层高设计符合通用工业仓储用房的需要。

⑥ 其他：估价对象外墙为涂料粉刷，由于始建于十多年前，设计较为普通，如果续建可能需对外观和空间布局进行改良，因此估价对象存在功能性折旧。

（2）权益因素

估价对象土地使用权为出让土地使用权，房屋建设具备《建设工程规划许可证》，因此估价对象的产权完整，按规划建成后可办理完整的《房地产权证》，无交易限制，交易时除正常的交易税费外，无需补缴任何费用。

估价对象于2005年11月25日设定房屋建设工程抵押，他项权利人为中国工商银行上海市外高桥保税区支行，于2007年9月10日被上海市第一中级人民法院权利限制，现中国工商银行上海市外高桥保税区支行申请法院对估价对象执行，他项权利人中国工商银行上海市外高桥保税区支行对拍卖价款拥有优先受偿的权利。

仓储楼目前已出租给上海经贸物流有限公司，但无出租情况登记，由于当事人拒绝提供相关的租赁协议，经征询委托方意见，本次估价不考虑该出租情况对估价对象房地产价值的影响。此外，根据相关规定，已出租房产转让时，承租人享有同等条件下的优先购买权，在此提请报告使用方注意。

2. 区域因素分析

（同结果报告中估价对象部分的有关内容，略）

3. 市场背景分析

总体而言，上海工业物业租售价格在10、11月份均延续了上升势头，工业物业出售价格上涨尤为突出。据上海招商网统计数据显示，这两个月上海工业物业出租、出售的平均价格较上两月分别上涨1.2%和3.2%。一方面，工业物业、土地租售价格的持续上涨使得部分实力企业转为购买产权，而近期新增可租售工业物业绝对数量的上升也增加了这些企业对购买到合适厂房的信心；另一方面，宏观政策的深入实施有效地阻止了红证厂房的违法出售，工业地产潜力的看好使得更多的工业园区及个人业主采取了"只租不售"的策略，这使得市场实际可售厂房绝对数量有减无增，导致上海工业物业售价快速上涨。同时，11月28日，市政府通知发布的《上海市城镇土地使用税实施规定》，使上海工业地产市场也受到了一定的波及。通知规定对使用土地的单位和个人征收城镇土地使用税，对于商业用房、办公用房、工业厂房等非居住用房，都不免征。作为政府清理闲置土地的系列政策之一，该政策将会增加那些刻意囤积开发商的持有土地成本，同时这个保有环节的税种也增加了业主出租物业的支出，因此，预计对上海工业地产价格上涨具有促进作用。

根据估价人员市场调查，估价对象所处的外高桥保税区工业类房地产目前二手房挂牌价为3400~6000元/平方米，根据估价人员调查上海市房地产交易登记系统的成交登记信息，近一年来，周边类似房地产成交登记价格为2500~6000元/平方米。据统计，2006年保税区租售厂房仓库面积达到29.42万平方米（其中仓库约占62%），占保税区房屋租售面积95.1%。目前，外高桥保税区厂房仓库的平均租金为1.2元/平方米/天，出租率较好。良好的市场状况和成熟的配套设施对估价对象开发工业房地产较为有利。

四、最高最佳使用分析

最高最佳使用是指法律上允许、技术上可能、经济上可行。经过充分合理的论证，能使估价对象产生最高价值的使用方式。在合法使用前提下，房地产只有在最高最佳使用状态下才能发挥最大效用。

一般来说，房地产的使用方式有以下几种：维持现状使用、转换用途使用、装修改造使用、重新利用。

估价对象现状为停建工程，地上建筑物未完成规划设计的建筑面积，无法对估价对象进行最有效使用，因此维持现状不是最高最佳使用方式。

估价对象位于浦东新区外高桥保税区内，周边基础设施齐全，适合发展工业、贸易、物流产业，估价对象规划用途为工业、仓储，容积率为3.0，符合该区域的发展趋势，转换用途使用不符合该区域规划和发展，因此不考虑转换用途使用前提。

估价对象1幢建筑已建至2层，1幢建筑物已结构封顶，并且这2幢建筑结构上无大的瑕疵，既然估价对象不必转换用途，因此也不必拆除重新利用。

根据上述分析，估价对象按规划继续建造完成的工业房地产是最高最佳使用方式，当然不排除续建时可根据现状工业房地产的发展趋势对房屋进行适当改良。

五、估价方法选用及技术思路

（同结果报告中估价方法部分的有关内容，略）

六、估价测算过程

（一）成本法

1. 土地的重新购建价格计算

成本法求取土地价格的公式如下：

土地重新构建价格＝土地取得费及相关税费＋土地开发费＋土地开发利息＋利润＋土地增值收益＋土地取得契税。

（1）土地取得费及相关税费

外高桥保税区是逐步通过征收农村集体土地建设而成的，因此采用征收农村集体土地的方式计算土地取得成本。

经向当地征地事务部门调查，该区域征收农村集体土地时，耕地平均比例为60%，非耕地为40%，征收农村集体土地的成本构成如下：

① 征地安置补偿费（表12-3）

征地安置补偿费　　　　　　　　　表12-3

项目名称	取费标准		耕地比率		土地单价（元/平方米）
	耕地	非耕地	耕地	非耕地	
土地补偿费	21.6	10.80	60%	40%	17.28
青苗补偿费	2.35		60%		1.41
安置补偿及社会保障费	12万元/人		1.5人/亩（耕地）		162.0
农用设施与附着物补偿	20000元/亩		60%		18.0
房屋拆迁补偿费	80万元/户		1.3户/亩		748.8
小计					947.49

注：1. 根据［沪价房（1999）第316号］、［沪财综（1999）第049号］规定土地补偿费耕地为21.6元/平方米，非耕地减半为10.8元/平方米，折算至全部征收土地面积的单价为21.6×60%＋10.8×40%＝17.28元/平方米。

2. 根据［沪价商（2006）009号］，青苗补偿费为2.35元/平方米，以耕地面积计收，折算至全部征收土地面积的单价为2.35×60%＝1.41元/平方米。

3. 根据［市府（1994）62号］、［沪劳关发（1994）30号］规定，养老标准为男95814.72元/人，女127332.72元/人。估价人员到当地劳动服务所调查得知，征地安置过程中，建设单位按照12万/人支付给相关部门，然后相关部门按照有关政策对劳动力和需养老人口进行补偿安置，因此本次估价中安置补偿及社会保障费按照实际情况取每人12万元。此外，估价人员到当地土地管理所调查得知，当地应安置人口与耕地比例为1.5人/亩，安置补偿及社会保障费折算至全部征收土地面积的单价为120000×1.5×60%/666.67＝162.0元/平方米。

4. 估价人员到当地征地事务所了解，农用设施与附着物一般为农田沟渠、管道、道路等附属设施，以耕地面积计算，一般为2万元/亩，即为30元/平方米，则农用设施与附着物补偿费折算至全部征收土地面积的单价为20000×60%/666.67＝18元/平方米。

5. 根据当地相关部门提供数据，当地征用土地上平均每亩非耕地需拆迁居民1.3户，平均每户拆迁补偿费用一般为80万元。居住房屋拆迁补偿费用＝1.3×800000×40%/666.67＝624元/平方米。考虑拆迁安置除居住居民外，还有非居住房屋需拆迁补偿，根据当地实际情况，拆迁补偿费用上调20%，房屋拆迁补偿费＝624×(1＋20%)＝748.8元/平方米。

② 征地相关税费（表12-4）

征地相关税费 表12-4

项目名称	取费标准		耕地比率		土地单价（元/平方米）
	耕地	非耕地	耕地	非耕地	
耕地占用税	10		60%		6.00
耕地开垦费	37.5		60%		22.5
征地管理费	2%				19.4
不可预见费	2%				18.95
小计					66.85

注：1. 根据[沪府发（1987）36号]、[沪财农（1988）40号]规定，耕地占用税取10元/平方米，以耕地面积计收，折算至全部征收土地面积的单价为10×60%=6元/平方米。
2. 根据[沪价商（2001）053号]、[沪财预（2001）122号]规定耕地开垦费为37.5元/平方米，以耕地面积计收，折算至全部征收土地面积的单价为37.5×60%=22.5元/平方米。
3. 根据[价费字发（92）597号]规定，征地管理费按照土地补偿费、青苗补偿费、耕地开垦费、劳动力安置补偿费、农用设施与附着物补偿费、房屋拆迁补偿费总额的2%提取，为（17.28+1.41+22.5+162.0+18.0+748.8）×2%=19.4元/平方米。
4. 根据[沪府发（1997）8号]规定，不可预见费按照土地补偿费、青苗补偿费、劳动力安置补偿费、农用设施与附着物补偿费、房屋拆迁补偿费总额的2%提取，为（17.28+1.41+162.0+18.0+748.8）×2%=18.95元/平方米。
土地取得费=947.49+66.85=1014.34元/平方米。

（2）土地开发费

估价对象现状开发程度为宗地红线外"七通"、宗地内场地平整，根据对该区域开发成本调查，"七通一平"土地开发费为120元/平方米（详见表12-5）。

土地开发费 表12-5

项 目	费用（元/平方米）
道路建设投资费	30
给水设施建设费	12
排水设施建设费	8
雨水设施建设费	13
电力设施建设费	30
通信设施建设费	12
煤气设施建设费	11
土地平整费	4
合计	120

（3）投资利息

根据中国人民银行同期人民币一年期贷款利率7.47%，土地开发周期为0.5年，土地取得费在初期投入，土地开发费在开发期内均投，则：

利息=1014.34×[（1+7.47%）$^{0.5}$−1]+120×[（1+7.47%）$^{0.25}$−1]=39.38元/平方米。

（4）投资利润

根据估价人员对估价对象周边工业用地土地市场调查了解，产业用地开发的投资利润平均约6%，则：投资利润=（1014.34+120）×6%=68.06元/平方米。

（5）土地增值收益

土地性质由集体土地改变为国有建设用地，使得土地发生增值（主要为土地出让金）。根据对该区域增值收益率的调查，土地增值收益（土地出让金）为地价的30%，其中上缴中央财政15%，地方财政15%。根据地方财政对开发区的优惠补偿政策，会返还上缴地方财政的出让金。地价中其余的70%为土地取得费、土地开发费、投资利息、投资利润之和，本次估价中土地增值收益率为15%/70%=21.4%，取20%。

即土地增值收益为土地取得费、土地开发费、投资利息、投资利润之和的20%，为：

（1014.34+120+39.38+68.06）×21%=260.77元/平方米。

（6）价值修正与确定

① 个别因素修正：按照估价对象在区域内的位置和宗地条件进行修正、调整。估价对象在区域中

位置一般，宗地条件也无特殊情况，故不做调整。

② 土地使用年期修正：

估价对象土地使用期限为 1993-10-1 至 2043-9-30 止，至估价时点，剩余土地使用年限为 35.76 年，上述价格为无限年土地使用权价格。根据对保税区用地的收益情况调查，从存款利息、贷款利息，投资风险因素等分析，并结合《关于发布实施＜全国工业用地出让最低价标准＞的通知》[国图资发（2006）307 号文]，估价人员认为在五年期存款利率 5.85% 的基础上，加上适当风险调整因素，土地还原利率取 6% 比较合适，年期修正如下：

$$K = 1 - 1/(1+r)^n = 1 - 1/(1+6\%)^{35.76} = 0.87553$$

式中：K——年期修正系数；r——土地还原利率；n——土地使用年期。

因此，估价对象 35.76 年土地使用权市场价值为（1014.34＋120＋39.38＋68.06＋260.77）×0.87553＝1315.53 元/平方米。

(7) 土地取得契税

权利人取得土地使用权后，需办理相关的《房地产权证》并缴纳相当于地价 3% 的契税，则土地取得契税＝1315.53×3%＝39.47 元/平方米。

(8) 土地重新购建价格确定

代入成本法公式，土地重新购建价格＝1315.53＋39.47＝1355 元/平方米。

土地总价＝1355×4998＝6772290 元。

2. 建筑物重新购建价格计算

建筑物重新购建价格计算公式为：建筑物重新购建价格＝建筑物安装工程费＋专业费用＋管理费用＋销售费用＋投资利息＋开发利润。

(1) 建筑物安装工程费

估价人员参考《上海市工程造价信息》中类似工程造价信息，并咨询了造价工程师，采用分部分项法确定估价对象建安工程费。

① 仓储楼建安工程费

仓储楼设计总高 6 层，框架结构，规划建筑面积为 10959 平方米。现已建成 2 层，完工建筑面积为 3868.74 平方米，当事人已申请暂按 2 层实施，现已通过环境、消防验收及工程质量验收并达到仓储使用功能，至估价时点已由上海经贸物流有限公司承租使用。

工程特征：外墙刷涂料，铝合金窗，卷帘门，平屋顶铺小板隔热。大楼东西向 6 跨，南北向 5 跨，跨距为 7.5 米，1 层层高 5 米，2 层层高 4 米，原始设计两部货梯，现安装有 1 部国产货梯，承载量为 2000 千克。

仓储楼建安工程费 表 12-6

	项目内容		特　征	造价（元/平方米）	计价面积（平方米）	总价（元）
建安工程费	土建工程	基础工程	桩及钢筋混凝土基础	280	10959	3068520
		墙体工程	加气混凝土砌块、砖墙	280	3868.74	1083247
		楼地面工程	细石混凝土找平、地砖	420	3868.74	1624871
		屋面工程	SBS 防水卷材、XPS 挤塑泡沫聚苯保温板、水泥砂浆保护层	160	3868.74	618998
		装饰工程	乳胶漆、外墙涂料等	140	3868.74	541624
		其他措施工程		120	3868.74	464249
	安装工程		主干线电缆桥架敷设、普通开关及插座、PPR 给水管、UPVC 排水管、TOTO 卫生洁具、消火栓、喷淋、火灾报警系统	200	3868.74	773748
	小计					8175257
红线内基础设施及室外总体工程费			场地、围墙、绿化等	200	3868.74	773748
合计						8949005

注：1. 打桩及基础工程按总建筑面积 10959 平方米计，其余按 1～2 层 3868.74 平方米计。
2. 为使仓储楼达到使用条件，权利人对地块红线内实施了相应的基础设施及室外总体工程如场地、围墙、绿化，按现状建筑面积取 200 元/平方米。

② 办公楼建安工程费（表 12-7）

办公楼设计总高6层，框架结构，建筑面积为3613平方米，已建至结构封顶，安装及饰面工程尚未进行，目前处于停建状态。

工程特征：大楼外墙刷涂料，铝合金窗，平屋顶。1层层高4.6米，2~6层层高3.5米，设计有两部电梯，至现场勘察之日，电梯尚未安装。

办公楼建安工程费 表 12-7

项目内容		特　征	造价（元/平方米）	计价面积（平方米）	总价（元）
建安工程费	土建工程	基础工程 桩及钢筋混凝土基础	480	3613	1734240
		墙体工程 加气混凝土砌块、砖墙	280	3613	1011640
		楼地面工程 细石混凝土找平、地砖	360	3613	1300680
		屋面工程 SBS防水卷材、XPS挤塑泡沫聚苯保温板、水泥砂浆保护层	160	3613	578080
		其他措施工程	80	3613	289040
		合计	1430		4913680
红线内基础设施及室外总体工程费			200	3613	722600
小计					5636280

注：建筑面积按3613平方米计，红线内基础设施及室外总体工程费同前。

③ 建筑物安装工程费合计

建筑物安装工程费合计为 8949005+5636280=14585285 元。

（2）专业费

专业费含地质勘察费、建筑设计费、审图费、工程审计费、环境评估等，按建筑安装工程费及红线内基础设施及室外总体工程费之和的6%计取，则：

仓储楼专业费为 8949005×6%=536940 元；

办公楼专业费为 5636280×6%=338177 元；

专业费合计为 536940+338177=875117 元。

（3）建设单位管理费

建设单位管理费含招投标管理费、质监费、监理费、执照费、沉降观察费、规划道路放样等，以及建设单位工资福利、办公费、差旅费等，按建筑安装工程费及红线内基础设施及室外总体工程费之和的3%计取，则：

仓储楼建设单位管理费为 8949005×3%=268470 元；

办公楼建设单位管理费为 5636280×3%=169088 元；

建设单位管理费合计为 268470+169088=437558 元。

（4）不可预见费

不可预见费为建筑安装工程费及红线内基础设施及室外总体工程费之和的2%，则：

仓储楼不可预见费为 8949005×2%=178980 元；

办公楼不可预见费为 5636280×2%=112726 元；

不可预见费合计为 178980+112726=291706 元。

（5）销售税费

销售税费包括营业税及附加和销售费用，其中营业税及附加为售价的5.55%，销售费用为售价的1%，合计为6.55%，假设估价对象房地产市场价值为 V，则销售税费为 $6.55\%V$。

（6）利息

根据当事人陈述，已建设工期为1年，以上费用在建设期内均投，则：

仓储楼利息为 $(8949005+536940+268470+178980)\times[(1+7.47\%)^{0.5}-1]=364331$ 元；

办公楼利息为 $(5636280+338177+169088+112726) \times [(1+7.47\%)^{0.5}-1] = 229464$ 元；

利息小计为 $364331+229464=593795$ 元。

(7) 开发利润

根据对该类房地产开发利润的调查，一年期的投资利润率一般为 20%，考虑估价对象为在建工程房地产，投资利润率取 18%，则：

仓储楼投资利润为 $(8949005+536940+268470+178980) \times 18\% = 1788011$ 元；

办公楼投资利润为 $(5636280+338177+169088+112726) \times 18\% = 1126129$ 元；

投资利润小计为 $1788011+1126129=2914140$ 元。

(8) 建筑物重新购建价格确定

代入相应公式计算：建筑物重新购建价格 $= 14585285+875117+437558+291706+6.55\%V+593795+2914140=19697601+6.55\%V$。

3. 建筑物折旧

根据估价人员现场查看，仓储楼于 2001 年左右投入使用，至估价时点已经使用 6 年，参考建设部、财政部制定的《房地产单位会计制度——会计科目和会计报表》中有关"经租房产"耐用年限，钢混结构的非生产用房耐用年限为 60 年，残值率为 0。估价对象土地剩余使用年限为 35.76 年，但出让合同中无不到期可续期的约定，因此建筑物经济寿命按照耐用年限取 60 年，折旧率为 6/60=10%，此外，考虑估价对象设计于十几年前，存在可能与当前工业房地产需求不匹配的情况，因此存在功能性折旧，折旧率取 5%，则综合折旧率为 15%，仓储楼建筑物折旧为：

$(8949005+536940+268470+178980+364331+1788011) \times 15\% = 1812861$ 元。

同理，办公楼虽然尚未完工，但考虑其功能折旧，折旧率取 5%，则办公楼建筑物折旧为：

$(5636280+338177+169088+112726+229464+1126129) \times 5\% = 380593$ 元。

建筑物折旧合计为 $1812861+380593=2193454$ 元。

4. 房地产价值

将上述数据代入公式：房地产价值 = 土地重新购建价格 + 建筑物重新构建价格 - 建筑物折旧，即 $V=6772290+19697601+6.55\%V-2193454$。

解得 $V=25977996$ 元。即估价对象房地产市场价值为 2597996 元。

(二) 假设开发法

1. 确定开发完成后的价值

估价对象开发完成后工业房地产为 6 层仓储楼及配套办公楼，用市场比较法和收益法求取开发完成后房地产市场价值。

1) 市场比较法

(1) 收集和选取案例

根据估价人员查阅房地产交易中心内估价对象所处区域近期的房地产交易情况以及估价人员从市场上调查所得的资料，最后选取比较案例见表 12-8。

比较案例情况表　　　　表 12-8

案例	坐落	用途	价格类型	建筑面积（平方米）	总价（元）	交易日期	单价（元/平方米）
案例 A	宁桥路 999（T15-1）号二层东	工厂	成交价	1336.35	5330000	2007-8-17	3988
案例 B	宁桥路 999（T15-1）号一层东	工厂	成交价	1263.14	5140000	2007-9-7	4069
案例 C	富特东一路 458 号	仓库堆栈	成交价	4249.94	15300000	2006-9-15	3600

(2) 制定估价对象与比较案例的因素条件说明表

估价对象与比较案例因素条件说明见表 12-9。

报告十二 上海市浦东新区富特东一路××号在建工程房地产评估报告

因素条件说明表 表12-9

		估价对象	案例A	案例B	案例C
	房地产坐落	富特东一路410号	宁桥路999（T15-1）号二层东	宁桥路999（T15-1）号一层东	富特东一路458号
	总价（人民币）		5330000	5140000	15300000
	建筑面积（平方米）	14572	1336.35	1263.14	4249.94
	单价（元/平方米）		3988	4069	3600
	交易日期	2007-12-26	2007-8-17	2007-9-7	2006-9-15
	价格类型	评估价	成交价	成交价	成交价
区域因素	土地等级	七级	七级	七级	七级
	交通条件	较好	较好	较好	较好
	产业集聚度	较好	较好	较好	较好
	基础设施	齐全	齐全	齐全	齐全
	环境质量	一般	一般	一般	一般
个别因素	房屋类型	仓储	工厂	工厂	仓库堆栈
	建筑结构	框架	框架	框架	框架
	楼层	1-6/6	2/6	1/6	1-5/5
	建筑面积	地上14572	1336.35	1263.14	4249.94
	设备设施	一般	一般	一般	一般
	竣工年代	烂尾楼	1994	1994	2006
	土地形状	规则	规则	规则	规则
	临路状况	较好	较好	较好	较好
	权属性质	产权	产权	产权	产权

（3）系数修正

对比较案例制定比较因素系数修正表见表12-10。

比较因素系数修正表 表12-10

		案例A	案例B	案例C
	单价（人民币）	3988元/平方米	4069元/平方米	3600元/平方米
	交易日期修正	104/100	104/100	106/100
	交易情况修正	100/100	100/100	100/100
区域因素	土地等级	100/100	100/100	100/100
	交通条件	100/100	100/100	100/100
	产业集聚度	100/100	100/100	100/100
	基础设施	100/100	100/100	100/100
	环境质量	100/100	100/100	100/100
	小计	100/100	100/100	100/100
个别因素	房屋类型	100/100	100/100	100/100
	建筑结构	100/100	100/100	100/100
	楼层	100/100	100/100	100/100
	建筑面积	100/108	100/108	100/105
	设备设施	100/100	100/100	100/100
	竣工年代	100/100	100/100	100/102
	土地形状	100/100	100/100	100/100
	临路状况	100/100	100/100	100/100
	小计	100/108	100/108	100/107
	其他因素	100/100	100/100	100/100

以估价对象各要素情况为基准（100），可比实例的各要素与估价对象逐项进行比较，根据各因素优劣所造成的价格差异进行调整。可比实例优于估价对象的向上修正，反之，向下修正。

① 交易日期修正：根据上海工业房地产指数报告，环比涨跌情况见表12-11。

工业房地产指数环比涨跌情况　　　　　　　　　　　表12-11

月　份	07年2、3月	4、5月	6、7月	8、9月	10、11月
指　数	1%	1.2%	1.2%	0.6%	3.2%

根据最新的指数报告，结合估价人员对该区域工业房地产市场调查情况，分别对成交案例A、B、C作104/100、104/100、106/100的修正。

② 交易情况修正：案例A、B、C均为成交价格，不作修正。

③ 区域因素修正：估价对象与案例A、B、C所处的上海外高桥保税区和金桥出口加工区均为国家级开发区，区位相邻、区域环境相似，故区域因素不作修正。

④ 个别因素修正：估价对象与各比较案例在房屋类型、建筑结构、楼层、设备设施、容积率、土地形状、临路状况方面相同或相似，故均不作修正。

建筑面积：根据市场调查，房地产交易时受交易总价的影响，建筑面积小的成交单价通常高于建筑面积大的房屋。因此对各比较案例分别作100/108、100/108、100/105的修正。

竣工年代：估价对象为"烂尾楼"，需续建，始建于1995年、案例A、B竣工于1994年，案例C竣工于2006年，故分别作100/100、100/100、100/102的修正。

⑤ 权属修正：比较案例与估价对象均具备完全产权，因此全部不作修正。

（4）计算比准价格（表12-12）

比准价格计算表　　　　　　　　　　　表12-12

	案例A	案例B	案例C
单价（人民币）	3988元/平方米	4069元/平方米	3600元/平方米
交易日期修正	104/100	104/100	106/100
交易情况修正	100/100	100/100	100/100
区域因素修正	100/100	100/100	100/100
个别因素修正	100/108	100/108	100/107
其他因素修正	100/100	100/100	100/100
修正后的价格	3840	3918	3566

三个修正后价格较接近，因此取算术平均值作为估价结果，即比准单价＝（3840＋3918＋3566）/3＝3775元/平方米。

2）收益还原法

（1）计算公式（直接资本化法）：$V=NOI/R$

式中：V—房地产价值；NOI—年纯收益；R—资本化率。

（2）年纯收益（NOI）的确定

① 确定年总收益

由于当事人拒绝提供相关租赁协议，经向委托方征询，本次估价不考虑估价对象租赁情况对房地产价值的影响。

目前，外高桥保税区工业房地产的平均租金为1.2元/平方米/天，出租率较好。

估价对象周边工业房地产的租金挂牌情况见表12-13。

通过估价人员向估价对象及周边工业房地产询问租金情况，仓储类房地产2层及以上的租金和售价要低于1层，考虑估价对象总高为6层，并且本次估价目的为拍卖处置，分析比较后估价对象平均租金取1.1元/平方米/天。

报告十二 上海市浦东新区富特东一路××号在建工程房地产评估报告

周边工业房地产的租金挂牌情况　　　　　　　　　　　　　　　　表 12-13

地　址	建筑面积（平方米）	日租金（元/平方米/天）	来　源
新灵路258号1~2层	20000	1.2	招商网、厂房频道
日樱南路2层	11800	1.1	招商网、厂房频道
富特东二路、日樱北路1层	3340.43	1.3	招商网、厂房频道

根据估价人员现场勘察，该估价对象周边类似房地产出租情况较好。空置率包括摩擦空置和收租损失，按照每年空置1个月，为1/12=8.33%，取整为8%。

估价对象的第一年总收益为：1.1×365×(1-8%)=369.38元/平方米/年。

② 确定年总成本

a. 营业税及附加

根据上海市营业税征收的有关规定，按总收益的5%征收营业税，同时，按应缴纳的营业税税额计算征收7%的城建税、3%的教育费附加和1%的河道整治费，为年总收益的5%×(1+7%+3%+1%)=5.55%，即：369.38×5.55%=20.50元/平方米/年。

b. 房产税

根据《城市房地产税暂行条例》，为年总收益的12%，即：369.38×12%=44.33元/平方米/年。

c. 管理费

是指企业出租房地产进行必要的管理所发生的费用，经调查同类房地产的出租情况，管理费为年总收益的5%，即：369.38×5%=18.47元/平方米/年。

d. 维修费及保险费

是指为保证房地产正常出租使用每年需支付的建筑物修缮费、设备维护及更新、保险等费用，通常按照年总收益的2%计，即：369.38×2%=7.39元/平方米/年。

合计年总成本为：90.69元/平方米/年。

③ 年纯收益

NOI=369.38-90.69=278.69元/平方米/年。

（3）资本化率（R）的确定

本次估价资本化率采用市场提取法计算，过程见表12-14。

资本化率计算表　　　　　　　　　　　　　　　　　　　　　　表 12-14

房屋地址		富特西一路115号	外高桥保税区	富特东一路458号	金桥开发区
面积（平方米）		11567.17	5680	4250	6000
市场单价（元/平方米）		4000	3400	3600	5200
租金		1.2	1	1	1.5
出租率		92%	92%	92%	92%
年总收益		402.96	335.8	335.8	503.7
年总费用	营业税费（收益×5.55%）	22.36	18.64	18.64	27.96
	房产税（收益×12%）	48.36	40.30	40.30	60.44
	管理费（收益×5%）	20.15	16.79	16.79	25.19
	房屋维修费和保险费收益×2%	8.06	6.72	6.72	10.07
	小计	98.93	82.45	82.45	123.66
年净收益（收益-费用）		304.03	253.35	253.35	380.04
资本化率(年净收益/市场交易价格)		7.60%	7.45%	7.04%	7.31%
权重		25.00%	25.00%	25.00%	25.00%
取权重后		7.35%			
取整		估价对象综合资本化率为7.40%			

(4) 房地产收益价格（V）：$V=NOI/R=278.69/7.40\%=3766$ 元/平方米。

3) 开发完成后的价值计算

市场法结果为 3775 元/平方米，收益法结果为 3766 元/平方米，两个计算结果较为接近，可取算术平均值作为估价结果，即开发完成后房地产市场单价＝$3775\times50\%+3766\times50\%=3770.5$ 元/平方米，取整为 3770 元/平方米。

地上建筑面积为 14572 平方米，开发完成后房地产市场总价＝$3770\times14572=54936440$ 元。

2. 确定续建成本

续建标准：假定估价对象续建仓储楼的安装及装饰标准与 1~2 层已建部分相同，因此续建部分安装及装饰标准参照已建部分，即外墙涂料、国产电梯、内墙涂料，无内装饰；6 层办公楼按照该区域内多层普通办公楼进行安装及饰面工程，即外墙涂料，国产电梯，办公区域地坪铺设地砖、矿棉板吊顶、无框玻璃门；公共区域普通铺设花岗岩地坪、内墙涂料。

根据前述成本法中的建安成本，确定续建成本见表 12-15。

(1) 仓储楼续建成本

仓储楼续建成本　　　　　　　　　　　　表 12-15

项目内容		特征	造价（元/平方米）	计价面积（平方米）	总价（元）
建安工程费	土建工程	墙体工程	加气混凝土砌块、砖墙	280	7090.26	1985273
		楼地面工程	细石混凝土找平、地砖	420	7090.26	2977909
		屋面工程	SBS 防水卷材、XPS 挤塑泡沫聚苯保温板、水泥砂浆保护层	160	7090.26	1134442
		装饰工程	乳胶漆、外墙涂料等	140	7090.26	992636
		其他措施工程		120	7090.26	850831
	安装工程		主干线电缆桥架敷设、普通开关及插座、PPR 给水管、UPVC 排水管、TOTO 卫生洁具、消火栓、喷淋、火灾报警系统	200	7090.26	1418052
	小计					9359143
红线内基础设施及室外总体工程费			场地、围墙、绿化等	200	7090.26	1418052
合计						10777195

注：1. 续建筑面积按 7090.26 平方米计算（10959－3868.74＝7090.26）。
2. 参考厂房工程造价指标，安装工程造价为 200 元/平方米。
3. 续建时，为保证整个项目的正常使用，需对现有的配套设施进行扩建完善，增加部分配套费按照续建建筑面积取 200 元/平方米。

(2) 办公楼续建成本（表 12-16）

办公楼续建成本　　　　　　　　　　　　表 12-16

项目内容		特征	造价（元/平方米）	计价面积（平方米）	总价（元）
建安工程费	土建工程	装饰工程	乳胶漆、外墙涂料等	120	3613	433560
		其他措施工程	脚手架、垂直运输、施工排水降水、机械进出场及安拆等	40	3613	144520
	安装工程		主干线电缆桥架敷设、普通开关及插座、PPR 给水管、UPVC 排水管、TOTO 卫生洁具、消火栓、喷淋、火灾报警系统	200	3613	722600
	小计					1300680

注：1. 建筑面积按 3613 平方米计算。
2. 续建时，部分其他措施如脚手架等需重新投入，因此其他措施工程费取 40 元/平方米。
3. 参考办公楼工程造价指标，安装工程造价为 200 元/平方米。

(3) 专业费

由于续建时可能需重新投入建筑设计费、审图费、工程审计费，续建时专业费的费率应高于正常建设的费率，因此续建专业费取续建成本的8%，则：

仓储楼续建专业费=10777195×8%=862176元。

办公楼续建专业费=1300680×8%=104054元。

续建专业费小计=862176+104054=966230元。

(4) 续建开发成本合计

续建建设成本=10777195+1300680+966230=13044105元。

3. 建设单位管理费

建设单位管理费取值依据同专业费，费率取3%，则：

仓储楼续建建设单位管理费=10777195×3%=323316元。

办公楼续建建设单位管理费=1300680×3%=39020元。

续建建设单位管理费小计=323316+39020=362336元。

4. 不可预见费

不可预见费为续建成本的2%，则：

仓储楼续建不可预见费=10777195×2%=215544元。

办公楼续建不可预见费=1300680×2%=26014元。

续建建设单位管理费小计=215544+26014=241558元。

5. 取得在建工程的税费

取得在建工程的税费为购买在建工程缴纳包括契税及手续费等税费，为在建工程价值的3%，在建工程价值为V，取得在建工程的税费为$0.03V$。

6. 续建工程的利息

取续建周期为1年，年利率为7.47%，在建工程的价款和取得在建工程的税费在续建初期投入，其他建设成本在建设期内均投，在建工程房地产价值设为V，则利息为$(V+0.03V)\times[(1+7.47\%)1-1]+(13044105+362336+241558)\times[(1+7.47\%)0.5-1]=500573+0.07694V$。

7. 续建工程的投资利润

投资利润考虑投资者买入在建工程的预期利润和后续投入成本的利润，根据对该类房地产开发利润的调查和续建周期，投资利润率取18%计，则：

投资利润$=(13044105+362336+241558+V+0.03V)\times18\%=2456640+0.1854V$。

8. 销售税费

销售税费包括营业税及附加、销售费用和办证等费用，其中营业税及附加为售价的5.55%，销售费用为售价的1%，合计为6.55%，办证等费用按照地上建筑面积10元/平方米，计则销售税费为$54936440\times6.55\%+14572\times10=3744057$元。

9. 在建工程价格计算

在建工程价值=续建完成后的房地产价值-续建成本-管理费用-销售费用-投资利息-销售税费-续建投资利润-取得在建工程的税费

$V=54936440-13044105-362336-241558-(500573+0.07694V)-(2456640+0.1854V)-3744057-0.03V$

解得$V=26763213$元。即估价对象房地产市场价值为26763213元。

七、估价结果确定

综合以上计算结果，成本法的计算结果为25977996元，假设开发法的计算结果为26763213元，考虑成本法计算结果是以估价对象已投入的成本为主要依据，假设开发法计算结果是在预计开发完成后房地产市场价值的基础上扣除续建成本和相关税费所得，更能体现估价对象的市场价值，因此，对成本法的计算结果取 40% 的权重，假设开发法的计算结果取 60% 的权重。

评估总价＝25977996×40%＋26763213×60%＝26449126 元。取整为 2645 万元。

以现状地上建筑面积 7481.74 平方米计的评估单价为：26450000÷7481.74＝3535 元/平方米。

附件（略）

第六部分　房地产损害赔偿估价

第六部分 突地方地震害部估价

报告十三

北京市×区×小区×号楼×单元×室房屋质量缺陷损失估价报告

北京国地房地产土地评估有限公司　　蔡苏文　张桂芸

评析意见

　　房屋质量缺陷损失评估是房地产估价行业近年拓展的一个新兴服务领域。此类评估项目的主要难点是如何正确判断在房屋质量缺陷修复后，是否仍会对房屋市场价值造成贬损，以及如何客观合理地确定其贬损程度。该报告介绍了估价师在认真进行现场查勘，并翻阅有关质量鉴定报告和原有设计图纸等资料的基础上，综合运用房地产估价知识，以及房屋建筑、工程施工、工程造价和市场调查、统计分析等相关专业知识，并综合采用两种方式确定其价值贬损程度：一是收集类似房屋质量缺陷损失评估案例，经综合比较分析后进行确定；二是向有关知情人士进行专项调查，根据调查资料经综合比较分析后进行确定。该报告是依据《房屋质量缺陷损失评估规程》进行的一个评估实例，报告内容基本完整，技术思路比较清楚，又在定量分析方面有一定独创性，因而具有较好的示范意义。但是在测算过程中，确定部分参数的理由不够充分。

目录（略）
致委托人函

甲先生、乙先生：

　　受您委托，我公司对甲先生所有的位于北京市×区×小区×号楼×单元×室房屋因质量缺陷所造成的房地产经济价值降低损失进行了客观、公正地评估。

　　估价对象概况：根据《房屋所有权证》（京房权证×私移字第×号）和现场查勘，估价对象坐落于北京市×区×小区×号楼×单元×室，房屋所有权人为甲先生，建筑面积为80.00平方米，产权性质为商品房，混合结构，总层数为五（-1）层，所在楼层为第五层，设计用途为住宅，土地使用年期自2005年×月×日至2073年×月×日，户型为两室两厅一厨一卫无阳台，南北朝向，建成于2004年，并于2004年进行了装修，维护情况一般，目前正常使用。

　　房屋质量缺陷状况：根据北京市×质量鉴定中心出具的《房屋质量鉴定报告》（No.×号），甲先生所有的位于北京市×区×小区×号楼×单元×室房屋存在以下质量缺陷：根据现场检测结果及对照原设计图纸分析，×小区×号楼×单元×室住房客厅和卧室窗洞口尺寸的扩大，及将雨罩板改为阳台底板，进行填铺地面和用轻钢构建和塑钢窗围建，增加雨罩板的荷载，使房屋的结构出现了四处（两处墙体、两处雨罩板）质量安全隐患，降低了房屋质量的抗震能力。同时，上述拆改违反了《住宅室内装饰装修管理办法》（建设部第110号令）的有关规定，建议恢复原状并对损坏的承重构件进行加固处理。

　　估价目的：本次估价为委托人确定北京市×区×小区×号楼×单元×室房屋因质量缺陷造成的房地产经济价值降低损失及房地产市场价值，为双方确定交易价格提供客观、公正、合理的价值参考依据。

　　估价时点：二〇〇八年×月×日。

　　估价依据：《北京市房屋质量缺陷损失评估规程》；国家建筑工程质量验收规范及《房地产估价规

范》；全国人大、国务院、建设部、国土资源部以及北京市有关部门颁布的有关法律、法规和政策文件；委托人提供的有关资料；我公司所掌握的北京市房地产市场和建筑市场的有关资料以及估价人员实地查勘、调查所收集的有关资料。

估价结果：本着独立、客观、公正的原则，根据估价目的，遵循估价原则，按照估价程序，选用科学的估价方法，在认真分析现有资料的基础上，结合房屋质量缺陷损失估价的特点，综合分析了估价对象房屋质量缺陷对房地产市场价值的各项影响因素，通过仔细测算，我们确定北京市×区×小区×号楼×单元×室房屋在估价时点二〇〇八年×月×日的房屋质量缺陷损失数额为 56688 元，大写金额人民币伍万陆仟陆佰捌拾捌元整。

在考虑上述质量缺陷损失的情况下，北京市×区×小区×号楼×单元×室在估价时点二〇〇八年×月×日的房地产市场价值为 721232 元，大写金额人民币柒拾贰万壹仟贰佰叁拾贰元整，市场单价为 9015 元/平方米。

估价过程及有关说明详见《估价的假设和限制条件》、《估价结果报告》和《估价技术报告》。

估价报告应用有效期：自提交报告之日 2008 年×月×日起壹年。

提交报告份数：一式三份。

此致

北京国地房地产土地评估有限公司
二〇〇八年×月×日

房地产估价师声明（略）
估价的假设和限制条件

一、根据委托方的要求，本次估价的估价对象为甲先生所有的位于北京市×区×小区×号楼×单元×室房屋因质量缺陷造成的损失及房地产市场价值。

二、本次估价，在确定房屋质量缺陷和修复方案时，以委托人提供的北京市×质量鉴定中心出具的《房屋质量鉴定报告》（No.×号）为依据进行估价。

三、根据委托方提供的《房屋所有权证》（京房权证×私移字第×号）和现场查勘，估价对象坐落于估价对象坐落于北京市×区×小区×号楼×单元×室，房屋所有权人为甲先生，建筑面积为 80.00 平方米，产权性质为商品房，混合结构，总层数为五（-1）层，所在楼层为第五层，设计用途为住宅，土地使用年期自 2005 年×月×日~2073 年×月×日，户型为两室两厅一厨一卫无阳台，南北朝向，建成于 2004 年，估价对象位于×号楼第 5 层东端。根据我们调查到的资料，估价对象所在宗地的居住用途剩余使用年期为 65 年。

四、根据委托方的要求和《北京市房屋质量缺陷损失评估规程》，本次估价在确定质量缺陷损失数额时仅考虑了客厅和卧室窗洞口及雨罩板等恢复原状施工费用、周转安置费用、施工影响的补偿费用和因此造成的房地产市场价值降低损失，未考虑因房屋质量缺陷所引起的其他连带损失。

五、委托人没有委托相应的有资质单位出具相应的修复方案，应委托人的要求我们根据《房屋质量鉴定报告》制定了具体的修复方案，并根据该修复方案进行了现场测量和记录，该修复方案和现场测量记录均得到了委托人的签字认可。本次估价，在计算相关工程量时以该修复方案和现场测量记录为准进行计算。

六、我公司估价人员蔡苏文和张桂芸已于 2008 年×月×日会同委托人对估价对象进行了详细的实地查勘和测量，对估价对象的房屋质量缺陷部位进行了拍照，并做了实地查勘记录。估价对象房屋装修情况较好，目前正常使用。

七、委托方没有提供有关担保、租约等方面的资料。本次估价假设估价对象产权清晰、无纠纷，并假设估价对象于估价时点没有设定抵押权、租赁权、担保权等他项权利，估价结果不受他项权利状况的影响。

八、本次估价中假设估价对象处于公开公平的交易市场中,未来市场短期波动、短期变现和强制处分等因素对其价值会有一定的影响,在此我们不予考虑。

九、本报告之估价结果不含可能发生的交易税费、手续费等。

十、本估价报告中依据的有关文件资料均由委托人提供,该文件资料的真实性、合法性和完整性由提供方负责。

十一、本次估价结果自报告提交之日起有效期为壹年。

估价结果报告

一、委托人(略)

二、受托估价方(略)

三、房屋质量缺陷状况

1. 房地产项目基本状况

本次估价对象为甲先生所有的位于北京市×区×小区×号楼×单元×室房屋因质量缺陷造成的损失及房地产市场价值。

×小区位于北京×区×路×号,×桥东500米,小区东临×小区、南临×河绿化带、西临×中路,北临×路。小区南距×路400米,西离×路、规划地铁×号线500米。×等众多公交线路通过并设站,与周边区域便捷连通,交通较为便利。×小区拥有较为成熟的生活配套和休闲娱乐设施,周边有×学院、×中学、×小学、×幼儿园、×购物中心、×商场、×超市、邮局、工行、建行、×医院、×餐厅等。

×小区×号楼为地下一层地上五层的混合结构楼房,建筑面积约×平方米,该楼长×米,宽×米,总高×米,层高2.80米(五层局部2.25米),建设标准为:混合结构、外墙高级面砖、外墙保温、塑钢门窗、内部初装修、双路供电、市政供水、市政天然气、集中供暖、电话线入户。

根据委托人提供的《房屋所有权证》(京房权证×私移字第×号)和现场查勘,估价对象坐落于北京市×区×小区×号楼×单元×室,房屋所有权人为甲先生,建筑面积为80.00平方米,产权性质为商品房,混合结构,总层数为五(-1)层,所在楼层为第五层,设计用途为住宅,土地使用年期自2005年×月×日至2073年×月×日,户型为两室两厅一厨一卫无阳台,南北朝向,建成于2004年,估价对象位于×号楼第5层东端,装修较好,目前处于正常使用中。

估价对象房地产基本情况表　　　　　　　　　　　　　　　　　　　　　　　　表 13-1

房产证号	京房权证×私移字第×号		所有权人	甲先生
房屋坐落	京市×区×小区×号楼×单元×室		产权性质	商品房
产别	私产	幢号	×	房号	×-×
结构类型	混合		建筑面积	80.00平方米
总层数	5(-1)层	所在楼层	5层	设计用途	住宅
土地证号	—		使用面积	—
使用年限	2005年×月×日	至	2073年×月×日	权属性质	—
实际用途	住宅	建成年份	2004年	公摊系数	—
所属区县	×区	所属片区	×	小区名称	×小区
东临	×小区	南临	×河绿化带	西临	×中路
北临	×路	朝向	南北	层高	2.8米(局部2.25米)
外观情况	很好	使用状况	自用	采光通风	无阻隔,较好
房屋类型	多层板楼	装修情况	装修较好	物业管理	有,较规范
户型	二室二厅一卫	采暖方式	集中供暖	观察成新	95%

估价对象房地产装修情况表　　　　　　　　　　　　　　　　　　　　　表13-2

公共部分装修					
外墙	外墙面砖	门窗	塑钢窗	屋面	坡屋面
楼梯间	花岗石地面、涂料墙面、不锈钢栏杆	电梯间	无	门禁系统	对讲系统
房屋内部情况					
部位	地面	墙面	顶棚	门窗	设备设施	其他
客厅	地面砖	乳胶漆	石膏板吊顶	装饰木门	—	艺术造型
卧室	实木地板	乳胶漆	石膏板吊顶	装饰木门	—	—
卫生间	地面砖	墙面砖	铝扣板吊顶	装饰木门	卫生洁具	—
厨房	地面砖	墙面砖	铝扣板吊顶	装饰木门	整体厨房	—
阳台	无					
设备设施	齐全完善	有无电梯	无	特殊情况	复式结构上层改造而来	

估价对象房地产区域因素情况表　　　　　　　　　　　　　　　　　　　表13-3

居住区	拥有较为成熟的生活配套和休闲娱乐设施，小区内环境较好，物业管理较为规范，社区完善、成熟度较好		
交通情况	公共交通	×等众多公交线路	周边路况	区南距×路400米，西离×路、规划地铁×号线500米，路网密集，交通便捷
临路状况	小区西临×中路，北临×路		商业中心	区域商业中心在×地区，距离均较远
环境状况	自然环境	附近无污染源，自然环境一般	小区环境	景观绿化一般，小区环境一般
	教育环境	×中学、×小学、×幼儿园，教育环境一般	人文环境	临近剧院、图书馆等较少人文环境一般
	停车状况	地上停车位，车位偏紧，停车管理较为有序	特殊景观	临近×河绿化带
公共设施	商场超市	×超市、×商店	饭馆酒店	×酒楼、小吃一条街等
	娱乐设施	社区活动中心、×体育馆等	银行邮局	工行、建行、农行、光大等
基础设施	七通一平（通路、通电、通上水、通下水、通信、通暖、通气）			

2. 房屋质量缺陷状况

根据北京市×质量鉴定中心出具的《房屋质量鉴定报告》（No.×号），甲先生所有的位于北京市×区×小区×号楼×单元×室房屋存在以下质量缺陷：根据现场检测结果及对照原设计图纸分析，×小区×号楼×单元×室住房客厅和卧室窗洞口尺寸的扩大，及将雨罩板改为阳台底板，进行填铺地面和用轻钢构建和塑钢窗围建，增加雨罩板的荷载，使房屋的结构出现了四处（两处墙体、两处雨罩板）质量安全隐患，降低了房屋质量的抗震能力。同时，上述拆改违反了《住宅室内装饰装修管理办法》（建设部第110号令）的有关规定，建议恢复原状并对损坏的承重构件进行加固处理。

3. 缺陷产生原因

根据委托人提供的北京市×质量鉴定中心出具的《房屋质量鉴定报告》（No.×号），上述房屋质量缺陷的产生原因可归纳如下：

该住宅未经相关部门审查，私自进行了如下改造：

（1）客厅原窗口扩大为垭口，现垭口高约×mm，宽约×mm，墙体厚约×mm，另在垭口外以下层房屋阳台上部的雨罩板为底板填铺地面，用轻钢构件和塑钢窗围建了一个新阳台。

（2）大卧室原窗口扩大为门连窗现门口高约×mm，宽约×mm，窗口高约×mm，宽约×mm，墙体厚约×mm，另在门连窗外以下层房屋阳台上部的雨罩板为底板填铺地面，用轻钢构件和塑钢窗围建了一个新阳台。

4. 修复改造方案

委托人没有委托相应的有资质单位出具相应的修复方案，应委托人的要求我们根据《房屋质量鉴定报告》制定了具体的修复方案，并根据该修复方案进行了现场测量和记录，该修复方案和现场测量记录均得到了委托人的签字认可。本次估价，在计算相关工程量时以该修复方案和现场测量记录为准进行计算。

经委托人认可的上述房屋质量缺陷的修复改造方案确定如下：

（1）将上述私自改造的两个阳台、垭口及门连窗等全部拆除干净。

（2）按照原有设计恢复被损坏的墙体、圈梁、保温及防水等原有做法，并对承重构件进行加固处理。

（3）对恢复原状后的部位按照统一的装修标准进行重新装修。

四、估价目的

本次估价为委托人确定北京市×区×小区×号楼×单元×室房屋因质量缺陷造成的房地产经济价值降低损失及房地产市场价值，为双方确定交易价格提供客观、公正、合理的价值参考依据。

五、估价时点

二〇〇八年×月×日。

六、房地产市场价值及房地产质量缺陷损失定义

本次质量缺陷损失评估为估价对象北京市×区×小区×号楼×单元×室房屋在估价时点二〇〇八年×月×日因质量缺陷造成的房地产经济价值降低损失。包括客厅和卧室窗洞口及雨罩板等恢复原状施工费用、周转安置费用、施工影响的补偿费用和因此造成的房地产市场交易或收益价值降低损失，未考虑因房屋质量缺陷所引起的其他连带损失。

本次估价的房地产市场价值为估价对象北京市×区×小区×号楼×单元×室房屋，建筑面积 80.00 平方米、居住用途、商品房性质，基于现状条件下，在考虑上述质量缺陷损失的情况下，在估价时点二〇〇八年×月×日的完整产权的公开市场价值。

七、估价依据（略）

八、估价原则（略）

九、估价方法

1. 估价对象房地产在无质量缺陷条件下的房地产市场价值评估

房地产估价中常用的估价方法有收益还原法、市场法、假设开发法、重置成本法和基准地价修正法等，根据估价对象的特点及我们所掌握的市场资料，在遵循有关法规、政策和估价技术标准的基础上，经过估价人员的实地查勘和认真分析，针对估价对象的实际用途和房地产市场的运行规律，本次估价采用市场法、基准地价修正法和重置成本法进行估价，最后经过综合测算确定估价对象的估价时点无房屋质量缺陷条件下的市场价值。

2. 房屋质量缺陷损失评估

房屋质量缺陷损失评估中常用的估价方法有成本法、资本化法、价差法和市场法等，估价人员在认真分析现有资料并进行了实地查勘后，遵循国家有关法规、政策和估价技术标准的基础上，结合房屋质量缺陷损失评估的特点，参考《房屋质量鉴定报告》（No.×号），综合分析了估价对象房屋质量缺陷对房地产市场价值的各项影响因素，经过反复研究，选取成本法作为本次估价的基本方法，并采用市场法求取质量缺陷修复施工后造成的房地产市场价值降低损失。

十、估价结果

本着独立、客观、公正、谨慎总原则，根据估价目的，遵循估价原则，按照估价程序，选用科学的估价方法，在认真分析现有资料的基础上，结合房屋质量缺陷损失评估的特点，综合分析了估价对象房屋质量缺陷对房地产市场价值的各项影响因素，通过仔细测算，我们确定北京市×区×小区×号楼×单元×室房屋在估价时点二〇〇八年×月×日的房屋质量缺陷损失数额为：

房屋质量缺陷损失：56688 元。

大写金额：人民币伍万陆仟陆佰捌拾捌元整。

在考虑上述质量缺陷损失的情况下，采用市场法、基准地价修正法和重置成本法，确定北京市×区

×小区×号楼×单元×室在估价时点二〇〇八年×月×日的房地产市场价值为：

考虑上述质量缺陷损失的情况下的房地产市场价值：721232元。

大写金额：人民币柒拾贰万壹仟贰佰叁拾贰元整。

考虑上述质量缺陷损失的情况下的房地产市场单价：9015元/平方米。

十一、估价人员（略）

十二、估价作业日期

二〇〇八年×月×日至二〇〇八年×月×日。

十三、估价报告应用有效期

本估价报告应用有效期为自报告提交之日起壹年。

十四、有关说明

1. 本估价结果仅为委托人确定房屋质量缺陷损失数额和房地产市场价值提供客观、公正、合理的价值参考依据。

2. 本估价报告中依据的有关文件资料均由委托人提供，该文件资料的真实性、合法性和完整性由提供方负责。

3. 本估价报告得出的结论受到已说明的假设和限制条件的限制，并仅用于报告中所述的估价目的，不得作为他用，否则不承担任何责任。

4. 未经评估单位书面同意，本估价报告的全部或任一部分均不得用于公开的文件、通告或报告中，也不得以任何方式公开发表。

估价技术报告

一、房屋质量缺陷状况分析

1. 房地产项目基本状况（同结果报告，略）。
2. 房屋质量缺陷状况（同结果报告，略）。
3. 缺陷产生原因（同结果报告，略）。
4. 修复改造方案（同结果报告，略）。
5. 修复影响分析：

根据前面的房屋质量缺陷状况分析，可判断本次房屋质量缺陷为房屋使用安全性质量缺陷和可修复的质量缺陷，在按照质量缺陷修复改造方案进行修复后，可以使估价对象房地产满足国家有关标准和正常使用的要求，但会在房屋结构整体性、耐久性、适用性和使用者心理等方面产生一定的影响，造成一定的价值减损。

二、估价方法选用

1. 估价对象房地产在无质量缺陷条件下的房地产市场价值评估

房地产估价中常用的估价方法有收益还原法、市场法、假设开发法、重置成本法和基准地价修正法等，根据估价对象的特点及我们所掌握的市场资料，在遵循有关法规、政策和估价技术标准的基础上，经过估价人员的实地查勘和认真分析，针对估价对象的实际用途和房地产市场的运行规律，本次估价采用市场法、基准地价修正法和重置成本法进行估价，最后经过综合测算确定估价对象的估价时点无房屋质量缺陷条件下的市场价值。

（1）采用以下方法的理由

估价对象所在区域房地产市场较发达，有较多的二手房交易案例，因此可通过市场法测算估价对象的市场价格。市场法是将估价对象房地产与近期已经发生交易的类似案例加以比较对照，从已经发生了交易的类似案例价格，修正得出估价对象房地产价格的一种方法。

估价对象位于北京市基准地价覆盖范围内，其土地使用权价值能够采用基准地价修正法估算。估对象已经建成，属可以重新开发建设的现有房地产，且北京市住宅类物业建设市场活跃，可以获得客观的建设成本，因此可采用重置成本法评估。基准地价修正法是利用城镇基准地价和基准地价修正系数等估价成果，按照替代原则，就委估宗地的区域条件和个别条件等与其所处区域的平均条件相比较，并对照修正体系选取相应的修正系数对基准地价进行修正，进而求取委估宗地在估价时点价值的方法。重置成本法是先计算出以估价时点当时的建筑材料、建筑技术与工艺等，重新建造与旧有建筑物具有同等效用的新建筑物的重置成本，再加上正常的利润和应纳税金等费用得出估价对象建筑价值的一种估价方法。最后加总得出估价对象房地产的市场价值。

（2）没有采用以下方法的理由

估价对象属于已经开发建设完成的房地产，也没有对估价对象重新规划开发，经估价人员的现场勘查估价对象现状用途已经体现了该房地产的最高最佳使用，本次评估不适合采用假设开发法。

估价对象现状为住宅类房地产，地处×地区，该区域内住宅多为自用，出租实例较少，且由于目前北京市住宅类物业的租赁市场租金水平很低，无法充分体现估价对象的实际价值，故没有采用收益还原法。

2. 房屋质量缺陷损失评估

房屋质量缺陷损失评估中常用的估价方法有成本法、资本化法、价差法和市场法等，估价人员在认真分析现有资料并进行了实地查勘后，在遵循国家有关法规、政策和估价技术标准的基础上，结合房屋质量缺陷损失估价的特点，参考《房屋质量鉴定报告》（No. ×号），综合分析了估价对象房屋质量缺陷对房地产市场价值的各项影响因素，经过反复研究，选取成本法作为本次估价的基本方法，并采用市场法求取质量缺陷修复施工后造成的房地产市场价值降低损失。

成本法：是求取修复房屋质量缺陷所必需的各项费用之和作为房屋质量缺陷损失的方法。修复房屋质量缺陷所必需的各项费用包括拆除工程费用、修缮工程费用、恢复工程费用和直接经济损失，在扣除被拆除物残值后即得出房屋质量缺陷损失的评估值。

三、估价测算过程

1. 估价对象房地产在无质量缺陷条件下的房地产市场价值评估

首先采用市场法、基准地价修正法和重置成本法分别求出估价对象房地产市场价值，进行综合分析后，确定估价对象房地产在无质量缺陷条件下的房地产市场价值。

（1）采用基准地价修正法和重置成本法求出估价对象房地产市场价值

先采用基准地价修正法测算估价对象土地使用权价值，然后采用重置成本法测算估价对象房屋建筑物的价值，最后加总求得估价对象总价值。

① 运用基准地价修正法求取地价

A. 基准地价说明

2002年，北京市对1993年公布的基准地价进行了更新，根据北京市人民政府文件《北京市人民政府关于调整本市出让国有土地使用权基准地价的通知》，新基准地价自2002年12月10日起施行。

B. 基准地价内涵

基准地价的基准日为2002年1月1日，基准地价是各土地级别内，"七通一平"（或"五通一平"）土地开发程度下，平均容积率条件下，同一用途的完整土地使用权的平均价值。

C. 基准地价计算公式

宗地楼面熟地价＝适用的基准地价（楼面熟地价）×期日修正系数×年期修正系数×容积率修正系数×因素修正系数。

D. 具体测算过程

a. 适用的基准地价（楼面熟地价）

根据北京市基准地价级别范围，估价对象所在的区域的土地级别属于居住用途五级，基准地价（楼面熟地价）为1500～2790元/平方米。宗地基准地价（楼面熟地价）参照《北京市基准地价表》有关规定，这里宗地楼面熟地价取高低限的平均值。则估价对象的基准地价（楼面熟地价）确定为2145元/平方米。

b. 期日修正系数

本次估价时点为2008年×月×日，基准地价的基准日为2002年1月1日，根据"中国城市地价动态监测系统"进行计算，确定期日修正系数为1.80。

c. 年期修正系数

基准地价中住宅用地的土地使用年期为住宅用途法定最高出让年期，即70年。本次估价中，估价对象土地剩余使用年期为65年，与基准地价不一致，需要进行年期修正，年期修正系数公式为：

$$K = \frac{1-1/(1+r)^n}{1-1/(1+r)^N}$$

式中：K—将基准地价土地的使用年期修正到估价对象土地使用年期的年期修正系数；N—基准地价居住用途的土地使用年期70年；n—估价对象土地剩余使用年期65年；r—土地还原利率。

土地还原利率实质上是一种投资的回报率，其确定的方法有市场提取法、累加法、投资收益率排序插入法等，在这里我们采取市场提取法。还原利率从纯理论上讲，应等于同等风险条件下资本的平均获利率。考虑同类项目资本化率，本次估价我们采取安全利率加风险调整值法确定还原利率，在房地产市场中，由于土地不同于一般生产要素的特性，在正常市场情况下，地价处于不断稳定上升的趋势，因此，对单独土地投资的风险和回报率均低于房地产开发项目，土地还原利率一般低于房地产综合还原利率，我们确定本次估价中土地还原利率为7.0%。

则：$K = 0.9964$。

d. 容积率修正系数

根据我们掌握的该宗地的出让信息，该宗地的规划容积率为地上2.0，此次按该容积率进行评估，查北京市基准地价容积率修正系数表得出容积率修正系数为1.00。

e. 因素修正系数

基准地价确定的居住用途用地影响因素包括居住社区成熟度、交通便捷度、区域土地利用方向、临路状况、宗地形状及可利用程度、公共服务设施和基础设施状况、自然和人文环境状况、与商业中心的接近程度等。估价对象各因素修正情况见表13-4。

基准地价因素修正系数表　　　　表13-4

影响因素	五级居住用地修正系数取值范围	估价对象情况说明	估价对象因素修正系数
居住社区成熟度	-3.0~3.0	拥有较为成熟的生活配套和休闲娱乐设施，小区内环境较好，物业管理较为规范	1.5
交通便捷度	-6.0~6.0	×路等公交线路通过并设站，与周边区域便捷连通，交通较为便利	3.0
区域土地利用方向	-3.0~3.0	该区域主要规划以居住为主，兼有商业设施，土地利用方向与区域规划基本一致	1.5
临路状况	-3.0~3.0	区西临×中路，北临×路，临路状况较好	1.5
宗地形状及可利用程度	-2.4~2.4	估价对象所在小区基本呈矩形，便于利用	1.5
公共服务设施和基础设施状况	-3.6~3.6	周边×等商场和邮局、工行、建行、×医院、×餐厅等，公共服务设施较齐全，基础设施完备	1.8
自然和人文环境状况	-6.0~6.0	区域内周边有×学院×中学、×幼儿园，自然和人文环境状况一般	0.0
与商业中心的接近程度	-3.0~3.0	该区域为大型居住区，区域性商业中心在×地区，其距上述商业中心距离均较远	-0.3
合计			10.5

则估价对象因素修正系数为1.105。

基准地价修正法计算表 表13-5

地价体系	北京市基准地价	土地级别	居住五级
容积率	2.00	剩余使用年限	65.0年
基准地价	2145元/平方米	期日修正系数	1.8000
土地还原利率	7.00%	年期修正系数	0.9964
容积率修正系数	1.0000	因素修正系数	1.1050
其他情况修正	1.0000	楼面熟地价	4251元/平方米

② 运用重置成本法求取房屋建筑物价值

重置成本法即先以建造建筑物所需耗费的各项费用之和为基础，再加上一定的利润和应纳税金等来确定在估价时点时的建筑物重置全价，再根据使用年限法和观察法综合确定建筑物的成新率，从而求取建筑物价值的估价方法，其基本计算公式为：

建筑物价值＝建筑物重置全价×成新率。

A. 开发成本

开发成本是指在取得的房地产开发用地上进行基础设施建设、房屋建设所必要的直接费用、税金等，主要包括勘察设计和前期工程费、建筑安装工程费、基础设施建设费、公共配套设施建设费、其他工程费、开发期间税费。

a. 勘察设计和前期工程费

勘察设计和前期工程费包括各种房地产开发前期费用，主要包括：①工程勘察费，包括水文、文物、工程地质勘察费；②建筑规划及设计费，包括建筑工程设计费，建筑规划测绘费用等；③标底编制费；④前期工程费，包括施工通水、通电、通气、通路及平整土地的费用；⑤勘察设计和前期工程建设中发生的其他费用。如市场调研，可行性研究，项目策划，工程勘察，环境影响评价，交通影响评价，规划及建筑设计，建设工程招标，临时用房等开发项目前期工作的必要支出。一般同类物业此项费用占建安费用的3%～5%。根据估价对象实际情况，确定勘察设计和前期工程费为建筑安装工程费的3%。

b. 建筑安装工程费

建筑安装工程费包括建造建筑物及附属工程所发生的土建工程费用、安装工程费用、装饰装修工程费用等。附属工程指房屋周围的围墙、水池、建筑小品、绿化等。根据我们掌握的目前北京市房地产市场和住宅建设资料和估价对象房屋建筑物的实际建筑和装修费用，按开发期为2年，确定房屋建筑安装工程费为2200元/平方米。

c. 基础设施建设费

基础设施建设费包括城市规划要求配套的道路、给水排水（给水、雨水、污水、中水）、电力、电信、燃气、有线电视等设施的建设费用。估价对象宗地红线外的基础设施建设费已包含在土地取得成本中。这里计算的是估价对象宗地红线内基础设施开发费，一般综合项目宗地红线内基础设施开发费为建筑安装工程费的10%～15%，根据我们掌握的房地产市场资料和估价对象实际情况，确定基础设施建设费为建筑安装工程费的10%。

d. 公共设施配套建设费

公共设施配套建设费是指开发项目内独立的、非营利性的且产权属于全体业主的，或无偿赠与地方政府、政府公用事业单位的公共配套设施支出。如城市规划要求的教育、医疗卫生、文化体育、社区服务、市政公用等非营业性设施的建设费用。考虑到估价对象为住宅物业，建设有配套的公共设施，确定公共设施配套建设费为建筑安装工程费的5%。

e. 开发期间税费

开发期间税费包括有关税收和地方政府或其有关部门收取的费用，如绿化建设费、人防工程费、监理费用和质量监督费用等，一般为建筑安装工程费的3%～5%。根据我们掌握的房地产市场资料和估价对象实际情况，开发期间税费取建筑安装工程费的3%。

B. 管理费用

管理费用是指房地产开发商为组织和管理房地产开发经营活动所必要的支出，包括房地产开发商的人员工资及福利费、办公费、差旅费等，通常以土地取得成本和开发成本之和的一定比例测算，一般这一比例为1%～3%。根据我们掌握的房地产市场资料和估价对象实际情况，确定开发期间税费为开发成本和土地取得成本的2%。

C. 投资利息

投资利息是指房地产开发完成或者实现销售之前发生的所有必要费用应计算的利息。利息率取估价时点银行二年期贷款利率6.75%，开发期假设为二年，以复利计算。假设房屋建筑物开发成本及管理费在整个开发期内均匀投入。

D. 销售税费

销售税费包括营业税及附加、房地产买卖手续费、销售费用。营业税及附加为开发完成后的房地产价值的5.5%，房地产买卖手续费为开发完成后的房地产价值的0.5%，销售费用包括代理及广告宣传费等，一般为开发完成后的房地产价值的1%～3%。根据我们掌握的房地产市场资料和估价对象实际情况，销售费用为开发完成后的房地产价值的2%。

E. 开发利润

开发利润是房地产开发商进行特定的房地产开发所希望获得的利润（平均利润）。根据评估人员掌握的目前房地产市场的有关资料，考虑到估价对象是居住物业，结合估价对象的实际情况和所在区域同类型房地产的平均投资回报水平，确定估价对象的利润率为开发完成后的房地产价值的15%。

F. 成新率

采用使用年限法和观察法综合确定估价对象建筑物的成新率为92%。

G. 具体测算过程（表13-6）

重置成本法计算表 表13-6

建安费用（含装修）	2200元/平方米		勘察设计和前期工程费	3.00%	66
基础设施建设费	10.00%	220	公共设施配套建设费	5.00%	110
开发期间税费	3.00%	66	开发成本		2662
管理费用	2.00%	138	开发年期		2.0年
贷款利息	6.75%	858	开发利润	15.00%	1526
销售税费	8.00%	814	重置全价		5924
成新率	92%		建筑物价值		5450元/平方米

③ 测算房地产总价值

房地产总价值为土地使用权价值与房屋建筑物价值合计，综合上述测算结果，房地产总价值为：

房地产单价＝4251＋5450＝9701元/平方米。

（2）采用市场法测算估价对象房地产在无质量缺陷条件下的市场价值

市场法是指在一定市场条件下求取估价对象价格时，依据替代原理，将估价对象与条件和使用价值相同或相似的若干土地交易实例相比较，通过对交易情况、交易日期、区域因素和个别因素等方面修正，得出估价对象在评估时点价格的一种评估方法。由市场法估价得到的价格，称为比准价格。其基本计算公式如下：

估价对象比准地价＝可比交易实例价格×交易情况修正系数×交易日期修正系数×区域因素修正系数×个别因素修正系数。

① 比较实例选择

根据我们掌握的二手房交易信息，按居住用途分别选择3个实例针对估价对象的用途、交易类型、区域特征和交通、基础设施等具体条件，将选择的市场交易实例进行比较参照。

② 因素选择与因素条件说明

根据所选案例房地产的各种价格影响因素具体条件，编制因素条件说明表；对估价对象与实例进行比较，以估价对象的各因素条件为基础，相应指数为100，将比较实例相应因素条件与估价对象相比较，确定出相应的指数，编制比较因素指数表和因素比较修正表。

比较因素条件说明表　　　　　　表13-7

		估价对象	实例1	实例2	实例3
	物业位置	×小区	×小区	×小区	××小区
	房地产价格	—	11472	11136	10752
	交易时间	2008年×月	2008年×月	2008年×月	2008年×月
	交易情况	正常交易	正常交易	正常交易	正常交易
	用途	住宅	住宅	住宅	住宅
区域因素	居住区成熟度	拥有较为成熟的生活配套和休闲娱乐设施，小区内环境较好，物业管理较为规范。但地下室存在对外出租现象且发生过刑事案件事故，小区形象一定程度受损	拥有较为成熟的生活配套和休闲娱乐设施，小区内环境较好，物业管理较为规范。但地下室存在对外出租现象且发生过刑事案件事故，小区形象一定程度受损	拥有较为成熟的生活配套和休闲娱乐设施，小区内环境较好，物业管理较为规范。但地下室存在对外出租现象且发生过刑事案件事故，小区形象一定程度受损	拥有较为成熟的生活配套和休闲娱乐设施，小区内环境较好，物业管理较为规范，社区完善、成熟度较好
	交通便捷度	南距×路400米，西离×路500米。×路等公交线路通过并设站，与周边区域便捷连通，交通较为便利	南距×路400米，西离×路500米。×路等公交线路通过并设站，与周边区域便捷连通，交通较为便利	南距×路400米，西离×路500米。×路等公交线路通过并设站，与周边区域便捷连通，交通较为便利	南距×路400米，西离×路300米。×路等公交线路通过并设站，与周边区域便捷连通，交通较为便利
	临路状况	小区西临×中路，北临×路	小区西临×中路，北临×路	小区西临×中路，北临×路	小区西临×路，北临×路
	公共服务设施和基础设施状况	周边×等商场和邮局、工行、建行、×医院、×餐厅等，公共服务设施较齐全，基础设施完备	周边×等商场和邮局、工行、建行、×医院、×餐厅等，公共服务设施较齐全，基础设施完备	周边×等商场和邮局、工行、建行、×医院、×餐厅等，公共服务设施较齐全，基础设施完备	周边×购物中心等商场和邮局、工行、建行、×医院、×餐厅等，公共服务设施较齐全，基础设施完备
	自然和人文环境状况	区域内周边有×学院×中学、×幼儿园，自然和人文环境状况一般	区域内周边有×学院×中学、×幼儿园，自然和人文环境状况一般	区域内周边有×学院×中学、×幼儿园，自然和人文环境状况一般	区域内周边有×学院×中学、×幼儿园，自然和人文环境状况一般
	与商业中心接近程度	该区域为大型居住区，区域性商业中心在×地区，其距上述商业中心距离均较远	该区域为大型居住区，区域性商业中心在×地区，其距上述商业中心距离均较远	该区域为大型居住区，区域性商业中心在×地区，其距上述商业中心距离均较远	该区域为大型居住区，区域性商业中心在×地区，其距上述商业中心距离均较远
个别因素	户型	二室二厅一厨一卫无阳台，由复式结构上层改造而来，房间布局及面积分配不够合理，户型较差	二室一厅一厨一卫二阳台，房间布局及面积分配较为合理，户型结构较好	二室一厅一厨一卫二阳台，房间布局及面积分配合理，户型结构较好	二室一厅一厨一卫二阳台，房间布局及面积分配合理，户型结构较好
	朝向	南北通透	南北通透	南北通透	南北通透
	楼层	5/5	11/13	9/13	3/6
	结构外观	砖混结构多层板楼	钢混结构小高层板楼	钢混结构小高层板楼	砖混结构多层板楼
	设备设施	设备设施齐全无电梯	设备设施齐全有电梯	设备设施齐全有电梯	设备设施齐全无电梯
	成新率	九二成	九二成	九二成	九成
	层高	2.80米，局部超过3米，但有约10%面积层高仅为2.20~2.80米	2.80米	2.80米	2.80米
	装修	中档装修，装修时间已4年，维护一般	中高档精装修，装修时间已4年，维护一般	中高档精装修，装修时间已5年，维护一般	中档精装修，装修时间已4年，维护较好
	剩余使用年期	65年	65年	65年	65年
	特殊情况	外墙外保温厚度有所欠缺，室内保温效果较差	无	无	无

为将各交易实例和估价对象间的各种差别量化，然后反映到房地产水平的差别上，必须将前述的估价对象和交易实例的各种比较因素条件转化为可比的定量条件指数。在确定各种因素条件差别量化标准即各种条件指数标准时，首先依据各因素条件对房地产价值的影响度分析，再根据估价师对当地房地产市场的分析和研究，结合机构内部和估价师的估价经验来确定估价对象和交易实例的各种因素条件指数，具体确定依据如下：

A. 交易时间修正

比较实例的交易时间均在估价时点前×个月以内，根据我们掌握的市场资料，通过对北京市近来市场交易实例的分析测算，价格变化平稳，以估价对象为100，确定比较实例的交易时间指数分别为100、100、100。

B. 交易情况修正

估价对象为住宅，交易情况属正常。根据评估人员的实际调查，3个比较实例的交易情况均正常，与估价对象的交易情况一致。以估价对象为100，确定比较实例的交易情况因素条件指数分别为100、100、100。

C. 用途修正

估价对象用途为住宅，评估所选择的3个比较实例的实际用途均为住宅，与估价对象一致。以估价对象为100，确定比较实例房地产用途因素条件指数分别为100、100、100。

D. 区域因素修正

a. 居住区成熟度

估价对象位于×区×地区，拥有较为成熟的生活配套和休闲娱乐设施，小区内环境较好，物业管理较为规范，但地下室存在对外出租现象且发生过刑事案件事故，小区形象一定程度受损，根据对市场数据进行对比分析以及估价师经验，影响程度约为1%。比较实例1和2与估价对象同属一个小区，以估价对象为100，确定比较实例的居住区成熟度因素条件指数分别为100、100、101。

b. 交通便捷度

估价对象南距×路400米，西离×路500米。×路等公交线路通过并设站，与周边区域便捷连通，交通较为便利。比较实例与估价对象处于同一区域，交通便捷程度一致，以估价对象为100，确定比较实例公共交通状况因素条件指数分别为100、100、100。

c. 临路状况

临街状况主要指宗地是否临街，所临街道的宽窄、等级，以及几面临街等情况，比较实例1和2与估价对象处于同一小区，临路状况均为一条次干道和一条支路，比较实例3临一条主干道和一条支路，以估价对象为100，确定比较实例的临街状况因素条件指数分别为100、100、101。

d. 公共服务设施和基础设施状况

估价对象周边有×等商场和邮局、工行、建行、×医院、×餐厅等，公共服务设施较齐全，基础设施完备。比较实例与估价对象处于同一区域，公共服务设施和基础设施状况一致，以估价对象为100，确定比较实例的公共设施因素条件指数分别为100、100、100。

e. 自然人文环境状况

估价对象周边有×学院×中学、×幼儿园，自然和人文环境状况一般。比较实例与估价对象处于同一区域，自然人文环境状况一致，以估价对象为100，确定比较实例的自然人文环境状况因素条件指数分别为100、100、100。

f. 与商业中心接近程度

估价对象所在区域为大型居住区，区域性商业中心在×地区，其距上述商业中心距离均较远。比较实例与估价对象处于同一区域，与商业中心接近程度一致，以估价对象为100，确定比较实例的与商业中心接近程度状况因素条件指数分别为100、100、100。

E. 个别因素

a. 户型

估价对象户型为二室二厅一厨一卫无阳台，由复式结构上层改造而来，房间布局及面积分配不够合理，户型较差，根据对市场数据进行对比分析以及估价师经验，影响程度约为2%。以估价对象为100，确定户型因素条件指数分别为102、102、102。

b. 朝向

估价对象朝向为南北通透，比较实例与估价对象朝向一致，以估价对象为100，确定比较实例的朝向因素条件指数分别为100、100、100。

c. 楼层

估价对象所在楼座总楼层为地上5层，估价对象位于第5层，通过我们对市场上不同楼层对房地产价值影响分析建立的房屋楼层修正体系测算，以估价对象为100，确定楼层因素条件指数分别为105、104、105。

d. 结构外观

估价对象为砖混结构多层板楼，比较实例3和估价对象一致，比较实例1和2为钢混结构高层板楼，根据估价师对比分析不同楼型的房地产价值差异，钢混结构高层板楼比砖混结构多层板楼市场价格高约2%，以估价对象为100，确定比较实例的结构外观因素条件指数分别为102、102、100。

e. 设备设施

估价对象设备设施较齐全无电梯，比较实例3和估价对象一致，比较实例1和2均有电梯，根据对市场数据进行对比分析以及估价师经验，电梯对房地产价值的影响约为2%，以估价对象为100，确定设备设施因素条件指数分别为102、102、100。

f. 成新率

估价对象建成年代为2004年，成新率为92%，根据估价师对比分析成新率对房地产价值的影响敏感度约为50%，以估价对象为100，确定比较实例的成新率因素条件指数分别为100、100、99。

g. 层高

估价对象2.80米，局部超过3米，但有约10%面积层高仅为2.20～2.80米，根据对市场数据进行对比分析以及估价师经验，影响程度约为1%，以估价对象为100，确定比较实例的层高因素条件指数分别为101、101、101。

h. 装修状况

估价对象为中档装修，装修时间已4年，维护一般，根据估价师的经验，装修对二手房成交价格影响较小，装修标准按照无装修、普通装修、中档装修、中高档装修和高档装修划分为五档，每档相差为2%，维护情况按照较差、一般和较好划分为三档每档相差为1%，以估价对象为100，确定比较实例装修状况因素条件指数分别为102、102、101。

i. 剩余使用年限

估价对象剩余年限为65年，比较实例与估价对象剩余使用年限相同，以估价对象为100，确定比较实例装修状况因素条件指数分别为100、100、100。

j. 特殊情况

估价对象外墙外保温厚度有所欠缺，室内保温效果较差，根据估价师的经验，其影响程度约为1%，以估价对象为100，确定比较实例状况因素条件指数分别为101、101、101。

③ 编制估价对象房地产与比较案例的比较因素指数表（表13-8）和比较因素修正表（表13-9）。

比较因素指数表　　　　表13-8

	估价对象	案例1	案例2	案例3
房地产价格	—	11472	11136	10752
交易时间	100	100	100	100
交易情况	100	100	100	100

第六部分　房地产损害赔偿估价

续表

		估价对象	案例1	案例2	案例3
区域因素	居住区成熟度	100	100	100	101
	交通便捷度	100	100	100	100
	临路状况	100	100	100	101
	公共服务设施和基础设施状况	100	100	100	100
	自然和人文环境状况	100	100	100	100
	与商业中心接近程度	100	100	100	100
个别因素	户型	100	102	102	102
	朝向	100	100	100	100
	楼层	100	105	104	105
	结构外观	100	102	102	100
	设备设施	100	102	102	100
	成新率	100	100	100	99
	层高	100	101	101	101
	装修	100	102	102	101
	剩余使用年期	100	100	100	100
	特殊情况	100	101	101	101

比较因素修正表　　　　　　　　　　表13-9

		案例1	案例2	案例3
	房地产价格	11472	11136	10752
	交易时间	100/100	100/100	100/100
	交易情况	100/100	100/100	100/100
区域因素	居住区成熟度	100/100	100/100	100/101
	交通便捷度	100/100	100/100	100/100
	临路状况	100/100	100/100	100/101
	公共服务设施和基础设施状况	100/100	100/100	100/100
	自然和人文环境状况	100/100	100/100	100/100
	与商业中心接近程度	100/100	100/100	100/100
个别因素	户型	100/102	100/102	100/102
	朝向	100/100	100/100	100/100
	楼层	100/105	100/104	100/105
	结构外观	100/102	100/102	100/100
	设备设施	100/102	100/102	100/100
	成新率	100/100	100/100	100/99
	层高	100/101	100/101	100/101
	装修	100/102	100/102	100/101
	剩余使用年期	100/100	100/100	100/100
	特殊情况	100/101	100/101	100/101
	修正后价格（元/平方米）	9895	9697	9648
	比准价格（元/平方米）		9747	

　　三个比较实例经修正后的价格分别为9895元/平方米、9697元/平方米和9648元/平方米，结果比较接近，将三个结果进行算术平均后求得比准价格为9747元/平方米。

　　（3）综合确定估价对象房地产在无质量缺陷条件下的房地产市场价值

　　我们分别采用市场法、基准地价修正法和重置成本法分别测算出了估价对象房地产在无质量缺陷条件下的房地产市场价值。上述两种途径测算出的估价结果比较接近，本次估价取上述两种结果的算术平均值作为估价对象房地产在无质量缺陷条件下的最终市场价值。则估价对象房地产在无质量缺陷条件下的市场价值为：

无质量缺陷条件下的房地产市场单价＝(9747＋9701)/2＝9724元/平方米。

无质量缺陷条件下的房地产市场价值＝9724×80.00＝777920元。

2. 房屋质量缺陷损失评估

根据《北京市房屋质量缺陷损失评估规程》的有关规定，成本法的基本公式为：

$$V = C_1 + C_2 + C_3 + C_4 - C_5$$

式中：V—房屋质量缺陷损失评估值；C_1—拆除工程费用；C_2—修缮工程费用；C_3—恢复工程费用；C_4—直接经济损失；C_5—被拆除物残值。

拆除、修缮和恢复工程费用包括直接费、间接费、利润和税金等。其中直接费包括人工费、材料费、机械设备使用费和措施费，间接费包括规费和企业管理费。本次估价参照北京市房屋修缮工程预算定额、北京市建设工程预算定额和估价时点的家装建筑工程市场价格水平，采用综合单价的形式进行确定。

(1) 修复工程费用

修复工程费用包括拆除工程费用C_1、修缮工程费用C_2和恢复工程费用C_3。

根据委托人提供的《房屋质量鉴定报告》(No.×号)和前面确定的房屋质量缺陷的修复改造方案，经过逐项分类计算，确定修复工程费用，具体详见表13-10。

修复工程费用计算表 表13-10

序号	项目名称	单位	工程量	综合单价	合价（元）
1	拆除塑钢门窗	平方米	39.51	30.00	1185.30
2	拆除轻钢构件	平方米	15.51	30.00	465.24
3	拆除锚固螺栓	个	46.00	5.00	230.00
4	拆除外墙损坏瓷砖	平方米	7.20	60.00	432.00
5	拆除包门窗套	米	14.70	40.00	588.00
6	拆除阳台地面	平方米	14.31	50.00	715.50
7	铲除阳台外墙涂料	平方米	18.54	35.00	648.90
8	拆除砌体	平方米	0.65	120.00	78.00
9	圈梁钢筋焊接	点	48.00	20.00	960.00
10	圈梁钢筋绑扎	千克	120.00	12.00	1440.00
11	圈梁钢筋混凝土	米	8.30	150.00	1245.00
12	结构加固	处	4.00	600.00	2400.00
13	墙体砌筑	平方米	8.81	150.00	1321.50
14	外墙抹灰	平方米	8.81	30.00	264.30
15	外墙保温	平方米	8.81	150.00	1321.50
16	外墙贴砖	平方米	8.81	150.00	1321.50
17	内墙抹灰	平方米	8.81	20.00	176.20
18	内墙涂料	平方米	95.04	25.00	2376.00
19	塑钢门窗	平方米	4.68	360.00	1684.80
20	包门窗套	米	12.60	150.00	1890.00
21	雨罩板防水层	平方米	9.54	150.00	1431.00
22	地砖地面	平方米	4.77	150.00	715.50
23	地转踢脚	米	3.40	50.00	170.00
24	垃圾清理	项	1.00	600.00	600.00
25	脚手架及防护架搭拆	项	1.00	2400.00	2400.00
	合计				26060.24

(2) 被拆除物残值

本项目在修复过程中拆除下来的被拆除物除塑钢门窗和轻钢结构外均为建筑垃圾，没有任何价值，具体详见表13-11。

被拆除物残值计算表　　　　　　　　　　　　　　表13-11

序　号	项目名称	单　位	工程量	综合单价	合价（元）
1	塑钢门窗	平方米	39.51	60.00	2370.60
2	轻钢构件	平方米	15.51	30.00	465.24
	合计				2835.84

(3) 直接经济损失

直接经济损失是指修复施工期间或修复后造成的经济损失，主要包括：①房屋使用人周转安置费用；②房屋空置的收益损失；③房屋使用面积减少的损失；④房屋室内净高降低的损失；⑤房屋采光面积减少的损失；⑥房屋耐久性降低的损失；⑦临近房屋损坏的补偿；⑧施工影响的补偿；⑨其他直接经济损失。

经综合分析本次估价对象的实际情况，在施工期间或修复后造成的直接经济损失主要包括房屋使用人周转安置费用、施工影响的补偿和房屋结构整体性和使用者心理等方面造成的价值贬损。

① 房屋使用人周转安置费用

估价对象地处×区×地区，该区域内市场交易情况活跃，租售实例都较多，根据估价人员对估价对象房地产周边住宅租赁市场的调查，该区域同类房屋在估价时点的租金水平为2000～2500元/月。具体情况相见表13-12。

周边住宅租赁市场情况调查表　　　　　　　　　　表13-12

序　号	项目名称	项目位置	户　型	装修家具情况	建筑面积（平方米）	租金（元/月/套）	租金（元/天/平方米）
1	×小区	×号楼×-×	二室一厅	精装修带全套家具	80.00	2500.00	1.04
2	×小区	×号楼×-×	二室一厅	普通装修带全套家具	80.00	2100.00	0.88
3	×小区	×号楼×-×	三室二厅	精装修带全套家具	105.00	2700.00	0.86
4	××小区	×号楼×-×	二室一厅	精装修带全套家具	72.00	2100.00	0.97
5	××小区	×号楼×-×	二室一厅	精装修带全套家具	66.00	1800.00	0.91
6	××小区	×号楼×-×	二室一厅	精装修带全套家具	75.00	2200.00	0.98
平均价格							0.94

根据估价对象地段、户型、装修、楼层、朝向等的实际情况，确定房屋使用人在修复施工期间租住同类房间的租金水平为0.94元/天/平方米，搬家费用为400元/次。

根据本次修复施工的施工内容和北京市的市场行情，并考虑必要的搬家时间，我们确定本次修复施工总工期为42天左右，则房屋使用人周转安置费用为：

周转安置费用＝0.94×80.00×42＋400×2＝3958.40元。

② 施工影响的补偿费用

本次修复施工将会产生一定的噪声污染，其脚手架及防护架的搭拆及使用以及具体施工内容会对本单元的其他住户（7户），尤其是楼下（1户）和对门住户（1户）的日常生活、出行和安全等产生较大影响，目前北京市还没有类似工程补偿的相关规定，根据我们掌握的相关经验数据，估价对象楼下住户每户补偿标准为500元/户，估价对象对门住户每户补偿标准为300元/户，本单元内其他住户每户补偿标准为100元/户，确定本次修复施工的施工影响补偿费用为：100×7＋300＋500＝1500元。

③ 房屋价值减损

本次估价对象在按照质量缺陷修复改造方案进行修复后，可以使估价对象房地产满足国家有关标准和正常使用的要求，但在房屋结构整体性、耐久性、适用性和使用者心理等方面，会对房屋使用人在长期的使用过程中造成一定的心理影响,如将来该房屋发生交易,也势必会造成不利影响。对于此项影响目前没有具体的测算依据,本次估价我们采用两种方式进行综合确定:①根据我们收集到的北京市类似房屋质量缺陷损失评估案例,进行综合比较分析后确定其减损幅度;②将估价对象情况向相关人士进行专项调查,根据调查资料分析确定其减损幅度。最后进行综合分析确定最终的取值。

A. 类似案例情况调查(表13-13)

类似房屋质量缺陷损失评估案例调查表　　表13-13

序号	项目名称	质量缺陷情况	影响因素	减损幅度
1	北京市×区×号楼	楼板及墙体存在贯通性裂缝	耐久性、适用性和心理因素	3.00%
2	北京市×区×号楼	楼板及墙体存在贯通性裂缝	耐久性、适用性和心理因素	2.50%
3	北京市×区×号楼	遗漏一阳台后承重墙开洞补做	耐久性、适用性和心理因素	2.00%
4	北京市×区×号楼	屋面及外墙开裂漏雨	局部层高降低、耐久性、适用性和心理因素	2.80%
	平均			2.58%

由于北京市房屋质量缺陷损失评估刚刚开展仅1年多,实际发生的案例较少且引起质量缺陷的因素众多,实际定价情况不一,要找到基本相同的案例并修正到可比较的程度目前还不具备条件,但从上述案例仍可以得出,类似情况的贬损幅度一般在2%~3%。考虑到估价对象实际对房屋两处均进行了较大改动,其贬损幅度应比上述数据略高,应在3%~4%。

B. 专项调查

对于此项影响我们向普通购房者、房地产开发、房地产中介和房地产估价等方面的人士进行了专项调查,大多数被调查者确定的影响幅度一般在3%~6%,平均为3.60%,这与我们的判断比较相符。

C. 确定最终贬值幅度

根据上述调查结果,结合我们估价人员的经验,经综合考虑确定其影响因素为3.60%。

则房屋价值减损额=777920×3.60%=28005.12元。

④ 直接经济损失

直接经济损失为以上三项合计,则直接经济损失为:

直接经济损失=3958.40+1500+28005.12=33463.52元。

(4)房屋质量缺陷损失

将上述三项结果进行汇总,即可得出估价对象在估价时点二〇〇八年×月×日的房屋质量缺陷损失评估值。

$V = C_1 + C_2 + C_3 + C_4 - C_5 = 26060.24 + 33463.52 - 2835.84 \approx 56688$ 元。

3. 考虑上述质量缺陷损失的情况下的房地产市场价值

在考虑上述质量缺陷损失的情况下,采用市场法、基准地价修正法和重置成本法,确定估价对象在估价时点二〇〇八年×月×日的房地产市场价值为:

考虑上述质量缺陷损失的情况下的房地产市场价值=777920-56688=721232元。

四、估价结果确定

本着独立、客观、公正的总原则,根据估价目的,遵循估价原则,按照估价程序,选用科学的估价方法,在认真分析现有资料的基础上,结合房屋质量缺陷损失评估的特点,综合分析了估价对象房屋质量缺陷对房地产市场价值的各项影响因素,通过仔细测算,我们确定北京市×区×小区×号楼×单元×室房屋在估价时点二〇〇八年×月×日的房屋质量缺陷损失数额为:

房屋质量缺陷损失:56688元。

大写金额:人民币伍万陆仟陆佰捌拾捌元整。

在考虑上述质量缺陷损失的情况下,采用市场法、基准地价修正法和重置成本法,确定北京市×区×小区×号楼×单元×室在估价时点二〇〇八年×月×日的房地产市场价值为:

考虑上述质量缺陷损失的情况下的房地产市场价值：721232 元。
大写金额：人民币柒拾贰万壹仟贰佰叁拾贰元整。
考虑上述质量缺陷损失的情况下的房地产市场单价：9015 元/平方米。

附件（略）

报告十四

广东省×市×区×道×号×轩1905房房屋质量缺陷损失估价报告

深圳市世联土地房地产评估有限公司　　刘学红　喻柏兰　刘　凌　田　穗

评析意见

该报告是一份房屋质量缺陷损失评估报告。估价师参考了《北京市房屋质量缺陷损失评估规程》，在取得当地权威机构出具的估价对象房屋质量情况鉴定报告的基础上，综合运用建筑施工、建筑质量鉴定、资产评估和房地产估价等多个专业的知识，对房屋缺陷状况和修复方案进行了分析和确认，决定选用修复费用法作为基本估价方法，即先求取在评估时点修复房屋质量缺陷所发生的各项费用和损失，包括拆除、修缮、恢复工程费用及由修复施工造成的直接经济损失，再扣除拆除物可回收的残值，最终求得评估价值。该报告内容基本完整，技术思路比较清楚。估价报告中所采取的数据来源虽有待进一步说明，但考虑到随着消费者法制观念和维权意识的不断增强，业主与开发商之间有关房屋质量缺陷的争议和诉讼日益增多，因而房屋质量缺陷损失评估成为房地产估价行业近年拓展的一个新兴服务领域，该报告具有一定的参考和示范作用。

目录（略）
致委托方函

广东省佛山市×××：

　　承蒙委托，我们对贵方所委托的位于广东省佛山市南海区桂城南海大道北33号××苑37座的×××轩1905房的天花板裂缝实体质量缺陷所造成的损失进行了评估。此次评估目的是：为委托方确定对该宗房屋的天花板裂缝质量缺陷进行修复所造成的相关拆除、修缮、恢复和直接经济损失提供参考依据，估价时点是：2009年03月03日。经勘察，房屋质量缺陷表现为客厅、主卧室及卧室1的天花板裂缝，遵照《中华人民共和国城市房地产管理法》、《房地产估价规范》及其他相关法规，遵循独立、客观、公正、合法的原则，选用修复费用法进行了分析、测算和判断，确定估价对象在满足假设和限制条件下的房屋质量缺陷损失评估结果为人民币86000元，大写金额人民币捌万陆仟元整。

深圳市世联土地房地产评估有限公司
法定代表人：×××
二〇〇九年三月十日

估价师声明（略）

估价的假设和限制条件

一、估价报告结论成立的假设前提

1. 委托方提供的资料属实。

2. 估价对象合法、持续使用。
3. 估价对象在估价时点的房地产市场为公开、平等、自愿的交易市场。
4. 本报告所引用的信息及观点均认为来自可靠资料，是可信和正确的。
5. 本次评估以估价对象需要进行修复施工、并能够按目前用途持续使用为假设前提。
6. 本次评估是以委托方提供的《佛山市南海区桂城南海大道中71号××苑×××轩1905房屋鉴定报告》（编号：GDAG08018）的鉴定结论、修复意见及相关资料为估价依据，如上述鉴定结论、修复意见及相关资料或具体加固方案等发生变化，估价结果需相应调整或重新估价。
7. 本次评估涉及对该宗房屋的天花板裂缝质量缺陷进行修复所造成的相关拆除、修缮、恢复和直接经济损失，未考虑因房屋质量缺陷所引起的其他连带损失。
8. 根据委托方提供的《申请书》和《佛山市南海区桂城南海大道中71号××苑×××轩1905房屋鉴定报告》（编号：GDAG08018），物业地址为佛山市南海区桂城南海大道中71号，与估价对象房地产权证地址不符，此次评估假设委托方所委托评估的物业地址与所提供资料地址一致，为同一套物业。
9. 房地产估价时点为估价对象实地查勘之日。

二、估价报告使用的限制条件

1. 本估价报告结果仅供委托方在本次估价目的下使用，不得作其他用途。
2. 本次评估参照1998年版《广州市房屋修缮工程预算定额》进行测算。本报告中的工程修缮费用不能作为改造工程的最终结算依据。
3. 所有该报告中所展示的地图、平面图及证件仅是为形象直观地讨论问题，不能作为测量成果以用作他用，也不允许把它们与此估价报告分开来单独使用。
4. 未经本估价机构及委托方的书面同意，任何拥有此报告及拷贝的人都无权公开发表，也无权用于任何目的。凡因委托人使用估价报告不当而引起的后果，估价机构及估价人员不承担相应的责任。
5. 本估价报告的全部或其部分内容不得发表于任何公开媒体上，报告解释权为本估价机构所有。
6. 评估结果已取整至百位，报告中所使用的货币为人民币。
7. 本估价报告有效期为一年。如超过有效期或市场变化较快或期间国家经济形势、城市规划、相关税费和银行利率发生变化，估价结果应相应调整或重新估价。

估价结果报告

一、委托方（略）

二、估价机构（略）

三、估价对象

1. ×××轩1905房介绍

×××轩1905房位于××苑小区，东临南海大道，南临海三路。××苑占地面积16万平方米，总建筑面积60万平方米，分为南区、中区和北区，由多栋11层和29层建筑物组成，为中等规模小区。小区内及周边配有会所、游泳池、幼儿园、银行等生活配套设施。小区附近设有××苑公交站台，有203、204、206、208等多路公交线路，交通便利。

估价对象位于××苑北区37座×××轩，竣工于2005年，钢筋混凝土结构，共29层，带三部三菱牌电梯，估价对象位于19层，户型为三房二厅二卫二阳台，建筑面积为120.55平方米，套内建筑面积为99.15平方米。

估价对象装修情况如下：

外墙：墙砖；

内墙：乳胶漆；

地面：地砖；

顶棚：乳胶漆；

门窗：防盗门、木格玻璃门，铝合金窗；

卫生间：具备坐厕、淋浴房、普通洗脸盆等；

厨房：具备组合橱柜、吊柜等。

室内装修成新度：9.5成新。

权利状况：至估价时点，估价对象的权属人为×××、×××、×××，每位所占份额为1/3。

2. 估价对象房屋质量缺陷情况

经现场查勘及实地核对，估价对象质量缺陷与《佛山市南海区桂城南海大道中71号××苑×××轩1905房屋鉴定报告》（编号：×××）的检查、检测情况一致，表现为：客厅顶棚有一条裂缝，长度约为4100mm，宽度约为0.3mm，裂缝位于板跨中平行于短边方向；主卧室天花板有一条裂缝，长度约为3900mm，宽度约为0.25mm，裂缝呈斜向分布；卧室1顶棚有一条裂缝，长度约为2900mm，宽度约为0.35mm，裂缝位于板跨中平行于长边方向。

四、估价目的

为委托方确定对该宗房屋的顶棚裂缝质量缺陷进行修复所造成的相关拆除、修缮、恢复和直接经济损失提供参考依据。

五、估价时点

2009年03月03日，此估价时点为估价对象实地查勘之日。

六、价值定义

房屋质量缺陷损失评估的价值定义：估价时点的房屋实体缺陷状况、权利缺陷状况、区位缺陷状况造成的房屋价值减损的市场价值。本次估价基于公开市场价值标准，估价结果为在估价时点修复房屋质量缺陷所发生的相关拆除、修缮、恢复、直接经济损失等。

七、估价依据（略）

八、估价原则（略）

九、估价方法

1. 技术路线

估价人员在认真分析所掌握的资料并进行了实地勘查之后，根据估价对象的特点和实际状况，具体选用修复费用法作为本次评估的基本方法，这是出于以下考虑：估价对象房屋质量缺陷属于可修复的缺陷，则对顶棚裂缝改造、修复所造成的损失各组成部分的构成进行分析，结合改造、修复工程中各项客观成本的市场价值进行计算，综合确定损失。

2. 估价方法及原理

修复费用法（也称为成本法）是通过设定规划许可、采取其他工程设施、采用最合理的修复方案进行修缮已排除房屋缺陷所发生的各项费用，主要包括拆除工程费用、修缮工程费用、恢复工程费用、由于恢复活动造成的直接经济损失而支出的补偿费用。

十、估价结果

估价人员根据估价目的，遵循估价原则，按照估价程序，根据市场调查，在认真分析所掌握资料与房屋质量缺陷对房地产价值的各项影响因素的基础上，结合估价对象的个别因素和使用现状，采用科学的估价方法进行分析、测算和判断，最终确定估价对象房屋质量缺陷损失在估价时点的评估结果如下：

房屋质量缺陷损失评估总值：人民币86000元。

大写金额：人民币捌万陆仟元整。

十一、估价人员（同注册估价师声明，略）

十二、估价作业日期

2009 年 03 月 03 日～2009 年 03 月 10 日。

十三、估价报告应用的有效期

本估价报告自 2009 年 03 月 10 日（提交报告日期）起一年内有效。

估价技术报告

一、实物状况描述与分析

1. 土地状况

估价对象所在宗地号为 01173643，坐落于佛山市南海区桂城南海大道北 33 号，其东临南海大道，南临海三路。所占土地为共有土地，共用土地面积为 49305.94 平方米，土地用途为城镇单一住宅用地，土地终止日期为 2070 年 12 月 3 日。地块形状较规则，地形平坦，地势一般，一般强度的降水，基本无淹水现象，地质水文状况较好，基础设施完备程度较高，土地开发程度为宗地红线外"五通"（通路、通上水、通下水、通电、通信）和宗地红线内"五通一平"（通路、通上水、通下水、通电、通信和场地平整），现地上已建有多栋中高层钢筋混凝土框架结构的建筑物。

2. 建筑物状况（同结果报告有关内容，略）

3. 房屋质量缺陷状况分析（同结果报告有关内容，略）

根据委托方提供的《佛山市南海区桂城南海大道中 71 号××苑×××轩 1905 房屋鉴定报告》（编号：×××），造成顶棚裂缝质量缺陷的主要原因是：由于顶棚混凝土抗压强度和厚度均达不到设计图纸的要求，混凝土构件的安全储备不足，当混凝土构件受到温度变化和材料收缩等附加应力的作用时，在混凝土构件内部产生裂缝。

根据物业的实际情况及广东安固建筑工程质量司法鉴定所的修复意见，修复方案为：先对裂缝部位采取改性环氧灌浆液压力灌浆的方法进行修补，然后对整个顶棚采取贴碳纤维布的方法进行加固处理。

二、权益状况（表 14-1）

房屋权益状况　　　　　　　　　　　　　　　表 14-1

房地坐落	佛山市南海区桂城南海大道北 33 号××苑×××轩 1905 房
房地产权属人	×××、×××、×××
产权证号	—
房屋用途	住宅
房屋所有权来源	购买
占有房屋份额	各占 1/3
房屋所有权性质	私有
土地使用权性质	国有土地使用权
图幅地号	01173643
土地共用面积（平方米）	49305.94
土地使用年限	终止日期为 2070 年 12 月 3 日
产权登记日期	
他项权利	未能判断估价对象的他项权利
纳税情况	已税
备注	—

三、区域因素分析（同结果报告有关内容，略）

四、市场背景分析

南海区

1. 2008年供应激增，成交低迷，价格坚挺。

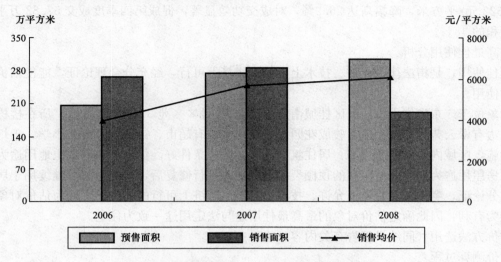

图14-1　南海区2006~2008年商品住宅成交情况

2007年南海区住宅成交面积为285.04万平方米，成交套数为22688套，月均成交1891套。2008年1~12月份南海区住宅成交面积为192.67万平方米，成交套数为16900套，为2007年成交套数的74%，月均成交1，408套，比上年减少483套。同时，2008年住宅成交均价为6042元/平方米，同比上年增长6.6%，南海市场在2008年寒冬下，并没有量价齐跌。

另外，2008年1~12月份南海新增预售面积305.8万平方米，而成交面积仅为192.67万平方米，新增存量面积113.13万平方米，供求比约为1.59∶1。

2. 2008年全年供过于求，黄金周冷清度过。

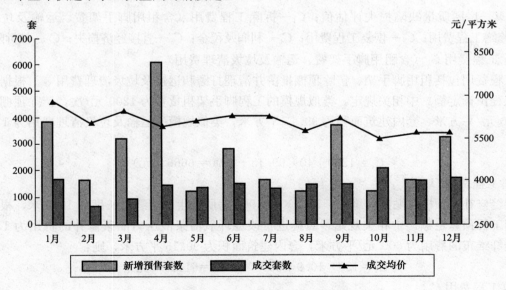

图14-2　2008年1~12月南海住宅交易情况

从各月的供销情况看，除3月、8月销售面积稍大于预售面积外，其他月份批准预售面积均大大超出成交面积，处于供过于求的态势，尤以5月、10月前后最为严重。9、10月的供需比分别为2.47∶1，而4、5月供需比更高达1.57∶1，同比2007年1∶1.49供不应求的态势，08年楼市的寒冬略见一斑。

3. 全年均价处于微调状态，年尾松绑，以价助市功效显著。

纵观 12 个月的成交情况，前三季度成交均价走势平平，各楼盘均在不断地调整价格，但降价不到位，在 5000～7000 元/平方米范围内轻幅浮动，因而对成交的促进效果不显著。而进入第四季度，为了冲击全年的销售目标，不少项目主动降价并一步到位，对比前三季度的均价 7096 元/平方米，第四季度的均价为 5622 元/平方米，降幅高达 26.2%，对成交功效显著，促成第四季度成交 57.82 万平方米，占全年成交面积的 43%。

五、最高最佳使用分析

最高最佳使用，是指法律上允许、技术上可能、经济上可行，经充分合理论证，能使估价对象产生最高价值的使用。

估价对象位于广东省佛山市南海区桂城南海大道北 33 号××苑 37 座×××轩，所在楼栋 2 层以上为住宅。周边有翠云苑、名苑三区、骏成花园等住宅小区，有超市、银行、海三路小学、千灯湖公园等生活配套设施，区域内人口素质较高，居住氛围深厚，区位条件好。估价对象证载土地用途为城镇单一住宅用地，房屋用途为住宅。对房屋的顶棚裂缝质量缺陷进行修复后，估价对象可继续用于居住。估价人员经过充分论证，考虑到在法律上允许、技术上可行、经济上可行的前提下，认为估价对象保持现状继续使用最为有利，因此确定估价对象的最高最佳用途与法定用途一致为住宅。

六、估价方法选用（同结果报告有关内容，略）

七、估价测算过程

修复费用法评估估价对象房地产损害的市场价值如下：

根据广东安固建筑工程质量司法鉴定所出具的×××轩 1905 房屋鉴定报告修复意见，估价对象的主要修复过程如下：先对裂缝部位采取改性环氧灌浆液压力灌浆的方法进行修补，然后对整个顶棚采取贴碳纤维布的方法进行加固处理。

整个修复施工的合理工期约为 18 天。

参照《广州市房屋修缮工程预算定额》，结合估价师经验及市场询价计算相关费用。

1. 计算公式

$$V = C_1 + C_2 + C_3 + C_4 + C_5 - C_6$$

式中：V—房屋质量缺陷损失评估值；C_1—拆除工程费用（含租用脚手架费、运输及垃圾清理费用）；C_2—修缮工程费用；C_3—恢复工程费用；C_4—利润及税金；C_5—直接经济损失；C_6—被拆除物残值。

2. 拆除工程费用 C_1（含租用脚手架费、运输及垃圾清理费用）

拆除工程费用包括租用脚手架、铲除顶棚批荡并清理打磨和运输及垃圾清理费用等。根据《广州市房屋修缮工程预算定额》中相关规定，类似规模的工程脚手架租赁费为 1200 元/次，铲除顶棚批荡并清理打磨为 40 元/平方米，套内建筑面积为 99.15 平方米，类似规模的运输及垃圾清理费用为 1,500 元/次，则：

$$C_1 = 1200 + 40 \times 99.15 + 1500 = 6666 \text{（元）}$$

3. 修缮工程费用 C_2

包括裂缝修补和顶棚底贴碳纤维布。×××轩 1905 房所产生的裂缝总长度为 10.9 米，根据《广州市房屋修缮工程预算定额》中相关规定，裂缝进行改性环氧灌浆液压力灌浆修补的费用为 150 元/米，顶棚底贴碳纤维布的费用为 600 元/平方米，套内建筑面积为 99.15 平方米，则：

$$C_2 = 150 \times 10.9 + 600 \times 99.15 = 61125 \text{（元）}$$

4. 恢复工程费用 C_3

根据《广州市房屋修缮工程预算定额》中相关规定，顶棚批荡的费用为 40 元/平方米，套内建筑面积为 99.15 平方米，则：

$$C_3 = 40 \times 99.15 = 3966 \text{（元）}$$

5. 利润及税金 C_4

利润和税金以拆除工程费用、修缮工程费用、恢复工程费用及人工费为基数,按照合理的费率测算,经调查物业所在区域行业利润及税金的费率合计在10%~20%,本次评估取值15%,则:

$$C_4=(6666+61125+3966)\times 15\%=10764（元）$$

6. 直接经济损失 C_5

直接经济损失是指修复施工期间或修复后所造成的经济损失。本次可修复施工造成的直接经济损失确定为房屋使用人周转安置费用,包括房屋使用人临时安置费用、搬家费用等,参照同区域同条件短期房屋租赁价格及搬家费用,确定临时安置费用为160元/天,搬家费用为300元/次,整个工程工期为18天,则:

$$C_5=160\times 18+300\times 2=3480（元）$$

7. 被拆除物残值 C_6

该工程对房屋顶棚裂缝进行修复,拆除的物料没有其他利用价值,则:

$$C_6=0$$

8. 房屋质量缺陷损失评估值 V

$$V=6666+61125+3966+10764+3480-0\approx 86000（元）$$

八、估价结果确定

估价人员根据估价目的,遵循估价原则,按照估价程序,根据市场调查,在认真分析所掌握资料与房屋质量缺陷对房地产价值的各项影响因素的基础上,结合估价对象的个别因素和使用现状,采用科学的估价方法进行分析、测算和判断,最终确定估价对象房屋质量缺陷损失在估价时点的评估结果如下:

房屋质量缺陷损失评估总值:人民币86000元。

大写金额:人民币捌万陆仟元整。

附件（略）

第七部分　房地产税基评估

报告十五

杭州市区存量房交易计税基准价系统建设项目评估报告

浙江恒基房地产土地资产评估有限公司
蒋文军 朱 晓 韩宣伟 何惠珍 梅森荣 陈 金 田秋玲

评析意见

如何在存量房地产税基评估中正确运用计算机批量评估技术，是近年来我国一些综合实力较强的房地产估价机构，为了拓展新的业务领域而努力研究的一个重要课题。该报告较清楚地介绍了：估价师在对杭州市六大主城区的存量住宅房，按照城区—街道—社区—住宅小区—楼幢路径，逐幢进行了现场勘察、登记和拍照，并在认真归纳分析影响住宅房地产价格的众多特征因素的基础上，再通过大量交易样本进行多元统计回归分析，研究选定最优函数形式和建立特征价格数学模型，然后通过计算机，最终实现各套存量住宅的计税基准价自动查询和动态更新。该报告为我们估价行业研究和正确运用批量评估技术，提供了一个值得认真学习的范例。但由于受到篇幅限制，该报告在一些具体技术细节上，尚未更详尽地展开介绍。

目录（略）
致委托方函

杭州市财政局农税征收管理局：

受贵局委托，我公司对杭州市上城区、下城区、江干区、拱墅区、西湖区、滨江区六大主城区存量住宅房的交易计税基准价进行了评估。估价时点为2007年6月30日，评估目的是为贵局确定存量住宅的交易计税价格提供参考依据。

历时5个月，通过对六大城区422个社区进行现场勘察和调查，确定共计16000幢住宅楼为本次计税基准价的评估范围。项目中标后，我公司抽调多名资深评估师和精干技术人员组成了项目部，按照招标文件的要求，根据房地产估价规范及国内外相关理论设计了评估方案和计算模型，制定了严格的技术操作规程，通过认真细致的现场勘察、调查和周密科学的价格分类、评估测算及平衡验证，最终完成了杭州市区存量房交易计税基准价。

基准价是本楼幢内的虚拟的满足标准条件的房屋，标准条件设定为：①所处楼层：第二层；②楼幢主朝向：朝南；③部位：中间套；④套建筑面积：大于或等于140平方米；⑤装修情况：毛坯房（开发商出售时精装修除外）；⑥土地性质：出让住宅用地；实际交易房屋如果有和标准条件不一致的需要进行修正。

基准价成果内容主要包括：总说明、修正系数表、社区调查表、小区调查表、楼幢基准价表、社区图等。基准价成果详见各分册相关内容。

各套房屋计税价格（元）＝[楼幢基准价×(1＋层次差价率)×(1＋朝向差价率)×面积修正系数]×

建筑面积－按规定应补缴的土地出让金。

此致

法定代表人签字：

浙江恒基房地产土地资产评估有限公司

2007 年 9 月 30 日

估价师声明（略）
估价的假设和限制条件

1. 任何有关估价对象的运作方式及程序应符合国家、地方的有关法律、法规、文件、政策等，特别是符合建设、规划、房地产主管部门所颁布的法律、法规、文件、政策等的规定。

2. 估价对象在合法前提下，按其现状用途使用能够产生最高最佳效益，并在未来得以持续，且能满足其剩余使用年期内的正常使用要求，并得到有效使用。

3. 产权人拥有估价对象完全权益，包括房屋所有权和国有土地使用权。

4. 估价时点房地产价值：

（1）为公开市场价值，买卖双方不因有任何特殊利益抬高或降低房地产真实价值。

（2）具有合理交易时间。

（3）在此期间房地产市场基本保持稳定。

（4）房地产买卖符合国家法律规定。

5. 本基准价仅供委托方确定存量住宅房计税价格参考之用，不宜用于其他目的。

6. 本房地产估价结果报告及其相关的房地产估价技术报告中的内容及估价价值等事宜，由浙江恒基房地产土地资产评估有限公司负责解释。

7. 本房地产估价报告有效期为半年，即本报告提交日起半年内有效。在报告有效期内，如果房地产的作价标准发生重大变化，并对房地产价值产生明显影响时，应重新进行估价。

估价结果报告

一、委托估价方（略）

二、受托估价方（略）

三、估价对象概况

1. 估价对象区域范围

本基准价地域包括杭州市六大主城区：上城区、下城区、江干区、拱墅区、西湖区、滨江区，不含萧山区、余杭区。

（1）上城区：包括清波、湖滨、小营、紫阳、南星、望江 6 个街道。

（2）下城区：包括武林、天水、朝晖、潮鸣、长庆、文晖、东新、石桥 8 个街道。

（3）江干区：包括四季青、白杨、凯旋、采荷、闸弄口、下沙 6 个街道；笕桥、彭埠、丁桥、九堡 4 个镇。

（4）拱墅区：包括米市巷、湖墅、小河、和睦、拱宸桥、大关、上塘 7 个街道；半山、康桥、祥符 3 个镇。

（5）西湖区：包括北山、灵隐、古荡、西溪、翠苑、文新、西湖 7 个街道；三墩、留下、转塘、袁浦、龙坞 5 个镇；蒋村、周浦 2 个乡。

（6）滨江区：包括浦沿、西兴、长河 3 个街道。

2. 纳入基准价的房地产种类

本次评估房地产种类仅为存量住宅房，包括多层、小高层、高层。但不包括以下住宅：

(1) 别墅、排屋类；

(2) 酒店式公寓；

(3) 集体土地上的农民住宅房；

(4) 目前不能上市交易的其他类住宅，如经济适用房、在建工程等。

3. 影响因素

各估价对象的影响因素详见《杭州市区存量住宅房交易计税基准价》各分册中社区概况表、小区概况表、社区（小区）示意图、各楼幢分值表以及照片等。

四、估价目的

本基准价仅供委托方确定存量住宅房计税价格参考之用。

五、估价时点

根据委托方要求，估价时点设定在项目开展过程的年中，即 2007 年 6 月 30 日。

六、价值定义

1. 价值标准

本基准价是采用公开市场价值标准，结合杭州市区房地产市场现状和评估对象的实物状况进行编制的，反映了估价时点存量住宅的公开市场价值。

公开市场价值，即在公开市场上最可能形成的价格。所谓公开市场，是指在该市场上交易双方进行交易的目的在于最大限度地追求经济利益，并掌握必要的市场信息，有较充裕的时间进行交易，对交易对象具有必要的专业知识，交易条件公开并不具有排他性。

2. 价值内涵

楼幢基准价，是指该楼幢在设定基准条件下于估价时点的公开市场价值。各套计税基准价必须通过层次差价、朝向差价、建筑面积系数进行修正。

基准条件设定：①所处楼层：第二层；②楼幢主朝向：朝南；③部位：中间套；④套建筑面积：大于或等于 140 平方米；⑤装修情况：毛坯房（开发商出售时精装修除外）；⑥土地性质：出让住宅用地。

七、估价依据（略）

八、估价原则（略）

九、估价技术思路与方法

由于杭州市农税征收中心拥有大量杭州市区房地产交易实例，故在充分收集评估所需资料基础上，将市场上实际成交的样本房地产所具有的对价格产生影响的特征进行分解，确立特征的指标体系，然后通过大量的房地产的市场交易数据，并对交易样本进行多元统计回归分析，研究每一种特征与住房价格之间的关系，采用特征价格法建立数学模型，将需要评估房地产的各项特征值代入数学模型，确定基准价。

特征价格理论：商品由一系列不同的特征组成，而商品的市场价格应与这些特征联系起来，每一项特征的货币价值量均可通过观察同质商品的价格变化计算出来。将特征价格模型应用于房地产的定价研究，这是因为房地产产品具有耐久性、空间固定性等特点，是一种异质性商品，产品之间在构成使用价值的各个特征之间有明显的差异，如房地产的位置、层次、朝向、小区环境、所在区域的交通状况等。

特征价格模型经常采用的四种基本函数形式：线性函数、对数函数、半对数函数和对数线性函数。

1. 线性形式

$P = \alpha_0 + \sum \alpha_i Z_i + \varepsilon$。自变量和因变量均以线性形式进入模型，则回归系数对应着特征的隐含价格，此时是一常数。

式中：P—房地产价格；Z_i—房地产的特征因素；α_0—常数项；α_i—房地产特征与房地产价格关系的系数；ε—随机误差变量。下同。

2. 对数形式

$LnP = \alpha_0 + \sum \alpha_i LnZ_i + \varepsilon$。自变量和因变量均以对数形式进入模型，则回归系数对应着特征的价格弹性，此时是一常数。

3. 对数线性形式

$LnP = \alpha_0 + \sum \alpha_i Z_i + \varepsilon$。自变量采用线性形式，因变量采用对数形式，则回归系数对应着特征价格与产品总价格之比，即 $\alpha_i = P_{Z_i}/P$。

4. 半对数形式

$P = \alpha_0 + \sum \alpha_i LnZ_i + \varepsilon$。自变量采用对数形式，因变量采用线性形式，则回归系数对应着产品中某一特征的总价格。

在房地产定价中，一般来说首先采用四种基本的函数形式，因为它们的最大优点是能很好地解释和说明函数中的变量所反映的特征价格。如果这四种基本形式不能很好地拟合数据，则应考虑采用 Box-Cox 变换或采用更复杂的函数形式。

十、估价结果

1. 本基准价报告按照城区共分六个分册

(1) 第一分册：《杭州市区存量住宅房交易计税基准价（上城区）》；

(2) 第二分册：《杭州市区存量住宅房交易计税基准价（下城区）》；

(3) 第三分册：《杭州市区存量住宅房交易计税基准价（江干区）》；

(4) 第四分册：《杭州市区存量住宅房交易计税基准价（拱墅区）》；

(5) 第五分册：《杭州市区存量住宅房交易计税基准价（西湖区）》；

(6) 第六分册：《杭州市区存量住宅房交易计税基准价（滨江区）》。

房屋基准价详见各分册内容。

2. 基准价的表现形式

(1) 为便于查找和使用，本基准价按如下顺序反映：

所在城区—街道（建制镇、乡）—社区—住宅小区（零星住宅）—楼幢基准价。

(2) 本基准价成果

由社区概况、小区概况、小区楼幢价格表、零星楼幢价格表和社区（小区）示意图、照片资料等组成。

十一、估价人员（略）

十二、估价日期

2007 年 5 月 1 日～2007 年 9 月 30 日。

十三、估价报告应用的有效期

报告应用的有效期自估价报告日起半年。

估价技术报告

一、实物因素分析

1. 纳入本次基准价的房地产种类范围

本次评估房地产种类仅为存量住宅房，包括多层、小高层、高层。但不包括以下住宅：

(1) 别墅、排屋类；

(2) 酒店式公寓；

(3) 集体土地上的农民住宅房；

(4) 目前不能上市交易的其他类住宅，如经济适用房，在建工程等。

2. 影响杭州市主城区住宅的主要实物因素分析：

(1) 建筑结构：建筑结构包括钢结构、钢筋混凝土结构、砖混结构、砖木结构、木结构及其他结构，在其他条件都相同的情况下，不同的结构有不同的价格。

(2) 建筑类型：包括高层、小高层、多层等。购买者对不同类型房屋的认同度不同，价格往往有所差别。

（3）房屋质量：主要指建筑质量，保温或隔热设施，防水防渗措施等是否符合标准及质量等级。所有购房者都认为建筑物的质量是价值的基础，但只有购买了房屋，开始装修或居住一段时间后的购房者才对房屋的质量彻底关注。

（4）建筑物的外观：建筑物的外观体现的是视觉美观程度，对购房者的影响较大。一般来讲，较好材料的外墙装饰的房屋，往往能提升房屋的价值。特别是对相关建筑知识了解较少的购房者，建筑物的外观对购房者心理价位的影响就更大。

（5）房屋户型：是指户型结构是否合理，卧室、卫生间个数，客厅大小等。但在批量评估中由于不能入户勘察，因素无法体现。

（6）装修：毛坯房、普通装修与高档装修的房屋差别较大。特别是有些楼盘的精装修档次很高，对房地产价值提升很大。

（7）设施与设备：是指供水、排水、供电、供气、通信等管线的完备程度，厨房、卫生间洁具情况，特别是电梯的数量和品牌等。

（8）房屋建成年份：同一区域内以及同一小区内不同年代建造的房屋价格往往会有所区别。

（9）小区内部环境：小区内绿化率、中心花园、功能区域个数。随着开发水平的不断提高，越来越注重小区环境的营造，一些高档小区建设大型集中绿化，使得中心花园边的住宅价值提升，房价比同小区其他房屋高。

（10）建筑开发商的知名度：房地产公司的知名度对购房者的心理价位具有影响，这种影响主要是对建筑质量的保证。由于大多数购房者对房屋质量没有明确的界定，因此选择一家知名的房地产公司，能使大多数购房者认为已经购买了一处质量可靠的房屋。

（11）物业管理水平：物业管理水平对整体价格的影响较大。良好的物业管理往往把小区建设成一个真正意义上的社区。

二、区位因素分析

1. 杭州市总体概况

（1）地理位置

杭州是浙江省省会，全省政治、经济、科教和文化中心，是全国重点风景旅游城市和历史文化名城，副省级城市。杭州地处长江三角洲南翼，杭州湾西端，钱塘江下游，京杭大运河南端，是长江三角洲重要中心城市和中国东南部交通枢纽。杭州市区中心地理坐标为北纬30°16′、东经120°12′。

杭州市辖上城、下城、江干、拱墅、西湖、高新（滨江）、萧山、余杭8个区，建德、富阳、临安3个县级市，桐庐、淳安2个县。全市总面积16596平方千米，其中市区面积3068平方千米。

（2）自然条件与自然资源

杭州有着江、河、湖、山交融的自然环境。全市丘陵山地占总面积的65.6%，平原占26.4%，江、河、湖、水库占8%，世界上最长的人工运河——京杭大运河和以大涌潮闻名的钱塘江穿城而过。杭州西部、中部和南部属浙西中低山丘陵，东北部属浙北平原，江河纵横，湖泊密布，物产丰富。杭州素有"鱼米之乡"、"丝绸之府"、"人间天堂"之美誉。

杭州属亚热带季风性气候，四季分明，温和湿润，光照充足，雨量充沛。全年平均气温17.5℃，平均相对湿度69.6%，年降水量1139毫米，年日照时数1762小时。全市平均森林覆盖率为62.8%。

杭州拥有两个国家级风景名胜区——西湖风景名胜区、"两江一湖"（富春江—新安江—千岛湖）风景名胜区；两个国家级自然保护区——天目山、清凉峰自然保护区；五个国家森林公园——千岛湖、大奇山、午潮山、富春江和青山湖森林公园；一个国家级旅游度假区——之江国家旅游度假区；全国首个国家级湿地——西溪国家湿地公园。杭州还有全国重点文物保护单位14个、国家级博物馆5个。全市拥有年接待1万人次以上的各类旅游景区、景点120余处。目前杭州正在以"三江四湖一山一河一溪三址"为重点发展观光游，以把西博会打造成世界级会展品牌为目标发展会展游，以举办2006年世界休闲博览会为契机发展休闲游，形成观光游、会展游、休闲游"三位一体"的新格局，合力打响"游在杭州"品牌。

(3) 人文环境

依靠深厚的文化及历史底蕴，旅游资源；随着浙江经济的不断发展，杭州作为浙江省的政治、经济、文化中心，其城市地位也与日攀升。浙江政府提出了要在"十一五"期间把杭州打造成长三角第二大中心城市的目标口号。

2001 年，杭州在公安部评比的"中国最具安全感的城市"中名列第一。

2001 年，杭州获得"联合国人居中心"颁发的世界人居环境改善方面的最高奖项——"联合国人居奖"。

2002 年，杭州获得"国际花园城市"的美誉。

2003 年，杭州在"世界银行"公布中国的 120 个城市投资环境中排名第一杭州夜景。

2004 年，杭州加冕由中央电视台评选的"中国十大最具经济活力城市"。

2004 年，杭州在人民日报社评选的"中国十大协调发展城市"荣登榜首。

2004 年～2008 年，杭州市连续五次在《福布斯》"中国大陆最佳商业城市榜"中荣登榜首。

2006 年，杭州被"世界休闲组织"授予"东方休闲之都"称号。

2006 年，杭州被"国家旅游局"与"世界旅游组织"联合授予当年"中国最佳旅游城市"称号。

2007 年，杭州获"国际旅游联合会"颁给的"国际旅游金星奖"，成为获此殊荣的第一个也是唯一一个中国城市。

2. 各城区区域位置分析

本基准价地域包括杭州市六大主城区：上城区、下城区、江干区、拱墅区、西湖区、滨江区，不含萧山区、余杭区。

(1) 上城区：包括清波、湖滨、小营、紫阳、南星、望江 6 个街道。

上城区位于杭州市区中心，四周区界为：东自庆春立交桥西侧沿贴沙河经清泰立交桥。清江路至钱江三桥，与江干区接壤；南自钱江三桥至钱塘江大桥东侧，与滨江区隔江相望；西自钱塘江大桥东侧经虎跑路北侧至铁路涵洞桥，折北沿玉皇山脚至万松岭路，向西至西湖东岸直达六公园，与西湖区相邻；北自六公园经庆春路至贴沙河，与下城区交界。全区面积为 15.2 平方公里。辖湖滨、清波、小营、紫阳、望江、南星 6 个街道办事处，有 51 个社区 140289 户、34 万常住人口。

上城区的地形是不规则的梯形，地势为西南高东北低。区中心有吴山，海拔 98 米，山上岩峰玲珑，古树苍郁，东南望钱塘江，西北看著名的西湖，沿湖有西湖十景之一的柳浪闻莺公园以及老年公园、湖滨公园；城中还有横河公园、城东公园、青年公园和小营公园，中河、东河沿河绿化带纵贯南北。

上城区行政区划图（略）

(2) 下城区：包括武林、天水、朝晖、潮鸣、长庆、文晖、东新、石桥 8 个街道。

下城区位居杭州市的核心位置，呈狭长形，北依杭州市人民政府，东以贴沙河、上塘河、沪杭铁路与江干区分界；南以庆春路与上城区接壤；西以环城西路与西湖区相邻；以京杭运河、叶青兜路、长板巷、上塘河与拱墅区毗连。面积 8.91 平方公里，人口 23.61 万。因地处故南宋皇城北，习惯以北为下而称下城区。流经境内的河流有京杭运河、上塘河、贴沙河、中河、东河、古新河、桃花港及新横河、应家河。

下城区行政区划图（略）

(3) 江干区：包括四季青、白杨、凯旋、采荷、闸弄口、下沙 6 个街道；笕桥、彭埠、丁桥、九堡 4 个镇。

江干区，面积 210.22 平方公里，户籍人口 31.2 万，登记外来人口 40.02 万。是杭州的交通枢纽中心。沪杭甬高速公路和沪杭、浙赣、杭甬、杭长铁路交汇通衢；钱江二桥、三桥、六桥横亘钱江两岸；杭州火车东站和汽车东站位于境内，华东地区最大的杭州新客运中心将于明年投入使用；千年古运河与钱塘江的水运交通；仅次于上海铁路南站的"长三角"第二大交通枢纽中心，集客运专线、城际铁路、磁悬浮交通、干线铁路、城市地铁、公路客运、城市公交、运河码头等多种交通形式和配套服务设施于一体的杭州铁路东站综合交通枢纽中心项目也已启动。

随着杭州"构筑大都市、建设新天堂"战略的实施，江干成为杭州"城市东扩"、"决战东部"城市战略和实现新一轮发展的主阵地。杭州新的政治、经济、文化中心，CBD所在地——"钱江新城"框架初成，投资1500亿建设以大型现代化交通枢纽为圆心的"城东新城"已启动建设。

江干区行政区划图（略）

（4）拱墅区：包括米市巷、湖墅、小河、和睦、拱宸桥、大关、上塘7个街道；半山、康桥、祥符3个镇。

拱墅区东南接江干区、下城区，西北与西湖区、余杭区相邻。总面积约87.73平方公里。以境内有拱宸桥、湖墅而得名。东北有半山，京杭大运河南北贯穿，地势东北高西南低。平地平均海拔45米，境东北多山岭，主要有半山、老虎山、青龙山、元宝山（黄鹤山）等，境西地势平坦，河道港渠纵横交错，京杭大运河、宦塘河、古新河流经境内；余杭塘河、胜利河、康桥新河等与京杭大运河沟通；上塘河由南而北折东出境。

区内京杭大运河与上塘河、下塘河等10余条主要河道构成内河航运网络。宜杭铁路和纵贯境内的320国道、104国道穿境而过。杭宁高速公路入口处位于辖区104国道。杭州铁路北站、省汽车运输公司杭州客运北站均在境内。湖墅路、莫干山路、和睦路、丽水路、大关路、上塘路、绍兴路、沈半路、拱康路、康桥路、石样路等是本区的主要交通干线。

拱墅区行政区划图（略）

（5）西湖区：包括北山、灵隐、古荡、西溪、翠苑、文新、西湖7个街道；三墩、留下、转塘、袁浦、龙坞5个镇；蒋村、周浦2个乡。

西湖区位于杭州市区西部，城乡皆有，平原山水相依，是西湖龙井茶叶原产地，又是杭州规划中的高新技术开发区所在地。西湖区总面积312.43平方千米，常住人口66.75万人。之江国家旅游度假区、杭州国家高新技术开发区江北区块和浙江大学等近百所高等院校、科研院所坐落区内。中共浙江省委、省人大、省政府、省政协机关均集中设在西湖区。西溪国家湿地公园建成开放，黄龙商务中心、城西商贸圈初具规模，文三路电子信息街区荣获"中国特色商业街"称号。

西湖区园林景观众多，有"西湖第一名园"之称的刘庄，是毛泽东主席生前数十次来杭的居住地。西湖区内有全国文物保护单位3处、省级文物保护单位10处，建有民族英雄和革命烈士的陵墓、牌坊、陈列馆16处。世界著名的西湖就在辖区内，是杭州的游览中心。

西湖区行政区划图（略）

（6）滨江区：包括浦沿、西兴、长河3个街道。

滨江区面积73平方千米，位于钱塘江南岸，是未来的杭州市城市副中心，目前正在建设成为"以高新技术产业为骨干，集教育、商贸、居住等功能为一体的高科技、多功能、园林化的科技新城"。滨江区辖西兴、长河、浦沿3个街道、28个行政村、7个社区。

目前总人口约20万人，其中常住人口12万人，流动人口约8万人。2010年滨江规划人口为23万；2020年钱江两岸包括滨江区和钱江新城的规划总人口，将增至92万。

从规划看，未来的滨江区将形成西、北部沿钱塘江边为公共服务设施、研发居住综合带，中部为产业园区带，南部为研发居住带和生态保护带的城市形态，呈沿钱塘江平行发展的城市空间形态，在用地布局上规划形成"一心、四轴、二区、六片、三基地"的布局结构。"一心、四轴、二区、六片、三基地"的布局结构如下：一个公共中心，即高新开发区（滨江）东部的区级中心。四条发展轴，即沿钱塘江、中兴路、四季大道、彩虹大道四条发展轴线。二个产业园区，即杭州高新技术产业开发区之江园区，浦沿工业园区。九个居住片，即本域内的九大居住片。三个研发中心，即以现状高新软件园为基础的研发中心，东部公共中心南部研发中心，沿白马湖西侧研发中心。区域内城市道路有：①快速路系统：中兴路—杭州萧山机场快速路、彩虹大道（东西向）；四季大道、风情大道（南北向）。②主干路系统：火炬大道、江晖路、中兴路、滨康路、滨兴路。③次干路系统：闻涛路、东信大道、浦沿路、海纳路、信诚路、创业路、长河路、江虹路、西兴路、滨宁路。

滨江区行政区划图（略）

3. 影响杭州主城区住宅的可能区位因素分析

"区位，区位，区位"是房地产投资的要诀，也反映着影响房价的关键性因素。这句话强调了房地产这种位置不可移动的物品，其区位的极端重要性。随着实践的深化，对区位的理解不仅仅是某宗房产在城市的位置（如离市中心的远近），而且交通与配套状况、景观资源和外部配套设施等因素都成为区位条件的重要内容。

通过对杭州市整体房地产的研究，总结影响杭州主城区住宅价格的主要区位因素有：

(1) 距离

离市中心距离：市中心一般是城市中各类商业、交通、教育、娱乐、生活设施等等最完善的区域，其房地产价格普遍较高。随着城市向外的延伸，房地产价格一般逐渐降低。

离西湖距离：杭州作为著名的风景旅游城市，尤以西湖闻名，西湖周边的住宅一直是供不应求，房地产价格平均水平也是杭州市区内最高。

离钱塘江距离：钱江新城的建设，是杭州市实施"城市东扩、旅游西进、沿江开发、跨江发展"战略、实现从"西湖时代"迈向"钱塘江时代"的跨越，标志着一个新的CBD即将形成。

(2) 朝向、楼层

朝向：一般来说，朝南的住宅优于其他朝向（如朝北）的住宅，但当北向面对的是美丽的湖景或江景时，北向的住宅就比同楼层南向的住宅价值高，而且甚至会高很多。

楼层：多层无电梯住宅的最佳楼层一般是中间楼层。高层住宅则通常是楼层越高，价格越高。

(3) 交通

交通条件：主要指城市公共交通的通达程度，如估价对象附近是否通公交、地铁、城市轻轨等。

(4) 外部配套设施

生活服务设施：居住房地产所处地段不一定要繁华，即使处于商业繁华地段，也希望能够闹中取静。但居住房地产周围一定要有基本的生活设施，如菜市场、商店、银行、邮局、理发店、洗衣店等。

教育配套设施：教育配套设施是影响居住房地产价格的重要因素，主要指中小学、幼儿园和托儿所。在杭州，为孩子上学而选学区的购房者很多，一些著名重点学区的住宅价格普遍较高，如学军小学、采荷小学、安吉路实验学校、天长小学等学区内的房屋价格普遍较高。

(5) 环境景观

环境因素：包括估价对象附近绿化环境（特别是名胜、公园、河流等）、噪声程度、空气质量、卫生条件等。

景观：杭州是风景城市，自然景观有西湖景观、钱塘江景观、运河景观、山景等，拥有较好的景观资源会大大提升房屋价值。

三、权益因素及其他因素

1. 权益因素

估价对象房屋权益状况各不相同，在本次基准价设定中假设为完全产权权属，实际运用中根据实际情况进行修正。

2. 交易时间

由于市场行情的不同，交易时间的不同，体现交易价格水平不同。如在2007年的下半年，市场行情波动很大。

3. 供求关系

不同类型房屋的供应量不同，市场的需求也不同。因此引起的价格变化也不同。

另外，有一些特殊因素如有些房屋处在垃圾中转站、公共厕所边、高压电线附近等，对房屋价值产生较大的负面影响，通称为不利因素。在基准价评估过程中，分析数据中没有类似的成交案例，但根据消费者的普遍心理，这些因素应该会影响房地产的价格，故在最终评估楼幢基准价时进行考虑。

以上实物、区位、权益及其他影响房价的因素见表15-1。

杭州主城区住宅影响因素汇总表　　　　表15-1

一级指标	二级指标	三级指标	考虑因子	数据获得途径
区位因素	位置	离市中心距离	小区离武林广场距离	GIS
		离西湖距离	小区离西湖距离	
		离钱塘江距离	小区离钱塘江距离	
		是否在乡镇	下沙、笕桥、彭埠、三墩、留下、转塘、滨江	根据行政区划
		朝向	主朝向和所处部位	GIS、现场调查
		楼层	所在楼层	房产证
	外部配套设施	生活教育配套	农贸市场、商场、超市、医院	现场调查、GIS
			托儿所、幼儿园、中小学等	
			宾馆、餐厅	
			银行、储蓄、邮电网点	
			娱乐、影剧院	
		著名重点学区	重点中小学学区	
	交通	交通条件	可借助交通工具	现场调查、GIS
			公交线路条数及站点距离	
			交通管制	
	周边环境景观	周边环境质量	大气环境、水环境	现场调查表、社区图、GIS
			声觉环境、视觉环境	
			卫生环境、人文环境	
		周边景观	森林、绿化带	
			河流、山、湖等	
			名胜、公园、大型广场	
实物因素	小区内环境	小区内部配套	绿化率、草坪、坡地、丛林、景观带、大型水景	现场调查
			健身器材、运动场地	
			会所、物业管理	
	建筑物实物因素	房龄	建造年代	GIS
		建筑类型	多层、小高层、高层	房产证、现场调查
		层高	普通结构、LOFT结构	现场调查
		装修装饰	国际品牌精装、国内品牌精装、粗装修、毛坯	现场调查
		建筑外观	建筑用材	现场调查
			建筑式样、风格、色调	现场调查
		户型	合理与否	无法入户、难以衡量
			采光、通风	
			成套、非成套	
		设施、设备	电梯	和档次相关
			网络	在杭州这些因素绝大多数配套较成熟，差异不大
			供水、供电、供气	
		附加值	赠送阁楼	较难掌握
			露台	现场勘察
		面积	建筑面积	房产证
		楼盘档次		综合因素
其他因素	时间因素	交易时间		合同时间
	市场供求因素	供求比例	供应量和市场受欢迎程度	市场调查
	特殊因素	不利因素	邻垃圾中转站、公共厕所边、高压电线等一些贬值因素	市场调查

四、市场背景分析

杭州楼市的逐渐走热，带动了房地产开发投资的平稳增长。据杭州市统计局最新统计，1～7月，杭州市房地产开发投资213.45亿元，同比增长9.2%，增速同比下降6.2个百分点，但较1～6月增幅回升0.6个百分点。

杭州市在建房屋施工面积4117.57万平方米，同比增长8.1%；但新开工面积为负增长，商品房新开工面积442.21万平方米，同比下降3.8%。就销售情况来看，前7个月，杭州市共完成房屋销售面积474.71万平方米，同比增长58.9%；其中，住宅销售面积430.96万平方米，同比增长67.8%。

2007年，随着杭州市经济持续健康发展，居民收入稳步增长，购房需求释放及土地价格屡创新高，杭州市区（不包括萧山、余杭区，下同）房屋销售价格再次进入了新一轮上涨通道。

1. 市区房屋销售价格总体走势

2007年1～9月杭州市区房屋销售价格上涨的总体走势表现为"前低后高"。5月份之前，杭州市房屋销售价格延续上年较为平稳和理性的走势，与上年相比，各月涨幅处在2.5%～3.4%。5月下旬开始，受上海、南京等周边城市房价快速上涨、开征二手房交易税等因素影响，以及万科"魅力之城"和滨江集团滨江"万家花城"等。

大型楼盘的开盘热销等多重因素刺激，杭州市房屋销售市场再次迎来销售高潮，销售价格也节节攀升，6月份杭州市房屋销售价格与上年同期相比上涨了5.8%。下半年起，又受浙江工商大学（原杭商院）、原杭一棉等地块拍卖价格高涨影响，周边部分楼盘和二手房大幅上调价格，导致杭州市房地产价格又是"涨声"一片，引发杭州市区房屋销售价格继2004年以后再次进入一轮快速上升通道。8、9两月杭州市楼市成交量持续放大，价格涨幅连创新高。由于购房者"买涨不买跌"的心理，涨幅较高的楼盘反而销售形势特别好。

2. 各类房屋销售价格运行的特征

（1）商品房价格快速上涨。2007年，杭州市新开楼盘热销，价格一路走高，导致商品房价格快速上涨，与上年相比上涨7.8%，涨幅比上年扩大4.9个百分点。国都"枫华府第"、万科"魅力之城"、滨江"万家花城"、耀江"文鼎苑"等楼盘的热销，带动了全市商品房市场交易活跃，同时引领了杭州市区商品房价格的逐月走高。如上半年滨江"万家花城"首批700多套房源开盘，引来了上千人彻夜排队，预定率高达95%以上，半个月后，再推出第二批800多套房源，不到一个月时间成交房源1500余套，成交金额达15亿余元。

（2）二手房价格上涨明显。2007年，随着商品房价格的不断上涨，市区二手房交易价格同比涨幅明显高于上年。

年初，受"强征20%个税"传闻的影响，杭州市二手房销售市场明显升温。2007年6月份以来杭州市土地交易折合楼面价屡创新高，推动了周边二手房价格的上涨。如6月份，位于拱墅区的金松地块由昆仑置业集团竞得，楼面价约达12245元/平方米，周边二手房也随即上调挂牌价。随着新建商品房价格的不断攀升，市区二手房价格也不断上涨。

（3）商业娱乐用房和写字楼价格稳中有涨。在商品房住宅价格上涨推动下，商业娱乐用房和办公楼销售价格稳中有涨。

3. 房屋销售价格快速上涨的主要原因

5月份以来，杭州市房屋销售价格又进入了新一轮快速上涨的通道。引起此轮房价上涨的原因主要有以下几方面：

（1）前几年被压制的购房需求进一步释放。自央行2005年3月17日开始加息起至去年末，房地产宏观调控政策不断出台，直接影响了购房者的心理，导致很多家庭持币观望。同时，通过几年的宏观调控确实改善了市场住房供应结构，提供给老百姓更多选择。年初以来，房价不仅没有下跌的迹象，反而开始上涨，特别是受周边城市房价快速上涨的影响。不少居民失去耐心，纷纷出手，一时间需求与积蓄的购买力同时释放，在市场上呈现"爆发"的迹象，受人们"买涨不买跌"的心理影响，价格进一步上涨。

（2）土地交易价格大幅上涨推动周边房价节节攀升。去年以来杭州市土地交易价格及折合楼面价屡创新高，部分楼面价已接近甚至超过周边正在销售的楼盘。一些具备较强筹资功能和资金实力的上市公司，看好杭州房地产业的发展前景，在杭州土地市场上频频现身并出手拿地。土地交易市场不可避免成为释放上市公司资金流动性过剩的出口，导致杭州市土地交易市场竞争激烈，价格屡创新高，推动了房价节节攀升。

（3）楼盘品质提升，开发成本提高。目前，杭州市房地产企业非常注重楼盘品质的提升，开发楼盘使用的环保型、节能型等新型材料比重越来越高。小区配套、绿化环境设计、开发维护等成本较前几年也大幅提高。如滨江房地产开发公司2007年开盘的南肖埠地块，该楼盘的环境绿化成本投入比2005年该地块开盘的另一楼盘增长了七成以上。因此，楼盘品质的提升也是房价上升的一大因素。

（4）外来购房者的不断涌入。浙江作为民营经济比较发达的省份，部分民营企业家的购买能力较强，需求相对旺盛。而杭州通过近几年的大规模城市改造和地铁概念的逐渐清晰，杭州良好的宜居环境吸引了周边城市外来购房者，从而推动杭州市房价的上升。

五、最高最佳使用分析（略）

六、估价方法选用

本次评估方法的确定是严格按照评估原则，从传统的房地产评估原理与方法出发，参考国内外关于批量评估的研究成果，综合分析比较优缺点。理论与实际相结合，定量与定性相辅助，对杭州市住宅市场进行实证分析，最终得出杭州市住宅基准价。

1. 传统房地产评估方法分析

房地产估价的三大基本方法为市场比较法、成本法和收益法。除此之外还有一些其他方法，如假设开发法、路线价法、长期趋势法、残余法、购买年法、利润法、分配法等，实质上是三大基本方法的派生。不同的估价方法有不同的用途，而且每种估价方法都有一定的适用条件，运用不同的方法评估同一房地产会得出不同的结论。

（1）市场比较法运用主要问题

正确运用市场比较法时将遇到两个棘手的问题：一是如何对待估对象与可比案例的因素差异进行量化修正；二是计算出可比案例的修正价格后，如何确定待估对象的价格。

（2）收益法运用的主要问题

实践中，收益法有着内在的缺陷：一是对于期限较长的物业，其未来的经营收益是不确定的，存在较大的波动性，并且期限越长，准确性越差；二是资本化率也难于准确判定，在实际操作过程中资本化率的确定随意性较大。

（3）成本法运用的主要问题

成本法适用于房地产市场不发达，难以运用市场比较法、收益法等方法进行评估。但在实际市场中，房地产价格取决于效用而不是成本。换句话说，成本增加不一定能增加其价值，成本低也不一定说明其价值低，另外，折旧的计算也是难点。

2. 特征价格法分析

特征价格理论：商品由一系列不同的特征组成，而商品的市场价格应与这些特征联系起来，每一项特征的货币价值量均可通过观察同质商品的价格变化计算出来。将特征价格模型应用于房地产的定价研究，这是因为房地产产品具有耐久性、空间固定性等特点，是一种异质性商品，产品之间在构成使用价值的各个特征之间有明显的差异，如房地产的位置、层次、朝向、小区环境、所在区域的交通状况等。

特征价格模型的优点是：容易取样，可以得到大量价格资料；模型采用回归分析的方法，将各种特征的使用价值，以及它们与价格之间的关系通过回归模型表示出来；模型的经济意义比较直观，模型中的各特征的系数可以看作其对价格的影响程度；计算相对简单。随着时间的变化，各种因素在模型中的权重会发生变化，及时地做出调整就能有效提高模型的适用实际操作性。

但特征价格模型同时也存在缺点是：过于依赖模型的具体函数形式，计算结果受限于具体选择的特征变量；存在多重共线性问题和因房地产的个别性而掩盖市场供求关系对房地产价格的影响等问题需要解决。

总体来说，特征价格模型是国外学者经常使用的模型之一，是用来处理异质产品差异特征与产品价格之间关系时广泛使用的模型。影响特征价格模型在我国广泛应用的主要原因：特征价格模型需要大量的数据，特别是关于住宅特征的数据。由于我国的房地产市场发展较晚，统计数据不健全、不规范，同时我国房地产信息制度形成了政府垄断信息资源，使得企业和个人常常无法通过正规渠道获取统计资料，造成特征价格模型难以在我国推广应用。

杭州市运用特征价格模型建立计税基准价基于以下有利条件：（1）杭州市房地产市场活跃，交易信息量大；（2）杭州市财政局直属征收局的征管工作一直比较规范，管理较严，大量历史成交数据的可信度比较高；（3）各政府部门之间协作关系较好，房管部门、国土部门、规划部门、民政部门等均能提供各方面的信息数据；（4）通过统计分析，建立了挂牌价格和成交价格关系，丰富数据来源。所有这些均为特征价格模型的运用提供了数据信息支撑，使得特征价格模型的应用变得切实可行。

3. 本次评估方法及流程图

对现有常用的市场比较法、收益法和成本法三种评估方法进行深入分析，检索国内外房地产批量评估的相关文献，比较不同评估方法优缺点、适用性。最终确定运用统计学、计量经济学定量分析方法，通过构建房地产价格影响因素指标体系，综合考虑房地产价格影响因素，研究每一种特征与住房价格之间的关系，将市场上实际成交的样本房地产所具有的对价格产生影响的特征进行分解，确立特征的指标体系，然后通过大量的房地产的市场交易数据，并对交易样本进行多元统计回归分析后确立特征价格模型。最终将需要评估房地产的各项特征值代入数学模型，确定基准价。

七、估价过程

1. 评估实施过程

我公司在2007年4月中标杭州市计税基准价建设项目后，历时5个月，完成了现场勘察——信息库建立——建立模型——建立基准价——基准价应用等一系列工作。

（1）项目组织方案

项目中标后，立即组织评估精干力量，成立杭州基准价系统项目部，组织结构由项目总负责人、现场勘察技术负责人、价格评估技术负责人、评估组、审核组、现场勘察组、资料整理组等组成，并按城区划分评估作业区块，对估价师、评估员进行职能划分和任务分配，设定相应的专业小组。

根据精细化管理要求，建设方案遵循城区→街道→社区→住宅小区→每幢房屋→更细分单元等逐步缩小的路径。

人员的分工和职责：

项目总负责人：负责项目总体安排，包括人、财、物等统筹安排和总协调。

现场勘察技术负责人：负责组织现场勘察、收集各类房地产信息。

价格评估技术负责人：负责房屋基准价价格评估。

评估组：建立特征价格模型，应用模型建立基准日计税基准价。

审核组：对计税基准价报告形式、内容进行审核，提出修改意见。

现场勘察组：采用"分区、分块评估，6个城区分同时进行"的勘察方式。在每个区块勘察组中，又设有若干个现场小组，由估价师任组长，估价师或评估员为组员。

资料整理组：对各城区勘察资料归类存放，对电子文档包括成交及挂牌信息数据库、照片等进行统一收集、整理。负责各社区、小区的平面示意图的绘制，并在绘制过程中对现场勘察情况进行复核。

各评估组对所分配区域独立操作、分析，发现问题及时以书面形式向技术负责人汇报，技术负责人对相关问题进行分类、登记，负责解决落实。

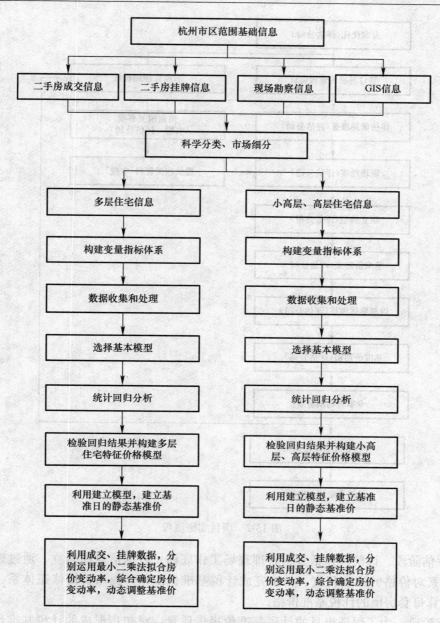

图 15-1　建立模型流程图

（2）项目实施流程

杭州市存量房基准价评估工作于 2007 年 5 月开始组织实施，2007 年 5 月对投标方案进行优化，经过前期准备后，2007 年 6 月开始进入现在勘察，2007 年 9 月底完成工作报告。项目的实施过程见图 15-2。

各阶段主要工作内容：

① 前期准备阶段。前期准备阶段的任务主要是根据甲方要求明确评估范围及要求，制定一套切实可行的现场勘察方案、现场工作表及评估技术方案，调动充足的人力资源做好组织工作，组织评估人员的培训，收集必备的资料，为评估的实施做好准备。

② 现场普查阶段。现场普查工作主要对逐幢房屋的特征变量进行系统的收集、记录、拍摄、整理和分析。实地到每一个住宅小区，对每一幢住宅楼进行现场勘察、拍照，登记住宅楼地址门牌，了解住宅楼所处的区位状况、实物状况，核对房屋性质、层数、类型、建成年份等资料，摸清和掌握每幢住宅楼的第一手信息。

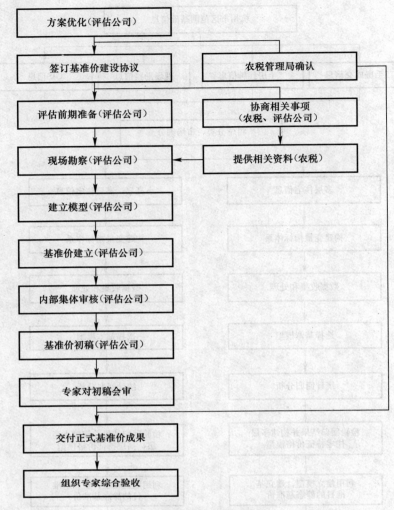

图 15-2 项目实施流程

③ 基准价评估阶段。该阶段包括分析整理现场工作底稿、数据信息库建立、通过建立特征价格模型量化各特征因素对价格的影响程度、初步完成计税基准价工作，提出价格修正体系。通过设定的模型，可以自动计算每套房屋的计税基准价格。

④ 内部审核阶段。为了保证出具的计税基准价报告质量，对初步形成的计税基准价报告，公司组织评估师对计税基准价报告从形式到内容进行全面、认真、细致地检查，确定估价结果的客观合理性，提出修改意见。

⑤ 专家初审阶段。由杭州市财政局直属征收管理局组织有关专家对初步形成的计税基准价报告进行会审，提出会审意见。

⑥ 编制报告阶段。最后根据专家审核意见进行修改，编制杭州市存量房基期计税基准价报告，向杭州市财政局直属征收管理局提供计税基准价报告。报告内容包括：前言、总说明、所在社区概况表、所在小区概况表、楼幢基准价表、社区（小区）平面图、每幢房屋照片、小区照片、房屋朝向说明等内容。

⑦ 评审与验收阶段。杭州市财政局直属征收管理局组织有关专家对我公司编制的计税基准价报告进行综合验收。

2. 特征价格法建立模型主要步骤

第一步：选择特征变量。分析房地产价格的影响因素，选择特征变量并构建指标体系。特征变量的选择根据模型适用区域而选择，如整个市区范围和某一小范围的特征价格模型所选的特征变量是不同的。

第二步：量化特征变量。根据指标体系进行数据收集，进行数据量化。收集数据时应遵循数据收集的原则，保证数据的准确性和公信度。

第三步：选择模型方程。一般来说，大多数研究者都是凭经验初步设定函数形式，然后不断地尝试和修正，直到认为函数形式能够解释样本数据的差异，并使得模型对样本数据的拟合满足要求。线性函数、对数函数、半对数函数和对数线性函数是经常采用的四种简单的函数形式，我们称之为基本函数形式：

① 线性形式（Linear）：$P = \alpha_0 + \sum \alpha_i Z_i + \varepsilon$。自变量和因变量均以线性形式进入模型，则回归系数对应着特征的隐含价格，此时是一常数。

式中：P—房地产价格；Z_i—房地产的特征因素；α_0—常数项，α_i—房地产特征与房地产价格关系的系数；ε—随机误差变量。下同。

② 对数形式（Log-Log）：$\mathrm{Ln}P = \alpha_0 + \sum \alpha_i \mathrm{Ln}Z_i + \varepsilon$。自变量和因变量均以对数形式进入模型，则回归系数对应着特征的价格弹性，此时是一常数。

③ 对数线性形式（Log-Linear）：$\mathrm{Ln}P = \alpha_0 + \sum \alpha_i Z_i + \varepsilon$。自变量采用线性形式，因变量采用对数形式，则回归系数对应着特征价格与产品总价格之比，即 $\alpha_i = P_{Z_i}/P$。

④ 半对数形式（Semi-Log）：$P = \alpha_0 + \sum \alpha_i \mathrm{Ln}Z_i + \varepsilon$。自变量采用对数形式，因变量采用线性形式，则回归系数对应着产品中某一特征的总价格。

在房地产定价中，一般来说首先采用四种基本的函数形式，因为它们的最大优点是能很好地解释和说明函数中的变量所反映的特征价格。如果这四种基本形式不能很好地拟合数据，则应考虑采用 Box-Cox 变换或采用更复杂的函数形式。

第四步：数据回归拟合

将样本值分别代入四个模型中，计算各组数据的相关系数和回归分析，得出拟合度最好的函数。由于回归分析的计算非常复杂，可以采用很多成熟的统计分析软件。

第五步：检验分析结果

回归拟合后的检验是非常重要的。虽然有时候方程的拟合度非常好，但是残差却很高，这就说明该函数形式并不能被选为定价模型。

由于回归分析的计算过于复杂，这里采用功能强大且得到统计学界公认的统计分析软件—SPSS。在基准价建立过程中，我们主要采用该软件进行数据相关分析、回归分析和检验。

回归分析主要是进行显著性检验和方差分析。要求复相关系数 R、判定系数 R^2 和经调整的 R^2 要尽可能地接近 1，同时方差分析的值要小于或等于 0.001。说明方程是高度显著的，拒绝全部系数均为 0 的原假设。表明进入方程的住宅特征与房价 P 之间的线性关系能够成立。所有进入方程的变量的容差必须大于默认的容差水平值 0.0001。该值愈小，方差膨胀因子愈大，说明该自变量与其他自变量的关系愈密切。

残差是预测值与真实值之间的差。其假设前提是独立的、同方差的且呈正态分布，同时要求标准化后的残差均值越接近 0 越好。检验过程一般采用统计分析软件进行，如 SPSS 的分析报告中能给出 DW 值（用来判断残差的独立性）、残差的直方图、观察值的累加频率图（即 P-P 图）（用来判断残差的正态性）和残差与因变量预测值的残差散点图（可以判断残差方差的差异性）。

一般，DW 值在 2 附近基本上可以认为是独立的；若残差的直方图或者 P-P 图呈现正态，且残差同预测值没有明显波动则说明该模型通过了残差检验。

最后一步：运用模型计算房屋计税基准价

模型通过检验分析后，将适用范围内房地产的各项特征值代入特征价格模型，求出估价时点房屋的基准价。

3. 杭州市住宅特征价格模型构建

（1）杭州住宅价格特征变量分析

住宅价格高低及其变动，是众多因素对住宅价格综合作用的结果。不同的影响因素，引起住宅价格变动的方向是不尽相同,引起变动的程度也是不尽相同,有的因素对住宅价格影响较大,有的影响较小。相同方向的影响因素,随着时间的不同,地域不同,影响程度也会发生变化。某些影响因素对住宅价格的影响可以用数学模型量化,有些因素需要依靠房地产估价师的估价理论知识、实践经验以及对当地房地产市场的深入调查了解做出判断,因而在实践中往往要定性分析和定量计算相结合。

影响住宅价格的因素多而复杂,需要进行分类。一种分类是先分为房地产自身因素和房地产外部因素两大类,然后再分别进行细分。其中,房地产自身因素可分为区位因素、实物因素和权益因素三类;房地产外部因素可分为人口因素、制度政策因素、经济因素、社会因素、国际因素、其他因素等六类。各类因素还可以再细分。在实际运用分析中,经过对诸因素比较分析后,选择对住宅价格影响较大的、具有普遍性和规律性的因素构建相应的变量因素体系。

由于在同一城市里,来自经济、社会、国际、制度政策等外部因素对住宅价格的影响基本相同,因此,影响住宅价格的差异主要是房地产自身因素。而房地产自身因素中的权益因素在基准价条件中进行了设定,所以影响房地产价格的因素主要是房地产自身因素中的区位因素和实物因素。

(2) 特征变量的量化方式

① 特征变量的量化方式1

这种量化方式直接采用变量的实际测量、计量数据,或者作一些简单的转换,这类变量见表15-2。

特征变量的量化方式1——实际测量、计量值　　　　　　　　　　　　　　　　表15-2

变量名	变量的量化
房龄	住宅建筑的房龄(年,2006年的房龄为1,2005为2,……依此类推)
所在楼层	高层(包括带电梯的多层)以所在楼层的层数;多层以所在楼层与四层差距数绝对值
离市中心距离	住宅小区到武林广场的距离(公里)实测值
离西湖距离	住宅小区到西湖的距离(公里)实测值
离钱塘江距离	住宅小区到钱塘江的距离(公里)实测值
交易时间	实际成交时间离估价时点时间,以月份表示

② 特征变量的量化方式2

这种量化方式主要用于有序分类变量的量化,有序分类变量是指各类别之间有程度的差别。变量先按等级顺序分组,分别进行相应赋值,这类变量见表15-3所示。

特征变量的量化方式2——分等级赋值　　　　　　　　　　　　　　　　　　表15-3

变量名	变量的量化
离市中心距离	根据小区离武林广场距离(公里)分为不同区间段,分别进行赋值
离西湖距离	小区离西湖距离(公里)分为不同区间段,分别进行赋值
离钱塘江距离	小区离钱塘江距离(公里)分为不同区间段,分别进行赋值
生活教育配套	分等级赋值,分为5级:差(1分)、较差(2分)、一般(3分)、较好(4分)、好(5分)
交通条件	分等级赋值,分为5级:差(1分)、较差(2分)、一般(3分)、较好(4分)、好(5分)
周边环境	分等级赋值,分为5级:极差(1分)、差(2分)、一般(3分)、较好(4分)、好(5分)
小区内部环境	分等级赋值,分为5级:极差(1分)、差(2分)、一般(3分)、较好(4分)、好(5分)
周边环境	分等级赋值,分为5级:差(1分)、较差(2分)、一般(3分)、较好(4分)、好(5分)
西湖景观	分等级赋值,分为5级:差(1分)、较差(2分)、一般(3分)、较好(4分)、好(5分)
钱塘江景观	分等级赋值,分为5级:差(1分)、较差(2分)、一般(3分)、较好(4分)、好(5分)
房龄	以2007年为基准,3年内为1,以后每差额5年为一个等级分段打分
其他视野景观	分等级赋值,分为5级:差(1分)、较差(2分)、一般(3分)、较好(4分)、好(5分)
建筑外观	分等级赋值,分为5级:差(1分)、较差(2分)、一般(3分)、较好(4分)、好(5分)
噪声影响	分等级赋值,不临路1、临市区交通道路2、临高架3、临铁路5
物业管理	分等级赋值,分为5级:差(1分)、较差(2分)、一般(3分)、较好(4分)、好(5分)
供求关系	按照房源量的供求比例综合打分1~5分

③ 特征变量的量化方式3

这种量化方式主要用于无序分类变量的量化，无序分类变量是指所分类别或属性之间无程度和顺序的差别。它又可分为二项分类和多项分类等。这类变量见表15-4。

特征变量的量化方式3——虚拟变量　　表15-4

变量名	变量的量化
精装修	按开发商出售时是否精装修，是为1，否为0
是否在乡镇	下沙、丁桥、笕桥、彭埠、三墩、留下、转塘等。是取值1，否为0
著名重点学区	一些知名重点学校学区。是为1，不是为0
成交时间	按实际交易月份时间为哑变量
朝向	将不同朝向以哑变量的形式设置
建筑面积	将建筑面积分为不同区间段，以哑变量形式设置

④ 特征变量的量化方式4

这种量化方式采用综合指标定量，根据所包含的内容进行打分。见表15-5。

特征变量的量化方式4——综合打分　　表15-5

变量名	变量的量化
朝向	计算每户的采光面，北面为0.5，西面为1，东面为1.5，南面为3。如某一户型东西南三面采光，则该分值为1.5+1+3=5.5

(3) 杭州住宅特征变量的选择及量化

通过对杭州市住宅房地产的综合分析，同时结合对消费者、资深房地产估价师、中介销售人员、房产专家的访谈，归纳出可能影响杭州住宅价格的因素，作为特征变量进行综合分析，归纳为离市中心距离、离西湖距离、离钱塘江距离、地处乡镇状况、生活综合配套、交通条件、知名重点学区、周边环境、周边景观、小区内部环境、建筑面积、建造年代、朝向、装修程度、所在楼层、物业管理、西湖景观、钱塘江景观、其他视野景观、噪声影响、建筑外观，另外还有交易时间和供求状况等。

在这些众多的影响因素中，许多因素的量化方式不唯一，进入模型的变量因素有多种组合。随着因素的增加，量化方案变化，排列组合的数量会越来越多。在进行具体的试验之前，要对试验的有关影响因素和环节做出全面的研究和安排，制定相应的试验方案。

通过优化试验，最终进入模型的特征变量主要包括：离市中心距离、离西湖距离、离钱塘江距离、地处乡镇状况、生活综合配套、交通条件、知名重点学区、周边环境、周边景观、小区内部环境、建筑面积、建造年代、朝向、装修程度、所在楼层、物业管理、西湖景观、钱塘江景观、其他视野景观、噪声影响、建筑外观，另外还有交易时间和供求状况等。因变量为住宅价格。量化方法详见表15-6。

杭州市高层住宅特征量化方法表　　表15-6

特征变量	量化方案
离市中心距离	小区离武林广场实际距离，以公里为单位，保留到小数点后两位
离西湖距离	小区离西湖距离（公里）分段，按顺序分别赋值
离钱塘江距离	小区离钱塘江距离（公里）分段，按顺序分别赋值
是否在乡镇	哑变量，是取值1，否为0
生活教育配套	综合赋值：1~5
交通条件	综合赋值：1~5
著名重点学区	一些知名重点学校学区。哑变量形式，是为1，不是为0
周边环境质量	综合赋值：1~5
周边景观	综合赋值：1~5
小区内部环境	综合赋值：1~5
朝向	以采光面进行赋值或以各朝向为哑变量

续表

特征变量	量化方案
楼层	高层、小高层（包括带电梯的多层）：所在楼层为变量
房龄	小高层、高层：以（2008～建成年代）为房龄数
建筑面积	面积分段后以哑变量形式赋值
西湖景观	综合赋值：1～5
钱塘江景观	综合赋值：1～5
其他视野景观	综合赋值：1～5
噪声影响	综合赋值：1～5
建筑外观	综合赋值：1～5
物业管理	综合赋值：1～5
精装修	按开发商出售时是否精装修，哑变量是为1，否为0
成交时间	按实际交易月份时间为哑变量
稀缺性	综合赋值：1～5

(4) 杭州市区住宅特征价格模型确定

在使用特征价格模型进行城市住宅价格评估时，可以对住宅市场进行细分，从而根据细分市场确定相应的特征函数，这些特征函数可以更准确地反应每个细分市场的特点。合理地对住宅市场进行细分将会提高特征价格模型的预测能力。

本次评估根据建筑类型，将样本数据分为二大类：建筑总层数小于或等于8层的为多层住宅，9层以上为小高层、高层住宅。从而将整个住宅市场细分为两个子市场：多层住宅市场和小高层、高层住宅市场。采用四种模型（线性、对数、对数线性、半对数）进行不断试验、优化，经过测算得出最佳模型。下面仅就杭州市小高层、高层模型进行介绍。由于数据的拟合和检验是多过程的重复，正如前面建模步骤中所叙述，需将样本数据代入基本模型分别进行拟合、检验，综合比较模型效果。由于篇幅所限，其他基本模型的拟合结果不在此列举，仅将比较后最优模型（对数线性形式）列举说明。

在2007年1月至6月的小高层、高层交易案例中，经过评估人员初步分析后选取1174套房屋作为交易实例。采用SPSS软件中强行进入法（Enter）作为回归分析方法，删除没有通过显著性检验的变量后，继续选择强行进入法（Enter）进行分析。经过不断试验优化，小高层、高层的最优模型为对数线性形式，表达式为 $LnP = \alpha_0 + \sum \alpha_i Z_i + \varepsilon$。

① 显著性检验和方差分析

基本模型小结　　　　　　　　　　　　　　　　　　表15-7

模　型	R	R^2	校正R^2	估计的标准差	D-W 值
2-3	0.93	0.87	0.87	0.08	1.82

可知，复相关系数 $R=0.93$，线性关系很强。从判断系数 R^2（0.87）和经调整的 R^2（0.87）来看，基本模型所能解释的因变量差异百分比约为87%，说明模型的拟合程度较好。

基本模型方差分析　　　　　　　　　　　　　　　　表15-8

Model		平方和	自由度	均方和	F	显著性
2-3	回归	48.74	33.00	1.74	275.59	0.00
	残差	7.11	1141.00	0.01		
	合计	55.85	1174.00			

从表15-8可知，回归方程方差分析的显著性检验值小于0.001，说明方程是高度显著的，拒绝全部系数均为0的原假设。表明进入方程的住宅特征与对数单价 lnP 之间的线性关系能够成立。通过显著性水平的检验，说明模型对样本数据的拟合在统计上是有意义的，回归方程是有效的。

② D-W 值检验

基本模型的 D-W 值为 1.82<2，说明相邻两点的残差为正相关，但是其数值比较接近于 2，可以认为模型中的误差项基本上是独立的，模型基本合理。

③ 共线性诊断

表 15-9 表明，变量中 VIF 远小于 10，从而可以拒绝变量之间的共线性假设，认为自变量之间的共线性不是很严重。

共线性诊断表　　　　　　　　　　　　　表 15-9

	容忍度	VIF
交易时间 T_1	0.633	1.580
交易时间 T_2	0.804	1.243
交易时间 T_3	0.438	2.281
交易时间 T_4	0.983	1.017
交易时间 T_5	0.527	1.896
楼层	0.699	1.430
面积 S_1	0.796	1.256
面积 S_2	0.704	1.421
面积 S_3	0.636	1.572
面积 S_4	0.680	1.470
面积 S_5	0.610	1.639
小区内部环境	0.217	4.617
周边环境质量	0.537	1.862
周边景观	0.484	2.068
地处乡镇	0.551	1.815
楼盘档次	0.205	4.878
物业管理	0.158	6.322
生活配套	0.216	4.633
交通条件	0.225	4.445
重点学区	0.774	1.292
房龄	0.584	1.712
小高层	0.658	1.520
朝向	0.760	1.315
噪声	0.745	1.343
离市中心距离	0.306	3.268
离西湖距离	0.480	2.084
离钱塘江距离	0.429	2.332
西湖景观	0.703	1.423
钱塘江景观	0.430	2.323
其他景观得	0.772	1.295
供求稀缺性	0.331	3.022
精装修	0.601	1.663
LOFT 结构	0.829	1.207

④ 残差的正态性检验

从图 15-3 和图 15-4 可以看出，对数线形模型残差的正态性条件基本满足。

⑤ 方差齐性

从图 15-5 可以看出，绝大多数观测值随机地落在水平直线正负 2 之间，基本满足方差齐次性的假设。

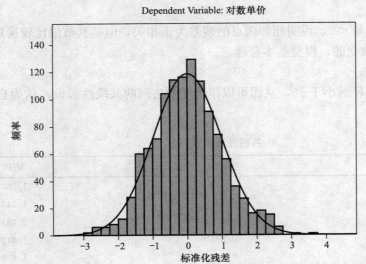

图 15-3 直方图

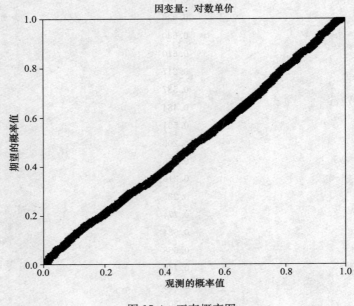

图 15-4 正态概率图

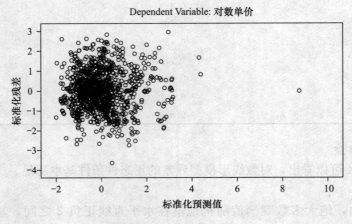

图 15-5 残差散点图

综上所述，模型基本满足正态性假设、等方差性假设和独立性假设，具有很高的拟合度和较高的解释能力，在统计上是有意义的。因此，可以用来分析和解释住宅特征对住宅价格的影响。

⑥ 模型结果分析

回归系数及显著性检验结果均通过了检验。在显著性水平 $\alpha=0.05$ 下，交易时间、离市中心距离、小区内部环境、生活配套、交通条件、楼盘档次、离钱塘江距离、供求关系、重点学区、周边景观、小高层、离西湖距离、房龄、LOFT结构、楼层、地处乡镇、物业管理、钱塘江景观、周边环境、其他景观、西湖景观、精装修、朝向、噪声、建筑面积类型具有统计学意义并纳入了模型。

小高层、高层的特征价格模型公式见公式（15-1）。将杭州市所有房屋特征因素量化后建立数据库，代入上述模型中即可计算估价时点的房屋基准价。

$$\begin{aligned}LNP =&\ 8.336-0.069\times T_1-0.072\times T_2-0.052\times T_3-0.062\times T_4-0.017\times T_5+0.059\times S_1\\&+0.027\times S_2+0.022\times S_3+0.021\times S_4+0.005\times S_5+0.004\times 楼层-0.068\times 乡镇\\&+0.06\times 小区环境+0.043\times 周边环境+0.024\times 周边景观+0.037\times 房屋档次\\&+0.021\times 物业管理+0.05\times 生活配套设施+0.047\times 交通条件+0.113\times 重点学区\\&-0.006\times 房龄+0.049\times 小高层+0.009\times 朝向-0.01\times 噪声-0.026\times 离市中心距离\\&+0.025\times 离西湖距离+0.02\times 离钱塘江距离+0.05\times 西湖景观+0.022\times 钱塘江景观\\&+0.026\times 其他景观+0.054\times 供求关系+0.17\times 精装修+0.334\times LOFT 结构\end{aligned}$$

(15-1)

式中：LNP——房价取对数；T_1-T_5——分别代表不同交易时间；S_1-S_5——分别代表面积不同区间。

（5）模型运用途径

① 建立基准价。应用特征价格模型建立基准价的途径一。直接运用公式计算套基准价。我们将杭州市所有房屋特征因素量化后建立数据库，代入上述模型中即可计算估价时点每套房屋基准价。另外，如果以套建立基准价，其数量非常庞大。

应用特征价格模型建立基准价的途径二。建立幢（或更细分单元）基准价。同一幢内房屋主要特征变量基本相同，区别主要是楼层、朝向、建筑面积（以下简称三因素）。从这个思路出发，我们以幢为单位建立每幢楼得基准价，对三因素设定标准值，如果同幢房屋除三因素外有其他不同特征值，则另设定基准价。

由于每类基准价设定了标准的三因素。每套房屋基准价计算时需要对这三因素进行修正。可以通过建立的特征价格模型相应的系数可以提取三因素的修正系数。

杭州主城区设定的标准住宅条件见表15-10。

标准住宅基准条件表 表15-10

项　目	房屋性质	土地性质	评估时点	楼　层	朝　向	建筑面积
基准条件	房屋	出让住宅用地	2007-6-30	第2层	南（中）	≥140平方米

通过基准价计算到每套具体公式如下：

每套住宅的基准价格＝相应基准价格×楼层修正系数×朝向修正系数×面积修正系数

② 建立修正体系。通过对特征价格模型中面积、朝向及楼层的系数计算，即可得到三个因素修正系数。

③ 其他用途。在特征价格模型中有时间变量，通过对特征价格模型中系数计算可以确定房地产价格指数和环比指数。这样也可以计算不同时点的房屋基准价。

通过建立价格指数和环比指数可以看出房地产的价格趋势，从表15-11中我们可以看出2007年5月杭州市房地产价格有明显上涨趋势（比四月上涨了5%），这和实际市场行情是非常吻合的。

房地产价格指数 表 15-11

变量	T_1	T_2	T_3	T_4	T_5	T_6
对应月份	2007.1	2007.2	2007.3	2007.4	2007.5	2007.6
特征价格模型中系数	0.069	0.072	0.052	0.062	0.017	0
定基价格指数	100	99.68	101.81	100.75	105.43	107.14
月环比指数		−0.35%	2.30%	−1.12%	5.00%	1.74%

（6）应用举例

富春家园小区共有房屋 40 幢，分别于 2005 年和 2006 年建造完成。经过现场勘察后对房屋的区位因素、实物因素以及其他因素进行量化，将量化后的分值与楼层、朝向、建筑面积按设定标准的相应系数代入公式（15-1）中，即可得到富春家园小区每幢房屋的基准价表。（特别说明：由于与甲方签订了保密协议，在此不公布具体的小区名称，富春家园小区属于化名。）

由幢基准价计算到各套房屋基准价计算公式如下：

每套房屋基准价 =［楼幢基准价×（1＋层次差价率）
×（1＋朝向差价率）×（1＋面积修正系数）］×建筑面积

富春家园小区房屋基准价 表 15-12

序号	楼幢名称及编号	总层数	建成年份	基准价（元/平方米）	序号	楼幢名称及编号	总层数	建成年份	基准价（元/平方米）
1	梅花苑 1 幢	12	2006	7199	21	水湘苑 8 幢	18	2006	6855
2	梅花苑 2 幢	12	2006	7199	22	清竹苑 1 幢	11	2005	7156
3	梅花苑 3 幢	12	2006	7199	23	清竹苑 2 幢	12	2005	7156
4	梅花苑 4 幢	12	2006	7199	24	清竹苑 3 幢	12	2005	7156
5	梅花苑 5 幢	12	2006	7199	25	清竹苑 4 幢	12	2005	7156
6	梅花苑 6 幢	12	2006	7199	26	清竹苑 5 幢	11	2005	7085
7	梅花苑 7 幢	12	2006	7583	27	清竹苑 6 幢	11	2005	7156
8	梅花苑 8 幢	12	2006	7583	28	清竹苑 7 幢	11	2005	7156
9	梅花苑 9 幢	12	2006	7199	29	清竹苑 8 幢	11	2005	7085
10	梅花苑 10 幢	12	2006	7199	30	清竹苑 9 幢	11	2005	7156
11	梅花苑 11 幢	12	2006	7389	31	清竹苑 10 幢	11	2005	7156
12	梅花苑 12 幢	12	2006	7389	32	清竹苑 11 幢	11	2005	7156
13	梅花苑 13 幢	12	2006	7199	33	清竹苑 12 幢	11	2005	7085
14	水湘苑 1 幢	18	2006	6787	34	清竹苑 13 幢	11	2005	7156
15	水湘苑 2 幢	18	2006	6855	35	清竹苑 14 幢	11	2005	7156
16	水湘苑 3 幢	18	2006	6855	36	清竹苑 15 幢	11	2005	7156
17	水湘苑 4 幢	18	2006	6787	37	清竹苑 16 幢	11	2005	7156
18	水湘苑 5 幢	18	2006	6855	38	清竹苑 17 幢	11	2005	7156
19	水湘苑 6 幢	18	2006	6787	39	清竹苑 18 幢	11	2005	7156
20	水湘苑 7 幢	18	2006	6787	40	清竹苑 19 幢	11	2005	7085

附件（略）

报告十五　杭州市区存量房交易计税基准价系统建设项目评估报告

富春家园小区逐幢住宅因素量化表

表 5-13

序号	楼幢名称及编号	总层数	建成年份	常数项	乡镇	重点学区	小区内部环境	周边环境质量	周边景观	楼盘档次	物业管理	生活配套综合	交通便捷度	离CBD距离	西湖距离分	钱塘江距离分	视野景观分	供求稀缺性	钱塘江景观	西湖景观	房龄	噪声影响	是否小高层	LOFT结构	精装修	不利因素	朝向	所在楼层	面积设定	设定条件的基准价
1	梅花苑1幢	12	2006	8.336	1	0	4	2	1	4	3	1	1	11.8	1	2	1	1	1	1	2	1	1	0	0	0	南（中）	第2层	>140	7199
2	梅花苑2幢	12	2006	8.336	1	0	4	2	1	4	3	1	1	11.8	1	2	1	1	1	1	2	1	1	0	0	0	南（中）	第2层	>140	7199
3	梅花苑3幢	12	2006	8.336	1	0	4	2	1	4	3	1	1	11.8	1	2	1	1	1	1	2	1	1	0	0	0	南（中）	第2层	>140	7199
4	梅花苑4幢	12	2006	8.336	1	0	4	2	1	4	3	1	1	11.8	1	2	1	1	1	1	2	1	1	0	0	0	南（中）	第2层	>140	7199
5	梅花苑5幢	12	2006	8.336	1	0	4	2	1	4	3	1	1	11.8	1	2	1	1	1	1	2	1	1	0	0	0	南（中）	第2层	>140	7199
6	梅花苑6幢	12	2006	8.336	1	0	4	2	1	4	3	1	1	11.8	1	2	1	1	1	1	2	1	1	0	0	0	南（中）	第2层	>140	7199
7	梅花苑7幢	12	2006	8.336	1	0	4	2	1	4	3	1	1	11.8	1	2	1	1	1	1	2	1	1	0	0	0	南（中）	第2层	>140	7583
8	梅花苑8幢	12	2006	8.336	1	0	4	2	1	4	3	1	1	11.8	1	2	1	1	1	1	2	1	1	0	0	0	南（中）	第2层	>140	7583
9	梅花苑9幢	12	2006	8.336	1	0	4	2	1	4	3	1	1	11.8	1	2	1	1	1	1	2	1	1	0	0	0	南（中）	第2层	>140	7199
10	梅花苑10幢	12	2006	8.336	1	0	4	2	1	4	3	1	1	11.8	1	2	1	1	1	1	2	1	1	0	0	0	南（中）	第2层	>140	7199
11	梅花苑11幢	12	2006	8.336	1	0	4	2	1	4	3	1	1	11.8	1	2	3	1	1	1	2	1	1	0	0	0	南（中）	第2层	>140	7389
12	梅花苑12幢	12	2006	8.336	1	0	4	2	1	4	3	1	1	11.8	1	2	3	1	1	1	2	1	1	0	0	0	南（中）	第2层	>140	7389
13	梅花苑13幢	12	2006	8.336	1	0	4	2	1	4	3	1	1	11.8	1	2	1	1	1	1	2	1	1	0	0	0	南（中）	第2层	>140	7199
14	水湘苑1幢	18	2006	8.336	1	0	4	2	1	4	3	1	1	11.8	1	2	2	1	1	1	2	1	0	0	0	0	南（中）	第2层	>140	6787
15	水湘苑2幢	18	2006	8.336	1	0	4	2	1	4	3	1	1	11.8	1	2	2	1	1	1	2	1	0	0	0	0	南（中）	第2层	>140	6855
16	水湘苑3幢	18	2006	8.336	1	0	4	2	1	4	3	1	1	11.8	1	2	2	1	1	1	2	1	0	0	0	0	南（中）	第2层	>140	6855
17	水湘苑4幢	18	2006	8.336	1	0	4	2	1	4	3	1	1	11.8	1	2	2	1	1	1	2	1	0	0	0	0	南（中）	第2层	>140	6787
18	水湘苑5幢	18	2006	8.336	1	0	4	2	1	4	3	1	1	11.8	1	2	2	1	1	1	2	2	0	0	0	0	南（中）	第2层	>140	6855
19	水湘苑6幢	18	2006	8.336	1	0	4	2	1	4	3	1	1	11.8	1	2	2	1	1	1	2	2	0	0	0	0	南（中）	第2层	>140	6787
20	水湘苑7幢	18	2006	8.336	1	0	4	2	1	4	3	1	1	11.8	1	2	2	1	1	1	2	2	0	0	0	0	南（中）	第2层	>140	6787
21	水湘苑8幢	18	2006	8.336	1	0	4	2	1	4	3	1	1	11.8	1	2	2	1	1	1	2	2	0	0	0	0	南（中）	第2层	>140	6855
22	清竹苑1幢	11	2006	8.336	1	0	4	2	1	4	3	1	1	11.8	1	2	1	1	1	1	3	1	1	0	0	0	南（中）	第2层	>140	7156
23	清竹苑2幢	12	2006	8.336	1	0	4	2	1	4	3	1	1	11.8	1	2	1	1	1	1	3	1	1	0	0	0	南（中）	第2层	>140	7156
24	清竹苑3幢	11	2005	8.336	1	0	4	2	1	4	3	1	1	11.8	1	2	1	1	1	1	3	1	1	0	0	0	南（中）	第2层	>140	7156
25	清竹苑4幢	11	2005	8.336	1	0	4	2	1	4	3	1	1	11.8	1	2	1	1	1	1	3	1	1	0	0	0	南（中）	第2层	>140	7156
26	清竹苑5幢	11	2005	8.336	1	0	4	2	1	4	3	1	1	11.8	1	2	1	1	1	1	3	1	1	0	0	0	南（中）	第2层	>140	7156
27	清竹苑6幢	11	2005	8.336	1	0	4	2	1	4	3	1	1	11.8	1	2	1	1	1	1	3	1	1	0	0	0	南（中）	第2层	>140	7156
28	清竹苑7幢	11	2005	8.336	1	0	4	2	1	4	3	1	1	11.8	1	2	1	1	1	1	3	1	1	0	0	0	南（中）	第2层	>140	7156
29	清竹苑8幢	11	2005	8.336	1	0	4	2	1	4	3	1	1	11.8	1	2	1	1	1	1	3	1	1	0	0	0	南（中）	第2层	>140	7085
30	清竹苑9幢	11	2005	8.336	1	0	4	2	1	4	3	1	1	11.8	1	2	1	1	1	1	3	2	1	0	0	0	南（中）	第2层	>140	7156
31	清竹苑10幢	11	2005	8.336	1	0	4	2	1	4	3	1	1	11.8	1	2	1	1	1	1	3	2	1	0	0	0	南（中）	第2层	>140	7156
32	清竹苑11幢	11	2005	8.336	1	0	4	2	1	4	3	1	1	11.8	1	2	1	1	1	1	3	2	1	0	0	0	南（中）	第2层	>140	7156
33	清竹苑12幢	11	2005	8.336	1	0	4	2	1	4	3	1	1	11.8	1	2	1	1	1	1	3	2	1	0	0	0	南（中）	第2层	>140	7156
34	清竹苑13幢	11	2005	8.336	1	0	4	2	1	4	3	1	1	11.8	1	2	1	1	1	1	3	2	1	0	0	0	南（中）	第2层	>140	7156
35	清竹苑14幢	11	2005	8.336	1	0	4	2	1	4	3	1	1	11.8	1	2	1	1	1	1	3	2	1	0	0	0	南（中）	第2层	>140	7156
36	清竹苑15幢	11	2005	8.336	1	0	4	2	1	4	3	1	1	11.8	1	2	1	1	1	1	3	2	1	0	0	0	南（中）	第2层	>140	7156
37	清竹苑16幢	11	2005	8.336	1	0	4	2	1	4	3	1	1	11.8	1	2	1	1	1	1	3	2	1	0	0	0	南（中）	第2层	>140	7156
38	清竹苑17幢	11	2005	8.336	1	0	4	2	1	4	3	1	1	11.8	1	2	1	1	1	1	3	1	1	0	0	0	南（中）	第2层	>140	7156
39	清竹苑18幢	11	2005	8.336	1	0	4	2	1	4	3	1	1	11.8	1	2	1	1	1	1	3	1	1	0	0	0	南（中）	第2层	>140	7156
40	清竹苑19幢	11	2005	8.336	1	0	4	2	1	4	3	1	1	11.8	1	2	1	1	1	1	3	1	1	0	0	0	南（中）	第2层	>140	7085

第八部分　房地产咨询顾问业务

报告十六

上海××国际水产中心项目阶段性评价及追加 7000 万元项目贷款评估报告

上海八达国瑞房地产土地估价有限公司　　胡　亮　周志良　赵震磊

评析意见

　　这是一份房地产抵押项目贷后评估和追加贷款咨询类报告。在该项业务开展过程中，估价机构组织各有特长的若干估价师，首先认真进行现场查勘和搜集大量有关数据，然后综合运用房地产估价、工程造价、会计和审计等多学科知识，对已抵押贷款项目进行了阶段性的评价和追加贷款的可行性分析。根据委托人要求，该报告对建设项目资金的来源（含银行贷款）、实际流向和超支等情况，项目的运营模式、出租率和租金水平等情况，以及本次追加贷款的安全性与盈利性等情况，全面地进行了综合分析和评价。该报告对估价机构开拓商业银行类似项目的咨询业务，具有较好的示范作用。但该报告在界定和描述咨询对象房地产的实物状况、权益状况和区位状况方面，以及在表述咨询对象划拨土地性质对项目运营影响等方面，还应该适当增加笔墨，以体现估价机构在此类咨询项目上的专业优势。

上海××国际水产中心项目阶段性评价及追加 7000 万元项目贷款评估报告

委托方：（略）
估价方：（略）
报告作业日期：2008 年 4 月 2 日～2008 年 4 月 30 日
报告编号：沪八达估字（2008）第×××号

第一部分　项目概况

一、项目基本情况
（一）项目简述

　　上海××国际水产中心是全国最大的国际水产品集散中心之一，作为上海政府部门批准的一家水产品中央级批发市场，该项目由上海××（集团）总公司、上海××资产有限公司、××区政府有关部门、上海××水产市场共同组建，将建成集水产品贸易、仓储物流（包括低温和超低温）、综合加工、质量控制、水产科研、休闲娱乐的国际性农副产品物流园区。

　　目前，上海有一定规模的多家水产交易市场。随着浦江两岸开发和世博会工程的全面启动，本市几大水产市场面临着动迁重组。因此，投资方在上海××路沿江占地 166 亩的中国水产上海公司的地块上，通过对其码头、岸线、冷库、铁路专用线等核心资源进行技改、扩建，建成一个以冰鲜、冷冻水产品批发交易为主，集水产品贸易、物流、电子商务、综合加工、质量监控等功能于一体的国际水产品交易物流中心，丰富和改善本市的水产品市场供应，加强水产品流通过程中的质量卫生控制，进一步发挥上海作为传统水产品集散地的吸纳吞吐辐射功能，将极大促进上海现代水产服务业的形成与发展，实现与国际接轨。

市场地处上海市××路沿江地块，拥有黄浦江岸线250米，建有可以涉外的五座卸货码头及一座冲冰码头，可停靠1000~3000吨的船只；水产交易场地达到14000平方米，用于港区收鲜和冰鲜水产品交易；改建的两座冷库，总冷藏量2.4万吨，其中一座8000吨冷库将采用计算机控制的自动化贮存、运输系统；新建底层商铺1200间和二层商务办公用房800间，可从事冷冻、冰鲜、鲜活、咸干、糟醉、海味等各类水产品交易；面积为4000平方米的水产精品展示厅将展示我国南北和世界各地高档特色水产品和精深加工及新开发产品；滨江餐饮区可提供特色海鲜和大排档等餐饮服务。市场还建有可容纳800多辆车辆的地面与屋顶停车场和自来水厂、污水处理厂及加油、加水、加冰等配套设施，绿地率达到15.2%。

市场建设的软件配置上，瞄准国际水产服务业管理与服务技术高端，主要突出"一个中心、六大系统"的建设。即建立食品检测服务中心，主体为食品快速检测、水产品质量检测和推行市场准入制度和质量追溯制度，通过建立食品检测服务机构和"标准数据库"建设，加强产品质量监控和检测，追踪、公布有关食品标准信息，并为政府和社会出具水产食品公证，从源头上控制交易水产品的质量与卫生，保障食品质量和安全。同时将开展质量检验和监控试验的科研工作，建设国家权威检测中心；建立电子结算系统，使用统一的IC卡支付方式；建立电子商务、电子银行及工商、商检、税务、渔政渔监等后台支持服务系统；建立实时价格信息系统，与世界各大批发市场联网，提供和发布世界各地水产品供求动态和实时市场行情与价格指数，并逐步推行网上交易；建立电子交易系统，实施水产冻品和各类特色水产品电子拍卖，包括建设200平方米的电子拍卖大厅、LED和触摸屏信息发布系统，在交易方式上逐步与国际接轨；建立电子监测系统，全面监控市场日常运行情况和电子交易与运算情况；建立综合办公自动化系统，实现办公管理现代化。同时，在组建中央市场项目公司的基础上，还将引进沪上知名民营企业合作经营，实现货源、品牌、经营优势强强联合。如此，将使中央市场达到交易方式先进、运行管理科学、规范服务一流、食品安全放心、硬软件设施现代化的国际一流水平。

市场建成后预计年交易量为40~50万吨，其中年冰鲜水产品交易量10万吨/年；年活鲜水产品交易量10~20万吨/年；年冷冻水产品交易量20万吨/年，将在本市水产品交易市场中占有约45%左右的份额。交易金额将达40亿元。目前市场已完成招商，出租率100%。

（二）项目实物状况

项目位于上海市××路××号，其四至为：东北至黄浦江、西北与××集团相邻、东南贴油库、西南沿××路。

项目共有建筑物37幢，合计建筑面积为149748平方米；土地使用权来源为划拨，工业用途，土地面积104150平方米。

项目由水产品交易区、餐饮休闲娱乐区、交易中心信息化系统、水产品质量检测系统、污水处理系统及辅助配套设施组成。在水产品交易区共设有五个交易区和一个码头交易区，一个精品展示厅、冷库储存区和冰鲜大拷区，可供长江三角洲地区的客商直接交易。

项目另建有6个码头，岸线长度共250米。

（三）项目权益状况

1. 根据委托方提供的《上海市房地产权证》沪房地×字（2006）第××号记载情况如下。权利人：上海××路水产品投资发展有限公司。房地坐落：军工路××号。

（1）土地状况：使用权来源划拨。用途工业。地号××区××街道×××街坊×丘。

宗地（丘）面积：104150平方米。总面积：104150.00平方米。独用面积：104150.00平方米。

(2) 房屋状况（表16-1）

房屋状况表　　　　　　　　　　　　　　　　　　　　　　　　　　　　　表16-1

序 号	幢 号	室号部位	建筑面积（平方米）	房屋类型	用 途	层 数	竣工日期
1	1幢	全幢	671.00	工厂	厂房	2	1980-1-1
2	2幢	全幢	63.00	工厂	厂房	1	1980-1-1
3	34幢	全幢	12387.00	工厂	厂房	5	1988-1-1
4	3幢	全幢	18.00	工厂	厂房	1	1980-1-1
5	46幢	全幢	637.00	工厂	厂房	1	1988-1-1
6	4幢	全幢	20.00	工厂	厂房	1	1980-1-1
7	50幢	全幢	182.00	工厂	厂房	1	1988-1-1
8	51幢	全幢	13160	工厂	厂房	7	1971-1-1
9	57幢	全幢	150.00	工厂	厂房	1	1967-1-1
10	58幢	全幢	3101.00	工厂	厂房	1	1978-1-1
11	59幢	全幢	417.00	工厂	厂房	1	1987-1-1
12	60幢	全幢	987.00	工厂	厂房	2	1969-1-1
13	61幢	全幢	84.00	工厂	厂房	1	1988-1-1
14	62幢	全幢	66.00	工厂	厂房	1	1988-1-1
15	65幢	全幢	3021.00	工厂	厂房	1	1971-1-1
16	68幢	全幢	146.00	工厂	厂房	1	1969-1-1
17	77幢	全幢	1269.00	工厂	厂房	3	1986-1-1
18	80幢	全幢	220.00	工厂	厂房	1	1986-1-1
19	81幢	全幢	6266.00	工厂	厂房	5	1986-1-1
20	82幢	全幢	72.00	工厂	厂房	1	1971-1-1
21	83幢	全幢	65.00	工厂	厂房	1	1979-1-1
22	85幢	全幢	1704.99	工厂	厂房	2	1995-1-1
23	88幢	全幢	3498.18	工厂	厂房	5	1994-1-1
24	8幢	全幢	12111.00	工厂	厂房	4	1980-1-1
25	92幢	全幢	541.79	工厂	厂房	4	1991-1-1
26	93幢	全幢	103.62	工厂	厂房	4	1991-1-1
27	94幢	全幢	45.14	工厂	厂房	2	1991-1-1
28	95幢	全幢	45.14	工厂	厂房	2	1991-1-1
29	96幢	全幢	89.05	工厂	厂房	1	1992-1-1
30	97幢	全幢	131.81	工厂	厂房	2	1991-1-1
	合计		61272.72				

2. 根据中华人民共和国建设工程规划许可证记载情况如下：

建设单位上海××路水产品投资发展有限公司。项目名称上海××国际水产中心。

建设位置××路××号。建设规模43387.8平方米。

建设工程规划许可证记载情况　　　　　　　　　　　　　　　　　　　　表16-2

建筑物名称	结 构	层 数	高度（米）	幢 数	面积（平方米）
第二交易区	框架	2	7.6	1	23415
第三交易区3-2，3-3	框架	2	7.1	2	8305.5
第四交易区4-1	框架	2	7.1	1	4188.4
第四交易区4-2	框架	2	7.1	1	4289.9
第五交易区5-2	框架	2	7.1	1	1720.2
第五交易区5-3	框架	2	7.1	1	1468.8
				合计	43387.8

注：项目由于进行部分改扩建，上述建设工程规划许可证正在办理变更手续中。

3. 根据上海市房地产登记册摘录资料

房地产坐落：××路××号。

(1) 房地产他项状况信息：他项权利人中国××银行上海市××支行。

登记证明号××××××债权数额3亿元。设定日期2006-8-22。结束日期2015-8-21。

(2) 房地产权利限制信息：无。

（四）项目区位状况

项目位于杨浦区的中东部，沿黄浦江和××路，四周居民住宅很少，工业企业分布密度不大。

该市场主大门设在主干道××路上，××路为上海市南北向的主要交通干道，该干道路幅宽阔，紧连翔殷路越江隧道和高架中环线，与附近外环线连接成市内外交通网络，同时将便捷地与规划中的上海连接长兴岛、崇明岛的隧桥相通。

项目是一个具有集公路、铁路、港口会聚的交通枢纽特点，便利江、浙、闽、鲁等沿海渔船到港卸货交易以及长江三角洲地区水产品客户的车、船进场交易，十分有利于市场物流畅通和发展现代水产流通服务。

二、投资方背景

项目业主为上海××××投资发展有限公司（以下简称"投资公司"），该投资公司注册资金20000万元，公司股东分别为上海××××有限公司，出资比例50%；上海××资产有限公司，出资比例48%；上海××商业管理有限公司，出资比例2%。

三、管理方背景

目前项目由投资公司委托上海××××管理有限公司（以下简称"管理公司"）进行经营管理，该管理公司分别由投资公司与上海××××管理有限公司各投资50%组建。目前，管理公司规模人员约250人左右。

四、项目规划（一期）

上海××国际水产中心具有市场规模大（市场一期项目占地面积166亩，建筑面积149748平方米，新建商铺1200间，可停放800多辆车的大型停车场，年交易量预计达50万吨，占全市水产品交易量的50%左右，总投资5.5个亿），交易内容丰富（市场设有冻品交易区、冰鲜交易区、活鲜蟹类交易区、海蜇交易区、海味南北货交易区、国际水产品交易区、国际水产精品展示大厅和集餐饮、休闲娱乐为一体的沿江休闲街），交通便利、功能全（一期建有5座可停泊3000吨级船只的卸货码头及1座冲冰码头，2.4万吨冷藏量的冷库和日产550吨的制冰厂），配套齐全（市场设供配电、自备自来水厂、污水处理厂、供热、加油、加水、加冰），一门式全方位服务（工商、税务、卫生、公安、渔政、检测、银行）等优势。

市场一期工程，整合了上海几家水产品专业市场，如上海最大的冻品市场——江浦路市场、上海最大的冰鲜市场——恒大市场、上海最大的海蜇市场——十六铺市场、上海最大的活鲜市场——国泰市场，2008年将整合上海综合性水产市场——铜川路市场。此外，有美国、日本、韩国、澳大利亚、加拿大及俄罗斯等十多个国家和中国台湾、香港地区的知名品牌企业也加盟××国际水产中心，整个市场云集了一大批国内外水产行业的品牌企业，上海××国际水产中心已经确立了上海最大冻品、冰鲜、海蜇和淡水活鲜蟹类集散中心的地位，是最具有规模的水产品交易区。

具有规模的水产品交易区情况　　　　表16-3

精品展示厅	面积为4000平方米的水产精品展示厅将展示我国南北和世界各地高档特色水产品和精深度加工及新开发产品，可直接在市场里展示和推广
第一交易区	占地面积5000平方米，建筑面积16000平方米，以港、台和国际水产品交易为主
第二交易区	占地面积15000平方米，建筑面积23415平方米，以活鲜水产品交易为主
第三、四、五交易区	以冷冻水产品交易为主
码头交易区	拥有黄浦江岸线250米，建有可以涉外的五座卸货码头及一座冲冰码头，可停靠1000～3000吨的船只，用于港区收鲜和冰鲜水产品交易
冷库储存区	占地30000平方米，拥有24000吨冷藏量的三座冷库和配套的水产品加厂
冰鲜大卖区	市场大门对面建有15000平方米的冰鲜大卖区，供长江三角洲地区客户在这里直接交易

第二部分 项目实施进度

一、项目目前实施情况

项目一期工程基本竣工，全部对外营业。目前出租率已达100％，其中冷冻水产品区的客户主要为原江浦路水产品市场的客户搬迁；冰鲜水产品区的客户主要为原恒大水产品市场客户搬迁，由于近期海渔船捕捞水产品到上海主要在本市场的专用码头卸货，目前市场经营的冰鲜水产品占整个上海市场60％以上的市场份额；鲜活水产品区的主要客户为原铜川路水产市场的客户搬迁；另外，水产品展示区的全部铺面已由台湾水产协会租赁经营，目前正在装修。

二、项目追加投资的合法性问题

为安置一批水产商户，解决部分水产市场动迁问题，应有关行政主管部门要求、上级集团公司的指示，项目进行了追加投资、增加新建面积，投资公司于2007年3月10日向市经委、市发改委提请《关于××路水产市场改扩建投资情况的报告》，并获得"情况属实，同意调整新建面积"的批复函（详细文件内容请参见附件）。项目正在向规划主管部门办理建设规划许可证的变更手续中。

三、项目追加投资的必要性问题

项目追加投资有主观性要求和客观性要求两方面的因素构成。

主观性方面因素：为配合铜川路等专业水产市场的动迁工作，根据有关行政主管部门的要求、上级集团公司的指示和要求，需要增加一部分商铺和营业用房供上述专业市场的动迁商家租用（目前实际情况，增加的商铺和营业用房还不能满足上述需求，预计该部分需求的满足将通过调整一期商铺的租金和项目二期开发两个途径进行消化），从而有利于上述专业水产市场动迁工作的顺利进行。另外，由于项目通过引入专业的水产市场管理公司后项目出租率迅速达到100％，形成供不应求的市场状况。适当增加商铺和营业用房有利于更大地实现项目的经济效益，缓减铜川路等专业水产市场动迁过程中产生的社会矛盾。

冷库的原设计面积少，原设计冷库面积远远满足不了实际需求，冷库经过追加投资后，目前处于满负荷运作，扩建后的冷库也不能完全满足日益增长的市场需求。项目将在二期规划中将进一步解决这一问题。

从客观性因素分析，近年来通货膨胀的因素影响，建材价格不断上涨，由于项目立项较早，项目决策时的投资预算已不能符合实际建设状况。

四、项目实际投资与计划投资的比较增加投资的情况分析

项目计划投资50000万元，实际投资61000万元。实际投资超过计划投资11000万元，主要超支范围在建安工程投资和冷库改扩建项目上。超支原因主要有：受近几年来建材成本涨价因素影响；设备设施功能的增加造成设备设施购买支出增加；建筑的实际建设面积大于原图纸面积等因素。

项目投资情况（单位：万元）　　　　　表16-4

序号	资金来源	计划投资	实际投资	差额
1	土地费用	22620	22620	0
2	前期工程费用	500	500	0
3	市政基础设施建设费用	2720	2720	0
3.1	给水排水	300	300	0
3.2	供电、供热	2300	2300	0
3.3	污水处理	120	120	0
4	总体工程	350	350	0
5	建安工程投资	20150	29600	9450
5.1	交易区改、扩建	8700	12850	4150
5.2	码头整修	400	500	100
5.3	办公区改、扩建	400	700	300

续表

序号	资金来源	计划投资	实际投资	差额
5.4	冷库改、扩建	8900	13400	4500
5.5	电子商务设施	1400	1700	300
5.6	质量检测设施	350	450	100
6	建设单位管理费	500	550	50
7	其他费用	660	1160	500
8	建设期利息	1500	2000	500
9	不可预见费用	1000	1500	500
10	投资合计	50000	61000	11000

建安工程投资中实际投资 29600 万元，比照计划投资 20150 万元，增加投资 9450 万元。经与投资公司了解及查阅部分资料，其增加投资部分为如下：

1. 建筑物高度增加：新建码头交易区三层建筑物 11617 平方米，原设计方案三层高度为 11 米，由于市场经营需要，现高度增加 2 米，由于层高增加，增加投资；该部分增加投资估算金额为 600 万元。

2. 第二交易区底层增加高度，原二层建筑物单层建设面积为 10755 平方米，由于市场经营需要底层建筑物高度增加，比原计划增加 0.8 米，由于层高增加，该部分增加投资估算金额为 300 万元。

3. 由于项目为老企业改造，许多建筑物除了不适合市场的使用要求外，年久失修，保留后改建、修缮成本的修缮成本太高，因此项目建设中，实际保留改建面积为 6.5 万平方米，新建和拆除重建的建筑面积为 7.8 万平方米，该部分增加投资估算金额为 800 万元。

4. 为市场经营需要，将市场原一层改建为商铺，新增商铺数量为 67 间；另超原设计图纸部分，新搭建商铺约 100 间，面积约 3000 平方米，该部分增加投资估算金额为 300 万元。

5. 供电装机容量增加，现实际装机为 15100 千伏安，比原设计增加了 50%，市场建设同时还满足环卫和环保要求，该部分增加投资估算为约 500 万元。

6. ××路以西 23.7 亩停车场改建，新建二层楼和改建二层楼总投资一千多万元，该部分为原计划外投资，直接增加投资估算为 1000 万元。

7. 冷库改建由原来 8900 万元增加到 13400 万元，增加 4500 万元。具体有两部分组成：

（1）一号冷库是 1969 年建成，因年久失修，改造和修缮成本比计划大为增加；该部分增加投资估算金额为 800 万元；

（2）二号冷库，原本为一层，建筑面积 3101 平方米；现该建为三层冷库，总面积为 10673 平方米；该部分增加投资估算金额为 3700 万元。

8. 项目投资计划编制时间为 2004 年~2005 年；近年来建材成本涨价较大，根据项目的工程量结合建筑材料价格指数，该建材涨价因素直接导致增加投资估算金额为 2450 万元（其中含摊入不可预见费和其他费用预算 1000 万元）。

第三部分 项目资金来源情况

一、项目资金来源明细及实际投资与计划投资比较（表 16-5）

项目资金来源明细（单位：万元） 表 16-5

序号	资金来源	计划投资	实际投资	比例
1	企业自筹资金	20000	24000	39%
2	××银行贷款	30000	30000	49.5%
3	资金缺口	0	7000	11.5%
4	合计	50000	61000	100%

注：实际投资中的 7000 万元的资金缺口，拟通过银行追加贷款途径来筹措。

二、项目企业自筹资金来源明细（表16-6）

项目企业自筹资金来源明细 表16-6

序 号	企业自筹资金来源	金额（万元）
1	企业注册资金	20000
2	2007年营业收入	2000
3	股东单位代垫款	2000
4	合计	24000

注：上述数据来源于投资公司专项审计报告。

第四部分 追加贷款支付费用明细情况

本项目基本竣工，追加7000万元贷款，主要用于支付尚欠的工程款。明细见表16-7。

追加贷款支付费用明细 表16-7

单 位	尚需支付改建费用	备 注
明细账目（略）		
合计：	75001069.96	

第五部分 项目运行及效益现状

上海××国际水产中心市场由上海××路水产品投资发展有限公司（以下简称"投资公司"）投资营建；现委托上海××国际水产中心市场经营管理有限公司（以下简称"管理公司"）经营管理，其中投资公司占管理公司的出资额50%。

一、借款人的收入模式

根据投资公司与管理公司的委托经营协议（详见附件），2008年～2009年管理公司每年向投资公司上缴保底收益5000万元；2010年以后为每年6300万元。此外，除上述每年保底收益外，投资公司将从管理公司每年税后利润分配中分配税后利润50%。管理公司的公司章程规定管理公司每年除留存法定盈余公积外，剩余税后利润将全部用于分配股利。

备注：上述协议书详细内容参见附件。

二、项目出租情况

市场采用边建造边经营的经营策略，市场于2006年底就开始整体招商，建造期内铺面租金采取优惠政策，目的是吸引客户进场。目前市场铺面物业（未计入餐饮场所）对外租售率接近达到100%（包括已出租及已达成意向租约）。

三、项目租金收入情况

2007年市场租金收入共计2200万元，冷库收入1500万元。市场在签约客户中约8成的客户签订一年的短期合同。随着，2008年4月起铜川路水产市场开始陆续整体搬迁，整个上海水产市场交易量将高度集中到上海××国际水产市场中；2008年已基本完成续约工作，根据管理公司提供的有关资料并经我们统计抽样分析、核实，2008年新签约的一楼商铺平均年租金水平可为约4万元/间；根据测算，预计2009年新签约的商铺平均年租金水平可达到6万元/间，项目交易区物业租金总收入将达到近8000万元；2010年，预计商铺平均年租金水平可达到8万元/间，项目交易区物业租金总收入将达到1.12亿元左右；到2011年后，预计商铺平均年租金水平可达到12万元/间，项目交易区物业租金总收入将达到1.6亿元左右。

第六部分 项目财务预测

一、管理公司经营项目（一期）各年度损益预测（表16-9）

（一）管理公司经营市场的年毛收入估算

鉴于2007年度市场内各物业实际及意向性出租率已达100%，并且根据目前上海水产专业市场的合并进程和行业发展趋势,预计项目(一期)自2008年起各物业出租率均可达100%。

交易区物业净租金收入(扣除营业税及附加和房产税):2008年可达4290万元,2009年可达6600万元,2010年可达9240万元,2011年以后每年可达13530万元。

冷库租金收入(扣除营业税及附加和变动成本):2008年及以后每年可达2825万元。

沿江生活区(餐饮用房)净租金收入(扣除营业税及附加和房产税):2008年可达700万元,2009年可达1049万元,2010年可达1749万元,2011以后每年可达2799万元。

渔轮柴油加油储油区场地租金税前净收入(扣除营业税及附加):2008年及以后各年度可达794万元,其中年租赁收入840万元,营业税及附加46万元,场地租赁不含房产税。

其他业务净收入(扣除营业税机附加和变动成本):2008年可达209万元,2009年可达848万元,2010年以后每年可达997万元。

项目(一期)合计2008年总净收入为8907万元,2009年可达12116万元,2010年可达15605万元,2011年以后每年可达20944万元。

根据上述预测和计算,我们认为在未来相关市场、经济、规划等重要影响因素没有重大变化的前提下,管理公司完全有能力履行上述其与投资公司所达成委托经营协议,每年向投资公司支付相应固定保底收益,并分配股利。

(二)管理公司经营市场的各税后利润估算

管理公司扣除每年支付给投资公司的固定保底收益后,并估算其他固定成本、期间费用、其他费用和所得税(税率25%)后,2008年的税后利润为2205万元,2009年可达4926万元,2010年可达6601万元,2011年以后每年可达11459万元。

根据投资公司在管理公司的出资额比例为50%,则管理公司每年可向投资支付股利2008年为827万元,2009年可达1847万元,2010年可达2475万元,2011年以后每年可达4297万元。

二、投资公司各年度预计损益和银行贷款还款计算(表16-10)

(一)投资公司的各年度预计损益

1. 固定保底收益,根据投资公司与管理公司的委托经营协议,2008年~2009年投资公司每年向管理公司收取固定保底收益5000万元;2010年以后为每年6300万元。

2. 固定资产折旧:项目(一期)投资61000万元;按30年提取折旧,残值率5%;每年计提固定资产折旧为1932万元。

3. 其他经营成本和费用(按费用率取15%),则2008年~2009年每年750万元;2010年以后为每年945万元。

4. 在扣除贷款利息支出、企业所得税(25%)及并入每年从管理公司分回的股利,则2008年的税后利润为-27万元,2009年为1143万元,2010年可达2902万元,2011年可达4991万元,以后每年递增至2015年可稳定为7876万元。

(二)投资公司银行贷款还款计算(表16-11)

1. 贷款本金为37000万元(其中:已发放贷款30000万元,追加贷款7000万)。

2. 自2008年开始还本付息,利率按中国人民银行2007年12月21日发布的五年以上中长期贷款年利率7.83%计算。

3. 银行贷款还款期为6.92年,银行贷款还款期内合计支付利息13566万元。

4. 归还银行本金贷款的来源为当年的税后利润之90%和提取100%的固定资产折旧。

三、项目财务评价指标(投资公司)(表16-12)

经测算,追加投资后项目财务评价如下:

1. 投资回收期:7.85年。

2. 投资回收期($i=8\%$):11.73年。

3. 净现值 NPV($i=8\%$,30年):29485万元。

4. 内部收益率 IRR（30 年）：12.48%。

第七部分 差异分析

一、原评估报告与现状差异分析

原评估报告由上海××投资咨询有限公司于 2006 年 3 月份出具编号为（沪×咨询 2006 第××号）评估报告，原评估报告与现状差异主要表现在以下几个方面：

（一）项目营运方式不同

项目借款人为投资公司，原评估报告预测与计算的假设前提为整个项目由项目贷款人实际经营，借款人获取全部项目运营收益，承担风险。而现状与原评估预测时经营假设前提有重大变化，本项目在实际经营中采用所有权与经营权分离模式，即借款人通过与上海××××管理有限公司合资成立独立的管理公司，由管理实际负责项目的经营管理，投资公司与管理公司签署委托经营协议，2008 年～2009 年管理公司每年向投资公司上缴保底收益 5000 万元；2010 年以后为每年 6300 万元。此外，除上述每年保底收益外，投资公司将从管理公司每年税后利润分配中分配税后利润 50%。项目营运方式的改变，使现状与原评估报告预测数据产生以下两方面的差异：首先，在项目经营活动中，投资公司收取保底收益将重复支付营业税金及附加；其次，项目经营活动中超出保底收益以外的经营所得将由管理公司另一股东上海××××管理有限公司所得。本项目通过营运方式的改变，项目引入具有水产市场丰富管理经验的上海××××管理有限公司，对项目实际运营管理的所起的正面作用是巨大的。

（二）市场因素及出租率预测和实际出租率

原评估报告对项目的出租率进行了合理的预测，2007 年为 50%，2008 年为 70%，2009 年以后为 90%。由于上海几大水产专业市场相继进行"关、停、并、转"，使得本项目已成为上海最主要的水产品交易中心，随着上海铜川路水产市场的拆迁的正式启动。项目铺面的供需矛盾将会进一步突出；"一铺难求"的现象已经出现。项目目前出租率为 100%，可以预计未来几年内项目能够保持 100% 的出租率，"一铺难求"的现象难以在短时间内改变，这也将是后期租金提升的关键因素。

（三）实际租金及租金的增长

2007 年由于项目处于市场培育期，其租金水平与原评估报告预测的租金水平大致相当；但由于前述之市场供求因素及通货膨胀等宏观因素作用，项目在 2008 年以后实际租金水平将比原评估报告水平有较大幅度增加。如冷库目前处于满负荷运转，原报告日租金水平为 2.5 元/吨；目前实际租金价格为每单位 90 元/吨（折合日租金水平为 6.0 元/吨）。

（四）所得税率影响

2008 年 1 月 1 日，企业所得税率由 33% 下调为 25%，这一因素使得管理公司税负成本下降，从而使得投资公司可从管理公司分得更多的税后利润。

二、原评估报告与本评估的比较

（一）本次评估以项目的实际营运模式作为项目评估的前提，根据项目实际状况和市场供求状况对项目重新进行了预测和评估。

（二）我们认为目前项目整体运营状况和前景优于原评估报告所作的预测；基于此，本次评估在预测的数据和原报告有较大幅度的提高。如租金、出租率、项目内容等。

原评估报告与本评估主要项目租金、出租率等情况作以下比较（表 16-8）：

评估主要项目租金、出租率等情况比较　　　　　　　表 16-8

序 号	比较项目	原报告预测	本报告预测
1	2008 年交易区租金预测	9 万元/年/间	4 万元/年/间
2	2008 年交易区出租率	50%	100%
3	2009 年交易区租金预测	9 万元/年/间	6 万元/年/间
4	2009 年交易区出租率	70%	100%

续表

序号	比较项目	原报告预测	本报告预测
5	2009年交易区租金预测	9万元/年/间	8万元/年/间
6	2009年交易区出租率	90%	100%
7	2010年及以后交易区租金预测	9万元/年/间	12万元/年/间
8	2010年及以后交易区出租率	90%	100%
9	2008年二楼商住租金预测	2万元/年/间	0.5万元/年/间
10	2008年二楼商住出租率	30%	100%
11	2009年二楼商住租金预测	2万元/年/间	1万元/年/间
12	2009年二楼商住出租率	40%	100%
13	2010年二楼商住租金预测	2万元/年/间	2万元/年/间
14	2010年二楼商住出租率	50%	100%
15	2011年及以后二楼商住租金预测	2万元/年/间	2.5万元/年/间
16	2011年及以后二楼商住出租率	50%	100%
17	2008年及以后冷库每吨日租金预测	2.50元/日/吨	6元/日/吨
18	2008年冷库出租率	30%	100%
19	2009年冷库出租率	40%	100%
20	2010年及以后冷库出租率	50%	100%

（三）我们认为若项目追加贷款，从还款计划预测和分析，还款期限与原评估报告预测的还款期相比，结果趋近。

第八部分 结论

一、项目实施情况

1. 项目基本按照计划进度实施，新建的工程已经全部完成，改建的工程将近全部完成。
2. 目前交易市场的各铺面出租或意向性出租情况接近100%，餐饮区的招商正在进行中。
3. 培育期的租金具有优惠性质，需要2~3年时间才能达到正常的租金水平。
4. 整个上海专业水产市场正在进行重组，江浦路、恒大和铜川路水产市场相继搬迁，并将陆续集中于××国际水产中心，故项目潜力巨大。
5. 项目本身硬件水准一流，更为重要的是项目地理优势明显，与其他专业市场相比较，项目集水路、公路、铁路交通运输便捷于一身，项目具备成为辐射长江三角洲水产交易集散中心的条件和优势。

二、项目总投资及贷款追加

根据本报告分析，项目的总投资从5亿元增加到6.1亿元。尚需要7000万元的追加贷款。

三、项目追加贷款后的主要财务评价指标

1. 成熟期的项目年租金总收入2亿元，归属于借款人的年收入近1亿元。
2. 静态投资回收期：7.85年。
3. 动态投资回收期（$i=8\%$）：11.73年。
4. 净现值NPV（$i=8\%$，30年）：29485万元。
5. 内部收益率IRR（30年）：12.48%。
6. 贷款偿还期（从2008年起）：6.92年。
7. 管理公司完全有能力履行上述其与投资公司（借款人）所达成委托经营协议，每年向投资公司支付相应固定保底收益并支付相应的税后利润。
8. 投资公司的净现金流量可以足额偿付项目贷款。

第九部分 项目编写机构及人员（略）

报告十六 上海××国际水产中心项目阶段性评价及追加7000万元项目贷款评估报告

管理公司项目经营各年度损益预测表（单位：万元）

表16-9

序号	项目	1	2	3	4	5	6	7	8	9	10	11	12	13	14	15
		2008	2009	2010	2011	2012	2013	2014	2015	2016	2017	2018	2019	2020	2021	2022
1	交易区物业租赁净收入	4290	6600	9240	13530	13530	13530	13530	13530	13530	13530	13530	13530	13530	13530	13530
1.1	一楼商铺租金净收入（万元）	3960	5940	7920	11880	11880	11880	11880	11880	11880	11880	11880	11880	11880	11880	11880
1.1.1	出租率	100%	100%	100%	100%	100%	100%	100%	100%	100%	100%	100%	100%	100%	100%	100%
1.1.2	年租价格（万元/间）	4	6	8	12	12	12	12	12	12	12	12	12	12	12	12
1.1.3	年一楼商铺租金毛收入（万元）	4800	7200	9600	14400	14400	14400	14400	14400	14400	14400	14400	14400	14400	14400	14400
1.1.4	减：年营业税及附加（5.5%)	840	1260	1680	2520	2520	2520	2520	2520	2520	2520	2520	2520	2520	2520	2520
1.1.4.1	年房产税（12%)	264	396	528	792	792	792	792	792	792	792	792	792	792	792	792
1.1.4.2	年营业税及附加（5.5%)	576	864	1152	1728	1728	1728	1728	1728	1728	1728	1728	1728	1728	1728	1728
1.2	二楼商住租金毛收入（万元）	330	660	1320	1650	1650	1650	1650	1650	1650	1650	1650	1650	1650	1650	1650
1.2.1	出租率	100%	100%	100%	100%	100%	100%	100%	100%	100%	100%	100%	100%	100%	100%	100%
1.2.2	年租价格（万元/间）	0.5	1	2	2.5	2.5	2.5	2.5	2.5	2.5	2.5	2.5	2.5	2.5	2.5	2.5
1.2.3	年二楼商住租金毛收入（万元）	400	800	1600	2000	2000	2000	2000	2000	2000	2000	2000	2000	2000	2000	2000
1.2.4	减：营业税及附加（5.5%)	70	140	280	350	350	350	350	350	350	350	350	350	350	350	350
1.2.4.1	年房产税（12%)	22	44	88	110	110	110	110	110	110	110	110	110	110	110	110
1.2.4.2	营业税及附加（5.5%)	48	96	192	240	240	240	240	240	240	240	240	240	240	240	240
2	冷库租金净收入	2825	2825	2825	2825	2825	2825	2825	2825	2825	2825	2825	2825	2825	2825	2825
2.1	可储存量（吨）	24000	24000	24000	24000	24000	24000	24000	24000	24000	24000	24000	24000	24000	24000	24000
2.2	出租率	100%	100%	100%	100%	100%	100%	100%	100%	100%	100%	100%	100%	100%	100%	100%
2.3	出租年租金（万元/吨）	0.216	0.216	0.216	0.216	0.216	0.216	0.216	0.216	0.216	0.216	0.216	0.216	0.216	0.216	0.216
2.4	出租年毛租金	5184	5184	5184	5184	5184	5184	5184	5184	5184	5184	5184	5184	5184	5184	5184
2.5	减：营业税及附加（5.5%)	285	285	285	285	285	285	285	285	285	285	285	285	285	285	285
2.6	年经营变动成本（变动成本率40%)	2074	2074	2074	2074	2074	2074	2074	2074	2074	2074	2074	2074	2074	2074	2074
3	沿江生活区租金税前净收入（餐饮）（万元）	700	1049	1749	2799	2799	2799	2799	2799	2799	2799	2799	2799	2799	2799	2799
3.1	出租面积	11617	11617	11617	11617	11617	11617	11617	11617	11617	11617	11617	11617	11617	11617	11617
3.2	出租率	100%	100%	100%	100%	100%	100%	100%	100%	100%	100%	100%	100%	100%	100%	100%
3.3	日租价格（元/平方米）	2	3	5	8.00	8.00	8.00	8.00	8.00	8.00	8.00	8.00	8.00	8.00	8.00	8.00
3.4	租赁天数	365	365	365	365	365	365	365	365	365	365	365	365	365	365	365
3.5	餐饮场所租赁毛收入（万元）	848	1272	2120	3392	3392	3392	3392	3392	3392	3392	3392	3392	3392	3392	3392

续表

序号	项目	1	2	3	4	5	6	7	8	9	10	11	12	13	14	15
		2008	2009	2010	2011	2012	2013	2014	2015	2016	2017	2018	2019	2020	2021	2022
3.6	减：年租赁税金（万元）	148	223	371	594	594	594	594	594	594	594	594	594	594	594	594
3.6.1	年营业税及附加（5.5%）	47	70	117	187	187	187	187	187	187	187	187	187	187	187	187
3.6.2	年房产税（12%）	102	153	254	407	407	407	407	407	407	407	407	407	407	407	407
4	渔轮柴油加油储油区场地租金税前净收入（万元）	794	794	794	794	794	794	794	794	794	794	794	794	794	794	794
4.1	渔轮柴油加油储油区场地租金税前年毛收入（万元）	840	840	840	840	840	840	840	840	840	840	840	840	840	840	840
4.2	减：营业税及附加（5.5%）	46	46	46	46	46	46	46	46	46	46	46	46	46	46	46
5	其他税前年净收入（万元）	298	848	997	997	997	997	997	997	997	997	997	997	997	997	997
5.1	码头年毛收入（万元）	200	600	600	600	600	600	600	600	600	600	600	600	600	600	600
5.2	停车场年毛收入（万元）	100	200	200	200	200	200	200	200	200	200	200	200	200	200	200
5.3	其他经营年毛收入（万元）	100	400	600	600	600	600	600	600	600	600	600	600	600	600	600
5.4	减：其他收入营业税及附加（5.5%）	22	112	123	123	123	123	123	123	123	123	123	123	123	123	123
5.5	减：其他收入变动成本（变动成本率20%）	80	240	280	280	280	280	280	280	280	280	280	280	280	280	280
6	总净收入	8907	12116	15605	20944	20944	20944	20944	20944	20944	20944	20944	20944	20944	20944	20944
7	减：固定总成本	5900	6100	7600	7600	7600	7600	7600	7600	7600	7600	7600	7600	7600	7600	7600
7.1	付给投资公司年固定费用	5000	5000	6300	6300	6300	6300	6300	6300	6300	6300	6300	6300	6300	6300	6300
7.2	工资及附加	600	800	1000	1000	1000	1000	1000	1000	1000	1000	1000	1000	1000	1000	1000
7.3	公共区域电力和燃料	300	300	300	300	300	300	300	300	300	300	300	300	300	300	300
8	减：期间费用和其他费用	802	1090	1404	1885	1885	1885	1885	1885	1885	1885	1885	1885	1885	1885	1885
8.1	期间费用（总收入之6%）	534	727	936	1257	1257	1257	1257	1257	1257	1257	1257	1257	1257	1257	1257
8.2	其他费用（总收入之3%）	267	363	468	628	628	628	628	628	628	628	628	628	628	628	628
9	税前利润	2205	4926	6601	11459	11459	11459	11459	11459	11459	11459	11459	11459	11459	11459	11459
10	所得税（25%）	551	1231	1650	2865	2865	2865	2865	2865	2865	2865	2865	2865	2865	2865	2865
11	当年可分配利润	1654	3694	4950	8595	8595	8595	8595	8595	8595	8595	8595	8595	8595	8595	8595
12	其中：当年可分配给投资公司利润	827	1847	2475	4297	4297	4297	4297	4297	4297	4297	4297	4297	4297	4297	4297

注：变动成本率按照最近一期的管理公司经审计的财务报告有关财务数据比例关系调整后取值。

报告十六 上海××国际水产中心项目阶段性评价及追加7000万元项目贷款评估报告

投资公司各年度预计损益和银行贷款还款计算表（单位：万元） 表16-10

序号	项　目	1	2	3	4	5	6	7	8	9	10	11	12	13	14	15
		2008	2009	2010	2011	2012	2013	2014	2015	2016	2017	2018	2019	2020	2021	2022
1	收到管理公司年固定保底收益	5000	5000	6300	6300	6300	6300	6300	6300	6300	6300	6300	6300	6300	6300	6300
2	减：年营业税及附加（5.5%）	275	275	347	347	347	347	347	347	347	347	347	347	347	347	347
3	减：固定资产折旧	1932	1932	1932	1932	1932	1932	1932	1932	1932	1932	1932	1932	1932	1932	1932
4	减：贷款利息支出（7.83%）	2897	2748	2507	2141	1631	1100	541	0	0	0	0	0	0	0	0
4.1	其中：当年年初贷款本金余额	37000	35095	32021	27349	20824	14048	6915	0	0	0	0	0	0	0	0
5	减：其他经营成本和费用（费用率取15%）	750	750	945	945	945	945	945	945	945	945	945	945	945	945	945
6	税前利润	−854	−705	570	935	1446	1977	2535	3077	3077	3077	3077	3077	3077	3077	3077
7	所得税（25%）	0	0	0	129	362	494	634	769	769	769	769	769	769	769	769
8	加：收到管理公司当年可分配利润（免企业所得税）	827	1847	2475	4297	4297	4297	4297	4297	4297	4297	4297	4297	4297	4297	4297
9	税后利润	−27	1143	3045	5104	5382	5780	6199	6605	6605	6605	6605	6605	6605	6605	6605
10	加：固定资产折旧	1932	1932	1932	1932	1932	1932	1932	1932	1932	1932	1932	1932	1932	1932	1932
11	当年可供归还贷款本金货币数额（税后利润×90%+固定资产折旧）	1905	3074	4672	6525	6775	7134	7511	7876	7876	7876	7876	7876	7876	7876	7876

注：1.费用率按照最近二年一期的投资公司经审计的财务报告有关财务数据比例关系调整取值。
2.当年可供归还贷款本金货币数额的税后利润中可分配利润=税后利润×（1−法定盈余公积）=税后利润×（1−10%）；
第一部分为投资公司的税后利润中可分配利润部分。
第二部分为当年计提固定资产折旧部分。
3.投资公司所得税计算时涉及递延所得税事项，请报告使用者阅读投资公司提交专项审计报告披露事项的相关内容。

银行贷款偿还估算表（单位：万元） 表16-11

序号	项　目	1	2	3	4	5	6	7	8	合　计
		2007	2008	2009	2010	2011	2012	2013	2014	
1	期初贷款余额		37000	35095	32021	27349	20824	14048	6915	
2	本期贷款	37000								37000
3	本期还本		1905	3074	4672	6525	6775	7134	6915	37000
4	期末贷款余额	37000	35095	32021	27349	20824	14048	6915	0	
5	还款资金来源		1905	3074	4672	6525	6775	7134	7511	37596
5.1	折旧费		1932	1932	1932	1932	1932	1932	1932	
5.2	可用以还款的利润（提取盈余公积后剩余可分配利润）		−27	1142	2740	4593	4843	5202	5579	

注：银行还款期为6.92年。

表 16-12

全部投资现金流量表（投资公司）及财务评价指标（单位：万元）

序号	项目	建设期	经营期（30年）															合计
		1	2	3	4	5	6	7	8	9	10	11	12	13	14	15	16	... 31	
		2007	2008	2009	2010	2011	2012	2013	2014	2015	2016	2017	2018	2019	2020	2021	2022	... 2037	
一	现金流入	0	5827	6847	8775	10597	10597	10597	10597	10597	10597	10597	10597	10597	10597	10597	10597	... 10597	307576
1.1	经营收入		5827	6847	8775	10597	10597	10597	10597	10597	10597	10597	10597	10597	10597	10597	10597	... 10597	307576
1.1.1	收到管理公司年固定保底收益		5000	5000	6300	6300	6300	6300	6300	6300	6300	6300	6300	6300	6300	6300	6300	... 6300	
1.1.2	收到管理公司当年分配股利		827	1847	2475	4297	4297	4297	4297	4297	4297	4297	4297	4297	4297	4297	4297	... 4297	
1.2	回收固定资产余值		—	—	—	—	—	—	—	—	—	—	—	—	—	—	—	... —	0
二	现金流出	61000	1025	1025	1292	1421	1653	1786	1925	2061	2061	2061	2061	2061	2061	2061	2061	... 2061	118522
2.1	总投资	61000	—	—	—	—	—	—	—	—	—	—	—	—	—	—	—	... —	61000
2.2	经营成本（不含贷款利息）		750	750	945	945	945	945	945	945	945	945	945	945	945	945	945	... 945	27960
2.3	税金及附加		275	275	347	347	347	347	347	347	347	347	347	347	347	347	347	... 347	10252
2.4	所得税		0	0	0	129	362	494	634	769	769	769	769	769	769	769	769	... 769	19310
三	当年净现金流量	−61000	4802	5822	7484	9177	8944	8812	8672	8537	8537	8537	8537	8537	8537	8537	8537	... 8537	189054
3.1	折现系数（i=8%）	1.0000	0.9259	0.8573	0.7938	0.7350	0.6806	0.6302	0.5835	0.5403	0.5002	0.4632	0.4289	0.3971	0.3677	0.3405	0.3152	... 0.0994	
3.2	折现后的净现金流	−61000	4446	4991	5941	6745	6087	5553	5060	4612	4271	3954	3661	3390	3139	2907	2691	... 848	29485
3.3	累计折现后净现金流量	−56554	−51562	−45621	−38876	−32789	−27236	−22176	−17563	−13293	−9338	−5677	−2287	852	3759	6450	8942	... 29485	
四	累计净现金流量（静态）	−61000	−56198	−50376	−42892	−33715	−24771	−15960	−7288	1249	9786	18322	26859	35395	43932	52468	61005		
五	IRR 内部收益率（%）									12.48%									
六	NPV净现值（i=8%, 30年）									29485									
七	静态投资回收期（年）									7.85									
八	动态回收期（年）									11.73									

注：计算上述指标时，均不扣除归还银行贷款利息。

报告十六 上海××国际水产中心项目阶段性评价及追加7000万元项目贷款评估报告

上海××路水产品投资发展有限公司××路改建项目费用支付情况（截至2008年03月31日）（单位：元）

表16-13

单 位	合同		已支付改建费用	尚需支付改建费用	备 注
	份数	暂估价款			
明细账（略）					
…					
合计		220755563.50	145439493.54	75001069.96	

附录1 租金预测

交易区一楼商铺2009年租金预测如下：

交易区一楼商铺2009年租金预测

表16-14

地址	面积	年租金（元/间）
估价对象：上海××国际水产中心××号商铺	10.02平方米	待估
案例一：上海××路水产市场××号商铺	10.20平方米	66000
案例二：上海××路水产市场××号商铺	9.88平方米	62000
案例三：上海××路水产市场××号商铺	10.12平方米	65000

注：选取上海××国际水产中心××号商铺为估价对象，主要分别从面积、地点、商业价值、门面宽度等因素考虑，该套商铺租金基本能够作为上海××国际水产中心一楼商铺的平均租赁价格的代表案例。

因素条件说明表

表16-15

		估价对象	案例一	案例二	案例三
交易情况		正常	成交	成交	成交
交易日期		2009.1	2008.1	2008.1	2008.1
房地产状况					
区位状况	繁华度	一般	好	好	好
	交通便捷度	便捷	较便捷	较便捷	较便捷
	专业市场效应	较好	好	好	好
	基础设施	完备	完备	完备	完备
	楼层	底层	底层	底层	底层
实物状况	临路状况	市场内单面临街	市场内单面临街	市场内单面临街	市场内单面临街
	市场专业设施设备	好	较好	较好	较好
	面积（平方米）	10.02	10.20	9.88	10.12
	市场专业管理	好	较好	较好	较好
权益状况	权益类型	租赁权	租赁权	租赁权	租赁权
	租赁期	两年	两年	两年	两年
	付款方式	押三付一	押三付一	押三付一	押三付一
租赁价格（元/间/年）			66000	62000	65000

比较因素条件指数表

表16-16

		估价对象	案例一	案例二	案例三
租金价格（元/间/年）			66000	62000	65000
交易情况修正		1848	1959	1959	1959
交易日期修正		100	100	100	100
房地产状况修正					
区位状况	繁华度	100	103	103	103
	交通便捷度	100	99	99	99
	专业市场效应	100	101	101	101
	基础设施	100	100	100	100
	楼层	100	100	100	100

续表

		估价对象	案例一	案例二	案例三
实物状况	临路状况	100	100	100	100
	市场专业设施设备	100	99	99	99
	面积（平方米）	100	100	100	100
	市场专业管理	100	99	99	99
权益状况	权益类型	100	100	100	100
	租赁期	100	100	100	100
	付款方式	100	100	100	100

修正说明：

1. 交易情况修正：比较案例一、二、三均为成交价，不修正。

2. 交易日期修正：比较案例一、二、三的交易时间均为 2008 年 1 月，均采用上海中房指数 1959；估价对象交易日期取值 1848［依据附录 2 中房上海综合指数曲线趋势模型（最小二乘数法）计算测得的结果］。

3. 房地产状况修正——区位状况调整：

3.1 繁华度：为好（3%）、一般（0）、差（-3%），三档修正；比较案例一、二、三均为好，估价对象评价值为一般，修正+3%。

3.2 交通便捷度：为便捷（4%）、较便捷（3%）、一般（0）、较不便捷（-3%）、不便捷（-4%），五档修正；比较案例一、二、三均为较便捷，估价对象评价值为便捷，修正-1%。

3.3 专业市场效应：为好（4%）、较好（3%）、一般（0）、较差（-3%）、很差（-4%），五档修正；比较案例一、二、三均为好，估价对象为较好，修正+1%。

3.4 基础设施：为完备（5%）、一般（0）、不完备（-5%），三档修正；比较案例一、二、三与估价对象均为完备，不修正。

3.5 楼次：比较案例一、二、三与估价对象均为底层，不修正。

4. 房地产状况修正——实物状况调整：

4.1 临路状况：为市场内两面临路（10%）、单面临路（0）、不临路（-10%），三档修正；比较案例一、二、三与估价对象均为底层，不修正。

4.2 市场专业设施设备：为好（+4%），较好（-3%），一般（0），较差（-3%），差（-4%），五档修正；比较案例一、二、三较估价对象较好，估价对象好，修正-1%。

4.3 面积：修正表，比较案例一、二、三与估价对象，不修正。

专业市场小面积商铺修正表（不含临主干道商铺） 表 16-17

面积（平方米）	修正指数
15 平方米以下（含 15 平方米）	0
15～30 平方米（含 30 平方米）	-3%
30～50 平方米（含 50 平方米）	-6%
50 平方米以上	-10%

4.4 市场专业管理：为好（4%），较好（3%），一般（0），较差（-3%），差（-4%），五档修正；比较案例一、二、三较估价对象较好，估价对象好，修正-1%。

5. 房地产状况修正——权益状况调整：

比较案例一、二、三较在权益类型、租赁期限、付款方式，均与估价对象一致，不修正。

报告十六 上海××国际水产中心项目阶段性评价及追加7000万元项目贷款评估报告

比较因素修正表 表 16-18

		案例一	案例二	案例三
租金价格（元/间/年）		66000	62000	65000
交易情况修正		100/100	100/100	100/100
交易日期修正		1848/1959	1848/1959	1848/1959
房地产状况修正	区位状况调整	100/103	100/103	100/103
	实物状况调整	100/98	100/98	100/98
	权益状况调整	100/100	100/100	100/100
比准价格（元/间/年）		61681	57942	60746
权重		1/3	1/3	1/3
最终比准价格（元/间/年）		60123（取整 60000）		

其他租金预测（略）。

附录2 中房上海综合指数曲线趋势模型（最小二乘法） 表 16-19

序号（N）	时间	中房上海办公楼指数（Y）	X	XY	X²
1	2001年5月	730	−25	−18250	625
2	2001年6月	741	−24	−17784	576
3	2001年7月	752	−23	−17296	529
4	2001年8月	757	−22	−16654	484
5	2001年9月	759	−21	−15939	441
6	2001年10月	770	−20	−15400	400
7	2001年11月	774	−19	−14706	361
8	2001年12月	777	−18	−13986	324
9	2002年1月	783	−17	−13311	289
10	2002年2月	785	−16	−12560	256
11	2002年3月	792	−15	−11880	225
12	2002年4月	802	−14	−11228	196
13	2002年5月	812	−13	−10556	169
14	2002年6月	823	−12	−9876	144
15	2002年7月	829	−11	−9119	121
16	2002年8月	841	−10	−8410	100
17	2002年9月	854	−9	−7686	81
18	2002年10月	867	−8	−6936	64
19	2002年11月	877	−7	−6139	49
20	2002年12月	891	−6	−5346	36
21	2003年1月	902	−5	−4510	25
22	2003年2月	925	−4	−3700	16
23	2003年3月	945	−3	−2835	9
24	2003年4月	961	−2	−1922	4
25	2003年5月	980	−1	−980	1
26	2003年6月	1002	0	0	0
27	2003年7月	1045	1	1045	1
28	2003年8月	1063	2	2126	4
29	2003年9月	1087	3	3261	9
30	2003年10月	1108	4	4432	16
31	2003年11月	1151	5	5755	25
32	2003年12月	1172	6	7032	36
33	2004年1月	1178	7	8246	49
34	2004年2月	1195	8	9560	64
35	2004年3月	1212	9	10908	81
36	2004年4月	1234	10	12340	100

续表

序号（N）	时间	中房上海办公楼指数（Y）	X	XY	X²
37	2004年5月	1251	11	13761	121
38	2004年6月	1260	12	15120	144
39	2004年7月	1270	13	16510	169
40	2004年8月	1284	14	17976	196
41	2004年9月	1303	15	19545	225
42	2004年10月	1321	16	21136	256
43	2004年11月	1348	17	22916	289
44	2004年12月	1372	18	24696	324
45	2005年1月	1399	19	26581	361
46	2005年2月	1429	20	28580	400
47	2005年3月	1466	21	30786	441
48	2005年4月	1496	22	32912	484
49	2005年5月	1513	23	34799	529
50	2005年6月	1517	24	36408	576
51	2005年7月	1477	25	36925	625
52	2005年8月	1451	26	37726	676
53	2005年9月	1422	27	38394	729
54	2005年10月	1405	28	39340	784
55	2005年11月	1375	29	39875	841
56	2005年12月	1351	30	40530	900
57	2006年1月	1339	31	41509	961
58	2006年2月	1333	32	42656	1024
59	2006年3月	1334	33	44022	1089
60	2006年4月	1337	34	45458	1156
61	2006年5月	1344	35	47040	1225
62	2006年6月	1358	36	48888	1296
63	2006年7月	1356	37	50172	1369
64	2006年8月	1363	38	51794	1444
65	2006年9月	1376	39	53664	1521
66	2006年10月	1375	40	55000	1600
67	2006年11月	1378	41	56498	1681
68	2006年12月	1378	42	57876	1764
69	2007年1月	1377	43	59211	1849
70	2007年2月	1377	44	60588	1936
71	2007年3月	1382	45	62190	2025
72	2007年4月	1398	46	64308	2116
73	2007年5月	1413	47	66411	2209
74	2007年6月	1449	48	69552	2304
75	2007年7月	1501	49	73549	2401
76	2007年8月	1571	50	78550	2500
77	2007年9月	1654	51	84354	2601
78	2007年10月	1773	52	92196	2704
79	2007年11月	1859	53	98527	2809
80	2007年12月	1925	54	103950	2916
81	2008年1月	1959	55	107745	3025
82	2008年2月	1967	56	110152	3136
83	2008年3月	1982	57	112974	3249
	总计	101744	1328	2221046	68890

中房上海综合指数曲线趋势模型（最小二乘法）为：
$Y = 1024.904665 + 13.097806X$。

由上式计算测得的2009年1月中房上海综合指数为1848。

附录3　2008年市场商铺租赁合同抽样情况

注册房地产估价师根据××管理公司提供的租赁合同资料，根据租赁合同金额大小进行了分组，共分3组。并决定将样本在3组中进行分配，以使每组的样本数量大致与该组的合同账面金额成比例。注册房地产估价师向45家租赁户寄发了征询函，共收回43份有效回函，有1份回函表示合同金额被高估1000元。进一步调查后，结论该户的确存在错报是由于租约管理中的普通错误导致。通过综合分析，管理公司提供的2008年的租赁合同资料不存在重大的高估。

样本结果摘要　　　　　　　　　　　　　　　　　表16-20

组	合同账面金额	样本账面金额	样本审定金额	错误金额
（略）				
合计				

附件（略）

报告十七

××市××片区旧村改造项目可行性研究报告

厦门均和房地产土地评估咨询有限公司　　王　崎　陈秀良　颜安辉

评析意见

该报告系接受政府部门委托进行的动迁和土地开发项目可行性研究。此类项目比较复杂，要求估价师熟悉房屋征收、土地开发、土地出让等环节的政策法规和操作流程，能够对当前及将来土地市场做出正确的判断和预测，能够进行房屋征收市场调查及资料收集，并能够综合运用房地产估价、房地产开发经营、房地产市场调研和市场分析，以及财务分析等多方面的专业知识。该报告内容基本完整，项目背景描述有针对性，定性分析和定量分析结合较好，在现金流分析、财务指标分析、盈亏平衡分析和敏感性分析等方面也较有说服力，从而为估价机构拓展服务领域，涉足各类房地产开发项目可行性研究，提供了一个可供学习和参考的范本。但该报告在不确定性分析、风险分析等方面略显单薄。

目录（略）

一、总论

（一）项目概述

1. 项目名称

××市××片区旧村改造项目。

2. 承建单位

甲公司。

3. 项目规划

建设地点：××市××××社区。

占地面积：总用地面积为24.96万平方米，规划总建筑面积为48.2万平方米。

建设进度：项目开发期预计为5年。

4. 项目现状

××片区为城中村，大多数为居民自建房，居住人口密集，外来人口众多，相关配套极不完善，治安管理薄弱、消防隐患大、卫生状况差、违章建筑及危险房屋居多、存在不少安全隐患，急需改造。

5. 项目建设目标

通过先对该地块内房屋及厂房进行拆迁补偿及安置，再对片区内土地进行平整及对区内道路及配套设施进行建设，最后把熟地提供给××市政府，由市政府进行挂牌或其他方法出让。

6. 项目建设条件

该项目所处的××东部片区××社区，交通较便利，基础设施配套较齐全，水电供应充足，道路、通信等设施较为完善，周边有较多房地产开发项目，投资环境十分优越。

7. 项目开发模式

本项目由××市××区人民政府委托甲公司开展××市××片区旧村改造项目前期工作，前期工作内容为征地拆迁、土地整理开发、市政基础设施及公共设施建设。

（二）编制依据

1. ××区××片区改造项目委托书（××府［××］××号）；
2. ××市人民政府关于××旧村改造开发用地的批复；
3. "××旧村改造"项目资金运行协议；
4. ××市规划局建设用地规划许可证（2005）×规用地第××号；
5. ××区发改局关于同意开展××片区收储用地前期工作的函（××发改投［2007］××号）；
6. ××区政府"××片区土地挂牌出让计划"；
7. ××市发展和改革委员会局关于××旧村改造××安置房的批复；
8. ××市规划局（2006）×规选址第××号建设项目选址意见书；
9. ××市规划局（2007）×规用地第××号建设用地规划许可证；
10. ××市规划局（2007）×规建设第××号建设工程规划许可证；
11. ×府［××××］×××号《××市人民政府关于征收集体土地非住宅房屋拆迁的若干意见》；
12. ×府［××××］×××号《××市人民政府关于完善征地拆迁政策的若干意见》；
13. 《中华人民共和国城市房地产管理法》；
14. 《中华人民共和国土地管理法》；
15. 《中华人民共和国城市规划法》。

（三）综合研究结论

本项目具有良好的投资环境和经营条件。从项目的地点、功能和标准以及相应的市场需求状况来看，项目结构合理、市场需求状况较好；从社会效益来看，本项目为国家直接提供可观的财税收入，提升了旧村的生活品质、改善投资环境和促进旅游业的发展、为社会创造更多就业机会，对构建和谐社会和振兴地方经济具有积极的作用，"城中村"改造是逐步消除二元经济结构、促进城乡经济统筹发展，改善城市形象，提升城市品位，加快东部新区建设步伐的重大举措，是全面建设小康社会的必然选择。从经济效益分析来看，企业财务状况良好，企业投资偿还能力较强，项目的开发单位不仅能较好地偿还投资本息，而且均能获得较好的盈利；总之，本项目的建成能创造较好的经济效益和社会效益。

1. 本项目的选址是合适且最为有利的；
2. 本项目用地面积、内部环境等各项指标都是合适的；
3. 本项目投资额控制在162111.18万元左右是合适的；
4. 在项目开发期上，5年时间完成征地拆迁、土地整理开发、市政基础及公共设施建设并进行出让是可行的。

二、项目建设背景及意义

（一）项目背景

建国后，经过30年的社会主义建设，××已由经济脆弱、生产落后的封闭海岛商业消费性城市初步成长为具有一定基础的港口风景城市，并逐步从海岛型城市向海湾型城市转变。19××年××月，国务院批准设立××经济特区，19××年，再次批准××实行计划单列，赋予相当于省一级的经济管理权限（19××年经中央机构编制委员会正式批准为副省级城市）。19××年、19××年又先后批准××经济特区及市辖区××、××、××为台商投资开发区，并建立了××保税区。特区建设20多年来，××以经济建设为中心，抓住机遇、总结经验，积极推进经济增长方式的转变，扩大对外开放，加快经济结构调整，综合经济实力明显增强，已逐步形成了以××本岛、××投资开发区、××、××台商投资区为中心，带动××实行开放区政策的全方位、高层次的对外开放特区经济新格局。

进入21世纪，××的城市建设迎来了新的转型阶段，海湾型城市构建进入实质性的进程，岛外的各区建设迎来了快速发展的机遇，对岛外各区而言，在城市拓展的过程中充分发掘自身优势、塑造自身城区特色成为各自的首要任务，而建设好门户空间等重点区域尤为重要，也是突显城区特色的主要手段。

××区由于其突出的区位优势赋予××区快速发展的机遇，也对××区的城市建设提出了严格的要求。加快城市进程，改造城区面貌，提升城区环境品质，完善各项配套设施建设等任务也显得尤为紧迫。

随着××海湾型城市建设战略的实施，××进入海湾城市时代。在海湾战略的框架下，开发本岛东部外成为近期城市规划的重点，也关乎海湾战略成败的关键。

新区建设与旧城改造结合起来，是××城市建设一个突出特点。××区2006年～2010年经济和社会发展总体规划纲要中明确发展目标之一"中心城区功能日趋完善，基本实现全面城市化。五年内累计完成全社会固定资产投资360亿元。大力发展房地产业。继续大力培育房地产支柱产业及其关联产业，积极促进财政增收。加大征地拆迁力度，腾出发展用地。以新区建设和旧城改造为契机，吸引国内外知名开发商，加强高档写字楼宇、高尚居住社区和现代商务、旅游设施的开发建设，鼓励与房地产业相关联的建筑、装修、建材、展示行业集群发展。"

纲要中还明确"城区发展坚持规划先行，按照中心城区的标准，大力推进城区的形态、功能、文化开发，加速全面城市化，打造门户通道和形象窗口，提升城区人文底蕴。建成布局合理、功能完善、基础设施配套、环境优美的生态型城区。坚持高起点规划按照中心城区标准，修订和完善各片区规划，推动××、××、××、××等片区的规划和策划。加强进出本岛门户通道、主要交通节点和重点旅游场所的景观和形象设计，展示××现代化港口风景旅游城市风采。优先布局公共服务设施项目。加快东部新区开发和城市化改造。采取就地改造、就地安置，整体搬迁、异地安置和货币化安置等模式，先行启动安置房建设，力争三年内全面实施、五年内基本完成成片改造和城中村改造，为经济社会发展拓展战略空间。加大城区经营力度。把城区经营理念贯穿到城区规划、建设和管理的各个环节。发掘和整合城区形象资源，突出展现中心城区发展实力、文明程度、文化内涵和精神风貌，提高城区的知名度和美誉度，吸引投资和优秀人才，推动房地产、旅游、知识密集型产业的大发展。按市场经济规律对城区各类资源进行资本化运作和管理，引导产业和空间的优化整合，促进经济和社会效益的最大化"。

本项目正是在此背景下提出的，目前，位于东部城区的××、××、××三个村总用地面积约70万平方米，××市××片区旧村改造项目总用地面积24.96万平方米，规划总建筑面积48.2万平方米。

（二）项目建设的意义

本项目由于地处东部新区，有优越的自然景观条件和良好的开发建设基础，结合周边经济发展的需要，对建成一个特色突出、配套完善、环境优越的生活区，提升生态环境品质将起着重大的作用。

1. 在城中村改造方面为全国其他城市提供了最佳范例

在城中村改造方面为全国其他城市提供了最佳范例。创新城中村改造模式，激发村民城中村改造的主动性和积极性，不仅解决了资金短缺的问题，也推进了改造速度；合理控制拆除和整治的比例，避免了房源的短缺和房价的过快上涨。

2. 促进加快东部新区开发和城市化改造的建设进程和经济发展

作为朝着城市方向发展的构想，将来城区的覆盖范围将大大扩大，居民数量亦将急剧增加，发展方向是在高标准建设城市中心区的基础上，梯度推进东部新区开发和城市化改造的城市建设。随着经济重心的向外发展，建设也将向外扩张，这使得城市化在地理结构上发生重大质变，城市形态和都市生活形态也将发生重大的变化。开发建设××旧村改造项目，形成良好的生活、工作环境，有利于吸引及方便企业和居民等到东部新区工作、居住、立业，达到疏减和分流居民的目的，拉动经济发展，提高城市知名度，从而促进地区经济和社会的发展，加快城市的建设进程，壮大城市规模，提升经济总量，全面提高城市实力和形象，促进城市一体化发展。"城中村"改造是逐步消除二元经济结构、促进城乡经济统筹发展，改善城市形象，提升城市品位，加快东部新区建设步伐的重大举措，是全面建设小康社会的必然选择。有利于土地利用实现由粗放型向集约型转变。推进城中村改造不仅可以增强急需发展用地的保障能力，促进经济社会可持续发展，而且还能够优化土地资源配置、提高土地利用率、加快城市化发展。实施"城中村"改造是利在当代、功在千秋的民心工程，对于创造良好人居环境，丰富城市特色和内涵，提升城市品位，构建和谐社会，促进新农村建设和可持续发展都具有十分重要的意义。

3. 有利于提高区域竞争力

××由于其独特的地理位置、便利的道路交通条件、良好的生态景观环境和科学的规划和管理，使其成为最有条件建成×、×、×城市联盟的区域中心。本项目的建设将促进东部新区及××的经济发展，以便在日趋激烈的区域经济竞争中扮演重要角色，巩固和强化××作为区域中心的地位和形象。

4. 提升区域房地产价值和配套水平

长期以来，××岛东部片区由于许多历史、地理等因素的限制，经济发展相对滞后，并直接影响到房地产市场的发展。开发××旧村改造项目用地，改善了区域的配套和投资环境，起到以点带面的作用，大大提升了周边一带的区域价值和品质、城市环境和市场配套水平。

5. 吸引外资、发展旅游业的需要

随着对外开放的不断深入，旅游设施和旅游环境的不断完善，国际旅游业也日益发展。××市从一个前沿小城一跃成为中国高增长、高活力的经济特区，坚持改革开放的基本国策，充分发挥区位优势，大量引进外资、侨资、台资，拓展横向经济联合，形成以工业为主，一、二、三产业协调发展的外向型经济格局，已以其显著的经济增长速度及社会的全面进步被世人所认识，推动了区域国民经济的迅速发展。

××区具有特别良好的自然生态景观、葱郁繁盛的植物景观、灵秀别致的水域景观、自然优美的田园景观以及留存的文物古迹等历史人文景观，旅游资源极为丰富。随着对外开放的不断深入，旅游设施和旅游环境的不断完善，国际旅游业也日益发展。本项目建设必将推动××区的整体城区建设水平，促进××区旅游的发展。

因此，本项目的建设是十分必要的。

三、项目选址及建设条件

（一）项目选址

本项目位于××市××区××社区，东侧为××路，西侧为××路，南侧为××路，北侧为××路。

（二）自然条件

气温：××地处欧亚大陆的东南边缘，属南亚热带海洋性季风气候，夏无酷暑，冬无严寒。当地多年平均气温为21℃左右。最热月出现在7月，月平均气温28.2℃，累年极端最高气温为38.5℃（1979年8月15日）；最冷月出现在2月，平均气温12.5℃，累年极端最低气温为2℃（1957年2月12日）。

降雨：××地区主要降雨季节为4～9月份，集中了全年76%降雨。该区全年降雨日数122.7天（≥0.1毫米），其中降雨量≥50毫米的暴雨量日数年平均3.6天，年平均降雨量为1188.4毫米。年最多降雨量1771.8毫米（1973年），月平均最多降雨量207.1毫米（6月），月平均最少降雨量26.1毫米（12月），月极端最多降雨量702.8毫米（1958年7月），日最大降雨量239.7毫米（1973年4月23日），最大降雨强度达88毫米/小时。

风况：××位于亚热带季风区，风向、风速季节性变化明显。全年盛行偏东风，每年1～3月多ENE风和SE风，4～6月多SE风，7～9月多SE风和NE风，10～12月多NE风。冬、春半年盛行NE-ENE风，风速较大；夏、秋半年以SE风为主，风速一般较小。多年平均6级以上大风日数为30.2天，最多大风日数为53天。本区多年平均风速3.4M/S。累年风向频率和极大风速见表17-1。

海洋站累年风速、风频率统计表　　　　　　　　　表 17-1

风　向	N	NNE	NE	ENE	E	ENE	SE	SSE
平均风速（米/秒）	7.4	7.6	6.1	5.5	5.1	5.5	4.7	5.3
最大风速（米/秒）	29.7	27.0	25.0	26.3	30.0	26.0	25.0	22.0
频率（%）	7.0	8.1	6.7	6.1	10.3	11.4	6.8	6.5
风　向	S	SSW	SW	WSW	W	WNW	NW	NNW
平均风速（米/秒）	4.7	4.7	4.4	5.3	4.6	4.7	5.1	6.5
最大风速（米/秒）	24.0	21.3	18.0	24.0	20.0	25.0	27.0	29.0
频率（%）	4.3	3.1	4.2	7.8	7.5	3.3	3.0	4.0

雾、湿度和蒸发：××地区平均雾日数27天，年最多雾日数61天（1982年）。雾日大多出现于冬、春二季，占全年的63%，而夏、秋两季则很少有雾。××多年平均相对湿度达78%。全年以5～6月份相对湿度较大（84%～86%），而9～2月份相对湿度较低（69%～78%）。××地区年平均蒸发1850.7毫米。7～10月份蒸发量较大，为200～220毫米，1～3月份蒸发量较小，为80～110毫米。

日照及天气状况：××地区纬度较低，日照时数多，年平均日照时数达3179小时以上，年平均日照率49%。

××地区全年天气以阴雨天为多，多年平均晴天115.4天，阴天75.2天，雨天122.8天，连续阴天最长日数18天（1970年）。

灾害性天气：××地区灾害性天气主要有台风、暴雨、寒潮、大风等。台风影响××地区一般在每年5～11月份，以8月份最多。××日降雨量≥50毫米的暴雨日数年平均3.6天，主要集中在4～9月，以7～8月最多，最大日降雨量239.7毫米（1973年4月23日）。平均大风（≥8级）日数为25.8天，其中7～11月份出现大风日数最多，其次是3～4月份。大风主要是由冷空气、台风、强对流等天气系统造成的，尤以台风及强对流天气系统带来的大风最为猛烈，大风严重威胁海上作业的安全。强冷空气和寒潮主要集中出现在12～2月份。根据海洋站1974年～2003年定时实测风资料统计，本地区常风向为偏东向，ESE向风现频率为11.43%，E向出现频率次之为10.29%。强风向为偏北向，六级以上（含六级）大风NNE向出现频率为1.90%，N向出现频率次之为1.53%，详见风向分级统计表。累年平均风速为5.5米/秒，累年最大风速30.0米/秒（1997年8月），风向为E。

断裂与地震烈度：××地处长乐—诏安深大断裂中段，其主干断裂通过××本岛。该断裂与金门—××—平和E—W向断裂，九龙江口—龙海—漳州NW向断裂相复合，形成××地区发生地震的地质构造框架。在100年内××地震基本烈度为7度。

（三）社会经济现状

××市地处××省东南沿海，是我国最早的经济特区之一，是国家批准的计划单列市。改革开放以来，特别是设立经济特区以来，××市的各项经济、社会事业得到了迅速的发展，经济实力显著增强，人民生活水平明显提高。经过近二十多年的建设和发展，××市已形成了具有一定规模、适合××地域特点的以工业为主，商贸、旅游为重点的经济发展体系，现代化的港口风景城市的雏形正在显现。

2007年，在市委、市政府的领导下，全市认真贯彻落实科学发展观，扎实推进××新一轮跨越式发展，国民经济保持了又好又快的发展态势，较好地完成全年各项经济预期目标。"四个加强"、"四个破解"取得成效，得到中央肯定并被誉为"××蓝本"的社会保障性住房工程惠民效益显现，×××、××湾、××海域等片区相继开发，第××届中国投资贸易洽谈会在×成功召开，××国际马拉松赛成为国际田联路跑金牌赛事，第×届中国国际园林花卉博览会盛大开园，实现了经济效益、社会民生与环境优化的完美结合。

2007年实现生产总值（GDP）1375.26亿元，按可比价格计算，比上年增长16.1%，连续五年的增幅均保持在16%以上。其中，第一产业增加值17.47亿元，下降18.0%；第二产业增加值735.32亿元，增长17.6%；第三产业增加值622.46亿元，增长15.2%。三个产业结构为1.3∶53.5∶45.2。按常住人口计算，人均生产总值56595元（折合7398美元），比上年增长11.3%。全市万元生产总值

（GDP）耗电864.41千瓦时，比上年减少19.39千瓦时，万元生产总值（GDP）耗水18.0吨，比上年减少1.5吨。

全市财政总收入实现348.44亿元，比上年净增81.09亿元，为全市生产总值（GDP）的25.3%，比上年提高1.7个百分点。其中，地方级财政收入186.58亿元，比上年净增50.36亿元，为全市生产总值（GDP）的13.6%，比上年提高1.3个百分点。财政总收入和地方级财政收入总量均比2004年翻了一番，分别比上年增长30.3%和37.0%。

在地方级财政收入中，税收收入167.09亿元，增长37.1%。其中，营业税、企业所得税、契税、增值税、土地增值税合计增收38.06亿元，分别增长41.9%、33.4%、68.9%、19.8%和1.93倍；第三产业税收94亿元，增长41%，占地方税收收入比重首超六成。

全年财政支出198.66亿元，增长32.4%。其中城乡社区事务支出23.91亿元，增长47.5%；教育支出27.04亿元，增长31.8%；科学技术支出6.50亿元，增长34.2%；交通运输支出7.37亿元，增长24.5%；医疗卫生支出9.22亿元，增长23.3%；社会保障和就业支出14.49亿元，增长17.7%。

各区实现生产总值分别为：思明区422.35亿元，比上年增长14.9%；××区381.01亿元，增长6.1%；××区205.11亿元，增长22.3%；××区186.63亿元，增长21.3%；××区105.07亿元，增长20.1%；××区75.09亿元，增长51.7%。岛外四区生产总值占全市的41.6%。

全年区级财政收入55.82亿元，比上年增长42.1%，其中，××区增长74.2%××区增长67.7%，××区增长46.2%，××区增长41.9%，××区增长40.8%，××区增长28.5%。

××区作为项目所在区域，经过20多年的发展，××区迅速完成了工业化进程，逐渐实现了"退一优二强三"的产业发展战略。2007年××区加大投资力度，投资布局更趋合理。认真贯彻建设海峡西岸经济区和做强做大××经济特区的战略决策，按照区委五届八次全体（扩大）会议和第六次党代会的部署，以征地拆迁促进项目建设，以培育载体促进产业聚集，以统筹发展促进社会和谐，形成了新一轮跨越式发展的宏大气势。这一年，是××区社会各项事业协调发展、和谐社会建设不断推进的一年。××市顺利通过国家卫生城市省级复查，荣获全国创建平安家庭活动先进区、民政工作先进区、人口与计划生育科技工作先进集体、第六届青年志愿者百优集体；荣获全省第九届文明城区、首批平安区、"四五"普法依法治理先进区等一系列荣誉称号。

（四）基础设施条件

××市××区公路交通网络四通八达，××区是进出××岛的门户，××海港、空港，陆路出岛现有三个通道，以及在建的东通道、××大桥、公铁大桥，均在××辖区项目区所在地距××火车货运站3公里，××国际机场5公里（××空港是华东地区仅次于上海的重要航空枢纽，已开辟国内外航线121条；国际和地区航线可直达新加坡、吉隆坡、马尼拉、东京、曼谷、汉城、香港、澳门等）、××港10公里、××港15公里（××港每月到世界各地航线有272条，基本覆盖了全球各主要港口，与国内外84个港口直接通航）、××客运码头13公里。

××区的通信网络已经纳入××程控电话系统，可直拨全世界大多数国家、地区和全国各大城市。全区各街道全部开通程控电话。拥有移动通信、无线传呼等先进通信手段，可提供公众电报、图文传真和国际国内邮政特快专递等通信服务。

（五）开发条件分析

1. 地理区位条件

××位于台湾海峡西岸，地处东亚海域交通要道，是中国著名的风景港口城市和五大经济特区之一。它地处亚热带，自然环境优美，建港条件优越，海域空间资源比较丰富，土地资源有限。城市由海岛、大陆陆域和海湾组成。××的发展得益于它的港口优势、美丽宜人的亚热带气候和自然风光。

本项目位于××市××区××社区，东侧为××路，西侧为××路，南侧为××路，北侧为××路。项目位于××市东部片区，符合××市总体规划确定的城市建设用地发展方向，东部片区经过多年的开发建设，已形成具有一定规划、档次的集居住、商业为一体的综合区。

本项目区与××本岛和岛外其他地区有着十分便捷的交通条件，随着××大桥、××公铁大桥以及××海底隧道的开通，××区的交通将更为便捷，项目距××机场4公里，距××火车站7公里，距××大桥10公里，距××隧道8公里，距××大桥、××大桥、××公铁大桥距离均在7公里以内。良好的交通条件也将为××区××片区带来巨大的商机，也为该片区的改造打好了基础。

2. 城市区域规划分析

××片区位于本岛东北部，原规划为工业区，现调整为以居住为主要功能的一个片区，地理位置好，建设条件佳，交通便利，周围山、水颇具特色，这些均为居住区的开发创造了有利的条件，因此将调整后的××生活区，建设成为一个功能齐全布局合理、配套设施完善、环境优美具有现代气息的跨世纪居住区是本次规划的宗旨。

××片区作为本岛东北部地区北片区的一个居住组团，用地构成主要以居住为主，配套发展商业、金融、文化娱乐、办公等居住区服务设施，保留部分一类工业用地及村庄。因此确定片性质为以居住为主，发展相关的配套服务设施及部分工业。

依据片区的功能构成与现状用地条件综合分析，在规划片区内形成一轴、二片、六区的规划结构。

规划以××路为界划分东西两个居住区，以××路为居住区的中心发展轴线，形成东、西两个居住区中心轴，并依托××路形成整个××生活区的中心。

通过××路景观轴，把自然山、水景观引入居住内，形成良好的居住环境。在用地功能组织上，充分考虑区内建设开发的合理性和可操作性，以小区组团的形式集中开发。

规划总用地318.94公顷，总人口4.2万人。

3. 土地使用现状

在规划的24.96万平方米的范围内，现有两家企业，企业用地面积13221.11平方米，合法批建面积为14421.11平方米，无合法批建面积23856.05平方米；范围内现有625栋自建房，其中合法批建产权的面积80798.28平方米，无手续自建房为78400.33平方米；有一中心小学占地面积3615.32平方米，建筑面积2958.00平方米；部队用地面积312.63平方米；古木4株，古居及宗庙6座，祠堂1座。

四、项目情况

（一）项目概况

本项目为××市重点建设项目，由××市××区政府委托甲公司开发。主要工作为开展××市××片区旧村改造项目前期工作，前期工作内容为征地拆迁、土地整理开发、市政基础及公共设施建设。该项目建设用地总面积为24.96万平方米，规划建筑总面积为48.2万平方米，项目建设资金由甲公司自行筹措解决。

本项目位于××市××区××村，东侧为××路，西侧为××路，南侧为××路，北侧为××路。

项目地理位置图（图略）

项目现场状况图（图略）

（二）甲公司具体工作内容及要求

1. 负责组织实施项目的城市规划与设计、征地与拆迁、基础设施建设及公建配套建设等工作。
2. 应严格按照有关技术规范编制项目城市规划与设计，组织论证与报批，办理项目建设的报建、监理和验收等手续。
3. 应严格按照国家和××市有关片地拆迁的法律、法规和规章进行项目征地拆迁补偿安置工作。
4. 要妥善解决集体经济发展和村民安置与生活出路问题，应与各社区及村民代表就拆迁、安置、补偿等事项进行充分协商，并签定协议。
5. 明确甲公司作为该项目的业主，承担开发建设的全部责任，如增加开发单位须报经区政府同意，并确保该项目所有税收全部落在××区。

（三）项目资金筹措与收入来源

1. 开发机制

根据中共××市委办公厅［2007］××号会议经要精神，项目实行"自求平衡"的开发运行机制。

2. 资金筹措

资金来源包括企业自筹资金、银行贷款及发行债券三部分。一是银行贷款，本项目拟向银行贷款30000.00万元；二是发行债券，本项目拟发行债券63000.00万元；其余资金为企业自筹资金。

3. 收入来源

以该项目的可出让土地总价的××%（即××市财政局按土地出让总价提留××%，××市××区财政局按土地出让总价提留××%，土地出让总价的××%返还给甲公司）作为该项目的包干费用。

4. 资金的使用

资金只能用于征地拆迁赔偿、安置、公建配套和市政设施建设、项目改造的前期费用及项目的投融资成本等其他费用，建设项目按××区建设局与甲公司签订《××片区旧村改造协议书》的规定执行，若项目开发出现盈余，盈余资金归甲公司所有。

五、环境保护、节能与劳动安全

（一）概述

根据《中华人民共和国环境保护法》："一切企事业的选址、设计、建设和生产必须防止对环境的污染和破坏，在进行新建、改建和扩建工程时必须提出对环境影响的报告"。为确保城市内水体、大气、噪声质量的良好状态，保证人体健康，维护生态平衡，本工程严格遵守××市环保部门制定的有关城市环境规划和环境管理的各项规章制度。

（二）建设区环境条件

1. 大气环境

用地周边目前空气质量良好，符合《环境空气质量标准》GB 3905-1996对二类地区的要求。

2. 水环境

用地周边无水质污染，基本属于三类水质。

3. 土壤条件

用地范围及周边1公里范围内无土壤污染。

（三）施工期间环境保护

不断改善生产和生活环境，保护自然生态，是我国的一项基本国策。本工程地处市区，因此在整个施工过程中必须严格控制施工废水、扬尘及噪声。项目施工期间的环境影响主要包括：施工中产生扬尘污染；建筑垃圾污染，不仅占用土地，而且对环境也有一定的污染；另外项目施工时将产生一定的噪声。因此必须合理地安排施工时间表，并采用噪声小的机械设备，或采用无噪声施工方案及加设消声措施。施工粉尘可采取喷水除尘和设置隔离区。施工废水经过多级沉淀后排入市政排污管道。

本项目在施工期的主要污染源为弃土、施工废水、噪声和粉尘。工程施工期间为避免由于机械开挖、填筑、混凝土浇筑、车辆运输等对周边的影响，必须排除一切扰民和污染环境的因素，做到文明施工和环保型施工。

1. 弃土

施工现场做好施工场地的围挡，减少对周边环境的干扰，施工期的弃土，结合××市的城市建设综合利用，应定点堆放及时运走，严禁乱弃乱堆，污染环境，影响市容，做到文明施工。

2. 施工废水

施工废水不得随意排放，要设置污水坑，集中沉淀后，收集后经排污水管道集中排放周围市政管网中。

3. 噪声和粉尘

施工机械噪声和施工中的粉尘，将对周围人群和环境产生影响，造成污染。因此在施工中，对产生噪声较大的机械设备采取消声措施，加消声装置。加强对噪声源的管理，特别是夜间施工，限制高噪声机械的使用，避免噪声扰民。施工时配备洒水车，做好对粉尘除尘工作。严格禁止施工车辆的道路遗撒。具体措施如下：

（1）合理安排施工时间和施工用地场地等管理措施，在有噪声扰民等环境敏感点场地尽可能在昼间（06：00-22：00）施工，高噪声设备施工时间安排在昼间（06：00-22：00）施工，施工设备造型采用低噪声设备，以降低噪声。建议施工阶段控制作业时间，禁止夜间施工，如需在夜间连续作业，需报当地环保部分批准，并张贴告示，避免扰民事件发生，并使噪声值符合《建筑施工场界噪声限值》GB 12523-90 的要求。

（2）由于本项目施工量大，场地开阔，产尘量较大，因此施工场地每天应定期洒水，防止浮尘产生，在大风时加大洒水量及洒水次数。施工场地内运输通道及时清扫、洒水以减少汽车行驶扬尘，运输车辆进入施工场地低速或限速行驶，以减少产尘量，多尘物材料采用帆布覆盖，以免露天堆放。场地挖、填方时，应做到即拆、随挖随运、随填随压，以防刮风时造成二次扬尘对周围环境的影响；施工车辆出入口应设有水枪及沉沙池，出行车辆的车轮必须清洗干净方可上路。

4. 生活区卫生管理

临时宿舍要有卫生管理制度，做到天天有打扫，保持室内窗明地净，通风良好。宿舍内保持清洁卫生，清扫出的垃圾倒在指定的垃圾站堆放并及时清理。生活废水应有污水池，二楼以上也要有水源及水池，做到卫生区内无污水、无污物，废水不得乱倒乱流。

综上所述，建设项目施工期虽然对周围大气环境和声环境产生不利影响，但是这些影响都是短期性，随着施工期的结束，影响将是不复存在。尽管如此，建设单位、施工单位应遵守有关规定，减轻施工期间对周围环境的影响。

（四）节能

夜景灯光功率、节能设置须合理。

加强自来水管网的管理，及时排除管网泄漏现象。

为节省能源采取以下措施：

1. 用高性能、低消耗的产品及设备。

2. 在总容量不变的情况下，根据使用情况，利用部分设备或全部投入使用，减少空耗，使设备尽可能在负荷高效区运行。

3. 采用节水、节气措施，采用高质量的阀门，减少管网泄漏，采用感应式出水阀及节水设备。

4. 拆除房屋时，对砖头、钢筋等进行回收。

（五）劳动安全

在整个施工生产过程中必须加强劳动安全保护，包括劳动者自身的劳动保护和对周围群众的保护。

工程建设应选择最合理的资质单位，每个劳动者均应持证上岗，各尽其职。在建设过程中，必须时时对劳动者进行劳动安全教育，加强劳动者的安全意识，施工生产过程要严格按操作规程进行施工，设置各种防护栏，并定期检查，杜绝任何安全事故的发生。并要求施工单位在施工生产过程中，合理安排作业计划，加强生产调度，及时解决薄弱环节，组织好均衡生产，合理保障职工有一定必要的休息。

六、项目组织管理与人员培训

（一）项目实施组织与管理

1. 项目建设组织与管理

本项目的投资建设活动采用先进的专业化项目模式，力求高效率、高质量、低成本地完成项目目标，拟成立专业的项目管理部公司进行组织与管理。

2. 项目建设过程监督控制

为确保项目建设按期完成，并实现较高的质量，本工程将按国家规定招标选择资质和信誉好的专业的监理公司进行全过程监控。

3. 施工单位的选择

按公开、公正、公平的市场竞争原则，本项目将采用公开招投标方式选择施工单位。施工单位必须具有资信好，实力强，经验丰富等特点，同时施工过程要实行项目经理负责制。

(二) 项目岗位编制计划

1. 项目管理机构图（图 17-1）

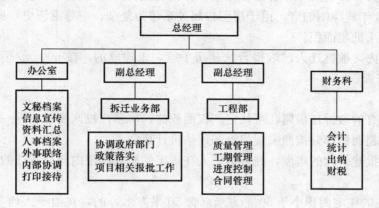

图 17-1　项目管理机构图

2. 岗位设置

本项目工作人员定编为 22 人。具体如下：

总经理 1 人；

副总经理 2 人：分管拆迁业务部 1 人，分管工程部 1 人；

办公室岗位设置 4 人：主任 1 人，劳工、人事、文秘、资料、档案管理等 1 人，外事联络、内部协调等 1 人，司机 1 人；

拆迁业务部岗位设置 6 人：部长 1 人，协调政府部门 1 人，政策落实 2 人，项目相关报批工作 2 人；

工程部岗位设置 6 人：部长 1 人，质量、安全、进度现场管理 3 人；

合同造价管理 2 人；

财务科岗位设置 3 人：出纳 1 人，会计 1 人，统计 1 人。

(三) 人员培训

所有上岗人员都应持证上岗。

参与项目建设人员应进行相关知识、安全生产方面培训，能够熟练掌握计算机操作程序。

(四) 管理运行机制模式

本项目开始运行后，各管理才具体负责相应内容的全面日常管理工作和提供相配套的各种服务。

本项目内采用企业科学管理的运作模式，以服务为宗旨，不断培育、繁荣、壮大、发展，不断提高规范化、现代化管理水平。管理者实行任期聘用合同制。

七、片区拆迁补偿安置方案

根据×府［××××］×××号《××市人民政府关于征收集体土地非住宅房屋拆迁的若干意见》、×府［××××］×××号《××市人民政府关于完善征地拆迁政策的若干意见》等有关规定、××区的征地拆迁实施办法及结合已签订的项目征地拆迁框架性协议条款，制定××——××片区旧村改造项目房屋拆迁补偿安置实施方案。

(一) 住宅房屋拆迁补偿

1. 产权认定原则

(1) 在拆迁范围内依法取得建房许可证、房屋所有权证或土地房产契证的房屋，按所载明的建筑面积认定产权面积；被拆迁人住宅房屋人均合法批建面积不足 50 平方米（含 50 平方米）的，以被拆迁人在本行政村范围内，具有常住户口且实际居住的家庭成员依据，对人均不足 50 平方米的部分，已建成的，按人均 50 平方米给予安置；未建成的，由被拆迁人按照 600 元/平方米缴款后，按人均 50 平方米给予安置。

（2）人均合法产权面积，以被拆迁人在本行政村范围内，具有常住户口且实际居住的家庭成员为依据，属"一户多宅"的，已批合法面积合并计算，属"多户一宅"的，其人口合并计算。

（3）产权清晰的共有住宅房屋（含祖屋），产权面积应按各自份额合并计算；但多人共有的 1952 年的房屋及经查档 1948 年地原图旧厝，由于房屋权属关系较为复杂，应尊重历史，原则上给予独立安置，不予合并计算人均合法批建面积。

（4）在拆迁范围内，被拆迁人已取得合法建房手续，未建成的，按 600 元/平方米缴款后，按人均 50 平方米予以补偿安置；

2. 拆迁补偿

（1）被拆迁人所有的被拆迁房屋，可认定产权面积的，房屋产权调换以"拆一补一、不补差价"计算；超面积安置的，超面积部分按照安置房市场评估价计算。

（2）拆迁无合法批建手续的房屋，凡被拆迁人在规定的搬迁期限内自行搬迁的，可根据以下情况给予补助、奖励：

① 人均合法批建的住宅面积小于 50 平方米（含 50 平方米）的，在给予人均 50 平方米补偿安置的基础上，其无合法批建手续部分，按人均 80 平方米，已建部分按 560 元/平方米给予补助；未建部分按 340 元/平方米给予奖励。房屋装修按照 280 元/平方米包干补偿。

② 人均合法批建的住宅面积大于 50 平方米小于 130 平方米的，其无合法批建手续部分，按人均 130 平方米扣除合法批建面积的剩余部分面积，已建部分按 560 元/平方米给予补助；未建部分按 340 元/平方米给予奖励。房屋装修按照 280 元/平方米包干补偿。

③ 人均住宅房屋大于 130 平方米的无合法批建手续部分，按照 300 元/平方米（含装修）给予补助。另外，为了鼓励被拆迁户积极配合拆迁工作，若被拆迁户能在以下时间段内签订协议并办理搬迁交房手续的，另给予考虑适当的搬迁补助：

A. 凡在抽取商谈流水号后 2 个月内签订拆迁补偿安置协议，并在协议规定的时间内完成交房手续的被拆迁户，其人均大于 130 平方米的无合法批建手续部分，给予 260 元/平方米（含装修）的搬迁补助费。

B. 凡在抽取商谈流水号后 5 个月内签订拆迁补偿安置协议，并在协议规定的时间内完成交房手续的被拆迁户，其人均大于 130 平方米的无合法批建手续部分，给予 130 元/平方米（含装修）的搬迁补助费。

C. 凡在抽取商谈流水号后 7 个月内签订拆迁补偿安置协议，并在协议规定的时间内完成交房手续的被拆迁户，其人均大于 130 平方米的无合法批建手续部分，给予 50 元/平方米（含装修）的搬迁补助费。

④ 被拆迁房屋的附属物按照规定另行按实清点补偿。

（3）拆迁 1990 年 4 月 1 日前经乡（镇）政府、街道办审核同意的手续，但因各种原因未批先建（含扩建、加层）的房屋，被拆迁人能积极配合拆迁工作并在规定时间签订协议的，在本款第二项补助的基础上，还可按照乡（镇）政府、街道办审核同意的面积结合实测面积给予适当的货币补助。

（4）具有合法批建手续的房屋装修以 280 元/平方米包干补偿。被拆迁人也可选择由本项目的专业评估机构进行评估补偿。

3. 其他补助费用

（1）自行过渡安置补助费标准：被拆迁人选择自行过渡，且能按照协议约定时间完成搬迁交房的，安置补助费从协议签订之日起计付。否则，从搬迁交房之日起计算。在拆迁范围内安置的，过渡期限不得超过三年；在拆迁范围外安置的，过渡期限不得超过二年。安置补助费按 10 元/月/平方米计算，自行过渡逾期半年以内，安置补助费按 20 元/月/平方米计算；自行过渡逾期半年以上，安置补助费按 40

元/月/平方米计算；

为保证被拆迁户顺利装修，在安置房交付使用后，再给予被拆迁户三个月的安置补助费作为装修期的补助。

（2）搬迁补助费标准：拆迁人应以认定的产权面积，按每平方米 10 元的标准一次性付给被拆迁人三次搬迁补助费。

（3）水、电表各按 500 元/户、有线电视按 380 元/户、电话移机费按 100 元/台/次、空调移机费按 150 元/台/次的标准给予补助。

（二）非住宅房屋拆迁补偿

1. 已取得土地房屋所有权证、市土地管理部门核发的《××市乡村企事业用地许可证》、乡镇企业用地批文红线图或规划管理部门核发的建设许可证的非住宅房屋，按照以下方式处理：

（1）在可认定的合法批建面积内，框架结构以 700 元/平方米、砖混结构以 600 元/平方米，按照重置价结合成新给予补偿。

（2）房屋装修可选择由本项目的专业评估机构评估或按照 280 元/平方米包干进行补偿。附属物另外按实清点补偿。

（3）拆迁非住宅房屋造成经营者停产、停业的，除了根据经营者在社保机构登记的在职职工人数、本企业的上年度职工平均工资，给予经营者六个月的补偿外，还应根据经营者上年度的平均税后利润额，一次性给予六个月的经济补偿。

（4）拆迁非住宅房屋用于出租的，对被拆迁人按照 10 元/平方米一次性给予三个月的租金补偿。

（5）承租单位的搬迁费用可由本项目的专业评估机构进行评估补偿。

但是，具有合法批建手续的非住宅房屋的最高补偿单价（含房屋主体与装修）不得超过 840 元/平方米，被拆迁人也可直接选择按照 840 元/平方米（含房屋主体与装修）最高补偿单价包干补偿。

2. 无合法批建手续非住宅房屋处理办法如下：

（1）拆迁公告前已建成的无合法批建手续房屋，被拆迁人能在规定的搬迁期限内完成搬迁的，按照 300 元/平方米给予搬迁补助。

（2）为鼓励被拆迁户积极配合拆迁工作，除按照第一项给予补助外，若被拆迁户能在以下时间段内签订协议并搬迁的被拆迁户，另给予适当的发展生产辅助金：

① 凡在抽取商谈流水号后 2 个月内签订拆迁补偿安置协议，并在协议规定的时间内完成交房手续的被拆迁户，其无合法批建手续部分，可给予 260 元/平方米（含装修）的发展生产辅助金。

② 凡在抽取商谈流水号后 5 个月内签订拆迁补偿安置协议，并在协议规定的时间内完成交房手续的被拆迁户，其无合法批建手续部分，可给予 130 元/平方米（含装修）的发展生产辅助金。

③ 凡在抽取商谈流水号后 7 个月内签订拆迁补偿安置协议，并在协议规定的时间内完成交房手续的被拆迁户，其无合法批建手续部分，可给予 50 元/平方米（含装修）的发展生产辅助金。

（三）其他类型补偿及奖励办法

1. 住宅改为营业性用房或非住宅房屋的合法经营企业的处理办法

（1）对在拆迁公告前已取得营业执照，能提供税务机关出具的完税证明，且被拆迁人能在规定的期限内签订协议并完成搬迁的，可按 500 元/平方米给予房屋业主适当的经济补助，但每份营业执照的补助金额最高不超过贰万元。

（2）对被拆迁人的租金损失补偿、合法经营的承租户在拆迁停业、停产期间的税后利润经营损失，在职员工工资补助及搬迁费用等，另行按照规定结合区政府的拆迁办法分别给予补助，其中：

① 具有合法批建手续住宅房屋改为营业性用房的补助办法：

A. 拆迁具有合法批建手续住宅房屋改为营业性用房造成经营者停产、停业的，可参照拆迁具有合法批建手续的非住宅房屋的补助标准，除了根据经营者在社保机构登记的在职职工人数、本企业的上年度职工平均工资，给予经营者六个月的补偿外，还应根据经营者上年度的平均税后利润额，一次性给予六个月的经济补偿。

B. 若该营业性用房是用于出租的,对被拆迁人还可根据营业用房面积按照10元/平方米一次性给予三个月的租金补偿。

C. 对营业用房的承租经营单位的搬迁费用补助,可由本项目的专业评估机构进行评估补偿。

② 2002年12月1日前建造的无合法批建手续非住宅房屋的补助办法:

A. 若经营者持有合法有效的工商营业执照,可参照拆迁具有合法批建手续的非住宅房屋的补助标准,除了根据经营者在社保机构登记的在职职工人数、本企业的上年度职工平均工资,给予经营者三个月的补偿外,还应根据经营者上年度的平均税后利润额,一次性给予三个月的经济补偿。

B. 经营者的搬迁费用可按照评估价的50%给予补助,若搬迁费用的估值小于30000元的,可直接按照15000元/户给予补助。

C. 对房屋建造者可按照10元/平方米的标准给予1.5个月的租金补助。

③ 2002年12月1日后建造的无合法批建手续非住宅房屋,经营者持有合法有效的工商营业执照,只给予经营者按照评估价50%的搬迁补助等费用。对经营者在停产、停业期的在职员工工资,税后利润经营损失等一概不予补助。

2. 对拆迁公告发布后抢建的房屋,一律强行拆除,不予任何补助

3. 商谈流水号抽取办法

(1) 按照社区村民小组的实际分组情况分成五个抽签点,以一个自然家庭户为单位分别同时抽取商谈流水号。

(2) 每个抽签点又设有两个抽签箱,其中一个抽签箱是针对执有合法批建手续的被拆迁户的,另一个抽签箱是针对无合法批建手续的被拆迁户,同时抽取商谈流水号码,并分别登记造册。

(3) 首先,按照具有合法批建手续的被拆迁户流水号先后顺序,分成五个小组,规定时间同步进行第一轮拆迁商谈。协商一致先签订协议的优先挑选房号。具有合法批建手续的房屋按照流水号进行第一轮商谈后,再按照无合法手续被拆迁户的流水号顺序进行商谈工作。

4. 奖励办法

(1) 对参加抽取商谈流水号,积极配合提供房产证、户口簿等相关资料的被拆迁户,按每户5000元的标准给予奖励。

(2) 被拆迁人在规定的搬迁期限内签订协议并完成的,可按照认定的产权面积结合区位房屋补偿价的10%,即150元/平方米给予一次性搬迁奖励。奖励金额最高不超过10万元。

(3) 为鼓励被拆迁户按时搬迁,对按照规定时间完成搬迁交房的被拆迁户,除了上述奖励外,还可按照协议号给予10000元/协议号的按时搬迁奖励。

(4) 凡拆迁已办理《××市农村房屋所有权证》或《××省××市乡村房产契证》的集体土地房屋,可给予5000元/户的奖励。

5. 拆迁安置补偿款支付办法

(1) 被拆迁户签订拆迁补偿协议后,拆迁补偿款及奖励金等款项,在被拆迁户同意后由社区指定专户统一发放。协议签订送审后先支付总补偿款的50%,余款在被拆迁人完成房屋交接手续后5个工作日付清。

(2) 搬迁奖励金在被拆迁户完成搬迁交房后的5个工作日一次性付清。若被拆迁户未按照约定时间完成交房手续,则取消所有搬迁奖励。

八、建设周期与实施计划

(一) 建设总周期

本项目建设周期经对其规模大小、复杂程度、资金筹措及前期工作准备情况等影响因素综合研究分析,项目开发期定为5年。

工作内容有:可行性研究报告编制及审批,征地拆迁、土地平整及市政及公共配套设施建设。

（二）实施计划

考虑到本项目投资量比较大，项目建设进度表见表17-2。

实施计划建设进度表 表17-2

项目＼年份	2008	2009	2010	2011	2012
征地拆迁安置工作	────	────	────	────	
土地平整		────	────		
市政基础及公共设施建设		────	────	────	
政府出让土地计划			────	────	────

九、投资估算及资金筹措

（一）拆迁补偿成本

依据《××市城市房屋拆迁管理规定》、《××市征用土地补偿标准暂行规定》、《××市人民政府关于征收集体土地非住宅房屋拆迁的若干意见》（××府［×××］×××号）、《××市人民政府关于调整集体土地村镇企业用地补偿标准的通知》（××府［×××］×××号）、《××区人民政府关于印发贯彻执行××市人民政府关于完善征地拆迁政策的若干意见的实施细则的通知》（××府［×××］××号）、《××市人民政府关于完善征地拆迁政策的若干意见》（××府［××××］×××号）、《××市人民政府关于印发××市征用集体土地房屋拆迁补偿安置规定的通知》（××府［×××］×××号）、现行××地区拆迁工作惯例。××片区项目调查情况如下：在规划的24.96万平方米的范围内，现有两家企业，企业用地面积13221.11平方米，合法批建面积为14421.11平方米，无合法批建面积23856.05平方米；范围内现有625栋自建房，其中合法批建产权的面积80798.28平方米，无手续自建房为78400.33平方米；有一中心小学占地面积3615.32平方米，建筑面积2958.00平方米；部队用地面积312.63平方米；古木4株，古居及宗庙6座，祠堂1座。××改造拆迁项目补偿成本总测算明细表见表17-3。

××改造拆迁项目补偿成本总测算明细表 表17-3

序号	项目名称	费用标准		数量（平方米）	金额（万元）	备注
1	一、拆迁补偿费用				33742.73	
2	（一）住宅拆迁补偿				11462.32	
3	（1）人均80平方米无手续补偿费（已建）	560	元/平方米	78400.33	4390.42	
4	（2）人均80平方米无手续补偿费（未建）	340	元/平方米	13750.21	467.51	
5	（3）住宅搬迁补助费用	30	元/平方米	80798.28	242.39	按照合法批建产权面积及可认定产权面积
6	（4）水表、电表、空调、宽带、有线、电话等补助费	2330	元/栋	625.00	145.63	按照建筑物栋数（500＋500＋150×5＋100＋380＋100）
7	（5）房屋装修补偿	280	元/平方米	43219.98	1210.16	按照合法批建产权面积
8	（6）附属物补偿费	30000	元/户	253.00	759.00	按估算
9	（7）搬迁奖励金	150	元/平方米	80798.28	1211.97	按照合法批建产权面积及可认定产权面积
10	（8）自行过渡补助费	360	元/平方米	80798.28	2908.74	
11	（9）有办理产权的奖励	5000	元/户	253.00	126.50	
12	（二）非住宅（企业）拆迁补偿费				22104.04	
13	（1）乡镇企业用地补偿费	500	元/平方米	13221.11	661.06	按照占地面积

第八部分 房地产咨询顾问业务

续表

序号	项目名称			费用标准	数量（平方米）	金额（万元）	备注
14	(2)建筑物补偿费		合法批建面积补偿费用	560	元/平方米	14421.11	807.58	
		无合法批建补偿费用	容积率1以内区级手续补偿	420	元/平方米	7307.44	306.91	有区级手续、按容积率1的部分
			容积率1以内其他非住宅补偿	120	元/平方米	16548.61	198.58	有租赁合同、企业纳税证明、按容积率1的部分
15	(3)中心小学土地补偿费			700	元/平方米	3615.32	253.07	按照占地面积
16	(4)中心小学房屋补偿费			2700	元/平方米	2958.00	798.66	
17	(5)部队土地补偿费			225	元/平方米	213.63	4.81	按习惯用地15万元/亩
18	(6)部队房屋补偿费			1500	元/平方米	213.63	32.04	按照建筑面积
19	(7)××公司补偿费						1818.41	
20	①国有土地、房屋及装修补偿费					4720.05	1227.51	
21	②企业停业半年损失及生活补助			6000	元/人	115.00	69.00	按6个月计
22	③按时搬迁奖励			100000	元/本	2.00	20.00	
23	④钢结构厂房、水表、场地平整等补助费						46.14	
24	⑤房屋租金补助			30	元/平方米	4720.05	14.16	
25	⑥提前搬迁奖励			300	元/平方米	4720.05	141.6	
26	⑦前期开发补偿						300	
27	(8)××公司补偿费						17222.92	
28	①国有土地、房屋补偿费			2500	元/平方米	39721.77	9930.44	
29	②装修及设备安装、搬迁费补偿			500	元/平方米	39721.44	1986.07	
30	③企业停业半年生活补助			调查约5343人×1200×6			3846.96	按照6个月估算
31	④企业停业半年利润损失						500.00	
32	⑤评估费			20	元/平方米	39721.77	79.44	
33	⑥按时搬迁奖励			100000	元/本	5.00	50.00	
34	⑦钢屋架、变压器、中央空调、货梯等补偿费						830.00	
35	(三)征地补偿费						176.37	
36	(1)土地补偿费			110000	元/亩	0.00	0.00	
37	(2)按期交地奖励金			10000	元/亩	0.00	0.00	
38	(3)征地拆迁工作经费			5000	元/亩	352.75	176.37	按照总占地面积
39	二、征地、拆迁业务费						1385.65	
40	(一)征地、拆迁业务费						1189.53	
41	(1)调查费						45.00	按委托调查合同的实际金额
42	(2)拆迁业务费			17	元/平方米	520243.10	884.41	按照实际委托价格
43	(3)征地业务费			2.8	元/平方米	0.00	0.00	按照4元/平方米×70%及总征地面积
44	(4)房屋拆除费用			5	元/平方米	520243.10	260.12	按委托合同的实际金额
45	(二)征地、拆迁管理费						196.11	
46	(1)征地管理费			1.4%		0.00	0.00	按照征地总补偿
47	(2)拆迁管理费			3.92‰～2.45‰			196.11	按照测算安置费用总成本
48	三、按照××区标准增加的拆迁补偿费用						12524.65	
49	(一)住宅拆迁补偿						11324.99	
50	(1)住宅人均50平方米装修补助			280	元/平方米	38835.80	1087.40	
51	(2)住宅人均80平方米装修补助			280	元/平方米	78400.33	2195.21	
52	(3)人均130平方米以上的搬迁补助			240	元/平方米	268079.38	6433.91	
53	(4)人均130平方米以上的搬迁奖励			60	元/平方米	268079.38	1608.48	
54	(二)非住宅拆迁补偿						1199.65	
55	(1)非住宅发展生产辅助金			120	元/平方米	34102.18	409.23	

续表

序号	项目名称	费用标准		数量（平方米）	金额（万元）	备注
56	（2）非住宅搬迁补助	120	元/平方米	34102.18	409.23	
57	（3）非住宅搬迁奖励	60	元/平方米	34102.18	204.61	
58	（4）租金补助	30	元/平方米	58862.93	176.59	土房局给区重点办的批复，按照10元/月/平方米，补3个月
59	四、其他				2839.93	
60	（一）古木、古居及宗庙修缮保护				1340.00	
61	（1）古木保护费	200000	元/株	4.00	80.00	按照估算
62	（2）古居及宗庙修缮保护费	2000000	元/座	6.00	1200.00	按照估算
63	（3）祠堂修缮保护费	600000	元/座	1.00	60.00	按照估算
64	（二）村庄配套公共设施设备补偿费				1000.00	按估算
65	（三）其他费用（水、电、有线网改费）	1‰			499.93	按照总补偿金额
66	以上小计				50492.95	
67	五、奖励、鼓励措施				16659.22	
68	1. 村民生活扶助金搬迁补助费	300	元/平方米	268079.38	8042.38	至此人均130平方米以上的补偿合计为600元
69	2. 村镇企业的合法非住宅房屋的装修补助	280	元/平方米	14421.11	403.79	至此合法批建的非住宅补偿为840元
70	3. 无合法非住宅发展生产辅助金	260	元/平方米	34102.18	886.66	至此无合法批建的非住宅补偿合为560元
71	4. 过渡期间的租金生活补助	500	元/月	1600×24	1920.00	按应安置人口给予2年的补助
72	5. 抽流水号奖励	5000	元/户	688.00	344.00	
73	6. 按时搬迁奖励	10000	元/户	688.00	688.00	
74	7. 装修期过渡补助	30	元/平方米	80798.28	242.39	按照10元/月/平方米，补3个月
75	8. 店面搬迁费及补助（个体工商户）	20000	元/户	1000.00	2000.00	按实际经营店面估算
76	9. 村庄保留用地征地补偿费	300	元/平方米	54400.00	1632.00	
77	10. 镇级批建手续的补偿	500	元/平方米	10000.00	500.00	暂按1万平方米估算
78	合计拆迁补偿成本（万元）				67152.18	

（二）配套设施及土地平整费用

依据《××市建设工程投资估算指标》、2005年《××省建筑工程综合预算定额》、2002年全国统一安装定额《××省单位估价表汇总表》、2005年全国统一安装定额《××省单位估价表》、2003年《××省建筑安装工程费用定额》、《××市安装工程材料市场预算信息价》，结合××片区项目调查情况，基础设施建设费用道路、道路广场及其照明、绿化和地下管线建设及配套费用按800元/平方米，场地平整按30元/平方米，具体项目配套设施及土地平整费用见表17-4。

配套设施及土地平整费用表　　表17-4

序号	项目名称	费用标准		数量（平方米）	金额（万元）
1	一、基础设施建设费				4650.23
2	（一）道路、道路广场及其照明、绿化和地下管线	800	元/平方米	48800.00	3904.00
3	（二）场地平整	30	元/平方米	248744.00	746.23
4	二、公建设施建设费用				3634.00
5	（一）配套公建建设				486.00
6	（1）××社区服务中心（结合旧建筑保护）	2700	元/平方米	1800.00	486.00
7	（二）配套景观建设				3148.00
8	（1）防护绿地	700	元/平方米	16600.00	1162.00
9	（2）公共绿地、景观等公园建设	700	元/平方米	24800.00	1736.00
10	（3）景观建筑、小品建设及装修	5000	元/平方米	500.00	250.00
11	合计配套及平整成本（万元）				8284.23

（三）项目拆迁安置房成本估算

本项目拆迁安置房拟建设在××，建设期为三年，根据《××市安置房建设与管理暂行规定》（×府办［2007］××号），××市××片区旧村改造项目安置房由××市建设与管理局管理，并由甲公司向××市建设与管理局提出申请并向市政府购置，根据项目拆迁安置调整资料，拆迁安置建筑面积为181933.33平方米，根据××市的现行拆迁安置房标准出售标准，具体费用见表17-5。

项目拆迁安置房费用　　　　　　表17-5

序号	项目名称	费用标准		数量（平方米）	金额（万元）	备注
1	安置房购买费用	3000	元/平方米	181933.33	54580.90	

（四）项目投资开发成本估算

项目投资开发成本估算表　　　　　　表17-6

项目	总价（万元）	备注
（一）拆迁及补偿成本	67152.18	详见××改造拆迁项目补偿成本总测算明细表
（二）配套设施及土地平整费用	8284.23	详见配套设施及土地平整费用表
（三）安置房成本	54580.90	项目拆迁安置房费用表
（四）不可预见费	3900.52	前三项的3.0%
（五）管理费用	2678.36	前四项的2.0%
（六）投资利息	25515.00	详见项目资金来源与筹措表
（七）合计	162111.18	以上各项之和

（五）项目资金来源与筹措表

1. 资金筹措与投入计划

本项目建设总投资约162111.18万元，资金来源包括企业自筹资金和银行贷款及发行债券三部分。一是企业自筹资金，甲公司自筹资金69111.18万元；二是银行贷款，本项目拟向银行贷款30000.00万元，在2009贷款，2010年底一次还清，每年年底支付利息；三是发行债券，本项目拟发行五年期债券63000.00万元，2008年发行，2012年底一次偿还本金，每年年底支付利息。

项目资金来源与筹措表（单位：万元）　　　　　　表17-7

序号	项目	合计	项目开发期				
			2008	2009	2010	2011	2012
1	投资总额	162111.18	70755.09	33367.24	34501.24	18573.62	4914.00
1.1	建设投资	136596.18	68298.09	27319.24	27319.24	13659.62	0.00
1.2	贷款及债券利息	25515.00	2457.00	6048.00	7182.00	4914.00	4914.00
2	资金筹措	162111.18	70755.09	33367.24	34501.24	18573.62	4914.00
2.1	自有资金	69111.18	7755.09	3367.24	34501.24	18573.62	4914.00
2.2	银行贷款	30000.00		30000.00	0.00	0.00	0.00
2.3	债券	63000.00	63000.00	0.00	0.00	0.00	0.00

2. 贷款及债券本金的偿还及利息支付

本项目拟向银行申请贷款30000.00万元及拟发行五年期债券63000.00万元，2010年底偿还银行贷款，2012年底偿还债券本金。本项目银行贷款利息采用中央银行最新公布按现行（1～3年）银行贷款年基准利率7.56%计，按年支付利息，债券利息采用7.8%计，按年支付利息，项目期总利息为25515.00万元。具体还款付息计划详见表17-8。

借款偿还计划表（单位：万元） 表17-8

序号	项目	合计	项目开发期				
			2008	2009	2010	2011	2012
1	年初借款累计			63000.00	93000.00	63000.00	63000.00
2	本年借款	93000.00	63000.00	30000.00	0.00	0.00	0.00
2.1	银行贷款	30000.00		30000.00			
2.2	发行债券	63000.00	63000.00				
3	本年应计利息	25515.00	2457.00	6048.00	7182.00	4914.00	4914.00
3.1	贷款利息			1134.00	2268.00		
3.2	债券利息		2457.00	4914.00	4914.00	4914.00	4914.00
4	本年底本息偿还	118515.00	2457.00	6048.00	37182.00	4914.00	67914.00
4.1	本年偿还利息	25515.00	2457.00	6048.00	7182.00	4914.00	4914.00
4.2	本年偿还本金	30000.00			30000.00	0.00	0.00
4.3	本年偿还债券						63000.00
5	年末借款累计		63000.00	93000.00	63000.00	63000.00	0.00
6	归还借款本息来源	129395.19	2457.00	40924.88	16700.42	28964.04	40348.85
6.1	投资回收	103880.20	0.00	34876.88	9518.42	24050.04	35434.85
6.2	自有资金	25515.00	2457.00	6048.00	7182.00	4914.00	4914.00
6.3	其他收入						

十、社会效益评价

本项目具有极其明显的社会效益，试对比拆迁改造前后该区域的变化，我们不难看出该项目的拆迁补偿实施是迫切需要的。

（一）拆迁改造前社区现状

1. 治安

××—××片区居住人口密集，外来人口众多，外来人口10万余人，外来人口占比例高达93%。外来人口大多为农民工、个体工商业者，鱼龙混杂，总体素质较低，改造前，区域内道路狭窄，以小巷居多，区域内路灯配套建设几乎空白，夜里出行回家安全得不到有效保障，存在较大的治安安全隐患。一直以来都是治安管理的薄弱区域。

2. 消防

片区内居民自建民房众多，自建民房大多数为多层住宅，有相当部分早期建设的住宅后期违章加层，大部分住宅建筑本身不符合消防设计规范，未配置消防设施。房屋大部分出租给外来打工人员，往往一个小房间就居住了四、五个人，大多直接在房间里煮饭、用电热棒烧开水，存在严重的火灾隐患。片区内建筑密度很大，高达50%以上，道路面积所占比例很低，而且大多为狭窄小巷，一旦发生火灾，消防车很难到达施救现场。

3. 疾病传染、卫生状况

区域建筑密度大，人口密度高，外来人口多，人口平均素质低，卫生配套设施不完善是其特点。片区内垃圾随意丢弃、乱倒垃圾现象较为普遍，是属于脏乱差且不易进行卫生管理的地方，区域内排水仍为雨污合流制，一旦发生疫情，将给疫情控制造成很大的难度。

4. 违章建筑及危险房屋居多

该片区老建筑物比较多，建造年代较早，且自建房比较多，有些早年建好的房屋，业主为了更多的出租利益，违章多加搭建面积，建造质量难以保证，危房数量不少，存在不少安全隐患，也为市容市貌描上不少黑点。

（二）拆迁改造后的新貌及意义

1. 拆迁改造后社区的生活品质

① 改变原来状况，包括治安、消防、卫生等状况，拆迁危险房屋，防止灾害等损失的发生；而且

改造后还能解决原被拆迁人员的就业问题，改造后为原被拆迁人员每人提供15平方米的店面补助，解决了生活的出路问题。

② 建筑密度小、楼间距较大、视野开阔、充分享受阳光、居住在绿树荫郁、花草满地的环境中。

③ 享受中学、小学、幼儿园、菜市场、银行等公建配套带来的生活便利。

2. 构建和谐社会，促进新农村建设和可持续发展

实施"城中村"改造，有利于中心城区整体配套设施建设和完善，有利于提升城市整体品位以及丰富城市特色和内涵。同时也是构建和谐社会，实现城乡一体化，建设大都市的必然要求。开展城中村改造是利在当代、功在千秋的一项重要民心工程，对于创造良好的人居环境，促进社会主义新农村建设和可持续发展都具有十分重要的意义。

3. 改善了投资环境并促进了旅游业的发展

本项目建成后，市郊形成一个环境幽雅、景色宜人的住宅区、不仅为××市提供了住宅，改善了××区的投资环境，而且其全新的建筑造型、优雅的园林的景点、秀丽的自然景观与功能齐全、配套完备的公共服务设施，促进了××东部地区城市化的发展。本项目既美化了市容又改善了投资环境，吸引客商到××区投资，对进一步积极贯彻对外开放政策，促进经济的发展，都有积极的影响。因此，具有良好的社会效益和环境效益。

4. 为社会提供劳动力就业机会

本项目的开发成功后，将直接为社会提供了更多人员就业机会，其中绝大部分可在当地招聘。促进了当地的经济发展，为市民创造了奔小康的经济条件，同时本项目将促进劳动力的合理流动，这将对××区的经济发展起到积极的促进作用，还将间接地为社会提供更多的劳动力就业机会。

5. 促进××海湾型城市的建设进程，促进经济发展

作为朝着海湾型港口城市方向发展的大××构想，将来××的覆盖范围将大大扩大，××城市居民数量亦将急剧增加，××城市发展方向是由海岛型城市逐渐向海湾型城市转变，即在高标准建设城市中心区的基础上，梯度推进岛外的城市建设。随着经济重心的向外发展，××市建设也将向外扩张，这使得××城市在地理结构上发生重大质变，城市形态和都市生活形态也将改变。开发建设××——××片区旧村改造，××片区旧村改造有利于形成良好的生活、工作环境，有利于吸引本岛居民和企业等到东部居住、工作、立业，达到疏减和分流本岛产业、居民的目的，拉动××经济发展，提高城市知名度，从而促进地区经济社会的发展，加快××海湾型城市的建设进程，壮大××城市规模，提升经济总量，全面提高城市实力和形象，促进××城市一体化发展。

由此可见，本项目建设迫在眉睫，对××区社会经济的高速发展创造可喜佳绩，将起到不可估量的巨大作用。

十一、财务评价

（一）财务评价依据及说明

1. 《投资项目经济咨询评估指南》，中国国际工程咨询公司编著，中国经济出版社，1998年版。
2. 《投资项目可行性研究指南》，投资项目可行性研究指南编写组，中国电力出版社，2002年版。
3. 《建设项目经济评价方法与参数》，原国家计委、建设部颁布，1993年版。
4. 国家现行有关财税制度、××市有关财税规定及其他有关统计资料。
5. 本项目财务基准收益率为8%；项目计算期5年。

（二）财务预测

1. 项目收入估算

（1）土地挂牌出让计划

根据××区政府××片区土地挂牌出让计划，确定拟出让土地拟批准建设面积及出让时间（表17-9）。

××片区土地挂牌出让计划表   表17-9

序号	地块编号	占地面积（平方米）	拟批准建设面积（平方米）	征地拆迁完成时间	可移交收储时间	可出让时间	预计出让时间
1	××A-6	23227	88000	2008-4-30	2008-6-15	2008-10-8	2009
2	××A-7	25062	89000	2008-8-30	2008-10-15	2009-2-8	
3	××A-12	9030	600	2008-10-30	2008-12-15	2009-4-8	
4	××A-8	12532	44000	2009-8-30	2009-10-15	2010-2-8	2010
5	××A-4	19049	64134	2009-10-30	2009-12-15	2010-4-8	
6	××A-11	8055	600	2010-1-30	2010-3-15	2010-8-8	
7	××A-2	7032	500	2010-3-30	2010-5-15	2010-10-8	2011
8	××A-3	18936	59400	2010-8-30	2010-10-15	2011-2-8	
9	××A-5	12515	40000	2010-10-30	2010-12-15	2011-4-8	
10	××A-9	4115	3600	2010-11-30	2011-1-15	2011-6-8	
11	××A-1	38379	87400	2011-12-30	2012-2-15	2012-8-8	2012

由上表可得土地出让时间（表17-10）。

土地出让时间及面积表   表17-10

出让时间（年）	用地面积（平方米）	建筑面积（平方米）
2009	48289	177000
2010	40611	108734
2011	46538	100500
2012	42494	91000

（2）出让土地楼面单价的确定

××市的土地市场从2005年开始起步，由年初××地块楼面价每平方米二三千元到年底××楼面地价每平方米突破5000元，成交建筑面积同比上一年（103万平方米）增加约180%，出让建筑面积达到了296万平方米，总成交金额比上一年（21.87亿元）增长了约180%，超到了60亿；2006年初地产商开始争拍土地，不断创高新地价、刷新纪录，4月份楼面价每平方米突破7000元，该年度推出的拍卖地块全部成交，成交建筑面积同比上一年增加约70%，出让建筑面积达到了508万平方米，总成交金额比上一年增长了约138%，超到了145亿；2007年是××地价飙升的一年，×××片区地价不断上升，楼面价9月份最高达到了每平方米17000多元，区域同比年初增长240%以上，正当地价如日中天之时，2007年底的最后一场土地拍卖会却爆冷，推出的六幅地块仅成交2幅，总之，2007年的××地价是疯狂的一年，同比上一年成交建筑面积增加约50%，成交出让建筑面积达到了775万平方米，总成交金额比上一年增长了约70%，超到了250亿；2008年将会是××市土地市场转折的一年，几次土地拍卖会屡屡爆冷，拍卖成功率不断降低，2007年土地的拍卖的疯狂已经让土地价格严重偏离了其合理的价值，近期房地产市场的低迷将会使××市土地价值回归到合理的水平。根据××市现在的房地产市场状况，确定将来××片区出让土地平均楼面单价2009年为4800元/平方米，以后每年上涨2009年的5%，至2012年均价为5520元/平方米。

近期××市的土地拍卖成交情况表   表17-11

编号	地块用途	土地位置	成交时间	面积（平方米）		成交价（万元）	楼面价（元/平方米）
				土地	建筑		
1	商业、办公	××路以南，××花园以北	××-×-×	14908.87	51600	20700	4011.63
2	商业、酒店	××路以北、××商业广场东侧	××-×-×	3886.6	13600	8330	6125.00
3	居住、商业、教育（幼儿园）	××片区、××大桥西侧，××路与××路交叉口东南侧	××-×-×	112286	202115	161000	7965.76
4	居住、教育（幼儿园）	××小区安置房以西、××北路以北	××-×-×	33930	163000	81500	5000.00

续表

编号	地块用途	土地位置	成交时间	面积（平方米）		成交价（万元）	楼面价（元/平方米）
				土地	建筑		
5	办公、商业	××路以北，××路以南，××安置小区以东	××-×-×	8190.781	34400	20300	5901.16
6	居住、商业	××片区，××湾西侧	××-×-×	33533.5	73773	129000	17486.07
7	居住、商业	××路与××大道交叉口西南侧	××-×-×	92961.27	167330	220000	13147.67
8	居住、商业	××区××片区内湾西侧，××路东侧，××商业街二期南侧	××-×-×	58114.08	139480	201500	14446.52
9	居住、商业	××路南侧、××路东侧	××-×-×	50861.49	91550	95000	10376.84
10	办公	××高新区北侧	××-×-×	31904.09	74565.6	46230	6199.91
11	居住、商业	××大道北侧，××路南侧，××路西侧	××-×-×	23536.23	75320	48400	6425.92
12	居住、商业	××路与××路交叉口南侧	××-×-×	8706.55	20940	16700	7975.17
13	居住	××路南侧、××路东侧	××-×-×	19189.19	86000	55900	6500.00
14	居住、商业、教育（幼儿园）	××路以西，××路以东，××路以北，××路以南	××-×-×	28399.1	68520	45200	6596.61
15	居住、商业	×××道西侧	××-×-×	24817.11	49600	26600	5362.90

（3）项目收入及成本费用的确定

根据××市××区财政局与甲公司签定的《"××片区旧村改造"项目资金运行协议》该项目的可出让土地总价的××%（即市财政局按土地出让总价提留××%，××区财政局按土地出让总价提留××%，土地出让总价的××%返还给甲公司）作为该项目的包干费用。

甲公司按收入总额的 5.5% 交纳营业税及其附加税。

由以上情况我们可以测算甲公司的项目收入见表 17-12。

项目收入与成本费用表（单位：万元）　　　　　　　　　　　　　　　表 17-12

序号	项目	合计	项目开发期				
			2008	2009	2010	2011	2012
1	项目收入	206599.25		72216.00	46581.65	45104.40	42697.20
2	营业税及附加	11362.96		3971.88	2561.99	2480.74	2348.35
3	拆迁补偿安置及开发费用	136596.18	68298.09	27319.24	27319.24	13659.62	0.00
4	财务费用	25515.00	2457.00	6048.00	7182.00	4914.00	4914.00
5	总成本费用（2+3+4）	173474.14	70755.09	37339.12	37063.23	21054.36	7262.35

2. 利润及其分配估算

本项目所得税率为 25%，在弥补以前年度亏损后缴纳。

税后利润分配前，法定公积金的计提比例分别为 10%。

在项目开发期内，累计项目收入 206599.25 万元，累计可实现利润总额 33125.11 万元，累计上缴所得税 8281.28 万元，累计可实现税后利润 24843.83 万元，详见表 17-13。

损益及利润分配表（单位：万元）　　　　　　　　　　　　　　　表 17-13

序号	项目	合计	项目开发期				
			2008	2009	2010	2011	2012
1	项目收入	206599.25	0.00	72216.00	46581.65	45104.40	42697.20
2	总成本费用	173474.14	70755.09	37339.12	37063.23	21054.36	7262.35
3	利润总额	33125.11	−70755.09	34876.88	9518.42	24050.04	35434.85
4	累计利润总额		−70755.09	−35878.21	−26359.79	−2309.75	33125.11
5	所得税	8281.28	0.00	0.00	0.00	0.00	8281.28
6	税后利润	24843.83					24843.83
7	提取公积金	2484.38					2484.38
8	可分配利润	22359.45	0.00	0.00	0.00	0.00	22359.45

(三) 项目经济效益评价 (表17-14)

现金流量表（单位：万元） 表17-14

序号	项目	合计	项目开发期				
			2008	2009	2010	2011	2012
1	现金流入	206599.25	0.00	72216.00	46581.65	45104.40	42697.20
1.1	项目收入	206599.25	0.00	72216.00	46581.65	45104.40	42697.20
1.2	其他收入	0.00	0.00	0.00	0.00	0.00	0.00
2	现金流出	181755.42	70755.09	37339.12	37063.23	21054.36	15543.62
2.1	拆迁安置及开发费用	136596.18	68298.09	27319.24	27319.24	13659.62	0.00
2.2	营业税及附加	11362.96	0.00	3971.88	2561.99	2480.74	2348.35
2.3	贷款及债券利息	25515.00	2457.00	6048.00	7182.00	4914.00	4914.00
2.4	所得税	8281.28	0.00	0.00	0.00	0.00	8281.28
3	净现金流量	24843.83	−70755.09	34876.88	9518.42	24050.04	27153.58
4	累计净现金流量		−70755.09	−35878.21	−26359.79	−2309.75	24843.83

注：财务内部收益率（%）=13.60%；
折现财务净现值（$i=8\%$）=8101.13万元。

资金来源及运用表（单位：万元） 表17-15

序号	项目	合计	项目开发期				
			2008	2009	2010	2011	2012
1	资金来源	368710.43	70755.09	105583.24	81082.89	63678.02	47611.20
1.1	项目收入	206599.25	0.00	72216.00	46581.65	45104.40	42697.20
1.2	自有资金	69111.18	7755.09	3367.24	34501.24	18573.62	4914.00
1.3	贷款	30000.00	0.00	30000.00	0.00		
1.4	债券	63000.00	63000.00				
2	资金运用	241451.56	70755.09	33367.24	64501.24	18573.62	67914.00
2.1	拆迁补偿安置及开发费用	122936.56	68298.09	27319.24	27319.24	13659.62	0.00
2.2	偿还借款利息	25515.00	2457.00	6048.00	7182.00	4914.00	4914.00
2.3	偿还借款本金	30000.00	0.00	0.00	30000.00	0.00	0.00
2.4	偿还债券本金	63000.00				0.00	63000.00
3	盈余资金	113599.25	0.00	72216.00	16581.65	45104.40	−20302.80
4	累计盈余资金		0.00	72216.00	88797.65	133902.05	113599.25

(四) 财务评价

1. 盈利能力评价

财务内部收益率、财务净现值。根据项目现金流量表和资金来源及运用表，分别计算出下列指标：

全投资资金内部收益率为13.60%；

折现财务净现值（$i=8\%$）=8101.13万元；

静态自有资金投资净收益率（%）=35.95%。

2. 偿债能力评价

偿债能力分析是通过对"偿债能力评价表"的分析，来考察项目计算期内各年财务状况及偿债能力。本项目银行借款3亿元，发行债券6.3亿元，银行借款2.5年还清，各年的利息备付率及偿债备付率均不小于1，满足债权人的要求，项目具有偿还能力。

偿债能力评价表（单位：万元） 表17-16

序号	项目	合计	2008	2009	2010	2011	2012
1	利息备付率（1.3÷1.4）		1.00	6.77	2.33	5.89	8.21
1.1	利润总额（详见"损益及利润分配表"）	103880.20		34876.88	9518.42	24050.04	35434.85
1.2	计入总成本费用的利息费用（详见"收入及成本费用表"）	25515.00	2457.00	6048.00	7182.00	4914.00	4914.00
1.3	息税前利润（1.1+1.2）	129395.20	2457.00	40924.88	16700.42	28964.04	40348.85
1.4	当期应偿还利息（详见"借款偿还计划表"）	25515.00	2457.00	6048.00	7182.00	4914.00	4914.00
2	偿债备付率（2.5÷2.7）		1.00	6.77	1.39	8.82	1.04
2.1	息税前利润		2457.00	40924.88	16700.42	28964.04	40348.85
2.2	折旧及摊销	0.00	0.00	0.00	0.00	0.00	0.00
2.3	所得税		0.00	0.00	0.00	0.00	8281.28
2.4	当期可用于还本付息的资金（2.1+2.2-2.3）	121113.92	2457.00	40924.88	16700.42	28964.04	32067.58
2.5	累计可用于还本付息的资金		2457.00	40924.88	51577.31	43359.35	70512.92
2.6	当期应偿还本金		0.00	0.00	30000.00	0.00	63000.00
2.7	当期应还本付息金额（1.4+2.6）	118515.00	2457.00	6048.00	37182.00	4914.00	67914.00

（五）不确定性分析

本项目的不确定因素主要来自以下几个方面：拆迁成本、土地出让价格、开发周期、贷款利率等。这些因素，受当地政治、经济、社会条件的影响，有可能发生变化，影响本项目经济效益目标的实现。

1. 盈亏平衡分析

假定本项目总投资不变，且可出让建筑面积与出让进度如基准方案所设，每年增长的幅度也不变，折现率仍为8%，由单位楼面地价表示的盈亏平衡点为：当土地单位楼面地价为4409.54元/平方米时，全投资内部收益率为8%，即此时折现财务净现值为0。近段时间来岛内的商住用地出让单位楼面地价均大于5000元/平方米，可见其风险程度是在可控制范围内。

2. 敏感性分析

本项目来说，对投资效益影响较大的因素主要有土地出让价格、开发成本、贷款利率等。本次对这三个因素为变化因素，以项目的内部收益率、财务净现值敏感度进行分析。分析可见，本项目最敏感的因素是土地出让楼面单价和投资总额，贷款利率敏感度较低，具体详见表17-17。

敏感性分析表 表17-17

财务指标	变化率	内部收益率	财务净现值（万元）（$i=8\%$）
基本方案	0	13.62%	￥8101.13
土地出让价格	+5%	17.87%	￥14052.35
	-5%	9.47%	￥2149.91
投资总额	+5%	9.59%	￥2455.17
	-5%	18.26%	￥13747.09
利率	+5%	13.06%	￥7312.30
	-5%	14.19%	￥8889.96

（六）风险分析

1. 区域环境分析

2007年接踵而至的宏观调控政策使房地产市场发生了根本性变化。2008年，无论是开发商、代理商还是购房者，同时面临一场实力、定力和耐力的"考验"。房地产市场回归理性，房产回归产品价值成为大势所趋。

市场供求变化导致房地产市场逐渐从卖方市场向买方市场转变，项目之间的竞争将日渐激烈，除了产品综合价值的较量外，价格杠杆也将成为重要销售措施，在这样的情况下，多数项目将面临考验，房价将有一个较为理性的真实价值表现的回归过程。

××房地产市场是否会如此呢？××楼市近来是典型的买方市场，基本上"有价无市"，楼市成交量屡创新低，行业十分不景气，各个楼盘售楼处一片冷清，门可罗雀。究其原因，主要是长期以来，外地客群一直占据着××房地产市场的购买主力，这些外地客群基本以省内的××、××、××、××居多，其中××、××客群主要集中在岛内，而××、××客群更青睐岛外。然而从2007年10月份以来新开盘项目看，××商品住宅市场客群发生了微妙的变化，长期占据主导购买力的外地客群开始让位于本地客群，且自住型占到了70%~80%，一直活跃于市场的投资客群大幅减少，甚至全盘淡出。因为近期紧缩的房贷新政动摇了外地客群的购房心理，特别是相当大部分购买力不强的外地客群，而投资客群的生存空间又受到挤压而不敢贸然入市，因此市场购房主力回归到自住需求的本地客群。

但与国内其他大中城市相比，××有着特殊的地理特点，××独特的自然条件、温和的气候、两岸同根同源的特殊关系等，都将吸引台湾民众来×置业。虽然之前，在形势不明的前提下，在×置业计划是被推迟的，但目前两岸有望实现的"三通"，对于尚处于观望期的××房地产业，无疑打了一针强心剂，因为若实现"三通"，两岸之间商业、旅游、探亲等各方面交往将更为密切，越来越多的台湾人将××作为其工作、生活的场所，对××楼市带来积极影响，激发新一轮在×购房热潮。

因此，随着两岸经贸交流的持续深化及"三通"的推动，××楼市将长期看好。

2. 投资环境分析

估价对象所在区域位于××，地处××岛的东北部，与××、××街道相连，南与××公园衔接，北面有××最大的空运枢纽——××××国际机场。片区内有××早期的迎宾路××路，域内交通条件良好，道路四通八达，××路、××路、××路、××大道等公路网纵横交错，新建的××路从北侧与××机场相交，构成××岛内东北部的交通网络干线。

近年来，随着政府将一批名校××中学新校区、××中学建立于此和医疗机构由老市区搬迁向这里，曾经集中于周边的村镇和一些小企业相继被转制和搬迁，区域的品质和基础设施开始得到了有效改变。

根据规划，××片区将建设成一个功能齐全、布局合理、配套设施完善、环境优美的居住区。

3. 项目建设工期及本体风险

项目属中等规模房地产项目，目前项目尚未动工，但已开展了部分前期工作，大多数被拆迁户已经签定了合同，有几户尚未协商好，项目能否按照计划顺利拆迁并顺利完成配套进入市场，以及完成配套后的土地能否如期出让，这些都存在一定的不确定性，因此项目存在一定的建设工期及本体风险。

4. 政策风险（略）

十二、结论与建议

（一）结论

通过全面的分析论证，我们认为××旧村改造项目方案可行，并且具有较大的社会效益。本项目具有良好的投资环境和经营条件。从项目的地点、功能和标准以及相应的市场需求状况来看，项目结构合理、市场需求状况较好；从社会效益来看，本项目为国家直接提供可观的财政税收入，为社会创造就业机会，对构建和谐社会和振兴地方经济具有积极的作用。从经济效益分析来看，企业财务状况良好，企业投资偿还能力较强，项目的开发单位不仅能较好地偿还投资本息，而且均能获得较好的盈利；总之，本项目的建成创造较好的经济效益和社会效益。

1. 建设目标明确，符合城市建设的要求

本项目的建设符合国家产业政策，必将推动××市区的建设，该项目的建设正好符合了××市的战略部署。它必将推动整个××国民经济的持续发展。

2. 投资规模适宜，结构合理

该项目建设用地总面积为24.96万平方米，规划建筑总面积为48.2万平方米，项目面积适合拆迁改造，内部环境等各项指标都是合适的。

3. 建设资金、物资供应有保障

本项目建设总投资约 162111.18 万元，甲公司自筹资金 69111.18 万元，银行贷款 30000.00 万元，发行债券 63000.00 万元。在项目开发期内，累计项目收入 206599.25 万元，累计可实现利润总额 33125.11 万元，累计上缴所得税 8281.28 万元，累计可实现税后利润 24843.83 万元。

4. 具有明显的社会效益

该项目建设后，将改善投资环境，增强××对游客的吸引力，促进××旅游业的发展。本项目既美化了市容又改善了投资环境，吸引客商到××投资，对进一步积极贯彻对外开放政策，促进经济的发展，都有积极的影响。因此，具有良好的社会效益。

本项目的开发成功后，将直接为社会提供了人员就业机会，促进了当地的经济发展，为居民创造了奔小康的经济条件，对旧城改造项目新模式提供了示范作用，在社会效益分析中看到，该项目所创造的社会效益和间接经济效益，从投资的目的考虑是值得的，对社会、经济都是有益的。

综合分析，该项目是可行的。

(二) 建议与说明

1. 建议

（1）为了加快本工程的建设速度，应严格按照国家和××市有关片地拆迁的法律、法规和规章进行项目征地拆迁补偿安置工作，按照国家负责组织实施项目的城市规划与设计、征地与拆迁、基础设施建设及公建配套建设等工作，严格按照有关技术规范编制项目城市规划与设计，组织论证与报批，办理项目建设的报建、监理和验收等手续，为下一阶段工作开展提供必要的条件。

（2）加强对参与建设的管理人员进行培训，强化队伍，力求全面掌握各种相关技能。

（3）强化管理、督查工作，协调各种关系，强化服务意识。

（4）加强宣传、营造氛围，加强调研，完善制度。

（5）讲求方法、注重实效，督促检查，狠抓落实。

（6）组织工作人员在拆迁安置补偿过程中，树立以人为本的理念；保证社会和谐，树立现代意识和适度超前的意识。要遵守国家宏观经济政策及建设原则，坚持勤俭节约，反对铺张浪费，坚持经济实用，反对追求奢华的倾向；坚持庄重、简洁、大方建设风格，反对华而不实的倾向。

2. 说明

（1）本报告的投资估算是按照××目前同类项目的投资水平及考察当地基础设施条件后估算的。

（2）本报告的测算是在多方考察××房地产市场及本项目的具体情况及特点的基础上，确定其拆迁安置补偿成本的。鉴于××市目前及今后相当长一段时间内市场的变化，投资将是最敏感的因素，业主除应密切地注意市场，选择合适的市场策略外，还要求公司组织一支高素质、高水平的开发管理队伍，要妥善解决集体经济发展和村民安置与生活出路问题，应与各社区及村民代表就拆迁、安置、补偿等事项进行充分协商，以抓住机会，减少风险，达到项目的盈利目标，并取得良好的社会效益与经济效益。

（3）建筑工程中不可预见的因素很多，项目周期、投资成本、贷款利率等都会影响到项目总体目标的实现。因此在项目开发过程中，要加强管理，确定有关责任制。还应推行竞投招等一系列措施，落实资金供应计划，以确保项目经营目标的顺利实现。

（4）协调好与水、电、煤气、电信、交通等市政设施的配套也是项目发展过程中不可忽视的重要问题。

报告十八

××花园经济适用房可行性研究报告

武汉国佳房地资产评估有限公司　　　李彤皓　李开猛

评析意见

房地产开发项目可行性研究，是房地产估价行业拓展服务领域的一个重要方向。此类项目要求估价师具有房地产估价、房地产开发经营、房地产市场调研和市场分析，以及财务分析等多方面的专业知识。由于该报告研究的对象是一个较为特殊的经济适用房开发项目，还需要估价师调查和掌握当地政府有关建设经济适用房的税收和土地费用等项优惠政策，以及在开发建设、销售、权属登记、使用管理等方面的一系列特殊政策规定。该报告内容基本完整，分析数据详尽，重点突出，尤其是引入了社会评价、风险分析等项内容，较有新意，为估价师撰写房地产开发项目可行性研究报告提供了一个较好的范本。但是，该报告在市场分析、社会评价、风险分析等方面，针对经济适用房进行的专门分析不够充分。

目录（略）
总论

一、报告编制目的

一是可供向政府主管部门申报经济适用房项目；二是可供投资人或开发商投资决策参考。

二、项目背景

（一）项目名称

"××花园"经济适用房项目

（二）承办单位概况（略）

（三）可行性研究报告编制依据（略）

（四）项目提出的理由和过程

项目位于××市××区××街××号，地处××新兴的××房地产市场板块。项目所在地具有依江傍水的地理优势、四通八达的交通网络、良好的人文条件、适宜居住的自然环境。

考虑到公司自身发展的需要以及该项目地处极佳的地理位置，具有良好的开发前景、成熟的开发条件和强烈的社会需求，200×年×月，甲置业有限责任公司与乙置业有限责任公司订立《合作合资开发经济适用房协议书》，正式启动××市××区××街××号地块的经济适用房开发项目。200×年×月，项目正式列入××市200×年经济适用住房建设投资和用地计划（×发改投资［200×］××号文），并于200×年×月，先后获取《建设项目选址意见书》（×规×选字［200×］××号）、《建设用地规划许可证》（×规×地字［200×］××号），×月，先后通过《规划（建筑）方案批准意见书》（×规×筑字［200×］××号）、《××市经济适用住房户型设计报告书》，其间项目规划建设方案还通过了市人防办的人防审核、××区环境保护局的环评批复（××环管［200×］××号）。

在该宗地上规划开发一规模宏大、配套完善的经济适用住房花园住宅区，并着力将本项目打造成低价位、高质量、高品位、布局合理、功能齐全、环境优美、适用时尚的现代化生活小区，不但将在××板块增添一道靓丽的风景线，同时无疑将带动区域内房地产业的发展，拉动区域经济，有效改善区域人居环境，帮助更多低收入人群安居乐业，具有显著的社会意义和促进经济社会和谐发展的积极价值。

三、项目概况

（一）项目区位

项目位于××市××区××街××号，地处××新兴的××房地产市场板块。项目所在地依江傍水，地势平坦，近邻××，中环直通××，北傍××，与××开发区相望。雄伟壮丽的××大桥为××造就了极强的桥头效应。一批大型工业园、大型批发市场和高等学府纷纷到此落户，为××街带来了空前的繁荣。即将兴建的××通道，北接××，南连××路，将给中环线上的××街带来无限生机，××区域的整体价值将不可估量地提升。

经过国家多年的投资建设，特别是××大桥的通车和大桥立交的落成，为××街的经济、交通、人文环境、区域风貌带来了空前发展，以蔬菜、钢材为龙头的一批大型批发市场和工业园内，以××工业大学、××民族学院、××大学、××工业学院、××学院为主导的高等学府先后落户××街，形成了经济与文化共同发展的强劲势头。本项目的周边，中学、小学、幼儿园、医院、邮电、通信等生活设施一应俱全。附近的公交车××路、××路、××路、××路和××路，形成了四通八达的交通网络。就开发价值而言，××板块已走出了昔日的"价值洼地"，形成了今日蓄势待发的风水宝地。

规划总用地面积：59100平方米（88.65亩），核定总建筑面积：118300平方米。规划用地性质：经济适用房用地。

项目用地的地理位置和土地形状详见附图（《用地红线图》）所示。

本项目建设地理位置较好，空气清新，风景宜人，自然环境良好。城市基础设施配套完善，道路交通条件便捷。

（二）主要开发建设条件

(1) 项目已正式列入《××市200×年经济适用住房建设投资和用地计划》；

(2) 项目已取得《建设用地规划许可证》；

(3) 项目已取得《规划（建筑）方案批准意见书》；

(4) 项目已取得《××市经济适用住房户型设计报告书》；

(5) 项目已通过市人防办的人防审核；

(6) 项目已通过××区环境保护局的环评批复；

(7) 项目方案设计工作已在进行，并取得初步成果；

(8) 项目建设资金筹备工作已经开始，部分资金已经开始投入；

(9) 项目已取得当地政府有关领导和部门的肯定。

（三）项目开发建设方案

项目开发建设的指导思想是按照国家康居示范工程建设标准开发建设高品质住宅，遵循以人为本的开发建设原则，要让未来的业主通过本项目体会到康居住宅给生活带来的实惠，按国家商品住宅性能认定制度实施认定。项目规划建设方案的总体概况见表18-1。

项目总体规划指标表　　　　　表18-1

	项　　目	数　　量	单　位
1	规划净用地面积	59100	平方米
1.1	一期规划净用地面积	40140	平方米
1.2	二期规划净用地面积	18960	平方米
2	总建筑面积（不含地下室）	118261	平方米
3	地下室建筑面积	3000	平方米
4	容积率	2.0	

续表

项目		数量	单位
5	总户数	1542	户
6	户均建筑面积	74.88	平方米
7	建筑占地面积	12015	平方米
8	建筑密度	20.3	%
9	绿地率	39.2	%
10	停车位（含地下室）	350	个

项目一期规划建设方案的总体概况见表18-2。

项目一期规划经济技术指标　　　　　　　　　　表18-2

项目		数量	单位
1	规划净用地面积	40140	平方米
2	规划建筑面积	77688	平方米
	其中：住宅面积	76688	平方米
	托儿所面积	1000	平方米
3	容积率（用地内平衡）	2.0	
4	总户数	1030	户
5	建筑占地面积	7536	平方米
6	建筑密度	18.8	%
7	绿地率	40.3	%
8	停车位	282	个

项目二期规划建设方案的总体概况见表18-3所示。

项目二期规划经济技术指标　　　　　　　　　　表18-3

项目		数量	单位
1	规划净用地面积	18960	平方米
2	规划建筑面积	40573	平方米
	其中：住宅面积	38773	平方米
	服务公建面积	1800	平方米
3	容积率（用地内平衡）	2.0	
4	总户数	512	户
5	建筑占地面积	4479	平方米
6	建筑密度	23.6	%
7	绿地率	37.5	%
8	停车位	68	个

项目总体的开发建设分为两期进行。部分时段交叉并行。

根据同类项目实际建设周期和本项目实际工期需要，以及对项目销售周期的预测，项目建设开发周期确定为3年。每一期项目的工程建设和市场销售均重叠进行。

主要的里程碑事件的相应时间为：

第1年年底前第一期正式动工建设；正式动工半年之后第一期正式开始预售；第2年年底之前第一期竣工交付使用。

第2年年底前第二期正式动工建设；正式动工半年之后第二期正式开始预售；第3年年底之前第二期竣工交付使用。

四、项目主要研究结论和技术经济指标

(一) 项目市场研究的定位

1. 项目名称建议

项目命名的总体思路简洁直接，切中项目经济适用住房的社会主题，朴实中折射强烈的地理文化信息，贴合项目业主的品位，以宁静致远的手法展现物业永恒的品质。本案项目名称采取豪迈型、吉祥型、花草型的复合方式，项目总体命名为：××花园。

2. 项目目标顾客群定位

项目潜在的市场客户群体主要是取得经济适用住房购买资格认定的特定人群。在政府的相关政策管理体系下方能得以确认。

3. 项目产品定位

户型紧凑、功能分区清晰、采光通风好、有入室绿化、节能保温、降噪、防尘，突出实用、环保、性价比高的特点。户型面积在53~85平方米，满足政府对经济适用住房户型设计的要求。

4. 项目价格定位

经济适用住房的价格最终需要由政府相关部门来审定。但是根据审定价格的原则，及政府的限价政策，开发商对项目的定价策略更大程度上是对项目开发建设投资等一系列活动的选择决定。项目价格定位结论如下：

居住区住宅部分全程均价2900元/平方米（详见后表说明）。

(二) 项目总投资和主要技术经济指标 (表18-4)

项目总投资和主要技术经济指标表　　　　表18-4

序号	项目	单位	数量	备注
主要经济结果和数据				
一	总建筑面积	平方米	118261.00	
	一期总建筑面积	平方米	77688.00	
	二期总建筑面积	平方米	40573.00	
1	住宅总建筑面积	平方米	115461.00	
	一期住宅总建筑面积	平方米	76688.00	
	二期住宅总建筑面积	平方米	38773.00	
2	其他建筑面积	平方米	2800.00	
	一期其他总建筑面积	平方米	1000.00	
	二期其他总建筑面积	平方米	1800.00	
二	项目总投资	万元	30018.13	
	一期项目总投资	万元	21864.86	
	二期项目总投资	万元	8153.26	
1	建设投资	万元	29345.83	
	一期建设投资	万元	21192.56	
	二期建设投资	万元	8153.26	
2	建设期利息	万元	672.30	
	一期建设期利息	万元	672.30	
	二期建设期利息	万元		
三	资金筹措	万元	30018.13	
	一期	万元	21864.86	
	二期	万元	8153.26	
1	自有资金	万元	4030.07	
	一期	万元	4030.07	
	二期	万元		

续表

序 号	项 目	单 位	数 量	备 注
2	销售收入转投资	万元	19988.06	
	一期	万元	11834.79	
	二期	万元	8153.26	
3	银行贷款	万元	6000.00	
	一期	万元	6000.00	
	二期	万元		
四	销售收入	万元	33483.68	项目总销售收入
	一期	万元	22322.46	
	二期	万元	11161.23	
五	销售税金	万元	1958.80	项目总销售税金
六	销售利润	万元	31524.89	项目总销售利润
七	土地增值税			
八	开发利润	万元	1506.76	项目总利润
九	所得税	万元	376.69	
十	税后净利润	万元	1130.07	

经济评价指标　　　　　　　　　　　　　　　　　　　　　　　　　　表 18-5

	经济评价指标			
一	税前项目投资财务内部收益率		24.28%	基准收益率 $i_c=12\%$
	税后项目投资财务内部收益率		18.93%	基准收益率 $i_c=12\%$
二	项目投资财务净现值（税后）	万元	463.42	
	项目投资财务净现值（税前）	万元	851.17	
三	税后项目投资回收期	年	2.40	
	税前项目投资回收期	年	2.33	
四	资本金收益率		42.56%	
	税前资本金收益率		54.94%	
五	税前利润率		5.24%	经济适用房利润率
	税后利润率		3.93%	经济适用房利润率
六	税前投资回报率		5.02%	
	税后投资回报率		3.76%	
七	税前自有资金投资回报率		37.39%	
	税后自有资金投资回报率		28.04%	
八	利息备付率（高）		63.52	利息偿付期间
	利息备付率（低）		1.00	利息偿付期间
	偿债备付率（高）		63.52	债务偿还年份
	偿债备付率（低）		1.66	债务偿还年份
	资产负债率（高）		46.37%	长期债务存续期间
	资产负债率（低）		19.47%	长期债务存续期间
九	单位建筑面积投资	元	2538.29	
	住宅单位建筑面积投资	元	2599.85	
十	单位建筑面积工程造价	元	2481.45	
	住宅单位建筑面积工程造价	元	2541.62	
十一	经济适用住房基准价格		2831.34	按总建筑面积计算
	经济适用住房基准价格		2900.00	按住宅建筑面积计算

(三) 项目分析评价结论

(1) 项目的建成不但将在××板块增添一道靓丽的风景线,同时将带动区域内房地产业的发展,拉动区域经济,有效改善区域人居环境,帮助更多低收入人群安居乐业,具有显著的社会意义和促进经济社会和谐发展的积极价值。

(2) 项目地块位置颇佳,市场前景看好,开发条件成熟。

(3) 本项目融资前的财务净现值指标大于零,而且财务内部收益率高于行业基准收益率,项目具有所要求的盈利能力;由于采用分期开发模式,充分利用项目的销售资金,项目融资后的资本金收益率指标高于基准收益率,但是投资回报率整体较低,不符合一般性房地产开发投资的盈利要求,但是经济适用房项目属于低风险有政策保障的项目,回报低但可以可靠地实现。项目融资后的利息备付率、偿债备付率指标均大于1,资产负债率在合理的范围以内,表明项目具有相应的偿债能力和对债务的安全性;项目计算期内各年份的累计盈余资金均大于零,并保持有较大数额的盈余,说明项目的资金运用是平衡的,项目具有较强的财务生存能力。基于以上所述项目在财务上是可行的。符合项目承办方的决策要求。

(4) 项目没有什么灾难性的风险;严重风险很少,且可以控制,或发生的概率低;项目存在的较大风险,只要重视采取有效的防范措施,其造成的损失项目是可以承受的。

综上所述,该项目的建设是必要的,可行的。但是需要科学决策、精心组织、审慎运作,有效地规避风险。

五、问题与建议

(一) 项目开发建设存在的主要问题

本项目开发建设存在的主要问题有:

(1) 项目前期各项审批手续尚未全部完成,项目规划建设方案和动建计划尚不能最后确定。

(2) 项目建设投资总额控制有赖于项目实施过程中承办方的具体执行情况,不确定因素较多,须规避其风险。

(3) 项目开发总体规模较大,市场消化速度和能力会对项目构成重大影响,存在预期利益难以兑现的可能。

(4) 项目开发的主体是小高层带电梯住宅,并按照国家康居示范工程标准进行建设,其市场认同、市场价格的承受能力会对项目产生影响,存在"叫好而不叫买"的可能。

(5) 存在一定的市场环境压力,项目的品质诉求及由此形成的成本格局与政府的限价水平很可能会严重挤压本就很小的项目利润空间。

(二) 实施建议

对本项目的实施建议主要有以下几点:

(1) 集中力量抓紧完成项目的规划和立项报批工作,落实项目开工建设的各项手续,确保项目能尽快开工建设。

(2) 及早办理项目预售许可手续。项目营销工作从策划到组织落实需要周密考虑和安排,特别要注重政府的价格审定环节。

(3) 以客户显而易见的性价比优势进行产品设计和价格定位,强化成竞争优势。精心设计,提高建筑面积使用率,并降低建造成本。

(4) 既要节省建设资金,又必须切实保证工程质量,坚持以质量领先的市场策略。

(5) 制定稳妥积极的施工方案,保证施工安全和现场文明施工水平,加快工程施工进度,减少因施工对周边居民和商贸活动产生的影响的持续时间。

(6) 资金运作中,可以考虑拉开开发时序,分期分批操作,加大预售款和现房款的使用比例,进而降低资本金需要量。

(7) 真正将未来业主,即客户置于中心地位,除将此作为理念贯彻项目开发经营始终外,可采取请意向客户参与施工管理与监督、参与选择物业管理公司等事项，以保证工程质量，并带来良好的舆论口碑，树立产品品牌。

（8）尽管项目规模不是很大，仍须精心于每一个细节，作为树立企业品牌的良好开端。

（9）项目开发的各个阶段要注意邀请既有实力又能切实认真地投入的合作伙伴，以增强承办方自身在项目开发上的综合业务能力。

市场分析

一、我国房地产市场态势分析

（一）房地产市场发展及当前主要问题（略）

（二）存在问题的原因分析（略）

（三）稳定房价的主要政策措施（略）

（四）市场发展态势（略）

（五）2007年房地产政策和市场走向（略）

二、××房地产市场态势分析

（一）××市经济与社会发展状况

1. ××市的投资环境（略）

2. ××市经济与社会发展背景（略）

3. ××市"十一五"经济社会发展目标（略）

（二）××市房地产市场基本情况

1. ××市商品房市场总体情况（略）

2. ××市商品房市场供应结构（略）

3. ××市商品房市场价格情况（略）

（三）××市房地产市场特点分析（略）

（四）××房地产市场趋势预测分析

1. ××房地产开发市场走势（略）

2. ××房地产开发市场发展趋势的特点（略）

三、××经济适用住房发展态势分析

（一）××市经济适用住房发展状况

1. ××市经济适用住房历史发展状况（略）

2. ××市经济适用住房当前发展状况（略）

3. ××市住房发展"十一五"规划（略）

（二）××市经济适用住房价格情况分析

1. 武汉市经济适用住房价格历史状况

2003年～2004年度经济适用住房销售价格一览表（略）。

2005年度经济适用住房销售价格一览表（略）。

从武汉市经济适用住房价格历史状况来看，经济适用住房价格同一般商品房价格近几年的变动情况一样，也在不断地持续上涨。

2. 武汉市经济适用住房价格当前状况（部分内容略）

针对经济适用住房房价增速过快，武汉市为加强全市住房保障工作，对经济适用住房销售价格实行限价管理。限价是指根据经济适用住房层高、结构类型分别确定的每平方米的最高销售价格。限价确定的依据是：上年度土地费用情况；上年度工程建筑、安装费用情况；上年度勘察设计及前期规费情况；上年度银行贷款利率及税收政策情况；上年度人均可支配收情况；本年度可能引起价格变化的因素等。

限价确定的原则是：与中低收入家庭经济承受能力相适应；开发建设单位开发利润严格控制在国家规定的3%以内；与同一区域内的普通商品住房销售价格保持一定的合理差价；切实体现政府给予购房者的各项优惠政策。

武汉市价格主管部门会同国土房产管理部门，在确定限价前认真听取专家、市民代表、开发企业的意见，于每年第一季度确定本年度下达计划的经济适用住房销售价格的限价水平并报市政府批准同意后向社会公布。经济适用住房限价确定后，最终销售价格审批仍按武汉市物价局关于印发《武汉市实施〈经济适用住房价格管理办法〉细则》（武价房〔2005〕106号）规定执行。市价格主管部门最终核定销售平均价格及核定楼层、朝向调节率后，每平方米销售价格不得高于限价水平，低于限价水平的按实际核实的销售价格执行。实行限价后，不再执行实行摇号销售项目可在基准价格基础上上浮0.5%的规定。

据此，武汉市制定的2007年经济适用房限价水平为：小高层不超过2800元/平方米，多层不超过2600元/平方米。

目前在售的经济适用房价格均未超过这一水平，但是均十分接近这一水平。这也是导致地段区位环境不同的楼盘市场需求强烈反差的一个重要因素。因为这些导致商品房价格差异的重要因素在经济适用房当中影响非常有限。

3. 武汉市经济适用住房价格未来趋势分析

虽然政府对经济适用住房销售价格实行限价管理，但是限价水平是每年根据当年情形制定的。从今年实行限价的情况来看，经济适用房平均售价同比还是上涨了3%。但是涨幅明显下降。

基于以下一些因素的考量，明年的限价水平同比还是会上涨。

（1）土地储备成本上升明显。土地储备成本连年增幅超过10%已是事实，特别是随着《物权法》的实施，预计对土地储备的影响会更大。

（2）房屋建造成本受通胀的影响普遍提升。无论建材还是人工单价预计明年还会持续增长。

（3）经济适用住房的建造品质和功能要求越来越高，从消费者到政府都形成了一致的观点，经济适用住房必须全面提升品质和质量，缩小与一般商品住宅的差距。

（4）受银行加息作用的影响，资金成本势必增加。

取相当保守的预测，明年的限价水平增加幅度预计在3%～5%。小高层的限价应在2884～2940元/平方米。很有可能达到3000元/平方米的水平。

四、项目SWOT分析

（一）项目SWOT分析（表18-6）

SWOT分析表 表18-6

优势 S（Strengths） S1：××区域的城市基础设施建设已基本完成，外部硬件环境条件较佳； S2：依江傍水构成了氛围良好的内环境； S3：市场客户明确具体，会形成对产品的抢购态势； S4：外部交通方便，地理位置优越； S5：教育配套、商业配套、生活配套设施齐全，休闲运动空间广阔	劣势 W（Weaks） W1：项目用地处于城市的发展新区，需要一个逐步成熟的心态变化过程； W2：受制于政府的限价，投资成本压力较大； W3：面对特定市场，创树公司品牌的过程比较困难； W4：对该地区的市场前景市场上升空间社会缺乏认同
威胁 T（Threats） T1：项目所处板块市场整体气氛抬不起来，品质、成本与价格不能形成良性的互动关系； T2：资金链的压力较大，需要充足的前期资金储备； T3：××楼市未来走向的不确定性对市场的干扰会比较明显； T4：项目进展不顺利，拉升成本，丧失市场先机	机会 O（Opportunities） O1：入市时机较好，既处于××市整体的楼市上升期，又处于所在板块市场空当，很少竞争性楼盘； O2：相对低廉的土地价格，有条件打造优质的经济适用房楼盘，可以更高的品质和性能迎合市场； O3：会得到政府更多的城市建设的倾斜，外部的惠及性会越来越明显

（二）项目 SWOT 分析结论

1. SWOT 分析图（图 18-1）

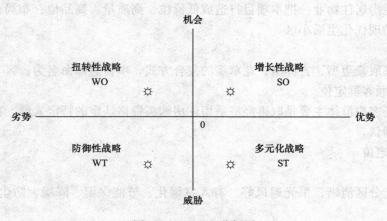

图 18-1　SWOT 分析图

2. SWOT 分析结论

从本项目的 SWOT 分析表中的各项分析内容可以看出，项目的优势大于劣势，机会多于威胁，因此项目整体上处于 SO 象限。位于这一象限应该采取的基本措施或采取的基本战略是谋求项目自身的发展，或者说是做好项目自身应该做的工作。通过项目良好的策划、细致的规划和设计、缜密而全面的过程管理、专注和周到的客户服务，抓住机会，深刻挖掘项目的优势和潜能，项目就应该能够实现预定的目标。

（三）项目开发经营理念和策略（略）

五、项目市场定位

（一）项目定位依据

所谓项目定位，就是将产品对应于某个特定的市场层面，针对目标客户的自然特征、消费特征、心理特征和生活习性，将产品的各个方面精心设计，量身定造。项目定位基本包括：品质定位、物业形态和功能定位、目标客户定位、房型和面积定位、价格定位等。

而项目定位的三大依据是：市场、环境和成本。本报告正是以此为出发点，在市场调查研究的基础上，分析项目地块因素和市场因素，并以此为依据，对项目做出理性的品质定位、物业形态定位和目标客户定位。

本项目定位的基础在于市场与项目自身条件的结合，即基于大的市场环境（外因）和项目开发条件（内因）两大影响因素来决定项目定位。通过市场调查分析，结合项目的 SWOT 分析和发展战略，以支撑本案的项目定位（图 18-2）。

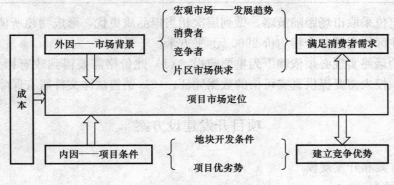

图 18-2　项目市场定位

第八部分 房地产咨询顾问业务

（二）物业定位

根据市场分析结果结合项目地块特性，本项目的物业定位为：按照国家康居示范工程标准建设的宽带入户的经济适用住房居住物业。把本项目打造成低价位、高质量、高品位、布局合理、功能齐全、环境优美、适用时尚的现代化生活小区。

（三）项目命名

本案项目名称采取豪迈型、吉祥型、花草型的复合方式，项目总体命名为：××花园。

（四）项目目标顾客群定位

项目潜在的市场客户群体主要是取得经济适用住房购买资格认定的特定人群。在政府的相关政策管理体系下方能得以确认。

（五）项目产品定位

1. 户型特色

户型紧凑、功能分区清晰、采光通风好、有入室绿化、节能保温、降噪、防尘，突出实用、环保、性价比高的特点。

2. 主力户型面积

户型面积在53～85平方米，满足政府对经济适用住房户型设计的要求。

（六）项目价格定位

经济适用住房的价格最终需要由政府相关部门来审定。但是根据审定价格的原则，及政府的限价政策，开发商对项目的定价策略更大程度上是对项目开发建设投资等一系列活动的选择决定。即根据定价来决定项目各项成本的分布和支出情况。

按照本报告后续的投资成本分析数据，及经济适用房的成本规定，自报的成本价格测算如表18-7所示。

成本价格测算　　　　　　　　　　　　　　表18-7

序号	项目	计算程序	自报成本		备注
			总成本（万元）	单位成本（元/平方米）	
1	用地费		5471.50	473.88	
2	前期工程及规费		2424.95	210.02	
3	小区基础设施配套费		5909.02	511.78	
4	房屋建筑安装工程费		14964.95	1296.10	面积115461平方米
5	小计	1+2+3+4	28770.42	2491.79	
6	管理费	5×2%	575.41	49.84	
7	利润	5×3%	863.11	74.75	
8	小计	6+7	1438.52	124.59	
9	贷款利息	(5+8)×30%×7.47%×2	1353.96	117.27	
10	税	(5+8+9)×5.85%	1958.80	169.65	
11	预算成本	5+8+9+10	33521.70	2903.29	

本项目的价格定位采取市场跟随策略，做到层次相当但品质更优，形成物超所值的印象。项目价格定位结论如下：居住区住宅部分全程均价2900元/平方米。

但是上述定价的最终实现必须依赖下列重要前提：(1)此价格需要得到政府相关部门的审定通过；(2)此价格下的各项投入需要提供真实可信的数据凭证；(3)销售法律文件需有保障。

项目开发建设方案

一、项目用地方案和开发规模

（一）规划用地情况

规划总用地面积：59100平方米（88.65亩）。规划用地性质：经济适用房用地。核定总建筑面积：

118300平方米。容积率：2.0。

(二) 项目用地方案和开发规模

1. 总体开发方案（见报告第一部分）
2. 项目一期开发方案（见报告第一部分）
3. 项目二期开发方案（见报告第一部分）

二、项目开发建设导则

(一) 项目开发建设的指导思想（略）
(二) 以人为本的开发建设原则（略）
(三) 实施商品住宅性能认定（略）
(四) ××市经济适用住房建设的指导标准（略）
(五) 经济适用住房户型面积控制标准（略）

三、项目规划建设方案

(一) 基本要求

（1）工程的建设标准，应适应本地区社会经济发展水平，满足多层次、多类型和不同标准的市场需求。同时，要通过设计整合成套技术，建造新型住宅，在市场上形成新的卖点，发挥其先导作用。

（2）必须严格按照保证住宅全寿命周期质量的原则进行设计，应把安全性能、耐久性能作为住宅设计质量保障的基础，要执行相关的建筑、结构、抗震、防火、热工、节能、隔声、采光、照明、给水排水、暖通空调、电气等各专业现行的标准和规范及地方相关法规。

（3）工程的设计应充分体现以人为本的设计思想，充分体现当今住宅设计领域中的最新理念、最新设计手法和最新技术成果。

（4）工程的设计要突出强调均好性、多样性和协调性。

① 均好性。要求从户型、居住环境、景观、公用设施、设备配置、材料部品的选择和物业管理等诸方面使每个住户都能受到同等的关注，都能获得公平的价值回报。

② 多样性。应注重小区（社区）服务对象的多层次、多方面需求，力争在建筑风格、户型布局、空间组合、色彩构成等诸方面具有特色。反映地方特点和文化传统，避免风格单一和雷同。

③ 协调性。应注重住宅与历史文脉相协调；与时代精神相一致；与未来发展相适应；与周边环境相融合。

（5）工程的规划和建筑设计应达到以下三项要求：

① 住宅小区的规划和建筑设计要为居住区建设创造优良的居住环境和配套建设，满足不同家庭生活行为活动的需求。设计标准在满足国家现行有关法规、标准的基础上，要有适当提高，具有一定的超前性和引导性。

② 住宅的性能不低于《商品住宅性能评价方法和指标体系》中1A级住宅性能要求。

③ 住宅技术与部品选用应遵循就地取材、因地制宜的原则，选择有利于引导本住宅产业发展的建筑体系、部品体系，应优先选用通过认定的列入《国家康居住宅示范工程部品与产品选用指南》中推荐的部品与产品。

(二) 规划设计

1. 空间组织和建筑布局

小区规划布局应做到用地配置得当，功能组织合理，布局结构清晰，设施配套齐全，整体协调有序，并为居住小区的现代化管理提供必要条件。

根据地块的开发强度，结合空间环境需要，调整建筑物的布局、体量变化，使建筑物与空间环境结合成为有机的整体。

整体规划以小高层为主，建筑形态以曲线和折线的方式进行组合，围合成一个个形态各异的流动型空间院落系统。这些院落均向小区内中心景区和城市景观开放，使三者之间形成通畅的联系。同时也使小区内四季拥有良好的通风效果。

小区的公共绿地、宅旁绿地、配套公建所属绿地和道路绿地配置合理，避免人群过度集中活动。公共绿地不少于1平方米/人。组团绿地的设置应满足有不少于1/3的绿地在标准的建筑日照阴影线范围之外的要求，并便于设置儿童游戏设施和适于成人游憩活动。

2. 交通组织

小区交通系统由动态交通和静态交通组成，合理组织人流、车流和车辆停放，创造良好环境。

（1）规划道路

规划道路分为四级：片区主路宽30米；片区次路宽10米；小区内部主要步行道路依次宽为7.5米、5米、4.5米；宅间道为2.5米。

（2）动态交通系统

小区采取车行外环，内部步行的交通系统。小区内设置南北向的景观步行系统，将小区中心绿化和各组团住宅相联系，使人流和车流各成系统，互不干扰。

（3）静态交通系统

为满足现状和未来发展的要求，居住区除内部安排地面停车位外，在住区沿道路外侧设置临时停车位。为提高小区绿化覆盖率，室外停车位建设采用植草砖铺砌。小区内自行车、助动车按每户1辆计，采取集中停车方式，亦置于住宅附近。

小汽车停车位，应根据所在地区经济发展水平及小汽车发展预测确定。一般情况按住户的50%以上的拥有量设置。动态交通组织与道路布置应重点解决好居民活动与自行车和汽车流向的关系，避免或减少相互交叉干扰。

小区道路及场地设计必须符合残疾人无障碍通行要求。

3. 建筑风格特点

小区住宅建筑以板式小高层为主，配以少量点式蝶形小高层。建筑单体在设计方面融入现代建筑的设计手法与理念，将现代建筑的符号、元素与功能相结合。户型以中小户型为主。各户型设计中均做到卧室、客厅、厨房、卫生间的四明，且采光通风良好、朝向佳。公摊面积小的特点也符合当地民情。

建筑造型力求简洁、经典，体现时代精神和文化内涵，具有标志性。立面造型采用古典设计手法和设计元素，采用"三段式"运用横与纵的结合，在变化中寻求统一，充分运用古典元素和具有"亲和力"的立面材质。墙面采用"蘑菇砖"，面砖和部分涂料线脚相结合的手法，强调了线条的流畅和体量比例的协调。建筑采用偏暖色调，色彩追求协调统一，墙面以暖色为主，体现了传统居住的文化气息，给人似曾相识的亲切感受。这种建筑风格和区内的自然景观相互衬托，创造出一种宜人自然的气氛。同时在立面设计中也运用部分现代细部处理方法，使得建筑外观显得玲珑精致且富生命力，从而创造出符合现代人审美要求的建筑形象。

住宅建筑的规划设计，应综合考虑用地条件、选型、朝向、间距、绿地、层数与密度、布置方式、群体组合、空间环境和不同使用者的需要等。住宅的规划保证住宅日照间距，充分考虑主导风向，使更多的住宅具有良好的通风条件和景观视野。

应合理控制居住小区的建筑密度和容积率。重视节约用地，避免规划区内超强度开发建设。

4. 公共设施和管网

小区公共服务设施的配置，应结合居住社区建设的需要，符合居民的活动规律和日常使用，适应家务劳动社会化的趋势和市场需求。做到配套完善，布局合理。公共建筑的布局应避免对居民生活形成干扰，保证环境的洁净和安宁，并兼顾其经营管理的合理性和经济性。

小区管网应合理规划，统一布置，统一施工。各种管线应地下敷设并积极采用共沟技术。

（三）建筑设计

（1）住宅设计要依据市场需求，有针对性地设计出不同档次、不同面积标准的套型。

（2）住宅按套型设计，每套住宅应设卧室、起居室（厅）、厨房、卫生间、储藏间、入户过渡空间、阳台等功能空间。

(3) 住宅各功能空间面积配置合理，使用方便。

(4) 卧室、起居室（厅）净高不应低于2.5米，厨房、卫生间净高不应低于2.4米。

(5) 住宅设计应充分利用自然采光、通风条件，尽可能做到明卧、明厅、明厨、明卫。

(6) 各功能空间利用要合理。标准层使用面积系数，高层不小于72%，多层不小于78%。

(7) 住宅设计应执行模数协调原则和方法，促进住宅部品的标准化、系列化和通用化。

(8) 住宅设计应贯彻节能、节地、节材的原则，合理确定住宅开间和进深尺寸，节约土地。户型设计应适应本地区气候特点和居民生活习惯。

(9) 合理组织套内功能空间，动静分区，洁污分区，合理处理公共空间与私密空间、就餐空间与居寝空间、居寝空间与工作空间、便浴空间与盥洗洗涤空间的关系。

(10) 各功能空间应具有适宜的尺度，避免房间形态上的比例失调。室内交通组织应短捷，不穿行主要功能空间，要符合人的生活行为规律。套内过道面积不超过使用面积的1/20。

(11) 入户过道净宽不小于1.2米，其他通道净宽不小于1米，并在转弯处满足轮椅最小回转宽度1.5米。高层门廊应设坡道。

(12) 起居厅（室）应尽量少开门，应有可放置家具的较长的连续墙面和稳定的活动空间。卫生间的门不宜直接开向厅内。可采取局部增加层高的方式，提高厅的净高，扩展厅内的视觉感受，提高舒适程度。

(13) 户门内宜设门斗类过渡空间，用来更衣换鞋、存放雨具和整装，提高私密性。

(14) 阳台作为室内外之间的联系空间，每套住宅宜设阳台。但空气污染和噪声污染较严重的地方，可根据实际情况或取消阳台，或设置阳光室等，改变封闭阳台为贮藏空间的简单化做法。

(15) 避免户与户、楼与楼之间的视线干扰。

(16) 单元公共空间设置合理。楼梯净宽不小于1.0米，平台宽不小于1.2米，踏步宽度不小于260毫米，高度不大于175毫米。各层候梯厅深度不小于电梯最大轿厢深度，且不小于1.5米，如有地下车库，电梯及楼梯应直接通到车库层。

（四）环境设计（略）

（五）装修设计（略）

（六）人防和消防设计（略）

四、节能及新能源利用

工程严格依照建设部发布的《民用建筑节能管理规定》（建设部第76号令）的各项要求实施。按照节能强制性标准委托工程设计并保证节能措施的实施。

（一）围护结构节能

1. 墙体节能（略）

2. 门窗节能（略）

3. 屋面地面节能（略）

（二）电气设备节能（略）

（三）新能源利用（略）

五、环境及其保障

（一）绿化

(1) 满足绿化率要求，选择适应当地气候条件的树木花草进行优化种植。

(2) 采用先进的种植技术和防止病虫害技术，提高植物的成活率。采用地面、层面、平台和垂直绿化方式，增大绿化覆盖率，起到清洁空气、降低噪声、调节气候的作用。

(3) 尽量减少硬铺装，选择具有透气、透水性能的地面铺装材料，既扩大绿地面积，又保证了人和车辆的通行方便。

（二）水压水质保障（略）
（三）生活垃圾收运处理（略）
（四）其他环境保护措施（略）

六、小区管理智能化

必须按《城市新建住宅小区管理办法》（建设部第33号令）的规定，对小区实施社会化、专业化管理，小区物业管理水平应达到"全国优秀物业管理小区"的标准。应建立现代化智能管理系统，为居民构筑安全、舒适和便利的信息化居住环境。

小区现代智能化管理设备的配置水平，应根据工程投资情况和居住功能要求，确定合理的档次。智能化系统配置分为三个档次，即普及型、提高型、超前型。本项目采用普及型智能化功能配置。

（一）基本配置（略）
（二）超前型配置（略）

项目组织

一、组织机构与人力资源配置

（一）组织机构

本项目具有一定的开发规模，受到定价限制，存在成本和费用管控方面的压力，作为项目承办方，在项目实施过程中需要认真地加以规划组织和进行有效的控制。

考虑到项目融资和事务操作，项目承办方宜组建项目公司，建立完善的治理结构，全面负责项目的实施、组织、协调和管理工作，全面处理项目的招商引资和市场营销管理工作。

项目组织结构形式有职能组织结构、线性组织结构、矩阵组织结构等。本项目居于实际情况可以采用直线职能制组织结构（图18-3）。

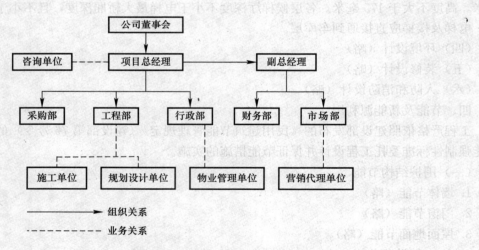

图18-3 组织结构

（二）人力资源配置（略）

二、项目任务组织

（一）项目实施的原则（略）
（二）工程招投标

1. 概述

根据中华人民共和国国家发展计划委员会第九号令，建设项目可行性报告需增加招标内容，并作为可行性研究报告附件与可行性研究报告一同送交项目审批部门审批。

2. 发包方式

由于本项目规模大、内容繁多、专业要求较强，因此采用单项工作内容发包方式较为适合。

3. 招标组织形式

招标的组织形式有自行招标和委托招标两种形式。本项目的业主具备自行招标的能力，宜采用自行招标形式。采用自行招标形式，需要按照《工程建设项目自行招标试行办法》（国家发展计划委员会令第5号）的规定向项目审批部门报送书面材料。

4. 招标方式

招标方式可分为公开招标、邀请招标和议标（直接委托）三大类型。

本工程拟采用单项工作内容发包方式，针对不同的单项工作内容应采取不同的招标方式。具体说明如下：

规划勘察设计：采用公开竞争招标方式。通过方案竟评遴选承接单位，以取得最佳方案和设计。

工程监理：采用有限公开招标方式。即面对本地的工程监理单位组织公开招标。

建筑、安装、装饰工程、重要材料：采用分类、分单项的公开招标方式，这样业主能取得有竞争力的合同。分类、分单项的公开招标亦即采取平行承发包形式，这样做是因为项目规模较大，实行总承包比较不利。为弥补平行承发包的不足，可选择一家承包单位作为项目的主承建商，担负地盘统筹管理责任。

设备：由于符合条件的设备供应商很多，若采取公开招标方式，评标的工作量较大，招标的时间长、费用高，因此该项工程拟采取邀请招标的方式。

本工程招标方案列入表××（略）。

（三）营销工作的组织

项目营销工作有两个方案可供选择，一是公司自营方案，在公司内部自行组建营销部门实行公司管理下的部门营销体制。二是委托代理方案，委托专业代理公司，由代理公司按合同或协议负责项目整个营销工作。两个方案各自的利弊及优缺点的比较见下表××（略）。

鉴于上表中的分析结论，并考虑到本项目属于经济适用住房项目这一特性，建议项目采用公司自营方式。

（四）物业管理工作的组织

项目的物业管理工作有两个方案可供选择，一是自行组建独立的物业管理公司，负责所开发项目的物业管理工作。二是委托社会上专门的物业管理公司，负责本小区的物业管理工作。

鉴于本项目的实际情况和项目承办方主营业务情况，可以采取由公司的物业管理部门负责项目先期的物业管理工作，待项目入住率稳定并成立了业主管理委员会后，再由业主委员会续聘今后的物业管理方。

项目实施进度

一、项目建设开发周期

项目总体的开发建设分为两期进行。部分时段交叉并行。

根据同类项目实际建设周期和本项目实际工期需要，以及对项目销售周期的预测，项目建设开发周期确定为3年。每一期项目的工程建设和市场销售均重叠进行。

主要的里程碑事件的相应时间为：第1年年底前第一期正式动工建设；正式动工半年之后第一期正式开始预售；第2年年底之前第一期竣工交付使用。第2年年底前第二期正式动工建设；正式动工半年之后第二期正式开始预售；第3年年底之前第二期竣工交付使用。

二、项目实施进度安排（略）

三、项目实施进度表（略）

投资估算

一、建设投资估算

（一）投资估算范围

本项目建设投资估算范围包括项目全部小高层住宅的房屋建筑工程、室外工程以及前期准备工程费用和工程建设其他费用等。

（二）投资估算编制依据（略）

（三）投资估算说明

1. 土地费用估算

按照法律、法规规定用于征用土地和拆迁补偿等所支付的征地和拆迁安置补偿费。详见《土地费用估算表》（本项目土地费用为实际发生的费用，依据为项目《国有土地使用权出让合同》）。

2. 前期工程及规费估算

开发项目前期工作所发生的工程勘察、规划及建筑设计、施工通水、通电、通气、通路及平整场地等勘察设计和前期工程费。详见《前期工程及行政规费估算表》。

3. 小区基础设施建设费估算

在小区用地规划红线以内，与住房同步配套建设的住宅小区基础设施建设费，以及按政府批准的小区规划要求建设的不能有偿转让的非营业性公共配套设施建设费。估价依据主要为：××省市政工程消耗量定额及统一基价表（2006年版）；××省建筑工程消耗量定额及统一基价表（2005年版）；××省安装工程消耗量定额及统一基价表（2005年版）；××省建筑安装工程费用定额（2005年版）。详见《小区基础设施建设费估算表》。

4. 房屋建筑安装工程费估算

列入施工图预（决）算项目的主体房屋建筑安装工程费，包括房屋主体部分的土建（含桩基）工程费、水暖电气安装工程费及附属工程费，主要估算依据为××市造价管理发布的《××地区2007年二季度建安工程造价指数》。详见《住宅建筑安装工程费估算表》。

5. 管理费估算

管理费按照前4项费用之和的2%计算。详见《项目总投资估算汇总表》。

二、建设期利息估算

项目债务资金的各项建设借款均假定在每年的年中支用，建设期利息的计算公式为：

各年应计利息＝（年初借款本息累计＋本年借款额/2）×年利率。

式中：2007年的贷款利息按照半年计算，2008年的贷款利息按照1年计算，2009年的贷款利息按照半年计算。

建设期利息估算详见《项目总投资估算汇总表》和《项目总投资使用计划与资金筹措表》、《借款偿还计划表》。

三、项目总投资及分年投入计划

（一）项目总投资及造价指标

经测算，本项目建设投资总额为：29345.83万元。其中，土地费用为：5471.50万元；前期工程及规费为：2424.95万元；房屋建筑安装工程费为：14964.95万元；小区基础设施建设费为：5909.02万元；管理费为：575.41万元。本项目建设期利息总额为：672.30万元。本项目不考虑流动资金。项目总投资合计为：30018.13万元。

其中：项目一期总投资合计为：21864.86万元；项目二期总投资合计为：8153.26万元。

项目一期总投资包括了全部的土地费用和建设期利息。详见《项目一期总投资估算汇总表》和《项目二期总投资估算汇总表》。

按照项目合计总投资计算的主要造价指标如下:
单位建筑面积投资:2538.29元/平方米。住宅单位建筑面积投资:2599.85元/平方米。
单位建筑面积工程造价:2481.45元/平方米。住宅单位建筑面积工程造价:2541.62元/平方米。

(二)项目分年投资计划

项目建设期为3年,项目总投资第1年投入21.55%,第2年投入53.53%,第3年投入24.92%。其中:项目一期项目总投资主要发生在前2年,项目二期项目总投资主要发生在后2年。

项目总投资及分年投入计划分别见《项目总投资估算汇总表》和《项目总投资使用计划与资金筹措表》及《项目一期总投资使用计划与资金筹措表》、《项目二期总投资使用计划与资金筹措表》。

融资方案

一、项目资金来源

(一)项目资本金筹措

项目资本金筹措主要通过项目法人自筹解决。资金来源主要有自有资金,项目预(销)售资金(销售收入转用于建设投资)。为保证销售收入能顺利足额到位,需申请银行能为顾客提供按揭服务。

(二)项目债务资金筹措

本项目的融资方案主要以向银行借款的方式进行设计。是否拆借资金待项目实施过程中相应决定调整。按照不超过项目建设投资的30%设计,项目贷款总额为:6000.00万元。

银行贷款在建设期内只付利息,不还本金。项目进入现房销售期后开始偿还本金。

偿还贷款及建设期内利息的资金来源主要是项目可用于还本的销售收入,即销售收入扣除应纳税金、销售成本后的余额,除掉转作为项目投资后的部分。这部分资金按最大额度优先用于偿还贷款本息。

当自有资金筹措和取得预售收入困难时,可适当考虑让项目承包商和供应商带资或垫资。但只可作为应对未来风险的措施,且比例不可偏大。

二、融资方案分析

(一)资金来源可靠性分析

本项目融资方案中属于项目法人自有资金的份额占比虽然较高,但是项目承办方拥有足够的投资实力,并且可以通过对项目分期分批地实施,降低自有资金集中发生的额度,拓宽资金投入的时间空间,使自筹资金的能力得以充分保证。

项目建设期内对应年份的预售和现房销售收入的预测值远高于作为项目自筹资金的来源部分,使自筹资金来源的可靠性进一步提高。

虽然,银行对房地产开发商的贷款控制较严,但由于银行贷款在总投资中比例不高,项目承办方拥有足够数量的优质资产以及所取得的开发地块的土地使用权,可以满足银行的抵押要求,项目自身获利能力强,市场风险相比较而言并不大,因此,获得银行支持是可能的。

就目前国内金融市场的形势而言,银行对于按揭的形式是比较欢迎的。相应的,销售资金的及时回笼亦能得到保证。

(二)融资结构分析

在项目总投资中,资本金部分占80.01%。其中,项目法人自筹:13.43%,预销售收入:66.59%。债务资金占:19.99%。融资结构基本合理。

其中,在项目一期总投资中,资本金部分占72.56%。其中,项目法人自筹:18.43%,预销售收入:54.13%。债务资金占:27.44%。

在项目二期总投资中,主要使用一期剩余的预销售收入和二期的预销售收入,即依赖项目自身所产生的资金流就可以满足项目的投资需要。

（三）融资成本分析

和利用债券、招股等相比，本项目使用的银行资金因当前的利率水平不高，借款期限较短，连借带还一共不到3年，需由开发商承担的利息总额占比较低。可能利用应付账款而发生的利息成本，也因银行利率较低，资本金的融资成本也大为降低。

（四）融资风险分析

1. 项目融资风险评估

项目可能面临的融资风险主要有以下一些方面：

（1）本项目存在一定的资金供应风险。主要表现为各项资金来源不能按建设进度足额及时到位的情形发生。项目应在资金完全落实之后进行。

（2）预售和现房销售不畅，资金回笼困难。有两种可能：一是回笼资金数额虽能满足转用于建设投资部分的需要，但是不能按计划偿还对银行的贷款本息；二是不仅不能按计划还本付息，也不能满足计划用于投资的额度需要。未来预售和现房销售的情况会对项目的资金使用计划构成较大影响，需有一定的预控措施调整项目的各项资金供给方案。

（3）银行的信贷计划产生变动，如终止、计划变更、数额减少、要求提前还贷等。

（4）融资成本发生变动，如利率、汇率的变化，还款期的变化等。

2. 项目融资风险的防范方案

面对前述的融资风险的各种表现，可以考虑制定如下的风险防范预案：

（1）制定项目整体或部分开发权转让的预案（项目转让、合作开发、联合开发、出售股权等多种形式）。

（2）自有资金紧急调用预案（融资主体各方来源的可能和可以的资金调动）。

（3）要求项目承包商和供应商带资或垫资预案。

财务评价

一、财务评价基础数据与参数选取

（一）财务价格

项目财务评价对未来的偿债收入和建设投资进行分析时所采用的价格是预测价格。由于项目未来的偿债收入和建设投资支出等会受到政策的调控，故在整个计算期内都使用预测固定价格。

（二）利率

根据本项目的融资方案和融资特点，考虑商业银行1~3年期贷款利率和融资成本费率的水平，项目债务资金的借款利率确定为7.47%。

（三）项目计算期选取

根据本报告其他部分，项目的开发周期为3年。因此，项目计算期确定为3年。

（四）财务基准收益率（i_c）设定

参考2006年7月3日国家发展和改革委员会、建设部发布的《中国部分行业建设项目财务基准收益率取值表》，根据当前类似项目的情况，将财务基准收益率（i_c）设定为12%。

二、营业收入与税费估算

（一）销售收入估算

本项目建设阶段，可以根据规定开展楼盘预售工作。第一期预售从第2年年中开始，考虑到属于经济适用房，预售期设定为1个月。项目竣工后的现房销售期为1个月，主要是结清售楼款项。第二期预售从第3年年中开始，预售期为1个月。项目竣工后的现房销售期为1个月。销售价格根据本报告其他部分确定为：全部小高层住宅均价：2900元/平方米。

各年的销售比率和销售收入详见《营业收入、营业税金及附加和增值税估算表》。

销售税费包括营业税、城市维护建设税、教育费附加、堤防工程修建维护管理费、平抑副食品价格基金、教育发展费等。按销售收入的5.85%综合计算。

（二）土地增值税的估算

根据《中华人民共和国税收征收管理法》、《中华人民共和国土地增值税暂行条例》及有关规定、《国家税务总局关于房地产开发企业土地增值税清算管理有关问题的通知》，项目应按规定缴纳土地增值税。

由于本项目为经济适用住房开发项目，土地增值额未超过扣除项目金额20%，应属于可以免征土地增值税。有关内容详见《利润与利润分配表》。

（三）所得税的估算

按照房地产开发现行所得税征收政策，在销售收入取得过程当中，按照应税额的25%计征。

有关内容详见《利润与利润分配表》。

三、财务评价报表

本项目财务评价所编制的财务评价报表主要有：《项目投资现金流量表》、《项目资本金现金流量表》、《利润与利润分配表》、《借款偿还计划表》、《财务计划现金流量表》、《资产负债表》等。详见本报告附表部分。

四、融资前分析（全投资分析）

项目融资前财务分析主要进行项目投资的盈利能力分析。

（一）项目投资内部收益率

项目投资内部收益率为：24.28%。考虑项目所得税后的项目投资内部收益率为18.93%。

其中所得税按照调整所得税计算。详见《项目投资现金流量表》。

（二）项目投资净现值

项目投资净现值为：851.17万元。所得税后项目投资净现值为：463.42万元。

其中所得税按照调整所得税计算。详见《项目投资现金流量表》。

（三）项目静态投资回收期

项目静态投资回收期为：2.33年。所得税后项目静态投资回收期为：2.40年。

其中所得税按照调整所得税计算。详见《项目投资现金流量表》。

五、融资后分析（自有资金分析）

项目融资后财务分析主要进行盈利能力分析、偿债能力分析和财务生存能力分析。

（一）盈利能力分析

1. 项目资本金财务内部收益率

项目资本金收益率为42.56%。考虑项目减免所得税因素，给出税前项目资本金收益率为：54.94%。详见《项目资本金现金流量表》。

2. 投资回报率

项目总开发利润为：863.78万元，税后利润为：647.84万元，项目相应的投资回报率指标如下：税后投资回报率3.76%；税前投资回报率5.02%；税后自有资金投资回报率28.04%。

税前自有资金投资回报率37.39%。详见《主要经济评价指标汇总表》。

3. 经济适用房投资利润率

根据××市实施《经济适用住房价格管理办法》细则有关规定，利润按照土地费用、前期工程及规费、小区基础设施建设费、房屋建筑安装工程费4项之和为基数进行计算。利润率不得超过此4项之和的3%。通过测算，利润率指标如下：税前利润率5.24%；税后利润率3.93%。

此项指标超过标准的原因在于负债比例取得较低，在上报经济适用房成本时，按照规定的负债比例上限计算，税前利润率会低于3%。

（二）偿债能力分析

项目偿债能力分析采用利息备付率、偿债备付率和资产负债率三项指标。

1. 利息备付率

在项目利息偿付期间，利息备付率指标均大于1。最低的利息备付率为1；最高的利息备付率为

63.52。详见《借款还本付息计划表》。

2. 偿债备付率

在项目债务偿还年份，偿债备付率指标均大于1。最低的偿债备付率为1.66；最高的偿债备付率为63.52。详见《借款还本付息计划表》。

3. 资产负债率

在项目长期债务存续期间，最低的资产负债率为19.47%；最高的资产负债率为46.37%。仍在合理的负债范围以内。详见《资产负债表》。

（三）财务生存能力分析

通过观察《财务计划现金流量表》可以看出，项目计算期内各年份的累计盈余资金均大于零，并保持有较大数额的盈余。说明项目的资金运用是平衡的，项目具有较强的财务生存能力。

六、不确定性分析

本项目分别就项目建设投资、销售收入两个主要因素，对项目财务内部收益率指标进行单因素敏感性分析，分别取变化率为±5%和±10%。通过敏感性分析可以知道，项目财务内部收益率指标对影响因素的敏感性从大到小依次为：销售收入、建设投资。详见《敏感性分析表》。

通过敏感性分析数据可以看出敏感因素的临界值较低。本项目需要确保销售收入的实现，并能有效控制项目投资。

七、财务评价结论

本项目融资前的财务净现值指标大于零，而且财务内部收益率高于行业基准收益率，项目具有所要求的盈利能力；由于采用分期开发模式，充分利用项目的销售资金，项目融资后的资本金收益率指标高于基准收益率，但是投资回报率整体较低，不符合一般性房地产开发投资的盈利要求，但是经济适用房项目属于低风险有政策保障的项目，回报低但可以可靠地实现。项目融资后的利息备付率、偿债备付率指标均大于1，资产负债率在合理的范围以内，表明项目具有相应的偿债能力和对债务的安全性；项目计算期内各年份的累计盈余资金均大于零，并保持有较大数额的盈余，说明项目的资金运用是平衡的，项目具有较强的财务生存能力。基于以上所述项目在财务上是可行的。

财务分析的主要指标和数据见《主要经济评价指标汇总表》。

社会评价

一、社会影响分析

项目的社会影响分析旨在分析预测项目可能产生的正面影响（通常称为社会效益）和负面影响。项目的建成不但将在××洲板块增添一道靓丽的风景线，同时无疑将带动区域内房地产业的发展，拉动区域经济，有效改善区域人居环境，帮助更多低收入人群安居乐业，具有显著的社会意义和促进经济社会和谐发展的积极价值。

项目的兴建也会对当地构成一定的负面影响。如小高层建筑群的布局会对周边已经建成的多层住宅小区的空间环境构成影响。拆迁和拆迁安置带来的社会矛盾可能引发一些社会问题。项目在功能选择上会和周边已建和在建项目产生冲突，引发竞争加剧，出现可能的排斥现象。

对项目一般性的社会影响的分析和评价见表18-8。

项目社会影响分析表　　　　　　　　　　　　　　　　表18-8

序号	社会因素	影响的范围、程度	可能出现的后果	措施建议
1	对居民收入的影响	对居民收入不构成直接影响	间接使居民收入得到增加	—
2	对居民生活水平与生活质量的影响	周边的交通、商业、休闲形态会受到影响	周边居民生活水平和生活质量会得到改善	增强绿化和住区环境休闲功能的亲和力

续表

序号	社会因素	影响的范围、程度	可能出现的后果	措施建议
3	对居民就业的影响	原地块上的经营从业人员需要再就业	新增就业机会远远超出受影响的就业岗位	除合理补偿外，加强对当地人员的就业吸纳
4	对不同利益群体的影响	竞争对手之间的竞争加剧	可能的滞销和利益流失	注意竞争的手段和策略
5	对脆弱群体的影响	危旧房的居民需要搬迁	进一步丧失谋生手段	可在物业管理上辟出合适岗位
6	对地区文化、教育、卫生的影响	常住人口增多，人流量加大	会形成高质量人居环境和商业活动空间	注意惠及性，避免可能会出现的排斥现象
7	对地区基础设施、社会服务容量和城市化进程的影响	当地会因此而得到改善	促进城市创新，实现小康生活，带动商贸经济可持续发展	处理好整体的协调和相互支持
8	对少数民族风俗习惯和宗教的影响	很少存在	—	—

二、互适性分析

项目的互适性分析主要是分析预测项目能否为当地的社会环境、人文条件所接纳，以及当地政府、居民支持项目存在与发展的程度，考察项目与当地社会环境的相互适应关系。

通过本项目的建设，会在××洲区域内，形成一片具有国家康居示范工程意义的小康生活社区，对于加快××洲区域的建设和社会发展，以及承办方自身的发展，项目建设都是十分必要和有利的。因此，本项目会得到当地政府、居民的大力支持和殷切期盼。

项目建设可能引发的问题主要来自于因功能定位上的重叠（特别是与一般商品房开发商）而产生竞争关系的利益群体，因涉及的拆迁而可能形成冲突关系的利益群体，因功能改造人为分隔而带来不便的利益群体。

项目基本上不存在难以调和处理的冲突及矛盾，项目的社会经济价值总体上是被认可的。但是对于可能出现的问题亦需采取有效可行的措施加以防范和处理。

项目与当地社会环境的相互适应关系见表18-9。

社会对项目的适应性和可接受程度分析表 表18-9

序号	社会因素	适应程度	可能出现的问题	措施建议
1	不同利益群体	接受	1. 竞争对手的排斥； 2. 周边居民的环境诉求； 3. 拆迁户的回迁意愿	1. 功能定位差异化； 2. 事先议定妥善的解决方案； 3. 在户型选择上进行一定的考量
2	当地组织机构	支持	1. 交通组织的冲突； 2. 因某种原因规划方案的审批受阻	1. 妥善安排施工组织方案； 2. 方案规划时作出足够的考虑
3	当地技术文化条件	适应	—	—

三、社会风险分析

项目的社会风险分析是对可能影响项目的各种社会因素进行识别和排序，选择影响面大、持续时间长，并容易导致较大矛盾的社会因素进行预测，分析可能出现这种风险的社会环境和条件。

总体而言，本项目建设不存在较大的社会风险。但是，项目建设过程中还是可能会存在的一定的社会风险因素。对本项目各种社会因素的识别、排序及预测和分析见表18-10。

社会风险分析表 表18-10

序号	风险因素	持续时间	可能导致的后果	措施建议
1	拆迁户的安置补偿问题	获得土地使用权至开工建设	干扰和阻碍工程动工兴建	完善用地合约，明确责任
2	规划和建设方案的不确定性	立项审批至取得建设工程规划许可证	更改建设方案和功能定位	主动衔接，寻求合作企业、政府部门间立场达成一致
3	周边小区业主的干预	立项审批至项目建成	修订建筑设计及施工组织设计	吸取周边居民意见

相对于项目社会评价的结论，建议项目在建设过程中，特别是在前期建设方案规划设计阶段，注重采用参与式评价方法，即吸收公众参与评价项目的技术方案、工程方案等。这种方式有利于提高方案的透明度；有助于取得项目所在地各有关利益群体的理解、支持与合作；有利于提高项目的成功率，预防不良社会后果。一般来说，公众参与程度越高，项目的社会风险越小。

参与式评价可采用下列形式：

咨询式参与，由项目组织中的社会评价人员将项目方案中涉及当地居民生产、生活的有关内容，直接交给居民讨论，征询意见。通常采用问卷调查法。

邀请式参与，由项目组织中的社会评价人员邀请不同利益群体中有代表性的人员座谈，注意听取反对意见，并进行分析。

委托式参与，由项目组织中的社会评价人员将项目方案中特别需要当地居民支持、配合的问题，委托给当地政府或机构，组织有关利益群体讨论，并收集反馈意见。

风险分析

投资项目风险分析是在此前工作的基础上，进一步综合分析识别拟建项目在建设和运营中潜在的主要风险因素，揭示风险来源，判别风险程度，提出规避风险对策，降低风险损失。

一、风险因素的识别和评估

（一）风险等级划分

一般风险：风险发生的可能性不大，或者即使发生，损失较小，一般不影响项目的可行性。

较大风险：风险发生的可能性较大，或者发生后造成的损失较大，但项目仍可承受。

严重风险：一种是风险发生的可能性大，造成的损失大，使项目由可行变为不可行；另一种是风险造成的损失严重，但是风险发生概率很小，采取有效的防范措施，项目仍可正常实施。

灾难性风险：风险发生的可能性很大，一旦发生将产生灾难性后果，项目无法承受。

（二）风险因素的识别和评估

项目的风险因素识别和风险评估见表18-11。项目风险评估采用简单估计法。

风险因素识别和风险评估表　　　　　表18-11

序号	风险因素名称	风险程度				说明
		灾难性	严重	较大	一般	
1	市场风险					
1.1	市场需求量				√	存在市场需求变动
1.2	竞争能力				√	周边有竞争
1.3	价格			√		项目的敏感性高
2	资源风险				√	工程资源供给
3	技术风险					工程方案
3.1	先进性				√	
3.2	适用性				√	
3.3	可靠性				√	
3.4	可得性				√	
4	工程风险					
4.1	工程地质			√		可以防范
4.2	水文地质			√		可以防范
4.3	工程量			√		可以防范
4.4	工程质量			√		可以防范
5	资金风险					

续表

序号	风险因素名称	风险程度				说明
		灾难性	严重	较大	一般	
5.1	汇率				√	发生的概率小
5.2	利率				√	发生的概率小
5.3	资金来源中断			√		可以防范
5.4	资金供应不足		√			可以防范
6	政策风险					
6.1	政治条件变化				√	
6.2	经济条件变化			√		概率不大
6.3	政策调整					有适应弹性
7	外部协作条件风险					工程建设
7.1	交通运输				√	
7.2	供水				√	
7.3	供电				√	
8	社会风险				√	
9	其他风险					

由表中可以看出，项目没有什么灾难性的风险；严重风险很少，且可以控制，或发生的概率低；项目存在的较大风险，只要重视采取有效的防范措施，其造成的损失项目是可以承受的。

二、风险防范对策

本项目在总体上风险不大，但也存在着特别值得注意的风险因素。下面，根据风险分析的结论，对于严重风险和较大风险作出对策分析。

（一）风险对策的基本类型

项目可以采取的风险对策的类型主要有以下几种：1. 风险回避；2. 风险控制；3. 风险转移；4. 风险自担。

（二）政策风险对策

主要是现行宏观调控的政策影响和新的调控政策出台后的作用问题。对于房地产市场来说，现行宏观调控政策已经到位，已经达到稳定市场、降低投资增长和房价增长过快的目的。新的调控政策的出台可能有三：一是物权法出台；二是开征物业税；三是加息。物权法将明确住宅用地使用权70年到期后自动延期，对商品房住宅是好消息。开征物业税影响的是房产产权占有量大的阶层，而对一般市民影响不大，况且物业税开征中的价值动态评估问题相当复杂，中央预计用五年的时间来推动实施，真正开征的时间待定。加息的概率很大，它是减轻人民币升值压力的需要，也是房地产市场进一步健康、稳定发展的要求，毕竟，全国房地产价格上升的势头，还是略显强劲。加息对于购房者会增加负担，但2004年～2006年的加息，对房地产市场购买力的实际影响并不大。

尽管如此，为规避政策风险，建议该项目价格策略取充分接近限价水平的策略，但是在投资成本分布上留有足够的调控余地，以防政策调整带来的限价压力。

（三）市场风险对策

本报告已详尽分析了××和项目供需圈区域房地产市场，其出发点就在于规避市场风险，这也是该项目的最大风险。市场风险的焦点集中自本项目的产品竞争力。本报告关于项目开发经营策略以及专题建议中的内容，都是为了增强项目竞争力，规避市场风险。关键在于项目产品特色的营造，避开同质化竞争的陷阱，立于不败之地。

（四）工程风险对策

××市已售、在售房地产项目，违反规划、工程质量缺陷（墙体渗水、漏水等）、物业管理不到位、不尊重业主意愿等现象相当普遍，因此失去客户而销售困难。对此，应予以高度的重视，讲求诚信，真正对业主负责，以此赢得客户。

注重对协作单位的选择,加强合同和约定的控制,风险转移的同时加强自身风险控制。

(五)资金来源风险对策

上述风险集中到项目资金链上,就是销售回款速度缓慢,迫使增加资本金。因此,"资金为王",可错开工程开竣工时间,力求以前一工程回款抵后续工程资本金,全力避免项目资金链断裂出现。

(六)社会风险对策

特别是项目分期建设过程中,后期开发建设会给前期入住者的居住生活带来一定的影响,对这部分潜在可能的社会风险要提前做好工作,加强项目参与式评价工作,在可能的条件下使这些居民能够共享一些项目的建设成就,如物业管理的连通性,以保证项目顺利实施。

研究结论和建议

(同报告第一部分,略)

附图、附表、附件(略)

其中所略附表包括:
一、土地费用估算表;
二、前期工程及行政规费估算表;
三、小区基础设施建设费估算表;
四、住宅建筑安装工程费估算表;
五、项目总投资估算汇总表;
六、项目总投资使用计划与资金筹措表;
七、营业收入、营业税金及附加和增值税估算表;
八、项目投资现金流量表;
九、项目资本金现金流量表;
十、利润与利润分配表;
十一、借款还本付息计划表;
十二、财务计划现金流量表;
十三、资产负债表;
十四、敏感性分析表;
十五、主要经济评价指标汇总表。

后　记

本书的目的是提供可作为范本参考的比较优秀的房地产估价报告，希望能对提高房地产估价报告质量有所裨益。

本书在估价报告征集中得到了广大房地产估价师和房地产估价机构的积极支持和配合。估价报告的筛选、修改和评议，最终由上海城市估价有限公司总师室全体人员负责完成，武汉理工大学黄学军在前期工作中提供了大量帮助。中国房地产估价师与房地产经纪人学会柴强对本书的编辑给予了指导，程敏敏、马亚男、王霞等人做了大量的编辑工作。

由于种种原因，本书从第一次征集估价报告到现在正式出版，时间跨度较大；受编辑人员的水平限制，在估价报告筛选和文字编辑等方面，难免会出现一些错误、疏漏和不当之处。以上情况，敬请广大读者谅解并指正。

编者

2012 年 5 月